HARPAS ETERNAS – 3

Josefa Rosalía Luque Alvarez
(Hilarião de Monte Nebo)

HARPAS ETERNAS – 3

Tradução
HÉLIO MOURA

Cotejada com os originais por
MONICA FERRI
e
HUGO JORGE ONTIVERO

Editora
Pensamento
SÃO PAULO

Título original: *Arpas Eternas*.

Copyright © FRATERNIDAD CRISTIANA UNIVERSAL
Casilla de Correo nº 47
C.P. 1648 – Tigre (Prov. Buenos Aires)
Republica Argentina.
Http://www.elcristoes.net\fcu

Copyright da edição brasileira © 1993 Editora Pensamento-Cultrix Ltda.

1ª edição 1993.
12ª reimpressão 2021.

Todos os direitos reservados. Nenhuma parte deste livro pode ser reproduzida ou usada de qualquer forma ou por qualquer meio, eletrônico ou mecânico, inclusive fotocópias, gravações ou sistema de armazenamento em banco de dados, sem permissão por escrito, exceto nos casos de trechos curtos citados em resenhas críticas ou artigos de revistas.

A Editora Pensamento não se responsabiliza por eventuais mudanças ocorridas nos endereços convencionais ou eletrônicos citados neste livro.

AGRADECIMENTOS

A Hélio Moura, pela grande sensibilidade e pelo extremo cuidado com que se dedicou à tradução desta obra.

A Hugo Jorge Ontivero e a Monica Ferri, pela solicitude e zelo com que, de sua parte, colaboraram para o aparecimento desta edição.

Direitos de tradução para a língua portuguesa
adquiridos com exclusividade pela
EDITORA PENSAMENTO-CULTRIX LTDA.
Rua Dr. Mário Vicente, 368 – 04270-000 – São Paulo, SP – Fone: (11) 2066-9000
E-mail: atendimento@editorapensamento.com.br
http://www.editorapensamento.com.br
que se reserva a propriedade literária desta tradução.
Foi feito o depósito legal.

Sumário

Jhasua e a Santa Aliança 7
A Galiléia 18
Rumo a Tolemaida 33
Em Antioquia 51
Judá e Nebai 62
Os Esponsais 71
Rumo ao Eufrates 73
Gisiva e Carandama 76
O Scheiff Ilderin 91
A Morte de Baltasar 100
No Horto das Palmeiras 103
Jhasua e Jhosuelin 109
Na Cidade dos Reis 114
A Morte de Joseph 122
No Deserto da Judéia 124
Na Sinagoga de Zorobabel 130
A História de Moisés 137
Um Papiro de Salomão 147
"Esposos Eternos" 149
As Cartas do Egito 154
Na Gruta de Jeremias 158
No Palácio de Ithamar 163
Na Fortaleza do Rei Jebuz 168
No Monte Hor 185
A Tragédia de Abu-Arish 207
Na Terra Natal 212
A Caminho de Tiberias 220
Em Corazin 228
Nos Bosques da Ituréia 237
Na Cesaréia de Filipos 243
No Monte Hermon 252
Em Damasco 264
O Reino de Deus 279
O Torreão do Patriarca 300

Na Cidade de Tiro 312
A Naumaquia 325
A Santa Aliança em Tiro 331
Na Sinagoga de Josaphat 336

Jhasua e a Santa Aliança

Os quatro doutores de Israel, amigos de Jhasua, que o leitor já conhece, mais Judá e Faqui, seus dois jovens e fervorosos devotos, assim que tiveram notícia da chegada dele, se apressaram em visitá-lo.

Todos eles estiveram de perfeito acordo nesta observação: "Dir-se-ia que o tempo passou, de um salto, dez anos sobre Jhasua. Como está mudado!"

Sua mãe foi a primeira a observar isso, e por mais que indagasse, não conseguiu saber a causa. Finalmente, atribuiu esse estado ao cansaço da penosa viagem e aos excessivos trabalhos mentais, e tratou de apressar o regresso para a tranqüila Nazareth, onde esperava que o filho recobrasse a frescura de seu aspecto físico e sua habitual jovialidade.

Jhasua foi informado de que a Santa Aliança crescia secretamente, tomando admiráveis proporções. Cada lar era uma Escola-Registro, onde se aprendia uma lição, se recebia uma ordem e se anotava o nome dos novos filiados.

Um forte laço de fraternidade ia entrelaçando um coração a outro, fazendo com que velhas ofensas e ressentimentos fossem esquecidos, que as dívidas fossem perdoadas, que fosse compartilhado o teto, a mesa, as vestimentas e os alimentos, como se todos fossem uma só família unida para resistir ao invasor hipócrita e mau que violentava até os mais santos e puros sentimentos.

A ordem era: o amor contra o ódio; a razão contra o fanatismo; a igualdade contra a prepotência; um por todos e todos por um.

Como seria forte e poderosa Israel se chegasse a aperfeiçoar em todos os seus membros este sublime ideal! Seria a libertação. Seria a grandeza. Seria a paz e a prosperidade.

Se a hospitalidade havia sido sempre a primeira virtude essênia, agora tinha crescido a tal ponto que até os estábulos foram preparados como hospedagem para os incessantes viajores, que chegavam trazendo adesões, que, logo, depois de instruídos, se disseminavam pelos povoados, aldeias e montanhas, levando esta Boa Nova: "O Salvador de Israel já está no meio do seu povo, e é necessário preparar sua apresentação ante o mundo."

Faqui e Judá levaram Jhasua, uma noite, ao panteão sepulcral de David, ponto de reunião, como já se sabe, dos mais ardentes opositores ao governo romano e aos abusos do alto clero, unido a ele em sua maior parte, em virtude da conveniência que disso resultava.

Jhasua sentiu-se surpreendido diante daquela massa de povo em cujos peitos via as iniciais da Santa Aliança. Compreendeu igualmente que Judá e Faqui haviam adquirido ali grande prestígio de chefes da grande cruzada libertadora de Israel, pois eram consultados e obedecidos em tudo.

Muitos desses filiados eram os antigos operários do príncipe Ithamar, pai de Judá, assassinado por ordem de Graco, nove anos antes. Achavam-se lá também os criados do príncipe Sallum de Lohes, já reabilitado em seus direitos e posses pelo Legado Imperial da Síria. Quase todos tinham igual ou parecida dependência de príncipes saduceus, que eram os mais castigados pelas arbitrariedades do poder reinante.

Inesperadamente, um homem de idade madura pediu a palavra e disse:

– Proponho a todos os irmãos que nos imponhamos a obrigação de avisar, uns aos outros, quando alguém puder averiguar onde se oculta aquele que é o nosso Rei e Salvador, para que, muito em sigilo, possamos oferecer-lhe pessoalmente a nossa adesão e receber dele as instruções necessárias.

"Se, como se diz, ele já tem 20 anos completos, pode muito bem colocar-se à testa de todos nós, que, unindo-nos aos grupos que estão sendo formados em todas as regiões do país, constituímos uma força respeitável e suficientemente capaz para expulsar o invasor. Direis se estou certo ou não."

Judá e Faqui entreolharam-se e, em seguida, observaram Jhasua, cujos olhos fixos no pavimento não deixavam transparecer nada do que se passava no seu interior.

Judá disse:

– Amigos. Trouxemos, nesta noite, um grande companheiro nosso, já conhecido de alguns dos presentes: *Jhasua de Nazareth*, que acaba de chegar dos cumes do Moab, em cujo grande Santuário se consagrou Mestre da Divina Sabedoria.

"Proponho que o escutemos e que sua palavra sirva de norma para o nosso caminho a seguir."

Os olhares de todos se fixaram em Jhasua, e uma onda de simpatia se estendeu por todo o ambiente.

Um grande silêncio se fez de imediato, e Jhasua, de pé, dirigiu-lhes a palavra nesta forma:

– Amigos da Santa Aliança,

"Vejo aceso em vossos corações o fogo santo da união fraternal, o qual vos fará grandes e fortes para trabalhar pelo ideal supremo, que vos designa *povo escolhido* pela lei deste momento, com o fim de receber o porta-voz da Verdade Eterna, que é Luz, Paz e Bem-estar para todos os povos da Terra.

"Venho, como foi dito, do Monte Moab, onde encontrei o Salvador que esperamos com ânsia febril e sei que ele está disposto a sacrificar tudo, absolutamente tudo, até a própria vida, em benefício da libertação de seus irmãos oprimidos por toda espécie de sofrimentos ..."

Um grito unânime, entre estrondosos aplausos, retumbou nas criptas do panteão de David ... "Hosana ao filho de David, Salvador de Israel! ..."

"Acabo de encontrá-lo – continuou dizendo Jhasua – e compreendi que a sua ação não será de armas e de sangue, mas dessa resistência silenciosa e firme, que faz de cada coração um bloco de diamante, no qual se desmancham todas as ciladas e maquinações de astutos adversários, que procurarão comprar com ouro as consciências no intuito de fazer calar o raciocínio e a lógica e desfigurar a verdade para que reine o fanatismo e a mentira, único meio de triunfo com que contam os opressores dos povos.

"Vosso Messias sabe que somente de vós próprios virá a libertação de todas as cargas que suportais, se fordes capazes de conquistar, a todo o transe, a nova vestimenta que ele exigirá para todos aqueles que querem compartilhar com ele a árdua e penosa missão de dar aos homens a grandeza, a paz e a felicidade que procuram.

"Não existe lã nem linho nem seda que possam tecer esta vestimenta, que não é matéria corruptível, mas imaterial e eterna: é tecida de desinteresse, abnegação, espírito de sacrifício e de uma aspiração poderosa e forte, como o vendaval que tudo arrasta; e de melhoramento social, material e espiritual, para todas as raças e povos da Terra.

"Vosso Messias sabe que deve ser desterrado o pensamento egoísta de que só Israel deva ser salva. Nossa Nação, por grande que nos pareça, é tão-só, como a toalha da nossa mesa, e muito pouco teremos feito se apenas formos capazes de manter limpa a nossa toalha, deixando que, ao redor dela, se agigante em ondas raivosas o mar de sangue e pranto, de imundície e miséria que nos rodeia por todos os lados.

"Vosso Messias sabe que o povo de Israel foi o primeiro a ser chamado, nesta hora da evolução humana, para dar o grito de libertação de toda espécie de escravidão; e sois vós, amigos da Santa Aliança, os arautos da liberdade, filha de Deus, que faz de cada homem um apóstolo da dignidade humana, lacerada, ofendida, pisoteada e espezinhada por todos os despotismos, criados e sustentados pela soberba e pelo egoísmo de audazes aventureiros, que se apropriaram do poder por intermédio da inconsciência e da ignorância das massas populares.

"Vosso Messias sabe que, se a Santa Aliança consegue destruir essa inconsciência e ignorância dos povos, substituindo-as pela convicção razoável e lógica do melhor, do justo, do grande, nobre e verdadeiro que há na vida humana, o triunfo é certo, como certo é o fogo aceso com uma faísca em dia de vento, cujas correntes levarão sua chama viva por todas as partes onde haja uma planta de feno na qual possa se prender ..."

Jhasua foi interrompido por clamores fervorosos e ardentes:

– Queremos ver e ouvir o nosso Messias-Salvador! ... Se tu o encontraste e o viste, por que não o podemos ver nós também?

"Meus amigos ... passei toda a minha vida preparando-me com estudos, abstenções e renúncias para encontrar o Messias que pedis para ver e ouvir neste instante. No meu Eu Interior, já aceitei todos os sacrifícios que a Eterna Lei impõe àquele que voluntariamente quiser compartilhar com Ele a salvação dos homens. Acreditai-me, porque estou em condições de afirmar em nome de Deus, que é Justiça e Amor: Quando estiverdes preparados, o Messias estará ante vós para iniciar a marcha para a conquista de todas as grandezas e felicidades possíveis nesta Terra. Eu acendo, neste momento, vossas lâmpadas apagadas e peço a Deus, Sabedoria Eterna, que todos encontrem a sua luz e o caminho, no qual vos aguarda o Salvador da Humanidade."

A fisionomia de Jhasua resplancedeu com suave luz na penumbra da cripta sepulcral, e a irradiação do seu amor soberano era tão forte que alguns mais sensitivos deram este alarmante grito:

– Tu és o Messias, filho de Deus! ... Tens luz de Profeta na fronte! ... Jehová baixou sobre ti! ... És o Salvador de Israel! ...

Judá e Faqui intervieram para acalmar essa tempestade de entusiasmo, que ameaçava esmagar a Jhasua, sobre quem todos se precipitavam procurando remédio para seus males físicos, pois existiam ali alguns enfermos e outros que tinham enfermos em suas famílias. Estava anunciado que a presença do Messias remediaria todas as dores humanas!

Os mais conscientes ajudavam Judá e Faqui a formar uma cadeia de braços

unidos, isolando Jhasua daquela onda humana que investia contra ele, que, branco como uma estátua de marfim iluminada pela luz da lua, disse:
— Por amor ao vosso Messias, Deus, Poder Infinito, vos dá tudo quanto necessitais neste instante.

Sem dar tempo a que se refizessem da potente onda magnética que ele emitira sobre todos, saiu rapidamente da cripta e recostou-se atrás de um montão de feno enfeixado, que algum pastor deixara sob os sicômoros para levá-lo no dia seguinte.

Esse repentino desaparecimento foi tomado como milagroso, e toda aquela multidão chegou a persuadir-se de que Jhasua era o próprio Messias que lhes havia falado.

— Seja quem for — disse Judá apoiado por Faqui —, o tempo revelar-nos-á toda a verdade. Nós também cremos que ele seja o Messias; no entanto, se ele recusa a confessá-lo, respeitemos o seu segredo, demonstrando, assim, que somos capazes de compreender seus desígnios e pensamentos.

Ao anoitecer do dia seguinte, Judá e Faqui levaram Jhasua em direção à Porta de Damasco, chamada comumente *Porta do Norte*, e conduziram-no a um imenso bosque de oliveiras com várias milhas de extensão, propriedade do príncipe Jesuá, filho de Abinoan, para quem Jhasua trouxera uma das cartas de Melchor de Horeb. Apenas anoitecia e as trevas se fizeram completas, porque as oliveiras centenárias de tal maneira misturavam seus ramos uns nos outros que não deixavam penetrar senão débeis raios de luz. Ali esperava-os Jesuá, com duzentos e cinqüenta de seus trabalhadores, que, ao redor de uma formosa fogueira, repartiam entre si pedaços de cordeiros assados, com saboroso pão e o melhor vinho das adegas do príncipe, amplamente generoso para com seu servidores. Grande foi sua alegria ao voltar a encontrar-se com Jhasua.

— Envelheceste, jovem! Que se passou? — perguntou ele, assim que o viu.

— Já deixei de ser menino para me transformar em homem que toma para si a dor de toda a Humanidade — respondeu Jhasua.

— Não tanto. Não tanto, a ponto de chegar a prejudicar a tua saúde — insistiu o príncipe.

"Com o favor de Deus e a nossa boa vontade, carregaremos todos juntos a dor do nosso povo, e pouca sorte teremos se não conseguirmos remediá-la.

"Sentai-vos para comer e depois seguiremos viagem." — E apontou para um alpendre de bambu e junco, onde, à luz de uma lamparina de azeite, se via uma mesa rústica coberta com uma toalha branca.

Ao saudar os diversos grupos de lavradores que o observavam, Jhasua compreendeu que Judá e Faqui estavam familiarizados com eles.

Conduzido pelo príncipe Jesuá, entrou no alpendre e sentou-se à mesa, junto com Judá e Faqui.

— Creio ter ouvido que "continuaremos viagem". Para onde? Pode-se saber? — interrogou Jhasua, servindo-se da travessa de comida que se achava próxima.

— Onde termina este bosque de oliveiras, ali estão as tumbas dos Reis, de cuja guarda foram encarregados os meus antepassados por Maasias, governador de Jerusalém, nos tempos do Rei Josias, o Justo. Desde essa época, temos mantido essa custódia, por uma razão muito grande, que é manter o domínio da família desde a cidade até Mizpa, que fica no limite do vale das Tumbas Reais. Até lá será a nossa viagem desta noite, onde se concentrarão os componentes da Tribo de Benjamin, da qual sou um dos príncipes mais antigos, descendentes em linha reta de Elidad, filho de Shislon, nomeado por Moisés para tomar posse da parte de terras adjudicadas à

Tribo de Benjamin. Menciono estas circunstâncias com o desejo de vos fazer compreender que estaremos ali em perfeita segurança. As criptas são imensas, e aquele velho monumento está esquecido desde que o Rei Herodes, pai, comprovou nada poder tirar dali que pudesse ser utilizado no aprimoramento da estética e da riqueza de seus palácios.

Terminada a refeição, foram saindo do bosque de oliveiras em grupos de seis ou sete para passar mais despercebidos, se bem que os grandes barrancos, que havia de um e outro lado do caminho, o tornassem muito pouco transitável ao chegar a noite.

O príncipe Jesuá, com Jhasua, Judá e Faqui, e mais dois servidores de confiança, foram os últimos a abandonar o espesso bosque e empreender a caminhada, sem outra claridade que a luz das estrelas.

Quando chegaram às Tumbas dos Reis, um dos servidores do príncipe acendeu uma tocha de fios encerados e a levantou para o alto três vezes, apagando-a em seguida.

Era o sinal, e imediatamente viram surgir por entre os barrancos, descer das árvores e sair dentre os restolhais uma multidão de homens obedientes à ordem. A negra boca de túnel de entrada foi tragando todos com vertiginosa rapidez.

Finalmente, entrou o príncipe com os acompanhantes, que conhecemos, deixando dois servidores de sentinela.

Jhasua e Faqui jamais tinham estado naquela cripta enorme, construída para guardar sob seus blocos de granito todos os Reis de Israel, ainda quando tivessem sido um milhar além dos que realmente o foram.

Eram inumeráveis as cavidades abertas nas paredes laterais e já tapadas com blocos de pedra, nos quais aparecia o nome de seu real ocupante. Sobre o pavimento das amplas salas, achavam-se tumbas levantadas a dois pés acima do solo, que serviam de assento aos componentes daquela assembléia noturna.

Sobre uma dessas tumbas estava escrito em hebraico antigo: "Aqui dorme Asa, Rei de Judá, que reinou durante quarenta e um anos em Jerusalém. Pelo fato de ter agido com retidão ante Jehová, seja louvado para sempre."

Chamava a atenção a esmerada limpeza dessa tumba, que, como se podia ver claramente, havia sido polida e decorada com flores de bronze em alto-relevo, enquanto as demais, cobertas de pó, que já formava uma grossa camada sobre elas, denotavam claramente o abandono em que se encontravam.

Jhasua deteve-se em observar essa circunstância, e Judá aproximou-se dele.

— Chama a tua atenção, Jhasua, que a tumba de Asa, Rei de Judá, se encontra decorada e brilhante de limpeza?

— Adivinhaste. Pensava eu justamente nisto — respondeu o Mestre.

— Repara neste bordo dianteiro — acrescentou Judá. — Pode ler aqui?

Jhasua leu:

"Eliézer Ithamar, filho de Abdi Hur, em eterna gratidão ao Rei, protetor de seus antepassados."

— Eliézer, filho de Abdi Hur, foi teu pai, não é verdade?

— Quantas vezes ele me trouxe aqui, quando eu era menino, para venerar esta sepultura e orar a Jehová pela libertação de Israel! — respondeu o jovem príncipe Judá, profundamente comovido.

"Ao que parece, desde os tempos de Josué, a quem acompanhou um de nosso sangue durante a entrada triunfal em Jericó, a minha família teve a má estrela de excitar a inveja dos homens; e, no correr dos séculos, nossas crônicas de família contam que um antepassado nosso esteve a ponto de ser assassinado e roubado; de modo que, se não fosse pela justiça do Rei Asa, teríamos passado a ser escravos de um tal Baasa, Rei dos samaritanos. Por isto, de pai para filho, vai passando a nossa gratidão ao Rei Asa, descendente direto de David. Dize-me, Jhasua: é verdade que as almas humanas tomam novos corpos para repetir algumas vezes suas vidas físicas? A escola de Sócrates e de Platão asseguram que é assim."

— É uma das grandes verdades da Eterna Lei. A alma humana aparece muitas vezes no cenário da vida física em corpos diferentes. Por que perguntas isto?

— Porque, uma noite, quando me vi livre no meu desterro, desmontei, ao chegar a uma ribanceira da Torrente do Cédron. Esperando que caísse a noite para entrar em Jerusalém a fim de obter notícias de minha mãe e de minha irmã, fiquei adormecido ao pé de uma colina coberta de vegetação. Sonhei que uma mulher muito formosa e já entrada em anos me disse: "Levanta-te, Asa, Rei de Judá, pois esta colina um dia foi amaldiçoada por ti, porque eu, tua mãe, havia construído um altar a um ídolo que me trazia sorte." Este foi o meu sonho.

— Esse fato aparece nas crônicas dos Reis de Judá — esclareceu Jhasua —, e não existe nenhum inconveniente em acreditar que sejas atualmente uma encarnação de Asa.

Este diálogo foi interrompido por duas sonoras batidas de palmas do príncipe Jesuá que, ajudado por Faqui, havia acomodado todos os presentes sobre os sepulcros dos Reis de Israel.

— Companheiros da Santa Aliança — disse Jesuá. — Todos sabeis o motivo que nos reúne hoje aqui: unirmo-nos cada vez mais para salvar nossa Nação da opressão em que se encontra. A primeira coisa a fazer é nos organizarmos, e aqui tendes três jovens de grande capacidade, os quais já conheceis pelos nomes: Jhasua, Judá e Faqui. Os três servirão de escreventes para anotar em nosso registro desta noite os vossos nomes e o lugar em que podeis desenvolver vossas atividades.

As mesas dos embalsamamentos serviram de escrivaninhas, e os três jovens anotaram trezentos e quarenta nomes, entre os quais havia pessoas de regiões distantes: de Hesbon e Filadélfia na Peréia, de Abila e Raphana em Traconítis, e de Hezron e Reheboth na Iduméia.

Os que vinham de Hesbon, Filadélfia e Raphana traziam recomendações do Scheiff Ilderin, com cujos domínios, no deserto da Arábia, limitavam ditas povoações.

Jhasua, que ainda guardava em sua bolsa de viajante uma carta de Melchor para o Scheiff Ilderin, prestou atenção especial a esses personagens e conversou com eles sobre o Scheiff, do qual obteve excelentes informações. Muito embora não sendo hebreu, era homem crente em Deus e amigo da justiça e da lealdade. Sentia-se sempre capaz de se sacrificar por alguém que chamasse de amigo. Esta sua fé no poder infinito de um Deus justo tinha feito com que ele simpatizasse com o povo hebreu, único que não se havia contaminado com a adoração de múltiplos deuses, a que o resto do mundo se havia entregue.

Judá conhecia-o pessoalmente e, em sua vida errante de fugitivo, havia sido hóspede em sua tenda no Horto das Palmeiras.

Faqui, por sua vez, lembrou-se de que, no hipogeu de Mizraim, tinham falado desse personagem, cuja múmia, de uma distante vida física, haviam contemplado no fundo daquela tumba milenar, perdida no Vale das Pirâmides, ali, em sua terra natal, da qual se encontrava ausente por amor a Jhasua.

O nome, pois, do Scheiff Ilderin teve a magia de despertar o interesse que as recordações profundas conservam nas pessoas de temperamento veemente e sensitivo.

Jhasua, Judá e Faqui estavam como que ligados a esse personagem, e, quando terminaram de registrar todos os nomes, chamaram à parte aqueles homens que vinham recomendados por ele. Eram seis jovens, de 30 a 37 anos, todos eles aparentados entre si por casamentos de uns com as irmãs dos outros. O kabir da caravana, que ia de Jerusalém a Filadélfia, parente de alguns deles, havia levado a notícia dos rumores que corriam na Judéia com relação ao nascimento do Messias, Salvador de Israel, e da Santa Aliança, que estava sendo formada secretamente para preparar sua entrada triunfal na posse do trono de David, seu distante antecessor.

Jhasua não deixou de se sentir sobressaltado ao ver as proporções que começava a tomar aquele projeto de rebelião contra os poderes ilegalmente constituídos na terra em que a Eterna Lei o havia feito nascer.

O príncipe Jesuá apenas conhecia de nome o Scheiff Ilderin, chamado *o generoso*; contudo ao inteirar-se por Jhasua de que era grande amigo do príncipe Melchor, e que trazia de Alexandria uma carta de recomendação para lhe ser entregue, interessou-se vivamente pelas pessoas que vinham recomendadas por tão ilustre personagem, e as reteve até que, dispensada toda a multidão com as instruções necessárias, ficassem a sós e dispostas a uma confidência que orientasse a todos.

Eram dois irmãos os chegados de Filadélfia: Harim e Zachur, comerciantes de peles, e eram, ao que parece, os mais capacitados daqueles seis homens procedentes da Peréia, cujo soberano era Herodes Antipas, segundo filho de Herodes, o Grande.

Consoante sua genealogia, pertenciam à Tribo de Gad, um dos doze filhos de Jacob, e descendiam em linha reta de Genel, filho de Machi, um dos que obteve a concessão, por parte de Moisés, de estabelecer-se naquela região oriental do Jordão, onde ainda permaneciam os numerosos descendentes dessa tribo. Todos compreenderam que os dois irmãos eram pessoas influentes em sua terra natal, e que podiam ser excelentes sustentáculos para a reconstrução da grandeza da Nação. Seus avós haviam sido poderosos nos tempos passados; no entanto, o domínio romano os havia empobrecido ao onerar todo o comércio com fortes tributos, além dos assaltos às caravanas, ordenados ou permitidos pelos procuradores romanos, que faziam passar os produtos para suas arcas particulares.

Seu comércio de peles, nos bons tempos, dava o sustento, com bastante folga, a grande parte daquelas povoações. Arruinados pelos romanos, a fome e a miséria fizeram-se sentir com bastante intensidade em toda a Peréia; pois, além do poder romano, o Rei Herodes Antipas tinha seus agentes cobradores de outros tributos, impostos por ele para suas intermináveis orgias e para manter o luxo e o esplendor de seus numerosos cortesãos.

Ambos os irmãos perceberam as extremadas precauções com que, na Judéia, teriam que desenvolver toda atividade tendente a derrotar os governantes espúrios; e um deles, o mais velho, ou seja, Harim, disse:

— Nossa terra chega até o Monte Jebel, uma cordilheira de mais de cinqüenta milhas, que é o limite natural a separar-nos do deserto da Arábia.

"Somente nós e o Scheiff Ilderin, nosso amigo, mantemos domínio sobre toda essa montanha, que é um excelente lugar para acampamento de formação dos exércitos destinados a fazer respeitar o Rei de Israel, o Messias-Salvador, o qual há de libertar a nossa raça do domínio estrangeiro.

"Se julgardes conveniente, príncipe Jesuá, mandai conosco emissários da Santa Aliança com os primeiros voluntários da grande cruzada libertadora, pois, entre o Scheiff Ilderin e nossa numerosa família, cuidaremos para que não lhes faltem os meios de sustento.

"Aquela montanha solitária tem imensas cavernas, numa das quais o Scheiff está armazenando provisões e armas que chegam do Golfo Pérsico através do Eufrates, e também de Antioquia e Damasco."

Todos se entreolharam assombrados e, logo em seguida, esses olhares se pousaram em Jhasua, onde todos procuravam perceber, sem palavras, sua impressão sobre esse particular.

– Eu penso – disse ele, ante a insistência daqueles olhares investigadores – que não serão necessários exércitos armados. A Santa Aliança é, na verdade, uma força disciplinada como um exército, mas seus meios de luta são o ensinamento, a persuasão e a hábil conduta das massas para uma resistência passiva, que, formando um vazio ao redor dos poderes ilegítimos, os obrigue a mudar seus caminhos ou a se retirarem, convencidos da impossibilidade de dominar o povo.

– Difícil me parece que os romanos abandonem a presa sem luta, quando todos nós os temos visto continuamente procurando pretextos para se darem por ofendidos e apresentar combate a todos os povos da Terra, uns depois dos outros.

"Em nosso país correm rumores de que as águias romanas preparam suas garras contra os partos, que ainda se mantêm livres. Poderia, então, ser oportuno que caíssemos sobre eles pelo sul, visto como os partos são bravos e nos servirão de grande ajuda para cercar os romanos entre as montanhas e o deserto. Ilderin pensa desta forma e com muita razão."

– Que fale o príncipe Jesuá, pois foi ele quem nos congregou neste lugar – disse uma voz varonil que saiu de repente do meio do grupo.

– Que fale! – foi a confirmação por parte de todos os presentes.

– Encontro-me indeciso entre duas forças que parecem excitar a minha vontade – disse o príncipe, que era a mais idosa pessoa de toda aquela reunião.

"Levar a nossa Nação à guerra é duro, duríssimo, para quem a ama como eu a amo.

"E sem a absoluta certeza do triunfo é ainda muito mais cruel, porque, se hoje o jugo que suportamos é duro, será cem vezes maior se, por desgraça, formos vencidos nesta nossa justa rebelião."

– Seremos muitos, quando estivermos unidos com Ilderin e com os partos – disse o de Filadélfia.

– E com os tuaregues do Norte da África – interrompeu a voz sonora de Faqui.

Todos olharam para o jovem egípcio, cujos olhos brilhavam de entusiasmo.

– Muito bem, seremos muitos – continuou o príncipe Jesuá –; entretanto, não possuímos a austera disciplina das legiões romanas, que se movem como uma máquina, cujas infinitas guarnições obedecem automaticamente a uma vontade de ferro: o generalíssimo que as comanda. A nós falta essa admirável unidade que os torna invencíveis.

– Pronunciastes a grande frase, príncipe Jesuá, e perdoai minha interrupção – disse Jhasua.

– Falai, falai – disseram várias vozes ao mesmo tempo.

– Falta-nos a *unidade* – continuou Jhasua –, e, muito embora jovem e inexperiente nesses assuntos, julgo ser gravíssimo erro pensar em conduzir nosso país a uma guerra tão mortífera quanto desigual.

"Enquanto nos faltar a unidade, como adverte o nobre príncipe Jesuá, toda tentativa de liberdade é inútil, e daí a grande e necessária obra que realizará a Santa Aliança, se a apoiarmos para fortalecê-la e engrandecê-la. Façamos como os pastores para defender seus rebanhos das feras: uma forte cerca de ramos espinhosos, estreitamente enlaçados uns nos outros. Unamo-nos com amor, com espírito de sacrifício, com desinteresse e buscando tão-só o bem-estar de todos, a paz para todos e a abundância para todos. Quando houvermos conduzido o nosso povo a esse nível moral, que torna o homem capaz de um sacrifício pelo bem de seus semelhantes, então será o momento de dizer ao intruso déspota que nos esmaga: Fora daqui, que não há lugar para os tiranos no meio de um povo que quer a justiça e a liberdade!

"Será bom organizar forças armadas mui secretamente, como uma defesa, qual muralha de contenção que imponha respeito ao inimigo, cujo caráter, essencialmente guerreiro, não teme outra força que a das armas.

"A união de todas as raças e de todos os povos amantes da liberdade e da justiça é a única promessa certa que vejo brilhar no horizonte como uma luz de alvorada para um futuro ainda distante.

"Educar os povos no nobre desinteresse, que conduz à fraternidade e ao amor de uns para com os outros e anula a separatividade cruel do *teu e do meu* é jornada longa e penosa, meus amigos, e esta será a obra da Santa Aliança, se cada um de nós se constituir num apóstolo da unidade nacional primeiro, e de todo o mundo depois."

– Muito bem, muito bem – disseram os ouvintes. – Formemos, pois, a Santa Aliança para preparar a união do nosso povo entre si e com os povos vizinhos de nossa terra, também avassalados como nós.

Jhasua, Judá e Faqui anotaram trezentos e quarenta nomes nessa noite em que o fogo santo do entusiasmo pela imediata libertação ardia vigoroso em todas as almas.

Começava já a segunda hora da noite, quando abandonaram as Tumbas dos Reis para regressar à cidade por caminhos diferentes.

Os empregados do príncipe Jesuá ficaram nos alpendres do bosque de oliveiras, onde quase todos eles viviam permanentemente.

Os três jovens amigos acompanharam o príncipe Jesuá até sua residência, no bairro do Mercado da Porta de Jaffa, e depois se dirigiram ao palácio de Ithamar, onde Noemi e Thirza ainda estavam acordadas, aguardando Judá.

– O Ungido de Jehová vem contigo! ... – exclamou a mãe, inclinando-se para beijar a orla de sua túnica. – Que glória é esta para a nossa casa?

Jhasua havia tomado as mãos da mulher para evitar que ela se prostrasse por terra. Judá beijou a mãe e a irmã, manifestando certa contrariedade pelo fato de se acharem em vigília ainda àquela hora da noite.

Faqui aproximou-se de Thirza, cuja beleza delicada e transparente lhe recordava as pinturas da Rainha Selene, que seu pai conservava em Cirene, sua cidade natal.

Uma secreta simpatia havia nascido entre ambos, e Jhasua, que isto observara, disse com sua graça afável e suave como uma carícia:

– É junto a um penhasco de granito que se guarda melhor o lírio do vale ... não é assim, Faqui?

– Como queiras, Jhasua, já que teus pensamentos e idéias nos trazem sempre uma nova luz – respondeu sorridente.

Thirza ruborizou-se intensamente, e foi retirar de um grande braseiro de cobre um jarro de prata com xarope de cerejas, com o que costumava esperar seu irmão quando este saía durante a noite. Este empurrou a mesinha rodante para junto do divã, no qual sua mãe estava sentada com Jhasua, e partiu em vários pedaços uma torta de ovos e amêndoas, dizendo:

– Estou vendo aqui as mãos morenas e ágeis da minha boa Amhra, que é mestra em preparar guloseimas para o "seu menino" que já é homem.

A boa mulher que, na alcova imediata, esperava suas amas para ajudá-las a entrar em seus leitos, ao ouvir seu nome, com o cansado rosto iluminado de alegria, apareceu pouco depois com uma grande bandeja onde trazia manteiga, queijo fresco e delicados bolos, que havia conservado no forno para que seu "menino" os encontrasse quentes.

– Tenho também codornizes assadas e pastéis com mel – disse ela, orgulhosa de sua habilidade na arte de ser agradável a paladares delicados.

– Está bem, Amhra. Traze tudo o que tiveres, pois a caminhada que fizemos nos deixou dispostos a devorar tudo quanto encontrarmos.

Em seguida, Judá mencionou tudo quanto havia ocorrido nessa noite nas Tumbas dos Reis.

– E nós não podemos formar parte da Santa Aliança? – perguntou Noemi, enquanto servia seus visitantes.

– Vós, sim, antes de qualquer outra pessoa – respondeu Jhasua –, visto que conheceis a fundo a divina ciência de amar.

"A Santa Aliança nada mais é que uma forte corrente de amor.

"Se for de vosso agrado, colocar-vos-ei em entendimentos com minha mãe e com outros parentes residentes nessa cidade, e podereis colaborar, como julgardes melhor, no apostolado da Santa Aliança ..."

– Oh, a vossa mãe! ... Julguei que não a tínheis e que, como Elias, houvésseis descido dos Céus de Jehová! ... – exclamou Noemi juntando suas mãos em atitude de oração.

– Tenho pai, mãe, irmãos e muitos parentes na Galiléia, mais do que aqui. As almas surgem, na verdade, do seio de Deus, mas a matéria procede da própria matéria. Esta é a lei da vida neste planeta.

– E o que as mulheres têm a fazer na Santa Aliança? – perguntou Thirza com certa encantadora timidez, enquanto servia pastéis a Faqui e a seu irmão.

– Jhasua já mencionou isso, e não sei como o esqueceste – respondeu Judá com malícia –: Teu trabalho será o amor, e nada mais que o amor! – Ao mesmo tempo ele envolveu a ela e a Faqui num inteligente e terno olhar.

A jovem procedeu como se não tivesse compreendido, e foi ao braseiro buscar novamente o jarro de xarope para encher de novo as taças.

Faqui não escondia sua satisfação ante as alusões indiretas do amigo.

– Se soubésseis quanta miséria e quanta dor há no nosso povo, compreenderíeis onde começa o vosso apostolado na Santa Aliança, mas não onde termina – disse Jhasua com a voz comovida pelas dolorosas recordações. – No monte dos leprosos, há muitos curados que, por falta de roupa, não podem apresentar-se aos sacerdotes para serem declarados limpos do seu mal e novamente incorporados à sociedade humana.

"Encarregai-vos deles, e tereis realizado a melhor parte no apostolado da Santa Aliança."

– Contudo, logo retornarás à Galiléia, e o fogo irá se apagando nas fogueiras ... – insinuou Judá com pesar. – Também tenho deveres a cumprir no norte, e, se não fosse por minha mãe e Thirza, partiria contigo.

A mãe observou-o, alarmada.

– Passamos sete anos de terrível separação e já queres deixar-nos? ... – perguntou com dolorido acento.

– Há um velho ditado cheio de sabedoria – observou Jhasua – que diz: "*O amor salva de todos os abismos.*"

"O vosso ainda não é um grande problema, e essa sentença pode ser aplicada com sabedoria."

— Onde estará a dificuldade que o nosso Jhasua não saiba solucionar? — perguntou Faqui, quase adivinhando a solução que ele ia propor.

— A reivindicação definitiva dos direitos da família ainda não chegou de Antioquia, visto que o Cônsul, ao que nos parece, está entretido com o assunto de procurar complicação com os partos para lhes fazer guerra — continuou dizendo Jhasua.

"Tendes alguma dificuldade para empreender uma viagem à Galiléia, junto com a minha família, e aguardar lá, com mais tranqüilidade, a solução de vossos problemas?"

— Judá o dirá ...

— Di-lo-ás tu, minha mãe. Acaso não és a chefe da família?

— Estaremos lá mais tranqüilas, não é verdade, Thirza?

— Contigo, mãe, irei até o fim do mundo — respondeu a jovem. — Não vivi sete anos ao teu lado no calabouço sem ar e sem luz?

— Está bem. Vamos, pois, ao norte para respirar ares mais serenos que os da nossa amada cidade natal — respondeu a mãe. — Quando será a viagem?

— Daqui a três dias, se puderdes preparar-vos em tão breve tempo — respondeu Jhasua.

— Bastará apenas o dia de amanhã para comprar as roupas para os leprosos — disse a jovem —, e disto encarregaremos Amhra. A probrezinha vai padecer tanto se a deixarmos!

— É que não deveis deixá-la — disse Judá —, pois somente ela sabe cuidar de vossa delicada saúde.

— Shipro e Eliacin também virão conosco.

— E tu, Faqui — perguntou Jhasua —, não virás com alegria conhecer a minha tranqüila e alegre Galiléia?

— Bem sabes, Jhasua, que por seis luas serei completamente teu. Meu pai ainda não reclamou o meu regresso — respondeu o jovem egípcio.

Ficou, pois, combinado que, três dias depois, ambas as famílias empreenderiam a viagem até as luxuriantes serranias do norte.

No dia seguinte, Myriam, com Lia, Noemi e Thirza, eram conduzidas por Judá e Faqui ao poço de En-Rogel, visto pelo leitor no centro do semicírculo que forma o trágico Monte do Mau Conselho.

Eliacin e Shipro levavam dois asnos carregados com roupas para vestir os leprosos que, embora semidesnudos, tinham a imensa felicidade de saberem-se curados.

Através de seus relatos, cem vezes repetidos, as quatro mulheres compreenderam que era Jhasua quem os havia curado.

E Noemi disse:

— O jovem Profeta que vos curou envia-nos para vos vestir a fim de que possais cumprir imediatamente a lei da vossa purificação.

Jhasua teve a satisfação de ver que Noemi e Thirza amaram tanto a sua mãe que pôde pensar em silêncio:

"Não ficará tão sozinha quando eu me afastar do seu lado."

A Galiléia

A família do desventurado príncipe judeu Eliézer Ithamar de Hur ainda se via obrigada a ocultar sua presença no país de seus ancestrais, e foi por isso que, para realizar a viagem às regiões do norte, utilizaram uma das grandes carruagens de viagem, que, desde alguns anos, eram guardadas nas cavalariças do palácio. Retiraram das portinhas o escudo da família, que era um ramo de oliveira e outro de parreira, enlaçados ao redor de uma estrela de cinco pontas, formoso símbolo de Deus, irradiando paz e abundância. Em seu lugar colocaram o escudo usado pelos tuaregues desde os tempos da destruição de Cartago, sua grandiosa metrópole: um leão e uma serpente adormecida sob uma palmeira, iluminados por um sol nascente.

Era esse o escudo de Faqui, o príncipe africano, cujo significado, como já dissemos, era a união de Aníbal e Cleópatra, ou seja, a pradaria do Nilo com os penhascos do deserto.

Seria, pois, Faqui quem apareceria, durante todo aquele trajeto, como dono daquele suntuoso veículo usado no país apenas por pessoas de categoria elevada e, mais comumente, pelos representantes do governo romano, ou por príncipes estrangeiros que viajassem com suas famílias.

Faqui, com os criados Eliacin e Shipro, realizariam a viagem a cavalo, escoltando o carro puxado por quatro mulas manejadas pelas hábeis mãos de Judá, acostumado a conduzir quadrigas velozes nas corridas do Circo Máximo de Roma.

Jhasua com seus pais, Noemi, Thirza e Amhra iriam comodamente sentados nos assentos interiores do veículo encortinado de azul. Haviam-se despedido do Comandante da Torre Antônia, que lhes concedeu um passe para sair da cidade na hora que lhes aprouvesse.

Saíram, pois, antes de clarear o dia, pelas cavalariças do palácio de Hur, o qual ficaria aos cuidados dos antigos servos do príncipe, que tinham retornado em sua totalidade, buscando a suave proteção do amo, que não se encontrava com facilidade da parte de outros senhores.

Situado o palácio na parte ocidental da avenida que corria de leste a oeste, passando pela fachada norte da imensa construção da Torre Antônia, precisaram percorrer a grande rua que desembocava na *Porta Velha*, como, nessa época, chamavam a que hoje é denominada *Porta de Santo Estevão*.

Ali começava o caminho para Jericó, que os viajantes seguiriam por ser o mais direto e correr paralelo ao rio Jordão, cujas margens montanhosas e de exuberante vegetação ofereciam panoramas deliciosos e reconfortantes ao espírito.

As duas ex-cativas choravam de felicidade, quando, recolhidas as cortinas do veículo, puderam contemplar, a seu gosto, as belezas que a natureza oferecia nas redondezas do rio sagrado, depois de terem passado sete anos num escuro calabouço.

Nesse meio tempo, saboreava Jhasua a infinita delícia de ver todos contentes e felizes, sabendo que aquele tranqüilo bem-estar tinha sido concedido pela Eterna Lei por seu intermédio. De imediato, veio-lhe esta idéia: "Talvez, quando chegar a hora da imolação, atravessarei a velha cidade de Salomão de maneira bem diferente desta em que a atravessei agora. Neste momento, sou um benfeitor. Futuramente, serei um justiçado." – Absorto por esse pensamento, disse em voz alta:

– Quando será esse dia?

– A que dia te referes, Jhasua? – interrogou Myriam, observando-lhe a distração.

— Nada, mãe ... o dia da liberdade, no qual pensava tão intensamente que passei do pensamento para a palavra sem percebê-lo.

— Nesse dia pensamos todos com ansiedade e angústia ao mesmo tempo — disse Noemi.

— Por que com angústia? — interrogou Judá, do assento dianteiro.

— Porque isso não será conseguido sem vítimas e sem sangue — voltou a dizer Noemi, cuja clarividência era grande sem que ela mesmo soubesse disso.

"Ao atravessar a cidade — continuou —, e nessa penumbra da madrugada, parecia-me ver dolorosas cenas nessa mesma rua, que, passando por uma das fachadas da pavorosa Torre Antônia, onde se encerram todos os presos políticos, por força foi e será o cenário de terríveis passagens aos lugares de suplícios."

Quem haveria de dizer àqueles felizes viajantes que, doze anos depois, por essa mesma rua, passaria curvado pelo peso do infame madeiro, no qual devia morrer crucificado, o formoso e meigo Jhasua, que, nos atuais momentos, fazia a felicidade de todos!

— Não falemos de tristezas, mãe! — disse Thirza suplicante. — Juntas, padecemos tantas, nestes últimos sete anos, que é justo não mencioná-las mais.

A viagem continuou sem incidentes até Jericó, onde deviam tomar um breve descanso e proporcioná-lo também aos animais que os conduziam.

Enquanto as mulheres e Joseph descansavam na casa dos parentes de Myriam, que o leitor recordará, Jhasua, Judá e Faqui visitaram os dirigentes da Santa Aliança, que ali era bastante numerosa.

A princesa árabe cujo filhinho fora salvo da morte por Jhasua havia se estabelecido numa grande casa, cujos hortos limitavam com o campo do Circo, e pelo outro lado, com um olivar abandonado por seus donos, com as cercas em ruínas e caídas em parte, motivo por que era como um refúgio de pessoas sem lar.

A referida princesa já estava unida a seu esposo, ao qual Jhasua encontrara na primeira visita que fez aos conjurados na tumba de David.

Era, o esposo da princesa, o principal dirigente da Santa Aliança em Jericó, para a libertação de Israel.

O velho olivar abandonado, ou, melhor dizendo, usufruído por todos aqueles que queriam entrar nele, achava-se cheio de lavradores a limparem as árvores, e de pedreiros que reconstruíam as cercas, as casas, os reservatórios de água e as ameixeiras do imenso horto.

Isso chamou a atenção de Judá, pois aquele olivar havia pertencido a seu pai antes da grande tragédia.

Sem mais rodeios, aproximou-se dos trabalhadores e os interrogou. O encarregado dos operários disse que seu chefe era o comerciante Simônides, e que este o havia enviado de Antioquia para dirigir a reconstrução.

— Esta propriedade — disse o encarregado — era do príncipe Ithamar de Jerusalém, cuja família desapareceu pouco depois de ele ser assassinado. O velho Simônides não dá conta a ninguém de seus atos, e suponho que, se ele mandou reconstruir tudo isto, é porque provavelmente o comprou.

— Jhasua — perguntou logo Judá afastando-se um pouco —, não trazias uma carta de recomendação do príncipe Melchor para Simônides, o comerciante de Antioquia?

— Sim, eu a tenho aqui. Penso em seguir viagem até lá assim que chegarmos a minha terra natal — respondeu o jovem Mestre.

— Não sei se te disse — continuou Judá — que esse comerciante foi o administrador geral de meu pai, e parece que continua em seu cargo, visto como mandou reconstruir o olivar que pertenceu à minha família. Teremos que ir vê-lo. Minha mãe e minha irmã irão comigo.

– Iremos os quatro – disse Faqui, chegando nesse momento. – Em Antioquia, os tuaregues têm grandes aliados.

Continuaram a viagem até Phasaelis, que era a segunda jornada. O caminho aproximava-se cada vez mais das margens do rio Jordão, que, nessa época, início da primavera, começava a ser freqüentado por doentes de toda espécie. Foram encontrando em seu caminho inumeráveis tendas.

– Em cada uma delas se esconde uma dor – observou Jhasua e, apenas disse isto, sentou-se num dos cantos mais livres do carro e, recostando-se num almofadão, falou aos companheiros de viagem:

"Perdoai-me se vos deixo por alguns instantes, mas é que me invade um grande sono."

– Dorme, meu filho – disse-lhe a mãe –, enquanto nós preparamos a refeição da tarde. – E fechou a cortina que o separava dos demais.

Os leitores deverão ter compreendido que não era realmente a necessidade de dormir o que Jhasua sentia, mas um impulso imperioso, irresistível para dar da sua própria vida, da sua energia, do seu otimismo e, enfim, de seu incomensurável amor de Filho de Deus a todos aqueles que padeciam na alma e no corpo as grandes ou pequenas dores a que eram submetidos pela lei iniludível da expiação.

Ao chegarem a Phasaelis, viram um pequeno tumulto, do qual saíam gemidos lastimosos de uma mulher de idade madura.

Uns quantos homens esfarrapados e com caras de foragidos levavam à força um jovem manietado, cujas vestimentas rasgadas e a cabeleira caída sobre a fronte lhe davam um doloroso aspecto. Compreendia-se que o levavam para fora da cidade a fim de matá-lo a pedradas, e que a clamorosa mulher era a sua mãe.

As mulheres viajantes começaram também a chorar em face de tão terrível cena.

Myriam, cuja confiança era ilimitada nos poderes divinos que reconhecia em seu filho, apressou-se em despertá-lo. Thirza, que era de uma grande sensibilidade, cobriu o rosto com ambas as mãos porque para ela, aquele espetáculo era abominável.

– Jhasua! ... Jhasua! ... Olha, que horror, meu filho! ... Meus olhos jamais viram coisa semelhante – disse-lhe Myriam.

Jhasua saltou do carro seguido por Judá e Faqui montado em seu soberbo cavalo branco, ajaezado de prata e azul. Aproximaram-se do grupo.

– Compra-o como escravo, Faqui, para salvar-lhe a vida – disse Jhasua em voz baixa.

– Ainda que este moço seja delinqüente – disse – não deveis tratá-lo desta maneira. Ele pode vir caminhando por seus próprios pés e não arrastado.

– E tu, quem és para pedir-nos contas? – perguntou aquele que parecia comandar a execução.

– Sou Hach-ben Faqui, príncipe de Cirene, e viajo com passes do governo romano. Por que maltratais este homem?

– Por ser blasfemo. A Lei o condenou ao apedrejamento – responderam.

– Quem representa aqui a Lei? – voltou o africano a perguntar.

– Os escribas e o Hazzan da Sinagoga.

Durante este diálogo, a infeliz mãe havia-se aproximado de Jhasua, atraída, sem dúvida, pela intensa irradiação de amor e piedade que ele transmitia a todos.

– A Lei vos garante as posses do morto, não é verdade? Eu vos compro este homem como escravo, e vos dou, além disto, o valor do que ele leva sobre seu corpo.

— Verdadeiramente — murmurou o chefe dos verdugos — é pena matá-lo, quando tem apenas 23 anos e sua mãe geme como uma carpideira.

— Qualquer pessoa pode ter um mau momento — murmurou entre soluços a infeliz mulher. — Encolerizado, ele não sabia o que estava dizendo. Tende piedade de mim, que este filho é tudo quanto tenho na vida!

Jhasua irradiava toda a força da sua piedade e amor sobre aqueles homens.

— Negócio feito? — insistiu Faqui. — Dou-vos por ele dois mil sestércios. Reparti como for de vosso agrado.

A mulher, os verdugos e o próprio jovem olharam-no com assombro.

— Dois mil sestércios, uma quantia que nenhum de nós jamais teve!

— Exatamente — disse Faqui — e aqui está. — Retirando do bolso as moedas com a efígie do César, fê-las brilhar ante seus olhos.

A cobiça brilhou ainda mais nos rostos envelhecidos daquele grupo de homens.

— Tomai-o — disse o chefe, aproximando o desventurado jovem a Faqui. — Tens sorte, amigo, por teres ficado livre das pedras.

A mulher arrojou-se aos pés de Faqui dizendo:

— Amo de meu filho, eu também sou tua escrava por toda a vida, ainda que não dês nenhum denário por mim. Somente peço que me deixes segui-lo!

As mulheres do carro choravam enquanto diziam:

— Sim, sim, ela também!

Consumado o negócio, Jhasua tomou mãe e filho pela mão e conduziu-os até o carro.

Quando os executores foram embora em direção à cidade, Judá disse que não convinha deixá-los naquele lugar, mas conduzi-los para outra parte onde não fossem conhecidos. Deixá-los-iam em uma outra jornada que iriam realizar. Todos subiram ao carro, e o infeliz justiçado sofreu uma horrível crise nervosa, motivada pela intensa emoção que o fato de se ver inesperadamente salvo lhe causou.

— Não és meu escravo — disse Faqui — e fizemos isto apenas para salvar a tua vida. "Boa mulher! Este Arcanjo de Luz que viaja conosco devolve a vida do teu filho."

E Faqui apontou para Jhasua, que não ouvia nada do que diziam, completamente absorto em acalmar o excitado jovem a estremecer todo em dolorosas convulsões.

Jhasua havia-o estendido sobre o acolchoado, e, de joelhos ao seu lado, comprimia-lhe suavemente a testa e o peito. A mãe correu para ele e, recostada nos tapetes, colocou sua cabeça junto à do filho, enquanto continuava soluçando. Myriam, Noemi e Thirza aproximaram-se também, mais atraídas pela atitude de Jhasua que pelo próprio enfermo.

Inclinado sobre este, que se ia acalmando pouco a pouco, Jhasua deixava correr lágrimas silenciosas a caírem sobre a emaranhada cabeleira do doente.

Em silêncio, as mulheres perguntavam a si mesmas: "Por que Jhasua chora? ..."

Noemi chamou Judá por uma das janelas do carro.

— Nosso Messias chora sobre o enfermo! ... Talvez saiba que ele vai morrer — disse ela a meia-voz.

— Não, mãe! — respondeu. — Nosso Messias o salvará, e se chora é porque lastima em sua alma a maldade dos homens que são como feras para os semelhantes.

Joseph, por sua parte, disse particularmente a Faqui fora da carruagem:

— Oh, este meu filho! ... Viajando com ele, já se sabe! ... Temos que recolher quanta dor encontrarmos no caminho.

— Ser pai de um Arcanjo de Deus implica situações bem extraordinárias — respondeu o africano.

"És um patriarca de velha estirpe já desaparecida da Terra, e Amanai, como prêmio, escolheu a tua casa para Templo da Sua Luz feita homem, e te queixas?"

– Não me queixo, jovem. Não me queixo, apenas menciono que o Senhor colocou ao lado desta pedra uma estrela tão resplandecente! ... – respondeu Joseph com os olhos cristalizados pelas lágrimas que continha com muito esforço.

A crise do jovem havia passado e a viagem continuou até Archelais, aonde chegaram ao entardecer. Estavam, pois, na Samaria, e as serranias que nasciam do grande Monte Ebat tornavam o caminho cada vez mais áspero e tortuoso, motivo pelo qual julgaram prudente não continuar a viagem, já que a noite estava tão próxima e eles levavam mulheres consigo.

Jhasua e seus dois amigos pensaram em utilizar essas poucas horas para instalá-las devidamente no Khan da cidade reconstruída sobre as antigas vilas de Silo e Ihapath, por Herodes, que as batizara com o nome derivado de seu filho mais velho: Archelau ...

O Khan era um imenso cercado de pedras, com uma boa edificação pintada de branco sobre um terreno que havia sido uma grande plantação de vinhas, cerejeiras e romãzeiras, e a respeito da qual existia uma velha tradição: dizia-se que esse horto fora propriedade dos filhos daquele grande Sacerdote Heli, protetor do Profeta Samuel, o qual morreu de um acidente ocasionado pelas corrupções e escândalos de seus filhos, que tinham amotinado o povo. Para os bons filhos de Israel, aquele era um lugar maldito, pois fora o local das pecaminosas orgias dos filhos de Heli com mulheres libertinas, trazidas de Sidon, e de Antioquia, mestras nas corrupções a que se consagravam como sacerdotisas do vício sob o amparo de seus deuses.

Herodes, alheio a todos esses escrúpulos, tomou posse do formoso horto cheio de fontes, flores e frutos, e uniu-o à muralha da cidade para que servisse como Khan aos viajantes que percorriam aquelas formosas terras das margens do Jordão.

Joseph, conhecedor dessas antigas tradições, amenizou a permanência, contando-as a seus companheiros de viagem. Não obstante isso, Myriam, Noemi, Thirza, e, sobretudo, a supersticiosa Amhra, mostraram-se um pouco alarmadas, temendo ver os fantasmas dos filhos de Heli assassinados no lugar de suas orgias e pelas mesmas pessoas que tomavam parte nelas.

Judá, que, em virtude de suas longas peregrinações de proscrito, conhecia o guarda cuja vontade havia comprado com seus presentes, serviu-se dele para orientar-se sobre o pensar e o sentir dos arquelenses.

– Diariamente há distúrbios na cidade – disse-lhe o bom homem. – Na semana passada, um grupo de rapazes armados de picaretas, enxadões e pás, enfrentou o arrecadador que redobrara os impostos de suas colheitas para desviar o curso do arroio que passa ao lado da cidade e levá-lo para onde ele tem seus vinhedos e laranjais.

"Estamos a ponto de perder a vida nas mãos dos amotinados, e espera-se, de um momento para outro, uma guarnição de Cesaréia, que ficará de forma permanente na Torre para sufocar qualquer levante."

– E que dizes de tudo isso – perguntou novamente Judá.

– Digo o que deve dizer todo bom israelita, seja samaritano, judeu ou galileu: que a vida se está tornando insuportável com a criação, a todo instante, de novos impostos para engordar os agentes do César e os cortesãos do rei.

– Estamos empenhados numa campanha silenciosa de libertação do país – continuou Judá – e é necessário que nos unamos, judeus, samaritanos e galileus, para derrubar o domínio estrangeiro que explora a nossa desunião e, mediante ela, se fez senhor da nossa Nação. Por enquanto, é questão pacífica e sem ruído: segredo profundo! Queres ajudar-me?

— Senhor, se não me disserdes em que consistirá a minha ajuda, não vos posso prometer nada — respondeu o homem.

— Em tomar nota do nome de todos os descontentes com o estado atual de coisas e dar-me a oportunidade de falar-lhes pessoalmente — respondeu Judá.

— De acordo — disse o guardião —, cuidai da porta por mim para o caso de chegarem outros viajantes que, antes do pôr-do-sol, trarei algumas dezenas de descontentes. — E cumpriu o prometido.

Judá deu-lhe uma sacolinha com moedas em pagamento de seu bom serviço e como estimulante para continuar prestando serviço à boa causa.

Disto o leitor poderá facilmente deduzir que, nessa mesma noite, ficou estabelecida a Santa Aliança em terras samaritanas, com cento e vinte homens jovens, que ficariam encarregados de conseguir aliados.

As vetustas ruínas do Santuário de Silo, utilizadas pelos Terapeutas como refúgio para enfermos indigentes, seria o ponto indicado para avisos urgentes; no entanto, o lugar de reunião da multidão seria uma caverna imensa que, na margem oposta do Jordão, se abria no Monte Galaad à altura da antiga aldeia de Adam, onde existia, desde remotos tempos, uma ponte que ainda podia ser utilizada, apesar do abandono em que se encontrava. A circunstância de haver essa caverna sido refúgio de leprosos, antes de serem eles recolhidos nas ruínas de Silo, dava-lhe completa segurança.

Pela mesma razão foi esquecida a ponte utilizada pelos leprosos para descerem até o rio.

O terror decorrente da horrível enfermidade tornava inexpugnável o local, antes freqüentado pelos atacados de lepra.

Enquanto os familiares dormiam tranqüilamente no Khan, Jhasua, Judá e Faqui dirigiram-se às ruínas de Silo, onde os aguardavam uns trinta homens, conforme havia dito o guardião. Entretanto, a notícia havia corrido em Archelais, e encontraram alarmados os dois Terapeutas que cuidavam dos refugiados das ruínas; pois, apenas chegou a noite, viram a caverna ser invadida por homens armados com punhais, achas feitas com varas de carvalho e com ponteiros de ferro nas pontas, etc., etc.

Haviam entendido que seria um levantamento armado, e somente Jhasua, com sua incomparável doçura e gênio de persuasão, pôde convencê-los de que, por enquanto, se tratava apenas de unir toda a nação hebréia com o fim de prepará-la para obter a liberdade, a paz e a justiça.

— Reparai — disse-lhes —, somos três, e todos de regiões diferentes e, também, de mui distintas posições: aqui tendes Judá, que é de Jerusalém, Faqui veio de Cirene, e eu sou de Nazareth. Vós sois samaritanos, convencidos de que os judeus vos rechaçam completamente. Judá representa neste instante a Judéia, e ele vos chama de irmãos, para formarem parte das fileiras da Santa Aliança. Faqui representa os países do Norte da África, e vos chama também de irmãos para que todos, unidos, possam obter a paz e a justiça.

Ali foi tomado nota dos nomes das novas adesões e de suas capacidades e aptidões, com o fim de designar aqueles que haviam de encarregar-se das funções diretivas.

Da mesma reunião surgiu um nome: Efraim!

Era um jovem de 28 anos, de aspecto bondoso e ao mesmo tempo inteligente.

— Nosso bardo! ... Que seja ele quem nos transmita as instruções precisas! ... Efraim! Efraim! ...

Os olhares de todos indicaram quem era o dono desse nome.

Seu pai, canteiro, havia-lhe dado o ofício de gravador e escultor. Fazia sentidos versos, e por isto era habitualmente convidado para todas as festas em datas familiares, sendo muito querido na região.

– Que ele seja, pois, o vosso irmão maior – disse o jovem Mestre –, já que assim o quereis. Por seu intermédio, faremos chegar até vós as instruções que julgarmos oportunas e, nos casos urgentes em que devereis tomar uma resolução, consultai aqui mesmo os Terapeutas, pois eles conhecem bem o espírito que inspira a nossa Santa Aliança de unificação, fraternidade e justiça.

Efraim, o poeta lírico samaritano, não quis ficar sozinho na direção dessa agremiação; foi necessário dar-lhe seis companheiros, que a própria assembléia foi designando como aptos para formar um conselho diretor.

Jhasua teve uma conversação à parte com Judá e Faqui. Ouçamos:

– Meus amigos – disse o Mestre –, jamais vos disse que tenho um tesouro que parcialmente me pertence. Guardo tantos talentos de ouro quantos são os anos que tenho. São vinte e um ao todo. Melchor, Gaspar e Baltasar, os *Sábios da Estrela*, como minha mãe os chama, tiveram a perseverança de enviar a meus pais, ano após ano, um talento destinado às minhas necessidades. Meus pais jamais tocaram nessa soma, que está guardada no mesmo cofrezinho em que eles deixaram a primeira doação no ano do meu nascimento.

"Penso que chegou o momento de esse dinheiro ser empregado na salvação de Israel, obra essa de que a nossa Santa Aliança ficou encarregada. A ela, pois, faço doação desse capital, e vós sereis os seus administradores.

"É necessário deixar a estes bons samaritanos uma pequena soma, para o que possam necessitar. Todos vivem do seu trabalho e, provavelmente, sustentam cargas de seus próprios familiares. Creio, pois, que estou agindo de forma justa. Vós o decidireis."

– É uma designação honrosa para nós – disse Judá – que nos converteu na alma deste movimento libertador de povos oprimidos. O príncipe Jesuá já me havia falado numa caixa comum, com o fim de proporcionar à Santa Aliança os meios necessários para subvencionar os gastos que poderão ocasionar os trabalhos a serem realizados.

"Jhasua é o primeiro a contribuir para essa caixa. Eu acrescento uma quantia igual à colocada por ele."

– E eu – disse Faqui – ponho à disposição da Santa Aliança a mesma quantia por meu pai e por mim.

Três vezes a idade atual de Jhasua! Que admirável acordo foi este celebrado pelos três!

– Creio – acrescentou Judá – que não devemos excluir deste acordo os quatro doutores que, segundo entendi, têm sido até hoje os principais colaboradores de Jhasua. Faqui e eu, pode-se dizer, somos recém-chegados.

– Aludes a José de Arimathéia, Nicodemos, Nicolás de Damasco e Gamaliel? – perguntou Jhasua.

– Justamente! Creio que eles devem formar o *Conselho Central* da Santa Aliança.

– Contigo e com Faqui como membros desse Conselho – observou Jhasua.

– E contigo, como seu coração – observaram ambos os jovens ao mesmo tempo.

– Bem – disse o Mestre. – Em sete épocas distintas se completou a criação do nosso Sistema Planetário, e sete dias impôs Moisés para todas as correções e purificações indicadas ou necessárias em circunstâncias especiais de saúde física ou moral. Sejam, pois, sete irmãos iguais nos direitos e deveres os que levarão sobre seus ombros todo o peso da libertação dos oprimidos.

– Este Conselho Supremo ficará encarregado de nomear os Conselhos de cada região onde seja estabelecida a Santa Aliança – acrescentou Judá.

Recolhidos os nomes das adesões samaritanas, a quem deram as instruções oportunas para desenvolverem uma ação conjunta tendente à unificação de todos com um só pensar e sentir, retornaram ao Khan, quando a noite já estava muito avançada.

Na madrugada seguinte, saíram para Sevthópolis, cidade essa de que o leitor se lembrará facilmente, onde Jhasua esteve para a restauração do Santuário Essênio nas montanhas vizinhas, e onde salvou o pai de Felipe, menino ainda, e que, anos mais tarde, foi o fundador da primeira congregação cristã na Samaria.

Em Sevthópolis, colocada no limite da Samaria com a Galiléia, Jhasua e seus pais sentiram-se em sua terra natal. Sendo, além do mais, essa cidade o ponto central do comércio naquelas regiões, em virtude da conjunção dos diferentes caminhos das caravanas do norte e dos portos do mar, seria sumamente importante a formação da Santa Aliança nessa cidade.

Como os Terapeutas-Peregrinos estavam ali quase continuamente, quando chegaram ao Grande Mercado, encontraram-se com um deles, que reconheceu imediatamente Jhasua, e lhes deu amplos informes sobre o estado dos ânimos, cuja exaltação não era tão intensa como na Judéia. Mas o descontentamento se agitava por toda parte, e todos tinham saudades dos tempos já distantes em que era mais tranqüila e mais feliz a vida nas terras da Palestina.

O Terapeuta colocou-os em contato com seus três irmãos, que tinham seus gados à entrada da planície de Esdrelon e iam quase diariamente à grande cidade mercantil para a venda de seus produtos. Aí, portanto, foi muito mais fácil que em outras partes o trabalho para Jhasua e seus amigos. Desde que deixaram Sevthópolis, o príncipe Judá começou a viver de dolorosas recordações.

Logo após a entrada na planície de Esdrelon, unem-se os caminhos de Sevthópolis e Sebaste. Por essa última cidade, os soldados romanos haviam conduzido Judá, sete anos antes, como um infeliz condenado às galeras por toda vida.

– Logo chegaremos – disse ele com íntima tristeza – ao poço de Nazareth, onde me deste de beber, Jhasua, e onde eu vi teus olhos cheios de luz, recordação que jamais se apagará da minha memória.

"Com eles foram iluminadas muitas vezes as minhas trevas de proscrito; e, em sonhos, os teus olhos algumas vezes me disseram: 'Espera e confia. Teu dia ainda não chegou'."

Essas dolorosas reminiscências, referidas minuciosamente em detalhes por Judá enquanto atravessavam a planície de Esdrelon, fizeram com que as mulheres chorassem, pois imaginavam ver o príncipe de Hur, com apenas 17 anos, carregado de correntes, avançando por aquele mesmo caminho, a pé, sob o chicote dos soldados que exigiam de seus prisioneiros a marcha no mesmo passo de seus cavalos.

– Debaixo daquelas árvores – apontou Judá, detendo por um momento a carruagem –, caí estendido no chão, com os pés sangrando e sem forças para continuar. Os soldados queriam deixar-me, mas o centurião observou que Graco havia recomendado muito especialmente a minha pessoa, a quem não deveria descuidar até deixar-me acorrentado na galera do comandante da frota, ancorada em Tolemaida, e que logo empreenderia uma campanha contra os piratas das ilhas do Mediterrâneo.

"Então me fizeram montar sobre um jumento de carga, e desse modo cheguei a Nazareth."

– Tua dor passada – disse Jhasua – é um capítulo da tua vida, que, graças a essa dor, se tornou fecunda para os teus semelhantes.

"Se não tivesses conhecido por experiência própria o sofrimento da escravidão, do desterro, da opressão e de todas as formas de injustiça em que incorrem todos os homens do poder, terias acaso o mesmo ardoroso entusiasmo que tens agora contra todas as iniqüidades humanas?"

— Certamente que não — respondeu Judá. — Dor que não se sofreu na própria carne não excita suficientemente a nossa compaixão, a ponto de levar-nos ao sacrifício por aqueles que sofrem. Somente a tua alma, Jhasua, é capaz de identificar-se com uma dor que jamais padeceste. Esta é, a meu juízo, uma das provas mais claras de que em ti está o *Esperado*.

— Isaías fala bem claro, e suas palavras são o fiel retrato do filho de Myriam — disse Noemi, que era bastante versada nas Escrituras Sagradas.

— Que dizes, mãe? — perguntou Judá, enquanto conduzia com muita atenção os negros cavalos da carruagem.

— O capítulo 32 diz — continuou Noemi —: "E será aquele varão como refúgio contra o vento; como acolhida contra o temporal; como arroio de águas em terras muito secas; como sombra de grande penhasco em terra ardente."

Quando chegaram ao poço nos arrabaldes da cidade, Judá desceu do carro presa de uma emoção indefinível. Ele voltou a viver aquele dia fatal! Jhasua desceu com ele.

— Tudo está do mesmo jeito — murmurou o jovem príncipe. — Nem sequer tu e eu estamos faltando para completar o quadro que vive na minha retina, como se tudo tivesse ocorrido ontem. Mãe! Thirza! — chamou com voz trêmula. — Até aqui correu Jhasua com o cântaro para dar-me de beber! Os soldados ficaram olhando para ele sem se atreverem a afastá-lo.

"Que a paz de Deus te acompanhe" — me disseste. — Alguma coisa ocorreu entre a tua alma e a minha, porque voltei uma vez a cabeça e vi que, com o cântaro nos braços, continuavas me observando!

"Tua piedade foi como uma onda de água santa, e chorei em silêncio durante longo tempo, porque tua ternura havia penetrado no meu coração como um bálsamo... Não te recordas disto, Jhasua?"

— Agora sim, Judá. Agora estou me lembrando! Nessa noite, no dia seguinte e durante muitos dias mais, pedi ao Senhor consolo e esperança para o belo jovem com os pés em chagas.

"Eu te dei o pano do meu turbante para que vendasses teus pés. É verdade! ... Recordo agora! ..."

— Certo! E eu me sentei sobre esta pedra para enrolá-lo em meus pés.

— Tu e eu começamos a amar-nos a partir desse dia, e bem vês que aquilo que o amor une fica unido para sempre ante o olhar de Deus.

A mãe e a irmã de Judá observavam esta cena de uma das janelas do carro e choravam em silêncio.

— Grande foi a nossa aflição, meu Deus — disse a mãe. — Cruéis foram os nossos sofrimentos. Que todos eles sejam benditos, se serviram para purificar nossas almas e tornar-nos capazes de ter piedade e misericórdia para com os que sofrem.

— Judá — disse Faqui de repente —, volta para a carruagem e não removas mais esse doloroso passado. Não vês como tua mãe e Thirza estão sofrendo?

— Tens razão — respondeu Judá, e, tomando uma das mãos de Jhasua a colocou sobre o seu coração. — Neste mesmo lugar do nosso primeiro encontro, juro-te, Jhasua, que serei o mais ardente defensor dos teus ideais de fraternidade e misericórdia e, seja qual for o teu caminho e o final dele, andarei junto de ti por toda a minha vida!

Jhasua relembrou neste instante a tremenda visão que teve no Grande Santuário do Moab e respondeu:

– Grande e valorosa é a tua promessa feita sem conhecer qual será o final do meu caminho, Judá meu amigo. Tua hora de prova já passou e, mais adiante, servirás ao Senhor em paz e com alegria.

Ambos subiram à carruagem para entrar na aprazível cidade de Nazareth, onde foi grande a surpresa quando viram Joseph e sua esposa descendo de tão suntuoso veículo.

Entretanto, ao verem Faqui com os dois criados que escoltavam o carro, compreenderam que o honrado artesão havia feito amizade com um príncipe estrangeiro que o encarregara de grandes trabalhos.

O egoísmo natural das pessoas humildes que tiram o pão do suor de seu rosto fez com que se alegrassem da prosperidade de Joseph, pois pensaram, com muita razão, que eles não ficariam sem uma parte, visto que as oficinas do velho artesão da madeira davam pão e lume a muitos lares de Nazareth.

– Minha casa é grande – disse Joseph a seus companheiros de viagem –; todavia, com toda a certeza, não tem as comodidades a que todos vós estais acostumados. No entanto, tal como é, ofereço-a para hospedagem, se vos agradar a nossa companhia.

– Nós que passamos mais de sete anos num desnudo e escuro calabouço – disse Noemi –, achamos que a vossa casa é um palácio.

– E eu – disse Judá –, em meus três anos de remador nas galeras e como escravo, julgo que fiquei curado das regalias principescas.

– Quanto a mim – acrescentou Faqui –, tive sempre a minha existência numa tenda do deserto, e vosso lar, entre romãzeiras e videiras e entre roseiras e laranjeiras, será uma delícia para mim.

Os familiares de Jhasua estavam encantadíssimos com as novas amizades que seus pais haviam feito em Jerusalém.

Tio Jaime, Jhosuelin e Ana multiplicavam-se para obsequiá-los com o melhor que possuíam.

– Jhasua – disse Faqui –, no céu, no ar, nas flores e entre os hortos da formosa Nazareth, estás retratado na tua amorosa suavidade, na tua doçura inimitável! ... És um perfeito nazareno!

Depois de uma semana de trabalho missionário em Nazareth, Judá e Faqui passaram à outra margem do Jordão para se entrevistarem com os chamados *amigos da montanha*, que, entre as asperezas agrestes e os inóspitos vales dos Montes de Galaad, vizinhos do deserto da Arábia, estavam formando o *exército para o Rei de Israel*.

– Acredita, Judá – disse Faqui –, estou me sentindo desanimado neste trabalho.

– Por quê? – perguntou Judá quase escandalizado.

– Não compreendeste que Jhasua jamais aceitará que se empunhem armas a favor dele? Julgas que Jhasua permitirá que se exponham à morte alguns milhões de filhos, pais, irmãos, esposos, que são o sustento e o apoio de inúmeras famílias, para ele subir ao trono de Israel? Não sonhes com isto, Judá!

"Também eu, um dia, tive a audácia de dizer na sua presença: 'Cinquenta mil ginetes com lanças serão postos pelos tuaregues à disposição do Salvador de Israel.' E Jhasua dirigiu-me um olhar de compaixão, tão impregnado de sua própria dor e da decepção por mim causada, que, desde esse dia, compreendi que, se ele chegasse a ser coroado Rei do seu povo, não o seria pelas armas levantadas com o seu consentimento."

— E, então, de que modo será? — perguntou Judá, alarmado pela decepção do amigo.

— Não sei, Judá, não sei! Talvez a Divina Lei tenha algum desígnio oculto, que nós mortais ainda não podemos ver — observou o jovem africano.

— Logo chegaremos a Gadara, que se acha quase à vista, e tua discordância, Faqui, coloca-me na situação de fazer um papel ridículo diante de nosso exército já em formação — disse Judá, detendo a marcha do cavalo sob um corpulento carvalho que fazia sombra sobre o caminho.

"Em Gadara estão, com nomes supostos, dois companheiros de galera, cuja vida salvei quando o nosso navio foi abordado pelos piratas. Ambos são israelitas, porém nascidos em Chipre. Meu protetor, Árrius, o duúnviro (*), herói daquela colossal e gloriosa batalha no mar, ao adotar-me como seu filho, permitiu que eu conservasse comigo esses dois companheiros, com os quais realizamos em conjunto todo o aprendizado militar a que o meu protetor me consagrara, pensando fazer de mim um comandante experimentado e conhecedor dos navios romanos. Todas as artes da guerra foram dominadas por nós, com o secreto propósito de servir à pátria de nossos pais, berço santo da nossa religião e da nossa fé.

"Para realizar esse propósito, fui forçado a esperar que o tempo e os acontecimentos me dessem a oportunidade. Na lua passada, completou um ano a morte do meu segundo pai, e eis-me aqui herdeiro do seu glorioso nome e da sua fabulosa fortuna, pois, para o mundo romano, sou Quintus Árrius (Filho). No entanto, na minha terra natal sou Judá, filho de Ithamar, até que uma absoluta reivindicação permita apresentar-me como o continuador da antiga casa de Hur.

"Poderia eu fazer menos, meu amigo, em agradecimento ao Deus de meus pais, pela misericórdia que teve comigo e com os meus, depois que os perversos romanos nos submergiram na mais espantosa desgraça? Poderia eu fazer menos que me entregar, com tudo o que tenho e quanto sou, pela libertação da minha pátria e do meu povo, humilhado e oprimido até a escravidão? Deverei cruzar os braços, tendo Deus colocado em meu caminho o seu Ungido Divino para salvar Israel? Coloca-te em meu lugar, Faqui, dize-me o que farias em igualdade de condições?"

O jovem príncipe de Cirene desmontou em silêncio, e, deixando pastar o cavalo, que mantinha pelo bridão, sentou-se sobre a relva. Judá fez o mesmo.

— Ouve-me, Judá: eu amo com muita facilidade e cheguei a amar Jhasua mais do que a mim mesmo, e amo também a ti como se fosses o meu próprio irmão. Este estranhável amor me une a Jhasua e a ti de tal modo que estou certo de não poder desligar-me jamais deste suave enlace. Julgo que é esse amor que irá inspirar e iluminar todos os atos da minha vida.

"És mais idoso que eu três anos; contudo, observo que meus hábitos de reflexão e principalmente por ter tido ao meu lado a maturidade pensadora de meu pai, o contato freqüente com o Mestre Fílon e com a luminosa sabedoria do príncipe Melchor, isso me dá, sobre ti, a vantagem de penetrar na psique das pessoas da minha intimidade com tamanha facilidade que causa maravilhas a mim mesmo.

"Estou completamente convencido de que Jhasua é o Cristo anunciado pelos vossos Profetas, o esperado pelos sábios astrólogos de todas as Escolas de Sabedoria Divina. Antes de conhecer e tratar Jhasua com intimidade, também eu julgava, como tu, que o chamado *Libertador de Israel* seria um herói semelhante ao nosso Aníbal,

---

(*) Denominação de cada um dos dois governantes que administravam em conjunto (N.T.).

com aquela formidável força de atração a ponto de, mediante um simples olhar, se fazer seguir pelas multidões de homens dispostos a morrer pela pátria que ele queria salvar.

"Eu imaginava o Messias anunciado como um Alexandre, o macedônio, conquistando o mundo através do seu extraordinário poder para implantar nele o seu ideal de engrandecimento humano. No entanto, quando conheci Jhasua, o príncipe Melchor e o Mestre Fílon disseram-me: '*Aí tens o Salvador do Mundo. Ele é o Messias anunciado pelos Profetas.*' Comecei a estudá-lo e tirei a limpo em minhas próprias observações algo muito diferente daquilo que havia sonhado e do que tu ainda sonhas.

"Jhasua, mais que homem, é um *Gênio encarnado*, no qual não cabem os sentimentos nem as paixões nem os desejos que, em nós, levantam ferozes tempestades no mais profundo do coração. Nele apenas vive, como uma chama eterna, o amor a seu Deus e a seus semelhantes, em forma tão soberana e completa que ele está inteiramente absorto nesse infinito sentimento, nessa entrega absoluta a esse supremo ideal da vida. Dizemos que é um homem porque vemos o seu corpo físico, tocamos suas mãos e o vemos andar com seus próprios pés. Vemos que o ar agita seus cabelos e que o vento gelado do norte o faz tremer e procurar o agradável calor da fogueira. Vemo-lo partir o pão e comê-lo, cortar uma fruta e saboreá-la, tomar uma taça de vinho e levá-la aos lábios, dar a sua mãe um beijo cheio de imensa ternura ... Jhasua, pois, é um homem.

"No entanto, a sua alma! ... Oh! ... a alma de Jhasua! ... Judá, meu amigo! ...

"Quem poderá alcançar o vôo da alma de Jhasua na imensidão de Deus?

"Poderíamos, com justiça, pensar que tenham lugar na alma de Jhasua, Filho de Deus, essas grandes paixões que impulsionam os homens a conquistar glória e renome; a escalar um trono, a vestir-se com púrpura e ouro, a manter com mão férrea as rédeas do poder sobre milhões de súditos prosternados ante ele, com toda essa florescência efêmera que chamamos lisonja de cortesãos? ...

"Quando conheci Jhasua, disse a mim mesmo, e continuarei a dizê-lo sempre em todos os momentos da minha vida:

"Não é um Alexandre, não é um Aníbal, não é um César Augusto. Ele está muito mais alto! ... Infinitamente mais alto que todos eles, e nem sequer admite comparação. Jhasua é, na realidade, um Gênio tutelar deste mundo; uma Entidade benéfica que passa pela vida de um planeta como um astro fugaz, inundando-o de claridades novas, derramando flores exóticas de paz, felicidade e ventura jamais sonhadas por nós, míseros passarinhos prisioneiros na pesada jaula de ferro de nossas ruindades e baixezas! ...

"Podes pedir ao mel de um vasilhame que se torne amargo? A um branco lírio do vale podes insinuar que se cubra de espinhos e faça sangrar os pés dos viajantes? ... Podes imaginar que a suave e meiga claridade da lua venha queimar-te as pupilas e abrasar-te com seu resplendor?

"Oh, não, Judá, meu irmão! ... Não podemos sonhar que Jhasua venha a aceitar jamais o sacrifício de uma só vida para ser coroado Rei de Israel. Se chegar a sê-lo, será por um oculto caminho que o Poder Divino abrirá, e que ainda não podemos compreender, nós, pobres humanos.

"Dirás se os meus raciocínios te convenceram."

– Sim, Faqui, convenceram-me, mas confesso que essa convicção me desorientou completamente.

"Que faremos com nosso exército em formação e em plena tarefa de adestramento militar? Que faremos? Que diremos aos amigos com os quais vamos nos encontrar agora mesmo?

"Quase todos eles deixaram pais e irmãos; e puderam deixá-los tranqüilos graças a um adiantamento em dinheiro que eu lhes fiz para que a fome não tomasse conta de seus lares sem terem quem os sustente. Compreendes, Faqui, qual é a minha situação diante deles?"

– Compreendo, Judá, e creio que poderemos resolver tudo satisfatoriamente. O adestramento pode continuar a fim de que, temporariamente, os futuros soldados de Israel regressem para junto de seus familiares.

"Jhasua quer a instrução e a elevação moral de todo o povo, e esta deve ser a tendência da Santa Aliança. Creio que é somar uma força a outra se acrescentarmos a isso o necessário adestramento militar com o fim de formar legiões de defesa para os casos em que se tornar necessário. O conjunto de ambas formará um povo forte, viril, em condições de raciocinar e capaz de se impor e de governar a si mesmo.

"Creio que o nosso Messias não se oporá a uma força que não tenha por finalidade a matança e a guerra, mas a defesa justa e honrada daqueles que querem o respeito de seus direitos.

"Nesse sentido, podemos falar a teus amigos. Também eles forçosamente devem amar suas próprias vidas e a dos seus, e não desejarão sacrificá-las loucamente sem a certeza de obter vantagens positivas para a causa que defendem.

– Tens razão, Faqui ... tens razão em tudo! Procederemos exatamente desta maneira.

Montaram novamente e entraram na cidade, capital da Batanéia, por um dos subúrbios onde havia um armazém de lã e peles, cujo dono era um antigo servidor do príncipe Ithamar, que havia fugido para Gadara, onde tinha parentes, quando da perseguição à criadagem e aos operários para obter deles o segredo dos bens da família.

Era, pois, um agente leal a Judá, em quem o bom homem via uma ressurreição do seu antigo patrão. No armazém de lã e peles eram deixadas as cartas e mensagens para o exército em formação.

Os dois amigos permaneceram ali três dias, e comprovaram que o número dos voluntários havia aumentado enormemente, e as grutas das montanhas de Galaad, desde o rio Jaboc até as águas do Meron, estavam cheias de perseguidos que fugiam da Judéia, a região mais açoitada do país de Israel, em face da cobiça do poder romano, ou do alto clero de Jerusalém, ou dos agentes e cortesãos de Herodes Antipas.

Quantos intensos dramas poderiam ser escritos molhando-se a pena nas lágrimas dos infelizes proscritos, que fugiam para os montes a fim de salvar suas vidas ou a honra de suas esposas e filhas, perdendo a relativa tranqüilidade em que viviam!

A vida rústica e semi-selvagem que quase todos se viam obrigados a levar, a alimentação deficiente, a falta de cuidados habituais; enfim, todo esse amontoado de privações trouxe-lhes enfermidades infecciosas que aumentavam cada vez mais a dor daquela pobre gente, abandonada pelos homens e também, ao que parece, por Deus.

Ante esse quadro angustioso, os dois amigos pensaram e disseram:

"Se Jhasua houvesse vindo conosco e visse esse quadro, que magníficas obras teríamos presenciado para louvar a Deus! Eis aí o ideal do nosso Messias – acrescentou Faqui. – Ó divino mago do amor e da esperança, Jhasua de Nazareth! Por que não estás aqui para secar tantas lágrimas e fazer florescer novamente a esperança nas almas que a perderam?"

O jovem africano deixou-se cair sobre um montão de palha, desconsolado ante a impossibilidade de remediar tantos males. Tinham acabado de impedir que um jovem de 18 anos se arrojasse de cima de um precipício vencido pelo desespero de ver morrer a mãe sem poder prestar-lhe auxílio algum.

— Se Jhasua estivesse aqui! ... — exclamou por sua vez Judá, sentando-se junto ao amigo e apoiando a cabeça entre as mãos.

Ambos continuaram a pensar com grande intensidade de amor e fé no poder divino que reconheciam nele. Passaram-se alguns momentos que para eles pareceram muito longos, porque escutavam no fundo da gruta a fatigosa respiração da mãe moribunda e do desesperado soluçar do filho junto a ela.

Estava bem próximo o anoitecer, e imediatamente a caverna apareceu cheia de uma tênue claridade dourada, como se fosse uma última bruma de ouro do sol poente.

Com o assombro e o estupor que podemos facilmente imaginar, viram, junto ao leito de palha da enferma, uma transparente imagem branca e sutil que se inclinou sobre ela e, com suas mãos apenas perceptíveis, parecia tecer e destecer invisíveis fios de luz e de sombras, até que a enferma entrou num grande estado de calma e os soluços do filho adormeceram em profundo silêncio.

A figura astral levantou-se de novo e, dirigindo seus olhos, a irradiarem suavíssima luz para os dois amigos perplexos com o que estavam vendo, disse, num tom de voz que ambos sentiram profundamente dentro de si mesmos:

— Faqui! ... Judá! ... Somente porque reconheceis o poder divino colocado em mim pela Vontade de Deus, estão salvos a mãe e o filho. Dessa mesma forma devereis compreender o Messias, Salvador do Mundo: vencendo a dor e a morte, e não as atraindo para os seus semelhantes.

Ambos se precipitaram sobre a imagem intangível, gritando: Jhasua! ... Jhasua, Filho de Deus! ...

A visão havia-se dissolvido na penumbra da gruta sobre a qual caíam as primeiras sombras da noite.

Judá e Faqui encontraram-se a sós no meio da caverna e, abraçando-se com intenso amor como dois meninos aturdidos pela grandeza divina daquele momento, desataram ambos numa explosão de soluços que não puderam conter, tamanha era a sua emoção!

A enferma e o filho dormiam em aprazível quietude.

— Isto não é um milagre, Faqui? — perguntou Judá quando voltou ao domínio de si.

— Assim chamamos a uma manifestação como esta — respondeu o africano —; no entanto, o príncipe Melchor diz que isto é apenas o uso dos poderes que uma grande alma, como a de Jhasua, conquistou em virtude da sua elevada evolução para poder utilizar as forças que existem na Natureza.

— Jhasua é o Filho de Deus! ... É o Messias anunciado pelos Profetas! ... — disse, por sua vez, Judá, que ainda não tinha saído de seu assombro.

— Compreendeste suas palavras? — voltou Faqui a perguntar.

— Ainda as sinto vibrar aqui dentro! — respondeu Judá, apertando a mão contra o peito.

Quando saíram da caverna, viram que várias fogueiras haviam sido acesas à porta das grutas e que dois homens, que pareciam recém-chegados, descarregavam dois camelos e seis jumentos.

Aproximaram-se para interrogá-los.

— Viemos da parte dos amigos de Raphana que, não faz muito, estiveram em Jerusalém. Trazemos carne de carneiro salgada, farinha e legumes para os refugiados das grutas — disse um deles, apontando para os grandes sacos de couro que acabavam de descarregar.

— À meia-noite — acrescentou o outro — chegará o carregamento de queijos, azeite e frutas secas que o Scheiff Ilderin ordenou a seus partidários de Bozra mandassem entregar nestas grutas.

Judá e Faqui entreolharam-se, e esse olhar dizia:

"Nosso *mago do amor* anda por aqui como uma bênção divina, suavizando todas as amarguras dos homens."

Pouco depois, depararam-se com uma novidade que encheu de júbilo aquela gente: todos os doentes que estavam com febre e com erisipela tinham sido curados quase repentinamente.

– Trouxestes a sorte, e um vento benéfico veio convosco – disseram os doentes restabelecidos.

Os dois amigos explicaram que o Messias Salvador de Israel já havia começado sua obra de salvação, que consistia em minorar os padecimentos de todos aqueles que acreditassem no Poder Divino residente nele.

Fizeram-lhes compreender e amar a Santa Aliança em seus vastos programas de cultivo mental, espiritual e moral, com o fim de preparar o povo para ser forte pela unificação de todos que tinham uma mesma fé e um mesmo ideal, único meio de se verem livres de governos estrangeiros e despóticos que lhes restringiam, sob todos os aspectos, os direitos de homens livres.

Três semanas de descanso na serena placidez da casa de Joseph, em Nazareth, fortificaram o espírito e o corpo dos viajantes, até o ponto de Noemi e Thirza, mãe e irmã do príncipe de Judá, dizerem a Myriam:

– Na tua casa, mãe feliz, está todo o Céu de Jehová! Quem não é feliz ao teu lado?

Myriam, cheia do amor que irradiava de seu filho para ela, respondeu:

– É que eu e os meus queremos fazer com que esqueçais os anos de calabouço, e que cada uma de vossas lágrimas seja hoje um dia de felicidade.

A formosa Galiléia, toda ela, na verdade um jardim de encantos, se apresentava naquela feliz primavera como se estivesse associada ao amor de Myriam e de Jhasua para com os seus hóspedes, vítimas, até bem pouco tempo, das crueldades inauditas dos ambiciosos que exerciam ilegalmente o poder.

Ali manifestou-se claramente, como um poema idílico de pastores, o amor de Thirza e Faqui, o príncipe de Cirene. E Jhasua, compreendendo-os, disse:

– Vosso amor será a seiva que fará frutificar a boa semente nos vales do Nilo e no velho penhasco de Corta-Água, onde ainda ondeia, como um pavilhão, o véu violeta da matriarca Solânia e até nas areias do Saara, onde a Rainha Selene, lótus branco da raça tuaregue, será o vosso firme esteio para um futuro que se aproxima.

Santo e puro amor foi o de Thirza, princesa judia, com o Hach-ben Faqui de Cirene, que se abriu como uma rosa branca, acariciada por Jhasua, Filho de Deus, quando iniciava completamente sua missão de conduzir os homens pelo eterno caminho do amor!

Foi a roseira-mãe de uma família de ilustres apóstolos do Cristianismo nos primeiros séculos da nossa era.

Ignácio de Seleuco, apóstolo do Cristo de Antioquia; Apolônia de Alexandria, mãe espiritual dos missionários cristãos do século II, que, já anciã, morreu na fogueira, acusada de magia e feitiçaria, em virtude das admiráveis curas que realizava muito freqüentemente em nome do Cristo; Nemésio e Ptolomeu de Alexandria, missionários e mártires cristãos do século II; Anmon e Sabine, primos entre si e avós de Mônica de Tagaste, a virtuosa mãe de Agostinho de Hipona, autores, todos eles, de um heróico apostolado cristão na África do Norte, são flores dessa roseira de amor abençoada pelo Filho de Deus nas pessoas de Hach-ben Faqui, príncipe de Cirene, da raça tuaregue, e Thirza de Hur, princesa judia, que, em terna intimidade, se aproximaram de Jhasua nos anos de sua primeira juventude.

"Vosso amor será a seiva que fará frutificar a boa semente nos vales do Nilo, no velho penhasco de Corta-Água (Cartago) e até nas areias do Saara", havia profetizado o Messias, e o tempo comprovou o cumprimento de suas palavras.

Esta breve observação do nosso relato tem por objeto realçar a grande clarividência do Divino Mestre e sua penetração no mundo misterioso e complexo das almas, no correr de seus ignorados e incertos caminhos.

Três semanas haviam transcorrido entre um estado de paz e de felicidade inalterável, embelecido ainda mais pelos idílios das duas rolinhas que se amavam ante o olhar do Deus-Amor, cujo mais puro reflexo se encontrava no meio dos homens. Marcos, chamado "estudante" e que, anos mais tarde, seria um dos fiéis e grandes cronistas do Cristo, autor de um dos quatro evangelhos chamados canônicos, esteve na casa de Joseph naqueles dias. Amava Jhasua de forma muito cordial, e amava também Ana, com a qual projetava casar-se muito em breve, como efetivamente o fez no inverno seguinte, pouco antes da morte do ancião Joseph e de Jhosuelin, acontecimentos que ocorreram quando Jhasua tinha já 22 anos de idade.

A felicidade suprema, emanada do amor recíproco e da mútua compreensão, tornou deliciosa para todos aquela breve temporada de três semanas passadas em Nazareth na casa solarenga de Joseph, o honrado e respeitável artesão, a quem todos davam o qualificativo de justo.

E ele, cheio de bem-merecida satisfação, repetia a cada instante com sua serena calma de patriarca:
– "É formosa a vida quando conseguimos vivê-la de acordo com a Lei Divina."

Poder-se-ia dizer que essa Lei quis encher de felicidade a existência de Joseph nos últimos dias de sua vida sobre a Terra.

Uma antiqüíssima tradição cristã o fez protetor e gênio tutelar daqueles que se acham próximos da morte e da fé que a todos igualam, pois a doce placidez e a felicidade dos últimos dias de Joseph são como o coroamento de uma vida que teve grandes dores em épocas diferentes, e que sofreu até a perseguição de morte com que a ameaçou Herodes; todavia, o seu final foi como uma salmodia de amor e paz, no meio da qual o nobre ancião adormeceu num sono dulcíssimo, do qual só despertou na imortalidade.

Rumo a Tolemaida

Quando chegou o dia em que deviam empreender a viagem ao norte, decidiram, de comum acordo, tomar o caminho das caravanas que, passando por Nazareth, levava diretamente a Tolemaida, importante porto de mar, naquela época, que estava a pouco menos de uma milha ao norte do que hoje se conhece como porto de Acre.

Em Tolemaida tomariam um barco dos muitos que faziam o percurso desde Alexandria e Ráffia, no Egito, até Antioquia, a faustosa *Roma Oriental*, como a qualificavam naquele tempo.

Jhasua desejava visitar novamente Ribla, da qual conservava tão grandes recordações e onde residia aquela incomparável Nebai, cujo espírito compreendia tão bem o seu. Entretanto, a viagem seria demasiado fatigante para a família de Judá, motivo por que enviou uma carta a sua meiga amiga da adolescência, informando que, no regresso de Antioquia, fariam uma parada em Ribla, onde estabeleceriam a Santa Aliança da libertação de Israel.

Em Tolemaida, o mais importante porto do mar da Galiléia, Joseph tinha boas e antigas amizades, em virtude de seu próprio trabalho, pois o madeiramento de alguns dos melhores palácios dessa cidade havia saído de sua oficina nazarena. Ali residia o pai de Tomás, que, anos mais tarde, foi um dos doze apóstolos. Tinha ele ali um grande negócio de sedas, jóias e objetos artísticos em geral, pois era representante dos grandes estabelecimentos comerciais da Pérsia e da Índia.

Tomás, que havia conhecido Jhasua ao fugir, este muito menino ainda, para o Monte Hermon, levado por seus pais, teve a grande satisfação de encontrá-lo novamente, já jovem, ao entrar nos 22 anos de idade.

A mãe de Tomás e seus filhos eram filiados à Fraternidade Essênia, enquanto o pai não tinha ainda ingressado nela formalmente, por mais que simpatizasse com as obras benéficas que a mesma realizava.

Com grande conceito sobre a honradez e a justiça do artesão de Nazareth, com o qual mantinha negócios desde há muitos anos, teve a máxima honra de poder hospedar seu filho Jhasua e servir-lhe em tudo quanto necessitasse. Ali deviam aguardar a chegada de um barco que viria do sul três dias depois.

Judá, acompanhado de Faqui e Jhasua, visitou o mesmo porto onde, oito anos antes, o haviam acorrentado a uma galera romana, como escravo-remador para toda a vida.

— Bem podes ver, Judá — disse Jhasua —, como os homens propõem e o Deus-Amor dispõe sobre os filhos que O procuram e O amam. Quem poderia pensar que tu, pequeno e delicado jovem de 17 anos, acorrentado a uma galera destinada a combater os barcos piratas que já haviam destroçado tantas frotas romanas, sairias ileso e estarias livre antes de passados três anos de se tornar prisioneiro?

"E mais ainda: que salvarias a vida do comandante da frota quando seu barco foi afundado, o qual, agradecido, te adotaria como filho, dando, como herança, sua fortuna e seu nome?"

— É verdade! — exclamou Judá, enternecido. — O Deus de meus pais foi misericordioso comigo, e tudo o que eu fizer em agradecimento a esse favor jamais será o bastante.

"Jhasua! Quisera fazer aqui uma obra igual à que fez meu pai adotivo ao dar-me liberdade e adotar-me como filho."

— Formosa e santa idéia inspirada pela tua gratidão ao Senhor — respondeu Jhasua.

— Já sei ... já adivinho — disse Faqui —, queres libertar algum escravo e adotá-lo como ... o quê? És muito jovem para pai de moços com barba.

— Deixa-me fazer — disse. — E, seguido por seus amigos, começou a percorrer todo o porto. Jhasua, com seu gênio observador e analítico, observava-o atentamente, irradiando toda a força do seu amor redentor sobre aquele nobre espírito, no qual floresciam tão prodigamente as melhores intenções.

Por entre aquele interminável labirinto de cabos, velas e fardos de toda espécie, encontraram um ancião musculoso e forte ainda, que enrolava um grosso cabo, amarrando uma enorme barcaça de carga ao cais.

— Bom homem — perguntou Judá. — Sabes se, entre este bosque de velas e mastros, há algum barco com escravos condenados pelo governo romano?

— Metade, pelo menos, de todas as tripulações é constituída de escravos — respondeu —; no entanto, creio que procuras prisioneiros do Estado. As galeras do César que vigiam os piratas andam pelas ilhas Cíclades e não voltarão logo, segundo se julga.

"Se não te desagradam as perguntas ... será que existe algum nas galeras que te interessa? ... Se eu puder servir-te em algo, senhor ..."

— Justamente — respondeu Judá —, se quiseres orientar-me um pouco, eu te agradeceria por toda a minha vida. Sou israelita e quero demonstrar minha gratidão ao Deus de meus pais por um favor recebido. Quero resgatar escravos condenados à galera e não sei qual o caminho a seguir.

O velho deixou cair o cabo que enrolava e empalideceu visivelmente. Contudo continuou em silêncio, como se desconfiasse da existência de algum segredo.

— Não podes me ajudar? ... — voltou Judá a perguntar.

— Senhor ... eu, como vês, sou um velho marinheiro que gastei toda a minha vida na luta com o mar, e continuo sendo tão pobre e miserável como era anteriormente, não obstante jamais ter feito mal, nem sequer às moscas. Não quisera que agora, na velhice, um calabouço abrisse suas portas para mim, porém está me parecendo que a tua fisionomia é de homem honrado, como também o são as desses dois que te acompanham ...

— Não temas, bom homem — disse Jhasua, com sua inimitável benevolência —, pois tratamos unicamente de fazer o bem aos que sofrem e de não causar mal a ninguém.

— Acredito no que me dizeis, porque parece-me que sois de boa família e que vossa boca não mente; mas isto aqui não é um bom lugar para falar. Se quiserdes seguir-me, minha choça está perto daqui.

Os três o seguiram.

Com efeito. A uns duzentos passos em direção ao sul e sempre pela costa do mar, o homem deu a volta ao redor de um enorme penhasco coberto de terebintos e amoreiras selvagens, e, abrindo uma pequena porta de troncos, disse:

— Entrai, esta é a minha vivenda. É santo o ar que aqui se respira, porque foi mais de quatro vezes o esconderijo de Judas, o Gaulonita, um dos primeiros mártires da libertação de Israel.

— És israelita? — perguntou Jhasua.

— Sim, e descendo daquele grande José que um Faraó nomeou vice-rei do Egito, pois pertenço à Tribo de Manasés, seu filho, e sou Gaulonita como Judas, o filho de minha irmã mais velha.

— Tendes honrosos parentes e creio que lhes fazes honra, não obstante tua pobreza — voltou a dizer Jhasua. — Agora, se julgas conveniente, fala-nos sobre aquilo que manifestamos, e que foi o motivo de nossas perguntas.

— Já trato disto, amo, já trato disto.

— Não me chames de amo! ...

— É que, apesar de minha nobre origem, um dia me tornei escravo por amor a uma filha que é todo o meu tesouro neste mundo, e que me deu uns netinhos que são uma glória de Deus.

— Está bem. Tua alma é nobre como tua estirpe — voltou Jhasua a dizer-lhe.

— Visto como mutuamente confiamos uns nos outros, segui-me mais alguns passos — disse o velho, e foi caminhando para o fundo da choça, cuja metade interior era uma gruta aberta no próprio penhasco. Afastou alguns fardos de bambu e de varas de álamo, e todos viram uma pequena porém fortíssima porta de ferro.

– Este foi o calabouço da filha de Abdolômino, Rei de Sidon, há trezentos anos. Foi um drama de amor que terminou no fundo deste penhasco. Coisas dos humanos!

O velho foi dizendo isso enquanto caminhava por um corredor iluminado do teto por uma abertura nele existente.

– Para dizer a verdade, este calabouço tinha a sua beleza, pois não necessitava de luz – disse Judá observando o bom aspecto daquele corredor.

– É um calabouço principesco! – disse o velho. – Aquele Rei parece que amava a sua filha, que foi escondida aqui, para impedir que fosse raptada por um tal Abasidas, senhor de Bagdad, que queria levá-la para o seu harém.

Chegaram a outro esconderijo de pedras e musgos, atrás do qual foi aberta outra porta, permitindo que a luz do sol e o ar do mar penetrassem em cheio.

Aquela era uma formosa gruta, com abertura para o mar, mas cujo pavimento se achava a bastante altura sobre o nível das águas. Ainda subiram dez degraus lavrados na pedra e dali o velho gritou:

– Ainda estais dormindo, filhotes! Acordai, que temos visitas!

Descerrou uma espécie de anteparo de quartzo, reforçado com tiras de cobre, e surgiu um recinto como se fosse um camarote de navio. Duas camas pequenas como redes penduradas no teto, e nelas estavam deitados dois moços, com a aparência de terem de 22 a 25 anos, e muito parecidos entre si, o que fazia compreender, à primeira vista, que eram irmãos.

Deviam ter sido formosos; contudo, tinham o rosto desfigurado por manchas negras, e suas pálpebras, semicerradas, quase não deixavam ver as pupilas.

– Aqui tendes – disse – os dois únicos filhos gêmeos de Judas, o Gaulonita, meu heróico sobrinho, morto pela libertação de Israel. O governo romano condenou-os às galeras para toda a vida; no entanto Deus, que burla as ordens dos homens, os salvou, como podeis ver.

"Numa abordagem, os piratas incendiaram o barco no qual eles estavam acorrentados ao remo, e seus olhos foram queimados, bem como quase todo o rosto e a parte superior do corpo. Como já os julgavam inúteis para o remo e que provavelmente não viveriam muito, os tripulantes da galera fizeram-nos passar para um bote quebrado e os abandonaram como coisa inútil aos caprichos do mar. Tive a sorte de recolhê-los na minha barcaça de carga, numa de minhas viagens a Edipa, Tiro e Sidon. A abordagem havia sido na costa sudeste da ilha de Chipre, mas Deus mandou as ondas que os trouxeram a mim, e aqui os tendes. A sentença que tiveram, pela única razão de serem filhos de seu pai, persiste e, se os romanos os virem são e salvos, voltarão a prendê-los. Guardo-os aqui há quatro anos, e, com os cinco que estiveram nas galeras, completam os 26 que têm de idade. Os pobrezinhos quase nada podem fazer com o pouco que conseguem ver, e entretêm seu tempo pescando e fazendo cestas de bambu e de álamo para o carregamento de mercadorias na minha barcaça.

"A história está contada e os escravos prisioneiros do Estado que procurais estão aí. Disponde deles como vos agradar."

– Tio Manoa! ... – gritou um dos moços sentando-se na sua rede. – Vais entregar-nos aos nossos verdugos?

– Não, meu filho, não! Eu sou Manoa ... levo o nome do pai de Sansão, e, graças ao Deus de Israel, tenho a necessária força para defender-vos de todos os Césares do mundo.

Jhasua e os dois amigos já estavam junto das redes; contudo, os dois moços já haviam saltado ao chão.

— Não nos tomes por vadios porque continuamos dormindo quando o sol já se levantou — disse um deles —, porém esta noite passamos acordados porque a maré se elevava com tanta força que parecia ter a má intenção de penetrar na nossa caverna e levar todo este amontoamento de bambu polido e as tiras para as cestas de que o tio precisará nesta mesma semana.

— Não vos preocupeis com isto, pois não fazemos juízos sobre o procedimento do próximo — respondeu Jhasua, sentando-se sobre um fardo de bambu.

— Tenho aqui vinho de Chipre — disse o velho Manoa tirando um pequeno cântaro de uma abertura no penhasco —, que, com alguns pastéis que acabamos de fritar, haverá de fazer-nos muito bem.

Amistosamente, ofereceu-lhes uma cesta de biscoitos e um jarro de vinho.

— Cuidais bem de vossos sobrinhos — observou Faqui!

— Interesse! ... — disse Manoa —, pois penso que eles poderão cuidar de mim quando os anos começarem a pesar demasiado sobre meus ombros.

— Que poderemos fazer, se somos dois infelizes escravos cegos? ... — interrogou um dos moços com a voz cansada em face do constante desespero e do pessimismo.

— Acreditais que o Deus de Israel tem realmente o poder de esgotar a água do mar para que seus filhos possam passar, e de fazer brotar a água de uma rocha tocada por Moisés para dar de beber ao seu povo sedento? — perguntou Judá com a veemência que lhe era habitual.

— Claro que acreditamos — responderam os dois cegos —; no entanto, parece que o Deus de Israel se esqueceu de nós — disse um deles.

— A prova de que não se esqueceu é que estamos aqui — acrescentou Jhasua tomando uma das mãos de cada um dos cegos e olhando-os nos olhos com aquele seu olhar que era um raio de amorosa luz quando queria curar.

Intensa emoção apoderou-se de ambos, que começaram a agitar-se em convulsivos soluços sem lágrimas, porque seus olhos fechados não podiam vertê-las.

— Infelizes! ... — murmurou Faqui apertando seus punhos fechados.

"Nem sequer lhes deixaram o consolo de poder chorar sua irreparável desgraça!"

— Irreparável, disseste? — perguntou Jhasua ouvindo isto. — Se a *Filha do Sol* estivesse ao teu lado teria coberto com a sua mão os teus lábios para que não pronunciasses essa frase, Faqui, que somente a dizem aqueles que não crêem no poder de Deus.

— Tens razão, filho de David! ... Por um momento, esqueci que estavas aqui em nosso meio — respondeu Faqui.

Aquelas pálpebras deformadas pelo fogo começaram a avermelhar-se, como sob a influência de um sopro vivificante. As manchas e os franzidos, que desfiguravam aqueles pobres rostos lacerados pelas chamas há quatro anos, foram perdendo-se na pureza da pele que parecia estar sendo renovada e transformando-se sob a ação dos hálitos ultra poderosos que Jhasua exalava sobre eles, como se lhes transmitisse vida nova, fibra por fibra.

O velho Manoa era todo olhos para ver esse extraordinário espetáculo de duas fisionomias desfiguradas pelo fogo que adquiriam, de um momento para o outro, os formosos aspectos juvenis que havia conhecido em seus sobrinhos antes da desgraça.

Quando a fina membrana das pálpebras adquiriu sua natural mobilidade e se abriu dando passagem à luz das pupilas de um escuro azul como o céu das noites galiléias, o ancião não pôde resistir mais e, caindo de joelhos aos pés de Jhasua, gritou com toda a sua energia:

— Deus de Israel! ... Sabes que eu não acreditava em milagres, e fizeste na minha frente o mais estupendo de todos os que os olhos de um homem já viram! ...

Os soluços embargaram sua voz e, ajoelhado sobre o duro pavimento, o pobre velho começou a rezar, pedindo perdão de seus pecados, e prometendo a todos os patriarcas e Profetas de Israel que, daí para diante, seria justo em toda a extensão da palavra.

Quando aqueles olhos cegos pelas chamas do incêndio puderam perceber tudo quanto os rodeava, os dois irmãos se abraçaram chorando e disseram ao mesmo tempo:

— Julguei que nunca mais veria o teu rosto!

Faqui e Judá, igualmente enternecidos, se entreolhavam sem dizerem palavra, e olhavam também para Jhasua cuja intensa palidez deixava compreender quanta energia vital havia deixado naqueles dois seres tão infelizes uma hora antes e tão felizes neste momento. No entanto, nem bem passou a explosão de alegria dos recém-curados, eles pensaram em sua triste situação de escravos prisioneiros do Estado para toda a vida e imediatamente ficaram calados e tristes.

— Não murcheis a roseira de vossa felicidade com o angustioso pensamento que vos aflige neste instante — disse Jhasua de maneira muito meiga.

— Deus de Abraham! ... — exclamou um dos moços. — Quem és para deste jeito ler nossos pensamentos?

— Um homem que estudou a alma dos demais — respondeu Jhasua. — Estais pensando na vossa condição de escravos prisioneiros do Estado; porém lembrai também que o nosso Deus não faz as coisas pela metade.

"Judá, meu amigo. Chegou a tua hora. Cumpre, pois, o teu nobre pensamento nestes filhos do mártir Judas, o Gaulonita."

— Na realidade — disse o aludido —, eu vim aqui para resgatar um escravo prisioneiro do Estado, e Deus me concede dois em vez de um só.

— E a quem pagareis pelo nosso resgate? Somos escravos do Estado ...

— O Estado vos atirou ao mar como coisa inútil e certamente vos crêem mortos a estas horas — disse o velho Manoa.

— Eu tomo um e tu o outro — disse Faqui ao príncipe Judá — não como escravos, mas como empregados sob salário. Eu necessito de um servidor de toda a confiança e creio havê-lo encontrado hoje no porto de Tolemaida.

— Se o tio Manoa estiver de acordo ... — disseram ambos ao mesmo tempo.

— Faltava apenas isto! ... Como não hei de estar de acordo, se hoje Deus entrou na minha choça? Aqui não podereis ficar porque muitos souberam da vossa desgraça e seria impossível continuar a ocultar-vos depois da vossa cura. O passado voltaria a ser renovado e então estaríeis perdidos.

Judá havia ficado pensativo examinando os dois jovens cujos fortes e musculosos braços indicavam claramente o duro trabalho que haviam realizado. Também ele tinha músculos de ferro em seus braços, e isso porque esteve somente três anos no remo.

— Podeis dizer-me em que frota prestastes serviços? — perguntou repentinamente aos jovens.

— Naquela que há nove anos era comandada pelo tribuno romano Quintus Árrius. Nossa galera era a Aventina II, e nosso Capitão chamava-se Paulo Druso.

— Eu estava na Ástrea, que era a nave capitânea — disse Judá — e sou filho adotivo de Quintus Árrius! ... Mas não temais, pois sou judeu de raça e de religião, e não sou amigo dos romanos pelo muito que estou agradecido ao nobre romano que salvou a minha vida e a minha honra.

"Com a aquiescência de vosso tio ficais, a partir deste momento, como nossos servidores assalariados. Não havereis de ter queixas de nós."

— São dois nobres corações estes meus amigos — disse Jhasua — e além disto gozam de boa posição. Ambos são donos de grandes propriedades, de boa fortuna e de nomes ilustres em seus respectivos países.

— Este é Hach-ben Faqui, príncipe de Cirene, e este outro é o príncipe Judá, filho de Ithamar, da casa de Hur, de Jerusalém.

— Oh, oh! ... — exclamou o velho Manoa. — Grandes nomes, meus filhos! ... A sorte entrou nos vossos corpos com uma bênção de Jehová. Sabei, pois, aproveitá-la e corresponder a tão grande benefício.

— Agora seguiremos viagem para Antioquia — acrescentou Judá —, e já vos levaremos conosco. Dizei-nos vossos nomes e escolhei de nós dois aquele que quereis como amigo íntimo para fazer esquecer vosso doloroso passado.

— Eu sou Othoniel, e fico ao teu lado, príncipe Judá.

— Eu sou Isaías, e me uno a ti, Hach-ben Faqui — disse o outro.

De forma muito espontânea, o africano deu um passo em sua direção e o abraçou como houvera feito com um irmão esperado há longo tempo.

— Espero fazer-te muito feliz — disse.

Judá fez o mesmo, acrescentando:

— Agora vamos a uma tenda de roupas, e vestireis trajes correspondentes a de dois novos mordomos de casas ilustres.

O velho Manoa não sabia se devia chorar ou rir, e, por fim, resolveu aproximar-se de Jhasua, a quem interrogou:

— Senhor santo, que entras como um deus nas choças carregadas de dor, e que, junto contigo trazes todo o Céu de Jehová! ... Acaso não és o Messias que Israel espera desde há tanto tempo? ...

"Pela memória do meu sobrinho Judas, mártir, dize se o és e entregar-te-ei o segredo que ele deixou para te ser entregue!"

— *Eu sou!* — disse o Mestre pela primeira vez em toda a sua vida. — Mostra-me, pois, o segredo do meu heróico irmão Judas, que me precedeu no caminho do sacrifício pela libertação de Israel.

Enquanto os quatro jovens saíam para buscar numa tenda as roupas para vestir Othoniel e Isaías, o velho Manoa fez Jhasua sentar num banco e, levantando uma pedra num canto do pavimento, retirou um cofre de ébano e lhe entregou.

— Que é isto? — perguntou o jovem Mestre.

— Abre-o e verás, pois somente o Messias pode vê-lo — respondeu o velho.

Jhasua quebrou os lacres que o fechavam hermeticamente e retirou uma tabuinha, na qual estavam gravadas estas palavras: *Judas de Galaad ao Messias, Salvador de Israel.*

Depois, tirou um tubo de prata que encerrava um papiro: era o testamento do ilustre mártir pela liberdade e justiça. Dizia assim:

"Filho de David, Salvador de Israel. Sei que estás no meio do nosso povo, porque o príncipe Melchor te viu no berço há alguns anos. Não sei se chegarei a conhecer-te antes de morrer, pois os meus dias estão contados. Minha existência só durará o tempo que os tiranos de nosso povo demorarem para encontrar o meu refúgio.

"Ofereci minha vida ao Deus de meus pais pela salvação do meu povo e pela felicidade de meus dois únicos filhos Isaías e Othoniel, que deixo aos cuidados de meu tio materno Manoa, velho marinheiro de Tolemaida. Deixo vinte talentos de ouro, fruto da venda da herança de meus pais e de meu próprio trabalho. Metade é para os meus filhos e para o meu tio, e a outra metade é para o exército defensor do Messias, Rei de Israel.

"Filho de Deus! ... Salva o nosso povo do opróbrio e da opressão, e que meus filhos honrem a memória de seu pai com sua vida consagrada à justiça e à liberdade."

Judas de Galaad

Jhasua olhou a data e haviam passado onze anos. Judas a havia escrito alguns poucos meses antes de sua heróica morte, quando seus filhos contavam apenas 15 anos de idade.
– Pobre Judas! – exclamou Jhasua enxugando duas lágrimas que a lembrança do mártir arrancava do fundo de sua alma.
"Sacrificaste tua vida pela libertação política de Israel, sem pensar que é necessário, antes de mais nada, preparar Israel para governar a si mesmo ...
"Também eu serei mártir como tu, porém será para libertar a humanidade da enorme carga de iniqüidade que a mantém prostrada numa fatal decadência! ..."
– Santo Senhor! ... – disse também chorando o velho Manoa. – Guardai logo isto, porque aqueles que saíram não tardarão em voltar. As tendas estão junto ao porto.
– Não, Manoa, todos eles precisam conhecer o segredo de Judas de Galaad. Não vês que a metade do ouro que aqui se encontra te pertence e a teus sobrinhos, e que a outra metade é para um exército defensor de Israel?
"Meus dois amigos são membros do Conselho Central de Jerusalém, que dirige e preside a Santa Aliança libertadora, e eles não podem ignorar nada disto.
"Deixa-me agir, bom Manoa, e tudo será de acordo com a justiça e a razão."
Poucos instantes depois, retornaram os quatro que foram fazer compras.
– Oh ... ó pai Abraham! ... – gritou fora de si o velho, vendo seus dois sobrinhos com elegantes túnicas brancas de fina cachemira igual às que geralmente eram usadas pelos saduceus de alta linhagem, e turbantes com listras azuis, amarelas e brancas. – Quem vos conhecerá agora? ...
– E quem te conhecerá quando te cobrires com este manto da cor do fruto das palmeiras e com este turbante de listras amarelas e verdes? – perguntou Isaías, mostrando ao tio o presente que lhe traziam.
"Ficastes loucos, ficastes loucos! ... – exclamou o pobre velho. – Quando vou pôr isto em mim? Ainda não ganhastes um único denário e já esbanjais desta maneira?
– Não os recrimines, bom Manoa – disse Judá. – Fizemos um adiantamento do que serão seus salários mensais e eles pensaram imediatamente em ti.
– Coisas de crianças! ... – disse o velho, abrindo um antiga arca para guardar o manto e o turbante que considerava um luxo para si.
Em seguida, Jhasua, que ainda estava com o cofre aberto, participou aos amigos o segredo de Judas de Galaad.
– Grande alma! ... – disse Faqui –, que ainda à borda da sepultura pensava na defesa de seu povo!
Entregaram ao velho Manoa os dez talentos de ouro, metade da soma deixada por Judas, pois seus filhos Isaías e Othoniel doaram ao bom ancião a parte que correspondia a eles, pelo fato de tê-los recolhido quando se achavam abandonados e cegos.
– Nós somos jovens e Deus nos favoreceu com uma boa colocação na vida – disse Othoniel –, enquanto que o tio míngua em suas forças, e devemos proceder com ele do mesmo modo como procedeu conosco.
– Essa é a justiça que reclamo para que Israel seja livre – disse Jhasua. – Se todos compreendessem a vida como vós, esta humanidade seria bem mais feliz.

Dois dias depois, nossos viajantes embarcaram numa formosa galera pintada de branco-marfim e com o pavilhão amarelo. Ela vinha de Gaza e escalara em Ascalon, Jaffa e Cesaréia.

– Os melhores navios de passageiros e de carga são os do nosso compatriota Simônides – disse o velho Manoa, satisfeito por vê-los tomar passagem num dos barcos do grande comerciante de Antioquia.

Nossos amigos cruzaram entre si um olhar inteligente, pois o tal Simônides era o comerciante amigo do príncipe Melchor, para o qual Jhasua levava uma carta de recomendação. Judá, por sua vez, pensou com amargura que aquele navio deveria ser da frota de seu pai, visto como o comerciante Simônides foi o representante geral do príncipe Ithamar, e agora o era de sua viúva.

Reconheceria Simônides os donos da imensa fortuna que administrava? Sua mãe, sua irmã e ele, Judá, durante oito anos tinham sido dados como mortos. Que mudanças haviam sido operadas naquele antigo servidor, que havia sido atormentado por Valério Graco para arrancar-lhe o segredo dos bens de fortuna do príncipe Ithamar, chefe da família?

A formosa e brilhante galera chamava-se *Thirza*, nome que aparecia em grandes letras de ébano na proa. Junto a ela Judá viu outra galera que parecia gêmea da anterior, pintada de cinza-azulado e cujo nome em letras de bronze dizia *Esther*.

– Esses navios – disse Judá a Manoa, enquanto alguns criados subiam com a equipagem e chegava Faqui com sua mãe e irmã – parecem ter sido lançados recentemente ao mar.

– Esta é a segunda viagem que fazem – esclareceu o velho. – Supõe-se existirem duas donzelas pelas quais o rico armador tem grande amor, e batizou os dois últimos barcos com seus nomes quando as meninas entraram em seus 20 anos.

– Repara, Thirza! – disse Judá à irmã que chegava ao cais naquele instante com Jhasua, Noemi, Amhra e os dois criados Eliacin e Shipro.

– Que hei de olhar, a não ser uma selva de mastros, velas e formosos barcos? O mar, que não via desde os meus dez anos, quando fomos despedir-nos de nosso pai em sua última viagem?

– Repara o teu nome na galera em que embarcaremos – acrescentou Judá.

– É mesmo! ... Que coincidência! ... – exclamaram todos.

– De maneira que Thirza vai viajar com "Thirza"! – observou Jhasua.

– E comigo – disse Noemi, apertando-se ao braço da filha, como se um vago temor a houvesse sobressaltado.

A prancha foi descida à terra e começou o embarque de passageiros e fardos de mercadorias.

– Repara este outro navio com idêntica bandeira amarela, com iguais mastros e velame. São como dois irmãos gêmeos, e se chama *Esther*.

– Ambos são do mesmo armador, o comerciante Simônides de Antioquia – esclareceu o velho Manoa que estava em toda a sua glória, como um velho patriarca entre seus dois galhardos sobrinhos.

– Simônides de Antioquia! – exclamou Noemi olhando para o filho Judá. – Esse é o nome que ainda recordo do nosso procurador, desde que me uni em matrimônio a teu pai. Será o mesmo? Já era um homem de 60 anos; e oito que passamos! ... Deve estar chegando aos 70.

– Sabes se tem filhos? ... – perguntou Noemi ao velho Manoa.

– Pouca coisa sei dele – respondeu o ancião –, no entanto, ouvi algo a respeito de uma filha única, que, depois de casada, desapareceu numa perseguição que um chacal romano desatou contra ela, por ser muito formosa. Simônides é possuidor de imensa fortuna, mas também sobre muitas dores.

"Dizem que foi submetido a torturas para arrancar-lhe não sei que segredos que interessavam ao governo do César."

– Deus misericordioso! ... – exclamou Noemi cheia de temores. – Por que insistes, meu filho, em irmos a Antioquia? Não será o mesmo que nos arrojarmos novamente na boca do lobo?

– Mãe! ... – disse Judá. – Tua grande fé no Salvador de Israel abandona-te agora, quando tratamos de começar nossa colaboração com ele para a libertação do nosso povo? ...

– Não temas, mulher, que tua fé e tua resignação coroaram de paz e felicidade tua vida presente e futura – disse Jhasua, tomando-a pela mão para ajudá-la a embarcar.

"Que '*Thirza*' nos leve numa boa viagem sobre as ondas do mar!"

– Contigo sim, ó glória de Israel! – exclamou a boa mulher apoiando-se em Jhasua, até que entrou na branca e formosa galera que levava o nome de sua filha.

Quando o barco soltou as amarras, todos agitaram seus lenços despedindo-se dos que ficavam em terra. Eram as primeiras horas da tarde, e um tíbio ar primaveril eriçava suavemente a superfície do mar. Sobre o penhasco do cais via-se a silhueta rija e aprumada do velho Manoa a acompanhar com o olhar o barco que levava os dois filhos órfãos de seu sobrinho Judas de Galaad, tão infelizes um dia antes e tão cheios de felicidade naqueles momentos.

– Bem se vê que o Deus de Abraham e de Jacob se lembrou do seu povo e enviou-lhe a estrela do seu repouso! Manoa, velho Manoa! ... Quem diria que, depois de aguardar onze anos com o cofre escondido sob o piso da tua caverna, haverias de entregá-lo pessoalmente ao Messias, e ouvir sua própria voz dizer:

"EU O SOU!"

Profunda emoção encheu de lágrimas seus olhos, e, dando meia-volta, perdeu-se entre os cabos e velas de sua barcaça de carga.

Nossos viajantes instalaram-se sobre a coberta do navio, com exceção de Noemi, que quis retirar-se para o camarote, seguida de Amhra, sua fiel criada.

Esta, que escutara toda a conversação sobre Simônides, o comerciante, disse:

– Minha ama, perdoa-me que nada tenha dito a ti em relação a esse bom homem Simônides.

– E o que é que sabes dele? – perguntou Noemi já recolhida em seu leito.

– Em cada um de seus barcos que chegava a Jaffa, fazia vir até Jerusalém um criado com um fardo de mercadorias contendo roupas e comestíveis, e um bilhetinho dizendo: "A felicidade e a honradez num criado são como a oliveira, cuja raiz jamais seca. Nosso Deus, que alimentou Agar no deserto, cuidará de ti, ainda que passem muitos anos. Não abandones o teu posto no qual deves esperar sempre." E assinava: Simônides.

"Depois de três anos da desgraça, fiquei sabendo que esse tal Simônides era um fiel procurador do querido amo Ithamar, e que administrava seus bens em Antioquia."

– Ele veio à nossa casa?

– Jamais, senhora, pelo menos eu não o vi em Jerusalém.

"Esse bom homem terá uma grande surpresa quando vos vir os três novamente reunidos!"

– Julgas que não estará mais contente em continuar na posse da nossa fortuna, como o teve durante os oito anos do nosso desaparecimento? – perguntou Noemi.

— Não o creio, boa senhora, porque se realmente fosse assim, não haver-se-ia preocupado mais comigo.

"Uma vez, quando o mensageiro chegou, encontrou-me enferma. Tinha a chave da porta das carruagens e entrou sem chamar.

"Ao anoitecer, e quando eu o julgava já em viagem, voltou com um Terapeuta, desses que se hospedam no Khan da Bethânia, para que me curasse. Comprou os remédios necessários e deixou-me cem sestércios para que eu pudesse continuar comprando outros remédios que se tornassem necessários para a minha cura.

"— Aquele que me envia — disse — necessita que vivas para reconheceres os amos quando eles voltarem a ocupar o seu lugar na vida."

— E como ele sabia que haveríamos de voltar? — perguntou Noemi.

"Thirza e eu poderíamos ter morrido no calabouço e Judá nas galeras ..."

— No entanto não morrestes, minha senhora, motivo pelo qual devemos dar razão a esse homem que me pedia para aguardar. Haveria algo que mantinha viva a sua esperança! Eu o estimo profundamente, mesmo sem jamais tê-lo visto.

Amhra viu que sua ama estava querendo dormir, e, correndo as cortinas da clarabóia, deixou o camarote às escuras.

Apanhou um xale de seda azul da cama destinada a Thirza e subiu para a coberta para abrigar com ele sua pequena ama, porque a aragem do mar se tornava fresca e a menina era uma flor muito delicada ...

Encontrou-a sentada num banco entre Jhasua e Faqui, e amorosamente cobriu-a com o xale. Retirou, em seguida, de suas próprias costas um escuro manto e envolveu com ele os pequeninos pés da jovem.

— Basta, Amhra, basta — disse Thirza. — Ainda julgas que estou no berço e que choro de frio? ... — A boa mulher sorriu em silêncio e desceu para o camarote de Noemi para cuidar de seu sono.

Jhasua, que observava tudo isto silenciosamente, disse, quando a criada desapareceu:

— Dizei se não é uma espantosa aberração humana que seres como esta mulher suportem a dura condição de escravos, que podem ser comprados e vendidos como um asno, um boi ou uma cabra?

"Por acaso sua alma não é muito mais nobre e pura que a de um grande magnata?

"Considerai — disse em seguida —, que, na nossa Santa Aliança para a libertação de Israel, devíamos ocupar-nos com os escravos. Não deve haver escravos fortuitos, mas voluntários.

"Aquele que desejar continuar sendo escravo, se assim lhe agradar, que o seja; no entanto, todos devem ter o direito de conquistar a própria liberdade."

— A Lei — disse Thirza — concede o direito da liberdade a todos os que serviram durante seis anos a um mesmo senhor.

— É verdade — respondeu Jhasua —; entretanto, a maioria dos amos já está combinando para fazer sentir ao criado que, a partir daquele instante, serão abandonados completamente sem recurso algum, e devem defender-se sozinhos das adversidades da vida.

"Muitos escravos abandonados assim à própria sorte, e cujos espíritos já estão humilhados e tímidos pela própria condição sofrida, se acovardam ao serem lançados deste modo no mar bravio da vida humana que, com toda a certeza, não lhes será aprazível nem benfeitor. Então preferem continuar nessa mesma condição, indefinidamente."

— Vem aqui, Judá, com Isaías e Othoniel, pois tratamos de um assunto muito importante! ... – disse o Mestre em voz alta a seus três companheiros de viagem que conversavam animadamente na balaustrada da coberta. Os três se aproximaram.

– De que se trata, filho de David? – perguntou Judá, sorridente.

– Como procederias para que não houvessem escravos fortuitos, mas tão-somente voluntários? – perguntou Jhasua.

– Com uma lei que proibisse severissimamente a compra e venda de seres humanos – respondeu Judá.

– Mas, não contando com o poder necessário para outorgar essa lei, como procederias?

– Tudo isto entra em meu programa, se formarmos um grande exército com a finalidade de fazer valer os nossos direitos para estabelecer leis e fazê-las cumprir – respondeu Judá.

"Está muito bom o exército de defesa; no entanto, estará melhor se elevarmos o nível moral do povo, despertando nele os sentimentos de fraternidade e companheirismo, depois de haver extirpado completamente a nefasta semente do ódio de classes."

– Tenho uma idéia – disse Faqui –, e é a seguinte: nas arcas da Santa Aliança há mais de 200 talentos que, trocados na nossa moeda, atinge a soma de cerca de meio milhão de sestércios, com o qual a Santa Aliança poderia resgatar os escravos fortuitos que estivessem sendo maltratados pelos seus amos.

"Poderemos proceder desse modo até estarmos em condições de dar leis anulando a escravidão. Creio que assim os amos não poderiam levantar protestos, visto como são reembolsados no valor de seus servos. É uma compra."

– Magnífica idéia, Faqui! – exclamaram todos ao mesmo tempo.

– Enviemos o projeto ao Conselho Central de Jerusalém – disse Jhasua –, participando-lhe ao mesmo tempo o recebimento do donativo póstumo de nosso irmão Judas de Galaad, que vem reforçar nossa caixa de socorros.

– Perdoai minha indiscrição – interrompeu Othoniel. – Poderia saber o que vem a ser essa Santa Aliança da qual ouço falar, e que finalidades desejais tomar em relação às situações difíceis dos demais?

– Othoniel! ... – perguntou o Mestre. – Que te parece melhor? Como estais ambos agora ou como estáveis antes de chegarmos à vossa choça?

– Profeta de Deus! ... – exclamaram os dois filhos de Judas de Galaad. – Isto nem sequer há necessidade de perguntar!

– Éramos dois frangalhos inúteis, e hoje somos dois homens capazes de qualquer esforço por uma causa justa – acrescentou Othoniel.

– Falaste muito bem, Othoniel. Agora esclareço: a Santa Aliança significa que cada membro deve ser capaz de agir em relação aos seus semelhantes da mesma maneira como nós procedemos convosco. Compreendeste?

– Essa é uma obra de gigantes, pois o mundo está cheio de infelizes em idênticas condições as que nós estávamos antes de vossa chegada a Tolemaida – disse Isaías.

– Pois essa obra de gigantes pode ser feita pelos homens de boa vontade, que sejam capazes de cumprir com a Lei que diz: *"Amarás a teu próximo como a ti mesmo."*

– Queremos pertencer à Santa Aliança! – exclamou com veemência Isaías. – Estás de acordo, Othoniel?

– Tiraste a palavra da minha boca! – respondeu o interrogado.

– Senhores! ... Mais dois que são acrescentados às nossas fileiras – exclamou Judá. – Amanhã a esta hora estaremos no porto de Tiro, onde nosso barco se deterá

durante seis horas para receber carga. Seremos capazes de plantar ali, em tão breve tempo, um raminho da Santa Aliança?
— Depende de termos ali algum bom amigo — acrescentou Faqui.
— Temos, sim, e muito bons amigos! No velho porto acha-se incrustada no penhasco a Torre de Melkart, cuja história trágica assusta as pessoas. Ali estão os nossos Terapeutas com os leprosos e os demais atacados de enfermidades incuráveis — disse Jhasua. — Eu já havia pensado em visitá-los se o navio se detivesse durante algum tempo em Tiro.

Tal como pensaram, assim foi feito, pois a célebre Torre de Melkart, onde Joseph e Myriam com Jhasua, pequenino fugitivo de Herodes, se refugiaram anos atrás, foi novamente visitada pelo jovem Mestre, acompanhado de seus amigos.

Trinta e seis leprosos, dezenove paralíticos, quatorze tuberculosos e oito cegos, foram curados pela energia divina que residia na personalidade augusta do Filho de Deus; e esses desditosos seres, escória que a Humanidade havia afastado de seu seio, formaram o primeiro grupo de filiados que a Santa Aliança teve nessa cidade, e que arrastaram, atrás de si, primeiramente seus familiares e amigos, e, logo a seguir, a maioria dos israelitas, árabes e egípcios radicados na grande metrópole, glória do Rei Hiram, o nobre e generoso amigo de David e de Salomão.

O leitor compreenderá perfeitamente que ali ficava a nova fundação sob a tutela e orientação dos Terapeutas-Peregrinos, cuja discrição assegurava a boa marcha da Santa Aliança e seu desenvolvimento, com as precauções necessárias.

— Em Sarepta, o navio deter-se-ia durante apenas três horas, pouco mais ou menos.

Jhasua tirou sua caderneta de anotações do bolso e procurou alguns endereços anotados por seu primo Johanan, quando esteve pela última vez com ele.

Cinqüenta passos ao norte da cidade, corria um arroio bastante caudaloso, em cuja margem sudoeste e entre um labirinto de montes cobertos por espesso arvoredo, existiam muitas grutas, algumas das quais eram sepulcros. Uma delas, que não era sepulcro, porque estava a mais de seis pés do solo, era habitada temporariamente pelos Terapeutas-Viajantes e era chamada "*A gruta do Profeta*". Uma velha tradição dizia que o Profeta Elias se houvera albergado ali durante uma temporada, ou seja, quando pediu socorro à viúva de Sarepta, da qual a Escritura Sagrada menciona algo.

Johanan havia dito confidencialmente a Jhasua que, por duas vezes em sua vida, fora transportado em espírito até essa gruta solitária, e vira numa disfarçada cavidade da rocha, e na parte mais interna da caverna, um tubo de cobre com um papiro, no qual o Profeta havia escrito em poucas palavras a sua origem. Mas Johanan jamais pôde ler o escrito.

Jhasua, que pensava realizar essa viagem a Antioquia, tinha prometido averiguar essa comprovação. Efetivamente, o tubo foi encontrado de acordo com as indicações de Johanan e a gravação dizia:

"Meus pais foram originários da ilha de Creta, onde nasci, causando este nascimento a morte de minha mãe.

"Meu pai levou-me a Pafos, na costa sudoeste de Chipre, onde sua morte deixou-me órfão aos oito anos.

"Fui adotado como filho por um ermitão sábio, que me ensinou astrologia e química, ciências nas quais cheguei a grande adiantamento.

"Dele aprendi a fazer retornar à vitalidade a um moribundo e a acender no ar chamas de fogo, mediante o emprego de substâncias imperceptíveis à simples vista.

"Sua sabedoria havia sido adquirida dos anacoretas do Monte Himeto. Esses anacoretas chamavam-se Dacthylos.

"O Supremo Construtor de tudo quanto existe nos Céus e na Terra tomou-me como instrumento de sua justiça para castigar os maus e proteger os débeis.

"Se cumpri mal, quero ser perdoado e corrigido.

"Se cumpri bem, louvado seja o Supremo, e que tenha isto em conta para uma nova jornada."

Elias Tesbitha.

Quando Jhasua com Judá e Faqui iam voltar ao porto para tomar o barco, chegou à gruta um Terapeuta com um jovem canceroso e um homem maduro, cego de nascimento.

O Terapeuta vinha do Monte Hermon e não reconheceu Jhasua, ao qual não via desde seus dez anos de idade. Apenas se encontraram, Jhasua deu-lhe a frase da senha dos Essênios: "*Voz do Silêncio.*"

O Terapeuta respondeu:

– "O Senhor está entre nós." Tal é a nova senha irmão. De onde vens que não sabias disto?

– Da Galiléia, e vou à Antioquia – respondeu Jhasua observando os dois companheiros do Terapeuta.

Colocou uma mão sobre os olhos do cego e outra sobre o peito do canceroso.

– Se acreditais no Poder Divino que residiu em Elias, Profeta, e que hoje reside em mim, pela Lei Eterna do Amor e da Justiça, quero que sejais curados, para poderdes realizar o bem sobre a Terra.

O jovem enfermo arrojou uma golfada de sangue pela boca e caiu exânime nos braços de Judá e de Faqui, que o mantiveram. O homem cego esfregou os olhos inválidos em virtude de um forte ardume, e foi abrindo-os lentamente ...

– Quem és tu? ... Quem és, em nome de Deus? – gritou o Terapeuta maravilhado de tão repentina cura.

O jovem Mestre, sorridente e afável, colocou a mão em seu ombro e disse:

– Não acabas de dizer-me que *o Senhor está entre nós?*

O Terapeuta caiu de joelhos com profunda emoção, exclamando:

– Luz de Deus sobre a Terra! Bendita seja a hora em que vim a esta caverna!

– É breve o tempo que temos disponível. Ouves o apito do barco chamando-nos ao porto? – perguntou o Mestre.

"Encarrega-te de reunir aqui adeptos para a Santa Aliança, para a qual pedirás instruções aos Terapeutas da Torre de Melkart, em Tiro, onde acabamos de estabelecer uma sucursal."

O Terapeuta deixou o ex-cego encarregado de cuidar do jovem canceroso, a descansar em profundo sono sobre um leito de feno, e acompanhou Jhasua até que o viu embarcar.

Este Essênio chamava-se Nabat, e tinha uma irmã viúva de nome Maria, que vivia muito retirada com um filho adolescente de nome João Marcos, e, na época, residiam em Cesaréia de Filipos. Foram estes, junto com os curados na "Gruta do Profeta", os alicerces da Santa Aliança nessa parte da Síria, principalmente na Cesaréia, onde, anos depois, abrigou em sua própria casa o primeiro grupo de cristãos que tantos serviços prestou a Pedro, o apóstolo, nas grandes perseguições que sofreu.

De Sarepta a Sidon levava-se, com bom tempo, apenas um dia de viagem. Ainda que a cidade houvesse decaído muito em seu antigo esplendor como centro da grande atividade comercial dos fenícios, quando eram os únicos donos do Mediterrâneo, conservava, não obstante isto, os claros vestígios da passada grandeza.

Seu soberbo panorama de montanhas cobertas de eterno verdor; seus brancos palácios presos no alto das colinas como ninhos de águias, deixando aparecer apenas suas audazes torres por entre as copas dos cedros gigantescos; sua situação entre dois rios que desciam das alturas do Líbano, saltando entre penhascos até desembocar no mar, tudo, enfim, fazia de Sidon uma cidade de sonho, onde o hortos fecundos e os maravilhosos jardins saturavam a atmosfera com o aroma de frutas maduras e de roseirais em flor.

Sidon continuava sendo a pátria adotiva de inúmeros príncipes. Excepcionalmente formosa em sua natureza, possuía um clima benigno e saudável, em virtude da grande altura em que se encontrava, já em plena Cordilheira do Líbano.

Em razão disto, era uma cidade de cortesãos e cortesãs, que haviam trazido para esta cidade os costumes e usos de seus respectivos países. As bailarinas e odaliscas de Bagdad, de Bizâncio, de Pafos e de Daphne; os adoradores dos deuses pagãos do prazer, a efeminação e a sensualidade mais refinada, tinham levado a Sidon o que eles classificavam como a única coisa que tornava a vida humana digna de ser vivida.

A essa capital chegava à bordo da galera "*Thirza*" a Luz Divina feito homem, o Amor Eterno palpitando num coração de carne.

Noemi, mãe de Judá, que sabia disto mais ou menos através de referências do seu esposo, cujas viagens pelo Oriente e Ocidente o tornaram grande conhecedor dos costumes e usos, manifestou a conveniência de não desembarcarem naquela cidade. Judá e Faqui compreenderam o retraimento da austera dama judia em não desejar que os jovens, seus companheiros de viagem, vissem de perto o que ela chamava a *abominação de Sidon*.

O breve diálogo entre Judá e sua mãe a este respeito fez Jhasua compreender o motivo pelo qual Noemi se opunha a tal desembarque.

O navio ficaria detido por quatro horas em Sidon, tempo suficiente para explorar o terreno caso se lhes oferecesse oportunidade de conquistar prosélitos para a causa que deitara raízes profundas nos três amigos.

– Cinco anos vividos na Roma dos Césares me curaram do assombro, mãe – disse Judá. – Mais do que eu vi naquela capital de corrupção e viciosidades certamente não conseguirei ver em Sidon.

– Onde há muitos empesteados é onde mais falta faz a purificação e a limpeza – disse Jhasua. – Talvez seja maior a má fama do que a realidade e, além disto, "se dez justos existirem em Sidon, por estes dez o Senhor perdoaria a todos". Não é assim a palavra divina, Noemi?

– Sim, filho de David, é assim. Que o Senhor me perdoe pelo temor egoísta de que venhais a sofrer algum mal ali, onde, na verdade, podereis semear o bem.

– Então temos o vosso consentimento para visitar Sidon? – perguntou afetuosamente Faqui, como se aquela virtuosa matrona judia fosse a sua própria mãe.

– Sim, sim, Hach-ben Faqui. Quando o nosso Messias o deseja, ele sabe o que quer – respondeu a meiga senhora.

Como os olhares de Faqui interrogassem Thirza, esta disse discretamente:

– Quando a mãe diz sim, é que deve ser sim; entretanto não quero descer. Contemplarei a cidade de cima da coberta e me satisfarei com isto.

Os cinco homens desceram. Os novos mordomos dos jovens príncipes asseguravam que antes da desgraça residia ali um irmão de sua falecida mãe que, no grande mercado de Sidon, tinha um negócio de pedras preciosas, corais e nacar. Talvez ele pudesse orientá-los na empresa que desejavam realizar.

O mercado de Sidon era um imenso edifício circular, espécie de praça cercada de muros com o particular de que a muralha tinha inúmeras portas.

Um grande círculo de esbeltas colunas de mármore, paralelo ao muro exterior, assemelhava-o a um anfiteatro. Essa colunata circular tinha um teto magnífico, cheio de altos relevos, nos quais se destacavam audazmente odaliscas em dança ante as estátuas dos deuses.

No centro do grande edifício circular havia uma fonte de mármore com uma estátua de Adônis, rodeado de cupidos coroados de flores em atitudes de dança.

Encontraram finalmente o estabelecimento comercial que procuravam; porém não o tio, mas uma jovem muito amável e bastante simpática.

Quando deram o nome do tio, a jovem lhes disse:

– Sou filha dele. Meu pai está doente. Que desejais?

Isaías e Othoniel não reconheceram a prima, como ela tampouco os reconheceu, pois tinham passado dez anos sem ver-se e os três eram quase crianças quando se viram pela última vez.

Quando se deram a conhecer, foi grande a alegria da moça cujo nome era Thamar.

– Permiti – disse – que eu atenda uns clientes que tenho aqui dentro, e logo levar-vos-ei para ver meu pai.

Enquanto ocorria este diálogo, Jhasua com Judá e Faqui percorriam a grande colunata circular, observando tudo.

Numa pequena tenda de frutas e flores, viram seu dono paralítico sentado numa cadeira de rodas, que um adolescente empurrava quando era necessário mudá-lo de lugar. Deste jeito atendia ele ao seu negócio.

Ofereceu-lhes uvas de Chipre e tâmaras de Alexandria, que os nossos viajantes compraram para iniciar a conversação.

– Chegastes na galera que atracou há pouco? – perguntou o velho. – Certamente vindes da Judéia, pois vossa vestimenta atesta isto. Como se vive por lá?

– Lá e cá respiramos ar de humilhação e desprezo – respondeu Judá.

– Aqui só vivem a bel-prazer os vadios e as bailarinas – disse o velho comerciante. – Para esses não existe ano mau nem tampouco a vida lhes é pesada.

– Enquanto que tu – disse Jhasua – ganhas penosamente o pão com o teu corpo quase inutilizado pela paralisia.

– Paralisia? ... Foi a roda da tortura que deslocou meus pés e meus joelhos! ... – exclamou o pobre homem com a voz trêmula de ira.

– E por quê? – voltou Jhasua a perguntar. – Que delito cometeste?

– Defender a honra de minha casa como uma leoa defende o refúgio de seus filhotes contra os cachorros. Não existe coisa alguma digna de respeito para a cobiça dos senhores de Roma. Para pagar suas dívidas de jogo, um satélite de sua majestade imperial teve a idéia de pretender comprar duas de minhas filhas maiores para o Rei de Bagdad que, em troca, dar-me-ia uma sacola cheia de pedras preciosas de grande valor. Esse Rei tinha predileção pelas donzelas da pátria de Salomão. Faltavam-lhe duas para completar as dez que aquele sátiro queria.

"Ocultei minhas duas filhas onde nem o diabo poderia achá-las, e ele me submeteu à tortura para obrigar-me a declarar onde se achavam. Apenas não me matou na esperança de que eu depois acedesse.

"De Sevthópolis mudei-me para cá em busca de tranqüilidade, e aqui estou. Salvei minha casa da desonra; no entanto, não consegui salvar minhas pernas, que ficaram deslocadas.''

— Sou médico — disse Jhasua ajoelhando-se junto à cadeira do inválido. — Existem deslocamentos que podem ser curados. Deixa-me comprovar. — Suas mãos pousaram suavemente nos enfraquecidos ossos dos joelhos e logo em seguida nos pés, cujas plantas se achavam viradas para fora, horrivelmente desfiguradas.

— Tuas mãos me queimam, jovem, cuidado! ... — disse o comerciante.

— Não temas, bom homem; porque não foi para fazer mal que me aproximei de ti. Visto como és samaritano, deves acreditar no poder divino que os Profetas usaram para curar os enfermos ...

— Já acreditei! ... Mas faz tanto tempo que os Profetas se foram desta terra que hoje é apenas guarida de ladrões reais e de assassinos togados! ...

— Experimenta levantar e andar — disse Jhasua com certa suave autoridade.

— Andar, eu? ... Há seis anos que não uso minhas pernas para nada! ...

— Experimenta levantar e andar — voltou Jhasua a insistir, tomando o inválido por ambas as mãos.

Quando ele se pôs de pé, atraiu-o suavemente e, soltando aquelas mãos a tremerem entre as suas, disse:

— Caminha ... já podes andar!

O homem deu um passo, logo outro e outro mais.

— Meus pés andam sozinhos! — gritou. Deus de Israel! O Profeta Eliseu ressuscitou e os mortos voltam à vida.

— Psiu! — disse Jhasua. — Não fales tão alto, pois sabes que os Profetas de Deus sempre são sentenciados à morte, e minha hora ainda não chegou.

— Dar-te-ei tudo o que sou e tudo quanto tenho, Profeta, pelo bem que me fizeste. Corre, meu filho, em casa — disse ao adolescente — e pede a tua mãe para preparar o melhor pão e o melhor vinho para este homem de Deus que fez reviver minhas pernas!

— Não te afobes assim — disse Jhasua. — O tempo de que dispomos é pouco.

Judá e Faqui disseram entre si:

— Já temos a entrada livre em Sidon. Este bom homem e sua família formarão o primeiro grupo da Santa Aliança.

E realmente o foi, pois, entre sua numerosa família havia seis filhos varões e duas mulheres. Embora alguns já estivessem casados, continuavam vivendo na velha casa paterna.

Enquanto isso ocorria na tenda de flores e frutas, Isaías o Othoniel, em outra parte do mercado, conversavam com a prima Thamar.

Os clientes que ela tinha lá dentro eram um homem já maduro, vestido segundo os trajes gregos, ou seja, com capa curta e o "himacião" ou grande manto em forma de capa, uma mulher de regular idade, envolta também em seu manto a cobrir-lhe a cabeça e dando volta ao redor dos ombros, e, por último, uma jovem ruiva com olhos cor de topázio, vestida com ampla saia pregueada e um manto azul igualmente pregueado, caindo com graça sobre a saia amarela. Como podiam ver, os três personagens pareciam gregos de boa posição, a julgar pelas suas vestimentas.

— Mandarei em seguida o que escolheste para a tua filha — disse Thamar, acompanhando seus clientes até a colunata. — Entretanto, devo acompanhar estes viajantes à minha casa, e, em seguida, providenciarei esta entrega.

— Basta que seja antes do entardecer — observou o grego.

— Se puder ser útil, minha prima — disse Othoniel —, levarei as compras desta família. Onde vivem?

— A cem passos daqui, defronte à estátua de Artemis, na pracinha do mesmo nome — respondeu a jovem ruiva olhando para o amável estrangeiro a se oferecer tão gentilmente.

Tratava-se de uma caixa e de vários pacotes, cujo peso era insignificante para Othoniel, vigoroso e forte e, além do mais, entusiasmado pela delicada beleza da jovem.

— Como te chamas? — perguntou ele andando ao seu lado.

— Maria de Mágdalo. Este é o meu pai; esta foi a minha ama de leite e agora é minha aia.

— E que razão existe — perguntou o grego cujo nome era Hermes — para que este moço carregue esses pacotes como se fosse um criado?

— Nada mais que a minha vontade e o desejo de prestar-vos um serviço, bem como a minha prima Thamar, que está com o pai enfermo.

— Se és sidônio, compadeço-me de ti — disse o grego. — Sidon é uma eterna barafunda de risos, cantos e cortejos lúbricos. Estou desesperado para poder voltar ao meu castelo, descansar em meu bosque, junto dos meus pássaros e dos meus livros.

— Esta é uma grande cidade, pai — disse a pequena jovem — e Mágdalo é uma aldeia onde não se vê nada mais que o castelo e, em torno dele, as cabanas de nossos lavradores e pastores.

— Agradam-te as grandes capitais? — voltou Othoniel a perguntar.

— Agrada-me a animação, o movimento, as emoções constantemente renovadas — murmurou a jovem.

— Deixa passar mais algum tempo! — murmurou o grego. — Com apenas 15 anos de vida não podes pensar de outro modo. Deixa que caia a neve dos anos, e encontrarás um outro sabor na quietude, no silêncio e na solidão.

— Também sou galileu — disse Othoniel —, originário de Tolemaida, onde vivi até agora. Dentro de duas horas seguirei viagem para Antioquia.

— Antioquia! ... — exclamou Maria, como se mencionassem um outro mundo. — E ficarás lá?

— Não, vou de passagem e creio que poderei regressar logo à nossa terra natal.

— Pois, quando estiveres de volta à Galiléia — disse o grego —, se acertares chegar até Tiberias, apenas a meia milha de distância está o meu castelo, em Mágdalo, como um ninho de gaivotas em pleno bosque.

"Se te agradar bancar o ermitão por uma temporada, poderás aparecer lá."

— Agradecido. Não me esquecerei — respondeu Othoniel detendo-se, porque estavam na pracinha de Artemis, defronte a um antigo palácio agora transformado em hospedaria elegante para os viajantes favorecidos pela fortuna.

O jovem despediu-se de seus novos amigos e voltou em busca dos companheiros de viagem, não sem antes sentir que, em seu coração, havia um culto novo que parecia digno de transformar sua vida daí em diante. Contudo, guardou para si mesmo o seu segredo, dizendo: "Nove anos de anulamento completo na obscuridade da cegueira creio que me dão o direito de desejar a felicidade para a minha vida futura. Esforçar-me-ei em tornar-me digno dela, se é que, pela sua posição, está numa classe mais alta que a minha."

Em Antioquia

O navio que conduzia os nossos viajantes não fez outras escalas até chegar ao seu destino: Antioquia.

Chegaram já passado o meio-dia e, quando a nave estava entrando na baía formada pela embocadura do Rio Orontes, Judá aproximou-se do contramestre e indagou a respeito de uma hospedagem cômoda e séria para sua família.

O amável marujo fez-lhe um pequeno croqui da grande cidade, coisa essa que costumava fazer com todos os viajantes que a visitavam pela primeira vez.

A populosa metrópole, rainha do Oriente naquele tempo, estava dividida por duas formosíssimas avenidas decoradas com exemplares de árvores formosas e raras, trazidas de todas as partes do mundo. Por entre esse exuberante arvoredo, uma interminável série de palácios faustosos, de um e de outro lado, davam àquelas avenidas um aspecto de magnificência tão grande, que o viajante ficava deslumbrado diante de tanta opulência.

O contramestre, apontando para o croqui, disse:

– No começo desta avenida, a correr de norte a sul, como vês, aparece em primeiro plano o edifício chamado "Nipheum". Ao terminarem os jardins que o rodeiam, acha-se uma das melhores hospedarias para famílias. Pertence ao proprietário da nave em que fazes esta viagem. Pelo trato que recebeste aqui, poderás julgar o tratamento que é dado na pousada. Chama-se "Boa Esperança", nome que verás sobre o portico da entrada.

Judá apresentou-lhe seus agradecimentos e, ato contínuo, desceu ao cais onde contratou uma liteira para conduzir sua mãe que, às vezes, se sentia fatigada ao andar.

Enquanto Judá e Faqui com os criados instalavam devidamente a família, Jhasua, com os filhos de Judas de Galaad, Isaías e Othoniel, perguntava ao capitão do "*Thirza*" pelo domicílio do proprietário.

– Devo entregar-lhe, hoje mesmo – disse o Mestre –, uma carta que trago de Alexandria, do príncipe Melchor de Horeb.

– Eu vou até a casa dele – respondeu o capitão. – Se quereis seguir-me! ... – E dirigiram-se para lá.

A residência particular do conhecido armador achava-se bastante próxima do cais de desembarque, na embocadura do Orontes e, portanto, junto da imponente e magnífica torre da muralha, que começava ali e seguia para o leste e logo para o sul, até perder-se de vista na fértil planície limitada ao longe por duas cadeias de montanhas cobertas de perene verdor.

A casa não era nenhum palácio, mas um enorme armazém de fardos, que formavam montanhas desde o pavimento até o teto. Via-se claramente, pelas inscrições ou rótulos, que eram mercadorias chegadas de diversos países ou preparadas para serem embarcadas a seus destinos.

Acompanhando o capitão, Jhasua, seguido pelos dois filhos de Judas, atravessou várias daquelas grandes salas abarrotadas de mercadorias, até chegar a um pátio formosíssimo, com muitas roseiras e laranjeiras, onde não se via nenhum outro ser vivente além de duas garças brancas passeando sobre a relva e uma gazela que, de imediato, lhe fez lembrar aquela com que Nebai brincava na cabana de pedra nas proximidades do Tabor.

O capitão entrou só, abrindo uma porta que estava encostada, e logo saiu, fazendo passar Jhasua e seus acompanhantes.

Era aquilo um enorme escritório, onde havia várias mesas, sobrecarregadas de tabuletas de escrever, rolos de pergaminho e grandes volumes de anotações.

Detrás de uma daquelas mesas viram o busto de um homem já ancião, com formosa cabeça branca, olhos inteligentes e olhar profundo, algo inquisidor, parecendo interrogar sempre.

— Sede bem-vindos em nome de Deus — disse o ancião com voz sonora e clara.

— A paz seja contigo, Simônides, amigo do príncipe Melchor de Horeb, em nome do qual venho até aqui — respondeu Jhasua.

A austera fisionomia do ancião pareceu iluminar-se com um quase imperceptível sorriso.

Convidou-os a se sentar e a manifestar o motivo da visita. Jhasua entregou em silêncio a carta de Melchor.

À medida em que lia o papiro, seu rosto reanimava-se visivelmente. Sua palidez cor de mate foi substituída por um suave rosado a dar mais fulgor ao seu profundo olhar, o que fez Jhasua compreender até que ponto lhe impressionava a leitura.

O ancião deixou o papiro sobre a mesa e, com uma ternura que parecia completamente alheia àquela natureza de aço, disse:

— É uma grande honra para a minha casa a tua presença nela, ó Filho de David; no entanto, sou um pobre inválido e não posso dirigir-me até aí para reverenciar-te. Queres ter a bondade de te aproximares?

Antes que o ancião terminasse de falar, Jhasua já estava junto dele e o havia tomado pelas mãos.

— Não busco reverências, mas tão-somente compreensão — disse com sua doçura habitual, olhando-o bem no fundo dos olhos.

— Eu sei o que és e o que significas para Israel! — continuou dizendo o ancião. — Deves saber o que eu sou e o que significo para a tua pessoa; não obstante estar amarrado a esta cadeira, com um corpo aleijado pelas torturas com que os nossos opressores romanos me obsequiaram, e a quem desejo que Jehová os confunda.

— Os caminhos do Senhor são, às vezes, incompreensíveis para a inteligência humana — disse Jhasua sem soltar as mãos do inválido —, e o poder divino faz às vezes brotar flores onde só havia raízes carcomidas pelas larvas.

— Que queres dizer-me com isto, príncipe, Filho de David?

— Que, se a tua fé é tão grande como o desejo de justiça que circula de forma vigorosa em ti, o Senhor vai dar-te o que não chegaste jamais a pedir: o vigor físico e a saúde perdida, em troca de um dever sagrado que assumirás: a proteção a uma família perseguida e desamparada.

Jhasua soltou as mãos do ancião a arderem como se tivessem sido mantidas sobre o fogo e, afastando-se alguns passos, disse:

— Simônides ... o poderoso Jehová que invocaste devolve o vigor ao teu corpo quebrantado e aleijado, e Ele te diz por minha boca: *Levanta-te e anda.*

O ancião, que parecia arrojar chamas de seus olhos iluminados por estranha luz, colocou-se de pé e deu um passo adiante.

— Se estou curado — exclamou —, é porque entrou em minha casa o Messias, Rei de Israel, anunciado desde há tantos séculos pelos nossos Profetas. Senhor! — disse dobrando um joelho em terra. — És o Rei dos judeus, que os sábios do Oriente adoraram em Bethlehem há 21 anos! És aquele que salvará a Nação do jugo estrangeiro. Deus te salve, Filho de David!

— Deus nos salve de modificar o rumo de seus desígnios, Simônides — respondeu o Mestre de maneira bastante meiga. — Aceito a designação de Salvador do Mundo, porque vim para isto; mas a de Rei ... deixa-a, meu amigo, para aqueles que julgam estar toda a grandeza nos tronos e nos cetros. Sou príncipe de um Reino que os homens não conhecem, onde não existe outra lei além do amor; nem outros soldados senão aqueles que sabem renunciar a si mesmos em favor de seus semelhantes.

— Então ... e os avisos dos Profetas? ... — perguntou o ancião.

— Tem paz em tua alma, Simônides; o tempo far-te-á ver claro todas as coisas. Nos breves anos que faltam para o meu triunfo final, terás tempo de ver para que lado te levam os ventos benéficos da esperança e da fé.

— Então tu mesmo anuncias um triunfo! ... Oh, oh! ... Eu já dizia: não pode ser em vão a esperança de Israel! Não pode ser vã a minha esperança!

"Que demorem anos, nada importa; no entanto, o triunfo será nosso e a glória de Israel sobre o mundo será imperecível ...

"Ó Santa Jerusalém! ... Teu nome não se apagará jamais da face da Terra! ... Todas as nações voltar-se-ão para reverenciar-te, e não haverá lábios humanos que não pronunciem o teu nome chamando-te santa ... santa por todos os séculos! ..."

— Assim será como dizes — respondeu Jhasua mansamente, e seus pensamentos encerravam a infinita amargura daquele que sabe serem aquelas palavras proféticas, não obstante com significado diferente daquele atribuído pelo fervoroso ancião. Jerusalém ficaria na memória de todos os homens e de todos os tempos pelo espantoso crime que seus sacerdotes, guardiães da fé e da esperança de um numeroso povo, haveriam de perpetuar, cegos pela soberba e pela ambição do poder.

Jerusalém seria chamada três vezes santa, porque seria regada pelas lágrimas e pelo sangue inocente do Filho de Deus, cruelmente imolado pela salvação da Humanidade.

— Sabes, meu amigo, que viajaram comigo, em teu navio "*Thirza*", o príncipe Judá, filho de Ithamar, com sua mãe e a irmã? Eles vêm ver-te.

— Como amigos ou como juízes? — perguntou o ancião sem se perturbar.

— Como amigos, Simônides ou, melhor ainda, como órfãos de proteção e de amparo, visto como ainda estão sob a proscrição da lei romana que um dia os condenou injustamente.

O ancião exalou um grande suspiro, e deixou-se cair sobre uma poltrona.

— Graças ao Deus de Abraham pelas misericórdias que teve para com os seus servos! Ó Ungido do Deus de Israel ... contigo vieram todas as bênçãos sobre mim! Tive notícia de que o filho de meu antigo patrão havia sido salvo da galera por um romano ilustre e generoso, amigo dele, o qual, em obséquio ao nobre falecido, salvou da infâmia o descendente do príncipe Ithamar e o adotou como filho. Desse modo, eu esperava que, de um dia para o outro, ele viesse até mim. Há cerca de um mês eu soube, através do meu agente em Jerusalém, que a viúva e a filha do patrão haviam sido tiradas da Torre Antônia por uma circunstância que o meu agente não pôde averiguar. Mandei-o ao velho palácio; no entanto, haviam saído em viagem para o norte, foi o que informaram os criados que guardavam a casa. Eu supus que viriam até aqui e atribuí a demora em chegar ao fato de estarem viajando com toda espécie de precauções, para não despertar a ira dos chacais romanos que farejam a presa por toda parte.

— Eles descansam da viagem na hospedaria "Boa Esperança" — prosseguiu Jhasua.

— Ó Jehová bendito! ... Viajaram em seu próprio navio e agora se hospedam em sua própria casa! ... Maior felicidade do que esta não houve debaixo do sol desde que tenho o uso da razão — exclamou o ancião fora de si de felicidade.

"Esther, minha filha Esther! Vem, que hoje a felicidade entrou em minha casa sem pedir permissão."

– Avozinho! – disse uma voz tão conhecida para Jhasua, embora não pudesse ver a pessoa que a emitia por causa da obscuridade ocasionada por um biombo de seda, atravessado no canto do grande escritório. – Como consegues caminhar, vovô?

Uma jovem enlutada, e com a cabeça envolta num véu branco, apareceu repentinamente.

Jhasua julgou reconhecer nela Nebai, que fazia mais de dois anos que não via; entretanto a moça, no assombro de ver o ancião inválido caminhar, não deu atenção aos três viajantes que lá estavam.

– Estou são e forte, minha filha. O Messias anunciado pelos Profetas entrou em minha casa. Saúda-o, Esther, com a reverência que merece o Rei de Israel.

Surpreendida de estupor, ante os prodígios que via, a jovem ia dobrar o joelho perante Jhasua, mas este tomou-a por ambas as mãos e seus olhares se encontraram.

– Jhasua! ...

– Nebai! ... Como estás aqui, e qual é a razão deste manto de luto?

A jovem abraçou-se espontaneamente a Jhasua e começou a chorar em grandes soluços.

Agora foi a vez do ancião Simônides assombrar-se até a estupefação, diante do quadro que se lhe oferecia à vista.

Ele aproximou-se da neta para perguntar:

– Já conhecias o Ungido de Jehová?

– Lá na cabana do Tabor, quando ambos éramos adolescentes ... – murmurou entre soluços a jovem, da qual, com ternura, Jhasua secava o pranto.

– Ah! ... estou compreendendo – disse o ancião acariciando a cabeça da jovem. – Até recobrei esta filha de minha filha, em virtude da morte de seu pai Harvoth, ocorrida há apenas duas luas. Ele caiu da torre mais alta da fortaleza de Hippos, em Traconítis, mandada restaurar pelo Tetrarca Felipe. Seus dois irmãos estão prestes a casar e, em seguida à morte de Harvoth, mãe e filha voltaram para o velho lar paterno, que se iluminará novamente com a luz das estrelas e do arrebol.

Jhasua olhou enternecido para aquela dolorosa Nebai e recriminou a si mesmo por havê-la deixado sozinha em sua dor.

– Como é que aqui te chamas *Esther* e no Tabor *Nebai*? – perguntou ele de forma muito meiga.

– Coisas de avô – disse ela sorrindo aos dois em meio às suas lágrimas.

– Sim, sim, coisas do avô, que sempre age com justiça. Sabe, ó soberano Senhor de Israel, quando esta menina nasceu, já havia morrido minha amada companheira, a qual entregou sua alma a Deus ao nascer morta nossa segunda filha a quem chamaríamos Esther. Minha boa Raquel pediu-me que, se o Senhor nos mandasse uma neta, recebesse o nome de Esther.

"A ilustre e bela judia, que dominou as fúrias de Assuero, Rei da Pérsia e dominador de quase todo o Oriente, é digna de ser recordada e imortalizada nas meninas que nascem no mesmo dia do aniversário de sua coroação como Rainha! Não é mesmo?"

– É uma formosa idéia, visto que a Rainha Esther salvou a vida de inúmeros compatriotas seus, condenados à escravidão e à morte, em face da cólera vingativa do favorito Aman – respondeu Jhasua.

— Justo! ... Seu pai sempre sonhou chamá-la de Nebai, por causa de uma sua irmã com a qual se assemelhava muito. Porém, em minha casa e a meu lado, ela será Esther, e continuará sendo até que a terra cubra os meus ossos. Estamos de acordo?

— Sim, vovô, sim. Eu estou de acordo. Está aqui, diante de nós, aquele que me ensinou um dia a renunciar a mim mesma para agradar aos que me amam.

— E acaso não tens encontrado compensações nessa renúncia de amor, Esther? — perguntou Jhasua.

— Muitas, Jhasua! ... Muitas compensações! Tantas que eu quase poderia assegurar que na renúncia de si mesmo está todo o segredo para conquistar o amor dos que nos rodeiam.

— Minha neta é genial! ... — exclamou o velho acariciando uma das mãos da jovem. — Ninguém diria que completou ainda os 18 anos. Desde que está aqui, é minha secretária ... e não aceito outras secretárias a não ser ela. Logo virá sua mãe, que será a dona da casa ... e sonharei que a minha Raquel está outra vez viva para fazer florescer o meu horto com todos os encantos do mundo.

— O inverno já passou e florescem as maçãs ... — disse Jhasua, recordando as palavras de amor que o "Cantar dos Cantares" colocou na boca do amado de Zulamita.

— Passou sim, príncipe, Filho de David! Passou por três grandes razões: porque o Rei de Israel veio hoje à minha casa e me transformou num homem forte; porque levanta-se novamente a amada família do príncipe Ithamar de Jerusalém; e porque vim a saber que minha única neta é grande amiga do Ungido de Jehová.

"São estas em verdade grandes razões, não achais? Dizei vós dois, jovens galileus."

Othoniel e Isaías viram-se mencionados diretamente pelo dono da casa, e o primeiro respondeu:

— São razões tão poderosas que quase estou estarrecido por tudo o que está acontecendo na tua casa.

— Muito bem. Permiti, por um momento, que eu tome o meu manto e o turbante, pois desejo ir imediatamente à pousada para apresentar meus respeitos à família do meu antigo patrão. Agora já não sou um inválido! ... Irei, sim. Irei agora mesmo! ... Oh, o meu pequeno Judá já deve estar feito um formoso varão, pois era todo o retrato do pai! ...

— Aqui está o teu pequeno Judá, bom amigo de meu pai — disse o jovem príncipe, a quem um criado havia conduzido até o escritório.

O ancião ficou mudo ... paralisado de emoção e assombro, enquanto Judá se aproximava com ambas as mãos estendidas para ele.

Príncipe Ithamar! — exclamou. — Sim, és o próprio que saíste das ondas do mar que o tragaram! ... Novo Profeta Jonas, surgido do abismo! — E seus velhos braços estreitaram fortemente o jovem príncipe Judá, cuja personalidade formosa e galharda havia enchido de espanto o ancião.

Logo em seguida, ele apresentou sua neta Esther ao príncipe, que ficou igualmente maravilhado, pois supunha o velho sozinho como um cogumelo amarrado à sua poltrona de inválido, e não só o encontrava são e ainda forte, como acompanhado por uma formosa roseira em flor ...

— Pode-se ver perfeitamente que Jhasua entrou na tua casa! ... E onde Ele entra, os hortos florescem e os pássaros cantam — disse Judá. — Ó Simônides! Nossos longos anos de padecimento tiveram um epílogo de glória e de paz, de amor e de felicidade, porque o Ungido do Senhor está junto de nós.

— Todos os meus sonhos vão cumprir-se — disse entusiasmado o ancião. — O

Deus de meus pais deu-me tudo feito! ... O horto em flor, e apenas tenho que recolher os frutos! Tinha eu movido o céu e a terra, como se costuma dizer, para encontrar a família do príncipe Ithamar, pois eles deveriam ser, a meu juízo, os primeiros colaboradores do grande Rei que esperávamos. Eu havia averiguado através de meus agentes viajantes de todas as minhas caravanas, sobre o lugar onde se ocultava o Messias, Salvador de Israel! ... E eis aqui que, quando menos esperava, abre-se o sol na tristeza da minha vida e o Deus de Abraham e de Jacob põe diante de mim aquele que, durante tanto tempo, estive procurando! ...

– Feliz de ti, Simônides! – disse o Mestre. – Que deixas florescer em tua alma a gratidão ao Senhor pelos benefícios recebidos. Como Ele não se deixa avantajar em liberalidade e generosidade, cumula de alegria a tua vida já no ocaso, porque a tua existência foi de justiça e eqüidade; porque teus dias foram laboriosos e bons para os teus semelhantes; e porque amaste a teu próximo como a ti mesmo, de acordo com o grande mandamento da Lei.

Depois destas preliminares, seguiram-se, naturalmente, as confidências íntimas, as histórias dolorosas e terríveis dos oito anos passados sem que uns soubessem dos outros, a não ser as tristes notícias que o leitor já conhece: despojos, calabouços, condenação à galera, naufrágio ... e logo o profundo silêncio, sinônimo de aniquilamento, destruição e morte!

– Mas, apesar de tudo isso – disse o ancião –, eu esperava, sem saber o quê nem por quê, mas esperava!

"Por outro lado, a enorme fortuna da casa de Ithamar multiplicava-se nas minhas mãos de maneira maravilhosa. A loba romana devorou muito; contudo foi muito mais o que salvei à custa de meu corpo retorcido e deslocado em torturas. Deus abençoava os meus negócios certamente com uma grande finalidade.

"Através de Melchor, de Gaspar e de Baltasar, que foram meus hóspedes, eu conhecia o nascimento do Rei de Israel; no entanto, eles partiram para os seus países e, até há pouco tempo, não tive mais notícias deles."

– O Supremo Senhor – disse Jhasua – tem desígnios que não estão ao alcance das inteligências humanas nem dos esforços ou aspirações dos homens, até que tenha soado a hora de sua realização.

"Ontem era a hora da esperança. Hoje é a hora do amor, da unificação no esforço e na fé.

"Não é um único o *Salvador do Mundo*. Seremos tantos quantos sejamos capazes de compreender a obra divina no meio da Humanidade.

– Judá, filho do generoso e nobre príncipe Ithamar – disse Simônides –, tua genealogia perde-se na noite dos séculos, quando Hur-Kaldis, a mais gloriosa cidade da Pré-História dos vales do Eufrates, albergou nosso pai Abraham. Não estarás destinado pelo Jehová dos exércitos a consagrar tua vida e fortuna à grandeza e glória do Rei que está ao nosso lado? Quem me deu força para suportar a roda da tortura, para salvar uma fortuna que não era minha? Quem me deu talento nos negócios, que não me permitiram fracassar em um único? Quem conteve as fúrias do mar em espantosas borrascas que puseram a pique até as naves do César ... enquanto que as tuas chegavam a este porto como se um vento suave as tivesse impulsionado? Quem cuidava das minhas caravanas, que eram respeitadas pelo simum no deserto e pelos ladrões nas montanhas?

"Era o Jehová dos exércitos! ... Era o Supremo Senhor, para que esta colossal fortuna, Judá, meu jovem, fosse o pedestal da grandeza e da glória do nosso Rei de Israel.

"E tu não a mesquinharás agora! ... certamente que não."

— Não te exaltes assim, bom amigo — disse Jhasua —, porque se nos desígnios divinos estiver programado o que esboças, sobrar-nos-á tempo suficiente para realizá-lo.

— Por minha parte — disse Judá — sou filho de meu pai, do qual fiquei sabendo que realizou obras benéficas em nossas cidades da Judéia. Se, como dizes, o Rei de Israel necessita da fortuna que tão maravilhosamente acumulaste, não serei eu, podes estar certo, quem vai malbaratá-la.

— Minha filha — disse o ancião voltando-se para a neta —, por enquanto és a dona da casa ... traze-nos daquele vinho do Hebron das vinhas do príncipe Ithamar, que supera o de Corinto, e que eu guardava para quando quisesses pensar em casar-te ...

A jovem saiu para atender ao pedido e o velho não cabia em si de alegria, falando sem parar.

— Se, portanto — disse —, me vejo curado pela simples presença do Messias, o qual ainda me trouxe este pombinho perdido, e pelo qual tanto chorei ... já verás que surpresa te reserva o velho administrador de teu pai! És mais rico do que o César. Olha — disse abrindo uma janela que dava para a baía do Rio Orontes, onde se achava ancorada uma porção de navios com bandeiras amarelas e azuis.

— Vês essa frota? Toda ela é tua, e ainda faltam mais seis navios que andam em viagem pelo Oriente e pelo Ocidente, comerciando honradamente na compra e venda e no intercâmbio de produtos de todos os países. Jamais houve alguém que tivesse podido lançar em meu rosto uma deslealdade ou falta de cumprimento de alguma obrigação. Que dizes de tudo isto?

— Digo, bom Simônides, que és o gênio tutelar do nobre comércio — respondeu o jovem. — E digo também — acrescentou —, quase chego a ter escrúpulos em receber uma fortuna que não me custou o menor esforço. Esta fortuna não será mais tua que minha? Dize a verdade.

O ancião abriu excessivamente os olhos cheios de assombro. E depois disse com voz pausada e serena:

— Eu sou um guardador fiel da Lei de Moisés, que diz: "*Não furtarás, não cobiçarás os bens alheios.*"

"Se nas minhas mãos foi multiplicado o capital que teu pai, o príncipe Ithamar, me entregou com ampla confiança, deixa por isto de ser teu? Que responda o Ungido de Deus, aqui presente."

— É tal como dizes, Simônides, e porque foste justo e leal, o Senhor multiplicou o tesouro que te foi confiado; no entanto, nem por isso podes impedir que Judá, herdeiro do seu pai, seja generoso contigo.

— Jhasua lê os pensamentos dos homens! ... — exclamou Judá. — Aquilo que pensaste, Jhasua, é justamente o que farei.

— Não poderá ser sem que eu o saiba antes, pois é necessário esclarecer, Judá, meu jovem, o seguinte: tenho com teu pai uma dívida que não pode ser paga com todos os tesouros acumulados para sua viúva e seus filhos. Sou imensamente feliz, vendo florescer esta fortuna, como os lótus nos rios da Índia, e não quero outro galardão que continuar administrando-a até que a terra cubra os meus ossos.

"Sabeis que eu quis proceder na Judéia como Espártaco o fez em Roma? Quis sublevar todos os escravos maltratados pelos seus amos, em busca de uma melhoria em suas vidas."

— Não, não o sabíamos — responderam todos.

– Pois é verdade, senhores e, num acordo entre Herodes, o Idumeu, e alguns membros dos tribunais do Templo, condenaram-me à morte que se dá aos escravos rebeldes: a crucificação sobre o Monte das Caveiras. Levam-me de rastros pelas ruas da cidade, quando aconteceu passar por ali o príncipe Ithamar, teu pai, que era o ídolo da nobreza judia, e muito respeitado nos claustros sagrados, em virtude de seus grandes donativos e também pelo seu respeito a Lei de Moisés.

"Ele interpôs-se entre meus verdugos e eu, e comprou a minha vida por dez mil sestércios, que foram repartidos alegremente entre aqueles que me condenaram à morte. Fez mais ainda: comprou de seus amos todos aqueles escravos maltratados, cujos padecimentos me haviam levado a incitá-los à rebelião."

– "Estás contente agora?", perguntou-me com aquela sua nobre gentileza que julgo estar vendo em ti, Judá, meu jovem.

"Eu caí de joelhos a seus pés e disse:

– "Sim, meu amo! ... estou contente em ser teu escravo e de que o sejam, junto a mim, todos aqueles pelos quais fui condenado a morrer."

"Sou, pois, escravo do príncipe Ithamar de Jerusalém, que me comprou com o seu ouro para salvar-me a vida. Quando completei os seis anos de serviço que a lei exige, ele quis dar-me a liberdade; no entanto, pedi para passar para a classe de escravos vitalícios, ou seja, até a morte. Então ele me colocou à frente de todos os seus negócios como seu representante geral, com residência em Antioquia, onde aquele incidente era desconhecido, como também a minha condição de escravo. Bem compreendereis todos que, por lei, sou escravo do herdeiro do príncipe Ithamar; assim sendo, poderei continuar administrando seus bens, que jamais poderão pertencer-me como propriedade, pois são os bens do meu amo. Compreendeis agora o meu segredo com o nobre príncipe Ithamar? Muito embora sua família continuasse ignorando isto, pode um bom israelita de boa estirpe ser desleal ao seu benfeitor, e ainda por cima cobiçar-lhe os bens?

Judá não pôde conter-se mais e, aproximando-se do ancião, estreitou-o de encontro a seu coração, enquanto dizia:

– Eu não quero ser teu amo, mas teu filho, já que a morte levou o pai que me deu a vida!

Contendo os soluços, o ancião abandonou-se no nobre abraço do príncipe Judá, filho de Ithamar.

– Eis aqui – disse Jhasua – o protótipo da lealdade e da gratidão, tais como bem poucas vezes se encontra nesta Terra.

Nebai ou Esther, como queiramos chamá-la, havia escutado parte desta cena, enquanto servia aos visitantes o vinho do Hebron com pasta de amêndoas, e pensava em seu íntimo com bastante inquietação:

"Se meu avô declara ser escravo de Ithamar e, conseqüentemente, de seus herdeiros, minha mãe também o é, e eu, como sua filha, o serei do mesmo modo. A Lei é inexorável."

A reflexão aprofundou-se nela até o ponto de atingir as fibras mais íntimas do seu ser. Habituada a sentir, desde que teve o uso da razão, o amor preferente e terno de seus pais, a ponto de julgar-se algo assim como uma princesa mimada lá nas risonhas serranias da Galiléia, Nebai sentiu um rude golpe na sua dignidade, no seu amor-próprio, no natural orgulho de saber-se filha de um escultor admirado até pelos Reis e de uma mãe educada nos claustros do Templo como o eram as descendentes de nobre estirpe. Na realidade, ela não era mais que a neta de um escravo comprado com dinheiro, e que o seria por toda a sua vida. Como estava arrependida de ter vindo agasalhar sua orfandade e sua pobreza à sombra daquele avô que era um escravo!

Quando se aproximou para oferecer uma taça a Jhasua, Nebai tinha duas lágrimas tremendo em sua pestanas.

— Nebai, minha terna companheira da fonte das pombas, lá no Tabor! ... — disse Jhasua, com a voz mais meiga que pôde modular com seus lábios. — Tua revolta interna contra o desígnio divino, Nebai, é um pecado contra a bondade do nosso Deus, que é amor.

— Por que falas assim, Jhasua? — perguntou, fixando nele seus olhos cristalizados pelo pranto.

— A revelação de teu avô faz com que padeças enormemente, e não percebes que a felicidade e o amor rondam a teu lado como mariposas em torno de uma roseira ...

— Sempre o mesmo Jhasua ... vendo até no ar que respiras o reflexo das belezas de teus sonhos — respondeu Nebai.

Jhasua observava que o olhar meigo e nobre do príncipe Judá fixava-se com demasiada insistência na jovem, enquanto esta ia e vinha, prestando aos visitantes suas atenções de senhora da casa.

Sua fina intuição esboçou, com as mais belas cores, um amor como o de Faqui e Thirza, do qual surgiria num futuro próximo outro lar crente no Deus-Pai amoroso que ele havia compreendido desde a meninice.

Quando Nebai se aproximou do príncipe Judá para dar-lhe uma taça, ele se inclinou procurando-lhe o olhar, insistentemente baixo.

— Se és da minha raça e da minha fé, deves saber que beber da mesma taça é augúrio de um carinho eterno. Bebe da minha, peço-te!

Judá aproximou a taça cheia do licor vermelho dos lábios de Nebai.

Ela voltou seus olhos para o avô, como interrogando-o.

— Bebe, menina, bebe. Não ouviste que o príncipe Judá declarou desejar ser meu filho? ...

Nebai, vermelha como uma cereja, bebeu um pequeno sorvo e murmurou:

— Agradecida, príncipe!

— Chama-me simplesmente de Judá, porque desejo ser, em relação a ti, o que sou para minha irmã Thirza, que conhecerás hoje mesmo.

"Esther! ... — disse de forma bastante meiga, e como se adivinhasse a interna amargura da jovem. — Se queres conceder-me algum direito em teus sentimentos, desejo a tua piedade e o teu carinho, porque já padeci muito na minha vida, não obstante ser ainda tão jovem.

— Já o tens, Judá, de vez que foste tão nobre para com o meu avô, como o teu falecido pai o foi.

— Então seremos amigos para toda a vida? — voltou Judá a insistir.

Nebai olhou desta vez para Jhasua e o encontrou sorrindo com sua doçura habitual. Isso a animou.

— Como o sou de Jhasua, o serei também de ti, para toda a minha vida.

— "*Aliança de três, é firme*", dizem nesta terra regada pelo Orontes — observou o ancião, cuja felicidade era tão grande que parecia derramar-se de seu coração como de um recipiente de essência demasiado cheio.

Tampouco escapou à sua perspicácia a espontânea simpatia do príncipe Judá por sua neta, simpatia essa que, como o leitor facilmente haverá de supor, foi para o nobre coração do ancião mais um motivo de alegria e agradecimento a Jehová, o qual, segundo dizia, fizera transbordar as bênçãos divinas sobre a sua existência tão desgraçada e com tantos sofrimentos.

Depois precisaram resignar-se a escutar os relatos do ancião sobre o estado dos negócios, capitais e rendas havidas desde que administrava a fortuna do príncipe Ithamar.

Jhasua, julgando-se alheio a esses assuntos, quis retirar-se, mas o bom Simônides pediu-lhe que permanecesse.

– Ó Ungido do Senhor! – disse em tom suplicante. – Meu soberano Rei de Israel! Ides tirar do velho Simônides a satisfação de prestar contas na vossa presença destes capitais que serão a base e o fundamento da obra de Deus que viestes realizar?

– Está bem, meu amigo – respondeu Jhasua –, não quero privar-te de tal satisfação. Julguei ser suficiente a presença de Judá, que é o herdeiro, para receber tuas declarações em tal sentido.

– Sim, sim, meu pequeno Judá; és o herdeiro de teu pai, entretanto vós, Senhor – disse referindo-se a Jhasua –, sois o herdeiro do Pai Criador, que fez frutificar estes bens a mil por um. Não é esta uma verdade clara como a luz do dia?

– É tão clara, que todos estamos de acordo contigo, Simônides – disse Judá, para acalmar as exaltações do ancião.

Quando terminou de apresentar suas contas, Simônides esfregou as mãos com íntima satisfação.

– Dizei-me todos vós se, logicamente, podemos crer que o Eterno Doador de todos os bens pode dar tão fabulosa fortuna a um determinado ser, apenas para que ele se alegre em saber que é o homem mais rico do mundo ... ainda mais rico que o César. Se hoje ela é posta nas mãos de Judá, filho de Ithamar, príncipe de Jerusalém, não é para ficar em dúvida, porque dela será a exaltação do Ungido Divino ao trono de David. Lá ele tomará posse do seu reino imortal, que deve deslumbrar o mundo inteiro com uma grandeza nunca vista. Em Israel não existirão miseráveis, nem órfãos nem mendigos, nem cavernas habitadas por leprosos, nem anciãos esgotados pela fome e pela miséria, visto que o Rei de Israel poderá dar a felicidade e o bem-estar a todos os seus súditos. Haverá um outro reino mais próspero e feliz que o seu? Não está assim predito pelos Profetas?

"Não disse Isaías: 'Levanta-te Jerusalém e resplandece, porque veio a tua luz e a glória de Jehová desceu sobre ti?'

"Não disse Jeremias: 'Eis aqui que vêm os dias, disse Jehová, em que despertarei de David um rebento justo, que reinará, Rei feliz, nobre e grande, e que fará justiça sobre a Terra?'

"Quem será esse Rei, a não ser o Messias ... o Filho de Deus, uma partícula do próprio Jehová imortal e poderoso, a quem todos os elementos e todos os seres obedecem?"

– Oh, bom Simônides! – exclamou o Mestre. – Dia virá em que todos veremos claro o Pensamento Divino, como vemos o fundo de um arroio quando suas correntes entram em calma e com ela a luz do sol.

E como para dar um alimento sólido aos sonhos de grandeza que o ancião aspirava ardentemente para o povo, Jhasua descreveu o panorama que já se oferecia à sua vista, ou seja, a Santa Aliança como uma vasta instituição cultural, religiosa e civil, à qual devia pertencer todo bom filho de Israel que quisesse capacitar-se em cooperar pelo engrandecimento e liberdade da Nação.

O inteligente ancião compreendeu imediatamente o pensamento inovador do Messias e aderiu a ele sem reservas. Depois acrescentou:

– A quarta parte, pelo menos, dos trabalhadores de Antioquia me chama de seu patrão, de sua providência, de seu pão sobre a mesa, porque na carga e na descarga dos navios, como tripulantes e remeiros, como servidores nas caravanas, como guardiães dos rebanhos de camelos, de mulas e de jumentos de carga, oh, meu Judá, tenho a meu serviço uns quatro mil homens, e isso sem contar com os lenhadores em nossos bosques e os cultivadores de nossos olivares e vinhedos ...

– Mas Simônides – disse Judá sorridente –, o César teria ciúmes de ti, que tens, para os teus negócios, a metade da população do mundo ...

"Não sei como o Legado Imperial da Síria consente esta tremenda expansão em terra e no mar."

– Não sabes como o consente? Oh, meu jovem, inocente ainda, apesar de tua educação entre o ilustre patriciado romano!

"Ignoras o que vale o teu ouro! Comprei o ministro favorito do César, que conseguiu do próprio punho e letra do Imperador a permissão de comerciar com cinqüenta navios em todos os mares e rios da sua jurisdição, e com vinte caravanas de duzentos animais cada um, por todos os caminhos dos países que lhe pagam tributo.

"Meus escreventes tiraram uma centena de cópias desse documento, e o ministro Seyano pôs em todas o selo imperial. Cada capitão de navio leva uma cópia entre a documentação e cada kabir de caravana leva ainda a sua. Quem será, pois, o audaz que se atreverá a pôr obstáculos no caminho de meus auxiliares?

"Além disso, se a nossa santa fé nos diz que a mão poderosa do Deus dos Profetas anda dirigindo estes assuntos para estabelecer bem rápido o reino do Messias, Salvador de Israel, como poderemos achar estranho que o êxito sempre me tenha favorecido?

"Tenho amigos e aliados na Pérsia, na Armênia, na Grécia, na Arábia, na Gália, na Ibéria e no Egito, amigos e aliados que não comprei com ouro, mas com o comércio honrado e leal, dando-lhes os lucros que justamente lhes correspondem: nem um denário a menos nem um denário a mais.

"O único que deixou em meu poder todas as rendas foi o príncipe Melchor, que quis capitalizá-las com um capital seu para a obra do Messias, Salvador de Israel, quando chegar o momento.

"Meu aliado no deserto da Arábia é o Scheiff Ilderin, em cujas pradarias do Horto das Palmeiras são guardados os nossos rebanhos de camelos, mulas e jumentos para o serviço das caravanas. Já te levarei, meu Judá, até lá, para que vejas de perto como os teus rebanhos escureçam as pradarias do Scheiff.

– Eu o conheci em suas tendas no Monte Jebel, próximas a Bozra – disse Judá. – Eu andava estabelecendo as bases de uma organização para a libertação de Israel que, depois de conhecer Jhasua, foi unificada com a Santa Aliança.

– Agora compreendo – disse Jhasua sorrindo afavelmente para Judá. – Eram esses "os amigos da montanha", não é verdade?

– És bastante perspicaz, Jhasua! Sim. Esses eram os legionários da montanha, e o Scheiff Ilderin fornecia-me as armas e as provisões.

– Oh, valente filho de Ithamar! ... – exclamou alegre o velho Simônides. – Não desmentes a tua raça nem a tua origem. Porém nada de guerras por enquanto! ... Deve-se fazer em paz e em boa amizade tudo aquilo que assim pode ser feito ...

– E o que não se pode? ... – perguntou nervoso Judá.

– Isso ... isso já veremos! O ouro pode muito; e sem derramamento de sangue – respondeu o ancião.

– Trago uma carta do príncipe Melchor para o Scheiff Ilderin, do Horto das Palmeiras – disse Jhasua cortando a conversação. – Como ele é teu amigo, espero que me proporciones a oportunidade de ir ter com ele.

– Será, Príncipe, Filho de David, quando for do teu agrado. Minha maior glória é obedecer, como a uma ordem, ao teu mais ligeiro desejo.

Judá e Nebai

Nebai ou Esther desaparecera da cena sem que ninguém, ao que parece, houvesse percebido.

Retirara-se para sua alcova particular e, deitada sobre o divã de repouso, chorava silenciosamente. Seu pensamento pressentia uma tragédia.

Ela fora até então o orgulho e a glória de seu pai, da mãe, dos irmãos e de todas as suas amizades residentes na Galiléia e na Judéia. Que humilhação! Que desprezo quando chegassem a saber que seu avô materno era um escravo comprado com ouro, que sua mãe e ela própria o eram por herança!

Se seu pai levantasse a cabeça da tumba e visse a esposa e a filha escravas de um príncipe judeu, qual não seria o seu desespero!? ... Ele, descendente de um macedônio heróico, capitão das legiões de Alexandre Magno! ...

E esse príncipe Judá, que tão amável se mostrara para com ela, fazendo-a beber de sua taça, era o seu amo que, talvez, teria o capricho de humilhá-la, atentando contra a sua honra, com um amor de passatempo e diversão momentânea! ... Não era ela sua escrava, algo como se costuma dizer, *uma coisa, um pequeno animal* que lhe pertencia?

E Jhasua a abandonava à própria sorte, segundo ela julgava, porque o via grande amigo de Judá e, no seu entender, satisfeito com as sugestões amorosas que ele lhe fizera. Que seria, daí para diante, a sua vida em tão desprezíveis condições?

– Jhasua ... Jhasua! – pensava Nebai chorando amargamente. – Quando lá no Tabor, na tranqüila e aromática horta da cabana de pedra, sentados na fonte das pombas, deixávamos flutuar como um véu branco e dourado o nosso pensamento pela imensidão azul, procurando a primeira estrela, sobre a qual contavas formosas lendas aprendidas em teus estudos no Santuário, quem haveria de dizer à infeliz Nebai que dias muitos negros cobririam de luto e opróbrio a sua vida?

Ao jovem Mestre chegaram, como agudas alfinetadas, os pensamentos desesperados da jovem, e disse de repente:

– Bom Simônides, se me permites, procurarei tua neta, na qual julgo ver uma dor profunda. Minha completa falta de conhecimento da morte trágica de seu pai manteve-me despreocupado com relação a ela, que eu julgava muito feliz em Ribla. Fomos tão bons companheiros em nossa adolescência, passada junto ao Santuário do Tabor!

– Poderás passar, meu Senhor, que atrás desta sala fica a minha alcova e junto dela a de Esther ...

Falando deste modo, ele mesmo levantou a cortina que cobria a porta.

– Terminarei com Judá – acrescentou o velho –, e em seguida iremos todos até a pousada para cumprimentar as incomparáveis Noemi e Thirza!

– Esther, Esther! – gritou ele. – O Rei de Israel te procura! ...

Este chamado chegou até a jovem que se levantou penosamente disposta a retornar ao escritório. Ao voltar-se, viu-se frente a frente com Jhasua, parado no umbral da porta.

Por que choras, Nebai, com esse desespero que está me atormentando desde que desapareceste do escritório de teu avô?
– E me perguntas, Jhasua? ... Quão distante está a tua alma da minha que não podes adivinhar a causa da minha dor! ... Não era suficiente ver morrer despedaçado o meu pai num terrível acidente; não era bastante esta orfandade, mas devia saborear também o opróbrio e a humilhação de saber-me escrava de um príncipe judeu? ...
"Tenho ou não motivo para chorar?"
– Nebai ... minha meiga e pura Nebai da fonte das pombas! – disse o jovem Mestre tomando-a pela mão. – Vem comigo a este jardim de roseiras onde dormem as garças e onde brinca alegremente a tua gazela.
"Eu te convencerei de que não tens nenhum motivo para chorar, mas para abrir o teu coração a uma nova esperança, a um novo céu de felicidade."
Nebai seguiu-o até junto do primeiro banco de pedra que encontraram próximo a uma roseira da Irânia, cujas pétalas brancas como a neve caíam ao mais leve sopro do vento.
– Assim como estas pétalas caem sem dificuldade e sem sofrimento, cairão, minha jovem, as dolorosas criações da tua imaginação ardente e viva. Compreendi que a nobre declaração de teu avô na presença de terceiros te havia causado uma dor profunda.
"Nem o príncipe Judá, a quem conheço profundamente, nem os dois jovens galileus darão ao fato outro significado a não ser o que unicamente tem nesta época desastrosa de injustiça e confusões em que vivemos.
"Que dirás quando souberes que o príncipe Judá, dono de tão fabulosa fortuna, foi vítima do despotismo romano que, sem motivo algum, o condenou às galeras para toda a vida e ao calabouço perpétuo sua mãe e sua irmã?"
– É verdade? – perguntou Nebai, assustada como se tivesse visto um fantasma.
– Exatamente como ouves! Os outros dois jovens galileus estiveram cinco anos como escravos nas galeras e são, como tu, filhos de um nobre compatriota nosso, cujos grandes ideais o levaram à morte pela libertação do país, tal como teria ocorrido a teu avô, se o príncipe Ithamar, pai de Judá, não lhe houvesse salvado a vida. Esses dois jovens foram resgatados de sua escravidão por Judá e por outro amigo seu, que os nomearam mordomos de suas casas. E tu, minha pobrezinha, choras desesperadamente porque sabes que és escrava do príncipe Judá, que está curado de orgulhos e egoísmos, curado também de ruindades mesquinhas com a grande dor sofrida por ele e pelos seus!
"Compreendi o amor que está nascendo nele por ti, e estou certo de que, se o amares e lhe concederes a tua mão, antes de um ano ele te fará sua esposa. Nesta terra existem muito poucos homens dotados da nobreza de sentimentos do príncipe Judá. Quando conheceres a sua mãe e a irmã, ficarás encantada em aproximar-te de tão generosos e nobres corações.
"Vês, minha gazela ferida, como se desvanecem ante a verdade esses fantasmas criados pela tua imaginação.
"Quero ver-te feliz, Nebai, durante todos estes anos que decorrerão até a culminação da obra confiada pelo Pai Celestial a mim."
– E julgas que apenas sendo a esposa de Judá posso ser feliz? – perguntou Nebai olhando fixamente para Jhasua, sentado junto a ela sob a roseira que continuava desfolhando pétalas brancas como flocos de neve. – Quando, lá nas faldas do Tabor, conversávamos longamente na fonte das pombas, jamais me falaste em tal sentido, e bem sabes que eu era feliz. Em Ribla, continuei também estudando e cantando os imortais versos de Homero, Profeta da Grécia, como Isaías e Jeremias o são de Israel.

"Um coro de donzelas gregas, macedônias, coríntias e sírias me rodearam, para formar uma Escola-Templo, dedicada ao cultivo da beleza, da harmonia, da bondade e de tudo o que pode haver de nobre e de grande na vida, quando encontrei o fio de ouro ligando-nos ao Divino Conhecimento.

"Tu mesmo, Jhasua, me impulsionaste por esse caminho, sabendo que eu seria feliz nele, e agora queres que eu tome outro rumo?"

– Nebai, agrada-me infinitamente ver-te raciocinar tão serenamente, porque compreendo que teu espírito levantou-se muito alto sobre o modo de pensar e de sentir da grande maioria. Nenhuma sugestão te arrasta. Nenhum fanatismo te escraviza. A Verdade, a Beleza, o Bem – eis a trilogia que forma o supremo ideal da tua vida.

"Não é meu desejo ver-te mudar de diretriz, mas a vida humana tem exigências justas, das quais não nos podemos eximir completamente. A vida humana é uma manifestação da Natureza, e esta é a obra de Deus nos mundos físicos. No Tabor falávamos como dois adolescentes desconhecedores da vida, no meio da qual não sabiam com certeza *que papel lhes tocava representar*. Agora é diferente, Nebai.

"Sou um homem já entrado nos 22 anos, enquanto tu és uma jovem atingindo apenas os 18. Terminei meus estudos nos Santuários Essênios, e fui consagrado Mestre de Sabedoria Divina no Grande Santuário do Monte Moab, onde recebi a iluminação do Pai Celestial sobre o seu caminho e a minha missão neste Mundo, tão espantosamente desequilibrado e destruído pelas forças prepotentes do Mal."

– E não posso acompanhar-te nesse caminho e nessa missão? – perguntou a jovem com certa inquietação.

– Sim, Nebai, podes acompanhar-me e secundar-me com grande eficácia. Porém isto não impede de pensares na tua felicidade. Agora, não tendo mais a tutela de teu pai, e teus irmãos estando casados, pouco ou nada ocupar-se-ão de ti. Permite-me ser, em relação a ti, como um irmão mais velho, dando-te apoio para caminhar na vida. Permitir-me-ás, Nebai?

– Eu não sei o que realmente perguntas, Jhasua. Acaso podes duvidar de que eu estarei contente com a tua tutela?

– Não é precisamente que eu esteja duvidando, minha jovem, mas desejo o teu pleno consentimento. Está bem. Analisemos juntos a tua situação no meio da vida humana. Teu avô já é um ancião. Tua mãe tem a saúde um tanto débil e não pode supor que viverá sempre. Teus irmãos, já casados, contraíram deveres novos e bastante graves, aos quais deverão consagrar-se inteiramente, se quiserem ter paz e alegria.

"Pelos nossos costumes e leis não existe outro caminho honrado para uma donzela como tu a não ser um bom matrimônio, por intermédio do qual fique assegurada a tua vida ao amparo de um homem digno, com os mesmos conceitos, os mesmos ideais, os mesmos sentimentos, com idêntica educação e, ainda por cima, ligados pelos mesmos laços. Quem pode ser este homem a não ser o príncipe Judá que, sem buscá-lo, cruzou-se repentinamente em teu caminho, estando ainda como que atado por circunstâncias especiais a teu avô, honrado e leal administrador de seus bens, que o ama do mesmo modo como ama a ti? Além do mais, está ligado a mim, ao Jhasua da tua adolescência, por tão grande e recíproco amor como pouquíssimas vezes vemos florescer nesta Terra de incompreensões e egoísmos! Queres maior bênção do que esta concedida pelo Pai Celestial a ti?

"Vamos, fala Nebai, minha querida, e dize se as minhas palavras te convenceram."

– Mas ... está parecendo-me que és um agente do príncipe Judá para conquistar-me, Jhasua – observou Nebai, como receosa da situação à qual se via levada tão inesperadamente.

— Nada disso, Nebai, nada disso! Judá e eu não trocamos uma única palavra a esse respeito. Se ele apenas te conhece e nem sequer saiu do escritório de teu avô! Convence-te, minha irmã, de que isto é apenas uma clarividência do meu espírito, vendo a Vontade Divina abrir um luminoso caminho de fé, de amor e de esperança para as vossas almas, que tão queridas são ao meu coração.

"Deus tomou-me como instrumento da Sua Bondade, de Seu Amor, da Sua Divina Sabedoria e, por Seu intermédio, tenho podido curar muitos enfermos a quem a morte havia catalogado como seus de imediato. Também tenho podido curar cegos, paralíticos, leprosos, corcundas, e também muitos doentes da alma em virtude de espantosos desvios morais. O Pai Celestial concede-me também a permissão de levantar bem alto a minha lamparina e iluminar o teu caminho a seguir, minha Nebai, e o de Judá, também meu, desde há muitas centenas de séculos, e que continuará a sê-lo por toda a eternidade. Que dizes a tudo isto?"

— Digo, Jhasua..., meu meigo e terno Mestre! Digo que, se as tuas palavras são um reflexo da Vontade de Deus sobre mim, Ele e ninguém mais fará florescer a roseira do amor no meu coração. Até agora não floresceu, Jhasua, a não ser por ti, pelos meus pais e irmãos, pelas minhas boas companheiras no Templo de Homero em Ribla. Florescerá também para o príncipe Judá se ele se dignar amar uma escrava sua? ... Não sei, Jhasua, porque o meu coração é ainda como uma crisálida envolta em seu casulo, do qual sairá quando for a hora. O tempo será, pois, quem descerrará o véu.

— Falaste muito bem, Nebai! Deus, o eterno Senhor das almas, desperta em cada uma e no seu devido tempo aquilo que deve constituir a orientação da sua vida sempre que estas almas tenham levado em conta a sua dependência de Deus e a conformidade com Suas Divinas Leis, que são a pauta em que cada alma deve modular a formosa sinfonia da vida justa e nobremente vivida.

"Agora, promete-me não chorar mais sem antes refletir que tens o teu irmão mais velho, Jhasua, para defender-te de todas as desgraças e também para iluminar o teu caminho na vida."

— Eu te prometo, Jhasua, pela memória do meu falecido pai e pela vida santa e pura de minha mãe.

— Agora vamos para junto dos demais — disse o jovem Mestre.

Jhasua beijou-a na testa com infinita delicadeza, enquanto dizia:

— Que este beijo de irmão sele, Nebai, a promessa que me fizeste.

— Oh, Jhasua, semeador de rosas brancas de paz e esperança! — disse Nebai andando ao seu lado. — Eu não sei que poder tens para aquietar assim as maiores borrascas.

— Também aprenderás a aquietá-las nos que te rodeiam. Por ventura não és a minha primeira discípula?

A formosa gazela saiu-lhes ao encontro, como buscando uma carícia que eles lhe concederam ternamente.

— Todo ser vivente busca o amor, Nebai, como a dádiva mais formosa que existe na vida. Tem sempre isto em conta e serás uma excelente missionária quando chegar a tua hora.

Todos os olhos se fixaram neles, com olhares interrogadores, quando entraram no escritório.

Judá observara-os várias vezes através de uma janela aberta para o jardim, e compreendera que Jhasua exercia sobre Nebai grande influência. Ignorava se, no glorioso caminho que sonhava para o futuro Rei de Israel, devia haver uma mulher a compartilhar com Ele o trono.

"Por que não? Qual o Rei que não a havia tido? Muito embora aquela formosa jovem não fosse uma princesa, acaso o Rei David não se casou com mulheres do povo? Salomão teve como esposa uma filha do Faraó do Egito, e por amante a Sabá, Rainha da Etiópia, mas este novo Rei de Israel, mais nobre e maior que todos, porque vinha salvar o vasto Oriente oprimido e humilhado, não podia talvez elevar a neta de Simônides à sua altura e compartilhar o trono com ela?"

Pensando deste modo, Judá ficou logo silencioso, e acusava a si mesmo de ter sido muito precipitado em suas insinuações amorosas para com a jovem. Pensou, além do mais, que não devia soltar as asas ao rouxinol febril da sua fantasia nem bem conhecera a jovem. Por que motivo ela se mostrara tão sentida e quase chorosa anteriormente, e agora sorria como cheia de intensa felicidade, cuja causa não podia ser outra senão seu diálogo íntimo com Jhasua? Não havia dúvida alguma: ambos se amavam já desde há muito tempo ... e ele havia chegado tarde!

Outro homem, em suas condições, ter-se-ia levantado imponente e audaz, sabendo-se com tantos direitos para conquistar aquela cuja preferência julgava que lhe disputavam. No entanto, era muito nobre e amava muito a Jhasua, ao qual reconhecia francamente muito superior a ele.

O jovem Mestre compreendeu a luta que se desatara na alma de Judá e decidiu acalmá-lo como fizera com Nebai.

Aproveitou o momento em que os dois filhos de Judas acariciavam a gazela que entrara no escritório, enquanto Simônides atendia a um mensageiro que lhe falava de negócios. Aproximou-se de Judá e disse:

— Tua preocupação é uma fantasia sem realidade possível na Terra, Judá, meu amigo. Acreditas que eu possa atar minha vida a uma mulher, para deixá-la, dentro de pouco tempo, a chorar durante toda sua vida sobre a minha tumba?

— Jhasua! ... Que estás dizendo? ...

— O que ouves! A neta de Simônides é para mim como uma amada irmãzinha de infância, à qual acabei de preparar para que não fuja do teu amor que a busca e chama. Adiante Judá, e que Deus te abençoe nisto como em tudo o mais, porque estás chamado a ser um sincero colaborador na minha obra pela libertação do homem. Fica pois tranqüilo.

Judá ficou mudo de assombro ao comprovar a penetração de Jhasua em seu mundo interior. Ele acabava de responder ao seu mais oculto e profundo pensamento.

— És admirável, Jhasua, na claridade de Deus a assistir-te! Acredita-me: não pensei mal de ti; apenas me doía um pouco ver esfumaçar-se um sonho meu tão formoso.

— Vem, Esther — disse Jhasua —, e convence a Judá e de que está muito ansiosa em conhecer sua mãe e sua irmã. Visto como ambos me amais, quero que sejais muito bons amigos. Virás conosco até a pousada "Boa Esperança"?

— O avô dirá — respondeu Nebai.

— Não é o avô quem manda hoje aqui — disse o ancião —, mas o soberano Rei de Israel, do qual todos somos súditos. Que determina ele?

— Que todos devemos ir até a pousada para encontrar a mãe e a irmã do príncipe Judá — respondeu Nebai.

— Está bem. Prepara-te convenientemente e vamos andando. São apenas uns duzentos passos daqui até lá ... Não sois capazes de imaginar o bem que sinto andando com meus próprios pés! Essa infeliz poltrona já estava farta de mim e eu dela. Durante sete anos estivemos amarrados um ao outro!

Pouco depois a jovem voltou com um amplo vestido de seda branco e semi-envolta num transparente manto negro a cair-lhe da cabeça aos pés. Nebai levava um grande ramo de rosas brancas da Irânia para oferecer à mãe do príncipe Judá. Este ofereceu-lhe a mão para ajudá-la a descer as escadas e Jhasua fez o mesmo com o avô.

— Reparem que imensa glória a minha! Apoiado na mão direita do Rei de Israel! — exclamou o ancião cheio de satisfação.

Quão breves pareceram a Judá aqueles duzentos passos até a pousada "Boa Esperança"!

— Estavas muito sentida hoje, quando te vi pela primeira vez no escritório — disse Judá a Esther, como ele a chamava. — Agora pareces feliz.

"Por que afogavas soluços antes e agora estás alegre? Não serei indiscreto perguntando isto?"

— Porque doeu-me muito saber-me escrava de um príncipe judeu — respondeu serenamente a jovem.

— Por ser judeu ou por ser escrava? — perguntou Judá.

— Por ser escrava — respondeu ela. — Nunca soube o que é a escravidão, porque cresci junto ao Santuário do Tabor, onde não existem escravos. Afigurava-se-me a coisa mais espantosa que pode haver na vida. Ser como um cãozinho: recebendo açoites e lambendo a mão de quem os dá ...

— Julgas acaso que eu poderia aceitar ser o teu amo? Não me ouviste dizer a teu avô que desejava ser como um filho para ele?

— Sim, ouvi ... mas a Lei é inexorável! ...

— No entanto, o amor torna a Lei mais suave e meiga. Por acaso teu avô Simônides teve alguma queixa do meu pai?

— Parece que não, porquanto abençoa a sua memória.

— E choraste com ódio contra mim! ... Oh, Esther! ... Julgavas-me mal sem me conhecer. Na verdade, não foste injusta? Promete-me que não o serás mais!

— Prometo-o, da mesma maneira como hoje prometi a Jhasua — respondeu a jovem.

— E não poderias chegar a conceder-me o teu amor, minha formosa escravazinha? — Ao fazer tão insinuante pergunta, o príncipe Judá inclinou-se procurando os olhos da jovem, que permaneciam escondidos na sombra do manto negro.

— Estas rosas brancas — disse ela — são um símbolo de esperança e amor; e abrem ao amanhecer. Espera um amanhecer, príncipe Judá, para que a roseira do meu amor floresça inteiramente dedicada a ti. É tudo quanto posso prometer-te.

— Muito bem, minha jovem! ... aguardarei esse amanhecer, e oxalá ele resplandeça rapidamente no horizonte da minha vida. Os homens injustos abriram muitas feridas no meu coração, e espero que um grande amor cure todas elas. Até agora só vivi pensando na vingança. *Olho por olho, dente por dente*!, diz também a Lei, e pensava em cobrar com juros tudo quanto fizeram padecer a mim e à minha família. Assassinaram meu pai; sepultaram vivas num calabouço no subsolo da Torre Antônia minha mãe e minha irmã; condenaram-me às galeras para toda a vida; confiscaram nossos bens, que passaram para as arcas de Valério Graco. Tudo isso não são crimes a merecerem um castigo exemplar? Fala, Esther, não é justo o que digo? Que se faz com um bandoleiro dos caminhos quando cai em poder da justiça? Manda-se açoitá-lo até sangrar e, depois, é dependurado num madeiro no Monte das Caveiras.

— É exatamente como dizes, príncipe Judá. Contudo, às vezes, também é bom deixar que Jehová faça a justiça, pois Ele sabe fazê-la muito bem. Minha mãe também esteve encerrada numa torre da Judéia antes do meu nascimento, e meu pai vagava pelos arredores como um leão enfurecido. Julgo que foi um secretário favorito do Consul Cirênio quem causou a desgraça na minha família.

– Sim, sim, um chacal romano, sem respeito por ninguém – disse Judá.

– Pois bem – continuou a jovem –, Cirênio, que não quis fazer justiça a meus pais, sofreu-a de Jehová. Caiu na desgraça do Imperador, foi desterrado e assassinado pouco depois por um escravo seu.

"Esse perverso favorito pereceu nas mãos de um gladiador cita, que lhe torceu o pescoço como se torce o de um abutre daninho, por negar-se a pagar uma aposta do circo."

– Saiba Esther, eu não tenho paciência para esperar pela justiça de Jehová sobre os meus inimigos. Faço-a eu mesmo, e verás como faço muito bem feito!

"Dentro da lei, em nobre lida, deixo-os incapazes de causar dano a quem quer que seja na sua vida."

– Então guarde-me Deus de ser tua inimiga, príncipe! ... – respondeu Nebai sorrindo.

Estavam diante da porta de entrada da pousada "Boa Esperança", cujo pórtico de dupla colunata lhe dava um imponente aspecto.

Era um antigo palácio sem igual, muito parecido com todos os que Epiphanes, o último dos Selêucidas, mandou construir. Epiphanes foi quem deu a Antioquia seu maior esplendor e os aspectos formosos e artísticos de metrópole grega à entrada do mundo Oriental.

Simônides, o gênio dos bons negócios, havia-o adquirido pela metade de seu valor real, em virtude de o palácio ter entrado num confisco de bens, feito, segundo o costume, pelo governo romano contra um príncipe tírio, caído na desgraça de sua Majestade Imperial.

Desse modo exerce Simônides sua vingança contra os romanos que haviam martirizado o seu corpo. Com uma habilidade única, ele se comprazia em fazer rebaixar até o extremo os bens confiscados pelo poder romano, e logo a seguir comprava-os a preço ínfimo, aumentando de maneira fabulosa os bens do seu falecido amo, o príncipe Ithamar.

Ele também costumava exercer outra classe de vingança que chamava de *corretiva* e que consistia em obter as provas dos delitos cometidos pelos cônsules e procuradores romanos e fazê-las chegar até o César, quase sempre ignorante das violências de seus legados e oficiais nos distantes países invadidos.

Já na pousada "Boa Esperança", e logo depois dos cumprimentos às damas e a Hach-ben Faqui que lhe foi apresentado, o feliz ancião conduziu Jhasua e Judá a uma sala interior onde funcionava a mordomia ou administração, aonde durante anos fazia com que o levassem todas as semanas em sua cadeira de rodas, para vigiar pessoalmente o bom andamento daquela casa que era para ele como uma mina de ouro.

De um armário construído na própria parede e com uma dupla porta de bronze e cedro, tirou uma porção de livros de anotações e documentos.

Uns eram de entrada e saída de hóspedes, os pagamentos efetuados à criadagem toda grega, por ter encontrado mais lealdade e inteligência nas pessoas dessa nacionalidade. Os demais livros eram relatos das compras realizadas nos confiscos de bens, como já foi mencionado anteriormente. Havia uma terceira categoria de livros, e estes eram relacionados com datas, referências e declarações de testemunhos oculares de todos os delitos, usurpações, prisões, torturas e assassinatos feitos ou mandados fazer pelos cônsules, governadores e procuradores romanos.

– Tudo isto é sangue! ... – disse o nobre ancião com redobrada ira –, e por isto o fiz escrever com múrice vermelho. Quero que o Rei de Israel e seu primeiro ministro Judá vejam tudo isto com seus próprios olhos, para saberem bem profundamente o que Roma tem sido para os países subjugados e vencidos.

Ali aparecia, como um catálogo, os acordos secretos entre Herodes e o Sinédrio, entre Herodes e o César, entre Herodes e os cônsules, procuradores, tribunos e toda essa legião de *esbirros sanguinários,* "*cães de caça*" e "*crocodilos famintos*", conforme eram chamados pelo ancião no auge de sua indignação.

Jhasua e Judá ficaram horrorizados, não só das atrocidades que ali apareciam, como também da hábil e sutil rede de investigação que Simônides manejava desde Antioquia e com a qual conseguia desbaratar muitas maquinações, muitos delitos, dos quais quase sempre eram vítimas os melhores homens e as mais nobres famílias da Síria, da Galiléia, da Judéia, da Samaria, da Peréia e de Traconítis.

Ele havia começado essa tarefa logo no início da desgraça do príncipe Ithamar e de sua família, cujos autores havia castigado severamente, sem que eles percebessem de onde vinha o castigo.

Os piratas que afogaram Ithamar por ordem do governador romano da Judéia haviam sido mortos na forca, e de tal maneira ficou descoberta a trama que o governador precisou transferir sua sede para Cesaréia, na província da Samaria, e o César retirou a confiança nele depositada, situação que o levou ao suicídio, cortando as veias.

– És um anjo de justiça, bom Simônides – disse Jhasua, percorrendo aquelas páginas escritas em vermelho, terrível catálogo a deixar bem claro o que é um poder arbitrário sobre um indefeso.

Contaram até cento e oitenta e sete casos, cada qual mais desastroso e terrível. Em que péssima situação ficava a autoridade imperial romana, a desfrutar tranqüilamente os bárbaros tributos sugados dos países invadidos, sem se preocupar com as atrocidades que seus agentes cometiam para se enriquecerem, todos eles, à custa dos vencidos!

Que espantoso papel faziam os reizinhos de papelão, obedientes ao César, bem como os governadores e cônsules, os pontífices e o alto clero de Israel, aliados, em sua maioria, à prepotência romana!

Quando Simônides fechou o livro vermelho, Jhasua deixou-se cair no estrado e circundar a sala e, afundando a cabeça entre as mãos, exalou um suspiro semelhante a um soluço.

O ancião aproximou-se dele e sentou-se ao seu lado.

– Meu Senhor – disse com a voz bastante meiga –, soberano Rei de Israel, Ungido de Jehová, é ou não de justiça que tomes quanto antes posse do teu reino para remediar tantos males? Não vês como os povos gemem sob essa tirania insuportável? Não vês como caem as vítimas como espigas na ceifa, para serem pisoteadas por alcatéias de feras famintas?

"Tens uma frota de cinqüenta navios, com bravos capitães e valente tripulação, que levarão tua justiça por todos os mares do mundo! Tens imensas caravanas que te farão dono de todos os caminhos abertos ao comércio honrado e leal!

"Acham-se à tua disposição vinte mil lanças obedientes ao Scheiff Ilderin, meu amigo e aliado do deserto, aguardando um aviso meu para se lançarem sobre a Síria e a Palestina!

"Possuis três legiões de Cavaleiros de Judá sendo preparados pelo filho de Ithamar nos Montes Jebel, mais além de Filadélfia!"

— Como sabes disto, se é um segredo meu? — interrompeu Judá assombrado de que até ali havia chegado o olho vigilante de Simônides.

— Não te disse, jovem, que o Scheiff Ilderin é meu amigo e aliado? A ajuda por ele prestada a ti foi sugerida por mim.

— És admirável, Simônides! Merecias ser um César. Tu, sim, que serias um insubstituível primeiro ministro para o nosso glorioso Rei de Israel — exclamou o príncipe Judá.

"Jhasua! ... Não respondes nada a tudo isto?" —, perguntou Judá vendo seu obstinado silêncio.

O jovem Mestre levantou a cabeça dentre as mãos, e seus dois interlocutores viram que seu rosto aparecia contraído por tremenda angústia.

— Senhor! — disse o ancião de joelhos diante d'Ele. Magoaram-te os meus relatos porque o teu coração é terno como o de um cordeirinho recém-nascido ... como a planta apenas saída do embrião! ... como o passarinho implume acabado de chegar ao bordo do ninho! ... Senhor, perdoa o teu servo por não haver sabido tratar devidamente o Messias Divino, lírio dos vales da Galiléia! ... vaso de água doce do poço de Nazareth!

— Tens paz em tua alma, bom Simônides; eu sofro pelas dores do mundo, pelo opróbrio dos humildes, pela angústia das mães, dos órfãos, dos anciãos indefesos — respondeu Jhasua.

"Tua obra é grande, Simônides, e a tua também o será, Judá, meu amigo, nesta magnífica Antioquia e na Roma dos Césares, como será a de Faqui na África do Norte; entretanto ainda falta um pouco de tempo para que possais ver cumprirem-se estas minhas palavras.

"Já estou na posse da minha missão nesta vida, e me acho há bastante tempo em luta aberta contra todo o mal que domina estes povos.

"Coloca-me em contato com todas as vítimas que manténs catalogadas, Simônides, no teu livro vermelho e, se puder contar contigo e com Judá, toda essa dor será transformada. Prometo-vos isto em nome de Deus!"

— Bem, meu Senhor, meu amado Rei. Quando for do teu agrado, visitaremos os arredores desta grande cidade, Gisiva e Carandama. Estão situadas entre as encruzilhadas e as encostas dos Montes Sulpio e Cássio, próximos ao grande Circo de Antioquia. São formosas aldeias edificadas com o teu ouro, meu Judá, e portanto são tuas, não obstante todos ignorarem isso, menos os meus agentes mais íntimos, por intermédio dos quais fiz comprar essas terras pertencentes a um príncipe egípcio que foi desterrado e teve todos os seus bens confiscados. Pelo valor de dez estádios em lugares como esse, comprei do Legado Imperial 150 estádios, e os dividi em duzentos e trinta hortos, cada um com a sua habitação própria. (O estádio equivale a 185,25 mts. e aqui presumimos que a medida seja de frente, visto como, até bem pouco tempo, não era levada em consideração a medida de fundo.)

"Em ambas as vilas tenho reunidos os meus servidores, quase todos gregos, judeus e coríntios e, entre eles, estão alojadas as vítimas das ocorrências a que se refere o meu livro vermelho. Nesses dois subúrbios estão localizados os lares dos tripulantes da nossa frota, os caravaneiros e quase todos aqueles que me prestam serviços por um salário combinado. Pago melhor que todos os outros patrões, bem melhor do que pagam os agentes do César, e este é o segredo por que todos me servem bem.

"Em ambos os arrabaldes, ó meu Senhor, encontrarás e te horrorizarás mais ainda diante das comprovações do meu livro vermelho. Já estou vendo, ó meu Rei

Ungido de Deus! ... as maravilhas que o teu poder fará lá, como o fez comigo, um inválido durante sete anos, e que hoje se sente jovem e forte apesar dos seus 70 anos."

— E que pretendes obter, bom Simônides, ao reter sob a tua proteção todos esses infelizes? — perguntou Jhasua.

— Senhor! Não disse Jehová através de Jeremias: "Procedei com seriedade e justiça, livrai o oprimido das mãos do opressor, não enganeis nem roubeis ao estrangeiro, nem ao órfão, nem à viúva, nem derrameis sangue inocente neste lugar!" Eu me propus fazer justiça com os maus e com os inocentes, empregando nisto parte das imensas rendas do meu falecido amo, e o fazia em sua memória e pelo amor que lhe dedicava.

"Isto em primeiro lugar.

"Em segundo lugar, eu alimentava a minha firme esperança de encontrar-me contigo, ó meu soberano Rei de Israel, e preparava com dados certos, com provas e testemunhas, as ações delituosas que os invasores cometeram contra o teu povo da maneira mais iníqua e criminosa que puderam fazê-lo."

Os Esponsais

Combinaram visitar no dia seguinte aqueles arrabaldes, e, como já findava a tarde, Simônides determinou que, na pousada "Boa Esperança" fosse preparada uma esplêndida ceia, para celebrarem tão santos acontecimentos: a chegada do Rei de Israel, da família do príncipe Ithamar, seu pranteado patrão e a sua própria cura, que o tornava um homem remoçado em seus 70 anos.

O ancião ignorava que, nesse momento, surgiriam de imprevisto mais dois motivos de júbilo para todos. Judá teve uma conversa reservada com Faqui; depois fez o mesmo com Jhasua e Noemi. O assunto, íntimo e reservado, foi mantido em segredo em relação aos demais.

O grande salão de honra do palácio de Epiphanes, o último Selêucida, foi mandado adornar com todas as rosas brancas e ramos de mirto que puderam encontrar em Antioquia.

O velho Simônides estava eufórico e em grande atividade. A boa Noemi, mãe feliz, sorria numa felicidade suprema, a qual jamais pensou poder desfrutar depois das grandes dores sofridas. Quão verdade era que Deus se aproximava com amor dos corações doloridos e soluçantes! A hora da piedade divina tardara muito; no entanto, chegara da maneira mais generosa, mais bela e sublime que pudera sonhar.

Grandes candelabros de prata sobre altos pedestais de mármore sustentavam numerosas lâmpadas de azeite a iluminarem o formoso recinto. Jhasua ocupava o centro da mesa com Simônides e Noemi de um e do outro lado.

Seguiam-se, na mesa, Judá com Nebai, Faqui com Thirza e, logo, os dois filhos de Judas de Galaad, Isaías e Othoniel.

O leitor poderá imaginar facilmente a doçura daquele ambiente, que o Cristo encarnado respirava com infinita placidez. Todos deviam a Ele aqueles momentos de pura e santa alegria, aquela íntima paz, mais suave e mais doce que todas as riquezas e que todos os tesouros imagináveis. O amor sincero, espontâneo e leal vibrava ali em todos os tons, sem sobrar um único espaço para o receio, para a desconfiança ou para o temor.

– Todo o Céu de Jehová desceu sobre esta mesa – disse Noemi com os olhos brilhantes de emoção e o coração transbordando de felicidade inefável.

– Porque está sentado junto a nós o Resplendor de Jehová – acrescentou o ancião Simônides que, nesse dia, aparentava ter dez anos menos.

Quando os criados estavam abrindo as poeirentas ânforas de vinho de Chipre, que o velho guardava nas adegas de Ithamar há muitos anos, Jhasua pediu um momento de silêncio no meio daqueles risos como gorjeios intermináveis a vibrarem como notas musicais naquele ambiente elevado, cheio de concórdia, amizade e companheirismo, e falou assim:

– Contam nossas velhas crônicas sagradas que, quando nosso pai Abraham quis uma esposa digna e pura para seu filho Isaac, mandou seu mordomo Eleázar buscá-la no país do seu nascimento, e ele encontrou Rebeca na borda da fonte de águas doces e cristalinas, da qual deu de beber a ele e a seus camelos.

"Nossos Pai Celestial, amoroso e sábio em seus desígnios, houve por bem querer que hoje proceda eu como o mordomo fiel de Abraham, o qual teve o bom acerto de escolher uma santa companheira para o filho de seu amo.

"Simônides, homem justo, avô feliz! Eu te peço a mão de Esther, tua neta, para o meu grande amigo o príncipe Judá, filho de Ithamar de Jerusalém, e a ti, digna matrona judia, viúva de Ithamar e mãe feliz, peço a mão de tua filha Thirza para o Hach-ben Faqui, de Cirene.

"Que esta união de corações seja como uma chuva de bênçãos divinas para todos vós, e para a obra de libertação humana de que o Pai Celestial encarregou a vós e a mim, numa unificação de fé, esperança e amor."

Doces lágrimas de emoção tremiam nas pálpebras semicerradas das três mulheres e umedeciam os olhos dos homens num transbordamento de amor e compreensão recíprocos.

O velho Simônides, com a voz trêmula por um soluço contido, apoiou a cabeça sobre o ombro de Jhasua, e apenas pôde dizer:

– Senhor! ... Meu Rei de Israel! ... Quem é o homem que poderá negar alguma coisa a ti que tudo fazes como se fosse o próprio Deus? Nenhuma felicidade poderá ser maior para mim senão ver minha Esther esposa do filho de Ithamar.

Fez-se profundo silêncio, durante o qual parecia ter-se a impressão de poder ouvir o pulsar dos corações que naquele momento recebiam tamanha felicidade.

Noemi refez-se de sua emoção e respondeu com sua meiga voz soluçante:

– Se minha filha ama Hach-ben Faqui, eu o recebo em meu coração como a meu próprio filho.

Todos os olhares se fixaram em Thirza e Esther. Houve uma pausa solene.

Ambas as jovens estenderam em silêncio as mãos para aqueles que pediam para unir com elas as suas vidas, e ficaram assim celebrados seus esponsais na mais terna e cordial intimidade.

As bodas seriam celebradas juntas, seis luas depois.

Os quatro seres, unidos por um amor silencioso e casto nascido sob o olhar do Verbo de Deus, foi, em verdade, uma chuva de bênçãos para o Cristianismo que estava próximo a nascer, como veremos mais adiante.

A mesma compreensão e afeto que se multiplicou entre Judá e Faqui nasceu entre Thirza e Esther – terna amizade que ofereceu à meiga e santa Noemi as mais belas compensações para sua imensa tortura moral e física de sete anos sepultada viva num calabouço da Torre Antônia, ela que pertencia à nobilíssima família de Adiabenes que durante séculos reinou pacificamente nos formosos vales do Tigre. A morte de seu tio Abenerig, ocorrida dois meses antes do assassinato de seu esposo Ithamar, deixou-a sem amparo na vida, e essa circunstância foi aproveitada habilmente para que fosse despojada, bem como seus filhos pequenos, de tudo quanto tinham e até da liberdade. Abenerig Izate ocupava o velho trono de seus ascendentes, e seus irmãos menores, jovens de 16 a 18 anos, com sua mãe Helena, encontraram-se com Jhasua e seus amigos na populosa Antioquia, onde, às vezes, vinham passar os meses mais quentes do ano.

Formosas conquistas foram estas para a Santa Aliança, que começava assim a estender-se silenciosamente até os vales do Eufrates. Helena e sua irmã Noemi, ambas viúvas, uma do rei Abenerig Adiabenes e a outra do príncipe Ithamar de Jerusalém, encontraram-se em Antioquia depois de longa ausência de doze anos. O fio de ouro do desígnio divino uniu-as novamente, para que sua fé inquebrantável e sua piedade sem limites servisse de base e fundamento para a primeira congregação cristã, cujo esboço já estamos vendo surgir como uma bruma de ouro ao redor de Jhasua, apenas chegado aos 22 anos.

Esse encontro inesperado, se o encararmos assim, foi motivado pelo fato de Simônides conservar em seu poder capitais depositados alguns anos antes pelo falecido rei Abenerig, esposo de Helena, que se admirou grandemente de vê-lo andar são e forte, quando o havia conhecido preso a uma cadeira de rodas.

O ancião que conhecia o parentesco entre as famílias de Adiabenes e de Ithamar, fez com que se encontrassem e também tomassem conhecimento do grande segredo dos servos de Deus: a presença do Divino Ungido, o Messias anunciado há tantos séculos pelos Profetas de Israel.

Poder-se-ia dizer que desde esses dias felizes para Jhasua, compreendido e amado por quantos dele se aproximaram, ficou Antioquia, a grande metrópole oriental, predestinada a ser, vinte anos mais adiante, a pátria adotiva do Cristianismo nascente. É necessário ter-se em conta que a estada de Jhasua nessa cidade foi de apenas três semanas, e que passou esse tempo sem publicidade alguma, porquanto não era ainda chegada a sua hora, conforme ele mesmo dizia.

Rumo ao Eufrates

Através de Helena e de seus filhos, Jhasua obteve notícias do sábio Mestre persa Baltasar, que o visitara muito menino em Bethlehem, e, pouco depois, no Santuário do Hermon, quando tinha sete anos. Desde Shinar, capital do reino de Adiabenes, não era mais necessário cruzar o Tigre para encontrar-se entre as montanhas de Susianna, em cuja capital, Susan, se encontrava Baltasar à frente de sua Escola-Santuário do Divino Conhecimento. A piedosa viúva Helena consultara várias vezes o sábio Mestre, quando ficou sozinha na direção de seu país, até que Abenerig Izate, seu filho mais velho, pôde tomar a direção de seu povo.

O sábio ancião havia-lhe falado sobre o Messias nascido no país dos hebreus, e cuja existência era um segredo para todos como precaução contra os formidáveis inimigos que procurariam em seguida a sua morte.

O único vínculo a unir esta ilustre mulher com o país de Israel era sua irmã Noemi, que ele dera como morta desde que soube da terrível tragédia do príncipe Ithamar.

Jhasua já estava há dois dias em Antioquia quando se encontrou com a nobre viúva que, em seguida, despachou um correio particular ao correr de um bom camelo, com a finalidade de levar a Susan a grande notícia para seu conselheiro Baltasar: o Messias Salvador do Mundo encontrava-se em Antioquia, onde permaneceria três semanas.

O grande homem, com 80 anos, pôs-se imediatamente a caminho rumo à costa do Mediterrâneo. Navegou pelo grande rio Eufrates até Tiphsa, distante um dia e meio de Antioquia em bons camelos.

Contudo, Jhasua não consentiu que o ancião fizesse essa viagem, e foi com Judá e Faqui ao seu encontro na formosa cidade de Tiphsa, à margem do Eufrates.

Do mudo e longo abraço de Jhasua, Ungido do Senhor, com o ancião Baltasar, um dos três célebres sábios que, em seus distantes países, viram na imensidão azul a anunciada conjunção de Júpiter, Saturno e Marte, sinal do nascimento do Grande Enviado, surgiu uma imensa claridade, uma poderosa vibração de amor sobre aqueles felizes países, onde flutuou o alento divino do maior Ser descido ao planeta como um raio de Luz da Divindade.

O jovem Mestre apresentou seus dois amigos ao sábio, mas a conversação secreta que teve com ele, e que durou toda a tarde, ninguém a ouviu, a não ser a Maga dos Céus, a Luz Eterna, que a recolheu como os fios sutis de um delicado bordado, para guardá-la no eterno arquivo de seus domínios.

O jovem Mestre mencionou ao ancião todo o caminho já percorrido, os poderes superiores conquistados nos anos de estudo nos Santuários Essênios, os admiráveis resultados obtidos e, finalmente, a tremenda visão ocorrida no Grande Santuário do Monte Moab, na véspera de sua consagração como Mestre da Divina Sabedoria.

O ancião conhecia muita coisa de tudo isso através de revelação espiritual, e também por intermédio de seu particular amigo Gaspar, que tivera idênticas revelações. Para comprovar isso, leu para Jhasua o que escrevera em sua caderneta de bolso sob a epígrafe: *O Caminho do Messias*.

– Antes de sair de Susan – disse – despachei um mensageiro ao Golfo Pérsico, e dali, por navios costeiros, às Bocas do Indo, onde atualmente se encontra o nosso amigo. Daqui a quatorze dias ele poderá estar aqui em Tiphsa para abraçar-te. Dignarte-ás esperá-lo? Lembra-te que nossos muitos anos não nos permitem a ilusão de ver-te novamente na matéria física.

– Eu o esperarei, sim – respondeu firmemente Jhasua. – Alguns trabalhos me reterão em Antioquia por três semanas mais ou menos.

– Então espero que Gaspar esteja conosco para que os três unidos possamos falar sobre o caminho que já estás percorrendo, Filho de Deus, e sobre aquele que ainda falta percorrer.

"Que ele ouça, como eu ouvi, a revelação do teu espírito, para saborearmos juntos o infinito prazer de haver estado com a verdade quando, há 21 anos e alguns meses, demos o nosso parecer sobre a tua personalidade.

"Melchor, o mais jovem de nós três – acrescentou o sábio ancião persa –, recebeu do Supremo Atman a felicidade de seguir-te mais de perto e, através de suas constantes cartas, Gaspar e eu temos podido acompanhar de longe os teus passos. A Divina Sabedoria ordenou tudo de forma tão admirável ao teu redor, ó Resplendor da Eterna Claridade, que nós, suas pequenas lamparinas, não necessitaremos mais aproximar-nos d'Ela para nos iluminarmos e também podermos iluminar todos os que desejarem receber a sua Luz.

"Se os Mestres de almas e os dirigentes de consciências não houvessem torcido o rumo da Humanidade, tua passagem por esta Terra seria um fragmento do poema imortal de amor e luz na qual vives na imensidade de Deus –, acrescentou ainda o sábio persa, como respondendo ao pensamento que o perseguia. – Mas os governantes de povos transformaram-se em manadas de animais a suspirar apenas por um melhor pasto e, para consegui-lo, esmagam-se uns aos outros, e cada qual reserva a mais abundante ração para si, deixando a fome e a necessidade insatisfeita para o mais débil e incapaz para a luta.

"Apresentas-te, Ungido do Amor e da Fé, nesse cenário para ensinar aos homens a verdadeira Lei, a nossa origem e destino comuns, saindo do Eterno e voltando a Ele num tempo indeterminado, que a nossa inconsciência ou a nossa maldade engrandecerá quiçá imensamente.

"Apresentas-te para dizer ao Mundo que não deve haver nem senhores nem escravos; nem excessivamente ricos nem pobres até a miséria; que aquele que mais possui mais deve dar ao que carece de tudo; que aquele que deixa de dar da sua abundância aos despossuídos não merece a chuva das nuvens nem os beijos do sol sobre seus campos. Por dever, ó Enviado do Pai-Amor, os ignorarás, os censurarás em suas iniqüidades e injustiças; porás a descoberto suas mentiras, seus enganos, o usofruto desavergonhado e desonroso que obtêm os homens do poder em prejuízo das massas enganadas com eternas promessas que nunca serão cumpridas! Então a víbora se voltará contra ti, se enroscará no teu corpo com a espantosa força de seus anéis, te espremerá como a uma esponja cheia de mel e a transformará em veneno, com o qual inundará o mundo a fim de apagar a luz da tua lâmpada, para que ninguém acerte seguir o caminho da Verdade que porá um fim a seu iníquo domínio na Terra.

"Já te vejo, em meus grandes sonhos de idealista, como um astro de suave luz a iluminar todos os recantos das mais escuras consciências. Imensa legião de almas seguirá pelos teus caminhos radiantes de fé, de nobreza e de amor; entretanto, a maioria, ó soberano Rei dos idealistas sonhadores!..., buscará em ti o esplendor da púrpura, o brilho do ouro e das pedras preciosas e, quando lhes disseres que tudo isso nada mais é que palha e fumaça comparados com os tesouros eternos da Luz, da Felicidade e do Amor, te voltarão as costas, te desprezarão e te pisotearão como a um ser inútil para a felicidade que eles buscam, como o único bem da sua vida."

– Teus pensamentos – disse Jhasua – estão admiravelmente de acordo com a minha visão no Santuário do Moab que hoje te referi, visão que anuncia o término da minha vida física com um terrível e oprobrioso sacrifício.

"A voluntária aceitação da dor suprema de minha parte impedirá a destruição deste planeta, próximo a entrar na órbita dessa terrível Justiça Divina, a qual determina as épocas de vidas evolutivas aos mundos, às humanidades e aos indivíduos.

"Somente te peço, ó sábio Baltasar, que me assistas com o teu pensamento e com o teu amor, para que a minha natureza humana não chegue a predominar jamais sobre aquilo que o meu Eu Superior já aceitou como divina revelação da Suprema Vontade."

– Não temas, ó Filho de Deus, porque esta é a tua última passagem pela Terra e não vieste para o fracasso, mas para o triunfo.

Jhasua convidou seus dois amigos a falarem em particular com o sábio astrólogo persa, a fim de que lhes fosse dada orientação em suas vidas como cooperadores na obra de salvação humana.

Averiguados os dados precisos de ambas as vidas, o sábio pesquisou nas influências planetárias, nas tendências hereditárias e nos caminhos percorridos por aquelas duas almas através dos séculos e das existências, e falou-lhes desta maneira:

— Príncipe Judá, filho de Ithamar: vejo três fases na tua vida: infância e adolescência iluminadas pela paz e a felicidade; primeira juventude atormentada pela maldade humana e mergulhada em grande obscuridade. A terceira fase é vida de fé, de esperança e de amor supremo; vida feliz na família e triunfante em nobre e grande ideal. É tudo quanto posso dizer-te.

"Hach-ben Faqui de Cirene — continuou dizendo o ancião com os olhos fechados e as mãos cruzadas sobre o peito.

"Vejo-te sob a ação imediata de uma luminosa Inteligência que teve especial tutela sobre ti, salvando-te de grandes dificuldades que forçosamente teriam torcido o rumo da tua vida, na qual se esboçam, com clareza, duas fases: tua infância e adolescência mergulhadas numa suave inconsciência, só permitindo que admirasses a magnificência da natureza. Tua juventude e tua idade viril entregues ao amor humano na família e na propagação de um ideal de justiça, enchendo completamente as aspirações do teu espírito. É tudo quanto percebo na tua vida."

No dia seguinte, Jhasua com seus dois amigos voltaram a Antioquia, deixando o ancião Baltasar mergulhado no êxtase da fé e do amor que a presença do Homem-Luz lhe havia produzido.

Chegaram à meia-noite na pousada "Boa Esperança". Amhra, a criada anciã, Eliacin e Shipro os esperavam, permitindo, desse modo, que Noemi descansasse. A boa mulher ficara aterrorizada com os seus anos de calabouço, e temia horríveis desgraças nem bem os familiares se afastavam do seu lado. A criada correu para avisar-lhe que os três viajantes já tinham regressado sãos e salvos.

Nebai ficava junto de Noemi e sua filha, no desejo de proporcionar-lhes serenidade e confiança.

O ancião Simônides, estendido num divã, na administração, dormia profundamente.

Logo depois de tranqüilizar a atemorizada mãe e despedir-se até o dia seguinte, Jhasua com os seus amigos foram até a administração, por onde deveriam passar em direção às suas alcovas.

— Apressai-vos em descansar — disse o ancião —, porque será grande o trabalho de amanhã. Ó meu Senhor de Israel! ... se visses como Gisiva e Carandama te esperam!

— Será porque a tua boca, meu bom Simônides, falou mais do que era conveniente? — perguntou Jhasua sorrindo.

— Espera, Senhor, e ouve-me: falei-lhes apenas no Profeta de Deus e, embora nada houvesse dito por minha boca, todo o meu corpo refeito e curado bastava e sobrava. Todos eles, menos os cegos, me haviam visto preso à cadeira de rodas.

Gisiva e Carandama

Quando o sol se levantava no horizonte e o esplendor de sua claridade parecia derramar pó de ouro sobre as tranqüilas ondas do Orontes, sobre os jardins encantados e também sobre os rumorosos bosques de terebintos e loureiros, toda a família empreendeu o passeio matinal até os subúrbios já indicados.

Noemi, apoiado em Jhasua, ambos guiados pelo ancião, iniciavam a caminhada, na qual seguiam Nebai ou Esther com Thirza e Judá, Faqui e os dois filhos de Judas de Galaad.

Num grupo à parte, para não chamar a atenção, iam meia dúzia de criados com Eliacin e Shipro levando cestas de provisões, pois pensavam passar ali todo o dia.

Seguiram pela avenida que se dirige para o sul e, ao chegarem ao Arco Triunfal de Epiphanes, mandado construir pelo mesmo para glorificar-se em vida, viram sentado no pavimento, como um contraste vivo a toda aquela magnificência, um mendigo esfarrapado e sujo comendo avidamente um pedaço de pescado assado e restos de pão duro. O mendigo tinha os pés desnudos e desfigurados de tão horrível maneira que se via claramente que havia sofrido queimaduras, embora já cicatrizadas.

– Como está hoje o teu dia, Simão? – perguntou Simônides, que o conhecia há muito tempo.

– Hoje está bom, amo, porque, como podes ver – respondeu o mendigo –, estou me alimentando. Se não causo incômodo, amo, perguntando, que fizeste da tua cadeira de rodas? ... Como consegues caminhar?

– A Majestade de Deus anda por toda parte para aquele que tem fé em seu poder, amigo – respondeu o ancião detendo-se.

– Os deuses esqueceram-se de mim desde que caí nesta desgraça ... – respondeu o mendigo.

Jhasua e Noemi detiveram-se também ante esse quadro, e a boa mulher, cujo coração se tornara ainda mais piedoso em razão de seus grandes padecimentos, pensou silenciosamente: "Oxalá o Messias tenha piedade deste infeliz mendigo e cure seus pés inutilizados."

Este pensamento penetrou profundamente em Jhasua, que disse:

– Vês este Arco de Triunfo levantado pela soberba de um homem, de cuja efêmera vida é a única recordação que restou?

– Sim, vejo, é magnífico! – respondeu Noemi. – É ainda mais rico que os sagrados pórticos do nosso santo Templo de Jerusalém.

– Pois bem ... Aí tens, mulher, quem mandou construí-lo para sua eterna glória! ... – E Jhasua apontou com o seu indicador o mendigo sujo e esfarrapado.

– A reencarnação! – exclamou Noemi aterrada. Como é tremenda a Justiça de Deus!

– Quantos escravos queimaram os pés, mãos e rostos para esculpir a fogo o decalque em ouro, bem como todos os metais preciosos e pedras que brilham neste monumento! ... – exclamou Jhasua com dolorosa indignação. – E apenas para satisfazer o desmedido orgulho de um homem, do qual só restou o pó e a cinza! A Justiça de Deus cumpriu-se da maneira como vês. Eis aí o grande Epiphanes de Selêucia, sentado sob seu próprio Arco do Triunfo, recebendo esmolas e o desprezo dos humanos.

"Que ocorreu com os teus pés para estarem inutilizados desse modo? – perguntou Jhasua."

– Eu trabalhava na frágua, senhor, e um terrível acidente acabou para sempre com os meus pés! Agora peço esmolas.

– Acreditas em Deus? – voltou Jhasua a perguntar.

– Sou de Gao, sobre o rio Niger; contudo criei-me em Chipre, onde há muitos deuses: Júpiter, o dos raios; Baco, o do vinho e da alegria; Marte, o dos triunfos guerreiros.

– Não falo de nenhum desses, mas do Deus Pai Universal de tudo quanto existe e Providência vivente sobre todos os seres – esclareceu Jhasua, emitindo sobre ele poderosa energia.

"É a esse Deus único que me refiro!"

– Por crer nele, caminho sobre os meus pés – disse Simônides. – Não vês?

O mendigo parecia estar como que suspenso nos olhos de Jhasua, a observar-lhe com grande piedade.

– Se o Deus dos hebreus é tão bom como dizes ... sim, creio! Creio n'Ele, e quero adorá-lo por todo o resto da minha vida.

Jhasua ajoelhou-se ao seu lado, tomou entre as mãos os sujos e desfigurados pés do mendigo, e disse:

– O Deus de Israel quer que andes sobre os teus pés e no caminho da Sua Justiça e de Seu Amor.

"Levanta-te! ... Que, em Seu nome, eu te ordeno."

O mendigo deu um uivo como se uma dor aguda lhe houvesse endireitado os pés, estendeu-se ao longo do chão e, logo em seguida, levantou-se. Ia começar a dar saltos e gritos, mas Jhasua lhe pediu:

– Cala-te, por Deus, pois sou estrangeiro nesta terra, e não hás de ser o causador de que me tomem por um mago.

– Procura uma tenda e veste-te com roupas novas – disse Simônides dando-lhe algumas moedas de prata. – Logo em seguida, vem conosco até Gisiva, pois ali terás casa e família. – E continuaram o caminho, deixando o mendigo mudo de tal assombro que nem sequer conseguia pensar no que lhe havia acontecido.

Viu-os passar pelo arco e perder-se entre a multidão que ia e vinha, vendedores ambulantes, transeuntes tomando o ar fresco daquela manhã primaveril, ainda mais formosa com a beleza das águas cristalinas que surgiam cintilantes como partículas de ouro à luz do sol dos mil repuxos das fontes que embelezavam os jardins de um e do outro lado da avenida.

Em virtude de um fenômeno psíquico muito próprio da alma humana, naquele momento a vida pareceu-lhe formosa no meio de todas as belezas naturais e artificiais que o rodeavam. Olhou para o céu azul de maravilhosa serenidade, e pareceu-lhe ser um manto suave de seda a cobrir-lhe. Respirou, a plenos pulmões, a fresca brisa que vinha dos cumes vizinhos do Amanus e do Cássio, aspirou com ânsia o pó de ouro do sol a inundar-lhe todo de luz, e finalmente viu, em sua mão suja e enfraquecida, as moedas de prata que Simônides lhe dera, enquanto o convidava a segui-lo até o subúrbio de Gisiva, onde teria casa e família ...

Imensa onda de ternura e gratidão inundou-lhe o coração de tal maneira que correu como um louco para o lado por onde viu desaparecer o jovem de manto branco que lhe dissera: *Levanta-te e anda*. Começou a chorar em grandes soluços, chamando a atenção de alguns transeuntes que se afastaram dele, julgando-o um louco vulgar.

Alguém perguntou: "Não é o mendigo do Arco do Triunfo de Epiphanes?"

Finalmente, o mendigo voltou a raciocinar mediante as moedas que segurava em sua mão direita.

– É certo! ... – disse. – Deram-me as moedas para me vestir com roupas novas e apresentar-me em Gisiva. – Entrou na primeira tenda que encontrou e, logo a seguir, foi aos banhos públicos, pois lembrou-se, depois de muitos anos, que também tinha para com seu pobre corpo outros deveres além do comer e do beber. Vestiu-se com suas roupas novas e pensou com alegria poder voltar a ser um homem na sociedade humana.

Ele próprio estava assombrado de que a desgraça e a crueldade dos homens o houvessem arrastado a tal extremo de degradação e desprezo de si mesmo.

Nossos amigos chegaram aos primeiros altiplanos das formosas montanhas, entre as quais corre o Rio Orontes, e viram de longe, como dois bandos de gaivotas, as miúdas casinhas brancas salpicando a escura folhagem daquela vegetação exuberante própria do país do Líbano.

Assinalando-as com a mão, Simônides disse:

— Aquela é Gisiva e a vizinha é Carandama. Como podereis ver, ambas são formosas, e sua esplêndida situação lhes promete um grande futuro. A maioria de seus moradores são refugiados de diversos países, vítimas do domínio romano, que não pode ser grande sem deixar vestígios de dor e sangue em sua passagem. Todos trabalham no que podem, e até os cegos se dedicam a enovelar o esparto para as esteiras e os fios para os tecelões.

"Subamos por este caminho!"

Uma multidão de crianças, que recolhia amoras e cerejas, saiu-lhes ao encontro, oferecendo o produto de suas cestinhas em troca das guloseimas que traziam da cidade.

Observava-se, à primeira vista, muitas crianças retardadas, defeituosas e algumas de aspecto doentio. Os olhos de Jhasua fixaram-se, de imediato, num belo rosto de adolescente, de cabelos ruivos e olhos azuis cheios de inteligência. Tinha nas costas uma enorme corcunda, tão monstruosa que, quando era visto de trás, sua cabeça não era percebida entre os ombros. Todos o chamavam o Corcunda. Seu nome havia sido esquecido na memória de todos para ficar apenas o do grande defeito físico e envergonhá-lo, enchendo-o de tristeza.

Despertou-se imediatamente em Jhasua um terno carinho por ele.

— Como te chamas? — perguntou-lhe.

— Corcunda — respondeu o jovem.

— Esse não é o teu nome — disse-lhe Simônides.

— Chamavam minha mãe de Nélia e, se quiserdes, chamai-me de Nélio ... — o amargo sorriso com que se expressou, produziu um calafrio em todos.

— Já vos mencionei essa história que está no livro vermelho — disse o ancião ao jovem Mestre.

— Tenho especial interesse nele — disse Jhasua em voz baixa a Simônides, e logo, acariciando todas as crianças, tomou algumas das amoras e cerejas que lhe ofereceram. — Na refeição do meio-dia dar-vos-ei guloseimas trazidas da cidade — disse-lhes, enquanto seu pensamento, como uma corrente magnética poderosa, dominava completamente a ruidosa alegria da meninada, deixando todos quietos e receosos.

"Sendo tu o maior — disse ao corcunda —, vem conosco e dessa maneira poderás dizer depois a teus companheiros onde estaremos. — E Jhasua tomou-o pela mão."

— Que pena vê-lo assim! — disse Noemi em hebraico, para não ser compreendida pelo jovem que falava o grego, como a maioria das pessoas na cidade de Antioquia.

— Não o verás assim por muito tempo — respondeu Jhasua. — Afastei-o dos outros — continuou dizendo o Mestre — porque sua cura causaria grande assombro aos colegas que iriam contar a ocorrência aos gritos por toda parte.

— Mas apenas este será curado? — perguntou Simônides.

— Todos serão; no entanto, nenhuma cura causará o estupor que a deste, de vez que todos os outros não são tão monstruosamente aleijados.

"Sou médico — disse ao adolescente, inclinando-se para ele —, queres que te cure?"

— Tirarás a minha corcunda? ... Oh, não poderás. Tenho-a desde que nasci, conforme me disseram.

— É verdade — disse o ancião — eu o conheci aos dois anos quando a mãe dele ainda era viva. Ele nasceu com a espinha dorsal dobrada em razão das torturas a que ela foi submetida quando o levava em seu seio. Era uma distinta mulher vinda da Bitínia, recém-casada. Um tribuno romano de nome Duílio enamorou-se dela tão loucamente que fez com que seu marido parecesse um ladrão, colocando, entre suas roupas, jóias de grande valor pertencentes ao Legado Imperial. O marido era decorador no palácio do Monte Sulpio, onde esse tribuno residia. O pobre homem foi encerrado nos escuros calabouços da Cidadela, e a mulher, que era tão formosa, foi obrigada a tomar parte nas festas da Mayouma junto com as suas cortesãs. Depois furou-lhe a orelha com uma agulha, à porta da sua casa, tornando-a escrava para toda a vida.

"Ela quis fugir e o senhor amarrou-a dobrada sobre uma barra de ferro, em tal forma que a cabeça tocava-lhe nos pés. Três meses depois nasceu este menino, desfigurado deste modo em virtude da tortura sofrida pela mãe."

– Mas o menino não era filho dele? – perguntou Jhasua.

– Não; daí o seu furor quando se deu conta de que a mulher estava grávida.

– Por piedade, não me façais mal – pediu imediatamente o menino –, parece que rasgais as minhas costas.

– Não temas, Nélio! ... – disse Jhasua suavemente. – Só estou passando a minha mão para curar-te. Acreditas em Deus?

– Oh, sim! ... Minha mãe, que chorava sempre, disse-me que eu tinha um Pai muito bom, que se acha além, mais acima das estrelas, e que ele cuidaria sempre de mim – respondeu o menino, quase com religioso recolhimento.

– E chamas por esse bom Pai e lhe pedes o que desejas? – perguntou Jhasua.

– Sim, e ele me dá tudo quanto peço.

– Nunca pediste para ser curado desse mal em tuas costas?

– Algumas vezes sim, quando uns garotos malvados da cidade jogaram pedras em mim. Aqui todos me querem bem, e minha corcunda não incomoda a ninguém.

– Pois bem, Nélio, eu te afirmo que esse bom Pai, que tua mãe ensinou a amar, quer curar-te para que sejas um homem útil a teus semelhantes. Pareces ter apenas dez anos por causa do teu corpo, que se acha dobrado. Olha-me nos olhos! ... Olha para o céu azul onde brilha tão formoso o sol a fecundar tudo! ... As copas dos plátanos e as palmeiras que parecem vizinhas das nuvens. Olha novamente ... e mais outra vez! Assim, assim! ... Agora bendigamos juntos a esse bom Pai que endireita o teu corpo, para que sejas um missionário da Sua Verdade Eterna e do Seu Amor Soberano.

O adolescente, ao olhar primeiro para os olhos de Jhasua, que era alto, logo a seguir para o céu e para as árvores, foi levantando-se suavemente e quase sem que ele próprio o percebesse.

Sob a suave pressão da mão de Jhasua, que era o fio condutor da poderosa corrente magnética emitida por Ele, a espinha dobrada endireitou-se até ficar completamente vertical, e o mocinho pôde ser visto tal como deveria ser: um adolescente de 14 anos.

– Curaste-me Senhor! ... Já não tenho mais a corcunda! ... Eu não tenho nada para pagar-te! ... Nada! absolutamente nada! ... Servir-te-ei como escravo! ...

O formoso adolescente caiu de joelhos e abraçou-se a Jhasua, enquanto Noemi e Simônides faziam esforços para conter a profunda emoção que os embargava.

Também profundamente emocionado, o jovem Mestre levantou o adolescente, dizendo-lhe, ao mesmo tempo:

– Agora não deixarás que teus companheiros te vejam, porque eles não saberiam guardar o devido segredo, e é conveniente que ninguém saiba nada disto.

– Eu o levarei comigo até a cidade – disse Simônides imediatamente –, e ali haverá também um trabalho apropriado para ele.

"Já chegaremos ao nosso pequeno pavilhão, defronte à antiga Gruta de Gisiva que deu o nome a este subúrbio."

Noemi murmurou a meia-voz um salmo de ação de graças ao Deus Misericordioso que visitava com tais maravilhas suas sofredoras e aflitas criaturas da Terra.

Aqueles arrabaldes da Antioquia tinham sua romântica lenda de épocas pretéritas. Quantas coisas cheias de mística poesia e de mitológicas criações passavam de uma para outra geração, como se aquelas formosas paragens fossem ou houvessem sido lugares de encantamento!

As faldas daqueles montes pareciam esburacadas de grutas grandes e pequenas.

Os frondosos platanares do Orontes prolongavam-se até ali, e os bosquezinhos de mirtos, de loureiros, de buxos e de terebintos, formavam verdadeiras muralhas de eterno verdor.

Gisiva e Carandama, segundo a velha lenda, haviam sido duas formosas gêmeas, a quem o Rei, seu pai, condenou a viver naquelas grutas como castigo por terem amado dois formosos escravos das terras dos homens ruivos, com olhos azuis, prisioneiros de guerra, a quem elas haviam ajudado a escapar.

Tanto as infelizes princesas haviam chorado que, de seu pranto, formaram-se os dois fios de água cristalina que brotavam de uma greta daquelas rochas.

O leitor compreenderá perfeitamente que, na antigüidade, essas fábulas eram facilmente criadas em virtude da ignorância na qual viviam os povos primitivos.

Para Simônides, o gênio dos bons negócios, nada disso o preocupava, e se dispôs a comprar aquelas terras confiscadas dos bens de Tothmes de Heliópolis, príncipe egípcio, fosse por pura conveniência ou porque previu grande futuro comercial naqueles subúrbios da Roma Oriental, como chamavam então àquela faustosa metrópole, glória que foi dos Selêucidas.

Para nós, leitor amigo, que devemos levantar a vista do nosso espírito aos mais altos e belos horizontes, podemos averiguar a verdadeira história daquele Monte Cássio, cujas deliciosas encostas, cheias de grutas, desempenharam tão importante papel nos começos do Cristianismo.

Na Pré-História, oito mil anos antes da encarnação do Cristo na personalidade de Jesus de Nazareth, o Monte Cássio chamou-se Monte Kasson, e sobre ele a grande Fraternidade Kobda edificou um santuário para refúgio das mulheres que, em virtude da lei da *esposa única*, promulgada então pela Grande Aliança das Nações Unidas, ficavam sem o amparo de seus esposos; e, para que não caísse sobre elas o estigma de mulheres repudiadas, os Kobdas criaram esse honorável refúgio, onde permaneciam numa existência de honestidade e trabalho, até que outro esposo as conduzisse a um novo lar.

Na época que estamos historiando, conservavam-se ainda, meio sepultadas entre as rochas e a emaranhada vegetação da grande plataforma superior do Monte Cássio, umas velhíssimas ruínas, das quais os trabalhadores do bom Simônides extraíram muitos blocos de pedra, que lançaram montanha abaixo, para serem utilizados nas construções que mandou fazer.

Vários autores contemporâneos, entre eles Ernesto Renan, em seu livro *Os Apóstolos*, faz referência às ruínas e às grutas do Monte Cássio.

O leitor perdoará esta nossa breve digressão, já que a fazemos apenas para provar-lhe até que ponto somos escrupulosos em nos ajustarmos estritamente à História não só da vida humana do Cristo, como também dos lugares, paragens e cidades onde, menino, adolescente, jovem ou adulto, pôs seu incansável pé de Missionário da Verdade e do Amor Fraterno.

Julgamos conseguir desta maneira que os leitores se vejam como vivendo novamente na nossa Terra, nas mesmas paragens que o Ungido de Deus santificou com sua Augusta Pessoa, e que não apenas Jerusalém, Nazareth, o lago Tiberíades, o Horto das Oliveiras e o Monte do Calvário são os únicos privilegiados com a presença do Cristo.

As quatro sucintas crônicas que o mundo conhece do Divino Salvador, escritas por João, Mateus, Marcos e Lucas, relatam tão-somente os últimos três anos de sua vida, deixando no silêncio os trinta anos anteriores não menos fecundos, graças ao estudo e ao apostolado com que o Cristo preparou o triunfo final de sua missão como Redentor da Humanidade.

Quando Jhasua, com Simônides e Noemi, chegaram à pracinha coberta, que aparecia à entrada de Gisiva sob a forma de pórtico com a frente virada para a gruta da lenda, Judá com Nebai e Faqui com Thirza estavam já instalados nos grandes bancos de pedra que rodeavam em círculo a pracinha decorada com trepadeiras de jasmins e madressilvas, formando verdadeiras cortinas em flor, pois era plena primavera. Os pássaros do Líbano, cuja ilimitada variedade em cores e gorjeios são proverbiais, enchiam o ar com sua ruidosa sinfonia desde as altas copas dos cedros e dos pinheiros onde ocultavam seus ninhos.

— Nossa Judéia, a Galiléia e a Samaria são formosas, mãe — disse Judá a Noemi —, entretanto, não podem ser comparadas com isto. Não será aqui o paraíso terrestre do qual nos fala a Escritura, ao relatar o poema de Adão e Eva?

— Não, meu filho — respondeu Noemi —, porque o livro sagrado diz encontrar-se esse paraíso entre os rios Eufrates e Tigre, ou seja, na Mesopotâmia.

— De onde veio esse adolescente tão formoso? — perguntou Nebai a seu avô, referindo-se a Nélio.

— É a primícia da jornada de hoje do nosso Messias, Rei de Israel — respondeu o ancião manifestando contentamento. — Os acontecimentos não me apanham desprevenido e, como a minha neta celebrou esponsais, procuro outro secretário que eu mesmo irei preparando para quando tu, minha filha, deixares vago o cargo.

Todos riram da oportuna saída do ancião. Apenas Nebai permaneceu séria, e um leve rosado passou, como uma chama, por seu formoso rosto.

— Avô! ... Não era necessário antecipar deste modo os acontecimentos — acrescentou a jovem.

Em voz baixa, o ancião mencionou a história de Nélio, o adolescente que até há poucos momentos era cruelmente chamado de corcunda. A partir desse instante, foi ele considerado um novo membro da família.

Estavam nestas preliminares da visita a Gisiva, quando chegou junto a Simônides o intendente designado por ele para manter a ordem e a harmonia naquela aldeia, onde todos eram seus dependentes.

— Que aconteceu, bom senhor? Os garotos colhedores de amoras e cerejas lá embaixo reclamam a presença do corcunda que dirige todas as brincadeiras e jogos, e alegam que ele foi tirado dentre eles, pois não voltou mais!

— Olha: aí o tens!

O intendente abriu enormemente os olhos em busca da famosa corcunda já desaparecida.

Mas, como aquele bom homem era um bom israelita que lia os Profetas e também esperava o Messias, Simônides disse-lhe unicamente estas palavras:

— A corcunda deste menino juntou-se à minha cadeira de rodas, compreendes? Foram oferecer seus serviços a Satanás, lá nos Infernos. Não as veremos mais nesta Terra.

E com seus olhos inteligentes envolveu num olhar de imensa ternura a seu Senhor, o Rei de Israel, que se achava a sua frente.

– Louvado seja Jehová pelas maravilhas operadas entre nós – exclamou o bom intendente. – O caso – acrescentou – é que os garotos esperam a minha resposta, e se propaga o alarma entre eles, porque os das pernas torcidas ficaram em perfeitas condições, e os que sofriam de erisipela aparecem como figuras de porcelana, inteiramente limpos e sem manchas. É necessário dizer-lhes algo.

– Deixai que eu me entenda com eles – pediu Noemi. – Trazei-os aqui.

Deixaram-na sozinha à espera dos meninos, enquanto todos os nossos amigos iniciavam sua visita aos refugiados em Gisiva que Jhasua conhecia de nome através do livro vermelho de Simônides.

A dor estava ali representada em seus mais variados e tremendos aspectos, desde o torturado e inutilizado fisicamente em seus ossos e membros, até o torturado e desfeito nas fibras mais íntimas do seu coração.

Quase todos se achavam sob os frondosos arvoredos que formavam pavilhões de verdor por toda parte.

Tecedores de junco, de esparto, de lã, de algodão e de seda, aquilo parecia um enxame de laboriosas abelhas.

– Tudo isto é formoso! – disse Jhasua. – Extraordinariamente formoso! Transformar a dor em trabalho útil à Humanidade é uma grande obra, Simônides, meu amigo.

– Lembra-te que muitos deles, cujas mãos se movem tão rapidamente, têm os pés e as pernas destroçadas por queimaduras ou deslocamentos – disse Simônides em voz baixa. – Quase todos foram salvos quando, depois de torturados, iam ser lançados às feras do circo para alimentá-las, ficando, assim, esquecidos para sempre, ou ignorados os motivos dessas torturas.

– Como te arranjavas para fazer esses salvamentos? – voltou Jhasua a perguntar.

– Oh, meu Senhor! ... O ouro é bom para tudo isto, muito embora digas que nada queres com ele. Comprei os guardiães das feras, alguns verdugos e certos gladiadores encarregados de deslocar os membros das vítimas. Por isto, todos esses que vês estão vivos.

"Agora verás, meu Senhor, alguns infelizes privados da razão os quais, em seus momentos lúcidos, fizeram declarações que causam calafrios.

"São poucos, creio que onze, e a maioria mulheres de nobre linhagem que ficaram loucas porque, na sua presença, assassinaram seus esposos ou seus filhos. De todos eles, o mais interessante é aquele homem de cabelos pretos e túnica cinza, que está sentado tocando flauta. Era um príncipe de Listra, na Pisídia. Foi despojado de todos os bens que possuía depois de terem assassinado a mãe na sua presença, tirando-lhe a esposa e matando seu primogênito de três meses, que constituíam toda a sua família. Ele foi encerrado num calabouço em Roma, para onde foi levado como escravo, e haviam dado ordem de arrojá-lo às feras do circo, porque seus acessos de loucura o haviam inutilizado para a escravidão.

"Sua juventude, a beleza física e, sobretudo, sua habilidade para tocar a flauta, inspirou compaixão a um guardião do circo que me fez chegar a notícia de sua existência e o comprei por mil sestércios."

– Aproximemo-nos dele – disse Jhasua –, pois quero falar-lhe.

– Que belo som produz a tua flauta nesta manhã serena! – disse-lhe Simônides para iniciar a conversa.

– Como sempre – respondeu o louco.

Simônides começou a falar com outros, com Judá e Esther que se aproximavam passeando sob as árvores, enquanto Jhasua ficou sozinho com o homem da flauta tocando sempre sem interrupção.

Sentou-se a seu lado no mesmo banco e, procedendo como se estivesse ouvindo a música, foi estendendo a rede sutil de seu pensamento e de seu amor sobre aquele espírito ofuscado pela horrível dor moral sofrida.

Ao seu poderoso influxo, a flauta parecia queixar-se em dolentes soluços, e logo depois, sacudida por uma tempestade, produzia sons agudos e trêmulos, como se fossem romper-se em repentina explosão. O silencioso e metódico trabalho mental de Jhasua foi produzindo seu efeito. A melodia tornou-se uma suave queixa de sons meigos e ternos, dando a impressão de um canto materno junto ao berço de uma criança.

Em seguida, ele soltou a flauta, deixando-a cair ao solo, e começou a chorar em agitados soluços.

– Meu amigo – disse o Mestre –, sei que sofres. Conta-me o teu sofrimento, porque é menos terrível a dor quando é esvaziada em outro coração.

– Eu costumava tocar esta melodia para adormecer o meu filhinho, quando os homens do Tíber entraram em minha casa como lobos famintos. Por acaso és romano?

– Não – respondeu Jhasua. – Sou de Israel, nazareno da Galiléia.

– Também és do povo escravo, e compreenderás melhor o que é a escravidão dos homens do Tíber. Eu tinha mãe, esposa e um filhinho, em cujos olhos eu me mirava como em um espelho! ... Meus vinhedos e olivares davam pão a muitos trabalhadores, e não havia em Listra outro palácio mais formoso que o meu.

"Foi herança do meu pai ... não o roubei de ninguém. Meus vinhedos e meus olivares também eram parte dessa herança. Meus rebanhos de ovelhas e minhas cáfilas de camelos também não eram roubados, pois foram igualmente herdados de meus ancestrais ...

"E estás vendo-me agora? Nem sequer a flauta em que toco, nem a túnica que me cobre são minhas, pois fui despojado de tudo! ... Nem sei por que me deixaram a vida! ... Sim! ... Eu sei, eu sei! Deixaram-me vivo porque sou fisicamente forte, e a beleza e a galhardia natural dos pisídios tornam-nos aptos para que o amo romano apresente uma formosa e garbosa criadagem. Mas os meus deuses do lar tornaram-me louco, para não me forçarem a serviços de escravo."

– Acalma-te meu amigo! – disse o Mestre tomando-o pela mão.

"Tua situação é igual à de muitos outros que caíram sob o tacão dos invasores e, alguns deles, mais atormentados que tu, puderam refazer suas vidas, e hoje são felizes novamente.

"Vês aquele galhardo moço que leva pela mão a donzela de traje branco e manto negro?"

– Sim, eu os vejo.

– Pois ele esteve três anos condenado às galeras como escravo do Estado Romano. Seu pai foi afogado no mar. Sua mãe e a irmã, sepultadas vivas num calabouço durante sete anos. Era ele um dos mais nobres e ricos príncipes de Jerusalém, capital da Judéia.

"O Deus Misericordioso encontrou o caminho de fazê-lo reconquistar o que havia perdido, e logo será feliz num novo lar, pois a jovem que o acompanha será sua esposa."

– Feliz dele! No entanto, não posso recobrar minha mãe e meu filhinho, que estão mortos.

– E tua esposa, sabes onde se encontra?

— Foi levada como escrava para Roma, pelo tribuno que foi governador de Icônio. Não soube mais dela e já são passados quatro anos.
— Sabes o nome desse tribuno?
— Sim, chamava-se Márcio Fábio, a quem as fúrias do Inferno o confundam com o pântano.
— E tu, como te chamas?
— Jefté de Listra.
Jhasua fez anotações de todos estes dados e logo disse ao seu interlocutor.
— Jefté! ... Sou médico de corpos e de almas enfermas. Tua alma sofre lenta agonia, porque foi grande a dor sofrida; mas, se quiseres, o Deus Poderoso pode sanar tudo isto.
— Não tenho mais ilusões na vida, estrangeiro! ... Se puderes, ajuda-me a morrer o quanto antes, e não prolongues minha existência. Que posso fazer sozinho no mundo? Sem mãe, sem esposa, sem o filho ... Que mais sou senão uma árvore seca e estéril, tendo apenas serventia para o fogo?
— E todos esses companheiros que te rodeiam? ... — perguntou Jhasua.
— Nem eles me conhecem nem eu a eles ... Eles não me amam, assim como não os amo ... Eles não me servem para nada e eu também não lhes sirvo para coisa alguma. Nulidade! ... Vazio! ... Esquecimento! ... Cinza levada pelo vento! ... Morte que não devolve a presa! ... Nada, nada, nada! ...
Jhasua irradiou sobre ele uma poderosa corrente de amor que produziu um ligeiro estremecimento no doente mental e logo perguntou-lhe:
— Também sou, em relação a ti, um ente vazio, esquecido, ou cinza levada pelo vento? ...
Os olhos de Jhasua, úmidos de emoção, atraíram o olhar de Jefté que ficou como pendente daquele olhar.
— Tu, tu! ... Parece que me amas e eu preciso amar-te! — murmurou.
O Mestre abriu-lhe os braços, e aquele enfermo da alma arrojou-se neles, sacudido por soluços.
— Amigo! ... Meu irmão! ... — disse suavemente Jhasua enquanto o estreitava contra o peito. — Para a Bondade de Deus, não existe dor incurável nem ferida que não possa cicatrizar-se. Ainda podes confiar e esperar uma luz nova para iluminar o teu caminho. Jefté! ... Queres prometer-me esperar? Queres confiar em mim como teu amigo de coração? ... Queres acreditar que falo com a alma assomando aos meus lábios? ... Fala-me! ... Não me ouves?
Os soluços do enfermo foram acalmando-se lentamente até chegar a um silêncio profundo, no qual parecia não sentir nem sequer a própria respiração. Com a cabeça apoiada sobre o peito do Mestre, o homem parecia dormir em plácido sono. Jhasua compreendeu que a crise provocada nele procurando obter a cura havia passado, e que seu despertar seria uma luz nova para aquela mente torturada pelas terríveis e dolorosas imagens, tão fortemente atormentadoras.
Simônides observava de certa distância, e seu velho coração estremecia de emoção ante o quadro magnífico que não era da Terra, representado pelo Amor Divino do Cristo derramando-se sobre o infeliz demente esquecido por todos.
— Quem outro a não ser o Messias, Rei de Israel, podia fazer coisa semelhante? ... — murmurou o ancião a meia-voz, enquanto fazia esforços para que a emoção não lhe arrancasse lágrimas. — Deus de Abraham, de Isaac e de Jacob! ... Se permitiste que estas maravilhas de poder e misericórdia fossem vistas pelos olhos deste teu servo,

nada será demais de tudo quanto eu puder oferecer-te até o último momento de minha vida, para fazer triunfar o teu Enviado Divino ante a face da Terra.

"Judá! ... Judá! ... Esther, minha filha! ... – gritou. – Acomodai todos os aleijados e enfermos no grande pavilhão da Sinagoga para que nosso Senhor veja todos reunidos e possa curá-los. Rápido. Rápido! ... porque todos estes serão seus servidores que o aclamarão como Rei! ...

– Calma, Simônides – disse Judá assombrado de ver a pressa e a exaltação do ancião. – Lembra-te que Jhasua não quer publicidade e estás falando demasiado alto.

– Tens razão, meu filho! ... A felicidade em tê-lo à vista tira-me o juízo e deixa-me louco!

– Compreendo, Simônides; no entanto devemos, antes de tudo, ter prudência para não comprometê-lo.

"E, muito embora, não estando aqui sob a jurisdição do Sinédrio de Jerusalém, bem sabes que o alto clero, com Agripa, Antipas e os governadores romanos, se entendem rapidamente quando lhes convém. Deixemos Jhasua fazer as coisas com a discrição e a prudência costumeiras. Podemos estar muito certos de que todos os enfermos serão curados.

Observemos, entretanto, Jhasua e Jefté. Quando este ia despertar, o jovem Mestre apoiou-o sobre o encosto do banco como se encontrava antes da crise e, do mesmo modo como se nada de anormal houvesse acontecido, continuou falando-lhe:

– Tomei anotações para procurar tua esposa e fazê-la reunir-se a ti – disse. – É justo, e creio que conseguirei isto muito em breve com o favor de Deus.

"Judá! ... – disse Jhasua em voz alta. – Queres vir aqui um momento?

O ex-demente olhava para todos com esse ar de estranheza de alguém que desperta num lugar desconhecido.

– Aqui estou, Jhasua. Que desejas?

– Suponho que terás alguns amigos fiéis em Roma, entre as amizades do teu nobre pai adotivo – disse. – Não poderias averiguar o que fez o tribuno Márcio Fábio, que há quatro anos esteve em Listra, na Pisídia, com a esposa de Jefté de Listra, que está aqui presente?

– Márcio Fábio! ... – exclamou Judá. – Foi um grandíssimo patife; morreu ferido por uma punhalada dada por um dos muitos inimigos criados pela sua deslealdade.

– Justiça dos deuses! ... – exclamou Jefté. – Que terá acontecido à minha pobrezinha Soêmia, tão suave e meiga como uma rolinha?

– Soêmia era a tua esposa? – perguntou Judá. – Oh, oh! ... Sentença de Deus! Falou-se muito, entre os inimigos de Márcio Fábio, de uma formosa escrava pisídia, que era uma maravilha tocando a cítara, e que foi vendida porque seu amo não conseguiu submetê-la a seus caprichos, mesmo mandando açoitá-la.

– Era ela! ... Estou certo de que era ela, por causa da cítara e pela rebeldia em submeter-se ao seu amo! Oh, minha Soêmia fiel e nobre como uma gazela para o amado do seu coração! ... Busca-a para mim, tu que conheces os esconderijos de Roma e as feras que as habitam! ... – gritou Jefté aproximando-se com febril ansiedade de Judá, como se quisesse descobrir Soêmia atrás de sua sombra. Jhasua deu um olhar de inteligência para Judá que respondeu incontinenti:

– Sim, meu amigo. Fica despreocupado que despacharei agora mesmo um correio para Roma para trazer a tua Soêmia.

"Comprou-a uma das mais ricas damas romanas, Fúlvia, respeitável anciã, sobrinha daquela *Fúlvia*, esposa de Antônio, o amante da célebre Rainha egípcia

Cleópatra. Seu palácio é muito conhecido em Roma e estive tantas vezes nele que iria lá numa noite escura e com os olhos fechados. Por sorte, para a tua Soêmia, essa casa é da antiga Roma, daquela onde viveram as nobres matronas cuidando de suas residências enquanto fiavam o linho e a lã para as togas dos esposos e dos filhos.

"Ela vive reclusa com seu esposo paralítico, e seu mundo está circunscrito às grades que circundam os jardins e os bosques que rodeiam sua residência. Encontra-se muito próxima dela a formosa vila na qual passei os cinco anos em que viveu comigo meu pai adotivo. Tenho nessa vila a minha casa, o mordomo e a antiga criadagem, que foi dele e que por herança me pertence. Como podes ver, Jefté, tenho em minhas mãos os meios para trazer para cá a tua Soêmia.

– Já está feito! ... – disse Jhasua. – Deus o quer assim! Bendigamo-lo pela sua Bondade e Misericórdia para com as suas criaturas. Jefté, meu amigo – acrescentou –, agora não dirás que estás sozinho no mundo, e que tudo quanto te rodeia é esquecimento, silêncio, pó e cinza levados pelo vento. Verdade?

– Mas, por que fazeis tudo isto comigo? ... – perguntou como se, de repente, lhe acometesse o medo de ver-se burlado por uma ilusão enganadora.

– Nossa fé nos manda – disse Jhasua – amar aos nossos semelhantes como a nós mesmos, o que significa o dever de fazer-te todo o bem que desejamos para nós.

– E sois do País de Israel! ... Então o vosso Deus é o melhor de todos os deuses, porque ordena o Bem, a Justiça e o Amor. Soêmia e eu seremos adoradores do vosso Deus! ...

– Que é o único Senhor dos mundos e dos seres! – interrompeu o Mestre. – Todos os demais são criações dos homens, e fruto do atraso e da ignorância da Humanidade.

Nessa mesma tarde, Judá escreveu à matrona romana Fúlvia uma carta que começava assim:

"Excelentíssima amiga de meu pai adotivo, a quem ambos amamos tanto."

Em continuação, ele expunha a dolorosa situação do esposo de Soêmia, a tragédia sofrida por ambos há quatro anos e a necessidade que sentia todo o seu nobre coração em reunir novamente esses dois seres, cuja cruel separação os tornava tão infelizes. Judá acrescentava que estava disposto a pagar o preço que Fúlvia estabelecesse para sua escrava Soêmia. "Eu a comprarei", dizia Judá, "não para que seja minha escrava, mas para devolvê-la ao seu verdadeiro dono, o esposo que a chora como morta."

A carta sairia pelo primeiro barco da frota de Simônides a zarpar na manhã seguinte. Levava-a o capitão, com a recomendação expressa de entregá-la imediatamente e trazer a resposta.

Jhasua quis aproveitar esta oportunidade para fazer com seus poderes internos uma experiência ainda não realizada em casos análogos a este. Ele soube que a nobre matrona romana que mantinha Soêmia como escrava, sofria muito com a paralisia que havia atacado há vários anos o seu marido.

"Quero", pensou, "que no momento em que sua inteligência concorde em devolver Soêmia ao seu esposo, o paralítico será curado do seu mal. Eu o quero, meu Pai, Bondade Suprema! ... Peço-te isto, eu que aceitei o maior sacrifício que pode fazer este teu Filho, Senhor, pela salvação de seus semelhantes! ... Eu o quero! Eu o peço! ... Reclamo-o com todas as forças do meu espírito!"

Pensando desta maneira, sua alma lúcida, radiante de amor e fé, foi caindo como num êxtase de amor supremo e de voluntária e total entrega de quanto era ao seu Pai amante e amado. Na semi-inconsciência desse sublime estado espiritual, que muito poucos encarnados conhecem, continuava murmurando, em voz silenciosa e suavíssima: "Tudo para a Tua glória, meu Pai! ... Tudo para a Tua glória e também para eles! ... Para mim, a dor, a ignomínia, o opróbrio, os ultrajes e a morte! ... Eu quero deste modo! ... Desta sorte eu o reclamo para mim! ... Neste sentido eu o peço a Ti! ..."

As Inteligências encarregadas de recolher os pensamentos sublimes e heróicos dos homens em favor de seus semelhantes, reuniram sem dúvida os de Jhasua, que era como uma explosão de estrelas na imensidão dos espaços. Sua Luz, sua força sobre-humana, em razão do seu heróico desinteresse, formou necessária e logicamente uma corrente poderosa com o mesmo sentido, modo e forma como a que foi criada pelo seu autor.

Quando este secreto poema da alma de Jhasua, solitária em sua alcova na pousada "Boa Esperança", se desenvolveu sem ruído no fundo do seu próprio Eu, na outra margem do Mediterrâneo, na costa ocidental da Itália, à beira-mar, na região do Lácio, onde as antigas famílias patrícias tinham suas vilas de repouso nos ardores do verão, sob os frondosos arvoredos e entre um labirinto de canteiros cobertos de flores, uma anciã de cabeleira branca, dona daquela propriedade, se achava estendida num canapé ao seu lado, enquanto uma bela jovem de olhar melancólico executava uma formosa melodia na cítara.

– Soêmia – disse a dama quando esta terminou de tocar –, seria capaz de privar-me da tua companhia e da tua música se, de repente, trouxessem a notícia de que os teus familiares estão vivos?

– Minha senhora! ... Pensai como se ama a uma mãe, a um filhinho ... a um esposo! Eu teria grande pena em abandonar-vos! ... mas ... que estou dizendo? ... Se sou vossa escrava, e sem o vosso consentimento, jamais poderia afastar-me? ...

– Desde que vieste para o meu lado estou lutando comigo mesma para não querer-te Soêmia, a não ser como a uma serva que me agrada em tudo, pelo temor de que tua situação mude de repente e eu possa perder-te.

"Compreendes perfeitamente que a paralisia de meu marido me deixa numa solidão completa. Meus dois filhos morreram com glória nas naves do Estado, e somente uma vez por ano vêm até aqui as minhas noras coríntias.

"Oh, Soêmia! ... Se, em vez de nascer em Listra, houvesses nascido no Lácio, nesta deliciosa vila às margens do mar, e houvesses sido minha filha! – A jovem recostou confiadamente a cabeça sobre a mão de sua ama pendente do lado do canapé, e chorou silenciosamente.

"Quanto amas os teus, Soêmia! Prometo reunir-te a eles se tivermos notícias de que ainda estão vivos. No entanto, eu pediria um preço por essa liberdade e, já que nada possuís em teu país, porque os vossos bens foram confiscados e vendidos, eu te adotaria como filha, de acordo com a lei, e poderias viver com os teus neste palácio de verão, afastados das vinganças de Roma que não é, por certo, aquilo que os meus avós conheceram."

Era esse o exato momento em que o Grande Ungido, elevado ao Infinito no êxtase divino de sua oração de amor pelos seus semelhantes, reclamava de seu Pai o poder de curar a distância a paralisia do marido de Fúlvia, ama de Soêmia, se aquela mulher desse liberdade a sua escrava.

O mar estava no meio, entre Jhasua, emitindo aqueles sublimes pensamentos como cabos de ouro condutores de sua formidável energia, e o ancião casal do Lácio; mas a distância nada é para a transmissão do pensamento, quando a fonte da qual emana é límpida e pura, sendo ainda o amor quem a impulsiona.

– Fúlvia! ... Fúlvia! ... – ouviram logo o grito de Flamínio que, de um balcão, chamava pela esposa. Soêmia correu e foi a primeira a encontrar o ancião de pé, junto ao balcão aberto.

— Estou curado, estou curado! — dizia aos gritos.

Fúlvia chegou logo depois e ficou paralisada de assombro.

— Enquanto dormia — continuou dizendo Flamínio — sonhei que um formoso mago, jovem e belo como um deus Apolo, me levantava do leito e me mandava caminhar. Quando despertei, vi meus pés e minhas mãos flexíveis, obedecendo-me docilmente ... Os deuses tiveram piedade de nós! ...

Os dois anciãos se abraçaram, chorando de felicidade.

Enquanto isso ocorria, Soêmia pensava:

"Somente eu não tenho felicidade alguma no mundo, no meio do qual estou sozinha qual erva inútil, não servindo para nada, senão para ser pisoteada e queimada! ..."

Ia começar a chorar com indizível amargura, quando uma imagem impalpável e tênue se esboçou diante dela na penumbra do aposento. Era um formoso jovem de cabelos e barba ruivos, com olhos luminosos e claros, como os reflexos de um sol no ocaso.

— O Apolo que curou o meu amo! — disse. — E fez sinal de silêncio aos dois anciãos, que também estavam percebendo a visão na penumbra do cortinado púrpura que cobria o balcão.

Os três caíram de joelhos e a aparição foi se tornando cada vez mais perceptível.

"Não sou um mago", disse com voz suavíssima. "Sou o Messias Salvador dos oprimidos e dos sofredores que esperam, com fé e amor, o que foi anunciado pelos áugures e Profetas de todos os povos adoradores do Deus Único, Senhor de todos os mundos! Sou a Fé, a Esperança e o Amor e, porque eles existem em vós, estou aqui em espírito, para consolar vossas almas e dizer a Soêmia que Jefté, seu esposo, vive e logo se reunirá a ela.

"Contai dezoito dias a partir de hoje, e chegará uma carta de Antioquia com a notícia que vos antecipo. Uma fé nova ... a fé no Deus Único que governa os mundos, será para vós a estrela de repouso nos anos que ainda vivereis na Terra."

O pensamento dos três fazia uma única pergunta: "Quem és? ..."

"Sou o Mensageiro desse Deus Único que não admite rivais no coração de seus filhos. Chamai-o *Deus-Amor* e Ele reinará em vossas almas como único Soberano."

A aparição foi se desagregando como uma nuvem de gaze branca que o vento desfizesse, até ficar tão-somente o espaço vazio na penumbra onde se havia formado.

Esses três seres ajoelhados não conseguiam mover-se nem falar, e apenas se interrogavam mutuamente com o olhar.

A poderosa vibração também foi se extinguindo no ambiente, e Flamínio foi o primeiro que pôde ficar de pé. Levantou a esposa, e logo a seguir, a Soêmia que, mais sensitiva que os outros, foi quem melhor percebeu a profunda sensação de infinito e extraterreno que ali havia subsistido por alguns momentos.

Jhasua, por sua parte, ao despertar para a realidade física, estava ciente do que ocorrera além, na outra margem do Mediterrâneo; no entanto, guardou silêncio porque não havia ao seu lado ninguém preparado para compreender as ocultas verdades conservadas pelo Supremo na incomensurável grandeza de suas Eternas Leis.

— Baltasar, Gaspar e Melchor, os videntes da Luz Divina, e meus Mestres Essênios, compreenderiam o que acaba de ocorrer — murmurou o jovem Mestre a meia-voz. — Enquanto toda a Humanidade não chegar ao ponto que eles atingiram, como serei incompreendido, e só deverei sentir-me assim enquanto viver como homem, como se sentirão também aqueles que continuarem andando sobre as minhas pegadas!

Encontremos novamente os demais personagens que, naquela manhã, estavam nos subúrbios de Antioquia, os quais, como o mendigo do Arco do Triunfo, o corcunda encontrado à entrada de Gisiva e o doente mental Jefté, recobraram a saúde física e moral pela Suprema Energia do Verbo de Deus.

Narramos, com detalhes, unicamente estas três manifestações do Poder Divino em Jhasua e a do romano Flamínio porque foram as mais extraordinárias realizadas nesse dia memorável, no qual, pode-se dizer com toda a verdade, foi fundada em Antioquia a primeira Congregação, que, anos mais tarde, tomaria o nome de *Cristã*.

Gisiva e Carandama foram chamadas depois de *o arrabaldade dos santos*, e foi essa florescente igreja do Cristo que o apóstolo Barnabé, enviado de Jerusalém pelos *Doze*, encontrou para certificar-se daquilo que eles julgavam ser exageradas notícias, referentes à prosperidade espiritual e econômica dessa organização aberta a todos os homens e raças, tal como o Divino Mestre havia sonhado.

Os fundamentos materiais dessa primeira e mais florescente congregação cristã foram os tesouros pertencentes ao príncipe Judá, filho de Ithamar, administrados sempre pelo mago dos negócios honrados, Simônides de Antioquia, cujo verdadeiro nome era simplesmente *Simão de En-Rogel*, pois havia nascido no *Jardim do Rei*, formoso subúrbio de Jerusalém, conservado com este nome desde que Salomão construiu ali o palácio para sua esposa egípcia, a filha do Faraó. Ao vulgar nome *Simão* ele acrescentara duas sílabas para dar-lhe um colorido grego e ocultar assim o terrível incidente no qual quase perdeu a vida, se não tivesse sido salvo pelo príncipe Ithamar de Jerusalém, como facilmente lembrará o leitor.

Um tênue reflexo destes acontecimentos se encontra nos *Atos dos Apóstolos*, mas tão vagos e imprecisos que deixam muito na sombra os grandes trabalhos missionários realizados doze anos antes da morte do Divino Redentor.

Em nenhuma parte da Palestina e da Síria a Santa Aliança adquiriu maior força e esplendor que na populosa Antioquia, cuja enorme população, vinda de todas as partes do mundo, se prestava às mil maravilhas para realizar o sonho divino do Cristo: a unificação de todos os homens numa só fé, numa só esperança e num único amor.

Ali não se perguntava: qual é a tua fé, o teu culto, a tua religião, mas tão-somente qual é o teu sofrimento, a tua dor, a tua necessidade?

Curada a dor moral ou física, surge nos seres a gratidão como formosa flor exótica a aclimatar-se imediatamente nas almas redimidas pelo mais puro e desinteressado amor.

Quando nossos amigos estavam já há vinte dias na opulenta metrópole oriental, chegou de Roma uma nave da grande frota que enchia Simônides de orgulho e, a bordo dela, vinha o mensageiro enviado secretamente por ele para legalmente obter do ministro Seyano, favorito de Tibério-Imperador, a reivindicação da esposa e dos filhos do príncipe Ithamar de Jerusalém, de forma a não mais poderem ser molestados por nenhuma autoridade representante do César na Palestina e na Síria, e obtivessem a livre posse de todos os seus bens. O leitor suporá facilmente que os ministros favoritos daquele tempo não eram diferentes dos atuais, e isto significa que era o *documento oficial*, dando crédito à dita reivindicação, firmada e selada pelo imperador, e outro era o documento secreto do ministro, através do qual ele aconselhava, *na previsão de uma possível mudança* na volúvel vontade do onímodo e absoluto soberano, que os bens de fortuna pertencentes à mencionada família permanecessem à sombra de vários nomes de pessoas, cuja amizade era conveniente a Roma.

O sagaz ministro, em poucas palavras, fez compreender o profundo significado do seu conselho:

"Uma cabeça se corta de um golpe, porém muitas cabeças exigem uma combinação de hábeis golpes para não deixar vestígios. Teu generoso presente, bom Simônides, merece este conselho dado apenas em raríssimas ocasiões. Podes estar certo de que fico às tuas ordens para tudo quanto necessitares em Roma."

Não era para menos, pois o hábil ministro de Tibério havia recebido um presente de Simônides, de dez libras de ouro, em barras.

— Que bom é o ouro para comprar a vontade dos miseráveis! — disse o ancião, acostumado já a ver de perto as ruindades humanas. — As vidas daqueles que amamos, sua felicidade e sua paz — continuou filosofando friamente — valem muito mais que os valores mandados para as arcas desse bastardo com alma de chacal.

O genial talento comercial de Simônides colocou a fabulosa fortuna de Judá e de sua família, que ele denominava "*os tesouros do Rei de Israel*", sob o escudo de seis nomes, para ele, de absoluta confiança.

Judá, filho de Ithamar, seu verdadeiro dono, o Príncipe Melchor de Horeb (egípcio), o Hach-ben Faqui, da Cirenaica, o Scheiff Ilderin da Arábia Ocidental, Sambalat de Chipre, seu agente em Roma desde que entrou à serviço de Ithamar, e Helena de Adiabenes, mãe do jovem Rei Abenerig Izate de Shinar, na Mesopotâmia.

De todos eles, tinha o ancião em seu poder grandes depósitos em ouro e em letras a cobrar, os quais serviriam de garantia em caso de falecimento de alguns deles ou de qualquer outra eventualidade.

Bem seguro do êxito em suas hábeis combinações financeiras, o bom ancião apresentou a Jhasua, na presença de Judá e de Faqui, um enorme papiro com todos os detalhes, ao mesmo tempo que dizia:

— Meu soberano Senhor Rei de Israel. Dignai-vos apor aqui a vossa assinatura como aprovação às medidas de segurança que tomo em relação aos vultosos tesouros do vosso Reino.

Sorrindo, Jhasua olhou para ele.

— Meu bom Simônides — disse com sua habitual doçura —, quando te convencerás de que em meu Reino não é necessário o ouro?

— Sim, meu Senhor, será como dizeis; contudo, enquanto não vos vir sentado sobre o trono de Israel e dono de todo o Mundo, meu dever é assegurar os caudais com os quais será fundado o vosso Reino dentro de bem pouco tempo — respondeu o ancião, mantendo-se ante Jhasua com o papiro estendido e a pena de garça molhada em tinta.

— Está bem, Simônides. Se para a tua paz é necessária a minha aprovação de todos os teus atos administrativos sobre estes valores, aqui tens a minha assinatura, que eu te dou de muito boa vontade.

O Scheiff Ilderin

Ainda estavam tomando essa deliberação quando um criado anunciou na porta do grande escritório que o Scheiff Ilderin, com uma galharda escolta de vinte lanceiros, acabava de apear à porta da pousada "Boa Esperança".

Simônides e Judá saíram para recebê-lo. O famoso caudilho árabe, cuja popularidade em todo o Oriente Próximo conquistara para ele o respeito dos cônsules e governadores romanos, a quem a conveniência aconselhava tê-lo como amigo, abraçou efusivamente o ancião Simônides, felicitando-o por sua maravilhosa cura da qual lhe haviam dado notícia.

— Meu generalíssimo! ... — disse estreitando as mãos de Judá. — No Horto das Palmeiras adormecem as tuas cavalhadas e emboloram-se as lanças! ... Quando faremos soar os clarins de alerta?

— Serás tu mesmo quem deverá dizer quando a hora for chegada — respondeu Judá.

— Estou ansioso por conhecer o jovem soberano de Israel, cuja presença em Antioquia deve marcar o início de nossa idade de ouro — disse o caudilho.

"Cheguei ontem dos Montes Bazan, e hoje me tens aqui, sem ter sacudido completamente o pó do caminho."

Aquele homem tornava-se simpático à primeira vista. Demonstrava ter 45 anos. Seu olhar era franco e leal, quando um verdadeiro afeto o aproximava dos que mereciam o nome de amigos. Entretanto, tornava-se áspero e agudo como um punhal para aqueles nos quais suspeitava a presença de alguma falsidade ou mentira.

O príncipe Melchor de Horeb, pelo qual sentia um amor reverente e profundo, havia-o instruído sobre a ciência divina que ajuda os homens a encontrar os caminhos de Deus entre os negros desertos da vida terrestre. Contudo, a alma do valoroso filho do deserto não voava tão alto, a ponto de conceber a idéia sublime de um Salvador do mundo oprimido que não fosse um poderoso Rei, à frente de um exército invencível.

Sua vestimenta toda branca, seu grande manto flutuante ao vento preso ao pescoço por uma corrente de ouro, seu turbante vermelho com plumas brancas presas por um grosso broche de rubis, suas armas radiantes de ouro e pedraria, davam-lhe o aspecto de um príncipe legendário, envolto como em uma auréola de fantástica grandeza. Judá fez desmontar a escolta que, com as cavalgaduras, entrou pela grande porta dos carros.

Como na pousada "Boa Esperança" Simônides tivera bastante cuidado para que os viajantes de todas as raças e países do mundo se achassem bem à vontade, o Scheiff Ilderin foi alojado na que chamavam *Sala dos Árabes*, vasto recinto circundado de divãs e com a fonte de mármore de bordos baixos no centro do pavimento, para as freqüentes abluções que eles costumavam fazer, metade das quais é cerimonial de sua religião e metade necessidade higiênica de sua vida, num clima de fogo, açoitados continuamente pelas cálidas areias do deserto.

— Ó Deus, eterno esplendor! ... — exclamou deixando o turbante, manto e armas e estendendo-se num divã. — Bem sabes que, em poucos lugares, me encontro tão a gosto como nesta pousada, meu bom Simônides, onde até o ar que respiro recende a fruto de palmeira e a flores de murta ...

— Desta vez te sentirás no paraíso, e até com a presença de um arcanjo de ouro, dos que povoam os vossos céus decorados de esmeraldas e ametistas — respondeu Simônides, sentando-se numa poltrona junto a seu visitante.

"Judá foi buscá-lo —, continuou o velho, em quem crescia vertiginosamente a satisfação interna que parecia transbordar de todos os poros do seu corpo."

— Buscar quem? — perguntou, curioso, o Scheiff.

— Pois, quem há de ser? ... senão o nosso soberano Rei de Israel, que está morando nesta mesma pousada. Por alguma razão, foi chamada de "Boa Esperança".

— Majestade de Deus! ... — exclamou o árabe sentando-se no divã. — Então o tens como coisa tua, Simônides, a teu lado, na tua casa, comendo à tua mesa? ... Será possível?

— Como não? ... É tão real! Não era em vão a minha fé e a minha esperança, amigo Ilderin! ... Jehová fez transbordar com a Sua bondade e com a Sua glória o meu cálice, e nele já não cabe nem uma gota mais. Aí vem Ele! ... Aí vem como o sol do amanhecer! — Jhasua avançava pela colunata interior com Judá e Faqui, ansiosos por conhecer o Scheiff Ilderin.

O árabe saltou do divã e colocou-se galhardamente no centro do vasto recinto, enquanto seus olhos devoravam com profundo olhar aquela grácil figura branca e ruiva avançando pela colunata.

— É o do centro, não é verdade? ... Oh, oh! ... dizes bem, Simônides, é um arcanjo de ouro nos esplendores de Deus.

— Eis aqui, bom Scheiff, que o teu generalíssimo — disse Judá — trás à tua presença a glória de haver lutado. Aqui tens o esperado de Israel.

— Senhor! ... — murmurou o árabe tratando de dobrar um joelho em terra e com os olhos pendentes dos olhos dulcíssimos de Jhasua, que lhe estendeu ambas as mãos e o estreitou sobre o coração.

— Assim como procedo com o príncipe Melchor — disse — faço contigo, em quem vejo brotar a labareda viva de um verdadeiro afeto.

Quando aquele bravo filho do deserto se desprendeu do abraço de Jhasua, tinha em suas faces duas grossas lágrimas a buscarem refúgio em sua negra e crespa barba.

Leitor amigo. Parece-me ler no seu pensamento, já educado na alta Escola de Divina Sabedoria, através desta obra e de outras em que sua ansiedade haverá coligido dados em busca do conhecimento das imutáveis leis de Deus. Parece-me ver que o seu pensamento corre muitos séculos para trás e se detém diante de um quadro profundamente emotivo: Abel, o meigo Abel da Pré-História, abraçando a seu pai Adamu, quando o jovem apóstolo regressava de uma de suas jornadas missionárias, e encontra o autor de seus dias atormentado por uma tremenda borrasca espiritual.

— Trago endereçada a ti, ó Scheiff! — disse Jhasua —, esta carta de nosso amigo, o príncipe Melchor. — Tirou de dentro da túnica a missiva coberta com finíssima envoltura de tecido de linho, conforme era o uso naquele tempo.

— Quando o grande homem escolheu um mensageiro semelhante, graves assuntos devem conter aqui. Com a vossa permissão — disse, dirigindo-se a todos e abriu a correspondência.

Leu-a a meia-voz. Escutemo-lo, e com isto refrescaremos a memória sobre a tal missiva que dizia assim:

"Alexandria, aos dias 20 de Nizan (janeiro) do ano 3.250 de Mizraim.

"Ao Scheiff Ilderin de Bozra, com quem esteja a paz de Deus.

"Faz vinte anos que salvaste a vida de três estrangeiros que saíam dos Montes Moab, onde se refugiaram, fugindo da cólera de Herodes, o Idumeu.

"Recordarás, bom Scheiff, os relatos feitos por eles sobre a luz misteriosa que os guiou até Bethlehem, onde nascera aquele que o mundo dos idealistas e dos buscadores da justiça e da verdade esperava.

"O portador da presente é aquele menino do qual te falaram os três estrangeiros perseguidos. É aquele que Israel aguarda e que foi anunciado pelos seus Profetas. Se Deus confia a ti este segredo, é porque o mereces e porque sabes o que te cabe fazer.

"O jovem Profeta, Jhasua de Nazareth, filho de Joseph e Myriam, da estirpe de David, dirá o que possa necessitar como auxílio para as obras que deva realizar.

"Teu bom sentido e nobre coração não necessita de outras explicações, bem o sei, porque te conheço.

"Para servir-te sempre,

Melchor de Heroópolis, Príncipe de Horeb."

— Majestade de Deus! ... Pobre de mim que pouco valho para um segredo tão grande! ... — exclamou o árabe olhando para todos com olhos assombrados.

"Sim, sim! De tudo isso eu me lembro muito bem como se tivesse sido ontem, mas digo toda a verdade: naquela época, eu ainda não tinha 30 anos e meu sangue era fogo a ferver em minhas veias. Meu pai ainda vivia e, se não fosse ele, eu teria arremetido a sangue e fogo arrastando comigo todo o Oriente contra a Roma conquistadora e cruel. Com o meu coração cheio de ódio e desejos de vingança, recordo muito bem que as confidências dos três sábios estrangeiros soaram a meus ouvidos qual música estranha, alheia ao nosso ambiente, à nossa situação atual e ao que é a nossa vida na Terra.

"De tudo quanto me disseram, compreendi apenas duas coisas: que suas vidas eram limpas como a água doce das fontes no oásis, e que eles diziam a verdade no que diz respeito a que o Poder Divino devia mandar um libertador para o mundo avassalado pela loba romana.

"Vinte anos já se passaram, e eles têm exercido uma enorme pressão sobre a minha vida. Seus relatos foram-se tornando cada vez mais compreensíveis para mim, e as explicações de Melchor sobre Deus, os mundos e as almas dos homens iluminaram até a parte mais íntima do meu espírito. O ódio foi se apagando pouco a pouco, e hoje resta apenas o desejo de justiça, de liberdade e de paz.

"Se tu és, ó jovem príncipe, filho de David, aquele que há de dar justiça, paz e liberdade a todos nós, todo o deserto da Arábia se levantará à minha voz como se fosse um só homem, para elevar-te a alturas muito maiores do que conseguiram chegar Alexandre, Aníbal e Júlio César.

"Melchor diz bem claro aqui: que tu, Senhor, dirás em que pode servir-te este filho do deserto."

— Meu bom Scheiff Ilderin — disse Jhasua. — Falas-me como um homem de armas na época atual, em que ninguém vê outra glória senão a obtida pelos exércitos poderosos. Eu te falarei como alguém que bebeu a Sabedoria Divina, gota por gota, até fazê-la transbordar do seu coração.

"Pensaste alguma vez, Scheiff, na causa e origem de todas as dominações e escravidões?"

— Sim, príncipe, pensei: os homens do Ocidente têm o coração de granito e fauces de fera faminta. A idéia de um Deus fugiu deles ... sua Lei é a do mais forte, e nenhum sentimento nobre e generoso suaviza as fibras do ferro de seus corações, postos, há muito tempo, no fio de suas espadas. Eles ferem, roubam e matam porque não sabem fazer outra coisa para conquistar um posto satisfatório no mundo.

— Tudo quanto disseste é uma fiel pintura da realidade; no entanto, é apenas um efeito. A causa é outra, ó nobre filho da Arábia legendária! — disse Jhasua. — De minha parte julgo — continuou o Mestre — que o mundo caiu sob o domínio romano em virtude do seu próprio atraso moral e intelectual. Foi a ignorância quem forjou, um após outro, os elos da cadeia que aprisiona os nossos países.

"A Luz da Divina Sabedoria foi apagada há séculos pela ambição e pelo egoísmo dos homens, os quais se afastaram uns dos outros em tantas formas e modos, que, em momentos, chegaram até a esquecer que todas as raças e todos os povos são absolutamente iguais na sua origem e no seu destino.

"O Rei julga ser de uma natureza diferente da de seus escravos e servidores, e que, portanto, deve viver de maneira mais oposta à vida daqueles: Tudo para ele e nada para os demais, a não ser o jugo sobre a nuca.

"É preciso que os Reis, como os escravos, saibam que unicamente Deus é grande, invencível, imutável, dono e senhor de tudo quanto existe, e que todos os demais, quer estejam cingidos por uma coroa como amarrados a uma cadeia, são ínfimas criaturas suas, incapazes de criar uma formiga ou de acrescentar um cabelo à sua cabeça, ou de trocar a cor dos olhos ou sequer a estatura do seu corpo. Todos nascemos do mesmo modo, e todos morremos igualmente. Se alguma grandeza pode ser conquistada pelo homem, é apenas a que se obtém em razão de uma maior aproximação à grandeza do Criador.

"Destruída a ignorância na maioria dos povos, ficará destruída a causa das dominações e das escravidões.

"Ó bom Scheiff! ... Acredita: não me causa absolutamente nenhuma ilusão ouvir chamar-me de *príncipe ou Rei*; no entanto, agrada-me ser chamado de *Mestre* que vem de outros mundos para destruir a ignorância, dando a esta Humanidade a água viva da Eterna Verdade. Estou empenhado nesta tarefa, já muito antes de a Eterna Luz ter iluminado a minha consciência e deixar a descoberto o *por quê* da minha vinda a este mundo.

"Queres ajudar-me? Queres levar minha lâmpada acesa através de teus desertos abrasados pelo sol, pelos desfiladeiros de tuas montanhas, por entre as sombras de tuas palmeiras e nos oásis onde murmuram as fontes?''

– Senhor! ... Quero fazer tudo por ti! ... Mas, que poderá a claridade de tua lâmpada e a melodia de tuas palavras diante das legiões romanas a passarem como vendavais de fogo, devastando tudo, quando os povos resistem submeter-se a eles?

– Minha obra salvadora não é para um dia nem para um ano, Scheiff – respondeu Jhasua. – É para muitos séculos! ... para longas épocas, ou seja, até que os homens tenham aprendido a amar uns aos outros, e tenham chegado a compreender que, perante o Atman Supremo, tanto vale a alma de um Rei como a de um escravo, pois todos são criaturas suas destinadas por Ele à suprema felicidade, que nenhum ser, por grande que seja, é dono da vida de seus semelhantes e que matar-se mutuamente por alguns estádios de terra é a maior aberração que os homens podem cometer!

"Que fez Alexandre, o macedônio, com o sacrifício de tantas vidas em suas estupendas conquistas? Ampliou seus domínios por certo número de anos, e hoje sua múmia dorme em eterna quietude no museu de Alexandria, enquanto seu espírito errante e enlouquecido, escutará, por longos séculos, as maldições de suas vítimas, que não lhe deixarão momentos de repouso nem no espaço infinito nem nas vidas físicas que viveu e há de viver até pagar à Justiça Divina a última lágrima derramada pelos que caíram sob o casco dos seus corcéis de guerra, no avanço irresistível de seus exércitos triunfantes.

"O que aconteceu em Antíoco, com Nabucodonosor, com Assuero e com a grandeza de seus impérios que abrangiam desde o Mediterrâneo até o Indo?

"Glória efêmera e momentânea, hoje reduzida a uma ocorrência passada, deixando como única coisa duradoura a dor, durante séculos, nesses espíritos que, em toda a imensidão do infinito, não encontram um lugar onde ocultar-se e até onde não lhes siga, como um enxame terrível, a maldição e o ódio de todos aqueles a quem conseguiram esmagar com seus carros de ouro de triunfadores.

"Trocando de senhores como de roupas, seus povos foram invadidos, dominados e escravizados por outros.

"Como vês, meu bom Scheiff Ilderin, a grandeza e a felicidade dos povos não se consegue através das armas, mas da elevação moral das massas, quando se estende sobre elas um manto de amor e de luz, destinado a despertar as consciências para a Verdade Eterna, e para a sua Lei soberana que diz ao homem em todos os tons:

" 'És igual a teu irmão, a quem deves amar como amas a ti mesmo.' "

Jhasua se calou. O caudilho árabe ficou profundamente pensativo. Simônides, Judá e Faqui compreendiam muito bem esse silêncio, pois lhes fazia reviver o momento de luta interior pela qual todos eles haviam passado antes de se colocarem à altura da Idéia Divina expressada pelo Filho de Deus: a elevação intelectual e moral dos povos, e não a matança e a devastação; o amor fraterno fazendo florescer até as ruínas, e não o ódio a destruir e matar para engrandecer alguns em detrimento de outros; a igualdade humana como um roseiral em flor, onde cada planta tem a água, o ar e o sol de que necessita para o seu crescimento, para sua vida plena e para sua esplendorosa floração.

Como o grande silêncio se prolongasse, Jhasua interrompeu-o.

– Scheiff Ilderin! – disse. – Posso contar contigo para a minha obra de libertação?

– Sim, Profeta de Deus e Rei de Israel! Conta comigo e com meus aliados e seguidores, embora tenhamos que sacrificar nossas vidas à hidrofobia romana. Não alcanço chegar até o cume de Luz e Sol no qual te vejo, Senhor! ... Entretanto, sei ao certo que és o Salvador do Mundo e seguir-te-ei apesar de eu não chegar a compreender completamente a tua grandeza! Quando seja chegada a hora, Deus se dignará iluminar-me para que minha pequenez se coloque em sintonia com a Sua Vontade Soberana.

– Eis aqui a franca e leal resposta deste filho do deserto, que não tem deslealdades em seu coração – disse o Mestre, dirigindo-se aos demais.

"Que Deus te abençoe, nobre Scheiff Ilderin, e multiplique todas as tuas virtudes, porque és um fiel buscador da Verdade Divina.

– Graças, Senhor, e podes mandar, como for do teu agrado, a este teu servidor incondicional.

– O deserto é nosso! – disse Judá. – Conquistamos o deserto!

– E para sempre! – acrescentou Faqui.

– Pouco a pouco, meus amigos! – disse o jovem Mestre. – Neste plano físico, tão inferior, não se pode dizer muito alto essa imensa palavra: *para sempre*, a qual encerra em si a idéia de *eternidade*. Nos mundos de escassa evolução como este, as grandes idéias emanadas da Divindade são semeadas inumeráveis vezes, porque o Mal asfixia a boa semente, quando esta apenas triunfou nas porções mais adiantadas da Humanidade.

"Na hora presente, o deserto será nosso porque o Scheiff Ilderin, com todos os seus, será o seu incansável semeador. Mas não tenhamos a ilusão de que a semente lançada por ele à terra perdure *para sempre*. Os séculos são como a marulhada, a trazer sementes daninhas, que, lamentavelmente, vão asfixiando a boa até fazê-la desaparecer. No entanto, que importa isto? A vida não é eterna? Morre por acaso a alma humana, chama viva acesa em cada ser pela Eterna Inteligência?

"Hoje é o Scheiff Ilderin o semeador do deserto da Arábia, como Faqui o é do Saara, Judá da Palestina e de Roma, e Simônides da Síria e de todas regiões aonde chegam suas naves e caravanas.

"Quando o fluxo e o refluxo da maré devastadora dos séculos e das inconsciências humanas destruírem esta magnífica semeadura, outras inteligências ou, talvez, as vossas próprias, em novas existências físicas, removerão os sulcos perdidos que o vosso arado de semeadores eternos abrirá novamente.

"Oh, meus amigos do momento presente! ... Se neste pequeno e imperfeito mundo pudéssemos dizer com toda a verdade a imensa palavra *para sempre*, não haveria dominadores nem escravos, não haveria fome para uns e fartura para outros, mas todos, qual imensa caravana de filhos de Deus, caminhariam unidos pela mão sob o olhar do Pai, sentindo sem exceção, igualmente em si mesmos, a suprema felicidade do amor.

"Eu sei que vós quatro – continuou dizendo Jhasua – vos sentis como fascinados por estas pinturas vivas que eu faço da Verdade de Deus; no entanto, não chegais a compreender como e de que maneira o Bem há de triunfar sobre o Mal sem a força das armas. Não é mesmo verdade?"

Os quatro ouvintes se entreolharam, e a uma só voz disseram:
– É certo! ... É toda a verdade!
– Pois bem. Esse triunfo será a obra da Santa Aliança, e a luta durará vinte séculos completos, que é o tempo que resta à humanidade deste planeta para mudar de evolução. Quando esse prazo findar, a Justiça Divina completará aquilo que os Semeadores do Amor não puderam terminar.
– Então o nosso exército em formação ficará completamente anulado? – perguntou o Scheiff Ilderin.
– Não – disse Jhasua –, não está contra a Lei Divina que o homem seja capaz de defender seus direitos. Para que tenhais uma idéia do que outros homens inspirados pela Sabedoria Divina fizeram há muitos séculos, mencionarei o que li em velhos arquivos onde são guardadas histórias de tempos que já se foram:

"Houve, nos vales do Nilo, uma grande Escola de Sabedoria Divina, que estendeu sua ação benéfica até as pradarias do Eufrates. Chamava-se *Fraternidade Kobda*; e de tal maneira derramou claridade sobre os homens, que se uniram a ela inúmeros príncipes e caudilhos com seus respectivos povos, formando, assim, uma entidade conjunta que se denominou *Grande Aliança das Nações Unidas*. Essa entidade ditou leis sábias, inspiradas pela sabedoria dos Kobdas, e grande paz e prosperidade reinou no mundo civilizado de então. Pois bem: essas Nações Unidas formaram um grande exército de arqueiros, contribuindo cada qual com certo número de indivíduos, cuja finalidade era manter uma cadeia de defesa ao redor de todas as nações filiadas à Grande Aliança. Esta circunstância, e a ajuda mútua que estavam obrigados a prestar uns aos outros, despertou em outros povos o desejo de entrar para esse maravilhoso conjunto, onde todos viviam tão felizes quanto se pode viver nesta Terra.

"Desta maneira, a Fraternidade Kobda chegou a estender sua ação sobre três continentes. Desde a Etiópia, na África Oriental, até os países do gelo, na Europa do Norte; e desde as Colunas de Hércules (Gibraltar) até o Indo e os países do Cáspio, foi estendida a magnífica rede de ouro envolvendo suavemente a imensa colmeia humana, a trabalhar em paz e em harmonia sob o olhar do Deus-Amor.

"A humanidade de hoje, meus amigos, não é diferente da que existiu naquela época, e apenas é necessário um grupo de almas sem egoísmo, sem interesses nem ambições, que se capacite para imprimir esses magníficos rumos a esta humanidade. Onde estão essas almas?

"Eu as tenho todas ao meu redor. Aqui estão quatro como dirigentes; em Jerusalém estão outros quatro: José de Arimathéia, Nicodemos, Gamaliel e Nicolau de Damasco; em Bethlehem, outros quatro: Elcana, Josias, Alfeu e Eleázar; na Galiléia, Simão com os amigos próximos do Tabor. Quantos surgirão como rebentos novos destas árvores já fortes nos caminhos da Luz?

"E isto sem contar com dois astros de primeira magnitude no delta do Nilo e na Arábia Pétrea: o príncipe Melchor e Fílon de Alexandria. Na Pérsia resplandece a lâmpada de Baltasar e, no Indo, a tocha de Gaspar.

"Que dizeis de tudo isto?"

— Meu soberano, Rei de Israel! ... — exclamou Simônides. — És um sol a iluminar tudo com o seu arrebol dourado! ... Ouvindo-te, afigura-se-me este mundo qual um jardim de encantos! ... Oxalá seja o teu sonho uma realidade, Senhor, para que ninguém chore sobre a Terra!

— É que devemos ser capazes de fazê-lo assim! — disse Faqui, o príncipe de Cirene, com firmeza.

— Falta falar o Scheiff Ilderin e Judá — observou o Mestre.

— Eu pensava — disse o caudilho árabe — quantas lanças necessitarei para guardar desde a Cordilheira de Jebel até Tiphsa, sobre o Eufrates.

— E eu — disse Judá — pensava em quanto ouro terei que pedir a Simônides para comprar a aprovação sacerdotal em Jerusalém e a condescendência de Herodes na Galiléia.

— Quanto a isto, deixa por minha conta, meu Judá — argüiu Simônides —, pois, na arte de convencer com uma sacolinha na mão, sou mestre consumado.

Jhasua sorriu bondosamente ao mesmo tempo que dizia:

— Comprar com ouro o bom trabalho de um homem não é excelente coisa; entretanto é sempre melhor que levantar armas contra os nossos semelhantes e despojá-los da vida. Quando se trata de males, optar pelo menor deles é uma medida prudente.

— Meu filho mais velho — disse repentinamente o Scheiff — quer contrair núpcias com uma formosa donzela da vossa raça, do sangue de um ilustre herói sacrificado pela libertação de sua pátria. É filha da irmã de Judas de Galaad. É pretendente dela também um filho do Tetrarca Felipe, terceiro filho de Herodes, o Idumeu, porque não quero chamá-lo de Herodes, o Grande. Mas a jovem prefere a morte a ver-se unida em matrimônio com essa raça de víboras. Sua mãe viúva não se sente capaz de defendê-la contra o Tetrarca que, certamente, fará causa comum com o filho. Elas vivem no país dos Gaulonitas, a quarenta estádios de Bethsaida, que está sob o domínio do mencionado Tetrarca. O pai da donzela é filho do caudilho, príncipe dos itureus que, ao morrer, deixou para sua viúva e para seus filhos as terras e bosques desde o Mar da Galiléia até a Cesaréia de Filipo.

— Oh! ... Sim. Conheço-o como às palmas de minhas mãos — disse o ancião Simônides. — A donzela deve ser filha de Jair, com quem fiz muitos bons negócios. Homem honrado, irrepreensível, incapaz de apropriar-se de um denário que não seja seu; possuía um dos melhores rebanhos de camelos e dromedários do país. Suas caravanas juntavam-se às minhas em Damasco, para seguirem juntas até Filadélfia.

"Bom casamento para o teu filho, Scheiff Ilderin!"

— Eu o sei — respondeu o caudilho. — Contudo coloco-me frente a frente com o Tetrarca Felipe, o qual, certamente, terá deitado os olhos nos vultosos bens que a donzela levará como dote.

— Amigo Scheiff, tenho vinte e cinco anos mais que tu e conheço os homens que hoje governam estes povos escravizados, da mesma maneira como os jumentos de carga de minhas caravanas. Esse Tetrarca Felipe é um homem embrutecido pelos vícios. Bebe como uma sanguessuga e quem faz dele o que quer é sua mulher favorita: Herodíade, sua sobrinha, visto como é neta de Herodes, seu pai. Mulher libertina e ambiciosa até o exagero, é capaz de vender a própria alma por uma sacolinha de ouro e pedras preciosas.

"Seria uma grande lástima sacrificar a sobrinha de Judas de Galaad, nosso mártir, unindo-a com essa raça que violentou a nossa liberdade e até os tesouros sagrados do nosso Santo Templo.

"Apresenta-te à Herodíade com grandes presentes e negocia o assunto para o bem de teu filho e da sobrinha de Judas de Galaad."

– Nesta mesma pousada – disse Jhasua –, hospedam-se conosco os dois únicos filhos do ilustre mártir, primos irmãos daquela que será a tua nora.

– Majestade de Deus! ... – exclamou o árabe. – Maiores coincidências não se poderia pedir. E são também vossos aliados?

– São mordomos das nossas casas – disse Judá, indicando também a Faqui.

Isaías e Othoniel foram chamados e, depois de serem colocados a par do assunto, ofereceram-se incondicionalmente ao Scheiff Ilderin para ajudá-lo a livrar sua nora de cair nas garras de um neto de Herodes, o Idumeu, assassino de seus próprios filhos e de duzentos meninos bethlehemitas, que os Terapeutas não puderam salvar de suas garras.

A influência de Herodíade sobre o filho de seu marido custou ao Scheiff Ilderin um formoso diadema de ouro e esmeraldas, com o colar e os braceletes que faziam parte do jogo, e também um delicioso horto num subúrbio da Cesaréia de Filipo, que a mãe da donzela doou à ambiciosa mulher de Felipe em troca da liberdade de sua filha.

– Em que país se viu uma coisa semelhante, soberano Rei de Israel? – disse o árabe a Jhasua –, que homens honrados necessitem comprar de uma vil cortesã a liberdade e a felicidade de seus filhos? Isto não é suficiente, Senhor, para que tomeis quanto antes o governo de todos estes povos que foram a herança de Moisés quando os libertou da escravidão do Egito?

– Ainda não é chegada a hora, Scheiff – respondeu Jhasua –, no entanto, estejas bem certo que, quando eu seja levantado para o alto, todos os povos correrão para mim e me chamarão, como a Judas de Galaad, o grande mártir da libertação humana.

– Não! ... Mártir, não! ... – gritou o Scheiff fora de si. – Porque o vosso sangue trará desgraça para aqueles que cometerem a loucura de derramá-lo.

Judá e Faqui tinham o espanto retratado nos semblantes.

Simônides observava o Mestre com olhos inquisidores.

– Por que disseste isto, meu Senhor? – perguntou aproximando-se com a ternura da mãe temerosa de um perigo para seu filho.

– Meus amigos! ... – observou Jhasua sorridente. – Causa-vos desta maneira um tal alarme pensar em se acrescentar mais um sacrifício aos já consumados pela salvação destes povos?

– Contudo, o vosso não será sem que morramos todos! – disse Faqui, com seu olhar relampagueante de energia e valor.

– Não é justo, Jhasua – acrescentou Judá –, deitar aloés em nossa taça de mel.

– Perdoai-me todos – disse o Mestre. – Não foi mais que a centelha de uma idéia que cruzou pela minha mente.

"Deus é nosso Pai, e enquanto nos dá suas flores de amor e de paz, adornemos com elas as nossas almas.

A chegada de Thirza e de Nebai colocou um fim a esta conversação. Ambas vinham com um grande ramo de rosas para adornar os bordos da fonte das abluções, visto como logo seriam chamados para a refeição do meio-dia.

O galante Scheiff Ilderin agradeceu a oferenda de acordo com os velhos costumes de seu país: desfolhar rosas ou jasmins na fonte das abluções.

– Somente na presença do Ungido de Deus podem aparecer assim formosos anjos para desfolhar flores no caminho dos homens – disse o árabe, contemplando a austera e delicada beleza das duas donzelas.

Nebai, ruiva como uma flor de ouro, e Thirza, com seus cabelos e olhos escuros e a brancura mate de sua tez, ofereciam delicioso contraste.

Alheias, ao que parece, diante da admiração que despertavam, continuaram desfolhando rosas nas serenas águas da fonte de mármore.

– Logo estará servida a mesa – disse Nebai, dirigindo-se àquele grupo de homens que as observavam como reflexos vivos da Beleza Imortal. – Os grandes ideais, quando se tornam carne nos corações nobres e bons, idealizam, engrandecem e purificam tudo.

A Morte de Baltasar

Duas semanas depois ocorriam grandes novidades.

Chegava de Roma a resposta da matrona Fúlvia à carta de Judá solicitando a liberdade da escrava Soêmia.

Na dita carta ela explicava a cura prodigiosa de seu marido Flamínio, a misteriosa aparição de um deus benéfico que, para eles, se afigurava Apolo, o qual prometera a Soêmia reuni-la a seu esposo Jefté de Listra, motivo pelo qual Fúlvia, com seu esposo, haviam resolvido adotar Soêmia como filha, com todos os direitos que a lei concede; e suplicavam que Jefté fosse enviado a Roma para que, juntamente com a sua esposa, pudessem formar parte do honorável lar a abrir-lhes suas portas.

– Vês o que fazes tu, meu soberano Rei de Israel? – perguntou o ancião Simônides a Jhasua, cada vez mais fora de si, ao contemplar os frutos maduros que recolhiam da maravilhosa semeadura do amor de Jhasua, Filho de Deus.

A outra novidade era que Baltasar e Gaspar, os dois anciãos astrólogos que visitaram Jhasua no berço, encontravam-se reunidos em Tiphsa, sobre o grande rio Eufrates.

Jhasua, acompanhado do Scheiff Ilderin, de Judá e de Faqui, empreenderam a viagem na manhã seguinte para encontrar os dois anciãos que, fazendo um supremo esforço, haviam conseguido chegar até ali para ver, pela última vez, o Salvador do Mundo.

Com que santa ansiedade ele avançava, montado num formoso camelo branco, pela planície do Eufrates, para abraçar aqueles que tinham sido os primeiros a reconhecê-lo em seu berço!

Ao avisar-lhes da chegada de Baltasar ao Golfo Pérsico, anunciaram que o ancião estava perdendo as forças dia após dia. Seus médicos duvidavam que pudesse viver mais três dias. Isso explicará ao leitor a pressa que Jhasua e seus companheiros imprimiam à viagem.

Simônides havia-lhes entregue os melhores camelos persas dos rebanhos de Judá no Horto das Palmeiras, tão resistentes e fortes que podiam correr dois dias detendo-se apenas alguns momentos para beber e receber sua ração de favas secas.

Com a voz trêmula de emoção, Jhasua disse a seus amigos:

— Pedi ao Pai Celestial que Baltasar não se vá da Terra sem que eu lhe dê o último abraço. No íntimo do meu espírito ressoou a Voz Suprema com a Divina Promessa: "Corre para seu lado e o alcançarás antes de partir."

Jhasua desmontou durante alguns momentos para que seu camelo comesse e bebesse. Apenas aceitou para si um pedaço de pão e uns goles de vinho.

— Nestes momentos — disse a seus companheiros de viagem — é quando duvido que sou aquele que acreditais que eu seja. Sinto-me tão débil, tão pequeno, tão de carne humana como a mais insignificante criatura dominada pelos sentimentos e afeições íntimas!

Quando os viajantes chegaram a Tiphsa, o velho coração de Baltasar ainda palpitava. Jhasua ajoelhou-se junto ao divã em que o ancião repousava com inalterável paz.

— Já estou ao teu lado, meu pai — disse com infinita ternura. — Nosso Deus-Amor não quis levar-te da Terra sem que déssemos o último abraço. — Um sorriso de bem-aventurança iluminou o pálido rosto no qual já apareciam os sinais da morte próxima.

— Filho de Deus! ... Filho também de meus sonhos e do meu amor de muitos anos! ... — exclamou o ancião com voz bem clara. — Teu pedido e o meu uniram-se nos Céus Infinitos, e o Pai ouviu-os com amor.

"Tampouco eu queria partir sem ver-te pela última vez. Vieste para estar ao meu lado ... Receberás o meu último alento, o meu último olhar, e logo fecharás os meus olhos! ...

"Que mais pode desejar este servo do Senhor?"

Jhasua tinha entre as suas a mão esquerda de Baltasar, que levantando dificultosamente a direita colocou-a sobre a cabeça inclinada de Jhasua, dizendo:

— Filho de Deus! ... meu espírito livre acompanhar-te-á qual centelha de luz em todos os passos da tua vida messiânica sobre a Terra.

"Acompanhar-te-ei na tua vida e na tua morte! Na hora da tua vitória final, serei o primeiro a receber-te no Reino de Deus! Meu coração, que te amou tanto, te abençoa agora quando vai cessar de bater.

"Até logo!"

A respiração se fez um tanto fatigosa. Os moribundos olhos mantinham-se fixos no rosto pálido e sereno de Jhasua, que continuava estreitando, entre as suas, as enfraquecidas mãos de Baltasar.

Um suspiro mais longo que os outros foi o último, e os olhos já sem vida ficaram cravados no belo rosto do Homem-Luz.

Jhasua repousou sua dolente cabeça sobre aquele peito mudo para sempre, e deixou que o Homem desafogasse seus sentimentos de homem. Chorou sobre o peito do ancião Baltasar como choramos sobre os despojos mortais de nossos seres mais queridos.

— É o Filho de Deus e chora! — exclamou Gaspar contemplando o emotivo quadro de Jhasua ajoelhado junto ao leito de morte de seu ancião amigo e chorando silenciosamente.

— Meu Pai! ... — disse Jhasua quando sua alma pôde serenar-se. — Ele era teu! ... Recolheste o que te pertencia! ... Recolheste aquele que te pertenceu voluntariamente consagrando a Ti em todos os momentos da sua vida!

"Que a tua Claridade Divina o siga no Infinito como o seguiu na Terra, e que o Teu Amor Soberano lhe dê a compensação merecida!

— Assim seja — disseram todos, tornando própria a oração de Jhasua.

Uma hora depois, encontravam entre as roupas do leito de morte de Baltasar uma pequena carteira de couro negro com o nome do sábio gravado em prata.

Todos quiseram que Jhasua a abrisse.

– Pelo que vejo, me fazeis dono dos segredos dos mortos – disse. E abriu a carteira.

Encerrava apenas um papiro dobrado cuidadosamente e uma pequena chave de ouro.

O pergaminho dizia:

"Eu, Baltasar de Susan (Pérsia) declaro não ter tido outros filhos além dos discípulos da minha Escola de Sabedoria Divina. Não deixo dívidas, nem ninguém as tem comigo.

"Somente, sim, tenho um pacto espiritual com os príncipes amigos Melchor de Horeb e Gaspar de Srinaghar, pelo qual nos comprometemos solenemente, perante o Altíssimo Senhor dos Mundos, em cooperar pela salvação humana a ser efetuada pelo Filho de Deus, ao qual, juntos, reconhecemos no berço. O lugar vazio a ser deixado na dita obra pelo primeiro de nós três que abandonar a vida física deverá ser preenchido pelos que ficam.

"Os bens de fortuna herdados de meus antepassados quero que sejam aplicados do seguinte modo: metade na manutenção da minha Escola e dos órfãos, anciãos e enfermos ligados à dita instituição.

"A outra metade dos bens deverá ser empregada em colaborar nas obras a serem realizadas pelo Avatara Divino encarnado na Terra.

"Nomeio executores de minha última vontade meus dois companheiros de clarividência eterna, Gaspar de Srinaghar e Melchor de Horeb.

"Que o Altíssimo, a quem adoro e sirvo, receba o meu espírito quando eu chegar ao reino espiritual.

Baltasar de Susan – Servo de Deus."

Gaspar declarou que, efetivamente, existia esse pacto entre os três, motivo pelo qual decidiu enviar um aviso ao príncipe Melchor para se colocarem de acordo sobre a forma de cumpri-lo.

Conferenciou longamente com Jhasua sobre o desenvolvimento da sua missão salvadora da humanidade, e resolveram encontrar-se, juntamente com Melchor, no Santuário do Monte Hermon, a cada dois anos, contados a partir do dia em que Jhasua completara os 22 anos de idade. Os encontros verificar-se-iam na primeira semana do mês de janeiro.

Além do mais, a cada três luas, deveriam enviar reciprocamente cartas para manter assim latente e vivo o fogo santo do amor divino que os havia chamado para uma compreensão mais clara dos desígnios de Deus.

Os despojos mortais de Baltasar foram embarcados num lanchão no Eufrates, para conduzi-los a Babilônia, onde estava a sede principal de sua Escola disseminada nas mais importantes capitais persas.

De regresso a Antioquia com seus amigos, Jhasua lembrou, como é natural, que outros deveres o reclamavam em sua terra natal, para a qual desejava voltar antes do início do verão.

Ao despedir-se do ancião Gaspar, que embarcou acompanhando os despojos mortais de seu grande amigo, Jhasua teve a intuição de que ele seria o primeiro a seguir para junto daquele que partira.

O ancião sensitivo captou esse pensamento e disse com imensa ternura ao jovem Mestre:
— É verdade que, depois de Baltasar, serei o primeiro a partir para o reino das almas, mas ainda nos veremos algumas vezes no Monte Hermon.
— Peçamos juntos ao nosso Pai Celestial — respondeu Jhasua profundamente comovido — para que não me deixeis sozinho por tanto tempo.

No Horto das Palmeiras

O chamado Horto das Palmeiras, a hora e meia de Antioquia em direção ao sudoeste, e a galope de um bom cavalo, era uma deliciosa paragem, cujo nome obedecia a um espesso bosque das maiores palmeiras que cresciam na região. Dava sombra e frescor a um formosíssimo lago de umas três léguas de extensão, por uma de largura, mais ou menos. Sua profundidade permitia a navegação em pequenas lanchas. Como provinha de um braço do Rio Orontes, o lago crescia e transbordava quando as águas do Mediterrâneo empurravam para a praia as águas do grande Rio.

Essa região encantadora, com três léguas ao redor da verde pradaria circundante do lago, pertencia ao Scheiff Ilderin por herança de seus antepassados distantes.

O título de propriedade, que conservava com orgulho, datava de três séculos, ou seja, desde a entrada na Síria da dinastia dos Selêucidas, cujo primeiro rei, Seleuco Nicátor, doou esse formoso horto com suas terras a um distante bisavô do nosso Scheiff, em gratidão a grandes serviços que, com as invencíveis hostes do deserto, lhe havia prestado para conquistar sua posição e fundar seu glorioso reino em toda a região do Líbano e do Orontes.

Os cobiçosos romanos, quando subjugaram a Síria, haviam posto os olhos no incomparável Horto das Palmeiras, cujas pradarias, cheias de rebanhos de toda espécie, significavam grande riqueza.

Mas metade do deserto obedecia ao Scheiff Ilderin, e os partos eram seus amigos. A Arábia Pétrea, desde o Mar Vermelho, era sua irmã, e suas caravanas caminhavam juntas com as do vale do Nilo e as da distante Etiópia. Muito fortes deviam ser essas razões para que as legiões romanas não dessem um único passo em direção à deliciosa paragem, aonde levaremos o leitor acompanhando Jhasua.

O generoso e nobre Scheiff quis que o Profeta-Rei, como ele denominava ao Mestre, visitasse a sua propriedade junto com a família de Judá, com os amigos vindos que o acompanhavam e, também, Simônides e sua formosa neta.

Num anoitecer se apresentaram na pousada "Boa Esperança" uns criados conduzindo pelo cabresto camelos ajaezados, com a poltrona dossel sobre o lombo, como era usual para que mulheres, anciãos ou crianças pudessem viajar. Uns quantos cavalos árabes de preciosa aparência iam destinados aos homens jovens.

Diante desse convite, tão gentilmente oferecido, não era possível uma negativa, e foi assim que, de manhã, bem cedinho, a alegre caravana empreendeu a marcha até com os criados íntimos da família: Amhra, Eliacin e Shipro, os quais repetiam em todos os tons que, desde que o Profeta de Deus andava próximo do amo Judá, a vida para eles se havia convertido num paraíso.

Thirza e Nebai acharam delicioso viajar sobre o lombo do grande camelo branco que havia levado recentemente Jhasua até Tiphsa. Elas iam com louca alegria, quando, olhando para baixo, viam longe, lá embaixo, Judá e Faqui escoltando-as ao trote de seus pequenos e fogosos cavalos árabes.

Noemi com a fiel criada viajavam em outro camelo e rezavam em silêncio, pois tinham a impressão de irem sobre a copa de uma árvore, cujo vaivém suave e monótono causava-lhes um ligeiro enjôo.

Jhasua com Simônides, os dois filhos de Judas de Galaad e os criados, encerravam a caravana, escoltada toda ela pelos enviados do Scheiff.

— O Pai Celestial encheu de alegrias e belezas a minha vida — disse Jhasua a seus companheiros de viagem. — Não é possível que os meus caminhos sejam sempre semeados de rosas, de amor e de felicidade ...

— Assim o mereces, meu Senhor — completou Simônides. — Penso que não pode nem deve ser de outro modo. Acaso não vives, ó meu Rei de Israel, para dar alegria, saúde e paz a todos os que chegam junto de ti? Jehová é a própria justiça, e Ele derrama sobre tido o que dás aos demais! Não raciocino bem, Senhor?

— De acordo com o grau de tua compreensão, raciocinas bem; no entanto, há também raciocínio oculto que, por enquanto, não vês, mas o verás mais adiante — respondeu Jhasua.

— Ah, meu Senhor! ... — exclamou Simônides. — Não arrojes água gelada na nossa balsa de flores! ... Somos todos tão felizes ao teu lado, que se nos oferecessem outro céu, ainda preferíamos este.

— Oh, Simônides! Procedes como uma criança, e em verdade eu te digo que às vezes os inocentes são os que mais facilmente compreendem a glória de Deus.

Quando chegaram ao Horto das Palmeiras, o sol se levantava em todo o seu esplendor, derramando pó de ouro sobre as azuladas ondas do lago, sobre a pradaria úmida de orvalho e, sobretudo, nos verdes e flutuantes leques daquelas palmeiras centenárias carregadas de abundante fruto, cuja maturação naquela cálida região tinha início na entrada do estio.

O Scheiff Ilderin, fora de si de alegria, havia engalanado suas tendas como nos dias de grande solenidade. Não era acaso um príncipe da estirpe de David e Salomão, destinado pelo Altíssimo a ser coroado Rei sobre todo o Oriente, quem chegava à sua morada no deserto?

Pavilhões com as cores de todas as nações da Arábia ondeavam nos mastros centrais, sobre os quais estavam armadas as tendas que se assemelhavam a um imenso acampamento. Havia ali uns três mil homens de seus valentes lanceiros, muitos dos quais tinham mulheres e filhos. Seus familiares e a criadagem formava igualmente um numeroso grupo. Era pois uma cidade de tendas defronte ao lago, em cujas ondas de cristal se refletiam as altas copas das palmeiras, os mastros adornados de galhardetes e bandeiras e os três mil lanceiros a constituírem longa fileira, fazendo brilhar ao sol suas lanças e azagaias, e ondear ao vento os penachos de plumas de seus turbantes.

O sangue jovem de Judá e de Faqui começou a ferver nas veias, e, ainda sem desmontar, deram um formidável grito de triunfo que se espalhou, como um eco, na solidão do deserto:

— Viva o grande Rei do Oriente, glória de Israel! — Os três mil lanceiros gritaram em coro um "Viva" ensurdecedor, ao mesmo tempo que cruzavam no alto as suas lanças para que o jovem Mestre, ao qual aclamavam, pudesse passar sob elas.

Jhasua desmontou rapidamente e abraçou-se ao Scheiff que o esperava na entrada da tenda principal.

— Recebes-me como a um Rei — disse — e não sou senão um Mestre que veio para ensinar aos homens a divina Lei do Amor. Eu seria imensamente feliz se pudesses compreender a minha Lei!

— Sim, Senhor! Eu a compreendo! ... És o Salvador deste Mundo, e através do amor e da justiça reinarás sobre todos os homens da Terra!

Os olhos de todos brilhavam de entusiasmo e até as mulheres retiraram seus véus quando o Scheiff lhes disse que "*ao Rei não se recebe com o rosto velado*".

O Scheiff tinha três esposas secundárias que obedeciam docilmente à primeira, uma austera matrona de 40 anos, que ainda conservava os vestígios de sua beleza juvenil.

— Azara — disse o Scheiff —, este é o soberano, ao qual nossos filhos e netos servirão de escolta.

A mulher inclinou-se para beijar a orla da túnica branca de Jhasua. Ao mesmo tempo ela fez sinal às outras esposas e a um formoso grupo de donzelas que se mantinha timidamente afastado.

O suave som das guslas e dos alaúdes começou a preludiar suavíssima melodia.

Noemi, Thirza e Nebai julgavam estar sonhando. O ancião Simônides chorava de alegria. Judá, Faqui e os dois filhos de Judas de Galaad chegaram a crer que, na verdade, Jhasua ia ser coroado Rei de todo o Oriente. Tal era o ambiente de solene majestade que se respirava na porta da imensa tenda, encortinada de púrpura e deixando flutuar ao vento os vistosos pavilhões da Arábia.

Todos estavam sentindo-se imensamente felizes. Tão-só Jhasua tinha os olhos cheios de lágrimas e seu olhar se perdia nas águas azuis do lago, sombreadas pelas palmeiras e pelos dourados raios do sol. Ele via, num quadro a distância, a tremenda visão que teve no grande Santuário do Moab, na véspera de sua consagração, e disse:

— Quando eu for erguido ao alto, todos os corações daqueles que amam se precipitarão para mim! ... Acalmei vosso entusiasmo e ansiedade, porque ainda não é chegada a hora.

— Quando será esse dia, Senhor? ... — perguntou Simônides, crendo ouvir que lhe estava respondendo. — Daqui a um ano ou dois?

Mas Jhasua esclareceu sorridente e afável, como se estivesse anunciando um dia de glória e de felicidade: "Quando o véu do Templo se rasgar de cima a baixo e as trevas cobrirem a Terra."

Um novo personagem que apareceu nesse instante pela porta interior da tenda chamou a atenção de todos. Era um ancião de alta estatura, magro e seco como um feixe de raízes, de cor triguenha, de uma palidez mate com uns olhos profundos e negros, cheios de inteligência e bondade. Vestia uma longa túnica branca de lã rústica, presa à cintura por uma tira de couro cru.

Levava em suas mãos, um pouco levantadas, uma cinta de ouro, com a largura de dois dedos colocados juntos, na qual brilhavam, como olhinhos de fogo vermelho, setenta rubis.

— É o nosso patriarca Beth-Gamul — disse o Scheiff Ilderin. — O ermitão dos Montes Tadmor.

O ancião colocou-se diante de Jhasua e disse em aramaico:

— Profeta do Altíssimo! ... Teu dia começa e o meu termina! Chegaste oportunamente, pois que, daqui a pouco tempo, serei chamado ao Paraíso de Deus, e o deserto ficará sem um patriarca. O anjo das anunciações disse-me que és o Enviado para iluminar os homens, e a Divina Sabedoria manda-me cingir tua cabeça com a insígnia de seus escolhidos.

Sem esperar resposta, o ancião cingiu a cabeça de Jhasua, dobrou um joelho em terra, e disse com voz sonora: "Deus te salve, Mestre!"

Essa saudação foi repetida, num coro formidável de mais de três mil vozes unidas.

Noemi, Thirza, Nebai e Amhra, como surpreendidas por um religioso pavor, haviam caído de joelhos, e, juntando as mãos sobre o peito, com seus corações cheios de piedosa ternura, davam às suas palavras o fervor de orações, devoção e recolhimento de prece, quando repetiram com os demais:

"*Deus te salve, Mestre!*"

Jhasua parecia como que petrificado no centro da estância, pois unicamente ele permanecia de pé, como uma estátua branca, na qual se havia concentrado a vida no fulgor de seus olhos cheios de infinita ternura.

– Paz e amor sobre todos vós! – disse, por fim, com a voz trêmula de emoção. – Dobraste o joelho ante a Majestade da Divina Sabedoria, que me consagra Mestre do deserto. Seja em boa hora, e, a partir deste momento, prometo-vos que, do mesmo modo como o vosso patriarca Beth-Gamul, quando eu for chamado para a vida verdadeira, deixar-vos-ei um sucessor para vos conduzir pelos caminhos do Deus Único, e vos afastar da enganosa ilusão dos falsos deuses que levaram a humanidade ao abismo.

"Na vossa Arábia Pétrea, coroada pelo Sinai, Moisés recebeu a única Lei Divina que levará a humanidade terrena ao apogeu do ideal para o qual foi designada. Os ventos do Sinai levaram os Dez Mandamentos Divinos a todos os recantos de vossas montanhas e desertos. A sombra de vossas palmeiras ficou impregnada da sua doce melodia ... As águas de vossos oásis e as areias das grandes dunas, absorveram, sem dúvida, o Mandamento Divino condensado todo ele nesta síntese, que é como um altar de granito:

"*Ama a Deus sobre todas as coisas e ao próximo como a ti mesmo.*"

O velho patriarca confundiu-se com o jovem Mestre num estreito abraço, e este disse em voz alta:

– Em ti abraço a todos estes lanceiros do deserto, aos quais peço, do mais íntimo do meu coração, que não levantem jamais suas armas, a não ser em defesa dos fracos, dos perseguidos e dos desamparados, pois somente assim a minha boca vos poderá dizer: "*Bem-aventurados os que têm fome e sede de justiça, porque o Eterno vos fartará dela.*"

Desta maneira terminou essa solenidade, num oásis do grande deserto da Síria, dominado então pelos árabes que entraram para a aliança do Salvador do Mundo pela ampla porta do seu Coração, Templo Augusto do Amor Divino, até que a incompreensão e a mesquinhez humanas os arrojou para longe das congregações cristãs dos primeiros tempos, alegando que não eram circuncidados. Idêntico procedimento ocorreu na Idade Média quando queimavam as pessoas que não haviam recebido o batismo da Igreja.

A que pequenez fica reduzido, no sentir e no pensar dos homens, aquele sublime mandamento "*Ama a teus semelhantes como a ti mesmo*", no qual o Cristo fundamentou seu ensinamento!

Depois da refeição do meio-dia, uma enormidade de barcos cheios de donzelas, jovens e crianças povoou de risos e cantos as águas tranquilas do lago.

– Ide com a juventude e com a meninice – disse Jhasua aos seus jovens amigos.
– Farei companhia ao Scheiff Ilderin, ao patriarca Beth-Gamul e ao meu bom Simônides, que se converteu na minha sombra.

— Que seja por muito tempo, meu Senhor — respondeu o ancião, sentando-se no divã central da tenda onde se achava o Mestre.

— Que grande conquista fez o deserto neste dia! — disse o Scheiff Ilderin. O futuro Rei de Israel é o Mestre e o Profeta do deserto.

— E isto significa — acrescentou o patriarca Beth-Gamul — que Ele é o Consultor e o Juiz Supremo nos assuntos e contendas que não possam ser esclarecidas pelos chefes das tribos.

— Ainda quando eu tenha aceitado ser como o alento de Deus no deserto, ignoro se poderei cumprir devidamente a missão que depositais sobre os meus ombros — disse Jhasua —, porque ainda estou ligado à minha família carnal e a muitos outros compromissos desde o Nilo até Antioquia. Contudo, se a vossa vontade para o Bem e para a Justiça é grande, todos juntos poderemos carregar a grande responsabilidade que significa propender para a felicidade e para a paz no deserto.

— Antes de ser avisado de que devia transmitir minha autoridade e meus deveres à tua pessoa, ó príncipe de David — disse o patriarca —, eu tinha ao meu redor um conselho de seis dos mais capazes entre os chefes de nossas tribos. Um deles era o Scheiff Ilderin pai, ao qual sucedeu seu filho aqui presente. Os outros cinco estão espalhados entre os Montes Tadmor, Bazan e Jebel, mas se reuniam comigo na última lua do outono para realizar, de comum acordo, a partilha das colheitas e o produto do intercâmbio com os países vizinhos a fim de não permitir a aproximação em nossas tendas do fantasma da fome e da miséria.

"Grande solidariedade une todos os moradores do deserto, e isto se deve, em grande parte, ao trabalho do patriarca e de seus mais íntimos colaboradores."

— Isto quer dizer — observou Jhasua —, que em vós penetrou mais profundamente a lei de Moisés que gravou sobre pedra o mandamento divino do amor fraterno.

"Em nossa Israel, em contrapartida, propagou-se, como a cizânia, o separatismo entre umas regiões e outras. O ódio, que é força destruidora, completou seu trabalho e deixou desunido o povo que a prepotência dos invasores arrasta pelo solo no qual corre lodo e imundície. Reconstruir através da fraternidade e do amor tudo o que o homem destrói é e será sempre a obra que salvará a humanidade."

A conversação teria continuado subindo de tom nesse mesmo sentido se não tivesse sido interrompida por agudos gritos de socorro que fenderam os ares puros e diáfanos que flutuavam sobre o lago do Horto das Palmeiras.

Todos saíram da tenda com grande precipitação. O tumulto e a gritaria em que se confundiam o pranto de mulheres e os gritos de crianças com vozes de comando dos barqueiros formou uma formidável gritaria.

Nem um único barco havia ficado no pequeno ancoradouro para correr em socorro dos que pediam auxílio. Ninguém sabia o que se passava. A esposa e os filhos do Scheiff Ilderin também haviam ido ao lago. Uns quantos homens de armas se despojaram de suas roupas e se lançaram às águas. No entanto, a distância era grande, pois o tumulto ocorria quase no outro extremo do lago.

— Quietos! ... — disse Jhasua. — Voltai para a margem porque vos afogareis muito antes de chegar lá. — Os homens se detiveram.

Uma chama de luz envolveu o Mestre, e um formidável pé-de-vento o empurrou sobre o nível das águas que se encresparam ligeiramente. Um grito uníssono escapou de todos os lábios e todos caíram de joelhos sobre as pedras do ancoradouro, inteiramente mudos, enquanto olhavam, paralisados de assombro, acompanhando a branca silhueta do Mestre deslizando sobre as águas com uma velocidade espantosa. Não era senão um vulto branco correndo sobre as águas até que o viram confundir-se com o tumulto que acontecia ao longe.

— O vento de Jehová levou-o para salvar os náufragos! ... — gritou Simônides como enlouquecido de estupor. — Salvai-o, Senhor, e que Ele não pereça por tentar salvar os demais!

— É em verdade o Filho de Deus! ... — disse o patriarca a meia-voz — e os elementos o obedecem. Não temais, que ele é mais forte que as águas e os ventos.

Pálido como o pano de seu turbante, o Scheiff Ilderin parecia nem sequer respirar e, com os olhos imensamente abertos, devorava a distância que o separava do tumulto dos barcos e dos passageiros. Pareceu-lhes um século o tempo da demora até que as pequenas embarcações começaram a aproximar-se lentamente da margem.

A imprudência de uns quantos jovens, que resolveram fazer uma corrida com as lanchas, foi a causa do incidente. Três barcos se haviam chocado, lançando seus tripulantes na água. As embarcações partiram-se, produzindo a dolorosa cena de um verdadeiro naufrágio. A não ser pela intervenção supranormal do Mestre, que usou de seus poderes interiores de levitação e domínio absoluto dos elementos, teriam perecido umas vinte pessoas, entre as quais se achavam dois adolescentes, homem e mulher, filhos do Scheiff Ilderin.

Os náufragos referiram depois que se seguraram nas mãos, nos pés e nas roupas do Profeta, que se mantinha como uma rocha branca sobre as águas, até que se aproximaram os barcos mais próximos, nos quais se recolheram.

Seis dos náufragos haviam sofrido ferimentos sem gravidade e apenas um apresentava nas costas um ferimento que sangrava abundantemente. Jhasua embarcou junto, e o levava recostado sobre os seus joelhos, com sua mão direita colocada sobre a ferida aberta. Era um dos remeiros que, para salvar um dos filhos do Scheiff, se havia chocado com o esporão da proa. Quando o desembarcaram, a ferida já não sangrava mais, e os lábios do corte se haviam unido, apresentando o aspecto de ter sido curado recentemente.

Entre os povoadores do deserto da Arábia, conservava-se vivo, em relação ao Profeta Elias, um culto mesclado de pavor e devoção, como também para Moisés, o grande legislador hebreu e taumaturgo que, com suas poderosas faculdades interiores, dominava os homens e os elementos, produzindo essas estupendas manifestações supranormais chamadas milagres.

Os moradores do Horto das Palmeiras disseram com grande entusiasmo:

"Este jovem profeta, que corre sobre as águas e deixa anulada a morte, deve ser a alma do Profeta Elias que voltou à Terra para fazer justiça sobre os maus."

"Não, deve ser o grande Moisés", disseram outros, e enumeravam um por um os prodígios que o grande taumaturgo havia feito no distante Egito para obrigar o Faraó a dar liberdade aos povos de Israel.

— É o Rei do Amor! — disse o patriarca, silenciando todas as suposições e conjecturas. — É o Rei do Amor que reina para sempre sobre todos os que são capazes de amar seguindo os seus caminhos!

O patriarca árabe Beth-Gamul, ermitão do Monte Tadmor (em Palmira), era um grande sensitivo clarividente, e havia surpreendido na personalidade de Jhasua o Escolhido do Altíssimo para a obra da libertação humana, através da magia divina do Amor.

Jhasua e Jhosuelin

Três dias depois, Jhasua deixava a cidade de Antioquia e as pradarias risonhas do Orontes, para regressar à sua terra natal. Voltavam, juntamente com ele, todos os que o haviam acompanhado, além de Simônides que, segundo se dizia, se convertera na sua sombra. Sua formosa neta Nebai também fazia parte da caravana.

Reunir-se-iam todos em Jerusalém, no velho palácio de Ithamar, no qual entrariam com todos os direitos, como legítimos donos, depois da reivindicação obtida mediante os talentos de ouro que Simônides havia obsequiado ao ministro favorito do César.

Valério Graco residia por ordem superior na Cesaréia, a moderna metrópole da província da Samaria, e se dava por muito satisfeito, contanto que não removessem a meada de delitos que cometera na Judéia, levado pela ambição de riquezas. Desta maneira, não tomou conhecimento da reivindicação da família do príncipe Ithamar.

Ficava fundada a Santa Aliança na grande metrópole, porta do mundo Oriental que, anos mais tarde, devia ser o primeiro ninho do Cristianismo tal como o Divino Mestre o sonhara.

Jhasua separou-se de seus amigos em Tolemaida, com a promessa de reunir-se novamente a eles em Jerusalém, na próxima Páscoa.

O tio Jaime estava à sua espera no porto de Tolemaida, e nem bem chegou ao seu lado, informou que seu pai e Jhosuelin estavam com a saúde bastante precária, motivo por que o aguardavam ansiosamente.

Jhosuelin, seu irmão, esgotava-se dia após dia, e Joseph sofria desfalecimentos freqüentes, enjôos e palpitações do coração. Myriam, sua mãe, vivia em contínua aflição e, não obstante seu grande coração ter feito a generosa oferenda a Deus do filho Profeta, suplicava ao Senhor que o trouxesse quanto antes para o seu lado para aliviar os padecimentos do lar. O leitor compreenderá perfeitamente que a chegada de Jhasua foi um dia de glória para a velha morada do artesão de Nazareth.

A melhora dos dois enfermos foi clara e evidente. Reuniram-se lá também todos os familiares e amigos, cujo entusiasmo pelo jovem Profeta crescia na mesma proporção em que supunham estar muito próximo seu futuro de grandeza e esplendor. A ele, em segredo, chamavam de *o Salvador de Israel*, tornando-se tolerantes com a sua ausência.

Atribuíam às suas freqüentes viagens propósitos de proselitismo para poder escalar o alto cume, de onde, provavelmente, arrastaria todos os seus amigos e seguidores. O silêncio do Mestre, nesse sentido, era interpretado como discrição e cautela.

Porventura não devia precaver-se dos milhares de inimigos todo ser humano que, naquele país, se destacava um tanto dentre a multidão?

Jhasua compreendeu logo que seu pai e o irmão estavam chegando à crise final.

Concentrado em oração nessa noite na própria alcova de Jhosuelin, seu espírito, habituado a aprofundar-se nos desígnios divinos, teve lucidez para discernir que seu pai terminara honrosamente seu programa de vida na Terra, e que o seu organismo físico não resistiria senão umas poucas luas mais. Compreendeu, igualmente, que Jhosuelin sofria a ânsia suprema de morrer. Queria o Infinito ... Almejava a Eternidade. A vida terrestre asfixiava-o. Ele viera ao plano físico tão somente para servir-lhe de escudo durante sua infância e adolescência. Havia obedecido a uma aliança e a um pacto que não quis romper. Jhasua já era grande e forte como um cedro do Líbano, capaz de resistir a todas as tempestades.

No sono dessa noite, falando enquanto dormia, disse Jhosuelin ao irmão a velar ao seu lado:

– Jhasua, meu amado! ... Dá-me liberdade, porque a atmosfera da Terra me asfixia. Não cumpri já o pacto que fiz contigo? ... Por que ainda me reténs?

O jovem Mestre inclinou a dolente cabeça sobre o peito do seu nobre e querido irmão e lhe disse com o pensamento cheio de amor:

– Eu te dou a liberdade, irmão muito mais querido que todos os demais filhos do meu pai. Se Deus o permitir, vai! – e abraçou-se chorando àquela formosa cabeça adormecida.

O sono prolongou-se uma hora mais. Logo sentiu que ele exalava um grande suspiro. Era o derradeiro, levando o último alento da vida física daquele jovem de bem poucos anos, idoso embora como espírito nos longos caminhos de Deus. Tinha 26 anos.

Este foi um golpe fatal para Joseph, seu pai, que, não fosse pela presença de Jhasua, talvez não tivesse podido resistir. Todos compreenderam isso.

Mas a clara lucidez do jovem Mestre e seu domínio sobre todas as forças benéficas, que, nesses casos, atuam para transformar em serena paz as maiores dores, de tal maneira inundaram a alma justa e nobre do ancião que foi para todos um verdadeiro assombro vê-lo caminhar tranqüilo, apoiado em Jhasua, quando o cortejo mortuário se encaminhava para as grutas sepulcrais nos subúrbios de Nazareth.

– Este bom filho era muito querido para mim – disse o ancião aos amigos que o acompanhavam em seu séquito –; no entanto, estou convencido de que era já um fruto maduro, uma flor chegada à plenitude, e que o Senhor a queria para si. Passou pela Terra sem que o pó da vida se prendesse às suas roupas, e estou certo de que me espera no seio de Abraham.

Myriam estava inconsolável. Jhosuelin havia sido para ela como um verdadeiro filho, que, junto com Ana, receberam dela os mais ternos mimos, pois eram os menores que ela encontrou ao entrar no lar de seu esposo Joseph.

– Mãe! ... Mãe! – disse Jhasua, procurando consolá-la. – Não causemos sofrimento ao nosso meigo e amado Jhosuelin com o nosso desconsolado pranto. Se ele não fez outra coisa na vida senão amar e servir a todos enquanto suas forças o permitiram e, como tal é a Lei Divina, devemos, com razão, pensar que o Senhor o levou para o seu Reino a fim de coroar a sua vida com o prêmio do seu Amor que é luz, paz e felicidade eterna.

"Deixemos o desconsolo e o pranto para os que acompanham até a cova um pobre ser que causou sofrimento a muitos, que semeou de obras más o seu caminho, que não teve sentimentos de bondade e de amor para ninguém e que sacrificou tudo e todos aos seus interesses de fortuna e de engrandecimento pessoal. Esses sim são merecedores do pranto e da aflição, porque serão encerrados em geladas trevas por muito tempo ... Mas o nosso Jhosuelin, mãe, era uma flor de ternura e suavidade até para com o mais humilde trabalhador ou criado da casa. – E com comovedora alusão a todas as ações e obras do jovem desaparecido, Jhasua procurou levar a paz e a quietude às almas que, naquele bendito lar, o haviam amado tanto.

A terna e meiga Ana via desaparecer Jhosuelin, o mais íntimo confidente de suas tristezas e esperanças. Transformada num pequeno monte de angústia, chorava num sombrio recanto de sua alcova.

Jhasua procurou-a e foi até ela. Sentou-se ao seu lado e abraçou-a ternamente, enquanto lhe dizia:

– Agora serei junto de ti, simultaneamente, Jhosuelin e Jhasua. Dois irmãos em um só. Queres, Ana, que eu faça ao teu lado quanto fazia Jhosuelin?

"Não me rechasses, Ana, minha irmã, porque então causar-me-ás aflição em pensar que me queres muito pouco!"

Chorando amargamente, Ana abraçou-se a ele, e seus angustiosos soluços ressoaram por toda a casa. Myriam, que a ouviu, aproximou-se de Joseph que, sentado em sua poltrona, lia o livro de Job: "O Senhor o deu a mim, o Senhor o levou ... Bendito seja o Seu Santo Nome."

Quis acalmar o inquiridor e ansioso olhar de Joseph a ouvir comovido aqueles profundos soluços.

– É Ana! ... – disse Myriam. – Para ela, Jhosuelin era o anjo guardião. Os dois se compreendiam tanto que ele até parecia adivinhar os pensamentos dela!

– Para quem este filho não era bom? ... – acrescentou o ancião afogando também um soluço. – Contudo Jhasua ocupará, para todos nós, o lugar de Jhosuelin. Oh, sim! ... Jhasua consolará a todos, porque é capaz de amar mais do que todos nós juntos. Os anjos de Jehová estão em festa, porque mais um entrou no Reino de Deus. Jhosuelin me espera, Myriam, porque eu não demorarei muito a ir ter com ele.

– Também tu? ... – exclamou a desconsolada mulher. – Porventura não mereço nada?

– Sim, mulher. Mereces tudo e terás talvez a felicidade e a glória de ver o triunfo de nosso grande filho, o Profeta de Deus, antes de abandonar esta vida.

"Se eu tenho o dobro da tua idade, como poderemos pensar que eu possa viver na Terra tanto quanto tu? Vamos, compreende, minha menina, e vamos juntos ao cenáculo para esperar aqueles que chegarão para as preces. Já é chegada a hora e estamos no terceiro dia dos funerais."

Enquanto estavam ali, entraram Ana e Jhasua, que haviam conseguido um triunfo completo sobre aquela angustiosa dor. A jovem parecia serena.

Pouco depois chegou o tio Jaime e os demais familiares, que, durante sete dias, compareceriam à casa para fazer em conjunto as preces e honras fúnebres costumeiras.

A morte física do justo deixou paz e serenidade nas almas daqueles a quem ele amava, porque a Bondade Divina permitiu fosse ele mesmo o consolador dos que choravam a sua ausência.

Se toda a humanidade compreendesse que, acima de todas as coisas, Deus é Amor e que tão-só pede a seus filhos amor para redimi-los e salvá-los, outros horizontes seriam vislumbrados nesta hora de ansiedade e de sombria incerteza.

A presença espiritual de Jhosuelin se fez sentir nos mais sensitivos. Jhasua o havia chamado com o pensamento para consolar os seus, e a alma do justo aproximou-se cheia de ternura junto daqueles que ainda choravam por ele. Myriam, Ana e o tio Jaime sentiram as mesmas palavras:

"Sou tão feliz que o vosso pranto não tem razão de ser. Quereis ver-me sempre atormentado com o esgotamento físico e a fadiga do coração? ... Tendes Jhasua, que encherá, até transbordar, todo o vazio que a minha ausência deixou ao vosso lado."

Os demais apenas sentiram grande paz e tranqüilidade, inefável consolo e a certeza de que aquele por quem choravam era feliz, e limitaram-se a dizer: "Jehová o levou muito cedo para o seu Reino, porque era justo e porque, na manhã da sua vida, se fez grande pelas suas boas ações. Bendito seja o lar que teve um filho como esse."

A Jhasua disse algo mais no mais íntimo do seu espírito luminoso:

"No outono, o nosso pai deixará o plano físico. Será bom não te afastares do lar até que esse fato se consuma."

O Mestre recordou que o verão apenas havia começado, e que o outono viria depois ... Quão breve era pois o tempo da vida física que restava para o seu pai!

Elevando a voz para terminar as preces dessa noite, disse:

"Altíssimo Senhor dos mundos. Que Tua Soberana Vontade se cumpra acima de todas as coisas, e que estas tuas criaturas sejam capazes de aceitá-la cheias de gratidão e de amor! Damos-Te graças pela paz e pela felicidade que derramaste sobre o nosso irmão, e rogamos que a mesma seja também derramada sobre nós quando quiseres chamar-nos para o Teu Reino Imortal."

— Assim seja — responderam todos, e se despediram até o dia seguinte, quando continuaram o setenário das honras fúnebres.

No dia imediato, Jhasua teve uma longa confidência com o tio Jaime, o qual, junto com Jhosuelin, tinham sido os dirigentes e administradores da oficina de Joseph. Pôs-se a par do estado em que se encontravam as finanças do pai. Viu que não havia muitas dívidas, os contratos existentes estavam em fase de conclusão dos trabalhos iniciados e tinha a obrigação de entregar tudo a curto prazo.

Combinou secretamente com o tio Jaime para não aceitar mais contratos e mandar suspender novas remessas de madeiras do Líbano. Comprovou que aos filhos de Joseph, que estavam casados, já lhes havia sido entregue o seu patrimônio. O dote de Ana fora apartado do conjunto dos haveres para quando ela se casasse. Somente faltava tirar o patrimônio de Jhasua; no entanto, ele renunciou nesse instante em favor de sua mãe, por intermédio de um documento que firmou e encerrou na pequena arca de carvalho na qual Joseph guardava documentos e valores.

Encontrou num pequeno cofre a parte, em cuja tampa se lia: "Tesouro de Jhasua", o donativo em ouro que ano após ano lhe tinham feito os amigos que o visitaram no berço: Melchor, Gaspar e Baltasar.

Contou os vinte e um talentos que prometera à Santa Aliança, e o resto juntou aos haveres de seus pais.

O tio Jaime presenciou toda essa cena em silêncio até que Jhasua lhe perguntou:

— Por quanto tempo julgas dará tudo isto para a manutenção da vida de minha mãe?

— Pensas assim porque estás julgando que todos os homens desta casa vão morrer? — perguntou alarmado o bom homem.

— Meu pai e eu morreremos antes dela. Apenas tu ficarás ao seu lado, é por isso que faço esta pergunta.

— Jhasua! ... A morte de teu irmão deixou-te fúnebre demais, e estou prestes a ficar aborrecido contigo — reprovou o tio.

— Compreende-me, tio Jaime! ... Eu te peço, compreende! Sou um Missionário do Amor Eterno e pertenço à humanidade. No entanto, como desejo também ser um bom filho, quero colocar em ordem todas as coisas, de tal forma que a subsistência de minha mãe fique assegurada.

— Fica tranqüilo, Jhasua — disse o bom tio Jaime —, que unicamente com as terras anexas ao horto desta casa tua mãe terá o suficiente para viver folgadamente.

"Além disso eu estou aqui, e creio que não quererás fazer-me também morrer logo. Tudo isto me faz crer que recebeste em aviso de que o teu pai morrerá dentro de pouco tempo. Não é assim?

— Sim, tio Jaime. É isso mesmo. Ele deixará a vida material no próximo outono, e é bom que esse acontecimento não nos apanhe desprevenidos. É esse o aviso que tenho.

— Então, se estiveres de acordo, começarei a fazer ligeiras viagens às cidades vizinhas, onde há trabalhos ainda pendentes de pagamento. O bom Jhosuelin concedia sempre prazos extras aos mais morosos.

"O bom Essênio não pode jamais pôr um punhal no peito do devedor para exigir o pagamento.

"Convém que cada qual exija o que é seu e perdoe quando o devedor estiver passando por circunstâncias prementes."

O tio Jaime iniciou suas viagens às cidades galiléias onde havia devedores de Joseph, e Jhasua consagrou-se inteiramente aos pais e à irmã Ana. Durante as noites, sozinho em sua alcova, escrevia longas cartas a seus amigos espalhados por diferentes lugares, para incentivar o entusiasmo pela Santa Aliança, salvadora de Israel. Ele mesmo as entregava nas caravanas que se detinham junto ao poço de Nazareth.

Suas formosíssimas palestras sobre a vida no plano espiritual, a conformação dos mundos de luz destinados às almas justas, a infinita bondade de Deus, que dá cem por um aos guardadores da sua Lei, a coroa de luz e a felicidade reservada aos que tenham amado ao próximo como a si mesmos, foram preparando Joseph para a sua próxima partida ao mundo da Luz e do Amor.

Ouvindo encantada o que o filho dizia, Myriam comentou algumas vezes:

– Mas poderemos merecer outro céu mais formoso que este?

Myriam jamais pôde esquecer aquele outono, aos 22 anos da vida de Jhasua, no qual conheceu a mais intensa felicidade espiritual.

Apoiado no braço do filho, passeava o ancião Joseph pelos caminhos do horto, iluminados pelo sol da tarde naqueles dias de verão, e também pela lua nas plácidas noites galiléias cheias de suavidade e de encantos. Na verdade, a promessa de Jhosuelin se cumprira, e Jhasua preenchia, até fazer transbordar, o vazio deixado por ele.

Em virtude da avançada idade, desenvolveu-se em Joseph, nessa temporada, grande faculdade clarividente, preparando-o ainda mais para a próxima entrada no plano espiritual. Joseph desfrutava de formosas visões que Jhasua explicava logo a seguir, de acordo com os estudos feitos nos Santuários Essênios. Viu ele claramente algumas de suas vidas anteriores, relacionadas com os atuais familiares, sobretudo com Myriam, Jhosuelin e Jhasua, aos quais se havia unido desde épocas distantes.

O bom tio Jaime ia e voltava das cidades vizinhas trazendo os valores, fruto do trabalho daquela oficina, conhecida em toda a região, como a casa de confiança onde todos podiam estar certos de que jamais seriam enganados. Se alguns devedores não tinham podido pagar, trazia deles a promessa escrita de efetuar o pagamento num novo prazo combinado sempre com benevolência.

Quem poderia atrever-se a enganar o ancião Joseph que, durante toda a sua vida de 80 anos, havia sido a providência vivente de todos os aflitos em situações dolorosas?

Assim passaram-se os meses de verão em inalterável paz e contínua felicidade, deixando às vezes Myriam alarmada.

– Será possível, Jhasua, meu filho, que tenhamos dois céus, um aqui e outro depois da morte? – perguntou ao Mestre quando a paz e a felicidade transbordavam de seu coração.

Então ele, sentado como um pequenino num tamborete aos pés de Myriam, disse:

– Mãe, segundo o teu parecer, que deve fazer o lavrador quando vê florescer seus campos de trigo dourado e os hortos com toda espécie de frutos?

– Recolhê-los e guardá-los para quando ocorrem anos de escassez e carestia – respondeu ela.

– Pois bem, minha mãe, desta maneira deve proceder a alma humana quando vê seus horizontes inundados de glória e de luz, quando sua fonte está transbordante de água clara e a paz de Deus flutua sobre o seu horto, fazendo-o florescer: recolher todas as bênçãos divinas e nos fortalecermos com elas para quando a Vontade do Pai Celestial, manifestada em circunstâncias especiais, tenha por bem provar o nosso amor por Ele, e a fé em Suas promessas eternas.

Chegou a festa da Páscoa, e Joseph pensou em ir a Jerusalém com a esposa e Jhasua. Uniram-se a eles os familiares e amigos, ficando seus lares aos cuidados de alguns criados de confiança, enquanto durasse a ausência.

Essa viagem, conhecida já pelo leitor que nos acompanhou em outras idênticas, não ofereceu nenhum outro incidente além do encontro com alguns enfermos infecciosos quando saíam ao caminho com o fim de implorar piedade aos viajantes. Curados pela força espiritual extraordinária do Profeta de Nazareth, seguiram viagem até a cidade santa, junto com ele.

A todos Jhasua falou do mesmo modo: "Exijo como única recompensa o vosso silêncio. Jerusalém é formosa, grande e forte como David e Salomão, que a ergueram sobre os Montes Moriá e Sião; entretanto, nela são sacrificados os servos do Senhor.

"Não é que eu tema a morte, mas eu a desejo tão-só quando o nosso Pai Celestial a quiser. Não podemos provocá-la nem buscá-la, a não ser quando seja chegada a hora, e a minha ainda não soou."

Quase todos os curados por ele foram fiéis a essa promessa, e assim se explica por que o Divino Salvador pôde chegar aos 30 anos de existência sem haver transcendido sua fama de Profeta e de taumaturgo às altas esferas do sacerdócio e do doutorado de Israel.

Alguns vagos rumores chegaram algumas vezes ao Grande Colégio de Jerusalém, e aos pórticos do Templo; no entanto, os mais célebres doutores judeus silenciavam tudo com a sua depreciativa frase habitual: "Não percamos o tempo em prestar atenção a tais rumores. Porventura saiu alguma vez algo bom da Galiléia?"

E da Galiléia saiu o mais radiante sol que haveria de iluminar os caminhos da humanidade terrestre, ficando o velho povo judeu, como um árido penhasco, mergulhado nas trevas, em razão da dureza do seu coração fechado a toda renovação.

"Toda luz deverá sair de Jerusalém", era o axioma inalterável dos sábios Doutores e Sacerdotes de Israel que, no seu cego orgulho e prepotência, chegaram a pensar que o Supremo Criador dos mundos sujeitava a Sua Vontade a deles. Tremendo erro que levou ao ridículo a maioria dos filósofos e sábios dogmáticos, cujas afirmações e premissas foram varridas como folharada seca pela Eterna Lei da Evolução e pelas descobertas científicas de toda ordem a derramar claridade de evidência, de lógica e de inegáveis verdades no caminho da Humanidade.

Na Cidade dos Reis

Novamente encontramos Jhasua em Jerusalém, no último terço do ano 22 da sua vida.

Outra vez o deparamos no velho casarão de Lia, a honorável parenta viúva, que com tanto amor sempre os hospedara desde a primeira infância do Homem-Luz.

Com o ancião Joseph apoiado em seu braço, Jhasua percorreu aquele imenso horto, onde cerejeiras, amendoeiras, vinhas, figueiras, romãzeiras de flores vermelhas e oliveiras centenárias ostentavam com orgulho em seus troncos as gravações que

Jhasua menino imprimira nelas, para recordar datas que, para ele, pareciam muito importantes: a queda de um ninho de calhandras da copa de uma cerejeira, cujos filhotes piavam desaforadamente pedindo alimento; a morte do velho jumento cor de canela, sobre cujo lombo passeava pelos caminhos do horto; sua própria queda dos ramos de uma figueira onde se havia escondido com grande ressentimento, por causa de uma repreensão de Lia, que o encontrou dando aos tordos os mais formosos cachos de uvas. Jhasua, já homem, carregado com o peso da Humanidade, riu como um menino ante essas lembranças, e também fez rir ao seu pai ancião, ao qual referiu alegremente a história de cada uma dessas ocorrências.

Encontrou todos os seus amigos da grande capital com alguns desentendimentos entre eles e os componentes da Santa Aliança. Essas discórdias ocorriam porque os íntimos de Jhasua, que eram os dirigentes, procuravam conter com um freio duro os imprudentes entusiasmos bélicos dos mais veementes.

Havia contínuas rixas entre alguns dos filiados e os soldados da guarnição romana que guardava a Torre Antônia, a Cidadela e o Palácio do Monte Sião, residência do Sumo Sacerdote e do representante do César na Judéia que, como se recordará, fora retirada de Arquelau, filho de Herodes, e colocada diretamente sob a autoridade do governador romano.

José de Arimathéia e Nicodemos, que eram, como Gamaliel e Nicolás de Damasco, a autoridade mais reconhecida da Santa Aliança, não conseguiam acalmar os ardores bélicos de muitos filiados que, a todo custo, queriam romper lanças com os intrusos dominadores de Israel e com os representantes do Sinédrio que os toleravam amistosamente.

Para celebrar aniversários da família imperial, ou datas gloriosas para suas legiões ou frotas marítimas, eles engalanavam as fachadas dos edifícios públicos com brilhantes escudos orlados com bandeiras e galhardetes, com as águias romanas e com as imagens dos heróis ou personagens consagrados. Isto punha fora de si alguns dos filiados demasiado extremistas em seu patriotismo judeu e, altas horas da noite, derrubavam toda essa ornamentação que, no dia seguinte, aparecia feita em pequenos pedaços ou jogados, escudos e insígnias, nos muladares, fora da cidade, onde desaguavam os aquedutos com todo tipo de imundície.

Nos lugares mais públicos e destacados, começaram a aparecer inscrições feitas com piche: *"Para a forca com os tiranos"*, *"Fora os invasores"*, *"Apedrejamento para os traidores do Templo e da Lei"*, etc.

Dessas atuações, resultou ser empreendida uma maior vigilância, até que a autoridade romana conseguiu identificar alguns dos autores que foram detidos e postos nos calabouços da Torre Antônia incomunicáveis e por tempo indeterminado. Jhasua recebeu, pois, de seus amigos, esse doloroso informe. Os detidos eram trinta e seis, e seus familiares, como é natural, estavam desesperados e culpando a Santa Aliança como causadora de todo esse mal.

Para evitar as denúncias que as famílias pudessem efetuar nesse sentido, os dirigentes viam-se forçados a sustentá-las com os fundos preparados para o glorioso futuro que todos esperavam. Eles acalmavam a todos com a promessa de conseguir brevemente a liberdade de seus cativos. Mas, como cumprir esta promessa sem delatar a si mesmos como aliados dos culpados da rebelião contra a suprema autoridade do César?

Estavam nessas circunstâncias, quando Jhasua chegou a Jerusalém com seus pais, Ana, sua irmã, e outros familiares.

— Aí tendes o mal que resulta confundir num só o *Reino de Deus com o reino da*

Terra – esclareceu Jhasua. – A Santa Aliança tem por objetivo e finalidade engrandecer as almas, iluminar com o Divino Conhecimento as Inteligências para poderem ser melhores, mais justas, mas desinteressadas e para serem também mais capazes de união e fraternidade, que é o que dá aos povos a força para conquistar a própria liberdade.

"A rebelião contra uma força cem vezes maior que a vossa não pode levar senão a uma ruína muito maior que aquela que deplorais.

"Isto significa que nas vossas fileiras há muitos que não compreendem a elevada finalidade da Santa Aliança nem o seu principal objetivo: 'A união de todos sob uma só força diretriz, à qual podemos denominar *disciplina moral, mental e física,* para chegar ao fim a que nos propomos.'

"Isto significa também que, se esses exaltados filiados da Santa Aliança chegassem a ter o poder e a força em suas mãos, agiriam exatamente da mesma maneira que seus adversários: através da violência, imporiam sua vontade e seus modos de ver, e seriam outros senhores, tão tiranos e déspotas como aqueles que procuravam atirar por terra."

Jhasua averiguou imediatamente e soube que o Comandante da guarnição da Torre Antônia era novo em Jerusalém. O oficial por ele curado havia sido transferido para a fortaleza da Porta de Jaffa, denominada Cidadela; porém, era genro do Comandante da Torre Antônia.

Jhasua foi visitá-lo causando-lhe com isso enorme satisfação. Imensamente agradecido, tudo lhe parecia pouco para o Profeta nazareno que o fez voltar à vida. Estava recém-casado e jurara à esposa que jamais voltaria a tomar parte nas carreiras do circo.

O Mestre expôs a aflição dos familiares dos trinta e seis encarcerados na Torre Antônia e consultou-o para saber se seria ou não conveniente pedir piedade por eles.

– O caso é grave – respondeu o oficial romano – porque jogaram no muladar um busto do César e todas as águias dos escudos, símbolo da grandeza imperial. Ocorre que meu sogro está horrivelmente desesperado porque seu filho único varão foi contaminado pela lepra. Fez vir os médicos mais notáveis da Pérsia e de Alexandria, e o mal avança assustadoramente. Já está a ponto de perder os dedos das mãos e o lábio superior.

"És Profeta. Se puderes curá-lo, fica certo de que dar-te-á tudo quanto pedires. O moço perdeu uma formosa carreira, pois era companheiro favorito de Druso, o filho do César, na Academia Militar e nos jogos atléticos."

– Eu agradeceria imensamente se me apresentasses a ele – disse Jhasua –, e isto será outra obra digna de um homem justo que embelezará a tua vida.

– Vamos agora mesmo – disse ele. – O infeliz e desesperado pai receber-te-á como a um deus do Olimpo.

Ocorreu exatamente assim.

– Aqui tens um Profeta nazareno que cura a lepra – disse o genro ao seu sogro. Como bom romano da época, tinha este grande desprezo pela raça hebréia; no entanto, a dor de perder o filho, ao qual se via obrigado a manter encerrado na cela dos leprosos, num afastado recanto da própria Torre Antônia, abrandou-lhe o coração.

– És médico? – perguntou.

– Sim, Comandante – respondeu Jhasua. – Meu Deus, o Deus de todos os Profetas de Israel, deu a mim o poder de curar as enfermidades para as quais a ciência se declarou impotente. Teu genro falou-me do teu filho leproso. Aqui estou à tua disposição.

– Tenho a esclarecer – acrescentou o genro – que foi este Profeta quem salvou a minha vida quando estive a ponto de perecer em conseqüência daquele acidente no Circo.

O Comandante abriu grandemente seus olhos para examinar Jhasua e observá-lo mansamente.

— Mesmo que me peças tudo quanto tenho e quanto sou, incluindo que renegue ao César e às águias, farei tudo, Profeta, se salvares o meu único filho.

— Nada disto vou pedir-te, a não ser que faças obras agradáveis ao meu Deus, que é amor e justiça — respondeu Jhasua.

— Vamos — disse o Comandante, e os três seguiram por longas passagens e corredores, pátios e escadas, até chegarem a uma bolorenta torre das muitas que flanqueavam os muros daquela formidável fortaleza.

Penetraram numa sala que era como a antecâmara da chamada "Cela dos Leprosos". O leitor compreenderá perfeitamente que esse compartimento era destinado unicamente aos atacados que pertenciam às famílias romanas aristocratas, ou muito amigas, ou aliadas delas. A ralé dos leprosos era arrojada fora dos muros da cidade, e se refugiava nas grutas do Monte do Mal Conselho, já nosso conhecido.

O Comandante abriu o postigo gradeado e, através dele, olhou para o interior da sala contígua. Depois, convidou Jhasua a olhar também.

Aquela sala estava bem iluminada e mobiliada, mas cheia de pó e de teias de aranha. Quem poderia atrever-se a entrar para fazer a limpeza?

Na parede defronte ao pequeno postigo, via-se um bom leito encortinado de amarelo, com excelentes mantas de lã, cobertores de pele e almofadões de seda. Junto à porta em que se abria o postigo, Jhasua viu uma mesa sobre a qual, do próprio postigo, poder-se-ia deixar os alimentos e a água. O enfermo estava recostado no leito e parecia dormir. Aparentava ser um jovem de 20 anos, de alta estatura e que, graças aos grandes cuidados na alimentação, não parecia muito extenuado pelo mal.

— Abre-me a porta — pediu Jhasua com muita simplicidade.

— Mas, como? ... Atreves-te a entrar? — indagou assombrado o Comandante. — Sua própria mãe, quando chega a este postigo, olha chorando para o filho, deixa-lhe os melhores alimentos e frutas, o mais delicioso vinho, mas jamais me pediu que lhe abrisse a porta!

Jhasua sorriu docemente e voltou a pedir:

— Abre-me a porta.

— Abre — acrescentou o genro, vendo a vacilação do sogro. — O Profeta é vencedor da morte, e os males dos homens não chegam até ele.

— Grande é a tua fé — disse-lhe o Mestre — e hei de tê-la em conta.

A porta foi aberta, e Jhasua penetrou com grande pressa na alcova do leproso. Seus dois companheiros espiavam pelo postigo.

— Paulo Cayo! — disse o Mestre em voz alta.

— Oh! — exclamou o Comandante. — Quem lhe disse o seu nome? Foste tu?

— Que haveria de dizer? ... Nem sequer mencionei coisa alguma do teu filho, mas tão-só que estava leproso.

O jovem sentou-se na cama e olhou para Jhasua com olhos espantados.

— És também leproso? — perguntou.

— Não, graças a Deus. Venho para curar o teu mal.

O jovem soltou uma gargalhada, mescla de pouco-caso e de ira e, voltando-se para a parede, deitou-se novamente.

— Meu filho — disse o Comandante do postigo. — Ouve as palavras deste justo. Ele é o Profeta que curou o teu cunhado quando houve o acidente do Circo.

— Paulo Cayo! — voltou a chamar o Mestre, e sua voz devia ter tão grande força que o jovem saltou do leito e se colocou frente a frente com Jhasua. Estendeu as suas duas mãos arroxeadas e já cheias de pequenas inchações, anunciadoras das primeiras pústulas que iriam destroçá-las.

— Que queres de mim? — perguntou com febril ansiedade.

— Que acredites no poder que o meu Deus colocou em mim, para devolver-te a saúde e a vida! — exclamou o Mestre, com a voz tão sobrecarregada de energia divina que causava estremecimento.

— Creio, creio, creio no poder do teu Deus, Profeta! ... — gritou o enfermo. O pai caiu de joelhos no umbral da porta entreaberta e também disse:

— Creio, creio no poder do teu Deus, Profeta!

Jhasua concentrou-se em si mesmo, estendeu as mãos sobre o leproso e disse:

— Meu Pai! ... Mostra a este homem sem fé que sou o teu filho, ao qual transmitiste os teus poderes divinos sobre todas as dores humanas. Paulo Cayo! Meu Deus quer que sejas curado!

O jovem caiu desfalecido sobre o leito, como ferido por uma corrente elétrica.

— Mataste-o? — perguntou gritando o pai.

— Não, Comandante. Foi morto apenas o mal que o consumia. Entrai sem medo algum, porque já não existem aqui germes da lepra.

Do corpo de Paulo Cayo haviam desaparecido todos os vestígios da horrível enfermidade.

— Chamai a sua mãe — disse Jhasua. — É obra de misericórdia afastar do seu coração a angústia que a está matando.

O oficial correu ao pavilhão habitado pela família e voltou trazendo apressado uma mulher aflita que acreditava estar vindo para presenciar a agonia do filho.

— Nosso filho está salvo — disse-lhe o marido abraçando-a e aproximando-a do leito do jovem que continuava em letargia. A mulher continuava chorando.

O Mestre misturou água com o vinho das ânforas que estavam sobre a mesa e, molhando os dedos, sacudiu-os sobre o rosto do jovem várias vezes.

— Paulo Cayo! Desperta que teus pais te esperam.

O jovem abriu os olhos e logo sentou-se. Olhou para as mãos e para os braços. Abriu a túnica e examinou o peito.

A mãe não pôde resistir mais e se arrojou sobre ele, cobrindo-o de beijos e de lágrimas.

Havia passado vinte meses sem se aproximar do filho, que a lepra arrebatara dentre os seus braços.

O Comandante levou Jhasua ao seu suntuoso aposento na fortaleza e exigiu que ele dissesse qual a recompensa desejada.

— No que diz respeito a mim mesmo, já estou amplamente recompensado. Acaso não é minha a felicidade da qual vos vejo transbordantes neste instante?

— Mas, na verdade, nada desejas para usufruíres, ou para os teus familiares? És muito jovem. Deves ter mãe, esposa e irmãos. Pede algo para eles, se realmente não queres nada em teu benefício — insistiu o Comandante.

— Tenho pais e irmãos, mas, graças a Deus, eles não necessitam de nada, pois têm saúde, paz e alegria em abundância. Tenho outra família que padece, e que não é do meu sangue. Para eles, sim, peço a tua clemência e a tua piedade.

— Fala, Profeta de Deus! Seja o que for, já está concedido!

— Peço clemência para os trinta e seis israelitas rebeldes mantidos encarcerados nesta Fortaleza.

— Causaram tanta desordem e ofensas ao César! ... — respondeu o Comandante pesaroso.

— Sei tudo isso, e não estou de acordo com nada do que fizeram. Agiram mal, pois não são esses os caminhos por onde a nação hebréia conseguirá a liberdade. Entretanto ... Comandante! ... não é aos justos que se deve perdoar, mas aos delinqüentes. Pelo fato de terem pecado contra a autoridade do César é que peço piedade para eles.

– Profeta de Deus! ... Não me é possível negar-te coisa alguma! Hoje mesmo serão postos em liberdade.

Chamou um subalterno e mandou trazer os trinta e seis presos, em sua maior parte menores de 20 anos. Alguns estavam entre os 22 e os 25 anos. Todos tinham presa aos pés uma corrente que apenas lhes permitia dar pequenos passos.

– Este é um Profeta do vosso Deus e me pede a vossa liberdade! – disse-lhes o Comandante.

– Jhasua! ... O Filho de David! ... Nosso futuro Salvador! ... – exclamaram várias vozes ao mesmo tempo.

– Sim, o vosso Salvador da condenação na qual caístes em razão de vossa própria imprudência – disse Jhasua com severidade. – Por que vos entregastes a esses atos de violência que nada conseguem, a não ser piorar a situação do povo hebreu? As provas enviadas por Deus são expiações de vossos erros, e é preciso suportá-las com dignidade e valor.

"O Comandante, aqui presente, concedeu-me a vossa liberdade, a qual se tornará efetiva mediante a promessa de que sereis dóceis às normas determinadas pelos vossos dirigentes, diante da eventualidade do domínio estrangeiro sobre o país.

– Nós o prometemos – disseram todos –, com a condição de que os soldados não nos provoquem com sangrentos desprezos, chamando-nos de *cães de Israel*, de *mutilados miseráveis,* de *esterco das estrebarias*, etc., etc...

– Meus soldados dizem isto? – perguntou gritando o Comandante encolerizado.

– Sim, senhor, e outras coisas muito piores, que um homem não pode agüentar sem lançar-lhes uma pedra na cabeça.

– Bem. De hoje em diante as coisas mudarão. Eu respondo pelo respeito da minha guarnição para com o povo e o Profeta responde pelo vosso respeito para com a autoridade do César. Estamos de acordo?

– Completamente – respondeu Jhasua, acompanhado em coro pelos trinta e seis presos.

"Nosso Deus vos quer livres e justos – exclamou o Mestre em voz alta. – Ide para as vossas casas."

O presos começaram a andar deixando no pavimento as correntes que estavam rebitadas em seus pés.

– Por Júpiter Olímpico! ... – gritou o Comandante. – Que significa isto? ...

– Comandante!... Foi mais difícil matar a lepra que corroía o corpo do teu filho, que abrir as cadeias atadas aos pés dos cativos.

"Meu Deus, o Deus dos Profetas de Israel é o Senhor de tudo quanto existe – disse Jhasua. – Não existe outro poder que iguale ao seu.

– És um mago poderoso, e te tornarás Senhor do Mundo! – exclamou o austero militar entre espantado e alegre. – Estou tentado a esquecer os deuses do Olimpo pelo teu Deus, Profeta de Israel!

– Faze como estás dizendo e serás muito feliz – disse Jhasua, e saiu atrás dos presos já livres.

O Comandante continuou observando o Mestre com olhos assombrados.

— Estais espantados de ver abertas as vossas cadeias? Se é tão grande o poder do nosso Deus, por que não esperais tranqüilamente até que, tornando-se Israel digna de obter a liberdade, possa Ele concedê-la? Lembrai sempre que Ele vos tirou da prisão uma vez; entretanto, Ele não está obrigado a vos libertar outra vez mais. A hora do Senhor chegará quando Ele quiser, e nós, que somos as suas criaturas, devemos esperar pelo cumprimento de seus desígnios. O Pai Universal agiu da maneira como vistes, para que os nossos dominadores saibam que, quando Ele assim o desejar, os varrerá da face da Terra como folhas secas levadas pelo vento. Ide pois em paz para tranqüilizar vossos familiares, e usai de prudência e cautela quando relatardes a vossa saída do presídio. O silêncio é sempre o melhor aliado dos oprimidos.

Entre os presos recentemente libertados havia um sobrinho de Eliacin, tio de Shipro, que, junto com seus pais e irmãos, trabalhava num dos olivares e vinhedos do príncipe Judá, que o leitor já conhece. Esse jovem correu ao Palácio de Ithamar e mencionou ao tio o que acontecera na Torre Antônia. Quando nessa tarde Jhasua foi visitar os seus amigos, verificou que já estavam a par do segredo.

Hach-ben Faqui preparava a viagem de regresso a Cirene, sua cidade natal, onde seu pai aguardava com urgência, pois o ancião Amenokal, dos tuaregues, havia morrido. A Rainha Selene, esposa do poderoso soberano do grande deserto do Saara, reclamava a presença de todos os seus chefes na fortaleza de rochas perdida entre as dunas do deserto.

Faltavam mais de quatro meses para a celebração das bodas de Thirza e Nebai, e isto dava tempo de sobra para ir e voltar para cumprir a sua palavra. Por seu intermédio, Jhasua enviou cartas a Fílon de Alexandria e ao príncipe Melchor relatando tudo quanto ocorrera em Antioquia, sem esquecer a partida de Baltasar para o Reino das Almas. Convidava-os a virem a Jerusalém, como ele se encontrava disposto a passar ali todo o outono por motivos de família. Considerava-os fortemente ligados a ele na obra salvadora de Israel e do mundo inteiro, e era de parecer que deviam fortalecer essa aliança com acordos e resoluções que ainda faltavam tomar.

Judá acompanhou Faqui até o porto de Áscalon, onde tomou o primeiro barco que zarpou rumo à cidade de Alexandria.

O jovem e veemente africano compreendeu, naquela despedida da família de Judá e dos demais amigos de Jerusalém, quão profundos eram os afetos que o uniam a eles no breve tempo passado no país de Salomão. Com toda a sinceridade de alma, ele disse ao partir:

— Considero como uma segunda pátria o país dos hebreus. Deixo toda a minha alma aqui, onde ficam Jhasua, Thirza e Judá, onde fica Noemi, a mãe substituta daquela que me deu a vida, e onde também ficam os melhores e mais nobres corações que conheci na minha vida.

O amor de Faqui por Jhasua foi fecundo para a evolução espiritual e moral da humanidade que povoava a África do Norte e as margens do Nilo, como veremos mais adiante.

A vida de Jhasua nesta temporada passada com os pais em Jerusalém foi tumultuada, ativíssima e agitada, em face dos grandes esforços desenvolvidos para fazer voltar o sossego e a tranqüilidade aos filiados à Santa Aliança, sem descuidar o seu apostolado de amor fraterno para com os seus semelhantes.

Dia após dia ia se formando no seu íntimo a consciência clara de sua missão de Salvador do Mundo. Ele não viera tão-só para Israel, mas para todos os povos e para todas as raças da Terra.

Com freqüência, Jhasua ia ao Templo para pesquisar nos velhos arquivos os papiros já esquecidos pelos brilhantes doutores desse tempo, que os poucos Sacerdotes Essênios restantes lhe facilitavam, pois conheciam quem os pedia. Simeão havia morrido. Eleázar e Esdras ainda viviam, embora já muito idosos, e somente compareciam ao templo aos sábados para tomar parte nas sagradas liturgias. Era então que, retirados com Jhasua numa das pequenas celas integrantes de parte do próprio templo e destinadas a guardar objetos do culto, tinham longas conversações sobre a verdadeira Lei Divina, da qual o povo se afastara, seduzido pelos doutores e sacerdotes. O espírito do amor a Deus e ao próximo, medula daquela Lei, fora apagado da alma do povo à força de novas leis e prescrições de ordem puramente material, porém aumentadas com tal exagero, que formavam grossos livros, não permitindo que os fiéis terminassem de aprender.

Via-se clara a tendência dos modernos preceptores sacerdotais de se tornarem cada vez mais indispensáveis na vida religiosa e civil dos israelitas em geral.

Por tudo e para tudo eles deviam consultar um sacerdote que pusesse o seu beneplácito a toda situação ou circunstância, sem o qual não podiam continuar suas atividades, de qualquer ordem que fosse.

Uma mancha na pele exigia a intervenção do sacerdote que deveria dizer se aquilo era ou não germe de um mal que tornava o homem impuro.

Tocar as roupas ou objetos que houvessem tido contato com um cadáver exigia a intervenção sacerdotal e oferendas para a purificação. Dificilmente alguém poderia passar um único dia da vida sem que se visse obrigado a reclamar a intervenção do sacerdote para tirar-lhe a impureza contraída por coisas tão insignificantes que já atingiam a estupidez e o ridículo.

Nessas mesquinharias sem importância alguma os fiéis ocupavam toda a atenção da sua fé, e descuidavam naturalmente do fundamento da Lei, que era o amor a Deus e ao próximo acima de todas as coisas.

Um dia em que Jhasua permaneceu no templo nas horas de comparecimento dos fiéis, um Doutor da Lei explicava a seus ouvintes, uma após outra, as inúmeras leis sobre coisas impuras que manchavam o homem, no que diz respeito à comida, à bebida, ao aproximar-se dos sepulcros, dos animais, etc., etc.

– Tu que és Doutor de Israel – perguntou Jhasua ao orador – podes dizer-me quantos foram os mandamentos da Lei dada por Jehová a Moisés?

– És tão ignorante que não sabes isto? Foram dez, e são como se segue – e o Doutor relatou com ênfase os mandamentos do Decálogo.

– E porque corrigiste o escrito de Moisés, acrescentando-lhe esse acúmulo de instruções, regulamentos e leis que é necessário um carro egípcio para carregá-los, e que o povo deve suportar de boa ou de má vontade?

– E quem és tu, para repreender severamente um Doutor da Lei, um membro do Sinédrio, que pode castigar-te pela tua rebeldia? – perguntou o doutor com cólera bem manifesta.

– Sou aquele que pode dizer-te: *Silencia a tua língua que está mentindo perante Deus e o povo.* – E saiu rapidamente do templo diante do assombro de todos, porque o orador fazia esforços inauditos para falar e apenas conseguia arrojar uivos semelhantes ao grasnar dos corvos.

Alguns saíram para lançar pedras no imprudente jovem que alterara a paz do templo, mas só encontraram dois mendigos paralíticos aos quais Jhasua cobrira com o seu manto azul. Eles lutavam para ficar cada qual com uma metade sem perceber claramente que suas pernas torcidas e defeituosas estavam curadas, pois punham toda a sua atenção naquele manto que pretendiam dividir.

Os que saíram para apedrejar o Mestre caíram sobre aquele vulto azul a se mover tão bruscamente no átrio exterior, pois reconheceram o manto do jovem que repreendera o orador. O assombro foi tão grande quando viram os dois mendigos curados que começaram a correr com o manto azul de Jhasua seguro pelas extremidades, a flutuar ao vento como um pedaço do céu diáfano e puro da Judéia.

– O demônio anda em tudo isto – disseram –, porque é obra de magia negra.

O orador havia recobrado o uso da palavra, e depois de fechar e de guardar os livros, tinha-se prostrado por terra e orava, chorando amargamente.

– Senhor Deus de Israel – disse – o fogo da Gahanna está aceso para mim, porque, conhecendo a verdade, ensinei a mentira. Senhor! ... Tem misericórdia de mim que, do profundo abismo em que me encontro confio nas tuas promessas!...

A Morte de Joseph

Uma noite Jhasua despertou sobressaltado porque julgou sentir a voz de seu pai a chamá-lo.

Correu até sua alcova e encontrou-o profundamente adormecido. Sentou-se ao seu lado e seu luminoso espírito mergulhou na meditação. Pouco depois de estar ali, observou uma branca silhueta transparente esboçando-se junto a ele. Pediu Luz Divina para compreender o enigma. Era o corpo astral ou duplo etéreo do pai adormecido, não sob o aspecto de ancião, mas em plena virilidade.

Jhasua compreendeu o que ele dizia: "Meu corpo dorme sua última noite na Terra. Amanhã, quando o sol estiver no zênite, serei um espírito livre, ansioso de luz e de beleza. Quero dar esse passo tendo as tuas mãos entre as minhas. Ajuda-me a entrar no Reino da Luz." A branca e transparente imagem dissolveu-se sobre o peito de Joseph, e este despertou como procurando algo ao seu redor.

– Oh, Jhasua! ... Estavas aqui? Acabo de sonhar contigo; no entanto, não recordo o que sonhava. Tens o rosto entristecido e teus olhos querem chorar! Que aconteceu?

– Nada, pai! ... Orava, e a Verdade Divina que chegava até aqui me produziu uma intensa emoção – respondeu o Mestre.

– Deve ser muito cedo, pois ainda perduram as sombras da noite – disse Joseph, sentando-se em seu leito.

Jhasua descerrou as cortinas da janela aberta para o horto, e uma pálida luz rosada inundou o aposento.

– É o amanhecer formoso de Jerusalém! – exclamou o ancião, parecendo mais alegre do que nunca.

"Quando o sol se levantar um pouco mais, verei daqui os telhados dourados e azuis do Templo do Senhor. Então recitarás para mim o salmo de ação de graças porque o Senhor me deixa ver a luz deste novo dia."

Fazendo um supremo esforço Jhasua pôde serenar-se a fim de que seu pai não percebesse a sua dor. Ia vê-lo partir do plano físico nesse mesmo dia e uma onda de tristeza lhe oprimia o coração!

– Nesse momento – disse Jhasua – recordo um velho papiro que gostava muito de ler quando de minha estada no Tabor. Ele menciona as formosas visões do Reino das Almas, tidas com freqüência por um Mestre da Divina Sabedoria, o qual viveu num continente desaparecido sob as águas há muitíssimos séculos. O continente chamava-se Atlântida, e o Mestre, Antúlio.

– E que visões eram essas? – perguntou Joseph.

– Relatarei algumas. Antúlio via diariamente flutuar, como pequenas nuvens brancas sobre a face da Terra, Anjos do Senhor, que ele denominou Círios da Piedade, os quais iam recolhendo da Terra, como flores de um jardim, as almas dos que diariamente deixavam seus corpos para passar aos Reinos da Luz.

"São aos milhares os Círios da Piedade que realizam essa nobilíssima missão: desprender as almas de sua matéria física, já incapaz de manter a vida, para introduzi-las no plano espiritual que conquistaram através de seu grau de evolução. Compreende-se, imediatamente, que tal solicitude e amor é para os justos, que, na Terra, fizeram quanto bem lhes foi possível, em cumprimento da eterna lei do amor de uns para com os outros."

– Estou ouvindo, meu filho, e estou pensando que é ignorância e grande incompreensão ter horror à morte. Não é verdade, Jhasua, que esse Mestre da Divina Sabedoria devia ser um grande Iluminado? – perguntou Joseph olhando placidamente para o filho.

– Claro que era, sem dúvida alguma, e suas formosas clarividências permitiram às nossas Escolas Superiores organizar grandes tratados sobre este assunto, que abre horizontes novos aos buscadores do Eterno Ideal.

Nesse momento apareceu Myriam trazendo uma taça de leite quente com mel e bolos recém-assados para o ancião.

– É tão cedo e já estás aqui, meu filho? – perguntou ela a Jhasua.

– Julguei sentir que meu pai me chamava, e vim.

– Busca o livro dos Salmos, Jhasua, que o sol já está levantando-se – disse o ancião, enquanto tomava o desjejum. – Não te vás, Myriam – acrescentou –, todos juntos daremos graças ao Senhor porque vimos a luz de um novo dia e porque Ele nos encheu de tantos bens e graças.

Jhasua apanhou sobre a mesa o livro pedido por seu pai e, como aquele que vai recolhendo num trigal as melhores espigas, foi escolhendo os mais belos e sugestivos versículos para encherem de suavidade a alma de Joseph, próxima a desprender-se de sua matéria.

O sol subia para o zênite e seus raios caíam sobre as cúpulas douradas do Templo do Senhor. A face do ancião pareceu iluminar-se por serena beatitude, enquanto ia repetindo as frases que Jhasua lia: "Como o cervo brama pelas correntes das águas, assim clama por Ti, ó Deus, a minha alma! Minha alma tem sede de Deus! Do Deus vivo! Quando aparecerei diante de Deus! Envia-me a Tua Luz e a Tua Verdade, que me conduzirão ao monte da Tua Santidade e aos Teus tabernáculos. Subirei ao altar de Deus, ao Deus alegria da minha felicidade, e Te louvarei com harpa e saltério, ó meu Deus! Espera-me, Senhor, porque ainda tenho que louvar-Te" (Estas palavras encontram-se nos salmos 42 e 43).

Os olhos do ancião continuaram olhando para o raio do sol a resplandecer como brasa viva na cúpula do Santuário, e parecia já não ouvir a leitura do filho, pois sua voz muito baixa e entrecortada continuava repetindo: "Espera-me, Senhor, porque vou a Ti para louvar-Te e bendizer-Te! ..." – Foram estas as suas últimas palavras.

Ligeira sacudidela estremeceu-lhe o corpo e o grande silêncio da morte pareceu envolvê-lo em seu véu de mistério e paz.

Myriam a orar com os olhos semicerrados, nem sequer percebeu o que se passara.

– Recebe-o, Senhor, no Teu Reino de Amor e de Luz, porque ele Te amou acima de todas as coisas e por Teu intermédio amou a seus semelhantes como a si mesmo! – disse Jhasua em voz alta, unindo-lhe as mãos sobre o peito.

Myriam voltou a si da abstração meditativa e profunda ao ouvir as palavras do filho, as quais repetiu com a voz soluçando ao compreender o que ocorrera. Olhou com espanto para a cabeça imóvel do ancião voltada para a janela, cujas pupilas, já apagadas, continuavam fixas para sempre no raio de sol a iluminar o Santuário que, para ele, era a Casa de Deus.

Jhasua beijou aquela venerável testa ainda quente, fechou-lhe os olhos e o recostou novamente no leito.

– Já não tens pai, meu filho! – murmurou Myriam soluçando.

Jhasua abraçou-a ternamente enquanto lhe dizia:

– Eu o tenho no Reino da Luz e do Amor, mãe, onde ele nos aguarda para continuar o salmo de adoração que juntos acabamos de recitar. – E levou-a até o cenáculo, onde chamou a viúva Lia, os criados e alguns familiares que, no outro lado do horto, viviam em seus respectivos lares.

Deste modo esse justo terminou sua jornada terrestre dessa época, talvez a mais feliz que um homem pôde viver no plano físico.

Jhasua viu-se acompanhado pelos seus grandes amigos de Jerusalém e por numerosos componentes da Santa Aliança. Depois das honras fúnebres costumeiras, o cadáver foi dado à sepultura na tumba de David, que o leitor já conhece, em virtude de serem suas imensas criptas um dos pontos das reuniões noturnas para os que sonhavam uma próxima liberdade da nação hebréia.

No Deserto da Judéia

Sussurrou-se algo que podia afetar a segurança de Jhasua. Seu pai fora sepultado na tumba real de David; logo, era um seu descendente.

Se o jovem Profeta que curava leprosos e fazia tantas maravilhas era descendente de David, não seria o Salvador anunciado pelos Profetas? Pela grande praça-mercado da Porta de Jaffa, começaram a correr vozes demasiado vivas para passarem despercebidas aos ouvidos sempre alertas dos príncipes e doutores do Sinédrio.

Os Sacerdotes Essênios deram conhecimento disso a Jhasua, o qual, acompanhado do príncipe Judá, de Simônides e de Shipro, se internou pelo Monte das Oliveiras, atrás do qual começava o árido deserto da Judéia, com seus labirintos de rochas e suas grutas sepulcrais.

Os Essênios tinham ali um refúgio para enfermos da alma e do corpo, e principalmente para os obsecados, que os judeus chamavam de *endemoninhados*. A ignorância fazia com que as pessoas acreditassem que os doentes mentais eram possuídos pelos espíritos do mal, e alguns deles, cuja enfermidade era extremamente violenta e aparentemente dominados por incontível fúria, eram amarrados com correntes às rochas dessas grutas.

Os quatro fugitivos, montados sobre robustos jumentos, que o espírito previdente de Simônides carregou de comestíveis para vários dias, chegaram lá depois de um dia e uma noite de viagem. Não era tanta a distância quanto emaranhado e tortuoso o caminho, quer contornando rochas escorregadias como vadeando arroios e ramificações ainda persistentes do que, em outras épocas, foi a caudalosa e bravia Torrente do Cédron.

Começava o martírio para o terno coração de Myriam, angustiado ainda pela morte recente de Joseph. Para poupá-la de perguntas indiscretas que pudessem fazer-lhes, na mesma noite em que Jhasua ia abandonar Jerusalém, ela foi levada com Ana e sua prima Lia para o palácio do príncipe Ithamar, onde a boa Noemi, com Thirza e Nebai, encarregar-se-iam de tranqüilizá-la.

Apenas duas semanas durou o desterro dos fugitivos da Cidade Santa, pois o jovem Shipro, que ia e vinha das grutas até a cidade, levou finalmente a notícia de que José de Arimathéia e Nicodemos, juntamente com os seus amigos, haviam desvirtuado aqueles rumores que alarmaram alguns membros do Sinédrio. Eles queriam e esperavam o Messias Libertador de Israel; entretanto, desejavam um Messias dócil a todas as leis, instruções e regulamentos a que submetiam o povo, cuja voz não podia levantar-se senão para oferecer abundantes oferendas e sacrifícios que enriqueciam as orgulhosas famílias sacerdotais.

Jhasua não era, pois, o Messias que o Sinédrio aguardava. Jhasua dizia ao povo: "A liberdade de consciência, pensamento e ação é um dom concedido por Deus à criatura humana; e sempre que essa liberdade não atente contra os direitos do próximo, comete delito aquele que a impede ou a destrói."

Quarenta e dois enfermos mentais, os tais endemoninhados, foram devolvidos ao uso da razão e à sociedade humana nas duas semanas da permanência de Jhasua nas cavernas do deserto da Judéia.

Não acabaríamos o nosso relato se fôssemos contar um a um os intensos dramas que ocorreram naquelas grutas, onde a Energia Divina e o Amor Eterno chegaram transportados por Jhasua, Verbo de Deus, sobre todas aquelas inteligências mergulhadas nas trevas do desequilíbrio mental.

No entanto, para que o leitor tenha uma idéia da obra de amor efetuada nessa ocasião pelo Divino Mestre, relataremos alguns casos:

Um homem de uns 40 anos, cujo extravio mental obrigava-o, a intervalos fixos e muito freqüentes, dar espantosos uivos e se retorcer todo como a se defender de terríveis inimigos que somente ele via. Com paus, unhas, dentes e pedras de afiadas arestas, arremessava-se contra as rochas, os troncos das árvores e até contra as pessoas que ousassem aproximar-se dele quando estava em crise. Causara danos graves a muitos; por isso o mantinham atado pela cintura ao tronco de uma árvore por uma corrente. Para que não causasse danos a si mesmo, construíram no local uma choça de pedras e folhas de palmeira acolchoada de palha.

Outro caso era o de uma mulher de idade madura, cuja mania consistia em cavar sepulturas para enterrar a si mesma, motivo pelo qual precisavam vigiá-la constantemente, pois já a haviam retirado várias vezes, quase coberta completamente por terra e pedras, que ela mesma fazia cair dos bordos da cova aberta.

No seu horrível delírio, ela tinha a impressão de que estava enterrando junto um odiado inimigo que, sem dúvida, lhe causara muito dano. Gargalhadas histéricas, semelhantes a grasnidos de corvos despedaçando um cadáver para devorar, era a impressão que se recebia ao ouvir os gritos dessa infeliz vítima da maldade humana.

Os Terapeutas conheciam alguma coisa da história trágica daquelas vidas atormentadas.

O homem acorrentado havia sido um rico mercador cujas caravanas levavam e traziam mercadorias desde o Mar Vermelho até Jerusalém.

Sua esposa e suas duas filhinhas gêmeas de 12 anos de idade ficavam sempre em Jerusalém durante sua ausência. Um dia, quando chegou de uma viagem, encontrou as três, mãe e filhas, amarradas e amordaçadas no fundo da adega, desnudas e com a pele despedaçada por tantos açoites que as costelas estavam à mostra. As três estavam mortas, e seus cadáveres já em decomposição, deixavam ver bem claro que haviam passado vários dias desde que tudo acontecera. Os ratos tinham despedaçado ainda mais aqueles cadáveres. Qual havia sido o móvel de tão espantoso crime?

Os Terapeutas não o sabiam, e o infeliz demente, em sua incontível fúria, nada sabia dizer a não ser distribuir golpes e lançar pedras para todos os lados.

A mulher que queria enterrar-se viva era louca desde a degolação dos meninos bethlehemitas ordenada por Herodes, o Idumeu, quando os três viajantes do Oriente escaparam de suas mãos sem voltar a dizer-lhe onde estava o Rei de Israel que havia nascido.

Haviam degolado o seu filhinho de um ano. O marido e o pai, que tentaram salvar o menino pela fuga, tiveram o peito aberto a punhaladas e os três foram arrojados numa fossa comum. Sua mania de querer enterrar-se viva parecia obedecer à espantosa recordação que conservava dessa desgraça.

Os demais casos tinham naturalmente uma origem igualmente terrível: perseguições, assassinatos, calabouços que nunca se abriam, despojos, miséria, abandono e morte.

Jhasua, com a sua alma toda Luz brilhando em seus olhos, passou revista em silêncio àquele doloroso cenário de tragédias humanas vividas e sentidas. Escondeu o rosto entre as mãos e desta maneira, sentado como estava sobre um pedaço de rocha, deixou correr lágrimas silenciosas durante longo tempo. Judá e Simônides sentaram-se mudos ao seu lado. O jovem Shipro, com sua terna alma estremecida de espanto, deixara-se cair sobre a palha seca em que Jhasua afundara os pés. As lágrimas ardentes do Filho de Deus feito homem caíram sobre as mãos morenas de Shipro que, ao vê-las, não pôde mais conter-se e, com os olhos cristalizados de pranto, abraçou-se aos joelhos de Jhasua dizendo com a voz entrecortada pelos soluços:

– Príncipe de David! ... Quando eu chorava um dia sobre o pescoço de meu camelo, tu me consolaste, dando-me paz ... Choras agora, Senhor, sobre as minhas mãos abertas aos teus pés e não posso consolar-te!

Jhasua apoiou a cabeça sobre a de Shipro, ao mesmo tempo que lhe dizia:

– Choro, Shipro, pela maldade dos homens, e às vezes falta-me valor para sacrificar-me por eles! Seria como o sacrifício de um cordeiro pelos tigres e panteras da selva.

Simônides e Judá, contendo a emoção que lhes apertava a garganta, aproximaram-se, dele, e Judá disse:

– O homem fala neste instante. Jhasua, Filho de Deus! ... Esperamos que fale Aquele que te enviou aos homens!

Secando as próprias lágrimas, o ancião ofereceu a Jhasua sua redoma com xarope de cereja, da qual nunca se afastava.

– Bebe, meu Senhor – disse. – A grande fadiga sofrida debilitou demais o teu corpo.

O Mestre bebeu um sorvo, sem se lembrar que desde a tarde do dia anterior não tomara alimento algum.

– Curarás todos, ó meu soberano Rei de Israel! E então até as rochas destes montes e as areias deste deserto cantarão a Jehová.

Aproximou-se do grupo um Terapeuta trazendo uma bandeja com pães e taças de leite quente com mel.

— Adivinhaste a nossa necessidade — disse Judá recebendo a bandeja e oferecendo em primeiro lugar a Jhasua. — Não tomamos nada desde que saímos de Jerusalém, ao cair da noite.

— Já o supunha — disse o Terapeuta. — E, para presenciar os quadros que aqui se vêem, é necessário ter bem temperados os nervos e cheio de sangue forte o coração.

Para o descanso dessa noite, Judá escolheu uma gruta espaçosa e seca, de onde foram transferidos seis dementes por serem os mais tranqüilos, razão pela qual foram postos de vigia junto aos mais terrivelmente desequilibrados. Ajudado por eles, Shipro recolheu grande quantidade de feno seco e com ele prepararam leitos para os quatro recém-chegados.

Simônides, que previa tudo, tirou de sua maleta de viajante lençóis e cobertores.

— Oh, isto não se vê jamais por aqui — disseram os loucos a que nos referimos acima, enquanto punham em ordem a gruta. — Todos deveis pertencer a famílias de Reis.

— Claro que sim — respondeu Shipro. — Os dois jovens são príncipes do país de Israel.

— E que vêm fazer aqui no meio de toda esta nossa miséria? — perguntou um dos dementes.

— Isto certamente sabereis amanhã — respondeu o jovem servo, quase certo de que o sol do dia seguinte derramaria sua claridade sobre todos os dementes já curados e felizes.

Nessa noite, o silêncio foi profundo. Os Terapeutas-Guardiães, dois ao todo, disseram que durante as noites não se podia dormir em paz por causa dos terríveis uivos, gritos, choros e maldições proferidos por aqueles infelizes, como se com isso aliviassem o seu mal.

Na gruta preparada para Jhasua e seus companheiros de viagem, reuniram-se os dois Terapeutas-Guardiães e, depois de recitar os salmos de misericórdia ao Altíssimo, fizeram longa concentração espiritual, para a qual Jhasua preparou todos com uma singela explicação sobre o poder do pensamento impulsionado pelo amor desinteressado e puro.

Na manhã seguinte, Jhasua foi com os Terapeutas e seus companheiros visitar individualmente os dementes, que excepcionalmente se mostravam perfeitamente tranqüilos.

— Este é um grande médico que vem curar o vosso mal — disseram os Terapeutas aos enfermos. — É um Profeta de Deus, e apenas pede para que espereis tudo do Deus de Israel que o envia.

O homem da corrente dormia e, assim adormecido, foi desacorrentado por determinação de Jhasua. Quando despertou, viu o Mestre ao seu lado a oferecer-lhe pão e frutas secas com aquela sua divina doçura que parecia abrandar até as montanhas.

— Soltaste-me da corrente — disse —, esqueceste que eu sou um louco furioso possuído pelos demônios e que posso matar-te.

— Serias feliz se assim procedesses? — perguntou Jhasua sem se mover nem mudar da posição em que estava, sentado no chão com o pão e as frutas acomodadas numa cestinha.

— Eu não poderia matar-te mesmo que quisesses, cordeirinho sem fel! ... Guardam-te os anjos de Jehová, porque és bom como Abel e Moisés.

— Bem melhor. Come, e depois falaremos, porque eu sou o amigo que esperavas e que finalmente veio buscar-te — respondeu o Mestre.

— E por que me procuravas? — perguntou o demente.

— Para que sejas feliz entre os que te amam.

— Há na vida alguém que possa me querer? ... — voltou a perguntar.

Jhasua chamou em voz alta:

— Judá, Simônides, Shipro. — Os três chegaram.

"Não é verdade que este nosso amigo voltará conosco a Jerusalém, onde a família o espera?"

— Justamente — disse Simônides. — Há tempo que preciso de um homem como ele para a minha casa. Não faltava nada mais! Se está em todo o vigor e força da vida! Come, homem, e logo iremos juntos banhar-nos no arroio vizinho, onde pescaremos até o meio-dia para preparar um bom almoço.

— E daqui a poucos dias — acrescentou Judá — pôr-nos-emos a caminho de Jerusalém onde nos esperam para uma grande festa.

— Estou acordado ou durmo ainda? — perguntou o demente.

— Homem, se estás comendo figos secos com pão e castanhas cozidas é porque estás bem desperto — disse Judá rindo.

— Se este já foi curado — disse um Terapeuta a Simônides em particular —, os outros também já estarão curados. O silêncio da noite já me fez sentir e compreender o que aconteceu.

Quando todas as grutas foram visitadas, levando o desjejum aos enfermos, todos compreenderam e se maravilharam diante da formidável Energia Divina que o amor do Cristo havia infiltrado naquelas mentalidades completamente desequilibradas no dia anterior ao de sua chegada.

— Quantas dores humanas desapareceram numa noite, ó Soberano Rei das almas e dos corpos! — exclamou Simônides com um entusiasmo que raiava ao delírio.

— Bendigamos ao Senhor — disse Jhasua — que é o Pai de todo bem.

Uma semana depois, o grupo regressava a Jerusalém, onde Simônides e Judá veriam a maneira de empregar dignamente todos aqueles seres arrancados à dor e à miséria.

Jhasua pensou muito razoavelmente que a volta imediata de sua mãe à Galiléia seria duplamente dolorosa. Ela havia saído de lá acompanhada de Joseph e voltava sem ele.

Noemi, a nobre dama, com sua filha Thirza e aquela que ia ser sua nora, Nebai, afeiçoaram-se de tal maneira à meiga mãe do Homem-Luz que já não era possível separarem-se dela.

Dentro de cinco luas, realizariam as bodas de Nebai e de Thirza, e ambas desejavam a presença de Jhasua e de sua mãe nesse acontecimento.

Foi uma época de incomparável felicidade para todos os que moravam sob o teto hospitaleiro do príncipe Ithamar. As reuniões noturnas no terraço à luz da lua, sob os artísticos quiosques ou pequenos pavilhões abertos e encortinados de jasmineiro e de roseiras, ofereciam inefável suavidade.

Marcos, o prometido esposo de Ana, somou-se aos freqüentadores dessas reuniões, e o príncipe Judá, ao averiguar a causa de eles ainda não terem realizado o matrimônio, interveio imediatamente.

Marcos era o mais velho dos filhos em seu lar, de onde a morte levou-lhe o pai quando todos ainda eram pequenos. Era, pois, o arrimo da mãe e o tutor de cinco irmãos menores, quatro dos quais eram mulheres. Além do mais, tinha de cuidar dos avós maternos, muito idosos, e não era possível para ele pensar em formar o seu lar desamparando seus familiares que ainda necessitavam dele. Acresce dizer que Marcos estudava filosofia e letras no Grande Colégio, onde desempenhava também os cargos de escrevente ou escriba, como eram chamados então os homens que cuidavam da pena e de zelador ou guardião da ordem em algumas das classes do maior instituto docente do país.

Desse modo, os lucros atendiam à subsistência de sua numerosa família.

Simônides pensava em abrir uma agência para os grandes negócios marítimos num dos portos do Mediterrâneo, o mais próximo possível de Jerusalém.

De Alexandria até Antioquia a distância era muito grande, e às vezes ocorriam assuntos de emergência que exigiam rápida solução. A idéia era a de que Marcos era a pessoa indicada e Joppe a cidade marítima que convinha, por ser o ponto de reunião das caravanas vindas da Arábia, por Filadélfia, e dos países do Mar Vermelho. Judá e Simônides deram conhecimento disso a Jhasua, que lhes deu a seguinte resposta que bem mostra sua extremada delicadeza quando se tratava de benefícios materiais.

— Quanto a isto, devereis agir livremente e como se eu não estivesse no vosso meio. Procurais um benefício importante para os meus familiares, e julgo não ser eu o mais indicado para inclinar a balança em seu favor. Fazei pois o obséquio de não contar comigo para esta resolução.

— Está bem, meu Senhor — disse Simônides assombrado com a extrema delicadeza de Jhasua. — Conformar-nos-emos em comunicar-te a resolução que Judá e eu tomaremos.

Como resultado, Marcos renunciou aos postos mesquinhamente remunerados no Grande Colégio e transferiu-se para Joppe com toda a família. Nessa cidade ele se estabeleceu como agente geral no dito porto, para representar Simônides, chefe supremo da vasta rede comercial estabelecida na Síria e Palestina já há trinta anos pelo príncipe Ithamar de Jerusalém.

Seu matrimônio com Ana efetuar-se-ia, pois, junto com o de Thirza e Nebai, já que um estreito vínculo de amor as unia, como se, em verdade, fossem três irmãs nascidas da mesma mãe.

Foi fecunda essa temporada em obras de amor a se derramarem como uma torrente sobre todos os necessitados de Jerusalém e seus arredores, pois o palácio de Ithamar se converteu em oficina de tecidos e de preparação de roupas para os anciãos inválidos e os indigentes em geral.

Myriam e Noemi sentiam-se imensamente felizes com os entusiasmos juvenis das três donzelas a se prepararem para tomar a si as grandes responsabilidades do matrimônio, com o apostolado sublime das obras de misericórdia e de amor ao próximo.

A esse nobre e formoso grupo feminino veio reunir-se Sabat, mãe de Nebai, que, tendo casado em Ribla seus dois filhos varões, consagraria daí em diante sua vida ao pai Simônides e à filha, para quem a Bondade Divina abria um belo horizonte de felicidade e bem-estar. Nebai ia se casar com o príncipe Judá, herdeiro de uma das mais nobres e antigas famílias de Jerusalém.

Sabad lembrava e contava a todos os seus tenebrosos anos de tragédias espantosas e os comparava com a atual felicidade.

— O Deus de Abraham e de Jacob — dizia com lágrimas nos olhos e profunda gratidão no coração — é poderoso e bom.

"Quando se suporta uma prova cruel e dura bendizendo o Seu nome, não tarda em chegar a doçura do Seu Amor Divino com uma inundação de paz, esperança e felicidade."

Na Sinagoga de Zorobabel

Durante essa longa estada em Jerusalém, Jhasua dedicou-se com especial cuidado a visitar e estudar nas numerosas Sinagogas existentes na cidade, com o fim de confrontar os textos sagrados conservados em cada uma delas.

Perdidas no labirinto das ruas tortuosas de Jerusalém, nos velhos bairros, alguns deles datando de antes do cativeiro dos israelitas ordenado por Nabucodonosor na Babilônia, Jhasua encontrou duas Sinagogas particulares, nas quais foi apresentado pelo ancião Essênio Esdras, já conhecido do leitor.

– Estas duas Escolas da Sabedoria Divina – disse-lhe o ancião – conservam ainda, depois de tantos séculos, o espírito nelas infundido por Zorobabel e Nehemias, que foram os seus fundadores. Aqui estou certo, meu filho, de que encontrarás a Verdade, não em tão grande abundância como em nossos santuários das montanhas, onde se derramou o Divino Conhecimento, mas apenas o bastante para que pessimismo não te desanime em tuas caminhadas de Apóstolo entre a Humanidade.

Uma delas encontrava-se no antiqüíssimo bairro noroeste da cidade, e como encostada num ângulo da muralha do chamado *Castelo de Goliath*, lúgubre fortaleza que Herodes havia utilizado como tumba de enterrados vivos, durante o longo tempo da construção da Torre Antônia, verdadeira cidadela fortificada. Esta era a Sinagoga chamada de Zorobabel.

A outra estava no bairro sul, e também num ângulo da muralha, a poucos passos da chamada Porta do Sião, onde começava a rua do Monte Sião, que corria de sul a norte, até formar ângulo com a rua de David, a cruzar de leste a oeste. Esta era a Sinagoga chamada de Nehemias.

Jhasua participou sua descoberta a José de Arimathéia e a Nicodemos, que sabia estarem tão ansiosos da verdade como ele próprio. Os três começaram a visitar o local todos os sábados. Os proprietários e dirigentes atribuíam a si mesmos descendência direta de seus fundadores e, como sempre, era muito reduzido o comparecimento, limitando-se a uns poucos vizinhos do bairro. As duas Sinagogas, muito distantes uma da outra, mantinham-se na completa quietude das coisas ignoradas e esquecidas desde há muito tempo.

No segundo pórtico da Sinagoga anexa ao Castelo de Goliath, lia-se, numa desgastada prancha de mármore: "Casa de Sabedoria edificada por Zorobabel, filho de Sealthiel, e seus irmãos, ao retornarem do cativeiro no primeiro ano de Ciro, Rei da Pérsia, no sétimo mês."

Também no pórtico interior da Sinagoga edificada num ângulo da muralha do sul, junto à Porta do Sião, lia-se, em distintos caracteres do antigo hebraico: "Nehemias, filho de Sabassar, príncipe de Judá, fundou este altar e casa de Sabedoria no primeiro ano de Ciro, Rei da Pérsia, no quinto mês. Sobre este altar estiveram guardados os vasos sagrados que o Rei Ciro mandou entregar a Sabassar, o qual, com o Profeta Esdras, veio para reconstruir o Templo de Jerusalém."

As duas Sinagogas tinham, pois, como timbre de honra e glória, além da respeitável antigüidade, o nome e a genealogia de seus fundadores, participantes de primeira linha na reconstrução da cidade e templo de Jerusalém, sob a direção do Profeta Esdras, que, além do mais, fez reviver a Fraternidade Essênia quase desaparecida na desastrosa época do cruel e bárbaro invasor assírio, Nabucodonosor.

— Quero passar completamente despercebido em ambas as Sinagogas — havia dito Jhasua aos dois amigos doutores de Israel —, a fim de afastar todo receio de seus nobres proprietários.

Entretanto, ocorreu que, na segunda vez que foram à Sinagoga de Zorobabel, Hilcias, ancião escrevente, encarregado da documentação e dos velhos livros sagrados, sendo clarividente, viu que, ao entrar Jhasua na Sinagoga, a penumbra do recinto se transformou em dourada luz, a qual, emanando da pessoa do jovem, se espalhava como bruma de ouro por todas as partes.

Hilcias tinha uma úlcera maligna em seu braço esquerdo dificultando-lhe grandemente a tarefa de escrevente. Ao ver a poderosa irradiação a emanar daquele jovem de tão modesto aspecto, fez esta fervorosa oração a Jehová:

"— Senhor Deus dos Céus e da Terra. Se de Ti provém esta Luz percebida pela minha alma, dá-me um sinal para que eu adore os Teus desígnios e que minha úlcera seja curada pelo contato desses eflúvios trazidos a esta casa por esse Teu servo."

O escrevente achava-se no mais afastado recanto da Sinagoga, sentado numa das estantes ali colocadas.

Havia posto a descoberto a parte enferma do braço e, com espanto, observava que a chaga secava rapidamente, ficando apenas uma pequena mancha vermelha sobre a pele lisa e limpa.

Viu que Jhasua lia o Levítico de Moisés, e seus dois companheiros folheavam rolos procurando alguma passagem que lhes interessava. Aproximou-se de Jhasua e perguntou:

— Posso saber quem és?
— Um hebreu em busca de sabedoria — respondeu.
— És um Profeta de Deus e talvez não o saibas!
— E como sabes disso?
— A Luz de Jehová caminha contigo, e essa Luz curou a minha úlcera. Olha! — Ainda se notava no braço a mancha rosada da chaga recentemente curada.
— Bom homem — disse o Mestre. — Se o Senhor te fez depositário de seus segredos, é porque há em ti capacidade para guardá-los bem. Sê, pois, fiel ao Senhor, e que o silêncio te torne merecedor de Suas novas generosidades. — E, sem mais palavras, continuou lendo.

Quando começaram a entrar os freqüentadores da vizinhança, pois era chegada a hora de começar a explicação da Sagrada Escritura, um majestoso rabino, de cabeleira e barbas negras como o ébano, aproximou-se de Jhasua e deu-lhe o livro de Isaías.

Um criado aproximou um atril e o rabino disse ao Mestre:
— Mestre, meu Senhor! Digna-te explicar o capítulo 66 de Isaías, o Profeta, o qual, pelo turno, é a leitura do dia de hoje.

Jhasua olhou bem no fundo de seus olhos e viu sinceridade nele.
— Seja, pois, como queiras — disse, e colocando-se de pé ante o atril, abriu o livro e leu:

"Jehová disse assim: O Céu é o meu sólio e a Terra o estrado de meus pés. Onde está a casa que haveis de edificar para mim, e onde o lugar do meu repouso?

"Minha mão fez todas as coisas, e todas as coisas foram feitas, disse Jehová, mas eu olharei para aquele que é pobre e humilde de espírito, e inclina sua fronte à minha palavra."

— Que o Altíssimo Deus de Israel ponha a luz das estrelas na minha mente e o fogo do sol na minha língua, para que eu seja digno transmissor do pensamento de Isaías – disse Jhasua iniciando o seu comentário:

"Entendo que o soberano Senhor de toda a criação busca, com agrado, o amoroso coração das criaturas, para repouso da Sua Grandeza e da Sua Infinita Majestade, e que o coração do homem soberbo não pode ser jamais santuário para o Sublime Criador.

"É humilde de espírito quem torna suas as dores do órfão e do desamparado, e não encontra descanso e felicidade verdadeira a não ser quando remediou-lhes as dores e secou-lhes as lágrimas.

"É humilde de espírito quem, amando a verdade acima de todas as coisas, dá a Deus o que é de Deus e toma para si sua própria carga de imperfeições e atraso, que o leva a prostrar-se perante a Divina Justiça, clamando com todas as suas forças: 'Não olhes, Senhor, para a minha iniqüidade e miséria, mas tão-somente para a Tua grande misericórdia, para poder acolher este Teu servo, não pelo que é, mas pelo que Tu queres que ele seja, para glorificar-Te pelos séculos dos séculos.'

"É humilde de espírito quem só quer a vida para enchê-la de obras de amor e de justiça, dignas de quem deixou penetrar em si a Lei Divina que diz: 'Ama a Deus acima de todas as coisas, e ao próximo como a ti mesmo.' E o Profeta acrescenta: não é com sacrifício de bois, carneiros e pombas que o homem conquista o direito de servir como santuário de repouso ao Senhor, mas com o sacrifício das próprias paixões e renúncias, elevando-se, através do amor fraterno e da sinceridade de uma vida pura, acima de todas as ambições e de todos os egoísmos ...

"Senhor Deus de Israel! Deus de nossos pais, Deus do nosso coração! – exclamou o jovem orador num impulso de amor para a Divindade. – Mostra que as nossas vidas são Tuas e que os nossos espíritos florescem em obras dignas de Ti! ... Mostra que o nosso coração é humilde conforme o pensamento do Teu servo Isaías, e toma posse de nós que Te pertencemos desde a eternidade! Abre, Senhor, o nosso espírito à Tua Verdade e ao Teu Amor, e que sejamos luz de círio nas trevas de nossos irmãos e óleo de piedade sobre as suas profundas feridas."

De repente, sentiu-se um espantoso estremecimento nas paredes da Sinagoga que, como dissemos, estavam encostadas no velho Torreão de Goliath.

A muralha do presídio havia-se rasgado de cima a baixo, numa negra fenda de dois pés de largura, e por ela saíam lastimosos gemidos como do fundo de uma tumba.

Jhasua com os seus dois amigos, mais o rabino, o escrevente e os ouvintes da Sinagoga, correram até a enorme abertura de onde saíam tão doloridos lamentos. Com risco de suas próprias vidas, penetraram ali e os quadros que se apresentaram à vista ultrapassavam em horror a tudo quanto pudessem imaginar.

Uns espetros com formas humanas se moviam debilmente, estendendo as mãos semelhantes a garras de abutres à vista das unhas enormemente compridas e da pele ressecada e enegrecida.

Eram os enterrados vivos deixados por Herodes, o Idumeu, que nem na hora de morrer teve piedade daquelas infelizes vítimas de suas infâmias e crimes. Quatorze anos depois do desaparecimento desse verdugo coroado, que morreu carcomido pelo câncer, suas vítimas ainda permaneciam sepultadas no tenebroso torreão, esquecidas de todos, tendo por alimento apenas lagartos, lagartixas e ratos, que tinham ali seus esconderijos, e também os matos e as ervas crescidos entre as pedras do ruinoso torreão. A oração do Mestre em sua alocução havia dito: "Que sejamos luz de círio nas trevas de nossos irmãos, e óleo de piedade sobre suas profundas feridas."

Que força de Amor Divino haveria naquela prece do Homem-Luz para permitir que os Espíritos de Justiça rompessem a muralha para que a luz e a piedade chegassem até aquelas desventuradas criaturas de Deus esquecidas de todos, porém não d'Ele!

– Calai-vos! ... Calai-vos! ... – disse Jhasua a todos. – O que faz a Bondade Divina não deve ser desfeito pela covardia humana. – Ajudado por todos, que o obedeciam quase com pavor, foram tirando por aquela fenda os que ainda tinham vida. Um horrível odor de cadáveres infestava todo o lugar. Muitos mortos insepultos deviam achar-se ali dentro. Só dez homens foram salvos e escondidos no palheiro da Sinagoga, mas com tal rapidez que, quando os curiosos da rua se aproximaram e logo depois os soldados da guarnição da Cidadela, não encontraram senão os esqueletos dos infelizes que não haviam resistido a tão espantosa vida.

– Não se dirá que isto foi feito pelos romanos – disse um centurião –, pois ignorávamos que o velho torreão fosse habitado no subsolo.

– Isto foi feito pelo rei Herodes, o Grande, que, sem dúvida alguma, quando Jehová, o Temível, o chamou a julgamento, esqueceu que havia deixado sepultados vivos uma centena de seres humanos que, pouco a pouco, foram morrendo de fome – disse um velho que se aproximara dos curiosos.

O rabi da Sinagoga de Zorobabel não conseguia descobrir se Jhasua era um Arcanjo Justiceiro mandado por Jehová ou a reencarnação do Profeta Ezequiel, que fazia andar os esqueletos dos mortos que saíam de suas tumbas.

Jhasua, sem se preocupar pelo que pensassem da sua pessoa, dava toda a sua vida em ondas de divina energia àqueles seres arrebatados tão repentinamente da morte.

Nesse meio tempo, José de Arimathéia e Nicodemos, sem se darem a conhecer ao rabino, dono da Sinagoga, pediram-lhe para conservar em seu poder os salvos do torreão, até que eles voltassem com alimentos e roupas adequadas para todos.

– A misericórdia para com os necessitados – respondeu o rabi – é um preceito fundamental na Lei dada por Jehová a Moisés, e se vos julgais obrigados com relação a estes infelizes, eu também sou. Se vos agrada, deixai-vos albergados em minha casa, e juntos vamos cuidar de que eles voltem a trilhar os caminhos da vida.

Jhasua, José de Arimathéia e Nicodemos ficaram satisfeitos com os piedosos sentimentos do rabino, cujo nome era Sadoc e descendia em linha reta de Aarão, o primeiro sacerdote consagrado por Moisés para explicar a Lei Divina ao povo de Israel.

Enquanto José de Arimathéia e Nicodemos adquiriam no mercado o que necessitavam, o rabino com o escrevente e Jhasua faziam as vítimas beber leite quente com mel. Seu aspecto havia mudado muito e uma nova esperança brilhava diante deles como uma estrela azul, promessa divina de paz e de bonança.

Quase todos eles haviam estado tão próximos da morte por inanição que a debilidade era extrema e ainda não conseguiam falar. Um tremor como de frio intenso estremecia a alguns; outros choravam em silêncio; os demais olhavam como embrutecidos e naturalmente julgando que ainda continuavam sob a influência de um atroz pesadelo.

Jhasua permanecia de pé à frente do mísero grupo, como uma estátua de alabastro com cabelos de ouro, e seus grandes olhos opalinos, cheios de infinita piedade, pareciam dizer:

"O Amor Eterno fez-me chegar a tempo de vos salvar, porque vossas obras de compaixão de outros tempos atraíram a Divina Misericórdia depois de vos haver purificado através da dor."

Quando José de Arimathéia e Nicodemos regressaram, iniciaram imediatamente a higienização daqueles pobres corpos que, como farrapos humanos, estavam cheios de toda espécie de imundícies.

Em grandes tinas cheias de água, misturada com vinho de palmeira, tal como se usava para lavar e desinfetar cadáveres antes de amortalhá-los, foram introduzindo um a um aqueles dez infelizes, sem saber ainda o que se pretendia fazer com eles. Atrofiadas as inteligências, anulada a vontade, deixaram fazer tudo quanto quiseram, pois sempre seria melhor que o sofrimento que haviam padecido.

Um deles, achando-se em melhores condições que os demais, perguntou em língua aramaica:

– Preparai-nos para o mercado de escravos?

– Não – respondeu Jhasua. – Preparamos para que possais entrar dignamente na irmandade dos verdadeiros servidores de Deus.

– Irão entregar-nos novamente a Rabsaces, o mago de Herodes? – perguntou outro, começando também a desembaraçar-se e a fazer uso da palavra.

– O mago já não vive, nem tampouco Herodes. A morte não perdoa aos magos nem aos Reis – respondeu José de Arimathéia. – Rabsaces foi enforcado neste mesmo torreão, e Herodes morreu consumido pelo câncer, que o fez sofrer em vida a putrefação do sepulcro. Isso há 14 anos!

– Quatorze anos! – exclamaram várias vozes como num estertor de agonia. – Quem governa a Judéia?

– Roma – foi a resposta que ouviram. – O povo de Israel vive sob o império das legiões romanas.

Seguiu-se um silêncio profundo, durante o qual só se ouvia o ruído da água sendo renovada continuamente nas tinas.

A energia e a vitalidade afluíam rapidamente àqueles corpos vigorizados pela ação magnética exercida por Jhasua sobre eles e também pelo banho que todos haviam recebido. Fizeram-nos passar para um aposento interior cheio de ar e sol e estenderam-nos em estrados dispostos como leitos muito confortáveis, onde lhes deram a beber uma caneca de vinho quente com bolos de ovos de gansa, muito usados para as pessoas muito debilitadas.

– Agora tratai de dormir – disse Jhasua. – Vossos irmãos, que vos salvaram da morte, iniciar-vos-ão numa vida digna de servidores de Deus. Quando houverdes descansado completamente, falaremos para saber tudo quanto possa servir para o desafogo e orientação de vossas vidas daqui por diante.

Com a ordem mental de Jhasua e a grande necessidade de descanso que aqueles infelizes tinham, dormiram até a manhã seguinte, quando o sol já se levantava como um farol de ouro por cima dos montes coroados de palácios a oferecerem um esplêndido panorama aos que contemplavam a cidade de Salomão.

Aqueles dez homens falavam julgando que ainda estavam sob a influência de um encantamento.

– Parece mentira que estamos vendo novamente a luz como em nossos dias felizes! – disse um, extasiado na contemplação daquele magnífico sol de outono que o envolvia completamente nas tênues gazes douradas de seus resplendores.

– Mas quem é aquele que nos salvou e por que nos salvou? Que lhe interessam as nossas vidas? – perguntou outro. – Parece que ninguém faz nada sem uma determinada finalidade! Que finalidade é essa?

– Já o saberemos, homem, já o saberemos! ... – disse alguém. – Pelo menos estamos fora desse maldito torreão, onde estivemos a ponto de deixar os nossos ossos.

– Por que não nos deixam sair livres daqui? – interrogou um segundo.

— Estás louco! ... Queres que saiamos à rua sem saber para onde ir, e com este aspecto de cadáveres ambulantes, como recém-saídos de uma tumba? — comentou um terceiro.

Os diálogos continuavam neste tom, quando Jhasua se apresentou à porta do aposento com o rabino Sadoc, Simônides e o príncipe Judá. Atrás deles vinham Eliacin e Shipro, com grandes cestas de pão, queijo e frutas.

Muito embora fosse grande a transformação daqueles homens, ainda causava espanto seu extremado enfraquecimento, fazendo-os assemelhar-se a feixes de raízes secas.

Dirigidos pelo rabino, os dois criados fizeram entrar várias mesas que cobriram com toalhas brancas e colocaram-nas diante dos estrados.

— Agora, celebremos juntos a festa da vossa liberdade — disse Jhasua passando diante de todos eles com uma afável naturalidade que realmente encantava.

Simônides e Judá observavam atentamente aquelas fisionomias, procurando rostos de pessoas conhecidas que haviam desaparecido há muitos anos e de que ninguém podia dar notícia. A esse respeito, só Simônides podia falar.

— Há aqui dois rostos que parecem despertar a minha memória de tempos distantes — disse ele ao ouvido de Judá —, e logo saberemos se há algo de verdade nas minhas suspeitas.

— Vejo que ainda não tivemos a felicidade de conquistar a vossa confiança — disse Jhasua em voz alta. — Temeis algo de nós? Procedeis mal, acreditai, porque não desejamos nada a não ser que vos restabeleçais logo para poderdes continuar o vosso caminho na vida.

— Perdoai-nos a todos! ... — exclamou um ancião de olhar receoso. — O mundo foi muito cruel e desapiedado conosco, e ainda duvidamos do que estamos vendo.

— É muito natural — disse Simônides — e não julgais que conosco a vida foi melhor. Eu fui submetido duas vezes a torturas, e se ando com os meus pés é porque este Profeta de Deus, que aqui vedes, curou os destroncamentos de meus membros.

Os ex-cativos abriram grandes olhos para examinar Jhasua a observá-los com imensa ternura.

— Este jovem — continuou dizendo Simônides, tocando no ombro de Judá —, é filho do príncipe Ithamar de Jerusalém, e esteve durante três anos como escravo do Estado nas galés, depois que seu pai foi assassinado.

— O príncipe Ithamar assassinado! ... — gritou o ancião de olhar receoso.

— Tu o conhecias? — perguntou Simônides olhando inteligentemente para Judá.

— Fui mordomo em sua casa, quando se instalou no palácio na rua do Comércio, para onde levou a esposa, a donzela mais pura e formosa que eu conheci, a meiga Noemi, com olhos de gazela ...

— Não te dizia? ... — observou Simônides a Judá. — Pode-se saber o motivo por que te encerraram no torreão?

— Ninguém me deu nenhum motivo plausível, no entanto, creio ter sido porque pedi clemência para o porteiro do Khan de Bethlehem, casado com a ama de leite de meus filhos. Ele morreu no torreão há tempos. Herodes soube que três viajantes do Oriente se hospedaram ali, quando chegaram a este país guiados por uma luz misteriosa e dizendo terem vindo para reverenciar o grande Rei que havia nascido. Como os viajantes escaparam dentre suas mãos, a cólera real se desafogou naqueles que tiveram contato com eles, supondo que algum de nós os havia ocultado. O infeliz porteiro mencionou o meu nome como alguém que podia dar fé à sua honradez, e também fui chamado para responder ao interrogatório do Rei. Fez dar cinquenta chicotadas em cada um de nós e nos enterrou vivos no torreão, de onde a Justiça de Deus acaba de tirar-nos, através dessa bendita fenda que se abriu na muralha.

"Que deve ter pensado o príncipe Ithamar quando desapareci de sua casa, para onde jamais voltei?"

O infeliz ancião cobriu o rosto com ambas as mãos e seus soluços ressoaram dolorosamente pelo aposento.

– Não chores assim, bom ancião – disse o príncipe Judá aproximando-se. – Eu sou o filho do príncipe Ithamar e respondo pelo meu pai morto. Estás reabilitado diante dele e de mim, e hoje mesmo voltarás para a nossa casa, não para trabalhar, mas para descansar. Minha mãe, a meiga Noemi, de que ainda te lembras, continua sendo a mesma, não obstante as dores sofridas terem coberto sua cabeça de neve.

"Também ela esteve enterrada viva junto com a filha, durante sete anos, num calabouço da Torre Antônia."

O velho saltou com os punhos cerrados e os olhos faiscantes ao ouvir essa afirmação.

– Acalma-te – continuou dizendo Judá. – Todos os servidores do grande Rei anunciado foram perseguidos; no entanto, já soaram os clarins de liberdade.

Durante este breve diálogo, Jhasua e o rabino, com Shipro e Eliacin, cuidavam de servir solicitamente os mais esgotados, que quase não podiam agir por si mesmos.

Encontraram outro prisioneiro, também envelhecido, e cuja cabeça calva inclinada sobre o ombro esquerdo tremia em estremecimentos periódicos.

Jhasua aproximou-se para servi-lo e perguntou:

– Por que está dobrada assim a tua cabeça?

– Um deslocamento, senhor, quando me submeteram à tortura. Também este braço está torcido. Examinai.

A palma da mão esquerda estava voltada para fora, assim como todo o antebraço se achava desconjuntado no cotovelo. Com grande naturalidade, o Mestre tomou entre as suas mãos aquela trêmula cabeça calva e levantou-a suavemente.

– Eu quero que olhes para o céu azul que te cobre como um manto turquesa, e para os astros de Deus a rodarem no espaço, falando-nos das moradas de paz e felicidade preparadas para os justos. Eu quero que tuas mãos possam unir-se sobre o peito quando orares ao Pai Celestial, em gratidão aos Seus benefícios, e em súplica permanente pelas tuas próprias necessidades.

Enquanto Jhasua pronunciava essas palavras, foi endireitando com infinita delicadeza o enfraquecido braço torcido do velho, que com olhos espantados observava os efeitos produzidos em seu corpo por aquelas mãos que curavam sem causar dor.

– Agora dize: por que estavas no torreão?

– Eu era porteiro do Grande Colégio e levava uma carta do Mestre Shamai para um personagem que vivia junto à Porta do Norte, quando vi entrar por ela três enormes camelos brancos com ricos dosséis adornados com franjas de ouro e campainhas de prata que produziam uma música agradável. Eram ricos viajantes vindos de terras distantes, e falavam do nascimento de um grande Rei que seria o Salvador do país e de todo o mundo. Eu os segui quando caminhavam pela rua de Damasco e o grupo foi aumentando. Fui eu quem respondeu às suas perguntas, e os guiei à casa de Gamaliel, o velho, para que ele lhes explicasse as profecias dos Profetas sobre esse grande Rei que procuravam, visto como eu era nulo nessas questões.

"Quando saíram de lá, eu os guiei até a Porta Dourada, pois desejavam ir ao Templo.

"Quatro dias depois, encerraram-me no torreão, onde me submeteram a torturas para que eu dissesse para onde haviam ido aqueles viajantes. Desde então, não vi mais a luz do sol."

– Passaram-se vinte e dois anos! ... – exclamou Jhasua com voz trêmula e angustiada. Que medo tinha Herodes da chegada de outro Rei que não pensaria jamais em disputar o seu ouro nem o seu poder! Esse medo louco fez com que se carregasse de tantos crimes, que este mundo se transformará, através da evolução, em planeta de justiça e paz, e ele ainda permanecerá mordido em seu coração pela inveja e pelo remorso, lutando com os monstros dos pântanos entre raças selvagens e primitivas.

O velho calvo ouvia, sem compreender, as palavras que Jhasua pronunciava enquanto lhe servia uma ração de queijo e frutas.

Simônides e Judá foram tomando nota dos elementos fornecidos pelos excativos, a fim de se orientarem a respeito de suas famílias e dos ofícios que cada qual tivera.

Segundo eles, haviam sido oitenta e sete homens e seis mulheres os arrojados nos profundos calabouços do torreão, por causa daqueles três viajantes que ficaram frente aos olhos de Herodes, e depois desapareceram como se a terra os houvesse tragado.

Quando a solicitude e o cuidado os deixaram em condições de não chamar a atenção em razão do enfraquecimento, foram sendo retirados um a um de cada vez, para de novo seguir seus caminhos na vida entre a sociedade dos homens.

A História de Moisés

Na Sinagoga chamada de Nehemias ocorreram coisas muito diferentes, porém não menos importantes para o Homem-Luz, que unicamente buscava a Verdade e o Bem.

O proprietário era cunhado de Esdras, o Sacerdote Essênio já conhecido do leitor, motivo pelo qual Jhasua foi recebido ali com grandes honras. A irmã de Esdras, Hogla, era a mais jovem da família; contudo já estava em idade madura e chorava sempre cheia de tristeza porque a Natureza lhe negara a maternidade. Ela desejava ardentemente ver continuada a sua vida num ser de seu sangue, um filho ou filha que fechasse os seus olhos ao morrer e que lhe perpetuasse o nome e a raça! Esdras vivera em celibato constante e seus outros irmãos haviam perecido em motins populares nos dias trágicos de Judas de Galaad e sem ter deixado filhos.

Pelo seu amor à Lei de Deus, ensinada por Moisés, esse casal mantinha a antiga Sinagoga fundada por distantes antepassados, e derramava a piedade de seu coração sobre todos os necessitados que chegavam à sua porta. Mardoqueu e Hogla eram, pois, justos diante de Deus e dos homens.

À sua Sinagoga haviam chegado, há vinte e dois anos, os três viajantes de distantes terras, em busca das profecias dos videntes de Israel à respeito do Salvador do mundo que acabara de nascer, e tinham tomado apontamentos dos velhos pergaminhos que ele guardava como verdadeiros tesouros em seu arquivo milenar.

Haviam-lhes falado de uma luz misteriosa e diáfana aparecida a cada um deles em seu distante país, quando uma decepção profunda de todas as filosofias e de todas as ciências os levara a desejar a morte antes de se verem envolvidos e arrastados pela voragem de egoísmo, de inquietação e de miséria que enegrecia toda a Terra.

Eles se asseguraram do nascimento do Salvador, pois as profecias de Israel estavam de acordo com as de todos os videntes de outras Escolas e de outros países; no entanto, Mardoqueu e Hogla não ouviram falar nada mais sobre esse particular. Seu irmão Esdras dizia sempre: "Quando a hora do Senhor soar para vós, havereis de vê-lo, e talvez na vossa própria casa."

Nessa longa estada de Jhasua em Jerusalém e já atingida a maioridade, julgou Esdras ter chegado a hora do Senhor para o misericordioso casal que jamais se recolhera em sua alcova sem haver feito pelo menos uma obra de misericórdia para com o próximo.

– Trago-vos um jovem Profeta para encher de felicidade a vossa velhice que está próxima – disse Esdras quando levou Jhasua à Sinagoga.

Com essa apresentação, compreenderá perfeitamente o leitor que todas as portas se abriram para o jovem Mestre, e Mardoqueu e Hogla descerraram de par em par o velho arquivo de madeira de oliveira, que passava anos sem ser aberto para ninguém.

Ali Jhasua encontrou os dados necessários para preencher os vazios, as lacunas constatadas nos velhos relatos dos Santuários Essênios.

O arquivo da Sinagoga de Nehemias era quase tão importante como o arquivo de Ribla, e com ambos era possível dar continuidade à história da evolução humana, desde o desaparecimento das antigas civilizações lemúrica e atlante até o momento presente.

Que grandiosa notícia tinha Jhasua para seus Mestres Essênios e para os quatro amigos, doutores de Israel!

Enquanto examinava o arquivo, Ele viu, diante de si, como humilde serva, Hogla sentada num tapete sobre o pavimento, contemplando silenciosamente aquele jovem Profeta que lhe fazia lembrar as visões dos arcanjos de ouro e de neve que mais de uma vez havia contemplado em seus sonhos.

– Hogla! ... – disse um dia o Mestre, enquanto recebia uma caneca de xarope de cereja e pastéis de amêndoas feitos por ela –, vejo que há uma grande tristeza em teus olhos e quero saber o motivo.

Ela ruborizou-se e respondeu:

– Se tivesses vinte anos mais eu te diria; mas és quase um adolescente e não me compreenderás.

Ele continuou observando-a fixamente enquanto foi bebendo o xarope até a última gota.

– Sofres – disse –, porque desejas um filho que não te foi dado na juventude, e agora julgas que isso é impossível por causa da sua idade. Ignoras que a Natureza obedece a Deus quando Ele assim o quer? Não sabes que Elisabeth, prima de minha mãe, teve um filho quando tinha 60 anos, que hoje é um jovem Mestre de Divina Sabedoria?

"Hogla, boa mãe de todos os inválidos! ... Antes de um ano nascerá um filho de ti, que encherá com a Luz de Deus os séculos vindouros. Digo-te isto em nome d'Aquele que me enviou à Terra ..."

– És o Messias Salvador do Mundo! – gritou Hogla –, aquele que me anunciaram os viajantes das terras distantes, porque vi sobre ti a Luz misteriosa que os guiou.

– Realmente, como dizes, assim é, bendita mulher; entretanto, guarda segredo, e não digas nada a ninguém até nascer o filho que eu te anuncio.

"Dize a teu marido que hoje levo este papiro escrito por Caleb, filho de Jhepone, para tirar uma cópia. Daqui a dois dias devolverei o original."

Jhasua saiu deixando a mulher cheia de tal felicidade que não lhe cabia dentro do peito. Seu marido era tecelão e durante todo o dia se achava entre os teares dirigindo seus numerosos operários.

Eles estavam terminando de tecer um imenso véu branco de finíssimo linho para substituir o que cobria o "Sancta Sanctorum" do Templo, que sofrera a ação da chama de um círio. Admirável coincidência! Esse véu foi o que, onze anos depois, se rasgou de cima a baixo na trágica tarde das trevas que cobriram a Terra, quando Jhasua, Filho de Deus, expirava sobre a montanha do Gólgota, sacrificado pela maldade dos homens.

O papiro encontrado por Jhasua no velho arquivo da Sinagoga de Nehemias era como uma coleção de relatos da morte de Tutmés I, da XVII dinastia dos Faraós que reinaram em Tebas. Foi ele quem acolheu afetuosamente os descendentes de Jacob por amor a seu filho José. Os três faraós de nome Tutmés e os quatro Amenóphis, com a célebre Rainha Hatasu, permitiram o engrandecimento e a prosperidade do povo hebreu, especialmente dotado para se dedicar à agricultura e à pecuária.

Foi com a chegada dos Ramsés, na XIX dinastia, que os israelitas foram declarados escravos e condenados aos mais duros trabalhos, e perseguidos barbaramente em seus bens e vidas. Depois dessa espécie de prólogo, o pergaminho, já carcomido em suas bordas, começava a relatar a origem de Moisés.

Jhasua leu-o para a família de Judá, à qual se juntaram sua mãe e Ana, Simônides, sua filha Sabat e a neta Nebai, no palácio de Ithamar, onde compareceram também, para essa reunião noturna, os quatro doutores de Israel, já nossos conhecidos.

Nós também, leitor amigo, podemos estar entre esse seleto auditório para conhecer a vida íntima de Moisés, tão desfigurada através dos séculos e das deficientes narrações escritas quase sempre à base de tradições orais. Ouçamos, pois, a voz musical de Jhasua, no solene silêncio do suntuoso cenáculo do palácio de Ithamar:

"Livro de Calep, filho de Jhepone.

"Um varão da Tribo de Levi, grande artista em obras de ouro, prata e pedras preciosas, foi chamado ao palácio do Faraó, como decorrência da morte do mais hábil de seus joalheiros, para confeccionar sob medida o diadema, a gargantilha e os braceletes que a princesa Thimetis deveria usar no dia de sua apresentação ao povo como herdeira, visto ter chegado aos 15 anos sem que os deuses houvessem concedido um filho varão ao Faraó Ramsés I, reinante já há dez anos. Amram, nome do hábil joalheiro da Tribo de Levi, foi chamado perante o Faraó, a cujos pés estava sentada, sobre ricos tapetes, a princesa Thimetis, formosa como um nenúfar do Nilo. Os criados do palácio levaram grandes cofres repletos de jóias que deslumbravam à luz dos raios solares a penetrarem em torrentes pelas janelas.

"Queria o Faraó no seu desmedido orgulho, que sua filha ostentasse as mesmas jóias levadas dois séculos antes, em sua coroação, pela grande Rainha Hatasu, que tão gloriosa memória deixou entre seu povo. Mas como essa Rainha era de alta estatura e Thimetis pequenina de corpo, as jóias deviam ser adaptadas à sua medida.

"O ouro e a pedraria usado pela Rainha Hatasu devia resplandecer na cabeça, nos braços, nos dedos das mãos, nas pernas e pés da princesa.

"O jovem israelita iniciou, tremendo, a sua tarefa, com grande medo de não satisfazer os desejos do Faraó.

"Como o soberano era um grande bebedor, e ficava o tempo todo embriagado, entregue a lúbricas orgias com suas numerosas escravas trazidas de todas as partes do mundo, e com seus cortesãos, tão vis quanto ele, a princesinha, sendo órfã de mãe, logo ficou esquecida no aposento destinado à oficina do joalheiro Amram, possuidor de galharda presença e belo rosto.

"Ele tocava tão habilmente a cítara que, entre jóias e melodias, iniciou-se entre ambos um secreto idílio, conhecido apenas por uma fiel escrava etíope que ganhara a confiança de Thimetis.

"Amram, o filho de Levi, explicou à princesa as grandezas de sua raça, dos patriarcas, principalmente de José, filho de Jacob, que engrandecera o Egito, dando-lhe paz e abundância até convertê-lo em celeiro do mundo. A fé e a honradez de Abraham, as visões formosas de Jacob, a meiga virtude de Raquel, por cujo amor Jacob lutou durante quatorze anos sem se cansar de esperar até que ela lhe foi dada como esposa. Todos esses relatos acenderam de tal forma o amor no coração de Thimetis que ela já não via a não ser através dos olhos de Amram, o joalheiro, formoso como o sol nascente sobre as águas do Nilo. Acompanhados da escrava etíope, os dois passeavam de barco enquanto o Faraó e sua corte se entregavam a ruidosas orgias.

"Thimetis anunciou ao joalheiro que havia resolvido desposá-lo secretamente e abraçar a sua fé, adorar o Deus de Abraham, de Isaac e de Jacob. Amram conduziu-a perante os anciãos do escravizado povo de Israel e, ocultando quem era a jovem donzela, pediu-lhes que a dessem por esposa, pois, muito embora sendo egípcia de origem, adorava o Deus de seus pais. Ficaram, pois, ambos unidos em matrimônio, sem que no palácio do Faraó alguém soubesse do terrível segredo que, se fosse revelado, custaria a vida ao infeliz Amram por sua desmedida audácia.

"Tão ao agrado do Faraó ficaram as jóias da Rainha Hatasu para a filha que ele fez permanecer no palácio o joalheiro israelita para que fizesse formosas jóias para as escravas favoritas e para os cortesãos honrados com a sua amizade.

"A apresentação da princesa Thimetis ao povo foi efetuada pouco depois com tal pompa e solenidade que deixou lembrança por muito tempo.

"O Faraó entusiasmou-se com uma princesa estrangeira vinda do outro lado do Mar Grande (o Mediterrâneo), do país dos cabelos ruivos e dos olhos azuis e, entre grandes festas e saraus, casou-se com ela. Com isto Thimetis passou para segundo plano, e viu-se quase completamente esquecida pelo pai e pela corte.

"Depois de um ano Thimetis sentiu-se próxima de ser mãe e pediu ao pai que a deixasse retirar-se com suas escravas favoritas para passar o verão no solitário palácio que, antes de ela nascer, havia sido mandado construir para sua mãe no lago Méris, aberto no deserto por Amenhamat III para imortalizar o seu nome.

"O Faraó acabava de decretar a pena de morte para todo menino nascido do povo hebreu, cujo crescente aumento alarmava aos conselheiros do Faraó, pois temiam ver-se absorvidos e dominados por aquela raça fecunda, inteligente e forte, que engrandecera o país sob todas as formas, construindo cidades, portos, estradas, fortalezas, templos e palácios.

"Esse decreto cruel e sobremaneira injusto obrigou Thimetis a ocultar a origem do filho nascido na deserta ilha do lago Méris. Voltando ao palácio do pai, sua escrava preparou uma pequena arca de vime, calafetada de piche por fora e forrada de pele de antílope por dentro, onde foi colocado o menino. A arca foi escondida entre os pés de junco às margens do rio Nilo. Logo em seguida, a princesa desceu à margem com suas donzelas e damas da corte para banhar-se e a escrava procedeu como se tivesse encontrado emaranhada entre as moitas de junco a pequena arca, sem dúvida com algum tesouro escondido. Todas as donzelas correram para desvendar o segredo e encontraram no seu interior um formoso menino adormecido. Chamada a princesa para que o visse, disse ela com perfeita naturalidade:

"– É sem dúvida um menino hebreu cuja mãe não teve a coragem de afogá-lo, conforme determina o decreto real, e o lançou ao Nilo na esperança de que alguém se apiede dele.

" '*Esse alguém serei eu* – acrescentou a princesa, e ordenou à escrava etíope que arranjasse uma ama de leite para amamentar a criança.'

"A escrava correu para dar aviso a Amram, pai do menino, e este mandou chamar sua tia Jacobet, que então estava amamentando o pequeno Aarão, de poucos meses. Essa mulher, estando de posse do segredo, tomou grande amor pelo filhinho de seu sobrinho e da princesa Thimetis, que lhe pagou tão generosamente que a casa de Jacobet se viu transbordante de tudo quanto poderiam desejar. A princesa quis que ambos os meninos fossem criados como irmãos, e desse modo se encarregou de dar-lhes tudo quanto necessitavam e, mais tarde, educou-os como a príncipes da corte, em todas as ciências nas quais os sacerdotes egípcios eram mestres consumados.

"Como a seu pai nasceram dois filhos varões da bela estrangeira que tomou por esposa, o Faraó não opôs nenhuma resistência quando Thimetis lhe comunicou que não desejava tomar esposo, mas que, retirada no castelo do lago Méris, dedicaria o seu tempo às ciências e à música. Sua madrasta viu isso com muito bons olhos, porque resolução da princesa a deixava como única soberana na corte e desaparecia o perigo de que a princesa, casada e com filhos, viesse a disputar para seus descendentes o trono e a coroa do Egito. Para lá também foi levada a tia de Amram com os dois meninos. O joalheiro Amram da Tribo de Levi foi nomeado administrador do castelo da ilha que, desde essa época, passou a chamar-se 'Ilha da Princesa'. Ali viveram e cresceram Moisés e Aarão, chamando de mãe a Jacobet e com reverente amor à boa princesa Thimetis, que levou para a ilha os melhores mestres para instruírem aqueles dois meninos, aos quais consagrou inteiramente a sua existência.

"Quinze anos permaneceu Thimetis nesse desterro voluntário, quando morreu o seu pai, Ramsés I, e lhe sucedeu o mais velho de seus filhos, Sesostris, de 14 anos, com o nome de Ramsés II. Por causa da sua menoridade, ele não pôde governar o Egito, que foi governado pela Rainha Ghala, sua mãe, com um conselho de ministros. Foi então que os israelitas sentiram que um jugo pesado demais fora colocado sobre seus ombros.

"Então Amram, o administrador da Ilha da Princesa, sentiu sublevar-se-lhe o sangue hebreu e, chamando um dia Moisés, já contando com 18 anos, levou-o à presença de Thimetis e ambos lhe declararam sua origem e o prepararam para ser um dia o salvador de seus escravizados irmãos de fé e de sangue.

"Com a fortuna da princesa, Amram, Moisés e Aarão aliviavam a dura situação dos israelitas que, ano após ano, se tornava mais dura e terrível.

"Ramsés II que, pelo lado da mãe, tinha sangue europeu, era de caráter difícil e orgulhoso, e, logo depois da morte da Rainha Ghala, fez encerrar o próprio irmão num calabouço para que não criasse obstáculos à sua ação, segundo disse.

"A princesa Thimetis, possuidora de terno coração, condoeu-se dessa injustiça e, reconhecendo que o infeliz príncipe era um filho de seu pai, fê-lo escapar do calabouço e o enviou a Daphne, na terra de Gosen, junto com Amram, Moisés e Aarão, a fim de organizarem a libertação do povo hebreu, ao qual pertenciam os dois grandes amores de sua vida: Amram, o esposo, e Moisés, o filho.

"Na terra de Gosen encontrava-se recluso o infeliz povo hebreu, do qual era tirada a metade de suas colheitas e do gado para o erário público. O trabalho feito por eles era pago pela metade do salário cobrado pelos trabalhadores egípcios.

"Matar um hebreu era como matar um cão; mas se um hebreu matasse um egípcio, era decapitado no ato e sem julgamento prévio.

"A princesa Thimetis era a fortaleza na qual se amparavam todos os perseguidos e, como o povo a venerava pela grande piedade do seu coração fossem nativos ou estrangeiros, o Faraó e seus ministros viam-se obrigados a tolerá-la em suas desmedidas intromissões, segundo eles, nos assuntos populares.

"– Jamais poderemos curvar essa soberba raça hebréia – disse Ramsés a seus ministros –, porque se vê protegida pela minha irmã Thimetis, que sente simpatia por eles.

"Estudou-se uma forma para afastar a princesa dessas intromissões, e um astuto mago disse ao Faraó que sabia o segredo de produzir uma morte natural que nem os mais sábios médicos poderiam descobrir. Com a concordância do Faraó, iniciou ele a obra com astúcia verdadeiramente diabólica.

"Moisés, no qual se manifestavam grandes faculdades mentais, espirituais e magnéticas, teve em sonho a visão daquilo que se tramava contra a grande mulher que era a sua mãe.

"Tinha ele já 20 anos e, num dia em que a encontrou sozinha passeando nos jardins, pela primeira vez em sua vida, inclinou-se diante dela e a chamou de *mãe*. Muito surpresa, ela o olhou com inefável ternura, e ao mesmo tempo estendeu-lhe a mão para que ele a beijasse.

"– Quando completas 20 anos ouço de teus lábios esse nome, Moisés, meu filho. Algo muito grave deve ter acontecido para que desobedeças assim à minha ordem.

"– Querem matar-te, mãe, e eu vim para te salvar.

"– Quem deseja a minha morte? – perguntou.

"– O Faraó, teu irmão. Um mago foi pago para matar-te com formosas flores trazidas do 'País onde nasce o sol' (a Índia era chamada assim), e agora mesmo virá oferecê-las a ti. Estão envenenadas e seu perfume acabará com a tua vida.

"– Deliras, Moisés, meu filho! Que mau gênio te fez pensar semelhante coisa?

"Nesse momento, apareceu o mago com o ramo de flores caminhando por uma das avenidas do jardim.

"– Deus de Abraham, de Isaac e de Jacob! ... – murmurou o jovem. – Se é verdade que me escolheste para vaso da tua sabedoria, dá-me a força para lançar por terra esse aborto do abismo, antes que possa perpetuar o seu crime!

"A princesa continuava avançando por um caminho e o mago vinha a seu encontro. Moisés caminhava ao lado dela, a respeitosa distância, e, quando faltavam apenas dez passos para se encontrarem, Moisés gritou:

"– Pára! – E estendeu a mão para ele. O mago caiu de costas sobre as pedras e o musgo do pavimento. Sua imobilidade deu a impressão de que havia morrido.

"Thimetis ficou aterrada a ponto de desmaiar. Moisés, que era muito forte e de elevada estatura, levantou-a em seus braços e correu para ocultá-la num dos pavilhões do jardim, até que as suas donzelas chegassem.

"– Ouve, Moisés, meu filho – disse ela. – O Faraó mandará prender-te quando descobrir o que ocorreu a esse homem, pois os guardas do portão o viram entrar em meus jardins. – Ela mesma o conduziu por uma saída secreta para o vale do Nilo, sobre o qual estava assentada a antiga Mênfis de Mizraim. Deu-lhe uma carta de recomendação para um seu tio materno que, desgostoso com Ramsés, se havia desterrado voluntariamente em Paran, no país de Madian, colocando-se assim fora do alcance do Faraó.

"Moisés vagou durante longos dias por entre os grandes palácios e templos da esplendorosa capital de épocas passadas, até chegar a caravana que voltava de Ráffia para dirigir-se à Arábia Pétrea e, despedindo-se das pirâmides, cujos segredos, o estudo da Ciência Oculta, guiado por seus mestres, lhe haviam sido revelados, atravessou o Nilo pela última vez, segundo julgava, e se juntou em Suez à caravana que passava. Na terra onde nasceu ficavam os seus pais como sobre a cratera de um vulcão, pois Amram não gozava da consideração de Ramsés II como no tempo de

Ramsés I, e sua mãe, desprezada pelo retiro voluntário que impôs a si mesma, apenas era lembrada com amor pelo povo. Desde o incidente do mago negro, fizeram correr o rumor de que a princesa Thimetis havia enlouquecido e recebera a ordem de não sair da ilha que ela mesma escolhera para seu retiro vinte anos antes.

"Entre a sua criadagem ela foi selecionando, guiada pelo fiel Amram, os amigos e servidores que não queriam afastar-se dela. Dessa maneira essa admirável mulher atendeu aos desígnios divinos sobre Moisés, que continuou protegendo mesmo a distância. A cada três meses, a caravana do país de Madian voltava e ela, com infinitas precauções, mandava ao seu encontro um dos seus servidores, que sempre lhe trazia uma carta do filho do seu amor, pelo qual sacrificara tudo o que as mulheres de sua linhagem e sangue mais apreciavam. No regresso, a caravana de Ráffia para Madian levava sempre os presentes da mãe amorosa que só queria viver para protegê-lo.

"Nos arredores da cidade de Paran, perdida entre as ásperas serranias do Monte Sinai, existia, desde remotos tempos, um poço de água doce, provido de tanques para dar de beber aos animais e de onde também se tirava água para os habitantes da cidade.

"A caravana havia passado, e Moisés, sozinho e desconhecido de todos, sentou-se para descansar e pensar sobre a borda de pedra que resguardava o poço. Ele temia procurar o tio materno da princesa, Jethro, que fora sacerdote no grande Templo de Karnak e que talvez não julgasse justa a sua conduta.

"Estava entretido com esses pensamentos quando chegou um buliçoso grupo de donzelas com seus cântaros para buscar água.

"Ao mesmo tempo chegaram uns pastores com suas cabras e antílopes invadindo toda a paragem ao redor do poço e atirando ao chão algumas das moças que não resistiram aos empurrões dos animais sedentos. Moisés repreendeu severamente os pastores e, com grandes gritos cheios de energia, alvoroçou os rebanhos que fugiram para a pradaria.

"Tirou ele mesmo a água e encheu os cântaros das donzelas, que assustadas correram para a cidade. Duas delas eram netas de Jethro, o sacerdote de Karnak, que continuava em Paran como juiz, mestre e patriarca daquelas pessoas simples e sem grandes conhecimentos.

"Inteirado da ação do estrangeiro, dirigiu-se ele mesmo ao poço para convidar Moisés à sua casa, e repartir com ele o pão da sua mesa. Qual não foi a sua surpresa ao descobrir no valente e nobre jovem o protegido de sua ilustre sobrinha, a princesa Thimetis, que só na hora da morte revelou ao seu tio que era a mãe de Moisés.

"Moisés estudava sempre com grande dedicação e recolhia formosas lições de sabedoria do ancião protetor, a quem ajudava em tudo quanto ele necessitasse. Servia-lhe de leitor, de escriba, de tradutor e de ajudante em suas tarefas de mestre, de sacerdote e de juiz de Paran.

"Um dia se apresentou a Jethro uma adolescente chorando com grande desconsolo. Os piratas do Mar Vermelho haviam-na tirado de casa com subterfúgios para cumprir nela um bárbaro ritual do seu culto a deuses sanguinários. Consistia este em enfeitar uma mocinha e fazê-la dançar para um condenado ao sacrifício, ao qual outorgavam, como prêmio antes da morte, a posse da mais formosa donzela da região.

"– Jethro, sacerdote do Senhor! – clamou a infeliz. – Prometeste ser o pai de toda donzela ultrajada pelos piratas do Mar Vermelho. Tende piedade de mim, que fui expulsa da casa de meu pai por causa da desonra.

"O velho patriarca recolheu-a em seu lar e mandou que a considerassem como uma de suas filhas e netas.

"A infeliz chorava sempre e ninguém podia consolá-la. Moisés, que a observava em silêncio, compreendeu a causa daquela dor muda e disse a Jethro:

"— Dá-me Séphora por esposa, pois estou enamorado dela.

"— Fala-lhe tu mesmo e, se ambos estiverem de acordo, conta com o meu consentimento.

"Desse modo, piedosamente, Moisés cobriu com a sua abnegação a desonra de Séphora, filha adotiva do patriarca Jethro, que estava orgulhoso de ter Moisés como genro. O filho que nasceu de Séphora foi chamado Ghesen (*) e seguiu Moisés até a sua morte com grande constância e fidelidade, abandonando a própria mãe quando o grande Profeta se dirigiu à Terra da Promissão, guiando o seu povo.

"Já fazia dez anos que Moisés estava em Madian, porque ainda viviam o mago e os ministros que intentaram matar a princesa Thimetis, os quais nunca puderam localizar o paradeiro do Homem de Deus guardado pelos seus Anjos.

"Nesse país distante, perdido entre altas montanhas, ele foi favorecido pelo Altíssimo com as mais estupendas maravilhas. Das grandes Escolas de Mênfis, a princesa Thimetis tomou dois sacerdotes anciãos, do antigo culto, e os enviou secretamente a Madian, porque seu tio Jethro lhe fez saber que Moisés enlanguecia de tristeza por causa do desterro. Os dois sacerdotes anciãos eram descendentes dos primeiros discípulos de Mizraim, pai da raça e fundador do antigo culto, que mandava adorar ao Deus Único, vivente na luz do sol, no vento que sopra nas areias do deserto e nas águas do rio Sagrado, o Nilo, que transbordava duas vezes a cada ano para fecundar suas margens, produzindo duas colheitas em cada treze luas.

"Além disso, eram clarividentes que sondavam os abismos siderais, e de suas luzes e sombras viam, a descoberto, os grandes segredos de Deus.

"— Moisés, teu filho — disseram eles à princesa —, é um vaso escolhido pelo Altíssimo para cumprir grandes desígnios em favor da humanidade deste planeta. Nesse vaso, nascido do teu seio como um lótus dentre as águas do Nilo, os homens beberão a Lei Eterna, que muitas vezes lhes foi dada em séculos já esquecidos. O atraso e a iniqüidade humana sepultaram sob a terra, como se sepulta um cadáver sob as pedras da montanha, a Vontade Soberana do Criador, e tornaram o seu coração como argila, onde tudo se apaga e desaparece. No entanto, Moisés, teu filho, trás o fogo de Deus em seu dedo indicador e a luz da estrela polar em sua testa; e a Lei que ele trará à Terra não se apagará jamais da mente dos homens.

"— Ide a Madian, para o lado de meu filho Moisés — disse a princesa Thimetis, que sofria grande angústia por ele —, e se, com a vossa presença, ele não se confortar e consolar, irei eu mesma, ainda que me custe a vida uma viagem tão penosa a um país estrangeiro.

"Os dois anciãos se puseram a caminho, carregados de presentes enviados por aquela mãe-mártir para seu filho. A partir dessa época, começaram os grandes favores divinos para o escolhido do Senhor, porque a presença material desses dois justos ao seu lado foi como o abrir-se de uma corrente nova emanada do Eterno Poder sobre o instrumento escolhido para manifestar-se aos homens.

"A alma do desterrado encheu-se de alegria com esse novo presente da mãe, e lhes disse quando se apresentaram:

"— Recebo-vos como anjos de Deus vindos para minorar as amarguras do meu desterro.

(*) Posteriormente alterado para Essen (N.T.).

"Moisés construiu um cenáculo como os usados por seus irmãos de Gosen em terras do Egito, para dedicar-se ali, com os anciãos e seu sogro Jethro, ao estudo e contemplação das Leis Divinas.

"Tinha então Moisés 30 anos completos e, embora houvesse estudado todas as ciências humanas conhecidas na época, sentia sua alma vazia e triste, como se a fome e a sede lhe devorassem as entranhas.

"Ohad e Carmi, assim se chamavam os clarividentes que ajudaram Moisés em sua tristeza, viam nos eternos desígnios que se aproximava o momento da grande Iluminação do Escolhido. Dir-se-ia que suas fervorosas orações apressavam a hora fixada nos séculos. E um deles perguntou:

"– Há nesta terra um monte que se chama *Horeb*?

"– Sim – respondeu Moisés –, é aquele promontório de contorno escuro que vedes atrás deste vale, onde pastam as ovelhas de Jethro.

"– Irás até lá amanhã, filho da princesa Thimetis e de Amram, o Levita, pois lá te espera a grandeza do Eterno. Sete dias e sete noites passarás numa caverna daquele monte. Leva contigo, pois, o pão necessário para sete dias.

"Moisés obedeceu, tomou uma vara de oliveira por cajado, um alforge com pão e partiu de madrugada.

"Os dois anciãos, encerrados no cenáculo, o seguiram com o pensamento aceso ao amor.

"Chegou Moisés ao alto do Monte Horeb quando o sol queimava a terra com seus raios ardentes. Abrasava-o a sede e seu coração desfalecia. Moisés olhou ao redor e aquelas rochas estéreis, cobertas de espinhos e sarçais silvestres, pareciam resplandecer com os ardorosos raios solares que ao meio-dia caíam em cheio sobre elas.

"De repente, sentiu um pequeno rumor como de água a saltar dentre as pedras e, afastando os emaranhados ramos de um arbusto, viu um fio de água dourada brotando de uma fenda do penhasco.

"– Esta é a água da vida! – gritou com todas as suas forças –, porque já morria de sede. – Bebeu do manancial e comeu o pão do alforge, e logo deixou-se adormecer porque era grande o seu cansaço.

"Em sonho, Moisés viu aqueles sarçais arderem sem consumir-se e que, nas vivas labaredas daquele fogo, se formava uma imagem semelhante à dos humanos, mas de incomparável beleza. Essa imagem formada de chamas falou-lhe com indizível amor, e ele compreendeu a sua linguagem, embora não fosse nenhum dos idiomas usados pelos homens do seu tempo.

"– Moisés! Moisés! – disse com acento indefinível. – Eu sou aquele que sou, a alma companheira que te segue no Infinito desde um tempo incontável, e que te seguirá eternamente, porque o Supremo Amor nos uniu e nunca mais poderemos separar-nos. Tua divina missão começa neste instante, e eu sou o intérprete do Eterno Pensamento junto a ti. Como Instrutor e Guia da Humanidade terrestre, deves saber tudo para dar a Luz da Verdade aos que andam às tontas nas trevas!

" 'A Eterna Idéia descobre-se diante de ti! Olha:

"Em seu magnífico sonho de iluminado, Moisés viu uma branca nuvenzinha a se formar no meio de um negro abismo e descendo rapidamente. Ela logo começou a girar como levada por um turbilhão, e Moisés viu que mil chispas de fogo saíam dela, formando como um enxame de abelhas de luz a se perseguirem mutuamente, sem todavia tocar-se, até que foram se afastando para enormes distâncias, arrastadas por vertiginosas correntes. Por fim, uma dessas abelhas de luz se deteve diante dele, e Moisés viu que se tratava de uma massa informe de vapores ígneos de substâncias ferventes em borbotões imensos, furibundos e raivosos, como se fossem monstros com vida e inteligência e quisessem devorar-se uns aos outros. Esse movimento desvairado acalmou-se afinal, e entre cortinados de névoas e claridade acinzentadas foram esboçando-se paisagens de águas turvas e costas rochosas, qual montanhas de cinzas fumegantes e movediças em intervalos dados. A aridez, a solidão, a morte por toda parte, espantosos tremores, estampidos terríveis, línguas de fogo como cobras retorcidas em distantes abismos ... e o sono do vidente fazia estremecer seu corpo físico estendido no fundo da caverna do Monte Horeb.

"A vida começava a aparecer nessa horrenda confusão de forças tremendas postas em ação pelo Eterno Invisível.

"O reino vegetal primeiro, e o animal depois, começaram a tomar posse daquelas águas turvas, e daquelas rochas cinzentas que erguiam suas cabeças calvas entre brumas geladas.

"Os vales cobriram-se de verdor e as águas refletiam o azul puríssimo dos espaços infinitos.

"Os musgos acinzentados tornaram-se árvores gigantescas onde se aninhavam as aves, e as pradarias se povoavam de animais monstruosamente grandes, tal como as águas gigantescas que envolviam a maior parte do globo. Finalmente, apareceram formas como de humanos, gigantes de pele coberta de pêlos, cujo olhar inteligente e vivaz demonstrava a astúcia com a qual deviam dominar os seres inferiores daquela estupenda criação. Era a espécie humana por quem Moisés devia sacrificar-se.

"Sete dias, com suas respectivas noites, durou o sono de Moisés, Profeta de Israel e, quando despertou, viu que havia envelhecido vinte anos. Suas pálpebras caídas e os cabelos acinzentados faziam-no parecer um homem de 50 anos, e tinha apenas 30.

"– Deus de meus pais! – exclamou. – Quanto tempo passei nesta caverna para que a água da fonte reflita a minha imagem como sendo a de um ancião?

"A voz amorosa falou-lhe novamente por entre os sarçais, que pareciam envoltos em chamas, para responder-lhe:

"– Apenas se passaram sete dias e sete noites, mas os segredos do Eterno Invisível são tão grandes e seu peso tão enorme que suportá-los equivale a um terço de vida. Que importa, Moisés, meu irmão, se agora sabes tudo o que *será*, e se o Eterno te fez Senhor do passado e do futuro. De que podes queixar-te?

"O sol do sétimo dia se levantava como um disco de fogo no horizonte, e a sarça apagou-se de repente, deixando um suave resplendor a extinguir-se lentamente.

"Moisés começou a chorar com indefinível angústia, sentindo-se envolto em profunda solidão.

"Séphora, ignorante do motivo de sua ausência, e que havia seguido com o olhar a direção tomada por Moisés quando saiu de casa, chamou o filho e se encaminharam pela pradaria povoada de ovelhas até o Monte Horeb. Quando estavam já muito próximos, disse ao seu menino já entrado nos dez anos: 'Caminha até o monte, e chama *Pai* três vezes. Ele te responderá e então lhe apresentarás esta cestinha com frutas e queijo fresco.'

"Quão emocionante surpresa foi a de Moisés quando, em meio ao seu amargo pranto, ouviu a meiga voz de seu Ghesen a chamar: 'Pai! ... Pai! ... Pai! ...'

"– És o Anjo do Senhor que chega neste momento difícil – disse Moisés, levantando-se para sair ao encontro do menino que se pendurou em seu pescoço e o cobriu de beijos, e também o aturdiu com perguntas referentes à saída de casa e à sua demora em voltar.

"Comeu logo, junto com o menino, lavou o rosto no manancial e desceu do Monte Horeb com a alma cheia de tudo quanto podia compreender a mente humana em relação aos segredos de Deus.

"Alguns dias depois, Moisés escreveu esta magnífica visão e a chamou de *Gênese*. Foi o seu primeiro livro, que ninguém conheceu senão muitos anos depois.

"Em seis dias de sono profundo ele havia visto desfilar ante sua alma extática a criação de um universo de milhares de mundos e, logo a seguir, a evolução do planeta Terra, em épocas cuja duração lhe era totalmente impossível fixar."

Aqui terminava o manuscrito, ao pé do qual se lia: "Dou fé da fidelidade deste relato, conforme a palavra de Amram, o Levita, e de Jethro, patriarca de Madian."

"Caleb, filho de Jhepone."

Um Papiro de Salomão

Noite após noite, a leitura de Jhasua chegou ao seu fim, ao mesmo tempo que terminava a cópia do pergaminho, razão pela qual voltou à antiqüíssima Sinagoga de Nehemias para devolvê-lo, segundo prometera.

Encontrou Mardoqueu no arquivo com um estrangeiro já entrado em anos que havia chegado de Persépolis na lua anterior. Chamava-se Sachbathan, e era um dos mestres deixados por Baltasar à frente de sua Escola em Persépolis. O objetivo da viagem fora o estudo, motivo que o levara a apresentar-se ao Grande Colégio de Jerusalém, onde Gamaliel, o velho, era reitor nessa época, e escutara em silêncio as lições de seus sábios doutores. O mundo sideral atraía-o acima de todas as coisas, levando-o a consagrar-se completamente ao estudo dos astros em todos os seus aspectos. Sentia-se deslumbrado pela magnificência de seus esplendores e, principalmente, pelos misteriosos enigmas encerrados nesse infinito azul povoado de globos luminosos, cujas estupendas leis quisera penetrar.

Depois de ter assistido a muitas lições dadas por diferentes Mestres, viu-se tão vazio quanto antes, pois não ouviu nada de novo que pudesse ampliar os conhecimentos que já havia adquirido. Não se resignava em ter que voltar à sua Escola com a notícia de que na célebre Jerusalém de Salomão, o mais sábio dos Reis daquele tempo, não havia encontrado absolutamente nada que acalmasse sua sede de mais conhecimentos.

Numa das lições ouvidas no Grande Colégio ficou sabendo, de passagem, de sua referência feita ao fato de Nehemias, cinco séculos antes, ter obtido de Artaxerxes, Rei da Pérsia, permissão para voltar à Judéia e reedificar a cidade e o templo de Jerusalém. Por tradição oral entre os anciãos, sabia-se que, ao fazer escavações nas ruínas do que foi o palácio de Salomão, Nehemias encontrara num cofre de pedra um rolo de papiro envolvido numa lâmina de cobre, em cujo rótulo se lia: *Sabedoria do Rei Salomão. As Leis do Universo*. Contudo ninguém podia dizer com precisão que fim teve esse inestimável tesouro, pois Nehemias, restaurador de Jerusalém e do seu templo, foi encontrado morto em seu leito sem deixar nada dito ou escrito a não ser o relato referente à reconstrução da cidade e do templo, e o nome dos príncipes, sacerdotes e nobres israelitas que ajudaram na dita reconstrução. O estrangeiro, talvez sob secreta inspiração, perguntou se era conhecido o lugar em que vivera Nehemias, filho de Hachalias, reconstrutor da cidade de Salomão por ordem de Artaxerxes, Rei da Pérsia, e lhe responderam que, encostada à porta do Sul, chamada então *Porta do Sião*, existia uma casa aparentando estar em ruínas, onde uma prancha de mármore enegrecida pela ação do tempo, indicava ter sido ali o local onde a morte súbita havia surpreendido o patriarca da Jerusalém restaurada cinco séculos antes. O estrangeiro persa Sachbathan, havia-se valido desta vaga indicação para chegar à Sinagoga de Nehemias.

Mardoqueu era mais homem de trabalho que de livros e, para dizer a verdade, ignorava ele próprio o que guardava em seu arquivo. Seus antepassados tinham deixado em grandes armários embutidos na parede e em cofres de madeira de oliveira aquilo que eles apreciavam sobremaneira. Ele continuou guardando o tesouro escrito sem apreciar completamente o seu valor em face das dificuldades financeiras de sua vida naqueles tempos difíceis que não lhe permitam outra coisa além de estudar ligeiramente a Lei, recitar alguns salmos, e o resto de seus dias era devorado na oficina de tecidos que lhe dava o pão e o lume.

Os dois personagens se achavam nestes preâmbulos iniciais quando chegou Jhasua, para devolver o rolo que levara três dias antes.

– Aqui tens, Jhasua – disse Mardoqueu –, um estrangeiro que, como tu, gosta de desatar velhos rolos de pergaminho em busca de conhecimentos. Faze-me o favor de servir de secretário no Arquivo com o fim de mostrar-lhe tudo quanto ele quiser ver, e bendizei ao Senhor se encontrardes aqui o que sua alma deseja para ter paz. A oficina me chama, e eu vos deixo à vontade até o meio-dia.

– Fica despreocupado, Mardoqueu – respondeu Jhasua –, que eu te substituirei do melhor modo possível.

Iniciaram a busca, que começou com a organização do Arquivo, o qual denotava claramente estar em poder de um homem que não entendia de letras mas tão-somente de teares.

Primeiramente, apareciam os chamados livros de Moisés, com o monumental catafalco de ordens e instruções para todos os momentos da vida de um bom filho de Israel; logo os livros dos Profetas Isaías, Ezequiel e Jeremias, que eram sempre os mais lidos; a seguir, vinham os salmos, entre os quais encontrava a alma aquilo que necessitava para as eventualidades dolorosas da vida, ou para colocar-se em contato com a Divindade através da oração verbal.

As demais estantes permaneciam fechadas, cobertas de pó, com finas teias salpicadas de pequeninos insetos a carcomerem aqueles enormes e monumentais livros que ninguém se dava ao trabalho de limpar e menos ainda ler.

"O Arquivo de Ribla – pensou Jhasua – tinha um sacerdote de Homero que conhecia folha por folha do que ali era guardado; porém, o Arquivo da Sinagoga de Nehemias tem por guardião um tecelão que não pode dispensar um pouco de tempo de seu oneroso trabalho que lhe dá o pão para sua mesa."

– Bom patriarca Nehemias! – exclamou prontamente Jhasua em voz alta. – Se este nosso afã de conhecimento há de ser para a glória da Verdade Divina e em benefício da Humanidade, guia-nos até onde está oculta a Sabedoria de Salomão, pois este irmão veio da distante Pérsia para buscá-la! – O persa olhou-o assombrado, como se tivesse ouvido uma voz interior a chamá-lo de longe.

O movimento involuntário de um calhamaço fez cair uma placa de argila, das muitas que havia com escrituras cuneiformes, sobre algo que ressoou como pedra a se quebrar. A plaqueta caíra sobre uma lâmina de pedra branca, inteiramente coberta de pó.

Era a tampa de um cofre de mármore, onde em antigo aramaico se lia: "Escrituras de Salomão, Rei de Israel." A lâmina tinha-se partido em duas com grande pesar do estrangeiro, que se julgava culpado desse grave delito em detrimento do arquivo da sinagoga.

– Nada de aflições, meu amigo – disse Jhasua. – Isto é apenas a resposta de Nehemias, servo do Senhor, querendo indicar-nos onde está o que buscais.

Deixando a descoberto o pequeno cofre, os dois consulentes começaram a examinar o conteúdo.

"Esposos Eternos"

Era o que se lia no título do primeiro manuscrito tirado do meio de uma espessa camada de pó.

O estrangeiro e Jhasua começaram a traduzir com grande dificuldade aqueles confusos caracteres:

"Eu sou a Sabedoria, e estou desposada com o Perfeito Invisível.

"Meu Eterno Esposo possuía-me no princípio do seu caminho e muito antes de suas obras.

"Eternamente Ele teve o principado, desde muito antes do Sol, das estrelas e da Terra.

"Antes dos abismos, fomos gerados Ele e Eu por nós mesmos, surgidos da nossa própria vida eterna.

"Antes que fossem os mares das muitas águas.

"Antes que os montes fossem fundamentados.

"Antes que as nebulosas fossem mães de sóis e de estrelas.

"Quando nasciam do Ele e do Eu Eternos, os Céus se estendiam como dosséis sobre os abismos.

"Quando dávamos ordem às nebulosas para que dessem à luz seus filhos, os astros radiantes, a correrem como corcéis de ouro, em velocidades vertiginosas sem se encontrarem jamais, Ele e Eu Eternos já estávamos unidos.

"Ele e Eu Eternos, nascemos juntos. Geramo-nos a nós mesmos e vivemos Eternamente em amor.

"O Universo todo é d'Ele e m'Eu, e o conheço como o homem conhece os dedos de sua mão.

"Eu, Sabedoria, esposa do Eterno Invisível, amo aos que me amam e me buscam na aurora de sua vida, e também me buscam até na borda do sepulcro.

"Meu Eterno Esposo permite-me dar-me àqueles que me amam, porque meus véus de luzes e sombras os deslumbram e não podem ferir-me, fazer-me mal ou tocar-me. Apenas lhes é permitido ver-me como à imagem refletida na fonte.

"Variedade infinita são os sóis e as estrelas a encherem os abismos, como também o são as vidas a povoarem os sóis e as estrelas.

"Do ar, da água, do fogo e do pó foram feitos os mundos na noite Eterna, na qual dormiam os abismos, até que o Eterno Invisível e Eu nos geramos em soberano matrimônio, fomos, nos amamos e espalhamos, como cachos de frutos maduros, os sóis e as estrelas para moradas Eternas daqueles que, em idades futuras, deviam ser nossos amantes, nossos filhos, nossa continuação ... nossa própria vida prolongada e renovada até o infinito.

"Não existe acima nem abaixo, não existe base nem teto, não há princípio nem fim nas obras nascidas d'Ele e do Eu Eternos. É o ilimitado.

"Vida, força, movimento, vibração, som e silêncio, é tão-só o existente, e existirá ainda por todo o sempre.

"Tudo isso, envolto, penetrado pelo fluido vital da Luz, que é o grande véu de ouro a cobrir-nos a ambos Eternos, a darmos vida e mais vida a tudo quanto vive, sem que a nossa força vital diminua jamais.

"Homem terrestre: do mesmo modo como foste desde o teu princípio, como és serás, foram, são e serão os seres que povoam todos os globos a girarem, como borbulhas, nos abismos do infinito.

"Eu sou a Sabedoria, a Eterna amada do Eterno Invisível, e Ele permite revelar-me aos que me amam e, madrugando, me buscam.

"Homem terrestre: purifica o teu coração, se esperas que eu te ame. Somente aquele que tem coração limpo pode ver-me.

"Não te encerres no ovo negro depositado do pântano, como o crocodilo, que, sem mover-se, espera a presa para devorar: assim é o fanatismo e a soberba.

"Ele e Eu Eternos demos para teu uso três asas poderosas: entendimento, memória e vontade. Agita-as na imensidão e encontrar-nos-ás, como também nos amarás, e acenderás a tua lâmpada na nossa Luz e viverás a verdadeira vida, que é o Conhecimento. Paz e Amor para toda a Eternidade.

"Eu Salomão, filho de David, fui tomado como se toma um punção rubro, e, por invencível força, escrevi as determinações de Jehová. Seja Ele bendito e glorificado por todos os séculos. Aquele que merece compreender que compreenda. O Altíssimo dá-lhe tudo. Bem-aventurado quem tem mãos para receber e abre sua boca para beber.

"A Luz é o cofre de ouro que tudo encerra.

"Bem-aventurado quem acerta abri-lo e possuir os seus tesouros. Ele é rico e feliz sobre toda riqueza e toda felicidade.

"Louvado seja Jehová."

O estrangeiro e Jhasua se entreolharam durante alguns segundos e nesse olhar pareciam repetir essas palavras do manuscrito: "Aquele que merece compreender que compreenda."

— Um profeta do antigo Iran — disse o estrangeiro Sachbathan — deixou uma escritura semelhante à de Salomão, e, quando seus discípulos quiseram espalhar cópias pelas maiores Escolas de Susan, de Pasárgada e de Persépolis, foram mortos ou condenados ao calabouço perpétuo. A sabedoria aborrece a Humanidade, porque esta se acha à vontade na ignorância.

— Nem toda a Humanidade, meu amigo — disse Jhasua —, porque tu e eu somos parte da Humanidade, e andamos famintos em busca de sabedoria. Baltasar, o fundador da tua Escola, foi outro buscador incansável da Sabedoria.

— Tu o conhecias? ... — perguntou o persa, assombrado.

— Eu o vi morrer em Tiphsa, às margens do Eufrates, não faz ainda um ano. Minha vida e a dele estão enlaçadas por um anel de ouro! ...

— Então ... tu és aquele que foi anunciado por uma Luz descida do topo de um penhasco! ... — gritou Sachbathan sem poder conter-se. — Vejo essa Luz pousada sobre a tua testa.

— Tu o disseste — respondeu Jhasua — e, visto como és discípulo de Baltasar, que ele sele os teus lábios para que se mantenham fechados até soar a hora.

O estrangeiro caiu de joelhos diante de Jhasua, dizendo:

— Senhor! ... Senhor! ... O mundo está perdido por causa da ignorância, e recomendas para que os meus lábios permaneçam selados! Fala, Ungido de Deus, e o mundo será salvo pela tua palavra.

— Logo falarei, Sachbathan, logo falarei, mas antes quero proceder como quem vai empreender a última viagem: deixar para os meus trabalhadores a eira cheia de grão, para que possam semear durante a minha ausência.

Levantando o persa a chorar de emoção, sentaram-se nos dois tamboretes defronte ao arquivo e Jhasua mencionou os últimos momentos de Baltasar e o pacto de continuar a sua obra com os que ficavam: Melchor e Gaspar.

Já caía o sol atrás das montanhas que circundam Jerusalém quando esses dois famintos de sabedoria, segundo a expressão de Jhasua, se despediram até o dia seguinte, quando deviam encontrar-se novamente no cenáculo do palácio de Ithamar.

O viajante persa estivera a ponto de empreender a viagem de regresso ao seu país natal, crendo que a Jerusalém de Salomão era estéril e morta para ele, e eis que encontrava não apenas a sabedoria do Rei hebreu, como também o vaso vivo e radiante da Sabedoria na personalidade divina do Verbo de Deus. Continuou repetindo para si mesmo as palavras da escritura de Salomão: "Eu sou a Sabedoria, e me encontram aqueles que, madrugando, me buscam. Eu amo aos que me amam. O Altíssimo dá tudo. Bem-aventurado quem estende a mão para receber e abre a boca para beber."

A reunião da noite seguinte viu-se aumentada com um freqüentador a mais: o viajante persa já conhecido do leitor.

Jhasua trouxera da Sinagoga de Nehemias o manuscrito de Salomão para que seus amigos, os quatro doutores de Israel, emitissem sua opinião sobre ele.

— Com a escritura de Caleb, filho de Jhepone, sobre o Gênese de Moisés, e com este escrito de Salomão, o Sinédrio tem motivos de sobra para condenar-nos a morrer apedrejados todos juntos — disse sorrindo José de Arimathéia que, como o mais idoso, foi convidado a falar em primeiro lugar.

— Cuidado, cuidado! ... — ouviu-se a voz tranqüilizadora de Noemi.

— Sou eu aqui o mais velho de todos — disse Simônides — e, embora não seja nenhum luzeiro nas ciências, julgo poder dizer alguma coisa de proveito para todos. Neste cenáculo iluminado com a presença do nosso Rei Salvador, todos os assuntos podem ser tratados com inteira liberdade, mas que não passe pela mente de ninguém a idéia de que estas questões possam cruzar o umbral dessa porta. Traríamos algum bem ao nosso povo morrendo agora como répteis esmagados por uma dúzia de pedras, e tudo por pretender rasgar os ouvidos dos velhos do Sinédrio com essas notícias de Moisés e de Salomão?

— Em verdade — acrescentou Nicodemos — estes assuntos, se bem que para nós sejam uma revelação grandiosa, como serão do mesmo modo para todos os homens de estudo, não devem sair do nosso meio, e muito menos Jhasua deve ocupar-se deles em lugares públicos.

— E eu, que havia pensado em pedir a opinião do Mestre Shamai do Grande Colégio ... — disse Jhasua com muita tranqüilidade.

— O velho Shamai — disse Nicolás de Damasco — é um homem de grande talento, e apreciaria estes escritos em todo o seu valor; no entanto, ele é dos que pensam que, para a multidão, não se pode deixar entrever coisas acima da sua capacidade de compreensão.

Gamaliel não havia emitido a sua opinião até esse momento e disse prontamente:
– Tenho uma idéia que submeto à decisão de todos.
Várias vozes disseram ao mesmo tempo:
– Estamos à escuta. Fala.
– Penso que devemos tirar umas vinte cópias destes dois documentos, sem expressar de maneira alguma como foram descobertos para não comprometer a Sinagoga de Nehemias; e, sem dizer coisa alguma, devemos deixá-los entre os livros de apontamentos que cada um dos alunos do Grande Colégio guarda em sua estante. Tenho facilidade para entrar e sair sem chamar a atenção, pois vou sempre levar mensagens ou cartas a meu tio, em cuja casa eu moro.
– Oh, o velho Gamaliel! Bem que podíamos falar-lhe, e que ele se fizesse introdutor desta nova ciência, tão velha como o Universo – acrescentou Jhasua, que mais se inclinava a ir abertamente do que escondendo-se sob algum artifício.
– Que qualquer um fale menos tu, Jhasua – observou o príncipe Judá, que até então havia permanecido em silêncio porque, sentado aos pés de Nebai ou Esther, segurava uma grande meada de finíssima seda púrpura, encomendada por Simônides na Grécia, para que a sua neta, com Myriam, Noemi e Thirza tecessem o manto real que, num dia não distante, deveria ser colocado nos ombros do amado Rei de Israel.
– Nossos adversários – acrescentou – suspeitam já da tua presença no país e andam farejando o teu rosto como cães de caça.
– Ah, sim! Pois vamos novamente para Antioquia – disse Simônides, grandemente alarmado.
– Tanto perigo assim não existe – observou Noemi –, mas convém ser prudentes.
– Julgo prudente aceitar a proposta de Gamaliel – disse Nicodemos – se todos estiverdes de acordo.
– Assim é melhor – disseram várias vozes ao mesmo tempo.
Ato contínuo, foram colocados sobre a mesa do grande cenáculo a tinta, os punções, as penas, os pergaminhos, os tecidos engomados, as lâminas finíssimas de madeira branca que, unidas por pequenos anéis de cobre, formavam livros mais ou menos volumosos.
– Justo e perfeito – disse o estrangeiro Sachbathan. – Dentro dessa variedade de elementos de escritura ninguém suporá que todas as cópias provieram da mesma fonte.
Fez-se grande silêncio porque todos escreviam ao redor da mesa redonda coberta por um rico tapete azul.
Jhasua ditava, e até Noemi, Ana, Thirza e Nebai tiveram que deixar as meadas de seda púrpura para escrever. Myriam, que ficou sem tarefa, foi sentar-se ao lado do filho e enrolava os pergaminhos que ele ia desocupando.
– Não dites tão rápido, jovem – pediu Simônides –, lembra-te que já tenho 70 anos, e, para fazer a pena andar, minhas pobres mãos são pesadas demais.
Os quatro doutores de Israel conheciam muito bem a pessoa que comparecia às aulas do Grande Colégio e deram os nomes daqueles com quem deviam deixar cópias.
– Boa falta está fazendo aqui Marcos – disse José de Arimathéia. – Com ele, os conjuntos de escrituras entrariam como vinho na cuba.
– Ficai descansados; só eu serei o suficiente, e introduzirei tudo com facilidade – respondeu Gamaliel muito seguro de si.
Três dias depois, havia um reboliço no Grande Colégio, que estava deixando loucos os velhos Mestres.
– Qual foi o gênio maléfico que andou pelos nossos claustros derramando

veneno de serpente? – resmungava o velho Gamaliel, ao qual faziam coro Shamai, Simeão e Anás, que tinha sido Sumo Sacerdote, e ainda era conceituado como uma autoridade nesse tempo.

– Isto é uma espada de dois gumes nas mãos de mancebos inexperientes, que nada de bom farão com estas ciências tão audazes, a não ser deixar louco o mais ajuizado – disse Anás, como pronunciando uma sentença capital.

– Ou entregam aqui todas essas cópias ou serão expulsos do Grande Colégio – argüiu o velho Reitor.

Gamaliel, o jovem, escutava a ameaça violenta dos velhos Mestres da ante-sala da reitoria, onde aparentava folhear velhos textos preparando sua aula de história natural para aquela mesma tarde.

Os alunos favorecidos com as cópias, que ninguém sabia como tinham entrado no grande estabelecimento docente de Jerusalém, haviam-se retirado para as suas casas e unicamente um deles, temeroso do que pudesse ocorrer, entregara seu rolo na Reitoria. Ou melhor, este foi o intérprete de todos a fim de que os velhos Mestres tivessem um exemplar e se pusessem frente a frente com fatos acontecidos há quinze e também há dez séculos, respectivamente.

Os alunos sabiam que seriam ameaçados com a expulsão e, de comum acordo, tiraram algumas cópias dos dois documentos, e docilmente entregaram na Reitoria as cópias que haviam sido colocadas em suas estantes.

– Ao fogo com elas – gritaram os velhos, satisfeitos.

– Novamente triunfamos sobre a imprudência dos audazes sábios modernos que ignoram o perigo que significa para a Humanidade propalar teorias que exaltam o homem até colocá-lo nas alturas onde se acham os arcanjos do Senhor – disse Anás, e todos estavam de acordo com ele.

– Claro está – disse outro –, que Moisés e Salomão sabiam toda a Ciência Oculta do seu tempo; entretanto, se eles não a deram ao povo, por que nós haveremos de dá-la?

– Se todos devemos ser igualados um dia, de que serve haver nascido de sangue real ou de casta sacerdotal? – insistiu novamente Anás.

– Como haveremos de manter a multidão em obediência, se lhes ensinarmos que qualquer um deles pode ser igual a nós – acrescentou Simeão, cujos antepassados tinham um brazão nobiliário que chegava até o Rei Josaphat, filho do justo Rei Asa e de Azuba, sua primeira esposa. Sua genealogia não tinha interrupções, enxertos ou acréscimos, motivo pelo qual costumava dizer com orgulho:

– Se Jehová há de escolher um sangue limpo e uma ascendência ilustre para fazer encarnar o seu Verbo, creio que a minha casa será a escolhida. Com sete filhos e dezesseis netos, sobram ninhos de plumas e seda para o *pássaro azul*.

Poucos dias depois, o estrangeiro persa empreendia viagem para seu distante país, levando em sua equipagem tudo quanto seus novos amigos de Jerusalém lhe obsequiaram em pergaminhos com cópias do arquivo de Ribla, do hipogeu de Mizraim, perdido sob as areias do Vale das Pirâmides, e, ultimamente, do que foi encontrado na Sinagoga de Nehemias. Algo maior e eterno, levava Sachbathan no fundo do coração: a imagem radiante de Jhasua, Filho de Deus, ao qual encontrara inesperadamente entre os poeirentos maços de papéis de uma esquecida Sinagoga de Jerusalém.

As Escolas de Baltasar em Susan, Persépolis e Pasárgada, onde ainda flutuava o pensar e o sentir do velho Mestre como resplendores de uma tocha, viram-se enriquecidas com novos tesouros de sabedoria, vindos para dar consistência de realidade às hipóteses e teorias sustentadas por ele.

As Cartas do Egito

Três luas haviam transcorrido desde a morte do justo Joseph e quatro da chegada da família à velha cidade dos Profetas, quando chegaram cartas da Cirenaica, de Horeb e de Alexandria para o Homem-Luz, cuja divina claridade já se difundia em dois continentes.

A carta de Cirene era de Hach-ben Faqui, a de Horeb do príncipe Melchor e a de Alexandria do Mestre Fílon com as cópias de seus escritos, prometidos na visita de Jhasua.

— O mundo começa a despertar e olha para Jerusalém — disse orgulhosamente Simônides, que estava autorizado por Jhasua a ler a sua correspondência em atenção aos excelentes dotes psicológicos do ancião, visto ser ele um lince para conhecer as pessoas e penetrar em suas intenções.

"Vem aqui, meu senhor, pois os países da África reclamam a tua claridade, porque estão vendo seus caminhos envoltos em sombras.

Lendo as cartas originais, ficaremos a par daquilo que tanto entusiasmou Simônides. Faqui dizia:

"Arcanjo de Amanai,

"Estou às escuras sem a luz de teus olhos garços.

"A morte do nosso Amenokal trouxe grandes perturbações na nossa raça tuaregue, e ainda não entramos completamente em calma.

"A Rainha Selene não consegue fazer ouvir sua voz de calhandra, abafada pelo turbilhão das grandes ambições de poder a se alastrar ao mesmo tempo nos príncipes reais que, entre si, disputam a residência no palácio de Taovareks (*) e na cidade de rochas do Timghert. (**)

"Meu pai, com mais dois anciãos, formam o alto conselho do governo do país, e esse conselho se inclina pela permanência da Rainha Selene à frente da nação, pois, do contrário, viria uma luta armada entre os partidários de cada um dos filhos se qualquer deles subir ao poder. Não havendo um varão primogênito, os dois têm igual direito de acordo com a Lei, e o povo deve escolher.

"Estão já formadas duas facções que se odeiam com todas suas forças e se ameaçam de morte.

"Homem-Luz, mensageiro da Filha do Sol, dize uma só palavra e será feita a paz na minha pátria.

"A Rainha Selene, meu pai e eu esperamos tudo de ti. Não és o Ungido de Amanai para dar paz aos homens de boa vontade?

"Permito a mim mesmo a liberdade de fazer-te meu mensageiro perante a virgem de meus sonhos. Entrega a carta anexa a Thirza.

"Meu amor para todos aqueles que aí me amam. Aceita, Jhasua, um grande e forte abraço do teu fiel e reverente admirador e amigo."

"Faqui"

"P.S. — Se acalmares esta tempestade de ódios, na próxima lua estarei em Jerusalém para cumprir a palavra empenhada com a família do príncipe Ithamar. Se

---

(*) – Terra sagrada da raça Tuaregue (N.T.).
(**) – A montanha santa, onde veneram os sepulcros de seus reis e heróis (N.T.).

a revolta continuar, não sei quanto demorarei, pois tenho sob comando 25.000 homens e não posso abandonar o meu posto."

A carta de Fílon fazia menção a outras descobertas efetuadas numa das pirâmides do vale do Nilo, cuja entrada o arqueólogo do Museu havia descoberto. Dizia assim:

"Ó Divino Pensamento feito homem! Amor Eterno feito coração humano! Jhasua, que encerra na sua personalidade espiritual tudo quanto necessita a Humanidade para encontrar novamente o seu caminho.

"Tua presença em Alexandria abriu os mais amplos horizontes no meu pensamento. Escrevi muito e modifiquei meus escritos da juventude em atenção e obséquio à verdade histórica no que se refere a Abel e Caim, dois personagens que só se compreende depois de haver lido as Escrituras do Patriarca Aldis, que tiveste a bondade de me dar. Finalmente, através das Escrituras em anexo, poderás ver que as minhas pedras preciosas foram depuradas e polidas, para que brilhe a verdade nelas, muito embora eu não esqueça a tua profecia naquelas noites na tenda no deserto: 'Fílon, tem em mente que estás escrevendo para homens de carne e osso, e não para querubins que, com espadas de chamas, iluminam os abismos siderais. Compreender-te-ão os querubins, mas não os homens. Livro não compreendido pelos homens é livro que eles mesmos esquecem.'

"Eu sei disto. Subjuga-me e domina-me o Universo Ideal, o qual pode não ser o Universo Real. É tão vigorosa a Idéia a lutar com a realidade; mas a Idéia vive dentro de mim, e a realidade está fora.

"Compreendes-me, divino Logos, nascido do Amor Eterno e da Eterna Idéia. No entanto, não há outro como Tu neste mundo, onde os homens são crianças que compreendem o pão que comem, o leito onde dormem, a terra que lhes dá o fruto, que lhes dá o poço, a água, e o fogo que lhes proporciona calor e cozinha os alimentos. Vamos a outro assunto.

"Nosso arqueólogo descobriu, naquela pirâmide das lousas quebradas, um compartimento que oferecia a particularidade de que as múmias ali depositadas são todas mulheres muito pequenas, e parecem pertencer à primeira dinastia dos Faraós de Mênfis, ou seja, às remotas épocas de Mizraim, de Naucatis, de Méris, de Peluphia e de Menéss. Essas múmias são verdadeiros blocos de pedra que ressoam ao golpe do martelo.

"Através de datas comparativas, com o aparecimento de determinadas estrelas que os astrólogos persas e caldeus fixaram em 8, 10 e 11.000 anos atrás, podemos dizer que essas múmias estão dentro dessas épocas, ou seja: não têm mais de 14.000 anos, nem têm menos de 8.000.

"Os pequenos homens das insignificantes realidades terrestres diriam: 'São os primeiros seres humanos nascidos nos arredores do Paraíso Terrestre depois do pecado de Adão e Eva.' No entanto, meu excelente Jhasua, a Eterna Idéia nos diz coisas bem diferentes! ... Adivinhas estas vibrações da Eterna Idéia no cérebro deste teu amigo e admirador que pensa e sonha até quando parte o pão.

"Este achado remonta-nos ao Patriarca Aldis, pois nos faz entrar de cheio nos horizontes onde ele viu desenvolver-se a Humanidade.

"Quando tivermos logrado traduzir as figuras e sinais esboçados nos sarcófagos, poderei fazer-te a relação exata daquilo que aparecer como verdadeiro ou possível no segredo da morte e dos séculos. Manda-me notícias tuas pois, desde a vinda de Hachben Faqui, não obtive mais nenhuma. Teu para sempre

Fílon."

"Leva-lhe esta minha carta meu irmão Alexandre, que será nomeado alabarca do Egito pelo governo romano, e que de Gaza segue viagem a Puzol, chamado pelo ministro favorito do César. Não sei se disto sairá a vida ou a morte, o bem ou o mal. Nada é seguro nestes calamitosos tempos de bárbara autocracia. André de Nicópolis, irmão de Nicodemos, teu amigo íntimo, recebê-lo-á no porto de Gaza e se encarregará de fazer chegar esta a tuas mãos. Afetos meus a teus bons amigos."

A carta do príncipe Melchor continha uma notícia que interessou a todos enormemente. Estava concebida nestes termos:

"Abundância de paz tenhas em tua alma, Ungido do Altíssimo para Sua Eterna Mensagem.

"Depois da partida do nosso bem-amado Baltasar, todos os meus dias foram de meditação preparatória para chegar à capacidade de substituí-lo, nem que seja numa pequena parte do seu valor, como Mestre e como coluna do templo que levantas, ó Jhasua, grande sacerdote do Senhor!

"Notifico-te uma boa descoberta feita pelos adeptos da nossa Escola do Monte Horeb. Neste labirinto de montanhas que, depois de habitá-las durante vinte e cinco anos ainda não se chega a conhecê-las, encontramos casualmente a gruta da visão de Moisés. Antes de mim, outros a procuraram sem encontrá-la, por causa de um desmoronamento de rochas que, ao rodar de enorme altura, desviaram o curso do riacho que desemboca no Dezahab, sobre o golfo oriental do Mar Vermelho, e que a tradição dava como nascendo de uma vertente encontrada pelo grande Profeta junto à entrada da gruta dos mistérios de Deus. Pudemos identificá-la à vista de umas gravações hieroglíficas feitas a punção sobre o basalto, e que documentos muito antigos mencionam terem sido feitos por dois sacerdotes de Mênfis que acompanharam o desterrado de Madian.

"Alguns nomes aparecem claros, porém outros fragmentos foram apagados pela ação do tempo. Ohad, Thimetis, Carmi e Amram aparecem com bastante nitidez. Há alguma referência a Karnak e ao lago Méris. Todo Egito, e Egito. Menciona Ramsés II junto ao número dez repetido duas vezes, o que supomos referir-se a 20 anos de seu reinado.

"A gruta está na ladeira de um monte diante de Paran. Olhando para o vale próximo, imagina-se ver Moisés conduzindo as ovelhas de Jethro. Contudo, o vale está povoado de cabanas e casinhas brancas de lenhadores, a maior parte dos quais talvez jamais tenha ouvido falar de Moisés.

"Ó Ungido do Senhor! ... Verbo de Deus feito Homem! ... Até as rochas inabaláveis desta Arábia Pétrea cantariam se pusesses sobre elas a planta de teus pés! Virás algum dia? Não poderia verificar-se aqui uma das reuniões combinadas por Gaspar e por ti junto ao leito mortuário de nosso irmão Baltasar? A gruta dos segredos de Deus revelados a Moisés bem merece ser o Santuário onde possa ressoar novamente a Palavra de Deus vibrando numa língua e em lábios humanos.

"Pensa nisso, Jhasua, na presença do Altíssimo e, no regresso da caravana, anuncia-me o resultado, pois que, para um acontecimento semelhante, precisamos participar às nossas Escolas de Esiongeber, de Cades Barnea, do Monte Hor, e aos nossos penitentes solitários do deserto de Paran. Em conjunto, não são muitos; no entanto, poderias contar com quatro centenas e com mais alguns bons apóstolos de teus ensinamentos.

"Outra das reuniões poderá ser efetuada na margem oriental do Golfo Pérsico, onde reside Gaspar, com a mais antiga das Escolas mantidas por ele.

"Dirás que pretendo dividir-te em pedaços? ... Ó Ungido do Altíssimo! ...

Compreende o que é, para um buscador da Eterna Verdade, saber que a tem ao alcance de sua mão, que a mesma está personificada em Ti e que esta é a última vez que o Verbo de Deus feito homem põe seus pés sobre o pó deste Planeta!

"Estendi-me mais do que pensava. Não descuides em apresentar a oferenda de meus afetos aos teus familiares e amigos de Jerusalém. Ofereço-te, Jhasua, somente esta frase: Amo-te acima de todas as coisas da Terra. Servo do Senhor e teu

Melchor de Heroópolis."

— Que cartas, meu Senhor, que cartas! — exclamou Simônides com grande entusiasmo. — Elas sozinhas valem mais que todo o Império Romano, com suas legiões e suas águias. Que dizes a isto, meu soberano Rei de Israel?

— Digo que os campos do Senhor são muito extensos e que os lavradores de boa vontade são muito poucos — respondeu Jhasua.

— Mas estas cartas — disse Judá — indicam que esses lavradores podem aumentar até o maravilhoso. Os tuaregues são tão numerosos como as areias do Saara onde habitam. Os madianitas das montanhas do Sinai não serão menos numerosos. Os do país de Anmon, na Arábia Oriental, que obedecem ao nosso nobre e bravo Scheiff Ilderin ... Jhasua, esqueceste tudo isto?

— Jovem de Jehová, quando te convencerás de que o teu Reino não terá limites? — perguntou novamente Simônides para convencer definitivamente a Jhasua.

— Vem Simônides e também tu, Judá. Vinde ambos comigo ao pátio dos depósitos.

Os dois desceram seguindo Jhasua, na esperança de ver algo estupendo.

— Vedes este caminho feito pelas formigas, no seu transporte de grãos de centeio e farelo que encontraram jogados nos caixões dos resíduos?

— Claro que vemos, e enquanto não fizerem algum outro trabalho daninho podemos perdoá-las, pois limpam os resíduos inúteis — respondeu Simônides.

— Reparai agora mais para cá, perto dos cântaros de mel e dos sacos de frutas secas — disse Jhasua levando-os para outro compartimento de enormes armários.

Os carregamentos de centeio partido e os pedacinhos de bolotas para os animais eram deixados na metade do caminho quando as formigas encontravam algum recipiente de cera impregnada de mel, ou algum saco de figos secos esquecidos, talvez, no trajeto percorrido.

— E isto, meu Senhor, que relação tem com o que falávamos há alguns momentos?

— Muita, meus amigos. Os homens desta Terra são mais ou menos como estes pequenos insetos, que correm afanosos atrás daquilo que agrada ao seu gosto e nada mais.

"Desse mesmo modo, quando eu falar aos homens como devo falar-lhes, eles me abandonarão como aos pedaços de grãos de centeio e ao farelo, e correrão para o mel dos gozos materiais que dão doçura agradável às suas grosseiras paixões. Desenganai-vos, meus amigos, pois a palavra do Ungido só será compreendida pelas minorias escolhidas desde há muitos séculos para esta última hora."

— E as profecias, meu Senhor, as profecias que nos falam de um Rei poderoso, cujo reino envolverá toda a Terra e jamais terá fim? ... — perguntou Simônides, sem querer ainda desanimar-se pela axiomática conclusão de Jhasua. — Mentem acaso as profecias dos grandes inspirados de Israel?

— Não mentem as profecias, contudo elas exigem de quem as lê a interpretação do pensamento divino que encerram. "Aquele que merece compreender, que compreenda", diz a Sabedoria pela pena de Salomão.

"Acreditas, Simônides, que o Verbo de Deus fundará um Reino como aquele que David fundou, na base de matanças, despojos, incêndios, traições e enganos? Também dizem as profecias *que o seu Reino será de justiça e ele será chamado o Justo, o Santo que não apagará a mecha ainda fumegante, nem quebrará a cana que está rachada*.''

Judá escutava em silêncio e uma ligeira sombra de tristeza parecia estender-se em sua nobre e formosa fisionomia.

– Ó meu Senhor! ... Ainda quero aferrar-me à idéia de ver-te coroado com o cetro na mão direita, dirigindo as multidões pelo caminho da felicidade. Não lances, meu Senhor, terra de morte em meus olhos, antes de que seja a hora! ... Não mates a minha única ilusão, aos 70 anos de minha desgraçada vida! Ó Senhor! ...

– Está bem, Simônides! ... Perdoa se te causei algum pesar com o meu modo de falar diferente de teus nobres pensamentos – disse Jhasua com ternura filial, passando sua mão pela branca cabeça do ancião. – Esperemos a hora quando a Divina Sabedoria nos falará e mereçamos compreendê-la.

A voz de Esther chamando do último degrau da escada para a refeição do meio-dia encerrou esta conversação à qual Jhasua dera um caminho diferente, convencido de que ainda não era a hora de ser compreendido pelo bom ancião e por Judá.

Na Gruta de Jeremias

No dia seguinte em que Jhasua recebeu as já mencionadas cartas, de manhã bem cedo, ele avisou à sua mãe e aos seus amigos do palácio de Ithamar que passaria o dia com os Mestres Essênios Eleázar e Esdras, aqueles dois anciãos que o acompanharam em sua viagem ao Grande Santuário do Moab, quando se consagrou Mestre de Divina Sabedoria. Anunciou-lhes que voltaria somente quando a noite já estivesse bem adiantada e que não precisavam ter cuidado algum com ele.

Como notasse em sua mãe e em Ana certa inquietação, disse-lhes que tinha necessidade de consultá-los sobre a resposta a ser dada à carta de Faqui.

Jhasua atravessou toda a parte norte da cidade e saiu pela Porta de Damasco ou Porta Norte, encaminhando-se, por entre grandes barrancos cobertos de arbustos e de alguns velhos carvalhos, em direção a um lugar de aspecto escabroso e muito solitário. A dois estágios mais ou menos da muralha de Jerusalém, encontrava-se uma imensa gruta perdida entre um labirinto de rochas e de árvores que em épocas distantes fora muito visitada por pessoas devotas, pois a tal gruta, conforme era a tradição, havia sido habitada por Jeremias, o grande Profeta dos trenos, tristes como arrulos de rolinhas. Dizia-se também que ele estava sepultado ali mesmo, mas os anjos de Jehová tinham ocultado o seu cadáver para que os filhos de Israel não o tomassem como objeto de adoração. A ignorância humana leva sempre a procurar algo visível e palpável para render-lhe culto. Poucos são os que admitem adorar o que não é matéria. O Eterno Invisível, sendo Amor, Luz e Energia, só pode ser sentido pelos espíritos adiantados.

Seja o que for, sigamos ao nosso Jhasua a se aproximar da célebre gruta de Jeremias que, nessa época, já estava quase completamente esquecida.

A entrada dava passagem apenas para um único homem e, mesmo assim, bastante inclinado; e duas varas de carvalho cruzadas em forma de "X" a fechavam.

Pela facilidade com que o jovem Mestre a abriu, denotava não ser esta a primeira vez que ele ia ali.

Jhasua atirou para o fundo da gruta uma pedra levantada do solo, a qual produziu o som seco de uma pedra sobre a dureza de um rocha. Um momento depois saiu de seu interior sombrio um velhinho com um pedaço de cânhamo, no qual trabalhava.

– Oh, que luz nova me traz o jovem-Sol! ... – exclamou beijando o extremo do manto azul de Jhasua.

– Bom Isaac – disse –, bem sabes que venho aqui quando estou necessitado de luz. Os Mestres não vêm hoje?

– Até agora eles não chegaram mas, se necessitas com urgência, bem sabes que posso mandar-lhes um aviso – respondeu o velhinho, fazendo Jhasua entrar através de uma abertura dissimulada por uma grande pilha de lenha e feixes de palha amontoados ali descuidadamente.

Era aquilo um regular aposento iluminado por uma abertura nas rochas na parte superior. No pavimento e ao redor do recinto, viam-se estrados rústicos feitos de troncos de árvores e cobertos de brancas peles de ovelha. Defronte aos estrados achavam-se três ou quatro pequenas mesas de rusticidade idêntica à de todo o restante do mobiliário encontrado ali.

– Faze o obséquio de avisá-los que eu os espero aqui para um trabalho muito importante a ser executado – disse Jhasua estendendo-se num daqueles estrados, pois a caminhada pelos escabrosos barrancos até chegar à gruta o havia fatigado.

Jhasua percebeu que o vellhinho saía para fora e dava fortes assobios, pelo que compreendeu estar chamando ele alguém.

– Já saiu o mensageiro – disse ele entrando de novo.

– Pelo que se vê, bom Isaac, desfrutas do luxo de ter um criado à tua disposição – disse o jovem Mestre gracejando.

– Meus netos trabalham numa pedreira aqui perto, e quando necessito deles, eu os chamo. São eles que dormem nesses estrados, quando há trabalho por aqui; no entanto, ignoram o outro recinto interior onde tão só entram os Mestres e algum estrangeiro ilustre conhecido e trazido por eles.

Já era passada a metade da manhã quando chegaram Eleázar e Esdras vestidos como dois lavradores, montados em seus jumentos e ainda por cima demonstrando que estavam bem cansados.

– Que te traz à gruta de Jeremias, jovem de Deus? – perguntou logo Esdras, encaminhando-se para a oculta portinha de pedra que dava passagem para o recinto que ficava mais no interior.

Entraram os três e a porta foi fechada atrás deles.

– Dir-te-ei lá dentro – respondeu Jhasua.

Esse recinto era como um pequeno oratório que, ao mesmo tempo, se assemelhava muito a um panteão sepulcral.

Sobre a rocha polida, em forma de quadrado de três pés de altura por três de largura, lia-se em aramaico: "Aqui o Profeta Jeremias recebeu a Luz Divina. Aqui também resguardou a sua vida quando se viu perseguido por ter declarado a verdade aos poderosos, e, neste mesmo recinto, entregou sua alma a Deus quando ele o chamou."

Em plaquetas de madeira branca encravadas nas paredes, liam-se frases do santo Profeta, sacerdote do Senhor:

"Bom é Jehová para aqueles que n'Ele esperam, e para a alma que O busca."
"O Senhor não abandona para sempre."

"Invoquei o Teu nome, ó Jehová, do mais profundo do meu cárcere, e ouviste a minha voz e Te aproximaste para dizer-me: 'Não temas.' "

"Ai de quem não edificar sua casa em justiça, servindo-se do próximo sem pagar-lhe o preço do seu trabalho!"

"Toma como tua a causa do aflito e do abandonado, e então estarás fazendo obras de bem."

Quando os três estiveram comodamente sentados sobre os bancos cobertos de esparto e peles de ovelha, Jhasua tirou do interior de sua túnica a carta de Faqui e a deu para que os anciãos a lessem.

– Queres apaziguar a tormenta de ódios e de ambições a rugir no distante Saara, não é verdade? – perguntou Esdras, olhando com olhos investigadores para Jhasua sentado junto a ele.

– Justamente – respondeu este – e espero que meu Pai, sendo Amor, Poder e Energia, não me negará a força necessária para realizar o meu desejo daqui. A alma do homem não é sopro divino que vai e vem, levando o bem a tudo quanto toca?

"Não poderemos nós fazer isso, já que recebemos o dom divino de dar paz e amor aos que não os têm?"

– Que quereis de nós, ó Ungido do Eterno Criador e Senhor de todas as coisas? – perguntou por sua vez Eleázar.

– Que me ajudeis com o vosso pensamento de amor e vigieis minha matéria, para transportar-me ao palácio de rochas de Taovareks, em pleno deserto do Saara, e fazer-me sentir aos filhos de Amenokal, à Rainha Selene, a seus ministros e aos chefes guerreiros. Não julgais justo e bom? – Ao fazer esta pergunta, Jhasua submetia-se humildemente ao preceito da Lei Essênia dizendo:

"Mesmo sendo um Mestre de Sabedoria, submete o teu julgamento ao juízo dos anciãos que viveram e sofreram mais do que tu, e o Altíssimo falará pelas suas bocas."

– É justo e bom evitar a desolação de uma guerra que destruirá muitas vidas e causará imensos males, piores talvez que a própria morte – disse Esdras.

– É justo e bom – acrescentou Eleázar –, retirar a angústia do coração das mães, das filhas, das esposas, e devolver a paz e a alegria a todo um povo, que será a vítima das ambições desses príncipes cegos, que não recebem a Luz Divina por causa da maldade de seus corações.

– Então ... que o Poder Divino esteja conosco e as Inteligências-Guias da raça tuaregue me prestem o seu concurso – disse Jhasua com solenidade, entregando-se à concentração mental.

Fez-se profundo silêncio na gruta de Jeremias, e algo assim como um sopro de divindade começou a estender-se naquele ambiente impregnado do perfume de incenso, mirra e flores de feno, que se queimavam ali com freqüência.

A amarelenta luz de três círios que dava uma claridade opaca ao recinto continuava bruxuleando com aquele tênue tremular que torna móveis todas as coisas, e Jhasua entrou em profundo sono hipnótico. Era antes do meio-dia e o dourado sol do outono estendia véus de ouro sobre montanhas, vales e desertos.

Leitor amigo. Segundo a palavra do jovem Mestre, "a alma do homem é sopro divino que vai e vem, levando o bem a tudo quanto toca", nossa alma pode, pois, voar para o deserto do Saara, para presenciar a obra de amor e de paz do Verbo de Deus naquelas dunas e montanhas abrasadas pelo astro rei.

Tinham os tuaregues um ancião Profeta muito venerado entre eles, porque sua vida era justa e nunca seus lábios se mancharam com a mentira. Na mesma manhã em que Jhasua se encaminhava para a gruta de Jeremias, apresentou-se à Rainha

Selene que chorava com grande e profunda aflição por causa da desgraça que ameaçava o país em virtude da morte de seu esposo.

— A voz de Amanai fez-se sentir esta noite a mim — disse o Profeta à Rainha —, e hoje, à hora do meio-dia, será consolada em tua dor, se fizeres vir à tua presença os teus dois filhos, teus conselheiros e os chefes de guerra.

— Que devo dizer-lhes? — perguntou a Rainha Selene.

— Eles é que dirão a ti: "Compreendemos qual é o verdadeiro caminho da paz e da felicidade para o nosso povo."

— Que Amanai seja mel em tua boca — respondeu a Rainha, conforme era a frase habitual usada por eles.

Na grande sala chamada do Bom Conselho, toda tapetada de seda carmesim, salpicada de minúsculas estrelas de ouro, encontraram-se reunidos os mais altos personagens do numeroso povo tuaregue. A Rainha com seus filhos, seus três conselheiros maiores e seus setenta chefes de guerra, entre os quais se achava o nosso amigo Hach-ben Faqui e seu pai, Scheiff Buya-Ben.

A Rainha foi a última a chegar, toda velada de branco, segundo o costume do luto rigoroso, e sem usar jóias de nenhuma espécie. O ancião Profeta estava sentado no estrado onde ela apoiava os seus pés.

A grande sala aparecia na penumbra, apenas como a luz de uma única lâmpada como permitia o ritual, durante cem dias depois da morte do soberano. Nem janelas nem clarabóias podiam ser abertas no grande palácio de rochas que, segundo suas tradições, contava com tantos anos quantos havia desde que o Saara deixou de ser mar para converter-se num ressequido deserto.

— Nosso Profeta aqui presente — disse a Rainha — prometeu que Amanai fará conhecer o seu desígnio ao seu povo, hoje, à hora do meio-dia. Só Amanai é grande e poderoso. Esperemos! Silêncio!

No centro da grande sala tapetada de seda carmesim, apareceu de repente uma luz dourada, semelhante à do sol quando penetra por uma clarabóia ovalada. No meio dessa luz difusa e de incomparável suavidade, esboçou-se a imagem de um formoso mancebo, que bem podia ser tomado por um arcanjo dos que Amanai enviava em dados momentos àquela mísera terra enegrecida de ódios e de iniqüidades. A formosa visão parecia deixar em suspenso até a respiração, tão grande e profundo foi o silêncio que se estendeu como um véu de quietude e de serenidade.

Faqui e seu pai reconheceram no mancebo da aparição, o Príncipe, filho de David, que haviam visto em Alexandria e no Vale das Pirâmides.

"Jhasua, o de olhos garços a derramarem luz de amor!", pensou Faqui, enquanto absorvia em seu fixo olhar a suavíssima claridade da visão amada.

A Rainha levantou os véus e aqueles divinos olhos entraram em sua alma como um bálsamo de consolo e de piedade infinita.

Cada um dos presentes ouviu, no mais profundo de seu ser, uma voz extraterrestre a dizer:

"Esta é a hora da justiça, do amor e da paz. O Altíssimo dá a cada qual o que lhe pertence. À piedade da Rainha Selene, com piedade e amor, Deus responde: Tu és e serás a mãe do teu povo, que de ti aprenderá a grandeza do dever cumprido. Teus filhos não verão a luz do sol, até que tenham abandonado suas ambições de poder e de domínio, que levaram o país à borda de um abismo: a guerra entre irmãos. Selene, mulher da misericórdia e do amor! O Altíssimo secou o teu pranto e derrama a doçura da paz sobre ti, porque ouviste a Voz Divina a clamar:

'*Glória a Deus na imensidão dos Céus e paz na Terra aos homens de boa vontade!*'"

Os homens, surpresos de pavor, tinham-se prostrado por terra, porque aquela íntima voz que lhes falava dentro de si mesmos, e aquela vivíssima luz de ouro, enchiam seus corações de inquietação. Jamais eles tinham visto nada semelhante, e recordavam as velhas lendas e tradições que seus antepassados haviam recolhido dos emigrados atlantes refugiados nas costas montanhosas da Mauritânia.

– É o mensageiro da Filha do Sol – disseram outros –, que conseguiu de Amanai misericórdia para este povo próximo a tomar as armas e despedaçar-se entre irmãos.

A Rainha havia descido do estrado e beijava a terra onde parecia estar detida a visão dourada, que se foi dissolvendo lentamente, como essas nuvenzinhas de ouro que se formam no imenso azul quando o sol se mergulha no ocaso.

Faqui aproximou-se de Selene para levantá-la e fazê-la retornar ao seu estrado. Aproveitou o momento para dizer-lhe a meia-voz: "É a aparição do Príncipe de David, Ungido de Amanai, para salvar o Mundo do domínio romano. É aquele que visitou Alexandria, e do qual meu pai e eu dissemos que trazia a mensagem de Amanai e de nossa Filha do Sol. Já O conheceste, ó minha Rainha, e a sua palavra foi para os teus sentimentos como um vaso de mel."

A Rainha subiu em seu estrado encortinado de púrpura bordada de ouro, e com os olhos cheios de lágrimas, disse:

– Reparem os meus filhos, como duas múmias cegas, castigados por Amanai, por causa de suas rebeldias e ambições.

"Os dois estão imóveis, mudos como estátuas de bronze que precisam de vida e de movimento."

Quando Faqui se aproximou do mais velho e lhe pôs a mão em seu ombro, este estremeceu todo e disse com voz alterada:

– Quem quer que sejas, mata-me de um golpe, porque prefiro a morte à vida sem luz.

– E a mim, e a mim também – gritou o mais moço.

Lágrimas silenciosas brilharam um momento nos negros olhos da Rainha, que cobriu novamente o rosto com o grande véu branco de luto.

O ancião Profeta aproximou-se dos cegos e lhes disse:

– Vossa ambição e orgulho trouxe este tremendo castigo, mas podereis levantá-lo no mesmo instante em que transformardes os vossos corações num receptáculo de justiça e de eqüidade para todos.

– Viva a Rainha Selene, nossa augusta Amenokal! – clamou o Profeta, com toda a força de que era capaz a sua ancianidade.

– Que viva e governe o nosso povo com a paz e a justiça que só ela pode dar-nos!
– Que viva!

Foi um coro ensurdecedor a ressoar longamente nas galerias e corredores do imponente palácio de rochas, onde uma longa cadeia de séculos havia impresso a sua grandiosa majestade.

Voltando, leitor amigo, à humilde e desmantelada gruta de Jeremias, a dois estádios dos muros de Jerusalém, vemos Jhasua despertando e Eleázar apresentando-lhe uma tijela de barro com vinho quente e mel. Esdras aproxima de seus pés um braseiro cheio de brasas vivas e o cobre com um manto de pele de camelo.

– Agora conta-nos, se consegues te lembrar, o que viste e ouviste.

– Sei que estive entre os dirigentes do povo tuaregue; no entanto, como aquele ambiente está muito longe de ser sutil e diáfano como este, creio que não é possível lembrar-me de nada. Tenho apenas a impressão de que tivemos êxito no nosso trabalho.

— Hach-ben Faqui nos fará um relato de tudo.

— Isto nos ensina uma vez mais que, para que uma Inteligência encarnada possa manifestar-se visivelmente em ambientes que lhes são estranhos, a Eterna Lei o reveste de matéria astral densa, ou seja, a túnica de proteção já observada pelos antigos Mestres, para protegê-lo contra graves danos, mas trazendo-lhe o esquecimento. — Essas reflexões foram feitas por Eleázar, em virtude do esquecimento completo de Jhasua em relação a tudo quanto havia ocorrido.

— As Leis Divinas são severas e sábias — acrescentou Esdras, confirmando as palavras do companheiro. — Se este desdobramento espiritual tivesse ocorrido para tornar-se visível no grande Santuário do Moab, haverias conservado completamente a sua lembrança até do que terias falado. Não obstante, devemos bendizer e glorificar a Deus por nos ter permitido realizar este modesto trabalho que, provavelmente, restabelecerá a paz e a concórdia naquele país. Não tínhamos outro desejo nem era outra a nossa finalidade.

Uma hora depois, e em torno do humilde fogo do velho Isaac, guardião daquele recinto, os quatro comiam o clássico prato de lentilhas ensopadas, um grande recipiente de azeitonas com ovos de pata, assados ao rescaldo, e uma cesta de figos recolhidos nessa mesma manhã pelo velho Isaac de suas figueiras naqueles quase inacessíveis barrancos.

Antes do cair da tarde, os dois anciãos e Jhasua entravam na velha cidade dos Reis pela grande Porta do Norte, a mesma por onde, vinte e dois anos antes, entravam, montados em seus grandes camelos brancos, os três viajantes vindos de distantes países para render homenagem ao grande Rei que havia nascido.

No Palácio de Ithamar

Trinta dias depois, desembarcava Faqui no porto de Gaza e se encaminhava sozinho, sem haver dado aviso a ninguém, a Jerusalém, em busca de seus amigos.

É impossível descrever fielmente a explosão de alegria causada pela sua chegada. O jovem príncipe africano compreendeu então que eram sinceros e profundos os afetos conquistados na terra de Jhasua. Sem esperar que ninguém lhe perguntasse, fez ali mesmo todo o relato do ocorrido no grande palácio de rochas de Taovareks, com a visita espiritual do Homem-Luz à Rainha Selene, a seus cortesãos e guerreiros.

— Está tudo em paz por lá? — perguntou Jhasua quando Faqui terminou seu formoso relato, tal como o leitor já o conhece.

— Completamente, Filho de David. Não fazes as coisas pela metade — respondeu o africano.

— Nada resiste àquele que Jehová tornou invencível — disse Simônides, esfregando as mãos como se saboreasse um triunfo próximo. — Meu soberano Rei de Israel impor-se-á a todo o mundo, que cairá de joelhos deslumbrado diante da sua grandeza.

— Meu bom Simônides — disse Jhasua sorrindo —, no teu jardim sempre florescem as rosas. Quando terás o inverno?

— Meu inverno já passou, Senhor, e para sempre! Agora não há senão flores de maçã, rebentos de palmeira e jacintos em eterna floração. Não vês que até as rugas da minha testa desapareceram, porque o dia da glória se aproxima? ...

— Pai! — disse rindo Sabat, sua filha —, falta só pensares em outras núpcias junto com as da tua neta.

Um coro de alegres risos respondeu ao gracejo de Sabat.

— Ah! ... Isto é uma coisa que a luz do sol não verá. Minha Raquel é daquelas mulheres que não podem ser substituídas jamais. Ela, unicamente, e para sempre!

Poucos dias depois, era celebrada silenciosamente no palácio de Ithamar a tríplice boda, que não foi presenciada a não ser pelos familiares e íntimos em atenção e memória aos amados mortos que podiam ser contados nas famílias dos três casais: o príncipe Ithamar, pai de Judá, Harvoth o escultor, pai de Nebai, os pais de Marcos, Joseph, pai de Ana, e Raquel, a santa esposa que Simônides ainda não conseguira esquecer.

Essas felizes núpcias, abençoadas pelo Filho de Deus, não podiam trazer a não ser paz, felicidade e alegria para todos. As almas dos justos se buscam e se encontram quando uma aliança de lei as aproxima umas das outras.

Nas uniões por amor, o amor é a maior e a mais duradoura compensação.

A morte do ancião Joseph enchera de tristeza a alma de Myriam que, em vinte e três anos de convivência sob a plácida serenidade do céu galileu, naquele delicioso horto povoado de pássaros, de flores e de frutos, chegou a tal identificação com seu velho companheiro que parecia haver-se dilacerado sua vida, ou ficara a mesma como que suspensa no vazio.

Sua alma cândida e boa dedicou-se inteiramente a Jhasua, no qual encontrava a única compensação dos amados já desaparecidos. Agora, outro ser de seus mais ternos afetos, Ana, se desprendia de seus braços maternais para seguir Marcos, o amoroso esposo que a escolhera como companheira de sua vida.

De acordo com Jhasua, ela dera ordens a seu irmão Jaime para vender todo o mobiliário da oficina de Joseph em Nazareth, e dar o imóvel em arrendamento a alguns parentes seus que, tendo entre eles muitos filhos varões, podiam obter boas rendas com o cultivo da terra.

— Deixarei passar vários anos — disse ela — até sentir que se calou o ruído dos passos de Joseph e que suas vozes dando ordens a seus operários foram levadas pelo vento. Então, poderei pensar em regressar a Nazareth. Que faria eu sozinha naquela grande casa? Compreendo perfeitamente que não deverei colocar obstáculos nos caminhos de Jhasua, o qual, se veio com a missão de ensinar a Lei aos homens, não poderá permanecer constantemente ao meu lado.

— Também fico sozinha nesta imensa casa cheia de recordações — disse Noemi. — Thirza e Judá casados, já são aves livres, podendo deixar o ninho paterno quando a vida o reclamar.

— Enganas-te, mãe — respondeu Judá —, porque Esther e eu faremos aqui o nosso ninho.

— E eu — disse Faqui — levarei Thirza por uma breve temporada na primavera para fazê-la conhecer a minha soberana e a meu pai, e retornaremos para aqui, porque o clima ardente de minhas montanhas queimá-la-ia viva.

— Queixavas-te, minha ama, sem contar de modo algum com o amor a rodear-te — disse Simônides — porque eu, teu eterno administrador, continuarei residindo na tua casa, e tenho ao meu lado minha filha Sabat para cuidar da minha velhice.

"Além do mais, minha ama, não levaste em conta o fato de o Altíssimo, Deus de Israel, ter multiplicado em minhas mãos os bens do príncipe Ithamar, meu amo, para estabelecer com eles o Reino de Israel que se avizinha. Qual será o seu palácio senão este, do qual se pode observar as cúpulas do Templo e tudo quanto tem de grande e belo na Cidade Santa?

— Mas, meu bom Simônides — disse Jhasua rindo. — Quer fazer do palácio de Ithamar um refúgio de solitários! Como é isto?

— Exatamente como ouves, meu Senhor! O palácio do meu soberano Rei de Israel será este, e não pode ser outro a não ser este, arrancado milagrosamente pelo Altíssimo das garras romanas para devolvê-lo ao seu verdadeiro dono. Aqui reside o generalíssimo dos exércitos defensores da verdade e da justiça. Aqui reside aquele que fez multiplicar em cem por um os bens com que o Rei fará a felicidade do seu povo. Onde mais pode residir o soberano, a não ser aqui?

— Muito bem, Simônides, muito bem! — exclamaram Judá e Faqui. — És um verdadeiro oráculo de sabedoria, e contigo não precisamos ir consultar o Foro Romano nem os sete sábios da Grécia — acrescentou Judá, extremamente satisfeito com o bom rumo dado pelo bom velho às suas palavras.

Myriam e Noemi sorriam com esse aprazível sorriso das mulheres maduras pela idade e o sofrimento.

Ficou, pois, resolvido que o suntuoso e severo palácio de Ithamar seria a morada de Jhasua e de sua mãe viúva enquanto permanecessem em Jerusalém.

Desde os anos 23 aos 25 de idade, dedicou-se Jhasua inteiramente a combater uma nascente idolatria da sua pessoa, que tomou grande vulto em alguns dos países aonde chegou a notícia de suas obras tidas por milagrosas por todos aqueles que ignoravam as forças ocultas na Natureza, e sobre as quais o espírito humano, devidamente cultivado com fins nobres e desinteressados, pode exercer ação.

Não tinha sido suficiente exigir estrito segredo daqueles que viram de perto suas grandes obras benéficas sobre enfermos incuráveis ou sobre acontecimentos de impossível solução, dentro dos meios puramente humanos e conhecidos do vulgo.

Em Jerusalém, Jhasua teve a notícia de que em Alexandria, no mais grandioso de seus templos, o "Serapeum", construído por Ptolomeu I para imortalizar o seu nome, havia sido colocado sobre um pedestal de mármore uma efígie de alabastro, bastante parecida com a sua fisionomia, com idêntica vestimenta e sob a qual fora colocada esta gravação: "Hórus, filho de Ísis, desceu de novo à Terra para salvar os homens da dor e da morte. É Hórus-Jhasua. Extermina a lepra, dá a vista aos cegos, faz andar os paralíticos; e o ar, a água e o fogo o obedecem. É o nosso deus Hórus que está de novo na Terra para receber a adoração dos homens."

Num arrabalde de Antioquia, numa espaçosa gruta de uma colina procedente do Monte Sulpio em cujas proximidades existia uma antiga colônia persa, fora inaugurado uma espécie de templo a Ormuz, antiga divindade do Irã, que o gênio de Zoroastro simbolizou como o fogo em chamas, com o fim de desmaterializar a idéia de Deus.

Na dita gruta foram feitos dois altares, um para a Chama Eterna, símbolo de Ormuz, o Supremo Deus dos persas. Ali ardia permanentemente uma lâmpada de azeite que não se apagava nunca. No outro haviam colocado uma efígie de Jhasua de pé, sobre o corpo enroscado de uma serpente, representando o espírito do mal chamado Ariman. Uma gravação em caracteres vermelhos dizia: 'Mitra', o primeiro gênio auxiliar de Ormuz, encarnado novamente para esmagar Ariman, inimigo do homem. É conhecido por Jhasua de Nazareth, e é o vencedor de todos os males da Terra.

Até no célebre bosque de Daphne, onde as liberdades e os vícios originários de todas as partes do mundo pareciam haver-se reunido para aprimorar cada vez mais a corrupção reinante, havia também sido instalado entre os irrequietos repuxos e nos cortinados de jasmins e glicínias uma imagem em mármore branco do jovem Profeta de Nazareth com esta legenda na base: "Jhasua, irmão de Adônis, que outorga juntamente com ele as doçuras do amor, da alegria e da paz."

Essa faustosa estância de recreio de reis, príncipes e cortesãos, estava muito próxima da cidade de Antioquia, motivo pelo qual a notícia chegou até Jhasua por intermédio dos representantes deixados por Simônides na grande capital para cuidar de seus negócios.

Para um bom filho de Israel, nascido e educado no princípio básico de um Deus Único, Invisível, Impessoal e Eterno, essas efígies feitas pelos homens para a sua própria adoração, eram tristes ameaças de idolatria nascente, que era necessário extirpar a todo custo.

Isso foi um doloroso desengano para o jovem Mestre, cuja divina missão era ensinar a Eterna Verdade aos homens.

– De maneira que – disse ele falando com Simônides, Judá, Faqui e seus quatro amigos de Jerusalém – aos homens não pode ser feito o bem com liberdade e usando as dádivas de Deus. De que estão feitos os humanos desta terra, que ainda conseguem tirar o mal do bem, e do amor a sua própria perdição?

"Se são libertados do mal e da dor em nome do Deus Invisível e Eterno, em vez de render adoração só a Ele, lançam-se aos pés da criatura humana, intermediária do benefício divino, para dar-se ao prazer de amar a matéria, o palpável, aquilo que se desvanece como uma sombra, que perece e morre! ... Como hei de fazer, Senhor, para encaminhar esta humanidade cega e demente até Vós, se ela própria se empenha em alimentar-se dos restos de carne morta que Teus enviados vão deixando ao longo do caminho?

"Quando me virem despedaçado e morto, como um gladiador nas arenas do circo, amaldiçoar-me-ão gritando: 'Não era Hórus nem Mitra nem Adônis! ... Era um falso profeta, enganador de multidões! ...'

"Deus de Abraham, de Isaac e de Jacob! ... Se não houvesse outra manifestação da tua grandeza, além do teu Eterno Amor às miseráveis criaturas desta Terra, apenas isso seria suficiente e sobraria, para que eu caísse diante do teu sólio de estrelas, gritando com todas as minhas forças: 'Porque és a Luz Eterna, continuas iluminando a humanidade desta Terra! Porque é Eterno e inalterável o Teu Poder, manténs, na imensidão, esta diminuta avelã que é a Terra, habitada por lagartas e larvas asquerosas! ... Porque o Teu Amor é eterna energia criadora, multiplicas aqui a existência sem dar atenção ao uso que fazem da vida! ...' "

A vibração dolorosa de tão terríveis palavras penetrava como fulminante anátema nos ouvidos daqueles que as ouviam.

Judá recolheu a grande cortina azul que divide em dois o cenáculo do palácio de Ithamar, e Jhasua viu sua mãe, Noemi, Thirza e Nebai que ajoelhadas oravam e choravam por ele. Não pôde conter-se mais, e com ligeiros passos chegou-se à sua mãe e abraçou-se fortemente a ela. Sobre sua cabeça adornada de branco, caíram duas lágrimas mudas do Filho de Deus, para quem sua mãe representava aquela humanidade que estivera a ponto de amaldiçoar.

– Mulheres meigas e boas, e todos vós que ouvistes as minhas desesperadas palavras, sois diante de mim aqueles que ajudarão a levantar a Humanidade até que ela mereça o amor e o sacrifício daquele que foi enviado para salvá-la – disse com solene e terníssima voz, depois do que sua formosa natureza divina e humana reagiu de maneira bem clara e, como meditando, murmurou a meia-voz:

"Se esta humanidade fosse perfeita, já estaria salva e feliz. Pelo fato de estar ferida de morte e à beira do abismo é que necessita de um Guia-Salvador. De que me queixo? Senhor, de que me queixo? Foi um mau momento! ... Já passou, e espero que não volte." – E Jhasua sentou-se num tamborete aos pés de sua mãe.

– Volta a ser o Jhasua da fonte das pombas, lá na casinha de pedra, junto ao Tabor – disse Nebai aproximando-se com delicada ternura.

– Que diferença encontras entre o Jhasua do Tabor e o que hoje vês em Jerusalém? – perguntou-lhe o jovem Mestre.

– Aquele florescia de otimismo, como uma roseira na primavera – disse ela. – Este é como chuvisco de inverno fazendo gelar o sangue nas veias.

– Falaste de maneira bastante acertada, Nebai, e prometo aproveitar a tua lição.

Quando desapareceram por completo os vestígios desta pequena tormenta, Nicodemos disse a seus amigos:

– Creio que não esqueceste que nesta noite celebraremos a décima reunião dos Mensageiros da Santa Aliança!

– Escolhestes já o lugar apropriado? – perguntou Gamaliel.

– Sob a orientação de Simônides, tomamos todas as providências – respondeu o príncipe Judá.

– Quando Simônides anda no meio de tudo não existem temores de fracassos, pois é o homem do êxito – acrescentou Jhasua olhando afetuosamente para o ancião.

Este respondeu no mesmo instante:

– No ângulo formado pela rua do Monte Sião com a de Jope, junto à Cidadela, encontrei um lugar muito estratégico. Trata-se de um grande depósito que é ao mesmo tempo armazém das mercadorias trazidas pelas caravanas de Damasco, de Filadélfia e da Iduméia. Tem um vastíssimo subsolo escavado na rocha, o qual comunica com uma das galerias subterrâneas da Cidadela, passando por debaixo da muralha e sai no vale do Himom. Os que moram em Mizpa, Emaus e Gabam, virão por ali. Meu Senhor Rei de Israel estará ali mais seguro do que em qualquer outra parte, pois, em caso de emergência, podemos sair da cidade sem salvo-conduto de quem quer que seja, a não ser dos anjos de Jehová.

– Meu bom Simônides – disse Jhasua entre o assombro de todos – aqui, quem na verdade merece ser o Rei de Israel és tu, que pensas em tudo, dominas tudo com tal facilidade e prudência que até suspeito que as pessoas se sentem capazes de enfrentar o César.

– Por ti, meu jovem Rei, sou capaz de enfrentar cinqüenta Césares, sem ter medo de nenhum – respondeu solenemente o ancião.

Um murmúrio de risos e de aplausos recebeu a valente resposta do ancião, cuja satisfação era tal que parecia ter vinte anos menos.

– Suponho que o nosso hábil chefe terá pensado onde sentar-nos, onde escrever, que talvez serão poucas as primeiras horas da noite e que ...

– Tudo, tudo foi pensado, meus senhores doutores de Israel – respondeu Simônides à advertência de José de Arimathéia.

– Desde ontem estão aqui os mensageiros do Scheiff Ilderin, chegados de Filadélfia, da Tolemaida, de Sevthópolis, de Arquelais e de Jericó. A caravana do sul trouxe os de Beersheba, de Juta, do Hebron, de Gaza e de Bethura, hoje, pouco antes do meio-dia.

– Os de Bethlehem chegarão dentro de uma hora ou duas, no mais tardar. Esses são os que já chegaram ou que deram aviso de que chegariam. – Esta última informação foi dada pelo príncipe Judá, por ser, junto com Hach-ben Faqui, quem estava em contato com os componentes da Santa Aliança.

A hora da reunião estava marcada para a primeira hora da noite que, para os Israelitas, iniciava depois do pôr-do-sol, ou seja, quando começava o anoitecer.

– Mas dizei-me – observou Jhasua –, como essas pessoas encontrarão o esconderijo de Simônides?

– Fica despreocupado, meu Senhor, com os teus bons servidores! – respondeu o ancião. – Todos aparentam ser pessoas que vêm para vender ou para comprar, e todos estarão nas tendas da Praça do Mercado ... Ali, bem no nariz dos representantes do César e do Grande Sacerdote Ismael, os quais dos terraços do palácio de Herodes os verão chegar com seus camelos e jumentos carregados de mercadorias e se deliciarão exclamando: "As bênçãos de Jehová sobre esta cidade, cada vez mais favorecida pelos grandes negócios que vêm enriquecê-la cada vez mais!"

– Muito bem, Simônides! Vejo que, como organizador, ninguém te vence – acrescentou Jhasua.

– Convém combinarmos agora onde haveremos de nos encontrar – acrescentou Nicodemos.

– Vocês quatro – disse Judá – aguardam Faqui no Pórtico do Grande Colégio. Com os demais já temos, Simônides e eu, tudo combinado.

Pouco depois, o palácio de Ithamar tomava o aspecto do tranqüilo lar que sempre tinha. Era o meio-dia e, ao redor da mesa coberta com uma branca toalha, Jhasua, rodeado de seus íntimos, repartia entre eles o pão familiar, depois de haver agradecido a Deus o alimento que lhes dava. Eram nove comensais: os dois casais recém-casados, Jhasua com sua mãe, Noemi, Simônides e Sabat.

Apenas tinham acabado de sentar, quando entraram correndo alegremente Ana e Marcos, que acabavam de chegar de Gaza.

Esta era a primeira vez que eram vistos depois das bodas, e Ana, que se sentia perante Myriam como verdadeira filha, abraçou-se a ela e cobriu-a de beijos e de flores.

– São flores de Alexandria – disse – enviadas a ti, mãe, pelo príncipe Melchor, junto com esta carta para Jhasua. Chegaram ontem à noite, no último barco.

Enquanto Marcos, com Simônides e Judá tinham uma animada conversa à parte sobre a marcha dos negócios no porto de Gaza, onde ele era o agente geral, o resto da família entregava-se à recíproca ternura daquela inesperada reunião.

Na Fortaleza do Rei Jebuz

Caía a tarde como num suntuoso leito de rosas vermelhas e murtas douradas, enquanto o resplandecente sol do ocaso, com sua auréola de glória, cingia o Monte Sião, coroado de palácios, e também o Monte Moriá, pedestal grandioso do Templo de Salomão, bem como os altivos Montes chamados da Coroa, em razão de circunvolução formada em torno da gloriosa cidade de David.

Jhasua saiu do palácio de Ithamar com Simônides, depois de ter escutado sorridente, pela terceira ou quarta vez, as ternas recomendações da mãe, da irmã e de Nebai, que tinham por ele constante cuidado.

Judá, Marcos e Faqui haviam saído algumas horas antes, pois eram, segundo Simônides, os lugar-tenentes do Soberano Rei de Israel, e deviam antecipá-lo para dispor tudo devidamente e evitar indiscrições da parte de alguns dos concorrentes.

Na grande praça-mercado da Porta de Jaffa ouvia-se a essa hora uma gritaria infernal em todos os dialetos do Oriente, em face da intensificação do ardor das vendas, do mesmo modo que nas grande tendas, onde se exibiam as mais ricas fazendas e preciosos trabalhos em prata, ouro e pedras preciosas, como também nas miseráveis barracas onde umas poucas cestas de figos e romãs, junto a uma vasilha de manteiga ou uma pilha de queijos de cabra, constituíam toda a riqueza do vendedor. O dia terminava e a competição mercantil crescia até o ponto de algum observador imparcial poder pensar: Esta pobre gente entrega até a própria vida no afã de realizar mais uma venda no dia.

Simônides, de um único olhar, compreendeu quais eram os verdadeiros vendedores e quais os simulados ou simples espectadores. Aproximou-se de uma tendinha com excelentes frutas de Alexandria, de Chipre e da Arábia. Seu dono era um ancião com dois meninos.

– Compro tudo quanto tens – disse-lhe –, se me entregares nas cestas onde tudo está colocado.

– Senhor! ... De que maneira trarei os meus produtos amanhã? – perguntou o bom velho, espantado com a exigência daquele cliente.

– Homem! Pago as cestas pelo que elas valem, contudo não posso perder tempo em procurar outras para proceder à substituição. Olha. Verifica o peso desta sacolinha e creio que estarás de acordo.

O velhinho tomou a sacolinha feita de um tecido de cor azul vivo, levantou-a para o alto e seu rosto iluminou-se como o de quem estivesse tendo uma visão de glória.

Era o que Simônides procurava, pois a tal sacolinha azul era um dos sinais de reconhecimento para possibilitar que os recém-chegados pudessem distinguir os irmãos da Santa Aliança que os aguardavam em Jerusalém.

Realizado o negócio, um numeroso grupo de curiosos desocupados aproximou-se de Simônides oferecendo-se para levar-lhe a compra por alguns poucos denários ao lugar onde ele designasse. Estes eram os partidários instruídos para não despertar a curiosidade nas pessoas ociosas que pulavam pelos mercados, observando os passos de seus semelhantes.

– Está bem. Vamos andando até o meu armazém da rua de Jope, onde os caravaneiros recém-chegados aguardam a ração para seus animais, e não quero que me devorem vivo. Segue-me, pois. – Simônides disse estas palavras em voz alta, como para ser ouvido por todos os que estavam ao seu redor.

Outros vendedores se aproximaram oferecendo-lhe pequenos cântaros com vinho de mel, xarope de cereja, cestas de ovos de patas e azeitonas do Monte das Oliveiras.

Como visse que havia ainda inúmeros curiosos desocupados, fez nova compra do que lhe foi oferecido, e outra sacolinha azul foi levantada para o alto para pagar a mercadoria.

O leitor compreenderá perfeitamente que o nosso bom amigo Simônides arrebanhou ali uns oitenta homens pobremente vestidos, como se fossem operários sem trabalho.

Jhasua tinha observado, sem dar maior atenção aos negócios do companheiro, absorto completamente no triste espetáculo dos egoísmos e ambições humanas, na luta feroz entre vendedores e compradores, cada qual procurando obter as maiores vantagens sobre os outros. O latrocínio, o engano, o embuste malicioso, procurando dar aos objetos um valor irreal; a falta de pudor da maioria das moças, ainda quase meninas para atrair clientes para seus negócios; enfim, toda uma enredada e negra maranha de misérias a afligir a alma que contemplava.

– Humanidade, Humanidade! ... – exclamou o jovem Apóstolo a meia-voz. –

Infeliz leprosa cega, que não conheces o teu mal nem acertas com o teu caminho, porque persegues e matas os que te são enviados para conduzir-te para a Verdade e a Luz.

Finalmente, chegaram ao grande armazém de Simônides, completamente abarrotado de fardos grandes e pequenos, tal como podemos imaginar um imenso depósito de mercadorias das mais variadas espécies e vindas de inúmeras cidades e países.

Três grandes caminhos de caravanas descarregavam ali suas mercadorias: a de Damasco, que tocava em todas as cidades e países do Jordão; a de Filadélfia, que trazia os produtos da vizinha Arábia do Leste; e a do Mar Vermelho, que abrangia Madian, Edon e Iduméia. Quem poderia achar estranho que Simônides, comerciante de Antioquia, tivesse em Jerusalém um armazém-depósito de grandes proporções?

Depois de cruzar salas e corredores abarrotados de fardos, sacos, cofres, cântaros de barro cozido, etc., etc., Simônides abriu um guarda-roupa cheio de mantas e cobertores, e detrás de tudo isso, viram uma pequena porta aberta para a escada do subsolo.

Ali começava o surpreendente e quase maravilhoso; dir-se-ia que tudo aquilo era obra de magia e de encantamento.

Passada a escadaria, abria-se uma grande porta que dava passagem para um pórtico severo e simples, onde uma vintena de guardas vestidos com trajes persas, com longas túnicas bordadas em cores e graciosos gorros de fitas e plumas, com a alabarda ao ombro, passeava solenemente.

A guarda formou uma fila dupla e por entre eles apareceu Judá seguido de Faqui para, com ar triunfante e feliz, receber Jhasua.

– Que significa tudo isto? – perguntou imediatamente o Mestre.

– Nossa Santa Aliança tem sua sede própria na cidade de David, e necessita também ter sua defesa. Estes guardas são parte do nosso exército que, em vez de chamar-se Legião, chama-se Defesa. São, pois, os defensores da Santa Aliança. Impressiona-te mal? – Tudo isto foi dito por Judá como uma explicação a Jhasua.

– Onde se encontram defensores faz supor que também existam agressores! Não é verdade que está pensando nisto, meu Senhor? – interrompeu Simônides para suavizar em Jhasua a impressão que o ancião julgou adivinhar.

– Justamente. Não censuro o que fazeis; no entanto, lamento que sejais obrigados, pelas circunstâncias, a tomar medidas tão extremas.

– Deves pensar, meu querido – disse Faqui –, que aqui se guarda um avultado tesouro com o qual a Santa Aliança enfrenta os gastos da propaganda e da educação de nossos partidários que, pela mesma razão, como tudo o que é feito no maior segredo, resulta duplamente custoso.

– Quanto a isso, eu vos dou razão – respondeu Jhasua, avançando em direção à porta de outro recinto fechada apenas com pesadas cortinas de cor púrpura.

Dois pagens a levantaram e Jhasua reconheceu incontinenti num deles o belo adolescente do arrabalde de Gisiva, em Antioquia, chamado "o Corcunda", antes de o jovem Mestre o ter curado. O outro era aquele Santiaguinho guloso dos arredores de Nazareth, que costumava esperar Jhasua no caminho, com o fim de conseguir maior ração das guloseimas levadas por ele para as crianças indigentes.

Reconhecê-los imediatamente e abraçá-los ternamente foi tudo coisa de um momento.

– Como te sentes aqui, Nélio, e tu também, Santiaguinho, já feito um jovem quase tão alto quanto eu?

– Eu cheguei há três dias, no último barco do amo que veio de Antioquia com destino a Gaza, e hoje me trouxe para cá o agente Marcos por ordem do amo – disse o ex-corcunda, com grande satisfação.

— E eu — disse Santiaguinho — vim hoje de manhã com o tio Jaime, que me trouxe por ordem de tua mãe que sempre me quis muito pelo fato de eu querer-te tanto.

— Isto significa uma formidável conspiração para me surpreender, pois eu ignorava tudo isto — disse Jhasua sentindo-se homenageado por todas aquelas sinceras manifestações de amor e de solicitude.

O recinto onde Jhasua acabava de penetrar era um vasto salão escavado na rocha dos montes, sobre os quais o rei David edificou a cidade milenária. Segundo Simônides, que era como um livro vivo das mais antigas tradições hierosolimitanas, aquele imenso subsolo, tão habilmente utilizado por ele, fora em época muito remota um refúgio subterrâneo para o caudilho Rei dos Jebuzitas, que foram os fundadores da antiga Jerar (Jerusalém).

O grande Jebuz de Pré-História, aliado dos Kobdas do Nilo e fundador da dinastia e raça Jebuzita, devia ser um daqueles homens que não se deixavam surpreender por traidoras agressões inesperadas dos maus vizinhos, os famosos Filisteus, sempre tão agressivos e guerreiros. Demonstrava claramente ser assim a ciclópica fortaleza daquele recinto, escavado nas entranhas da rocha e com saída para o vale do Himom por uma passagem subterrânea escavada a tal profundidade que passava por baixo dos muros da real cidade.

Faqui, habituado aos palácios de rochas do Timghert, nos penhascos impenetráveis do Saara, deu a orientação sobre a forma de estabelecer e decorar aquele pavoroso subterrâneo, cujas dimensões podiam abrigar três mil pessoas mais ou menos.

Artesãos da madeira e da pedra, trazidos três meses antes da distante Antioquia, haviam transformado a sombria caverna do Rei Jebuz num vasto salão, que tinha ao mesmo tempo aspecto de templo, pois todas as irregularidades daquelas escavações foram utilizadas como câmaras laterais anexas ao grande salão central.

— Aqui se pode imaginar que se está em alguma das salas hipostilas de um templo do Egito — disse Jhasua, contemplando o estranho recinto, decorado em muitas partes com tábuas largas de cedro e cheio de inscrições cujo significado ele compreendeu imediatamente.

Todas as gravações eram cópia dos versículos dos Profetas nos quais se fazia alusão ao Salvador tão ansiosamente esperado pelo povo.

De ambos os lados do estrado de honra viam-se dois anjos de pedra branca sustentando candelabros de sete braços, os quais iluminavam as Tábuas da Lei que, abertas como um imenso livro de pedra, formavam o encosto do grande estrado principal, em cima do qual se lia: "Honra e glória a Moisés, o escolhido de Jehová."

As quatro primeiras câmaras laterais ostentavam em grandes caracteres os nomes dos quatro grandes Profetas de Israel: Isaías, Jeremias, Ezequiel e Elias. Sobre pequenos catafalcos de pedra estavam seus livros, suas vidas e as obras descritas pelos discípulos contemporâneos. Nas câmaras mais reduzidas, viam-se os nomes e livros dos Profetas chamados *menores* e dos Reis de Judá, que se haviam distinguido pelo seu amor e por suas obras em benefício do povo, como também pela fidelidade à Lei de Moisés.

Enquanto durou a observação de Jhasua por todo o vasto recinto, Simônides o acompanhou de perto e não separava os olhos do rosto do jovem Mestre, no qual desejava surpreender impressões de agrado ou de desgosto. Mas a dulcíssima fisionomia de Jhasua se manteve na mais perfeita serenidade.

Vendo que ele nada dizia, o bom ancião aproximou-se afetuosamente:

— Estás contente, meu Senhor, com os teus servidores? — perguntou sem poder esperar mais tempo para conhecer a opinião daquele por quem tanto se esforçara.

— Simônides — disse o Mestre com imensa ternura —, estou muito contente contigo, e também com aqueles que te secundaram nesta obra, da qual recolho uma única flor: a rosa vermelha do amor oferecida por todos vós a mim.

— E não percebes, meu Senhor, que esta obra é necessária para a cruzada libertadora que realizas? — voltou o ancião a perguntar. — Onde poderíamos reunir a Santa Aliança estabelecida, a aumentar progressivamente a cada dia que passa? O Templo está invadido pela peçonha interesseira e vil do atual sacerdócio corrompido e vendido ao invasor com um servilismo repugnante. Os átrios de Salomão são um mercado de compra e venda de animais para o sacrifício, de onde os sacerdotes e seus familiares recolhem polpudos lucros.

"Os Santuários Essênios e as Sinagogas particulares temem ver-se comprometidos e apenas entreabrem suas portas para cantar os salmos e explicar a Escritura Sagrada a um reduzido número de devotos do bairro.

"Fala, meu Senhor, pois minha alma padecerá de angústia até ouvir de ti uma resposta decisiva."

— Tu me amas exageradamente, meu bom Simônides, e apiedo-me de ti — respondeu o Mestre detendo-se diante do ancião, sobre cujos ombros colocou suas delicadas mãos cuja alvura se assemelhava à dos nardos de Jericó.

— E por que, meu Senhor, tens pena de mim? — perguntou o ancião com os olhos úmidos fitando aqueles olhos garços de incomparável doçura e que pareciam penetrar até no fundo do seu coração. — Não vês como sou feliz por poder servir-te, meu Senhor?

— E se visses a este a quem chamas de teu Senhor tratado como vil escravo e justiçado como impostor. Que farias?

— Ai! ... Silencia os teus lábios, Senhor, porque ofendes a Jehová, aos Profetas e a toda Israel que espera e confia em ti! ... Não mates de um só golpe este teu servo, meu Senhor ... pois não foi para isto que o Altíssimo curou o meu corpo estropiado pelos tiranos! ... Não, meu Senhor, não! Jamais sucederá semelhante desgraça sem que antes tenhamos sido despedaçados todos nós que te amamos!

— Que está acontecendo aqui? Que ocorre? — perguntou Judá aproximando-se com Faqui, Marcos e o tio Jaime, todos muito alegres por verem a Santa Aliança tomar formas definitivas e bem definidas.

— Nada — respondeu Jhasua —, apenas trato de acalmar a febre delirante do meu bom Simônides que, às vezes, segundo me parece, sai da realidade e se deixa levar para os países do encanto e da ilusão ... Não é esta uma obra quase que de magia?

— Imensa magia, meu Senhor! Três meses de trabalho de oitenta artesãos da madeira e da pedra, dia e noite, com salários dobrados, não é nenhuma coisa do outro mundo — respondeu o ancião, em cujo nobre coração já se evaporara a preocupação causada pelas palavras de Jhasua.

— Está muito bem, Simônides! Alimentaste oitenta famílias nestes três últimos meses e, se não fosse por esse trabalho, haveria escasseado o pão e o vinho em suas mesas. Em compensação, temos um alojamento seguro para a Santa Aliança, da qual tanto esperamos para o futuro. Falei bem agora, Simônides?

— Agora sim, meu Senhor! ... Agora sim!

— Já estão entrando, com suas vestimentas próprias, aqueles que vieram meio disfarçados da Praça do Mercado — disse Marcos, fazendo entrar uns cinqüenta homens, quase todos jovens transbordantes de entusiasmo e de alegria.

Uma hora depois, a pavorosa caverna do Rei Jebuz da Pré-História, com todos os seus candelabros acesos, era como uma chama de ouro resplandecente sobre todas as coisas: sobre as Tábuas da Lei de Moisés, sobre os anjos de pedra branca que as mantinham, sobre os versículos dos Profetas anunciando o Salvador do Mundo, sobre os nomes dos Reis da Judéia que se haviam mantido em adoração ao Deus Único e obedientes à sua Lei.

José de Arimathéia, Nicodemos, Nicolás e Gamaliel chegaram também seguidos por uma dúzia daqueles alunos do Grande Colégio que haviam recebido as cópias dos escritos de Moisés e de Salomão, já do conhecimento do leitor.

Marcos estava recebendo seus amigos, escreventes e zeladores do próprio estabelecimento docente, entre eles um sobrinho do velho Hillel, o antigo reitor já falecido, ocorrência esta significativa de uma magnífica conquista.

Todos os que chegavam traziam estampado no semblante a ansiedade por ter notícia exata do grande Rei vislumbrado pelos Profetas seis séculos antes.

Jhasua, sentado na extremidade de um estrado que iniciava na câmara do Profeta Isaías, observava em silêncio todo aquele movimento de seres ansiosos de justiça, de liberdade e de paz. O otimismo, o sonho e a ilusão floresciam em todos os rostos e sorriam em todos os lábios.

Othoniel e Isaías, os dois magníficos mordomos de Judá e Faqui, acompanhavam respectivamente o príncipe Sallum de Lohes e o príncipe Jesuá, ambos amigos de Melchor de Heroópolis, já conhecidos do leitor.

Logo em seguida, ouviu-se um murmúrio de vozes estrangeiras vindo do pórtico da entrada e, pouco depois, apareceu a figura inconfundível do Scheiff Ilderin, o caudilho árabe que chegara nessa mesma tarde com vinte de seus homens de armas. Eles tinham vindo diretamente do acampamento no deserto do Monte Jebel. Nós o conhecemos, leitor amigo, em Antioquia, na pousada "Boa Esperança" e depois no Horto das Palmeiras, junto àquele lago sobre cujas águas Jhasua deslizou com a velocidade de um raio para salvar os náufragos da malograda corrida de barcos.

Seus brilhantes olhos negros investigaram por entre a multidão, da qual se destacou Judá para recebê-lo. Falou-lhe algumas breves palavras ao ouvido, para mencionar que a maioria daquelas pessoas ignorava que Jhasua era o Messias-Rei esperado, e que, portanto, faziam-se necessárias certas reservas.

Jhasua, absorto completamente em suas observações sobre a multidão esperançosa e sonhadora, não percebeu a chegada do Scheiff Ilderin até tê-lo diante de si.

— Príncipe de David — disse este inclinando-se profundamente. — Finalmente encontro-te na cidade da tua glória e do triunfo que se aproxima e que será o início de uma nova era de paz e de liberdade para nossos desventurados países.

— Dizeis a verdade Scheiff — respondeu Jhasua, emocionado pelas palavras que acabara de escutar daquele chefe árabe, as quais estavam perfeitamente de acordo com o que sua visão interior lhe havia permitido vislumbrar sobre os acontecimentos que, poucos anos mais tarde, tornariam tristemente célebre a cidade de Jerusalém.

— No entanto, não parece entusiasmar-te muito este lúcido prólogo da tua grande obra futura — respondeu o Scheiff. — Eu quase diria que há melancolia nos teus olhos, jovem dos cabelos de ouro! ...

— As multidões iludidas não me tornam feliz, Scheiff — respondeu Jhasua, fazendo um lugar junto de si, no estrado.

— Não resta dúvida de que a ilusão é necessária às massas, para movê-las no sentido que lhes é conveniente. Não pensas deste modo, Ungido do Senhor? Para isto apenas é necessário recordar as gloriosas epopéias de todos os homens que realizaram alguma coisa no passado. Aníbal, Alexandre, Dario e o vosso próprio rei David não teriam atingido o auge se não o houvesse sido através da ilusão na qual as multidões foram mantidas e que as levava a se lançarem em seguida a eles como em busca de uma visão do paraíso, de uma promessa da paz e da felicidade sonhada – disse o Scheiff com veemente eloqüência capaz de convencer qualquer um.

– Mas isso, Scheiff, nos trás sempre à memória o triste epílogo dessas denominadas gloriosas carreiras. Atrás de Aníbal conquistador está Cartago, arrasada até os alicerces e seus habitantes passados pelo fio da espada como reses no matadouro.

"Dario, o Grande Rei, a quem as massas iludidas chegaram a adorar como a um deus, apresentava-se diante dos povos empobrecidos pelas suas orgias em trono de ouro e marfim, quando soou a hora da Justiça Divina, personificada em Alexandre. O *Grande Rei* foi apunhalado em sua fuga como uma lebre acossada pelos javalis, e toda a sua obra ficou reduzida a milhões de vítimas sacrificadas à sua ambição e a um túmulo escavado na rocha em Nakchi-Rusten, nos arredores de Persépolis.

"Os povos iludidos, dominados por outro ambicioso mais forte que ele, Alexandre, esqueceram rapidamente seu Grande Rei para aceitar submissos os restos e as migalhas arrojados pelo vencedor.

"Se o Macedônio unificou por breve tempo o mundo, sonhando ser o Único Soberano sobre a face da Terra, sem outro ideal além do seu império, hoje o temos dividido em três partes, e sua múmia silenciosa dorme em eterno no Museu de Alexandria.

"Os povos iludidos por Aníbal, por Dario, por Alexandre e por David hoje são como os hilotas da guerreira Esparta, sem outros direitos senão os de receber as sobras dos novos amos, os invasores que se apropriam até do ar que respiramos e da água que bebemos ... e, no que diz respeito ao Grande Rei David... bem o sabes, Scheiff ... nada resta dele, para o povo que o aclamou, além da sua tumba, onde se aninham os bufos, os répteis e onde as aranhas tecem sua teias. Restam também os Salmos, onde pede misericórdia ao Senhor, porque reconheceu na velhice os extraviados caminhos percorridos, viu suas mãos destilando sangue, não se atrevendo nem sequer a tocar nas pedras que formaram o templo de Jehová ... Eu te digo, Scheiff: a única coisa que tem valor de tudo o que David deixou é o seu arrependimento pelos males causados em seus anos de guerreiro conquistador. Dessa maneira os poderosos despedaçam as ilusões e os sonhos dos povos que, inconscientes, os seguem até que a evidência abra seus olhos à verdade e à luz."

– Jovem dos cabelos de ouro! ... Quem vestiu em ti essa túnica de decepção, de desengano e de morte na qual te vejo envolvido? – perguntou alarmado o nobre caudilho árabe, que, na verdade, amava a Jhasua e esperava grandes coisas dele.

– Experiência da vida dos homens! – respondeu Jhasua. – Mas não julgues, Scheiff, que eu queira cruzar os braços e deixar que tudo seja arrastado pelo vento como às folhas do outono. Não, isso não! Contudo, acredita: causa-me mal-estar esta louca ilusão dos povos, sem outro ponto em vista além do material, que julgam ao alcance de suas mãos. Também anseio e sonho com uma vida melhor para todos os povos da Terra, porém não como o sonharam Aníbal, Dario, Alexandre ou David, pois bem podes ver toda essa beleza convertida em ruínas desmoronando e formando esconderijos de lagartos no fundo dos barrancos ...

– E como é o teu modo de pensar, Príncipe de David, e de que ouro está tecida a tua ilusão ... de que espécie de asas angelicais prendeste a auréola da tua aspiração? ... Esclarece-me e talvez eu possa compreender-te e aproximar-me de ti.

– Educar os povos, ensinar às massas com a tocha da Verdade Eterna na mão, para que saibam a origem e o destino da vida, seu verdadeiro objetivo e seu glorioso fim. Que todos os povos saibam que Deus, Inteligência Suprema, Alma de todas as coisas, é Amor, Luz e Energia Eternas, e que é o Pai Universal de todos os seres, raças, povos e também de todos os mundos que, assim como a nossa Terra, giram pela imensidão infinita sustentada pela ilimitada Vontade do Eterno Criador. Ensinar às multidões que também são filhos de Deus e nossos irmãos os negros da África do Sul, como os brancos da Europa do Norte, os preguiçosos hindus, os pacíficos persas, os orgulhosos romanos, os gregos artistas, os egípcios trabalhadores e submissos, todos sem exceção, todos somos filhos de uma única mãe: a Terra e de um pai único: o Eterno Criador de tudo quanto respira!

"Ensinar-lhes que a Terra é para o sustento de todos, como o ar, a água e a luz, e que ninguém tem o direito de privar seu irmão de um pedaço de terra onde possa construir sua cabana e abrir depois o seu sepulcro.

"Ensinar-lhes que os chefes, por maiores e mais poderosos que se julguem, são feitos de carne e sangue idênticos ao último de seus escravos, e que a Eterna Lei não lhes concede outros direitos além dos de servir de guias, de condutores, de pais solícitos e amantes dos povos que governam.

"Ensinar-lhes a sábia Lei da Justiça Divina, que as Escolas de Sabedoria chamam de *pré-existência*, ou seja, as existências físicas repetidas continuamente no correr dos séculos e das idades, tão admiravelmente ordenadas e dispostas naquele que hoje é um déspota soberano e cruel caminhando sobre as nucas inclinadas de seus súditos, e que, em outra encarnação futura, terá que viver a vida do escravo, para que outro déspota o pisoteie como a um verme, tal como o fez em sua existência anterior.

"Não seria isto o fim de todas as guerras, invasões, latrocínios, assassinatos em massa, incêndios e devastações? Não seria isto um modo de acabar com a fome e a miséria das multidões para manter fartos de prazer e orgia alguns poucos aventureiros audazes, crescendo à sombra da ignorância dos povos? ...

"Não seria esta a maneira de dar um corte decisivo e mortal na árvore milenária das castas, dinastias e famílias privilegiadas com todas as riquezas da mãe Terra, que pertence a todos os seres viventes? ...

"Esta é a minha aspiração, Scheiff Ilderin e, enquanto eu não a vir realizada, minha alma gemerá como uma carpideira em torno do cadáver de um ente amado, porque a Humanidade que tanto amo estará morta enquanto não puder ver a Luz da Verdade Eterna! ..."

Os olhos de Jhasua resplandeciam como duas chamas douradas, e seu semblante se havia colorido do suave matiz rosado de um crepúsculo de primavera.

O caudilho árabe tomou-o pela mão e disse:

– Tua aspiração, jovem nazareno, não é a aspiração de um homem! É a aspiração de um Deus! O Altíssimo fala pela tua boca e eu não duvido que tudo quanto falaste se realizará um dia nesta Terra! Muitos passos deve dar a caravana para atravessar o deserto de areias incandescentes e ressequidas! ...

"Compreendes, jovem filósofo, jovem desposado com a Sabedoria Eterna?

"Não é de um salto que se sobe ao topo da montanha.

"Não é de um único golpe de machado que o lenhador derruba todos os cedros do Líbano.

"Não é com um golpe de martelo, nem de dois, que o escultor converte em estátua o bloco de pedra arrancado da pedreira!"

– Compreendeste-me, Scheiff Ilderin! Compreendeste perfeitamente, e somente isto abate o meu pessimismo e faz florescer novamente em mim a ilusão!

Jhasua estreitou o árabe entre os seus braços e se confundiram numa só madeixa os negros cabelos do filho da Arábia com os crespos cabelos bronzeados do jovem nazareno.

A afluência das pessoas havia-os deixado isolados na câmara de Isaías e, disseminada nos diversos compartimentos do imenso local, formavam grupos dentro de seus respectivos programas e nos aspectos em que os julgavam praticáveis.

A chegada dos companheiros bethlehemitas determinou o início da grande Assembléia.

Elcana, Josias, Alfeu e Eleázar, seguidos de uns trinta bethlehemitas, entraram pelo corredor subterrâneo com saída para o vale do Himom. Seus olhos procuraram Jhasua na multidão, sobre o qual julgavam ter mais direito que qualquer outro, visto como o haviam reconhecido ao nascer, há vinte e três anos.

Jhasua viu-os aproximando-se e foi até eles para evitar que a explosão de afeto pudesse pôr a descoberto o segredo da sua personalidade.

– Aquilo que sabeis, muito poucos aqui o sabem – disse a meia-voz, ao abraçá-los. – Sede, pois, discretos até chegar a hora de falar.

– Na porta defronte à rua de Jope – disse Elcana – devem estar os de En-Gedi, com sua pequena tropa de jumentos carregados. Nós os encontramos entrando na cidade pela Porta do Sul.

Jhasua transmitiu a notícia a Judá, que avisou Othoniel que cuidou de permitir-lhes a entrada. Eram Jacobo e Bartolomeu, os porteiros do Santuário do Quarantana, que vinham acompanhados dos penitentes daqueles montes escabrosos. Eram os redimidos pelos Essênios, que haviam conseguido seus indultos depois de uma longa prova de sua verdadeira regeneração. Eles sabiam que a sociedade não perdoa nem esquece as faltas públicas de seus semelhantes, ainda quando ela própria tenha, em seu íntimo, maiores delitos que aqueles aos quais acusa. No entanto, na Santa Aliança, nascida no coração do Cristo, havia lugar para todos, justos e pecadores, porque o ideal sublime de libertação humana conduzia a todos pelo mesmo caminho: a fraternidade universal.

Os dirigentes das diferentes regiões ali representadas deixaram sobre a mesa central o nome de seus adeptos. O grande estrado principal foi ocupado pelos dirigentes que fariam uso da palavra nessa noite e também pelos mais anciãos dentre aquela numerosa assembléia.

Correspondia a Nicodemos a vez de dar início à reunião, motivo pelo qual ocupou o centro do estrado. À sua direita foi colocado Jhasua, como criador da Santa Aliança e, à sua esquerda, o príncipe Sallum de Lohes, o mais idoso de todos os participantes.

Judá, Faqui e Marcos desempenhariam o papel de secretários, para transcrever, nas três línguas mais usadas na época, todas as disposições a serem tomadas.

Um silêncio solene e profundo acalmou todos os rumores, e Nicodemos deu início aos trabalhos com uma invocação ao Deus Único, Invisível e Eterno, Poder Supremo, Energia inesgotável, fonte de Luz permanente, hálito solene de Amor sobre todos os seres vivos da Terra.

Todas as frontes se inclinaram em fervente adoração silenciosa, porque eram almas que se expandiam em transbordamentos de anelos comuns, de esperanças a florescerem em todos os corações, de aspirações, de felicidades futuras que teriam suas redes sutis ao redor de cada cabeça juvenil para coroá-las de jasmins e de rosas como as dos heróis triunfadores de outras épocas.

Não ensinava a Santa Aliança que Deus é o amoroso Pai de todos os Seres? Não haveriam de esperar de um tal Pai Criador e Senhor de todos os tesouros da Terra, um recipiente de felicidade para seus lábios sedentos? Um raio de luz para seus passos desorientados no caminho da vida? ... Um pedaço de terra livre onde pudessem semear trigais dourados para convertê-los no pão branco da humilde mesa? Oh, sim! Tudo isto era esperado por aquela multidão ansiosa por inclinar sua fronte em adoração ao Deus Pai Universal, convidados através da palavra austera e persuasiva de Nicodemos de Nicópolis, doutor de Israel e descendente de antiga família levítica e sacerdotal.

Jhasua recebia na sua psique de assombrosa sensibilidade todos esses pensamentos, anelos e esperanças, e pensava no mais íntimo do seu ser:

"Todos estendem a mão perante o Pai Universal para pedir-Lhe bem-estar material, alegrias familiares, êxito em suas empresas! Onde estão aqueles que amam a Deus por Ele mesmo, que é o Bem Supremo? Onde está aquele que diga: Senhor! Amo-Te acima de todas as coisas, e não peço outra felicidade que a de poder amar-Te, respeitando a Tua Lei até no último alento da minha vida? ...

Esse momento solene passou, e Nicodemos explanou suas idéias num eloqüente discurso sobre a justiça e a eqüidade que deve reger todos os atos da vida de quem se chama adorador do Deus Único, fonte de todo o bem.

Essa era a décima assembléia celebrada pela Santa Aliança, e correspondia tratar, de modo especial, o décimo artigo da Lei de Moisés: "Não cobiçarás os bens alheios."

Nicodemos desenvolveu esse tema, de atualidade em todos os tempos e entre todas as raças e nações da Terra, chegando à conclusão de que, no severo cumprimento deste mandamento, estava encerrada a paz para os homens de boa vontade como, há vinte e três anos, na noite do nascimento do Verbo na cidade de Bethlehem, haviam cantado os anjos do Senhor.

O capítulo XI de Isaías foi comentado eloqüentemente por Nicolás de Damasco, em seus primeiros cinco versículos os quais, segundo os grandes Mestres da Divina Sabedoria, eram a viva imagem do Ungido do Senhor, já no meio do seu povo, esperando que este se pusesse em condições de reconhecê-Lo e segui-Lo.

O rabi da Sinagoga de Zorobabel, já conhecido do leitor e dirigente dos adeptos de Anathot, fez o comentário do Capítulo III do Profeta Malaquias, cujos três primeiros versículos fazem referência à pureza de vida necessária para ser digno de aproximar-se do Messias Salvador de Israel, esperado por todos.

O Capítulo XXII de Jeremias, em seus seis primeiros versículos, foi interpretado de belíssima maneira por José de Arimathéia, tornando responsáveis os dirigentes das multidões pelos erros dos povos e das grandes dores sofridas por eles.

Os dirigentes de Sebaste e de Sevthópolis, da região da Samaria, elogiaram com veemência a obra unificadora da Santa Aliança, cuja tendência era destruir os velhos ódios e antagonismos entre ambas as regiões: a Samaria e a Judéia.

– Qual a culpa dos samaritanos da época atual – perguntou um dos oradores – de terem nossos antepassados se rebelado contra o herdeiro do Rei Salomão, para eleger um outro Rei que correspondesse às suas aspirações?

"Queremos aproximar-nos daquele que vem agir com justiça, como acaba de ser comentado em Jeremias, e a justiça está em não se descarregar sobre os inocentes de hoje o pecado dos culpados de ontem."

Por fim, do grupo dos bethlehemitas partiu este significativo clamor: "Que nos fale o Mestre Nazareno, criador da Santa Aliança, que nos fale Jhasua, filho de Joseph. Ele está bem a par da dor dos humildes e dos oprimidos!"

O mesmo clamor foi ouvido de diferentes lugares do grande recinto, onde se encontravam disseminados, por entre a multidão, aqueles que conheciam o segredo da personalidade de Jhasua.

– Já era a hora – disse Simônides a meia-voz – de que transbordasse a grande aspiração contida que, em relação a mim, já estava queimando as entranhas!

O jovem Mestre pôs-se de pé no primeiro degrau do estrado para dirigir a palavra à multidão e, nesse momento, aproximou-se o Scheiff Ilderin para dizer-lhe ao ouvido:

– Por favor, Príncipe de David, não lhes fale como falaste a mim, pois matarias todas as suas ilusões de um só golpe! ...

– Fica despreocupado, Scheiff, serei discreto.

E Jhasua falou da seguinte maneira:

"Diz o Rei Sábio, no versículo I do Capítulo IV do Eclesiastes: '*E tornei-me eu, e vi todas as violências praticadas debaixo do sol. E vi as lágrimas dos oprimidos e sem ter quem os console. Vi também a força na mão de seus opressores, e que, para eles, não havia consolador.*'

"Para estes, meus amigos, nasceu a Santa Aliança na terra que viram nossos pais, e onde estão as suas sepulturas. Por isso floresceu no Jardim de Jehová a branca roseira da Santa Aliança, beijo de amor para todos os que padecem angústias de morte em seus lares sem calor e sem pão; abraço de fraternidade e de companheirismo para os que sentem o açoite feroz da humilhação e do opróbrio na amada terra que os viu nascer; encontro de almas num mesmo caminho que todos vamos percorrendo em cumprimento da grande Lei da vida; lâmpada acesa nas trevas dos que buscam às cegas uma mão na qual possam apoiar-se e um peito amigo no qual descansar o rosto fatigado ...

"O Rei Sábio viu toda a dor dos humildes oprimidos, e desafogou sua alma em amargas queixas dizendo que '*tudo é vaidade e aflição do espírito, debaixo do sol*'. A Santa Aliança deu um passo mais além, e se esforça por obter a unificação, que é força defensiva para todos os sofredores da opressão e da injustiça. Ela busca a aproximação de todos os corações animados por um mesmo sentimento, pela mesma fé, pelo mesmo ideal: a santa liberdade de todos os filhos de Deus sob a suave tutela de sua Lei soberana. A única Lei que iguala todos os homens, tanto o grande como o pequeno, tanto o forte como o débil, tanto o rico como o pobre, visto como diz a todos indistintamente: *Ama a teu próximo como a ti mesmo; não faças aos demais o que não queres que te façam; honra a teu pai e a tua mãe; não retires a vida nem a honra nem os bens de teus semelhantes; não manches teus lábios com juramentos falsos nem teu coração com impudica lascívia.*

"Esta é, meus amigos, a Santa Aliança da qual todos fazemos parte, na qual ensaiaremos a nossa capacidade de amar-nos uns aos outros de tal forma e de maneira tão perfeita que a dor de um seja a dor de todos e a alegria do menor seja compartilhada, vivida e sentida por todos os seus irmãos.

"Não é um levante armado para lançar por terra os poderes constituídos pela força bruta, e levantar outros formados da mesma maneira. É um levante espiritual, para engrandecer-nos até tornar-nos dignos do nome que possuímos de povo escolhido, povo de Deus, povo de justos, Profetas da Verdade e da Justiça. Até hoje não merecemos esse nomes, porque toda a nossa história, desde a morte de Moisés até hoje, é uma demonstração de ignorância, de ignomínia, de crimes, de enganos, de falsidades e de odiosa profanação contra sagradas instituições, com fins de lucro e de domínio.

"Houve homens justos e austeros que levantaram sua voz inspirados por Deus para encaminhar os povos para os seus sagrados deveres; contudo esses homens, chamados Profetas, foram perseguidos e mortos para que, do fundo de suas sepulturas, não fossem ouvidas as suas vozes a gritarem mais alto que as consciências adormecidas dos homens: 'Pecais contra Deus, pecais contra os vossos semelhantes, pecais contra a Verdade, contra a Justiça e contra o Amor, e sobre vós mesmos cairão as conseqüências de tão desastrosos abusos contrários à Eterna Lei.'

"Quando os nossos caminhos se tiverem endireitado na eterna marcha da vida; quando os nossos lábios se tiverem purificado como os do Profeta Isaías ao contato do fogo divino e não deixarem correr o engano e a mentira; quando as nossas mãos estiverem limpas, como o pão de flor de farinha que adorna a nossa mesa; quando os olhos não se deleitarem nos prazeres lúbricos, e somente procurarem satisfação nas obras de Deus para louvá-Lo eternamente, então, meus amigos, cairão sem esforço os tiranos, os déspotas, romper-se-ão as cadeias de todas as escravidões, abrir-se-ão as portas de todos os calabouços, as armas se enferrujarão nos porões das fortalezas, os gritos de guerra se transformarão em cantigas de ninar, em barcarolas de pescadores, em cadência de donzelas sentadas ao tear, em canções de lavradores segando seus trigais dourados e em melodias tristes dos pastores apascentando seus rebanhos! ...

"Essa é a aspiração que agitou suas asas na minha mente, ao forjar nela o ideal da Santa Aliança a congregar-vos ao meu redor, como imensa colheita de flores e de frutos ao redor do lavrador que os cultivou!

"Se cada um de vós realizar em si mesmo o meu sonho criador da Santa Aliança, não sereis meus devedores pela iniciativa desta obra de bem e de felicidade para todos, mas serei eu o vosso devedor, pois recolherei por vosso intermédio a mais pura e imensa felicidade que pode desfrutar a alma humana encarnada nesta Terra!"

Imensa onda de amor divino se estendeu pelo vasto recinto, com tal força e energia que todos viram através dela, como transfigurado, o jovem Mestre dizendo para finalizar:

— Peço ao Senhor dos Céus e da Terra que seja para todos vós o anjo purificador do Profeta Isaías, para que não sejais mais os homens de ontem, mas os homens do amanhã glorioso de minha aspiração convertida em realidade.

Os amigos íntimos, os anciãos, depois todos, como impulsionados por uma força estranha, se precipitaram sobre Jhasua e o levantaram para o alto, cantando:

— Hosana ao Profeta de Jehová, ao que vem em nome do Senhor, ao Salvador do oprimido povo de Israel!

— O homem de bem salva a si mesmo — respondeu Jhasua, estendendo as mãos para todos aqueles que procuravam estreitá-las.

Uma hora depois, a maior parte daqueles participantes se retirava, fazendo mutuamente esta sugestiva pergunta:

— Não será este jovem Profeta nazareno o Messias esperado por Israel?

— Ele fala com autoridade de Mestre — acrescentaram outros —; quando ele fala todos silenciam, até os mais velhos.

— Se ele fosse o Messias, já o teriam dito — sugeriram outros. — Por que há de manter-se oculto um personagem ao qual está vinculada a liberdade e a felicidade de toda a Nação?

179

— Debatemos este assunto como ignorantes — observaram alguns. — Acreditais que os poderes atuais verão com bons olhos levantar-se um Libertador para expulsá-los do país, como a um ladrão do redil alheio?

— E corre aqui o ouro de maneira maravilhosa — disse outro.

— Como o sabes?

— A cada dirigente de região foi dada uma sacolinha repleta de moedas para socorrer os inválidos, os anciãos e os órfãos de sua povoação. E um dos secretários disse àqueles que não haviam recebido ajuda para darem a relação com os nomes dos necessitados de sua região a fim de que os mesmos pudessem ser socorridos.

— Finalmente! ... Finalmente há quem se interesse pela dor do povo sem pão — exclamaram várias vozes ao mesmo tempo.

— Esta Jerusalém, tão rica em palácios de mármore, com esse templo resplandecente de ouro, e não existe uma única ruela escura na qual não vejamos, pelo menos, seis ou sete fantasmas acocorados nos portais por falta de teto onde possam passar a noite.

— Tudo isso vai terminar muito em breve, irmão, eu te asseguro. Para mim, o jovem Profeta, que quando fala parece ser a voz de Jehová, deve ser o próprio Salvador de Israel a se ocultar até que chegue o momento oportuno de expulsar todos os usurpadores dos direitos do povo.

"Mas quando todos silenciam, devemos também silenciar. Não seja por causa do entusiasmo exagerado que haveremos de lançar por terra todos os acordos secretos que o Messias deverá ter com os auxiliares da sua missão. A Santa Aliança é, na verdade, santa, não nos restando dúvida alguma, pois os fatos confirmam isto bem claramente.

"Sabes que a maior parte desses fardos, cujos rótulos indicam mercadorias destinadas a comerciantes, são donativos da Santa Aliança destinados às cidades que estão representadas neles?"

— Homem! ... Quantas novidades tens nesta noite! Sabes tudo!

— É que vim em substituição ao dirigente de nosso agrupamento de Arquelais, e me entregaram seis fardos de roupas e doze sacos de legumes e cereais para os necessitados da nossa cidade.

— E como vais te arranjar com tudo isto?

— O quê? Como me arranjarei? Já o verás! Recomendaram-me para que amanhã, na primeira hora, eu esteja no Khan da Bethânia, com um bilhete firmado por um dos secretários, e me entregarão quatro jumentos com os quais virei ao armazém para buscar os donativos. Que me dizes de tudo isto?

— Pois, homem, eu te digo que nunca se viu coisa semelhante na nossa terra e que nem o Rei Salomão, com todas as suas riquezas, se preocupou dessa maneira em aliviar a miséria do seu povo.

— Oh! Não há dúvida, meu amigo! O Salvador de Israel está entre nós, e terá o poder de converter em ouro as pedras para socorrer os desamparados.

Diálogos desse teor, que permitimos fossem ouvidos pelo leitor, foram sendo efetuados ao longo das tortuosas e escuras ruelas da cidade dos Profetas nessa noite memorável, quando os participantes se dispersavam em pequenos grupos a partir do grande armazém de Simônides, em direção às suas respectivas moradas.

Por fim, ficaram sós no imenso recinto apenas os conhecedores do segredo da personalidade de Jhasua, que eram Simônides, os quatro doutores de Israel, o Scheiff Ilderin, os príncipes Jesuá e Sallum de Lohes, Judá, Faqui, Marcos, Othoniel e Isaías, além dos quatro antigos amigos bethlehemitas, Elcana, Alfeu, Josias e Eleázar, totalizando dezoito pessoas com o jovem Mestre.

O Scheiff Ilderin assistia pela primeira vez a uma assembléia de dirigentes da Santa Aliança e estava com um entusiasmo que não cabia dentro do peito.

— Isto é magnífico — disse. — Está representado aqui todo o nosso Oriente Próximo.

— E ainda não sabeis tudo, Scheiff — acrescentou Simônides, ébrio de felicidade.

Todos juntos foram inspecionando os armazéns abarrotados de mercadorias, dispostas em grandes fardos rotulados para as cidades nas quais deviam ser repartidos entre os necessitados.

— Marcos, meu filho, Judá ... Faqui, Othoniel, Isaías, trazei as listas que preparastes para entregar em ordem todo este carregamento! — E começaram a ler o número dos participantes e dos socorridos de cada povoação ou cidade.

— Mas isto é espantoso! ... — exclamou o Scheiff. — Espalhastes uma fortuna como chuva sobre as cidades.

— O outono está terminado e o inverno chega — disse Simônides. — Através disto, os povos ficarão sabendo que o soberano Rei de Israel não constrói seu trono com ouro e pedras preciosas, mas com os corações agradecidos que o abençoam em todos os dias da sua vida.

Todos falavam, comentando com grandes elogios o bem que era derramado sobre os povos carregados de tributos e de onerosas contribuições, empobrecendo-os até carecerem do mais necessário para a vida.

A única pessoa que observava em silêncio era Jhasua, cujo aspecto não revelava entusiasmo nem desânimo. Ele certamente pensava que era tarefa fácil fazer com que as massas cumuladas de donativos de toda espécie aceitassem uma teoria ou doutrina.

"A ilusão de um soberano, de um libertador carregado de riquezas e disposto a derramá-las a mãos-cheias sobre seus povos, conquista imediatamente milhares de corações. No entanto, quando a ilusão se desvanecer diante de um *Salvador de Almas*, proclamando o desapego às riquezas e que seu reino não está neste mundo, qual será o modo de pensar e de sentir dessas multidões desenganadas?"

Esse era o pensamento que absorvia totalmente o jovem Mestre diante da imensa quantidade de donativos derramada pela Santa Aliança sobre os povos dizimados em seus haveres.

— Meu Senhor — perguntou Simônides —, poderemos dizer que cumprimos com o mandamento que diz: "Ama a teu próximo como a ti mesmo?"

— Podes dizê-lo, Simônides, e dirás uma grande verdade — respondeu Jhasua. — Falta averiguar se os favorecidos pela tua generosidade serão capazes de amar a seu benfeitor como amam a si mesmos, quando a dádiva já tiver sido consumida.

— Com isto queres dizer, meu Senhor ... que eu devo preparar-me para a ingratidão? Não é isso?

— Quero dizer que não devemos forjar muitas ilusões levadas pelo entusiasmo das multidões, quando ainda não foram instruídas nos conhecimentos superiores, que permitem amar o bem através do próprio bem.

"Quando o povo hebreu atravessava o deserto, não murmurou contra Moisés porque a abundância foi reduzida? Não clamaram pela escravidão do Egito, da qual ele os havia tirado, quando os carregamentos de farinha e legumes se esgotaram?"

— É verdade ... Oh! É uma grande verdade! — exclamaram várias vozes ao mesmo tempo.

— Na Arábia — disse o Scheiff Ilderin — há um provérbio muito antigo que diz: "*Ninguém se recorda do rio que secou.*" Creio que foi assim que o nosso príncipe de David fiou, muito fino, o fio de seu tear.

O ancião príncipe Sallum de Lohes fez menção à ingratidão de seu povo, quando o viram perseguido pelas autoridades romanas.

— Árvore caída, muito pouca sombra dá — disse o velho príncipe — e o amor das multidões, triste é reconhecê-lo, tem sempre o cem por um de interesse.

— Então procedemos mal derramando tanta generosidade sobre o povo? — perguntou Judá com visíveis demonstrações de desânimo.

— Não fizestes mal, de modo algum, em dar ao necessitado — respondeu Jhasua. — Procederíeis mal se estivésseis semeando o bem com a esperança de uma compensação de amor e de gratidão, porque só são capazes destes sublimes sentimentos os espíritos de grande evolução.

— Que pensas, meu Senhor, poderá suceder quando todo este carregamento tiver sido repartido entre os necessitados de nossas cidades? — perguntou uma vez mais Simônides a Jhasua, enquanto todos inspecionavam os rótulos dos fardos.

— Pensarão, com toda a certeza, que a Santa Aliança é uma sociedade de socorros, e se dirigirão a ela como se acode pela água à fonte.

"Então será o momento propício para dizer às multidões: '*Nem só de pão vive o homem, mas também da palavra da Verdade a ensinar-lhe o conhecimento de Deus e das Leis que o unem a Ele.*'

"Os poucos que assimilarem estas palavras, serão os únicos com os quais poderemos contar para o futuro.

"Teus donativos, Simônides, atrairão para nós grandes multidões, porque tanta generosidade lhes fará supor imensas riquezas acumuladas nas arcas de um Rei poderoso que chega para abarrotá-los de bens. Devemos acolher essas multidões com solicitude e carinho, contudo não devemos alimentar a ilusão de que elas estarão firmes ao nosso lado nas provas que necessariamente chegarão. Somente isto é o que me sugeriu esta abundância de donativos que tornarão felizes, durante uns poucos dias apenas, os que forem favorecidos por eles.

"Compreendeste, meu amigo?"

— Eu te compreendo meu Senhor, no entanto, causa-me dó ver o teu pessimismo com relação ao nosso povo. Eu não creio que ele seja tão destituído de sentimentos nobres, e me parece que o julgas com excessiva severidade. Não é, Senhor, o nosso povo, bastante melhor que todos os outros povos da Terra?

O jovem Mestre sorriu tristemente, recordando, com a rapidez do relâmpago, a terrível visão tida no Santuário do Moab, na véspera de ser consagrado Mestre de Sabedoria Divina.

— A severidade do meu julgamento, Simônides, não é só sobre Israel, a quem não julgo pior que os demais povos. Meu julgamento estende-se sobre toda a humanidade da Terra, no meio da qual se acham disseminadas algumas centenas de almas de evolução avançada como roseiras em campo de espinhos.

"O egoísmo do *teu* e do *meu* é ainda muito poderoso neste globo. O apreço aos bens materiais é mil vezes mais forte e avassalador que o desejo dos tesouros inerentes ao espírito, como a sabedoria, o amor fraterno, a gratidão pelos benefícios, a generosidade. Numa palavra: O amor a Deus *acima de todas as coisas e ao próximo como a si mesmo* ainda está ausente da humanidade terrestre em geral. As exceções são por demais escassas e, para isso, vem a Santa Aliança: para educar as massas de tal modo que nelas se possa encontrar ao menos uma terça parte de seres capazes de compreender os princípios da Divina Sabedoria, ensinando a conhecer a Deus em suas obras e leis, e também a valorizar a alma humana, pela sua origem divina e também pelo seu destino imortal e glorioso."

— Estou compreendendo, oh meu soberano Rei de Israel, que o teu vôo é muito alto, mais que o da águia sobre as altas montanhas, e temo que, nem sequer eu, com todo o meu amor e a minha dedicação a ti, seja capaz de seguir-te!

"O teu senho, a tua ilusão, meu Senhor, parece-me às vezes como um passarinho branco de rápido vôo a lançar-se na imensidão quando quero prendê-lo em meu laço! ... E escapa sempre de mim, quando quero examiná-lo de perto; foge e se distancia como uma bolha de gás, a desvanecer-se no azul dos céus.

"Ó meu amado Senhor, meu grande Rei sonhado desde a meninice, quando, sob as oliveiras centenárias de Betphagé, cansado das caprichosas exigências de meus pais, eu dizia a mim mesmo:

"Quando o Justo, o Messias, o Salvador vier a esta Terra, prender-me-ei em seu manto e lhe direi: Leva-me para o teu serviço, Senhor, porque só contigo serei feliz."

— Meu bom Simônides! — exclamou Jhasua enternecido por esse grande amor. Já estás comigo, e te asseguro que será para sempre.

O velho tomou-o por ambas as mãos que beijou várias vezes.

— Estas palavras eu queria ouvir da tua boca, meu Senhor, para sentir-me feliz, não obstante a minha insignificância não permitir chegar até onde se encontra a tua grandeza!

O Mestre olhou-o até no fundo de sua alma e lhe disse com um tom tão solene que a Simônides pareceu profético:

— Muito antes do que possas pensar, meu bom e leal amigo, verás o meu Reino em todo o seu esplendor.

— Oh, isto sim será toda a minha glória! — exclamou o ancião com tão grande alegria que fez Jhasua sorrir. — Eu andaria diante de ti, Senhor, na cadência de uma música, como procedeu David ante a Arca Santa, quando a conduzia a Jerusalém.

— Prestai atenção em nosso bom Simônides, pois parece ter perdido o juízo — disse Faqui a seus companheiros que, juntamente com ele, inspecionavam os depósitos de provisões que no dia seguinte sairiam com diversos destinos.

— Não o perdi, amigo, mas, muito pelo contrário, o ganhei, ao vir a saber o que nenhum de vós sabe — respondeu o ancião.

— E o que é isto? — perguntaram todos ao mesmo tempo.

— Pois muito em breve verei o Reino de meu Senhor em todo o seu esplendor e grandeza, como sempre sonhei.

Muitos olhos se fixaram em Jhasua que sustentou todos aqueles olhares com imperturbável serenidade.

Sorrisos de triunfo desenharam-se nas fisionomias de Judá, de Ilderin e de Faqui.

— Nossos grandes Profetas — disse Nicodemos — devem estar contando os dias que faltam para o cumprimento de seus grandes vaticínios sobre a vinda do Messias e do seu reinado em Israel.

— No que diz respeito a mim — disse José de Arimathéia —, podeis acreditar que tenho como segurança interior a certeza de não ver esse reinado.

— Nem eu! ... Nem eu! ... — ouviram-se as vozes dos quatro amigos bethlehemitas e do príncipe Sallum de Lohes.

— Mas, por quê? — argüiram os demais. — Será que firmastes uma sentença de morte a prazo fixo?

— Certamente que não — disse o príncipe Jesuá.

— Que se expliquem então, e saberemos a razão por que nos arrojaram em pleno rosto esse vasilhame de água fria — disse com marcada ironia Nicolás de Damasco.

– Não existem aborrecimentos entre nós – voltou a dizer José de Arimathéia. – Se eu disse aquilo em que vários me apoiaram, é porque não concebo o reinado do Messias de um ponto de vista material.

"Como professor de história no Grande Colégio, estudei a fundo todos os reinados de ontem e de hoje, e ver-me-ia em grandes apertos para indicar um único que não tenha sido criado, engrandecido e mantido mediante a fraude, o engano, a mentira e os crimes mais espantosos. Sendo assim, é grandemente difícil para mim imaginar o nosso meigo Jhasua, puro como um cordeirinho de En-Gedi, coroado Rei como o melhor dos Reis que houve debaixo do sol. No meu entender, isto seria rebaixá-lo a um nível muito inferior comparado com a altura onde eu o vejo. Isto é tudo. Uma forma exclusivamente minha de examinar as coisas.

– Então nos explica de que modo veremos se cumprirem as profecias – insinuou Gamaliel, sonhando também com um reinado material, cheio de eqüidade e de justiça.

– Sempre se me afigurou uma apoteose para Jhasua, ou seja, uma glória e uma grandeza muito superior a de um Rei material. Multidões aclamando-o pelos seus benefícios; incontáveis lábios chamando-o de Salvador; multidões de corações compreendendo o seu ideal traduzido em ensinamentos capazes de transformar esta humanidade, purificando-a por meios que não conhecemos, mas que existem, segundo a Ciência Oculta, certamente bem conhecida de nossos Profetas.

"O profeta Malaquias nos capítulos III e IV usa palavras muito significativas: 'Virá ao seu tempo o Senhor a quem buscais, é o anjo do acordo que desejais.'

" 'E quem poderá suportar o tempo da sua vinda? Porque Ele é como o fogo purificador e como o sabão dos lavadores.

" 'Porque já chega o dia ardente como um forno, e todos os soberbos e os que praticam maldade serão como a estopa.

" 'Mas para vós que amais o meu Nome – disse Jehová – nascerá o Sol da Justiça que, em seus raios trará saúde.'

– No entanto em Jeremias, capítulo XXIII estão estas palavras bem explícitas – disse Nicolás de Damasco:

" 'Eis que chegam os dias – disse Jehová – em que despertarei em David um rebento justo e, *sendo Rei, reinará*, o qual será feliz e praticará o direito e a justiça na Terra. Em seus dias, Judá será salvo e Israel habitará em segurança. Este será o nome com que todos o chamarão: Senhor, nossa justiça.'

"Onde está, pois, a verdade, em Jeremias ou em Malaquias?"

Todos ficaram em suspenso observando-se mutuamente, até que todos os olhares convergiram em Jhasua.

– Sou o menor de todos, meus amigos! Por que vossos olhos buscam em mim a resposta? – perguntou o Mestre sorrindo.

– Porque é o Sol de Justiça anunciado por Malaquias – disse José de Arimathéia, sustentando a sua tese.

– Porque és Jhasua, o descendente de David, que reinará como Rei e será feliz. És o que todos chamarão de "nossa justiça" – respondeu Nicolás de Damasco, defendendo a sua tese.

– Está bem, meus amigos. Haja paz e bom acordo entre vós, porque se entre os meus íntimos desafinam os alaúdes, onde o trovador encontrará a harmonia?

– Se me permitis – disse Josias –, não sou doutor da Lei, nem tenho autoridade para interpretar a Escritura Sagrada; no entanto, com estes três amigos (e apontou para Eleázar, Alfeu e Elcana) fomos testemunhas há vinte e três anos e alguns meses da gloriosa noite do nascimento de Jhasua na nossa cidade de Bethlehem. Todos os quatro, mais os pastores que ainda vivem, ouvimos vozes dos Céus a cantar: "Glória a Deus nas alturas e paz na Terra aos homens de boa vontade."

"Muitos séculos já se passaram sobre os Profetas, e seus livros foram desenterrados dentre os escombros de Jerusalém várias vezes arrasada. A ação do tempo terá podido desfigurar a escritura e modificar os conceitos; contudo, o que nós ouvimos não pode ser desfigurado, porque a terra ainda não apagou a luz de nossos olhos, nem fez emudecer nossa língua. Desde aquela noite memorável não mudamos o nosso pensamento. Não concebemos Jhasua como um David ou um Salomão em grandeza e poder, mas como o Ungido de Jehová para trazer a paz, o amor e a justiça à Terra e aos homens de boa vontade."

Então os presentes rodearam os quatro bethlehemitas para ouvir provavelmente pela centésima vez a narração já conhecida dos demais anciãos, com exceção de Simônides que vivera em Antioquia desde antes do nascimento de Jhasua. O ancião chegou-se, portanto, quanto pôde junto aos bethlehemitas, e fê-los repetir novamente o relato.

– Pareceis crianças brincando com uma mariposa a fugir do vosso alcance no jardim – disse o Mestre, rindo de modo muito natural.

No entanto aquelas dezessete pessoas, entre elas doutores, príncipes, tecelões e criadores, não tinham vontade de rir, mas tão-somente de descobrir a todo custo quem estava com a verdade.

Que Jhasua era o Messias anunciado pelos Profetas, não restava dúvida alguma. A divergência estava em que uns julgavam que, sob sua tutela de pai, caminhariam todos os homens da Terra em justiça e eqüidade. Outros o viam como um Moisés de faculdades e forças ultrapoderosas, impondo-se às multidões pelas maravilhas que faria, eclipsando a grandeza e a glória de todos os Reis da Terra.

Finalmente e vendo que não se chegava a um completo acordo, Simônides, com o direito que lhe dava sua ancianidade e por saber-se amado, aproximou-se delicadamente do jovem Mestre que, junto com Marcos, Faqui e Judá eram como simples testemunhas da controvérsia dos homens maduros, e lhe disse:

– Meu Senhor! ... Como vês, se não falas, não poderemos entender-nos. Fala, Senhor, e seremos iluminados!

– Está bem, Simônides, falarei:

"Eu sou o Messias anunciado pelos Profetas, e todos vós vereis a grandeza e a glória para a qual me levará o Pai quando seja chegada a hora.

"Ficai, pois, satisfeitos comigo. Satisfazei-me também vós, não promovendo polêmicas sobre este assunto, que deve ficar submetido à Suprema Vontade de Deus."

Uma hora depois, o imenso recinto estava mergulhado nas trevas e em profundo silêncio, porque os últimos participantes se haviam dispersado em direção as suas respectivas moradas na velha cidade, adormecida sob a amarelenta luz da lua minguante.

No Monte Hor

Trinta dias depois, Jhasua, em companhia do tio Jaime, se reunia à caravana que fazia viagens periódicas de Jerusalém até Hesbon, e depois em direção ao sul, ao montanhoso país de Edor, onde o aguardavam Melchor e Gaspar, os dois grandes amigos desde o berço, para celebrarem a primeira reunião combinada no dia da morte de Baltasar.

Apenas tinham passado Hesbon e penetrado nos penhascos do Moab, à altura dos Montes Nebo e Pisga, saíram-lhes ao encontro dois dos setenta Anciãos do Santuário do Moab, que haviam sido convidados a participar daquela reunião.

A caravana deixava-os em Sela, e dali deviam separar-se em direção ao oeste até o Monte Hor, onde o príncipe Melchor tinha instalada a última Escola de Sabedoria Divina que havia fundado.

Em Sela, aguardava-os um guia que reconheceu imediatamente Jhasua, pois era um dos criados que acompanhara Melchor naquele encontro junto às Pirâmides, no Egito.

– Podias ter poupado a viagem – disse um dos Anciãos do Moab ao guia – porque nós conhecemos o Monte Hor.

– O amo manda e eu obedeço – respondeu o criado. – O Monte Hor tem grandes precipícios, e a Escola está num patamar que não pode ser percebido do vale.

– Chegou lá algum viajante do Golfo Pérsico? – perguntou Jhasua.

– Há três dias, e veio com mais dois companheiros. Ontem de manhã chegou o Mestre Fílon de Alexandria, e foram todos conduzidos ao Monte Hor.

– Eles foram mais diligentes do que nós, não obstante estarem mais distantes – disse um dos Anciãos do Moab.

– Ao cruzar os Montes Nedjed, o guia perdeu-se e, se não fosse por isto, teriam chegado antes – voltou a acrescentar o criado.

"Porém o mais velho deles parece ter visto uma luz misteriosa que os fez encontrar novamente o caminho.

– Outra vez a estrela! ... – disse o tio Jaime.

– Que estrela? – perguntou, curioso, o guia.

– Esse mesmo ancião – esclareceu Jhasua –, junto com outros dois, foram também guiados por uma misteriosa luz, como dizes, até encontrar o lugar que buscavam.

– No entanto – continuou o guia – a região de Nedjed é atravessada desde o Golfo Pérsico até o Mar Vermelho por uma cadeia de montanhas com bons oásis, que dão vida ao deserto da Arábia, quase tão difícil de atravessar como o Saara. O último furacão de areia havia apagado todo vestígio do caminho e o guia viu-se desorientado.

"Dizem que o ancião viajante fez uma oração ao Senhor, e uma luz vista por ele apenas guiou-os até o verdadeiro caminho."

Sela era uma pitoresca povoação de lavradores e pastores, pois sua esplêndida situação, no vale regado por um braço do caudaloso rio Druma, e tendo ao ocidente as férteis vertentes do Monte Hor, prestava-se admiravelmente para toda classe de culturas e para a criação de gado. Era, além disto, um dos mercados mais importantes, onde os árabes negociavam com vantagem os esplêndidos cavalos da região do Nedjed, conhecidos como os melhores do Oriente.

Com muita facilidade e das ruas da cidade, podia-se distinguir perfeitamente a silhueta imponente do Monte Hor, o pico mais elevado da cadeia montanhosa do Seir.

Quem visita pela primeira vez essa região da Arábia tem a impressão de que, em menos de uma hora de viagem, já se encontra ao pé desse Monte, e esta também foi a impressão de Jhasua. Mas o guia assegurou-lhes que a subida até a plataforma em que estava a Escola levaria desde o meio-dia até pouco antes do pôr-do-sol.

O caminho, demasiado tortuoso, subia em espiral irregular que, se os livrava dos perigos, alongava a distância.

Quando o guia lhes disse:
— Já chegamos — todos perguntaram:
— E a casa, onde está?
— Nas entranhas da rocha — disse o guia, e imediatamente fez soar um apito de aviso.

O branco turbante de Melchor apareceu imediatamente numa gruta das rochas, e logo o manto branco envolvendo toda a sua pessoa surgiu como uma escultura de mármore no fundo verde escuro e cinzento da montanha.

A plataforma encheu-se num instante de esculturas brancas, com rostos de bronze e barbas de ébano, descendo em fila que se adaptava ao ondulante e tortuoso caminho. Todos traziam tochas, cujas chamas vermelhas espalhadas pelo vento como cabeleiras de fogo, davam à paisagem tonalidades fantásticas.

O dossel de púrpura e ouro do sol poente envolvia aquele esplêndido conjunto de montes cheios de bosques, por onde meia centena de homens vestidos de branco, com tochas flamejantes, apareciam, às vezes, como suspensos nas árvores sobre o vazio aberto a seus pés.

Quando Melchor, que abria a caminhada, chegou junto aos viajantes, os últimos apareciam com estatura de meninos presos nos ramos das acácias ou nos abanicos das palmeiras.

Jhasua julgou ser o detalhe das tochas parte de um ritual costumeiro para uma honrosa acolhida, mas, quando as sombras da noite os encontraram ainda subindo pela escarpada ladeira, compreendeu que elas eram uma necessidade para não caírem de bruços a cada instante naquela escada lavrada a pico na rocha viva.

Ao chegar à esplanada superior, os viajantes, agradavelmente surpresos, encontraram-se numa alegre pracinha cercada de acácias e laranjeiras, intercaladas com formosos pedestais de pedra branca tendo, na parte superior, uma cavidade, onde os que subiam iam deixando suas tochas.

Na frente, aparecia como uma enorme fachada uma parede branca lavrada na mesma rocha calcárea, brunida e polida de tão admirável maneira que parecia a frente de mármore de um templo comum.

Nessa rocha fora esculpido um imenso livro aberto, em cujas duas páginas apareciam, gravados em negro, os Dez Mandamentos da Lei de Moisés. No alto do formidável livro de pedra via-se uma luz em forma de estrela de cinco pontas, formada por uma caixa de pedra dentro da qual ardia permanentemente uma lâmpada de azeite.

Para os viajantes que atravessavam essa região montanhosa, a estrela de luz era como um farol a orientá-los em seu caminho.

O príncipe Melchor quisera deixar ali permanentemente uma recordação da misteriosa luz que os guiara um dia ao encontro do Verbo de Deus descido à Terra.

— Tua Escola de Sabedoria Divina não pode ter melhor portal que este — disse Jhasua —: O livro da Lei e a Eterna Luz a iluminá-lo.

"Mas esta é uma Escola sem porta" — acrescentou.

— Tem portas, meu filho, e bem abertas — respondeu Melchor. — Olha!

O grande livro aparecia colocado sobre dois enormes pedestais lavrados na própria rocha da montanha, os quais tinham a forma de pirâmides truncadas, e eram pouco mais altos que um homem de estatura regular. Num dos lados de ambas as pirâmides se abriam as portas de entrada dando acesso para duas galerias, cujo teto de quartzo permitia a penetração da luz solar, muito embora bastante velada.

Lâmpadas de azeite iluminavam-nas durante a noite.

Ao longo daquelas galerias abriam-se as portas dos aposentos em forma de grutas escavadas na rocha e recobertas de cedro.

As duas galerias se encontravam no final num formoso pórtico de dez colunas, dando entrada ao Santuário da Escola, lavrado como a sala hipostila de um templo egípcio, ou seja, um recinto central mais alto e largo do que os dois laterais. Os três recintos estavam unidos por grandes arcos fechados com cortinas de cor púrpura-violeta.

O grande recinto central da sala era para os ensinamentos de Sabedoria Divina e das ciências humanas. Os laterais destinavam-se da seguinte maneira: um para a concentração espiritual dos Mestres e discípulos adiantados e o outro para os exercícios de desenvolvimento dos principiantes até o terceiro grau.

Todos apareciam rodeados de estrados de madeira, cobertos de tapetes de fibra vegetal e com almofadões de palha de trigo com cobertas de tecido de linho.

As estantes, os atris, as mesas, bem como tudo ali denotava que, na sua fabricação, havia sido levado muito em conta a comodidade, suprimindo todo detalhe de luxo desnecessário.

Essa era a mansão cavada na rocha onde entrava Jhasua, o mais jovem dos Mestres naquela época, para ter uma conferência de Sabedoria Divina com seus dois antigos amigos Gaspar e Melchor na ausência material de Baltasar, que certamente iria acompanhá-los do plano espiritual onde se encontrava.

Gaspar havia trazido consigo dois Mestres dos mais experimentados em ciências divinas e humanas. Um deles, Goda-very, era hindu e tinha sido escolhido por todas as Escolas do Indo para sucessor de Gaspar na direção das mesmas.

O outro era originário de Pasárgada, na Pérsia, e era o sucessor de Baltasar, seu confidente e discípulo íntimo, no qual haviam depositado sua confiança as Escolas que reconheceram por Fundador e Mestre o sábio astrólogo recentemente desaparecido. Seu nome era Abbas.

A finalidade desta reunião era uniformizar os ensinamentos a serem dados às multidões reunidas nas organizações que se chamavam na Síria e na Palestina: "*Santa Aliança*"; no Indo: "*Colar de Ferro*"; no Egito: "*Horto das Palmeiras*"; no país dos Tuaregues: "*Coroa de Ouro*"; na Arábia do príncipe Melchor: "*Espiral de Incenso*"; e na Pérsia de Baltasar: "*Tocha Acesa*".

Jhasua havia desejado unificar em todas as partes o nome: "*Santa Aliança.*" No entanto, os Anciãos, conhecedores dos ares que se respiravam nos diversos países habitados por eles, temeram que essa instituição, cuja finalidade era ensinar e prestar ajuda mútua, fosse interpretada como uma grande organização internacional para levantar as massas contra seus governantes, os quais, legais ou ilegítimos, ficavam muito a desejar, e mais ainda, a temer, no presente e no futuro, os povos que governavam arbitrariamente.

Com nomes diferentes, a finalidade era uma única: elevar o nível moral das multidões e suavizar o mais possível as duras condições de vida que, com bem poucas diferenças, tinham os povos de seus respectivos países.

As Escolas de Sabedoria Divina, que até então haviam sido círculos herméticos aos quais tinha acesso apenas quem aspirava ser Mestre, deviam abrir suas portas para todos os seres que sentissem o desejo de unir-se para tornar a vida mais suave e, ao mesmo tempo, para elevar-se de seu baixo nível espiritual, social e material.

Dependia da discrição e da prudência dos Mestres regulamentar o ensinamento e a ajuda mútua, de tal modo que produzissem os frutos esperados.

Com o Mestre Fílon, havia vindo o ancião Profeta dos Tuaregues, que o leitor conheceu no palácio de rochas da Rainha Selene, sentado a seus pés. Formado espiritualmente pelos sábios sacerdotes da antiga Mênfis, de cujas escolas só restava a do lago Méris, era uma inteligência muito clara e possuía grande coração. Para Fílon, fora ele uma verdadeira tocha nas horas difíceis de sua longa carreira em busca da Verdade.

Iniciaram-se, pois, as reuniões na grande sala central da Escola com dez assistentes: Jhasua e os dois Anciãos do Moab, Gaspar e seus dois companheiros, Fílon e o Profeta dos Tuaregues, Melchor e o Mestre Dan-Egadesh, escolhido pelas Escolas da Arábia para seu sucessor.

O tio Jaime e dois estudantes da mesma Escola foram designados para secretariar os trabalhos, nos quais não tinham voz ativa nem voto, e seu papel reduzia-se a deixar anotadas as resoluções tomadas.

Ao tratar de escolher quem presidiria as reuniões, todos foram unânimes em designar Jhasua, que, embora sendo o mais jovem na vida física, era o mais antigo como espírito.

– És a Verdade Eterna encarnada numa personalidade humana, e ninguém como tu preenche as condições necessárias para abrir caminhos novos no labirinto da inconsciência humana, na qual todos nos encontramos submersos – disse o mais idoso dos Anciãos do Moab. Todos participavam deste modo de pensar e de sentir, e Jhasua não pôde recusar a escolha da maioria.

Conforme era o hábito em todas as Escolas de Sabedoria Divina, Jhasua abriu a primeira sessão com a invocação à Tríade Divina: Poder Infinito, Amor Supremo e Claridade Eterna.

"Pai Nosso, que alentas tudo quanto existe no Universo através do Teu Poder Infinito, do Teu Amor Supremo e da Tua Claridade Eterna, inspirados pela Tua presença, estamos dispostos a realizar neste Mundo a Tua Divina Idéia, se formos dignos de ser tomados como instrumentos da Tua Soberana Vontade.

"Fala-nos, Pai Nosso, que os Teus filhos escutam!"

Houve alguns momentos de profundo silêncio para que cada um buscasse a união com a Divindade.

Logo em seguida, Jhasua tomou a palavra para fazer, com a possível brevidade, uma exposição do estado espiritual e moral da humanidade de então, pondo a descoberto, uma por uma, todas as suas chagas, as enfermidades quase incuráveis por se terem tornado crônicas, os desequilíbrios de toda espécie e, numa palavra, a completa desorientação a contar desde o tempo da Pré-História, no qual a antiga civilização Kobda havia aproximado da Divina Idéia a Humanidade de três Continentes.

– Passada essa época – disse – o Eterno acendeu luminares nas diferentes regiões da Terra. No entanto, seus resplendores permaneceram durante poucos séculos à vista dos homens de boa vontade, cujas mentalidades novas cediam, pela milésima vez, à ignorância, aos erros transformados em leis pelos dirigentes das multidões.

"Tendes a palavra – disse – "para esboçar vossos respectivos programas."

– Voltar à obra regeneradora de Chrisna e de Bhuda – disse Gaspar, o hindu.

– Voltar à Lei de Moisés – disse Melchor, o Mestre do Horeb e do Sinai.

– Chrisna, Bhuda e Moisés! ... Divina trilogia que trouxe para a Terra a Luz de Jehová – exclamou um dos Anciãos do Moab.

– Todos os três – disse Fílon – devem estar encerrados no cofre de ouro e cristal do atual Mensageiro da Eterna Idéia, Jhasua de Nazareth. Que ele esboce em síntese a doutrina que semeará nesta hora seu Messianismo, e dedicaremos todo o nosso esforço para sermos seus eficientes colaboradores.

— Eu penso — disse Jhasua — que um verdadeiro Mestre de Divina Sabedoria não pode jamais destruir aquilo que outros Mestres autênticos ensinaram, porque tal coisa seria como se a Eterna Idéia fizesse guerra a Si Mesma.

"Penso, pelo contrário, que os autênticos Enviados de Deus, como Instrutores da Humanidade, devem estar de acordo em seus ensinamentos, ainda quando se compreende perfeitamente que existem algumas pequenas variações sem maior importância, que se justificam com maior ou menor grau de compreensão, levando-se em conta as porções da humanidade às quais são dirigidas.

"Se bem observarmos isto sob severa análise, os Kobdas da Pré-História, que civilizaram três Continentes, não deram um único ensinamento diferente dos de Chrisna, de Bhuda e de Moisés. Esse período luminoso e fecundo em grandes obras de bem e de justiça não teve outros horizontes além do amor fraterno, ao qual deram formas definitivas e palpáveis naquela vasta associação de países denominada Grande Aliança.

"Chrisna e Bhuda foram enviados à Ásia Oriental; Moisés e Abel receberam mandato para a Ásia Ocidental. Quanto a mim, o último de todos eles, ficai certos de que não farei outra coisa além de reavivar as cores, os tons, os claro-escuros do grande quadro da evolução humana, que todos os verdadeiros Mestres da Sabedoria Divina copiaram da Eterna Idéia Mãe.

"Os ensinamentos de todos os Instrutores se basearam no Amor Universal, que é a grande Lei que rege os mundos.

"Cada um deles aperfeiçoou sua maneira de compreender e de sentir a Idéia Mãe, e a esboçou com coloridos mais vivos, mais profundamente definidos.

"Os ensinamentos de Chrisna foram como um reflexo diáfano dos antigos Kobdas, dos quais ainda estava muito próximo: freio duro para a injustiça e a prepotência; decidida proteção para os fracos e os escravizados. Trinta séculos já se passaram, e o distante Oriente, de um modo geral, não se recorda mais de Chrisna, a não ser como um valoroso príncipe que abateu os usurpadores.

"Apenas em alguns poucos Santuários-Escolas se lê o seu *Bhagavad-Gita*, no qual foi resumido parte de seus ensinamentos mais elevados.

"Quinze séculos (*) decorreram desde quando Moisés gravou a Lei Divina em tábuas de pedra para o povo, e seus cinco livros para as mentes mais cultivadas.

"Há seis séculos Bhuda se despojou de tudo para ensinar, com seu próprio sacrifício, o desprendimento de todos os prazeres materiais e grosseiros, quando se procura atingir grande altura espiritual.

"Os ensinamentos de Chrisna, de Moisés e de Bhuda foram igualmente deturpados, adulterados e proscritos de todas as mentes e de todos os corações, para serem substituídos por um monumental catafalco de prescrições, instruções e rituais, de conformidade com as tendências interesseiras dos dirigentes de povos e dos medianeiros no santuário das consciências.

"Meus ensinamentos de hoje terão a mesma sorte, e seria uma tola ilusão pretender o contrário. No entanto, dada a evolução da humanidade atual, será maior o número de lâmpadas acesas nas trevas que virão depois de mim; lâmpadas que continuarão ardendo até morrer nos patíbulos, nas fogueiras, nos circos, onde os arrojarão como aos vencidos nas guerras de conquista. A fraude, o engano, a interpretação errônea da Idéia

---

(*) Na realidade são 25 séculos. Houve aqui um lapso do autor ou de transcrição do original. Aconselhamos o leitor a reportar-se ao capítulo "Nos Cumes do Moab" (N.T).

Divina, voltarão a subir à superfície turvando todas as águas, até que os furacões do final do ciclo hajam varrido da superfície da Terra todos os falseadores da Verdade Eterna.

"Qual será, pois, a vossa cooperação à minha doutrina? Constituir, cada qual em seu país, núcleos de discípulos conscientes para serem os Mestres do porvir, com os quais conseguiremos sejam em maior número os salvos que os perdidos nas trevas de uma nova evolução em planetas inferiores, onde as condições de vida física causariam horror aos homens da atualidade.

"Para terminar dir-vos-ei que meu ensinamento para os povos estará baseado nestas palavras da Lei de Moisés:

" 'AMA A DEUS ACIMA DE TODAS AS COISAS E AO PRÓXIMO COMO A TI MESMO.' "

– Muito bem, Jhasua! ... Digno de ti! ... – exclamou em voz alta o Mestre Fílon de Alexandria, enquanto todos os demais haviam expressado sua conformidade apenas com movimentos de cabeça, com olhares acesos de entusiasmo, com sorrisos que manifestavam a floração da alma.

"Todavia tudo isto – continuou Fílon – é coletânea de Leis e preceitos para as multidões que não aspiram outra coisa além de seu tranqüilo bem-estar material. E para nós, Jhasua, e para todos aqueles que, como nós, aspiram conhecer essa Potência Suprema denominada Deus, que nos dás, Jhasua? Que nos dás?

"O Enigma, o Mistério Incognoscível nos rodeia por toda parte, e nossa alma aspira saber algo desse Deus a quem quer amar. Todos nós pressentimos, quase adivinhamos, a tumultuosa atividade, os torvelinhos de vida, de forças, de energias sobre-humanas que gravitam longe, perto e até dentro de nós mesmos.

"A Lei da Evolução nos diz muito. A Lei da pré-existência fala-nos também alto. Não obstante, as sombras são ainda muito densas, e tu, Encarnação do Pensamento Divino, és o chamado para dissolvê-las no mar diáfano da Verdade sem véus."

Houve um momento de expectativa silenciosa durante o qual todos esperavam a resposta do grande Mestre.

– Fílon, meu amigo – disse Jhasua com admirável serenidade –, estás no caminho certo, e eu também estou naquilo que te digo: em mundos como a Terra, quando a Ciência corre mais depressa do que a moral, traz o transbordamento de forças tremendas, que nada nem ninguém pode conter. Por terem mais ciência que moral, foram tragadas pelo abismo as civilizações lemúrica e atlante. Juno e Numu iluminaram a Lemúria com a lâmpada suave do amor fraterno, bem antes de surgir a tocha ardente da ciência. Porém, a Lemúria rompeu os véus do Eterno Enigma antes do tempo, e o incognoscível sepultou-a no seu imenso silêncio. Anfião e Antúlio iluminaram a virgem de ouro do Atlântico, e Antúlio deu-lhes mais do que podia ser dado às mentes humanas do planeta Terra. No entanto, a ciência dos atlantes, audaz e soberba, rasgou com seu estilete o véu do "Sanctum Sanctorum", e a Suprema Potência que tira a luz dos soberbos e a dá aos humildes, desatou o tremendo transbordamento de forças desconhecidas e mergulhou-a também no eterno silêncio.

"A sabedoria mais antiga conhecida pelos homens desta época é a que nos deixaram em pequenos livros de pedra os Flâmines-Lemures, os Profetas Brancos da Atlântida e os Dackthylos da Ática.

"Desse rico manancial, os Kobdas da Pré-História extraíram a capacidade de impulsionar para a Verdade, para o Bem e para a Justiça a humanidade de três continentes. Contudo, toda essa grandiosa onda de Sabedoria Divina só ousou levantar a ponta do véu que esconde o Eterno Enigma apenas o suficiente para ensinar aos homens que Deus é Amor Infinito, Justiça Inexorável, Poder Absoluto, Energia Suprema, Vida eternamente renovada em todas e em cada uma de suas criações, desde os mais radiantes sóis que brilham na imensidão até a mais insignificante larva a que forma sua colônia numa bolha de espuma ou na fenda de um penhasco.

"O simbolismo incompreendido do célebre casal do Paraíso, perdido por haver comido da árvore da Ciência que igualava em Sabedoria o homem a seu Criador, nos diz da maneira mais simples e ao alcance de todas as mentes, que este Planeta, com tudo quanto ele encerra, é apenas um organismo em formação, e que é pueril vaidade, e até estupenda loucura, pretender subir de um salto à altura mental aonde chegaram, em centuplicados milhões de séculos, os mundos radiantes habitados por Inteligências tão poderosas e puras, que cooperaram com a Suprema Potência na criação de nebulosas e na direção de sistemas planetários ainda não vislumbrados pelos homens desta Terra.

"Que sucederia com o embrião humano em formação no seio materno se alguém pretendesse conseguir prematuramente a hora do nascimento? A mesma coisa ocorre quando se precipita a chegada desta humanidade ao Templo-Luz do perfeito Conhecimento Divino.

"Em nossos Santuários Essênios, perdidos entre as grutas das montanhas, corre silenciosamente a antiga sabedoria condensada nos papiros dos Dackthylos de Antúlio, que, entre os Mestres da mais remota antigüidade, foi quem mais disse. Sua mensagem daquela época foi quase que exclusivamente dedicada às explorações metafísicas, a ponto de manifestar-se como relator de poemas interplanetários. Através das crônicas de seus familiares e discípulos mais íntimos, tomamos conhecimento da vida em planetas inferiores e também em outros muito superiores à Terra. Pudemos conhecer a escala infinita, na hierarquia ascendente das Inteligências nascidas como fagulhas da Eterna Chama Viva que as irradia de Si Mesma, como o sol esparge seu pó de ouro sobre o nosso pequenino mundo.

" 'Meu guia', disse Antúlio, na crônica escrita por sua mãe Walkíria, 'levantou uma ponta do grande Véu das sete cores, atrás do qual a Eterna Potência, perfeitamente feliz em Si Mesma, emite do seu seio vagas intermináveis de centelhas inteligentes e vivas que, com vertiginosa velocidade, vão se difundindo no éter como átomos de ouro, até que os grandes guias da evolução dos mundos vão situando-as nos milhares de milhões de globos grandes e pequenos, por onde iniciam o seu progresso as novas ondas de vida a emergirem do divino seio materno, eternamente fecundo.

" 'E nem bem a ponta do Véu foi levantada, uma torrente de luz potentíssima me cegou, me aturdiu, me transpassou de parte a parte causando-me uma vertigem enlouquecedora, como se instantaneamente eu houvesse perdido todos os pontos de apoio e me encontrasse absorvido pelo vazio.

" 'Não queiras ver mais, disse o meu guia, porque, com o pouco que viste, compreendeste bem como é pequena a criatura de evoluções ainda *não perfeitas*, para ver o rosto descoberto da Essência Divina, que só pode ser devidamente contemplado pelas Inteligências extremamente superiores e puras das Legiões das *Tochas Eternas* e dos *Fogos Magnos*, os quais já não descerão, em hipótese alguma, às existências físicas, em mundos onde as Inteligências se revestem temporariamente de carne.'

"Das crônicas antulianas, tiraram sua doutrina os sábios sacerdotes da antiga Mênfis no Egito, os Mestres das velhíssimas Escolas de Sabedoria de Golconda e de Madura, de onde a tomou Chrisna. Perseguida depois pelos brahamanes, a doutrina foi levada para os cumes nevados dos Montes do Himalaya e para as selvas impenetráveis do Tibet. Dali foi copiada pelos Mestres da antiga Pérsia e da Samarcanda Azul, a confundir-se quase com a lenda entre suas rochas cor de turquesa e seus arroios de safiras ...

"Oh, Fílon, meu amigo! ... creio ter falado além do conveniente e que, com o que disse, teu coração de criança, ansiosa de ver maravilhas, terá ficado aquietado ante o impenetrável Enigma cujo amor às Suas diminutas criaturas, ainda O obriga a esconder-se, para que elas cresçam, vivam e se perpetuem glorificando-O e amando-O em Suas obras e nas Suas Leis, pois são todas vivas manifestações do Seu Eterno Amor paternal!"

Fílon correu para o jovem Mestre e o abraçou com tanta efusão e ternura que mais de um dos presentes teve os olhos cheios de lágrimas. Jhasua estreitou sobre seu peito aquela formosa cabeça na qual brilhavam já alguns fios de prata, demasiado prematuros talvez fruto da constante preocupação em que vivia por conhecer a Essência desse Deus que seu grande coração queria amar.

– Aquietaste o meu coração para sempre! – disse Fílon, quando a emoção deixou que ele falasse.

Os outros Mestres compreenderam, através da exposição de Jhasua, muito mais do que haviam compreendido até então, estudando tão-somente os escassos fragmentos que tinham podido conservar nos velhos arquivos de suas Escolas.

– Estais todos de acordo em que, na época atual, o nosso ensinamento aos povos seja baseado nestas palavras da Lei trazida por Moisés: *"Amar a Deus acima de todas as coisas e ao próximo como a si mesmo"*? – perguntou Jhasua aos Mestres presentes.

– De acordo! ... – responderam todos. – Só o Amor pode estender uma ponte sobre o abismo que existe entre a inteligência humana e a Suprema Inteligência – acrescentou Melchor.

– O caminho do Amor é o mais curto e o mais bem iluminado – acrescentou Gaspar.

– De todas as perfeições da Divina Essência – comentou o Mestre Abbas, o persa –, creio que o Amor é aquilo que mais dulcifica a áspera vida humana neste planeta, e é uma fonte de águas permanentes nas quais o homem, seja da evolução que for, encontrará tudo quanto necessita para suportar a carga de sua existência com vantagens para si e para os demais.

– O Mestre disse, e isso basta. Vamos todos semear a roseira divina do Amor sobre a Terra – acrescentou um dos Anciãos do Moab.

– Os penhascos do Saara cobrir-se-ão de rosas vermelhas – disse o Profeta dos tuaregues – e, nas suas dunas amarelentas, surgirão jardins onde o Mensageiro de Amanai colherá rosas cor de púrpura. Vejo manchas de sangue nos penhascos da África do Norte. São os teus heróis, são os teus mártires de amanhã, Jovem-Luz, a despertar, com a tua palavra, todos os resplendores adormecidos na névoa do meu pensamento.

A primeira reunião terminou com uma fervorosa ação de graças à Suprema Inteligência que havia deixado entrever as diáfanas claridades de sua Essência Divina.

Na segunda reunião foram estudados os princípios básicos das mais antigas Escolas de Sabedoria Divina, e fez-se um resumo dos pontos que podiam ser dados a conhecer às massas populares que se aproximassem voluntariamente dos núcleos instrutores. São os seguintes:

1º – A imortalidade da alma humana, e seu progresso constante através de múltiplas existências físicas, com o fim de conquistar sua própria felicidade.

2º – A Suprema Potência, Deus, é o Bem, é o Amor, é a Justiça, e gravou na própria essência da alma humana o princípio eterno que é a sua única Lei: *"Não faças a outro o que não queres que te façam."* As dores, os males, as chamadas desgraças ocorridas às criaturas, não são castigos dessa Suprema Potência. São apenas conseqüências das transgressões do homem à Divina Lei, não apenas na vida presente, como também numa anterior.

3º – Para a Suprema Potência – Deus – não existem seres privilegiados, porque essa afirmação seria uma negação do Amor e da Justiça Divina, a derramar-se por igual sobre toda criatura emanada d'Ele. Há unicamente o Bem, atraído e conquistado através do acerto e da retidão no modo de pensar e de agir.

4º – A alma humana é livre para agir bem ou mal. Se age de acordo com o bem, conquista o bem. Se age de acordo com o mal, atrai o mal.

5º – A morte destrói tão-só o corpo material, e dá liberdade ao espírito, que continua vivendo ligado, através do Amor, aos que foram em vidas físicas seus afins, amigos ou familiares, aos quais continua prestando apoio e cooperação em toda obra de bem e de justiça. São os anjos tutelares mais íntimos dos quais falam todas as religiões.

6º – Sofrimento eterno *não existe nem pode existir*, porque a eternidade é somente de Deus, que é Bem Supremo, e tudo, absolutamente tudo, há de voltar para Ele. O próprio sofrimento na vida física, continua depois da morte apenas temporariamente, até que a Inteligência sofredora tenha compreendido a causa e aceito os efeitos como meios de reparar o mal causado.

Uma vez reparados os efeitos causados pela má ação praticada, a alma continua seu eterno caminho com maiores facilidades e luzes, em razão da experiência adquirida.

7º – Sendo Deus, Amor Supremo, que só pela expansão de seu Amor dá vida a tudo quanto existe, sem nada pedir nem esperar de suas criaturas a não ser que sejam eternamente felizes, deduz-se que as faltas contrárias ao Amor devem ser as que atraem para a alma mais dolorosas conseqüências. Em compensação, as obras de Amor, grandes ou pequenas, são as que atraem maior progresso, maior conhecimento e mais felicidade.

– Estes sete princípios são adaptáveis a todas as mentalidades, e formam como um corolário à Lei de Moisés, baseada inteiramente no eterno princípio: *"Não faças a outrem o que não queres que te façam"* – disse Jhasua, quando o tio Jaime concluiu a leitura das anotações feitas.

– Ou, o que é o mesmo: *"Ama a teu próximo como a ti mesmo"*, conforme gravou Moisés em suas tábuas de pedra – acrescentou o príncipe Melchor.

Nos dias seguintes, foram realizadas mais três reuniões, nas quais os dez Mestres trataram de encontrar, e encontraram, a perfeita harmonia entre os ensinamentos esotéricos das mais antigas Escolas de Sabedoria Divina: a dos Flâmines-Lemures, a dos Profetas Brancos atlantes, a dos Dackthylos da Ática e a dos Kobdas do Nilo, todas as quais estão estratificadas nos *Upanishads* e no *Bhagavad-Gita*, de Chrisna.

Moisés e Bhuda removeram logo a terra daquela maravilhosa semeadura, para que a Divina Semente germinasse e frutificasse novamente.

Eles haviam encontrado o caminho do bem e da justiça para as multidões nos sete princípios já enumerados; agora chegaram a fixar outros sete para aqueles que aspirassem escalar a montanha santa do Conhecimento Superior. Eles aceitaram, em princípio, as *seis virtudes básicas* exigidas pelo Bhuda para os buscadores da perfeição, mediante a união íntima com a Divindade:

1º – A caridade para com o próximo.
2º – A pureza de vida em pensamentos, palavras e obras.
3º – A paciência em todas as circunstâncias da vida.
4º – Valor para perseverar no caminho escolhido, não obstante as opiniões diversas do mundo.

5º – A concentração espiritual ou meditação, na busca do próprio conhecimento e da energia da Eterna Potência.

6º – Consagração à Ciência que nos desvenda as obras e Leis de Deus e nos torna úteis para a Humanidade.

A estas seis virtudes exigidas por Bhuda, acrescentaram a considerada por Chrisna como indispensável para que o espírito adiantado fosse investido pela Suprema Lei dos poderes necessários para neutralizar e, às vezes, anular os males da vida humana, ou seja, o desinteresse. Esta era, pois, a sétima virtude que, junto com as seis anteriores, formavam o extrato do ensinamento a ser praticado por todos os que quisessem chegar à perfeição e, através dela, à mais íntima união com a Divindade, a ser, portanto, Uno com Deus.

Que oceano imenso de amor devia ser, pois, a alma do homem que quisesse chegar a esta altura!

– Fazer o bem, sempre o bem, com uma tenacidade incansável, sem esperar nenhuma compensação pelo êxito, e sem temer o fracasso! – exclamou Jhasua como subjugado pela visão interior de uma Beleza Suprema.

"Assim é Deus! – continuou. – Assim é o Deus que se dá sempre, eternamente, mantendo-se em imperturbável serenidade, diante do continuado mau uso feito pelas suas criaturas das dádivas do Criador."

– Quando chegaremos a esse radiante estado de consciência, a manter-nos perfeitamente tranqüilos diante da idéia do êxito ou do fracasso? – perguntou aos demais presentes o príncipe Melchor, cuja veemência de temperamento ainda não estava completamente apagada, não obstante as experiências passadas e os estudos superiores aos quais consagrara vinte e cinco anos de sua existência.

– Quando tivermos conseguido pôr em prática os sete princípios da vida perfeita! – esclareceu Jhasua com uma solenidade de inspirado, por cujos lábios parecia cruzar, nesse instante, o sopro divino do Eterno Enigma.

Tomaram também a disposição de que os nove Mestres presentes escrevessem cada qual em separado, uma vez tivessem voltado para seus respectivos países e residências, um pequeno tratado que se denominaria "*Comentários sobre os quatorze princípios de Sabedoria Divina*, esboçados na assembléia de Mestres do Monte Hor".

Uma vez escritos, deviam ser remetidos a Jhasua, para que ele pusesse o selo de ouro de sua aprovação, ficando assim, em caráter definitivo, como base perfeitamente unida e sólida, de um ensinamento capaz de levantar o nível moral da Humanidade nos dois milênios restantes para finalizar um novo ciclo da evolução humana na Terra.

Terminado assim o trabalho dos dez Mestres, no qual todos eles puseram todo seu esforço e boa vontade, provados com os sacrifícios feitos para chegar ao Monte Hor desde distantes regiões, com a carga de ancianidades veneráveis, pois somente Fílon de Alexandria não havia ainda chegado aos 60 anos, o Eterno Amor, que jamais se deixa vencer em generosidade, deu-lhes, sem ser pedido, uma formosa compensação.

O príncipe Melchor, na qualidade de anfitrião, quis obsequiar seus hóspedes com um banquete na própria Escola, tendo sido convidados os estudantes das pequenas Escolas de Kades-Barnea e de Esion-Geber, nas quais haviam sido repartidos os estudantes da Escola-Mãe, que era a do Monte Horeb, perdida nos penhascos escabrosos de Madian, onde o Horeb e o Sinai se destacam com sombria majestade e têm a consagração da presença distante de Moisés.

Eram cinqüenta solitários do Monte Hor, mais vinte e um de cada uma das duas pequenas Escolas já mencionadas, somando portanto noventa e dois. Com os Mestres, o número dos participantes atingia cento e dois e, com o tio Jaime, cento e três.

O leitor não pode supor, de forma alguma, a avidez com que todos buscavam Jhasua, o Verbo de Deus encarnado na Terra.

O grande Mestre, jovem como os mais jovens estudantes das montanhas da Arábia, pois apenas e mui recentemente havia entrado nos 25 anos, soube colocar-se em sintonia com eles ao se aproximarem temerosos de um deslumbramento de poder e de sabedoria divinas, e se encontraram com uns olhos sorridentes, cheios de suave ternura e de alegria quase infantil, enquanto, sentado sobre as pedras cobertas de musgo, se divertia dando punhados de erva tenra aos cabritos malhados que brincavam ao seu redor, com sua nervosa inquietação habitual.

— Vinde, vinde! — disse, estendendo para eles os braços abertos. — Vinde compartilhar comigo dos carinhos dos *Veneráveis*, pois eu sozinho entre eles já estou começando a me perder, adquirindo hábitos de filho único, disposto sempre a receber e jamais a dar.

Alguns daqueles jovens solitários, ao abraçá-lo, deixaram em Jhasua uma impressão de amargura tão profunda que o jovem Mestre percebeu seus olhos úmidos de lágrimas e fixou neles, de modo especial, o seu olhar, para reconhecê-los novamente e, num momento oportuno, ter uma palestra em particular.

Os Veneráveis, como ele dizia, gravaram bem em sua retina a visão daquele quadro que transcendia a céus antecipados: o jovem Mestre, de cabelos ruivos e olhos claros, abraçando efusivamente àquele numeroso grupo de jovens de tez morena e cabeleira negra, deixavam nele toda a intensidade de seus temperamentos veementes e emotivos. Todos eram filhos da ardente Arábia.

A grande mesa do banquete estava arrumada na pracinha diante da fachada, já conhecida do leitor, a qual aparecia como amuralhada por acácias e laranjeiras. Era o anoitecer e as tochas colocadas nos pedestais de pedra soltavam ao vento suas cabeleiras de chamas.

Quando se tratou de localizar os comensais, Jhasua foi o primeiro a falar, dirigindo-se em particular ao príncipe Melchor.

— Permites que eu escolha o meu lugar? — perguntou com o tom habitual de um menino suplicante.

— Já está concedido, meu filho! Mandas aqui.

— Obrigado, príncipe! Quero sentar-me no meio daqueles dois irmãos, porque preciso conquistar sua confiança — disse assinalando discretamente, sem que eles o percebessem, dois jovens de elevada estatura cujas fisionomias se assemelhavam tanto entre si que denotavam um vínculo de família. Sua tez, ligeiramente triguenha e seus olhos cor de folha seca demonstravam, além do mais, que havia neles uma mescla de raças.

— Já sei por que te interessam! — exclamou Melchor sorrindo. — Percebeste neles uma dor secreta e te propões curá-los. São irmãos entre si e realmente têm uma dolorosa tragédia em suas vidas. Procurando alívio no afastamento dos homens, vieram à nossa Escola; no entanto não sei se, quando estiverem curados de seu mal, perseverarão neste caminho.

— Isto pertence a Deus e a eles somente. Como já sabes qual é o meu desejo, espero que possas atender ao meu pedido.

— Fica despreocupado, Jhasua, pois espero ser um bom colaborador em todas as tuas obras.

Pouco depois soou um sino no interior do Santuário, e, por debaixo do grande livro da fachada, começaram a sair as brancas figuras dos solitários a rodearem a mesa. Melchor, ajudado por alguns deles, foi colocando todos em seus respectivos lugares.

— Jhasua pede — disse — para Baltasar, Gaspar e eu presidirmos esta refeição.

"Segundo o costume das antigas Escolas, no lugar destinado àquele que já não vive na matéria, aparecerá uma grande coroa de ramos de oliveira e de flores de sempre-viva, símbolos da paz e do amor."

Todos aplaudiram a idéia, e a coroa foi colocada na cabeceira principal da mesa, dando assim a preferência àquele que, dos três primeiros que reconheceram Jhasua, estava desencarnado. De ambos os lados foram colocados Gaspar e Melchor, seguindo-se os demais por ordem de idade.

Na outra extremidade defronte a esta, estava Jhasua no meio dos dois jovens mencionados e cujos nomes eram Abdulahi e Dam-biri, que ignoravam completamente terem sido escolhidos por ele para companheiros de mesa. A poderosa irradiação do jovem Mestre de tal maneira os impugnava que, pela primeira vez em vários anos, se mostravam satisfeitos e alegres.

— Reparai como estão felizes aqueles dois — disse Melchor ao seu sucessor Dan-Egadesh, sentado ao seu lado.

— Como não deviam estar com a companhia que têm! — respondeu este a meia-voz.

— Foi o próprio Jhasua quem pediu para ser colocado entre ambos, porque percebeu sua grande dor. Será para nós outra prova de seu poder sobre as almas se os virmos curados de seu mal.

Segundo o costume estabelecido ali, ninguém servia à mesa. Os manjares eram colocados em grandes receptáculos de prata ou de cobre e em pequenas cestas de vime, dos quais cada um tomava o que era de seu agrado, e colocava em seu prato.

Um rebanho de cabras e uma grande criação de gansos que os solitários cuidavam, proporcionavam a matéria-prima para sua alimentação, ou seja, leite, manteiga e ovos.

O horto, cultivado por eles mesmos, fornecia-lhes os legumes e as hortaliças, enquanto as videiras que subiam pelas montanhas, as figueiras, as cerejeiras, as laranjeiras e as palmeiras, adornavam a mesa com o esplendor de seus preciosos frutos.

Como era de se esperar, uma profunda simpatia se estabeleceu de imediato entre Jhasua e seus dois companheiros.

— Que casualidade — disse um deles — que tu, ó Mestre, tenhas ficado entre nós dois!

— Talvez não seja casualidade, mas lei — respondeu o Mestre.

— Uma lei que nos coloca ao teu lado, Mestre, é muito significativa — acrescentou o outro. — Nós estamos muito distantes de ti.

— Então tendes conhecimento? — voltou a perguntar Jhasua.

— De que és o Ungido do Altíssimo para salvar todos os homens, e nós não somos capazes de salvar a nós mesmos. Creio que existe uma grande diferença.

— Se não te explicas melhor, custarei muito para te compreender. A única coisa que sei de ambos é que tendes uma grande dor interior causando dificuldades ao vosso estudo e meditação.

— É verdade, Mestre, mas como sabes disto?

— Minha sensibilidade percebeu isto desde o primeiro momento em que vos vi. Por isto estais ao meu lado, porque o meu coração pede que mantenhais abertos os vossos. Eu não poderia ir tranqüilo do Monte Hor se o Pai Celestial não me concedesse a dádiva de deixar curado para sempre o vosso sofrimento.

Os dois irmãos se entreolharam grandemente assombrados pelo que ouviam.

— Que pode significar, na vossa gloriosa carreira de Messias, a dor de duas vidas obscuras e ignoradas como as nossas? — perguntou Dam-biri com a voz trêmula de emoção.

— Isto quer dizer que estamos sentados ao teu lado porque tu, Mestre, pediste assim? — interrogou Abdulahi.

— Justamente! Isso vos desagrada?

— De forma alguma. Assombra-me apenas que possais interessar-vos tanto por dois seres que até há algumas horas não conhecíeis.

— Conheceis e aceitais a Lei da pré-existência? — voltou Jhasua a perguntar.

— Estamos aqui há três anos, e esse é um dos princípios básicos do ensinamento — respondeu Dam-biri.

— Então não podeis ter a certeza de que pela primeira vez estais ao meu lado. Se houvésseis sido algo muito íntimo meu em vidas anteriores, não poderia facilmente ser despertado em vós ou em mim a recordação, traduzida sob a forma de simpatia?

— Isso pode ser verdade — respondeu Abdulahi.

— Há tantas circunstâncias e fatos transformados em realidade e que deixamos passar despercebidos, porque a grosseira vida física nos leva a duvidar ou a negar tudo aquilo que os nossos sentidos não percebem — disse o jovem Mestre, como abstraído por uma idéia fixa.

Este pensamento pressionava aquelas mentes para que se esvaziassem na sua. Dam-biri, que o percebeu mais profundamente, disse:

— Temos uma história e é esta: nosso pai foi um estrangeiro que veio da distante Grécia, e amou aquela que foi a nossa mãe, aos 12 anos de idade. Como esse amor foi um segredo para todos, em razão da feroz oposição de nossos avós, crescemos crendo que éramos órfãos adotados por compaixão. Nossa mãe continuava sendo uma menina, sem outra distração além de brincar conosco e encher-nos de mimos. Chegamos a amá-la com um delírio que atingia às raias da loucura e, dessa maneira, começaram a nascer ciúmes entre nós. Um dia fomos surpreendidos por aquele que na verdade era o nosso avô, trepados na janela da alcova de nossa mãe, enquanto ela dormia, com a intenção de penetrar lá dentro. Nós, que somos gêmeos, tínhamos 12 anos e a nossa estatura era quase como a que temos agora. Nem nós nem o nosso avô conhecia o vínculo que nos unia àquela jovem mulher de apenas 24 anos de idade, e cujo amor enlouquecia a nós dois.

"Nosso avô, muito violento de caráter, tomou-nos a ambos pelo pescoço para estatelar-nos nas rochas e quis atirar-nos no precipício para onde dava aquela janela. Nossa mãe acordou e saltou como uma fera em defesa de seus filhotes. Na luta travada em nossa defesa, ela gritou enfurecida: 'Defendê-los-ei ainda que seja à custa de minha própria vida, *porque são meus filhos*'. O pai dela, lívido de furor, agarrou-a, estrangulou-a e a arrojou ao precipício. A nós, amarrou com a mesma corrente e nos vendeu como escravos no mercado de Alexandria. Isso é tudo sobre a nossa existência! Ambos nos havíamos enamorado de nossa própria mãe. Nós a vimos morrer sacrificada ao seu amor materno, e ficamos reduzidos à triste condição de escravos."

— E como estais aqui? — perguntou Jhasua.

— Porque o príncipe Melchor pagou nosso resgate e nos trouxe para a sua Escola de Esion-Geber, para ver se nos adaptávamos a este modo de vida.

— Então não estais aqui em caráter definitivo? — perguntou novamente Jhasua.

— Não — responderam os dois ao mesmo tempo.

"Este retiro, e esta vida sem emoções, mantém-nos mergulhados em terríveis recordações do nosso passado. Os três anos de prova exigidos estão por terminar, passados os quais podemos resolver livremente sobre o caminho a seguir – observou Abdulahi."

– Quantos anos de idade tendes agora?

– Tínhamos 12 no dia da tragédia, seis de escravidão e três na Escola de Esion-Geber.

– Vinte e um anos, e parece que tendes desfeita para sempre a vossa vida, não é assim?

– É justamente assim, e não vislumbramos de maneira alguma o modo de refazê-la novamente – disse Dam-biri com profunda tristeza.

– Quer dizer que não credes no poder nem na sabedoria ou no amor do nosso Supremo Pai e Senhor? – perguntou Jhasua.

– Cremos – disse Abdulahi –; entretanto julgamos que o ocorrido em nossa vida seja conseqüência também de nosso impetuoso amor passional, que nos faz esquecer todo o respeito à casa que nos acolheu.

– Deixamo-nos cegar pelo egoísmo e pelos ciúmes, e chegamos até a odiar-nos – acrescentou Dam-biri, confirmando as palavras do irmão. – Loucuras semelhantes trazem conseqüências desastrosas.

– Pagamos muito caro o erro de nossos pais e os nossos próprios erros – acrescentou Abdulahi.

– Sois justos em reconhecê-lo – disse Jhasua – e o Eterno Amor que vos tirou do seu próprio seio jamais vos abandonará às vossas débeis forças, sem que, com terna solicitude, torne a vos pôr novamente no caminho da vossa felicidade futura. Em nome, pois, desse Eterno Amor, dou-vos a minha palavra de que, antes do meu regresso ao meu país, havereis de vislumbrar, pelo menos, as vossas vidas reconstruídas.

– Que o Supremo Senhor – disseram os dois irmãos – recolha a tua santa palavra e tenha misericórdia de nós.

Quando a refeição terminou, ocorreu a segunda inolvidável surpresa, que consistia num magnífico concerto de alaúdes e cítaras, intercalado com canções nas quais os jovens solitários deixavam transparecer seus anelos, seus pensamentos e recordações.

Jhasua, profundo psicólogo, entregou-se completamente a uma silenciosa observação.

Daqueles quarenta e dois jovens, nenhum passava dos 26 anos. Alguns haviam terminado a primeira prova de três anos e começado a segunda, de quatro anos. Concluído este segundo período, passavam ao grau de aspirantes a Mestres, cuja duração era de outros sete anos.

Quando terminou a parte artística dessa reunião noturna, Jhasua teve uma conversa em particular com o príncipe Melchor sobre a bizarra juventude, esperança futura das Escolas de Sabedoria Divina, fundadas por ele.

Todos os demais se retiraram para seus aposentos, para entregar-se ao descanso. Somente Melchor e Jhasua ficaram em vigília, sentados junto à mesa do salão central, onde os três notários das assembléias haviam realizado seu trabalho nos dias anteriores.

Um círio de cera aromatizada iluminava debilmente o recinto e, nas brasas acesas de um piveteiro, Melchor colocou um punhado de incenso que formava uma longa e espessa espiral de fumo perfumado.

– Minha *"Espiral de Incenso"*, Jhasua, continuará a tua vida e a tua doutrina através dos séculos e das idades. Não julgas assim? – perguntou o príncipe Melchor.

– Creio perfeitamente. No entanto, parece-me que a tua *"Espiral de Incenso"*, a Santa Aliança da Arábia, precisa expandir-se para o exterior – respondeu Jhasua.

– Que queres dizer com isto? Peço que me expliques com mais clareza. Bem sabes que, entre tu e eu, não deve haver nada oculto nem abrigar a menor desconfiança.

– Quero dizer – continuou Jhasua – que, de todos estes jovens que se preparam para Mestres da Sabedoria Divina, pelo menos duas terças partes não podem perseverar nesta vida.

– Sei perfeitamente disto, meu filho. A maior parte deles sairá daqui antes de terminar os quatro anos de prova superior, mas sairão com uma visão bastante clara das verdades e das leis eternas que aprenderam aqui. E no campo de ação para onde eles levam suas atividades, levarão também o perfume da *"Espiral de Incenso"*, e a difundirão nas cidades e sociedades das quais formarão parte.

– Oh, como é grande o teu coração, príncipe Melchor, para não se deixar desanimar nem abater diante da idéia de que a maior parte destes passarinhos começarão a voar por esses mundos de Deus! – exclamou o jovem Mestre.

– Meu coração é de carne, Jhasua, e certamente sentirei muito, porque amo a todos como se fossem meus filhos; mas, como quero arrancar de mim todo egoísmo, não só facilitarei suas partidas como ainda a nossa *"Espiral de Incenso"* lhes dará meios de iniciar seus próprios caminhos na vida e os seguirá em seus passos pelos caminhos longos, penosos e às vezes extraviados por onde se lança o coração humano em busca de felicidade.

– Seus alaúdes e saltérios – continuou Jhasua –, da mesma maneira como suas formosas canções cheias de sentimento e de melancolia, denunciam uma profunda nostalgia de amor e de emoções de vida afetiva no seio da família.

"São bem poucos os seres que podem transcender tudo isto que é a lei da vida neste planeta. Os Mestres da Sabedoria Divina devem saber discernir com clareza quando uma alma pode bastar a si mesma e viver somente com Deus, e quando necessita dos amores humanos e da vida emotiva da família."

– Todos eles – disse Melchor – estão catalogados nessa legião dolorosa que chamamos de náufragos da vida, porque, como bem sabes, não obstante possuíres tão pouca idade, de um modo geral, os seres buscam os caminhos de Deus apenas quando se sentem profundamente feridos pelo contato com os humanos.

– É realmente assim – confirmou Jhasua. – Os felizes triunfadores da vida material não se dão ao trabalho nem sequer de pensar que têm em si um princípio inteligente e imortal que, passada a vida na qual desfrutaram de seus triunfos, os obrigará a continuar vivendo indefinidamente, e certamente em condições diametralmente opostas às que tiveram na vida presente. Nada existe, pois, de estranho, que os estudantes de tuas Escolas tenham chegado trazidos pela dor e pelo desengano.

– Muitos deles – continuou Melchor – são prisioneiros de guerra, fugitivos de seus novos anos. Antes de se verem vendidos como escravos e tratados como animais de carga, refugiaram-se nas grutas de nossos penitentes, de onde os trouxemos em vista de suas capacidades e aptidões propícias para serem cultivados até um grau além do comum.

– Pensaste para onde deves encaminhá-los quando chegar o momento de abrir-lhes as portas do sagrado recinto que os acolheu? – voltou Jhasua a perguntar.

– Sim. Deve ser, no meu entender, para o país onde desenvolves tuas atividades como Instrutor da Humanidade. Teu país, Jhasua, deve ser para eles a terra da promissão.

– Sentir-se-ão talvez envergonhados e doloridos em declarar abertamente que não se sentem chamados para este gênero de vida, e julgarão incorrer na lista dos malagradecidos, abandonando a quem, com tanto amor, os escolheu na dor. Não julgas assim, príncipe Melchor?

– Coincidimos em tudo completamente – respondeu este – e desejava propor aos Mestres aqui reunidos para fazermos uma espécie de exame com os alunos, com o fim de animá-los a se definirem ou a se declararem abertamente. É preciso convencê-los de que a nossa proteção não foi para eles senão uma época de aprendizagem, de cultivo intelectual e moral; e que nossa "*Espiral de Incenso*" precisa da atividade de seus próprios filhos para estender aos povos os seus princípios e as suas leis, baseados naturalmente na Eterna Lei.

– Muito bem pensado! – exclamou Jhasua. – Entre os dez Mestres aqui reunidos, creio que saberemos encaminhar esse grupo de almas para os lugares reservados para eles pelo Eterno Amor. Eu estava para pedir-te, príncipe Melchor, que me permitisses encarregar-me dos jovens daquela tragédia.

– Eu estava para pedir-te, Jhasua, que os levasses contigo, se fosse possível. Entre tu e eles existe um laço de muitos séculos.

– Na verdade, eu pressenti isso. Posso saber de que se trata? – perguntou Jhasua.

– Três de nossos solitários – continuou Melchor – tiveram revelações sobre eles, e as três manifestações coincidiram. Quando Bhuda passava pela Terra, Abdulahi e Dam-biri eram dois jovens brahamanes que em criança haviam brincado juntos com o príncipe Sidharta nos jardins de seu palácio. Conservaram seu afeto quando ele renunciou a toda grandeza material e em várias ocasiões desbarataram as ciladas e armadilhas que os brahamanes estendiam sobre o grande Missionário para eliminá-lo da vida. Descobertos em seus trabalhos para salvar Bhuda, foram amaldiçoados com a maior maldição possível, foram declarados párias e expulsos de todas as cidades onde houvesse um brahamane.

"Por meio de editais, fez-se saber em todas as cidades que os dois infelizes deviam ser escorraçados com pedras de qualquer povoado aonde chegassem. Como eles se encheram de ódios pelos seus perseguidores, puseram-se ao alcance da terrível maldição que, efetivamente, atrai para o amaldiçoado uma coalizão de forças tremendas. Loucos de furor por causa da fome e da sede, colocaram fogo num povoado de choças, de onde haviam sido escorraçados a pedradas, causando mortes desesperadoras a mulheres, anciãos e crianças. Esse é o relato que, por via espiritual, obtivemos com relação a esses dois. Creio, pois, que, com esta aproximação de ti, Jhasua, poder-se-á pôr um fim à pesada cadeia que eles arrastam desde essa época distante.

– Está bem – disse Jhasua –, se eles estiverem de acordo, eu os levarei comigo a Jerusalém, e já pensei num lugar que poderão ocupar ali. O Scheiff Ilderin, teu amigo, comprou uma casa em Jerusalém e outra no porto de Jope, casas que serão agências para colocar com proveito os produtos de sua terra natal e, ao mesmo tempo, ajudar seus compatriotas e atraí-los para a Palestina, onde ele crê que, dentro de pouco tempo, se realizarão grandes acontecimentos. Compreendi que, em tudo isso, ele se pôs de acordo com outro amigo teu, o comerciante Simônides. Ambos pretendem atrair toda a grandeza comercial do mundo para Jerusalém, com o fim de prepará-la para ser a digna capital do futuro Reino de Israel, com o qual sonham. Que se realizem ou não os seus sonhos, contanto que façam o bem, será essa a melhor realidade. Nada melhor para esses dois jovens árabes de tuas Escolas e para o Scheiff Ilderin, que precisa de dois homens de bem, com instrução e boa capacidade, que colocá-los à frente de suas agências em Jerusalém e no porto de Jope, respectivamente. Está bem assim a minha disposição?

– Maravilhosa, como todas as tuas obras, Jhasua.

– Para os demais que quiserem deixar o retiro das Escolas – acrescentou o jovem Mestre –, procuraremos lugares apropriados entre os bons amigos da Judéia, em razão do teu pensamento de que devem residir na Palestina.

"Temos o bom Simônides e o príncipe Judá, cujas imensas atividades podem dar trabalho à dupla quantidade de braços representados pelos teus discípulos. Temos ainda os príncipes Sallum de Lohes e Jesuá, que figuram entre os dirigentes da Santa Aliança e são pessoas de posses, inclinadas sempre à ajuda mútua prescrita pela nossa Lei. Temos os quatro doutores de Israel que conheces, e cuja boa posição social permite que sirvam de proteção e de amparo aos jovens que se iniciam na vida.

"Como bem pode ver, colocados desta maneira, não ficarão longe de teus olhos e o teu amor paternal poderá acompanhá-los de perto. Sob o amparo das pessoas nomeadas, se eles quiserem seguir caminhos retos, terão todas as facilidades."

Com esta conversa, ficou preparado o terreno e, no dia seguinte, realizou-se uma conferência entre os dez Mestres e os quarenta e dois discípulos, de cuja perseverança nas Escolas se duvidava.

Encarado o assunto como Jhasua e Melchor haviam combinado, os jovens alunos se abriram com inteira confiança e, com isso, verificaram que vinte e nove desejavam sair para o exterior, se lhes fosse proporcionada a oportunidade de uma vida honrada e justa.

Apenas treze continuariam no retiro das Escolas de Sabedoria Divina, nas quais estavam terminando a segunda prova.

Disso resultaria que, quando Jhasua regressasse, em vez de voltar só com o tio Jaime, voltaria acompanhado de vinte e nove jovens árabes de cultura esmerada, e com capacidade para progredir nobremente na vida.

Em seguida foi despachado um correio que, tomando o caminho mais direto, passando por Thopel ao sul do Mar Morto, levasse uma carta de Jhasua e de Melchor para Simônides, Judá e Ilderin, que ainda aguardavam Jhasua na cidade de David. Nessa correspondência, era anunciada a chegada do jovem Mestre com vinte e nove jovens árabes, para tomar parte nas atividades honradas dos bons servidores de Deus.

Terminado e bem resolvido este problema de colocação desses jovens entre o conserto das vidas humanas consagradas ao trabalho, os Mestres esperaram a mensagem divina que lhes daria novo alento para continuarem a semeadura da Verdade e do Amor sobre a Terra.

Dois dias depois, e na segunda hora da noite, os dez Mestres se achavam reunidos no recinto lateral da direita, dedicado aos trabalhos espirituais realizados pelos Mestres e discípulos adiantados. Destes, havia apenas nove naquela Escola, e foram chamados a participar dessa reunião espiritual.

Passados os primeiros momentos da evocação, entraram em transe dois dos discípulos da Escola: Aldebarão e Nerebin, que dois anos depois seriam consagrados Mestres.

As Inteligências Superiores, Ahelohim e Ariel, guias de Jhasua nesta encarnação, haviam tomado posse desses dois instrumentos e, logo depois de pedir uma concentração profunda de pensamento, caiu em transe Yusufu-Dan, o discípulo que nessa noite iria consagrar-se Mestre, e através do qual transmitiria Shamed seu pensamento e modo de sentir. Shamed era uma Inteligência sutilíssima, próxima já a formar parte da Legião das Tochas Eternas.

Que diriam aqueles Mensageiros Divinos, vindos dos mais elevados planos da evolução espiritual?

Tão poderosa era a vibração de amor, tão sutil a luz extraterrestre a penetrar como essência nos corpos e nas almas dos presentes, que uma espécie de quietude extática invadiu a todos. A imobilidade era completa. Pareciam estátuas mudas, nas quais apenas vibrava de forma mui tênue a Inteligência e batia acelerado o coração. Jhasua chegou a julgar que estava livre do plano físico, e de posse daquele Reino Eterno, do qual havia descido ao obscuro desterro deste mundo inferior.

Os dez Mestres pensavam do mesmo modo, pois supunham ser aquilo uma anulação de todas as sensações da matéria e a desejada liberdade do espírito que parecia ter asas a impulsioná-los para o eterno incognoscível.

"– É a grandeza de Deus que está diante de nós!" – pensaram todos em uníssono. Suas pálpebras se fecharam e suas cabeças se recostaram para trás no encosto das poltronas de junco.

Os três sensitivos em transe uniram suas mãos e formou-se uma forte cadeia fluídica, da qual foi emergindo lentamente algo como uma nebulosa com todas as cores do arco-íris que fez desaparecer da vista as paredes do recinto, o teto, a montanha e tudo quanto a rodeava.

Apenas ficaram como suspensos nela os dezenove seres componentes da reunião.

Pouco a pouco, todos foram perdendo a consciência de sua existência material, e uns antes e outros depois, mergulharam na mais inefável felicidade que teriam podido sonhar.

Emancipados seus espíritos, aqueles três poderosos Guias lhes apresentaram o desfile grandioso, infinito, incomensurável da grandeza do Absoluto ... do Supremo ... DEUS!

Contudo, eles não sabiam definir se estavam locomovendo-se arrastados por vertiginosa carreira ou se aquilo era uma cascata interminável de globos de luz das mais variadas cores que desfilava diante deles.

– Setenta milhões de sistemas planetários vistos em vertiginosa velocidade! – disse Shamed, que dirigia essa estupenda manifestação. – Cada globo encerra inúmeras vidas, desde as mais rudimentares até as mais evoluídas, e todas elas respiram, vivem e são átomos de Deus a animá-las.

"Não compreendereis o Eterno Enigma enquanto O buscardes fora de vós mesmos.

"Quando praticais o bem sem violência, quando amais desinteressadamente, quando chorais com aquele que chora e rides com aquele que ri, quando levantais o que caiu e derramais como orvalho vossa piedade sobre a dor de vossos semelhantes, então sois pequenas imagens de Deus, que é o Eterno Amor acima de todas as coisas.

"Deus não tem forma definida, porque só a matéria a tem.

"Infinitamente multíplice em suas manifestações, podendo ser apreciado pelas Inteligências em todos os mundos, a Eterna Essência é Luz no éter, é frescor na água, é fecundidade na terra, é calor no fogo, é brancura na neve, é perfume na flor, é doçura no fruto, é arpejo no canto dos pássaros, é ternura, abnegação e heroísmo nas almas amorosas; é o Bem, a Sabedoria e a Justiça perfeitas nas Inteligências chegadas à absoluta purificação. No conjunto d'Elas está o poder criador, a força vital, a vontade diretriz de tudo quanto vive e respira no Universo. Na vossa unificação com Elas, reside toda a força, toda a luz, toda a beleza que pode ter em si um espírito encarnado nos planos físicos.

"Jhasua! ... És o fio de ouro, o condutor de todas as perfeições da Divina Essência entre teus irmãos terrestres! Quem se une a ti une-se a Deus! Quem ama a ti, entra no concerto maravilhoso dos que amam a Deus! Quem compartilha contigo de tua obra de redenção humana, é Luz de Deus flutuando pelos caminhos das almas!

"Benditos sejam para sempre os seguidores do Ungido do Amor Eterno sobre a Terra, porque, ao entrar no Reino de Deus que conquistes, o Amor será a vossa eterna recompensa! ..."

O transe desse sensitivo terminou, mas a resplandecente e sutil bruma de ouro continuou revoluteando no ambiente, semelhante a uma brisa suavíssima que penetrava nos corpos e nas almas, conservando-os nesse elevado estado espiritual denominado *êxtase* ou *arrebatamento*.

Cada um, nos profundos domínios de sua consciência, prometia ao Eterno Amor tudo quanto é capaz a alma humana que absorveu, em alguns momentos de união com Deus, a energia, o poder e a força que ele transmite a quem se entrega a ele com toda a sua vontade.

Haviam sido acesas, nesses momentos, dezenove lâmpadas vivas que, ao contato do Cristo Salvador, iluminariam todas as almas merecedoras da Luz Divina.

Pode-se dizer com toda a verdade que esse instante solene marcou o começo da obra de salvação humana realizada pelo Verbo Divino nessa etapa de sua manifestação no meio desta humanidade.

Quando finalmente se acalmou um pouco em todos os presentes aquele intenso estado de vibração, os outros dois Guias de Jhasua, que ainda mantinham o transe nos médiuns escolhidos, iniciaram entre ambos um diálogo sobre as correntes astrais e etéreas que era necessário estabelecer ao redor de Jhasua, para que os Messias companheiros que, em globos diferentes, estavam encarnados ao mesmo tempo que Jhasua na Terra, pudessem ter entre si comunicação espiritual.

Os dois guias fizeram uma suprema evocação aos Setenta Messias da Aliança e, como se houvesse sido aberto um horizonte imenso de luz azulada suavíssima, os encarnados da cadeia fluídica pensavam estar flutuando sobre um mar de ondas com inteligência e vida.

O vaivém dessas ondas radiantes aproximava e afastava, com maravilhoso ritmo de harmonias inefáveis, uma infinidade de seres transparentes, lúcidos, diáfanos que, em finíssimos fios cor de ouro, pareciam tecer aquelas melodias, como poderiam executá-las nas cordas de liras, harpas ou alaúdes. Eram as numerosas legiões que seguiam pelo espaço infinito os Setenta Messias da Aliança de Jhasua encarnado na Terra, como inúmeros deles se encontravam encarnados nos globos que lhes haviam sido reservados.

Finalmente, e como flutuando sobre aquele imenso mar de belezas imateriais, foram se destacando sessenta e sete focos luminosos de tão magnífica luminosidade que os seres encarnados, ao presenciar semelhante espetáculo, caíram em sono extático, pois a matéria física não resistia a uma corrente espiritual tão formidável.

Tão-só Jhasua, sustentado por seus dois guias íntimos, se manteve desperto, apesar de em sutil estado de arrebatamento que permitiu que ele compreendesse o pensamento elevado de seus irmãos.

"Bebe até saciar-te da água viva da imortalidade e do amor nesta hora do teu desterro, ó Ungido do Eterno, porque se aproxima aceleradamente o dia tremendo da imolação no qual pedirás e não receberás, buscarás e não encontrarás, chamarás e ninguém te responderá. Bebe! ... Bebe! ... alma luminosa desterrada nas trevas ... flor de amores imortais transplantada no lodaçal! ... lâmpada viva que arde sem se consumir nos antros pavorosos deste mundo cheio de ódios e de inquietações.

"Bebe! ... Bebe! ... peregrino errante do amor e da beleza, enquanto ainda podemos oferecer-te nossos cálices cheios de ternura infinita, para que não morras de sede quando se descarregar sobre ti todo o peso das misérias e pecados da Humanidade!"

Os dois guias íntimos se desprenderam dos médiuns que lhes haviam servido de instrumentos e se uniram à radiante assembléia a qual, como um mar de claridade, inundava o recinto, fazendo-o desaparecer sob a marulhada de luminosos fluidos.

Jhasua, completamente desperto, com admirável lucidez e energia, foi chamando-os pelo nome, um a um, e cada qual respondeu com o símbolo de seu nome:

Sírio	"Resplendor da Sabedoria"
Osíris	"Meu repouso em Deus"
Óriun	"Aquele que abre caminhos"
Minerva	"Mensageira do Poder de Deus"
Vênus	"Sou em beijo do Eterno Amor"
Alpha	"Bálsamo da Piedade"
Vhega	"Luz que dá vida"
Andrômeda	"Despertar dos adormecidos"
Arturo	"Portador do Fogo Divino"
Shamed	"Livre de ilusão"
Ghamma	"Templo de Deus"
Neptuno	"Ébrio da Água Divina"
Mercúrio	"Fortaleza do Eterno"
Júpiter	"Filho da Sabedoria"
Urano	"Fogo purificador"
Saturno	"Lágrimas de Saúde"
Marte	"Espada justiceira"
Kapella	"Íntima vibração de Deus"
Castor	"Abraço do Supremo"
Virgo	"Reflexo da Divina Luz"
Pólux	"Semeio a Paz"
Tsadhe	"Sempre fixo na Luz"
Thaw	"Vibração da Alma Universal"
Thoth	"Descerrei o Véu"
Mahalaet	"Voz de Deus a flutuar no vento"
Prócion	"Dardo que fere e cura"
Ísis	"Durmo para criar"
Orfeu	"Canta o Amor em mim"
Apolo	"Carruagem da Luz Eterna"
Diana	"Flecha de Amor que não mata"
Urânia	"Sondo o Infinito"
Juno	"Sou o canto da Paz"
Dyadha	"Crescerei eternamente"
Beth	"Aquele que une corações"
Ghimel	"Plenitude de Deus"
Hórus	"Filho do Amor e da Luz"
Daleth	"Eterna transformação"
Sishav	"Luz vivificante"
Saetha	"Impulsiona-se o sopro Divino"
Régulo	"Como perfume, queimo-me ao fogo"
Khap	"Eterno vivente"
Nunzain	"Aquele que avança sempre"
Sekania	"Amor piedoso"
Reshai	"Resplendor da Idéia Eterna"
Delphis	"Vaso cheio de orvalho"

Japeth	....	"Palavra que dá vida"
Pallus	....	"Eterna Vitória"
Tzebaot	....	"Resplendor do fogo vivente"
Hams	....	"Onda de Energia Divina"
Ahelohim	....	"Semeador Eterno"
Shemonis	....	"Ar que apaga incêndios"
Ariel	....	"Amor compassivo"
Healep	....	"A união é força"
Zaim	....	"Meu querer é meu poder"
Yod	....	"Água que purifica"
Mem	....	"O Eterno vela por mim"
Jayin	....	"Palavra de Sabedoria"
Phifs	....	"A Eterna Harmonia"
Schifo	....	"Morrer para viver"
Thauro	....	"Servo da Majestade Divina"
Gedulá	....	"Sou e serei"
Keterei	....	"Espelho da Eterna Beleza"
Thipert	....	"Labareda de Deus"
Binahiu	....	"Voz da Sabedoria e da Justiça"
Okmaya	....	"Muro de fortaleza Divina"
Geburain	....	"Sacerdote do Amor"
Malkuadonai	....	"Venho do Deus vivo"
Yedosei	....	"Caminho para um único fim"
Aoriston	....	"Luz das Almas".

Os sessenta e nove a uma só voz – diáfana, sonora, dulcíssima – chamaram: JHASUA!

Ele, de pé, com os olhos iluminados por viva luz, respondeu abrindo os braços como para estreitar a todos num abraço:

"BUSCO O AMOR ETERNO!"

É o símbolo espiritual do seu nome e o glorioso lema que pregou em todas as suas vidas terrestres.

Jhasua deixou-se cair sobre a poltrona de junco e começou a chorar em grandes soluços.

A esplendorosa visão foi diluindo-se através do pranto que lhe embaçava as pupilas e o recinto ficou submergido na amarelenta penumbra dos círios.

Seus irmãos despertaram exclamando: "Que sonho magnífico!"

– Jhasua levou-nos ao seu Céu por alguns momentos – disse Melchor ainda mergulhado num mundo de Luz e de beleza suprema.

– Oh, o Céu de Jhasua! ... Que deveremos fazer por ti, Filho de Deus, depois deste transbordamento de luz e de beleza? – perguntou o ancião Gaspar, secando as lágrimas de inefável ternura que molhavam sua barba branca.

– Amar a Deus sobre todas as coisas e ao próximo como a nós mesmos – respondeu o Mestre, ainda absorto mercê da aproximação da Divindade, sentida mais intensamente por ele que por todos os seus companheiros.

A Tragédia de Abu-Arish

Ainda por mais seis dias permaneceram os dez Mestres reunidos no Santuário do Monte Hor, permutando manuscritos e aumentando as cópias, que alguns tinham e outros não, de velhíssimas escrituras indispensáveis para a reconstrução histórica da evolução humana através dos séculos e das idades.

Iam separar-se por muito tempo, e quem sabe voltariam a se encontrar novamente na vida da matéria! A uniformidade na doutrina e na história do passado eram necessárias para serem aceitas pelas futuras gerações como verdadeiro o que atestassem os representantes das principais Escolas de Conhecimento Superior existentes naqueles tempos, sendo que todas, sem exceção, estiveram em contato com o Verbo de Deus na última etapa de suas vidas terrestres.

Seriam criadas duas agências encarregadas de manter íntima e freqüente comunicação entre os dez Mestres. Uma seria em Alexandria, na casa particular do Mestre Fílon. A outra seria em Antioquia, no bairro suburbano de Gisiva, onde Simônides tinha estabelecido uma colônia-refúgio, posta sob a direção de dois terapeutas do Santuário do Monte Hermon, por indicação de Jhasua.

Essas duas agências seriam dotadas de uma pequena renda suficiente apenas para enviar correios seguros aos pontos de residência dos Mestres.

Tomadas essas medidas, os dez se separaram depois de uma emocionada e terníssima despedida, na qual Jhasua era o centro para onde convergiam todos os afetos e o profundo fervor de todos os corações.

Acompanhado dos vinte e nove jovens árabes e do tio Jaime, o Mestre empreendeu o regresso pela estrada de Thopel.

Quando chegaram ao deserto da Judéia e à margem ocidental do Mar Morto, Jhasua pensou com amor em seus velhos amigos, os porteiros do Santuário do Quarantana.

Fizeram uma parada em En-Gedi, na já conhecida granja de André, onde encontrou desconsolados os dois irmãos Jacobo e Bartolomeu, porque sua mãe se achava gravemente enferma.

– Avezinha do Pai Celestial – disse Jhasua inclinando-se sobre o leito da anciã, que o reconheceu no mesmo instante. – Ainda não é chegada a hora de abandonares teu ninho terrestre para voar para a pátria.

Jhasua impôs as mãos na testa da anciã e deu-lhe de beber água vitalizada com o seu sopro, e, tomando-a pelas mãos, ajudou-a a sentar-se no leito em cujo bordo ele também se sentou. Rodeado por toda a família, fez uma terna palestra sobre o Amor Divino, que passa sobre as almas justas como uma brisa suavíssima, enchendo tudo de paz e de alegria.

A velhinha sentiu-se como renovada e logo em seguida levantou-se, dizendo a seus filhos e netos:

– Vamos! ... Vamos preparar uma festa porque a nossa montanha se vestiu de luz e de glória com a chegada do nosso Jhasua.

– Mas, mãe! – disse Jacobo, o mais velho de seus filhos. – Se estavas morrendo? ...

– Sim, sim, no entanto, agora não vou morrer mais! ... Porventura não chegou até mim o Filho de Deus Todo-Poderoso?

– Ela está realmente curada? – perguntou Bartolomeu a Jhasua, quase sem acreditar naquilo que seus olhos viam.

– Sim, homem, sim – respondeu o Mestre. – Como cheguei para pedir hospedagem por uma noite, o Pai Celestial pagou adiantado a minha conta.

Começou então um movimento inusitado na velha granja de André para preparar a festa com a qual aquela boa gente queria obsequiar o filho de Myriam, como geralmente o chamavam ali.

Jhasua passou em seguida para fazer uma visita aos sete Solitários Essênios que, nas entranhas das rochas, viviam sua vida de estudo, oração e amor à humanidade sofredora.

Por intermédio deles, soube da existência, entre os penitentes das grutas vizinhas, de um refugiado que não queria dizer sua procedência nem o porquê de sua triste situação de fugitivo da sociedade humana e que, além do mais, revelava uma dor tão desesperada e terrível que lhe causava, como conseqüência, profunda amargura.

Jhasua quis vê-lo. O Essênio encarregado dos penitentes acompanhou-o através daquele pavoroso antro de rochas negras e áridas, onde se abriam as grutas entre árvores de espinhos e umas poucas amoreiras silvestres.

Encontraram o refugiado estendido sobre seu leito de palha e de peles de ovelha, com o olhar fixo no escuro teto de sua rústica morada.

Jhasua compreendeu imediatamente que aquele homem estava à beira da loucura.

– Meu amigo – disse, sentando-se no chão ao seu lado. – Sei que estás doente e que a tua alma sofre angústias de morte.

"Quero que me contes os teus pesares, porque tenho o poder de libertar-te deles e de fazer voltar a paz a ti."

O Essênio retirou-se discretamente.

O infeliz olhou durante alguns momentos para Jhasua. Seu olhar era duro e sombrio.

– És jovem ainda! – continuou o Mestre –, e é uma lástima perder assim uma vida que pode ser útil à humanidade.

O homem sentou-se como se houvesse sido picado por uma serpente.

– Eu ser útil à humanidade? ... Antes eu daria de comer a uma pantera do que a um ser humano. Não passas de um adolescente que não sabes o que estás dizendo. – Virou-se para o outro lado, como dizendo: "Não me fales mais."

– Vamos, meu amigo, não me faças sofrer vendo o teu sofrimento sem poder remediá-lo – insistiu o jovem Mestre.

"Sei perfeitamente que existem na terra seres perversos e maus que sentem prazer na dor de seus semelhantes. Contudo esses seres não representam toda a humanidade. Eu quero o teu bem. Os Solitários do Santuário querem o teu bem e sofrem com a tua dor.

"Por que, portanto, deverás ter em conta somente os maus que te fizeram mal, e não os justos que se interessam pelo teu bem?

"Sê razoável, meu amigo, pois talvez tenha sido colocada por Deus na minha mão a taça da tua felicidade, que estás rechaçando.

"Trago comigo do Monte Hor vinte e nove jovens árabes que um dia foram tão infelizes como tu ..."

– E quem és tu, para recolher todos os infelizes deste mundo? – perguntou o homem sentando-se em seu mísero leito.

– Um homem cuja missão escolhida voluntariamente é consolar as vítimas das maldades humanas.

– Se és poderoso, me ajudarás na vingança aos meus verdugos. A vingança também é um laço que ata os corações.

– Se confiares em mim, te ajudarei a ser feliz – disse o Mestre.

– Falaste de jovens árabes ... vindos, então, da Arábia? Ali foi a minha desgraça. Ali vive o perverso assassino que me tornou desgraçado para toda a vida.

- Em que região da Arábia?
- No Yemen, em Abu-Arish.
- Mas não és árabe - disse o Mestre -, é o que demonstra o teu tipo e principalmente os teus olhos claros.
- Sou da ilha de Rhodes.
- Do jardim das rosas mais belas do mundo - continuou Jhasua, enquanto irradiava amor e paz sobre aquele espírito atormentado.

"Bem, meu amigo. Como podes saber se eu poderia ou não remediar a tua desgraça? ... Todas as tragédias das almas se assemelham: um amor desventurado, um déspota que destroça a vida e a inutiliza, esmagando o coração entre duas rodas de moinho ..."
- Como o sabes? - interrogou o homem sobressaltado.
- Porque conheço bastante o coração humano.
- Em Abu-Arish eu tinha uma bela plantação de açafrão que valia uma fortuna.

"Amei uma jovem meiga como uma gazela e formosa como uma estrela. Seu pai era chefe dos guardas do Iman de Sana, onde residia quase sempre, deixando sua família em Abu-Arish, porque era terrivelmente ciumento de sua mulher e da filha, que a escondia da cobiça do soberano e de seus favoritos. A mãe da jovem, mulher de grande bondade, mas sempre triste diante da tirania do seu marido, participou-me que ele não me daria a filha porque tinha a ilusão de casá-la com o irmão mais moço do Iman.

"Nosso amor continuou vivendo como um pirilampo escondido nas trevas. Nem elas nem eu tínhamos coragem suficiente para renunciar à nossa ilusão. A mãe morreu de febre maligna e a filha ficou sozinha guardada por velhas escravas que a protegeram em seu desventurado amor. Nasceram do nosso amor dois meninos gêmeos, que uma das escravas declarou tê-los encontrado numa plantação de cana-de-açúcar abandonada pelos donos.

"Alguém denunciou ao pai o nosso segredo de amor, e, temendo que isso frustrasse os seus planos, conseguiu uma ordem do Iman de Sana para me expulsar do país, apropriando-se de todos os meus bens, que consistiam num formoso plantel de cavalos de pura raça do Nedjed e da plantação de açafrão. Eu era o mais rico proprietário de Abu-Arish, e um belo dia me vi amarrado de pés e mãos, maltratado e ferido, seminu, na Ilha de Farsan, no Mar Vermelho. Uns piratas me haviam encontrado sem sentidos na costa e me levaram para a ilha que estava deserta e habitada somente por eles. Contei-lhes o que se passara comigo e eles se interessaram em averiguar o que havia sido feito com os meus bens e com a mulher que eu amava. Passaram-se vários anos, e, finalmente, eu soube que minha mulher havia sido estrangulada pelo seu próprio pai ao saber que os meninos recolhidos eram filhos dela, e estes ele os vendera como escravos no mercado de Alexandria. Meus bens haviam passado para a posse do perverso que destroçou a minha vida. Corri para Alexandria o mais rápido que pude, na minha triste situação de remeiro da galera dos piratas, no entanto, no mercado já não havia a não ser os escravos velhos que sempre ficavam como refugo. Todos os jovens tinham sido vendidos. Já está contada a história. Vejamos, Senhor todo-poderoso, como te arranjas para devolver minha esposa assassinada e meus filhos vendidos como escravos. Disseste que, provavelmente, poderias devolver-me a felicidade."

Jhasua sorriu docemente e meditava enquanto ouvia o relato do desconhecido.

Seu pensamento, sutil como um raio de luz, recordava nesse instante a história daqueles dois jovens, cujas desgraças tanto se assemelhavam à deste que acabava de ouvir.

Seria acaso a mesma história, contada primeiro pelos filhos e depois pelo pai?

"A Bondade Divina será tão complacente comigo – perguntou Jhasua a si mesmo sem falar –, pondo-me nas mãos a sorte de três seres infelizes?" – Ele quase não podia acreditar. Finalmente, saindo de suas reflexões, perguntou ao seu interlocutor:

– Conheceste os teus filhos?

– Desde o princípio, e a última vez que os vi, tinham 12 anos. Via-os às escondidas do mesmo modo que à mãe deles cada vez que a galera pirata se detinha na ilha. Eu cruzava num bote até a costa e, disfarçado em vendedor de café de Moka, eu os via, muito embora sem deixar transparecer o segredo. Sua mãe conservou o amor por mim, não obstante ver-me no miserável estado a que a maldade do seu pai me havia reduzido.

– Sabes o nome de teus filhos? – voltou Jhasua a perguntar.

– Como não hei de saber? Eu quis chamá-los como aos gêmeos que brilham no céu azul, Castor e Pólux.

Jhasua lembrou que seus dois protegidos tinham outros nomes bem diferentes.

Como se aquele homem estivesse respondendo ao seu pensamento, acrescentou em seguida:

– No entanto, o maldito velho, a quem Abadon arranque os olhos, mandou que os chamassem com nomes vulgares e ordinários: Abdulahi, que quer dizer "*Encontrado*" e Dam-biri, "*Filho do macaco*".

– Deus-Amor! ... Graças te dou! – exclamou Jhasua com uma voz tão profunda que parecia sair do fundo do seu coração.

– E ainda agradeces a Deus por terem posto em meus filhos nomes desprezíveis? – perguntou raivoso o homem.

– Não, meu amigo. Dou-Lhe graças porque, entre os vinte e nove jovens trazidos da Arábia, encontram-se teus dois filhos Castor e Pólux.

– Não pode ser! ... Não me enganes! ... Não mintas para me iludir como a um garotinho! ... Olha que te arranco a vida! ...

E as duas mãos nodosas e com veias salientes daquele infeliz adquiriram o aspecto de garras prestes a cravar-se no pescoço de Jhasua.

– Acalma-te – disse Jhasua, com admirável serenidade. – Vem comigo ao outro lado destas rochas e convencer-te-ás desta realidade.

O homem o seguiu e o Essênio que esperava fora, entretido em afastar espinhos e pedras do caminho que levava à povoação, guiou-os até a Granja de André por esse caminho exterior, pois a comunicação secreta do Santuário não podia ser percorrida a não ser pelos íntimos.

A indumentária do penitente consistia num tosco burel escuro que descia um pouco abaixo dos joelhos. A ele estava unido, no pescoço, uma espécie de manto com capuz, para protegê-lo do sol, do frio ou da chuva, pois era feito de pele de cabrito.

Umas calças de couro de cabra protegiam-lhe as pernas até quase os tornozelos.

Esse era o hábito dos Essênios para vestir seus refugiados nas grutas.

Quando chegaram à Granja de André já anoitecia. A mesa estava posta sob as árvores do horto, e os vinte e nove jovens companheiros de viagem de Jhasua, com uma alegria exuberante como uma floração de primavera, ajudavam Jacobo e Bartolomeu a colocar tochas, a improvisar assentos com tábuas largas colocadas sobre pedaços de rocha, a colher das parreiras os últimos cachos de uva que a boa Bethsabé assegurava terem estado aguardando a chegada do filho de Myriam, da mesma maneira que as ameixas do Corinto aguardavam com seus frutos de cor púrpura-violeta e as figueiras com seus grandes figos brancos tardios. A boa anciã, com a alegria de ver-se curada, passava os pertences da casa pela janela e se sentia como um general-chefe daquela porção de jovens obedientes às suas ordens. O secador de vime para queijos e frutas foi esvaziado, como também os pequenos cântaros de mel e de manteiga. Ela sabia que o filho de Myriam apreciava as castanhas cozidas com mel, os bolos de farinha de centeio e ovos de gansa, a torta de amêndoas e as azeitonas com pão recém-tirado do forno.

– Jehová bendito! ... – exclamaram as noras de Bethsabé. – A avó perdeu o juízo e, se houvesse mais vinte pessoas, haveria tarefa para todas elas.

O amor cantava na alma da anciã, harmonizando-se perfeitamente com toda aquela juventude ao seu redor.

O leitor compreenderá perfeitamente que, em razão de tão transbordante alegria, o infeliz penitente, dilacerado pela sua angústia e estimulado por um tênue raio de esperança, sentiu-se como se acabasse de despertar de um negro pesadelo. Jhasua compreendendo-o e detendo-se com ele e o Essênio na penumbra das árvores do horto, onde não chegava o reflexo das tochas, disse:

– No meio de todo esse alvoroço e alegria, estão os filhos que procuras. Toda essa felicidade será tua dentro de alguns momentos, se fores capaz de esquecer o passado.

– Eu o esquecerei, sim ... Eu o esquecerei! – respondeu o penitente, enquanto seu olhar devorava todo o quadro visível a sua frente ...

"Mas é verdade que eles se encontram aqui? ..."

– Julgas que eu seria capaz de enganar-te? Agora verás! – E Jhasua deu três passos à frente:

– Abdulahi! ... Dam-biri! ... – chamou em voz alta. Os dois jovens que estavam encarapitados um numa ameixeira e o outro numa figueira, saltaram ao solo com cestinhas cheias nas mãos e acorreram ao chamado.

– Oh, Mestre! ... – disseram ambos. – Não queríamos que chegasses enquanto não terminássemos de arrumar tudo. Que alegria a desta casa!

– Trago-vos uma surpresa com alma, coração ... carne e ossos.

– Que será? ...

Ambos se entreolharam com grande assombro. Jhasua voltou-se para a sombra das árvores e fez um sinal.

O Essênio e o penitente se aproximaram. Jhasua afastou para as costas o capuz e apareceu à luz das tochas a nobre fisionomia do penitente, envelhecida pelo sofrimento e pelo abandono. Devorava-os com os olhos e tremia nervosamente.

– Jamais me reconhecerão! ... – exclamou surdamente, abraçando-se a Jhasua.

– É o vosso pai! – disse o Mestre. – Despertai as recordações da vossa adolescência.

– És Abu-Arish! ... O vendedor de café Moka! – exclamou, espantado, Abdulahi.

– Certo, certo! ... – disse Dam-biri. – Por isso estava parecendo-me que eu já conhecia este rosto.

– É o vosso pai! – voltou repetindo o Mestre. – Nosso Deus-Amor vos reúne novamente.

A voz íntima do sangue avivou as recordações, e os dois jovens se precipitaram sobre aquele homem que chorava em soluços sobre o peito de Jhasua.

– Arvando! – exclamaram ambos. – Nunca nos disseste que eras o nosso pai.

– Devíeis tê-lo adivinhado o meu carinho para convosco, como também para com vossa mãe.

– Nossa mãe! ... – disse Abdulahi com imensa amargura. – Sabes o fim que teve?

— Sim, sei. No entanto, prometi a este jovem a quem chamais Mestre, que esquecerei o passado para merecer um presente de paz e de sossego — respondeu Arvando.
— Outro comensal para a festa! — disse Dam-biri, louco de alegria.
— Mais dois — acrescentou Jhasua —, porque este irmão ficará conosco.
Aludia ao Essênio que, mudo, presenciava esta cena e pensava:
"Glória a Deus nas alturas e paz na Terra aos homens de boa vontade."

Na Terra Natal

Enquanto ocorria todo esse movimento de juventude alvoroçada e feliz em contato com a alma do Cristo que irradiava paz e esperança, o tio Jaime relatava minuciosamente aos dois irmãos Jacobo e Bartolomeu, bem como a sua mãe, tudo quanto ocorrera no Monte Hor, motivo pelo qual Jhasua levava consigo os vinte e nove jovens que o acompanhavam. Agora, acrescentado o pai de dois deles, o bom tio Jaime disse:
— Os pés de Jhasua poderão ficar cansados das andanças por estes caminhos de Deus, mas o seu coração não se cansa de amar a todos os que sofrem!
Bethsabé, sentindo-se rejuvenescida e, segundo ela, disposta a viver mais dez anos, dedicou toda essa noite e parte da manhã seguinte para preparar as oferendas de seu coração para Myriam, a quem amava tão ternamente. Para causar-lhe satisfação, o tio Jaime mencionou que, depois da morte de Joseph, sua irmã tinha passado a residir habitualmente junto à nobre família do príncipe Ithamar, que lhe haviam dedicado grande afeto. A desgraça desse bom senhor, dono de várias aldeias, desde Hebron até Bethsemes, não era desconhecida para os habitantes de En-Gedi, visto como seu desaparecimento fez escassear o pão, o vinho e o azeite em todos os humildes lares da região do sul de Jerusalém.
A notícia da estreita amizade de Jhasua e de sua mãe com a família de Ithamar, foi, pois, para Bethsabé e para seus filhos, uma antecipação do triunfo glorioso do Messias libertador de Israel. Era tradicional, entre os israelitas de fé arraigada, como também entre os bons observadores da Lei, que as mais antigas e nobres famílias de Jerusalém devessem ser as que haveriam de colaborar com o Messias para salvar novamente o país. Isso porque, desde a reconstrução da cidade e do templo, logo depois do regresso da Babilônia, ouviram a voz do Profeta Esdras determinando a reabilitação da pátria ultrajada pelo invasor. Entre essas famílias de velha estirpe religiosa patrícia, contavam-se, em primeira linha, as casas de Jesuá, de Josadec, de Sallum de Lohes, de Repahias de Hur, distante antecessor do príncipe Ithamar; de Hasbedona, de Semanias e de Mesullan, nomes enobrecidos pela cooperação prestada a Zorobabel, filho de Altiel, na reconstrução de Jerusalém e do templo.
Saber, pois, que Jhasua e sua mãe residiam em Jerusalém, no antigo palácio de uma dessas famílias consagradas pela tradição, era como dizer que o futuro legislador de Israel já estava no caminho de sua gloriosa missão.
Bethsabé, hierosolimitana de origem, sabia tudo isto tão bem como as Tábuas da Lei e, sentada junto ao tio Jaime, não perdia uma única palavra de tudo quanto ele relatava referente a Jhasua e às suas ações, tanto na cidade dos Reis como fora dela.
Estes relatos, tão íntimos como interessantes, foram interrompidos por Jhasua ao dizer:

— Os operários já cumpriram com os seus deveres, e os donos da casa não aparecem para a festa.
— Vamos lá ... Raio de sol! — disse a anciã levantando-se incontinenti para dirigir-se ao horto onde estava posta a mesa.
— Mestre! ... — perguntou Abdulahi em seu ouvido —, não vais sentar-te entre nós dois?
— Agora não, porque já sois felizes, e é o vosso pai quem deve ocupar esse posto.
E foi sentar-se entre os dois irmãos Jacobo e Bartolomeu.
O jovem árabe ficou observando-o ao mesmo tempo que pensava: "A dor tem todos os privilégios junto a este Mestre extraordinário. Acaso deixará ele de se interessar por nós só porque nos julga felizes?"
— Abdulahi! ... — chamou o Mestre. — Os olhos de teu pai estão cravados em ti. Creio que já é hora de fazeres com ele o que eu fiz contigo.
— Sim, Mestre! ... Eu estava distraído.
Um momento depois, ao redor daquela humilde mesa, cantava o amor e a alegria em todos os tons. As noras de Bethsabé, com seus filhos e filhas mais crescidas, serviam os comensais que, habituados ao costume nas Escolas nas quais todos se sentavam à mesa, obrigaram a modesta família a fazer o mesmo, e foram fazendo lugar para as donzelas e para seus irmãos, colocando-os entre si, como se fossem todos uma só família.
— Avó Bethsabé!... — disse o tio Jaime. — Teus filhos se multiplicaram como a semente de Abraham ao impulso da promessa de Jehová.
— Como é belo este quadro! — disse a anciã, olhando para Jhasua à sua frente e para seus filhos e netos intercalados entre todos aqueles jovens árabes que via pela primeira vez. — Talvez meus olhos não o vejam novamente.
— Mas, em que pé ficamos, avó? ... — perguntou Jhasua. — Acabas de dizer que te sentes com forças para viver mais dez anos, e agora decai teu ânimo e falas em não ver novamente este quadro de felicidade familiar?
— Sim, sim, meu jovem. Eu o verei muitas vezes ainda! Muitas vezes! — E a boa velhinha, entre rindo e chorando, ofereceu a Jhasua a mais formosa torta de amêndoas que suas noras tinham acabado de pôr sobre a mesa.
Na manhã seguinte, os viajantes fizeram a penúltima jornada até Arquelais, onde deixaram os jumentos do Monte Hor com o criado do príncipe Melchor, e se juntaram à caravana que se dirige a Jerusalém.
Ao entardecer do dia seguinte, entravam na cidade por duas portas diferentes, para não chamar demasiadamente a atenção: pela Porta do Sião entrou o tio Jaime, com a metade dos companheiros de viagem e, pela Porta de Jaffa, entrou Jhasua guiando a outra metade. Ninguém estranhou o fato, porque a caravana do sul estava parada na grande praça da cidade, descarregando as mercadorias que iam sendo absorvidas pelas tendas dos mercadores que ainda permaneciam abertas no mercado.
Os viajantes foram todos conduzidos para o imenso armazém de Simônides, cujo subsolo, como recordará o leitor, era o amplo recinto de reuniões da Santa Aliança. Ali esperava-os Simônides, com Judá, Faqui e o Scheiff Ilderin. A imensa fortaleza, que fora do Rei Jebuz, fundador da Gerar pré-histórica, seria a habitação daquela juventude árabe, até que todos fossem colocados em seus respectivos lugares.
— Que bizarros lanceiros para o exército do Rei de Israel! ... — disse Simônides ao ouvido do Scheiff Ilderin, enquanto Judá e Faqui se puseram a conversar com todos eles para infundir confiança, conquistar simpatias e verificar suas aptidões.
Uma hora depois, Jhasua abraçava a sua mãe que, rodeada pela família do príncipe Judá, lhe apresentava ternas queixas em virtude de sua longa ausência.

Novamente encontrava-se com a inalterável doçura de Noemi, cujos cabelos brancos a faziam parecer uma anciã, quando apenas contava com 51 anos; com Nebai, a esposa de Judá, que havia assumido a administração da casa, porque Noemi e sua filha Thirza, debilitadas em suas forças físicas pelos grandes sofrimentos no calabouço, tinham uma saúde muito precária que exigia contínuos cuidados.

Amhra, a velha escrava, rejuvenescera com a felicidade de seus amos, do mesmo modo como Eliacin e Shipro com o fraternal companheirismo dos esplêndidos mordomos que o leitor lembrará facilmente: Isaías e Othoniel.

A boa Sabat, mãe de Nebai, era como a sombra fiel de sua filha, que ela adestrava habilmente para ser uma perfeita dona de casa, visto como seu destino a colocara à frente de um suntuoso lar com numerosa criadagem, não tão fácil de manejar como a pequena cabana de pedra do Monte Tabor.

Quando, duas semanas depois, Jhasua viu que todos os seus companheiros de viagem estavam devidamente iniciados nos novos caminhos, sob o amparo e proteção de homens honoráveis, consagrou-se inteiramente a colocar em ordem toda a abundante documentação histórica, religiosa e científica que recolhera em suas diversas viagens.

Ajudado pelos quatro doutores de Israel, em particular por José de Arimathéia e Nicodemos, foram preenchendo os vazios ou lacunas encontradas entre umas e outras épocas; e, principalmente, coletando dados aqui e ali nas escrituras de Moisés, encontradas por Fílon na cripta do Labirinto do lago Méris, puderam fazer uma grande obra de reconstrução histórica e filosófica das antigas civilizações egípcia, sumeriana e caldaica, que quase se haviam perdido pela ação do tempo e pela inconsciência humana. (*)

Por causa disto, anos depois, quando iniciou sua chamada *vida pública*, pôde Jhasua dizer:

"Não vim para reformar a Lei, mas para cumpri-la."

Nesses três anos, ou seja, dos 25 até aos 28 de sua vida, Jhasua adquiriu plena consciência de que não seria criador de uma doutrina nova, mas o renovador da antiga Ciência de Deus, dos mundos, das almas e da vida que, desde remotas épocas, tinham sido dados à humanidade desde a Lemúria até a Atlântida e, destas, aos três continentes conhecidos então pelas várias fraternidades de Flâmines, Profetas Brancos, Dackthylos e Kobdas da Pré-História.

Dedicou-se também a esses trabalhos para aquietar o alto sacerdócio do Templo de Jerusalém que, em razão de insistentes rumores sobre as obras maravilhosas realizadas por um jovem Profeta nazareno que bem podia ser o Messias esperado, foi colocado em observação, mediante agentes espalhados por todo o país, em conivência com Herodes Antipas, o reizinho fantoche que era saracoteado de um lado para o outro pelo César de Roma, pelo clero de Jerusalém e pelos cortesãos e favoritos, dos quais se achava rodeado para seu próprio mal.

– Teus verdadeiros amigos, meu Senhor, trabalham no mundo exterior – disse o velho Simônides. – Continuo sendo o ativo comerciante com negócios em todos os mercados, desde Alexandria até Roma, de Roma até Antioquia, do Mar Vermelho até

(*) O achado de Fílon consistia nuns tubos de prata encontrados junto à múmia de um daqueles sacerdotes de Mênfis, que a princesa Thimetis, mãe de Moisés, enviou para consolá-lo em seu desterro de Madian. Eram vários papiros escritos em hieróglifos egípcios e também em língua caldaica, e seu título era: "Comentário secreto de Moisés sobre a sua visão de Horeb" e acrescentava: "De acordo, os três, julgamos que devia permanecer oculto, em face da absoluta incapacidade humana para compreendê-lo." (N.T.)

o Golfo Pérsico e à Índia. Judá e Faqui são dois bons moços que gozam a boa vida em Jerusalém, Antioquia, Atenas ou Siracusa. O Scheiff Ilderin é o mais querido de todos os caudilhos da Arábia independente, desde o Eufrates até o Mar Vermelho.

"Tudo isto, meu amado Senhor, é o que somos agora para os profanos; no entanto, junto aos teus amigos e a ti, somos os primeiros obreiros da tua vinha, cujo vermelho licor de glória e triunfo inundará logo toda a Terra habitada pelos homens!"

Jhasua sorriu bondosamente para o bom ancião cheio de ilusões e respondeu:

– Bem, Simônides, meu amigo. Enquanto trabalhais pelo reino, eu me preparo para desfrutá-lo dentro de bem poucos anos ...

O Cristo, iluminado pela claridade interior, aludia à sua entrada no elevado plano espiritual que havia deixado para encarnar neste planeta; e o bom Simônides, sonhando com o reinado material do Messias sobre todos os povos da Terra, engrandecia cada vez mais as fileiras da Santa Aliança. A fabulosa fortuna da casa de Ithamar administrada por ele, derramava-se, como por um aqueduto, sobre toda a miséria e a pobreza da Palestina e da Síria devastadas pelo domínio romano.

Jhasua passou a maior parte do vigésimo nono ano de sua vida na amada Galiléia, entre os familiares e amigos da meninice e da adolescência. Voltou a ver o Monte Tabor e o Carmelo, o lago Tiberíades, com suas velhas famílias de pescadores; a suntuosa cidade de Tiberias, como uma ânfora de mármore e de prata; a populosa Cesaréia, com seus poderosos trirremes junto à costa, as ruas de luxuosas colunatas e os circos resplandecentes de ouro e de cortinados de cor púrpura sempre agitados pelo forte vento do mar. Sua mãe e o tio Jaime acompanharam-no nessa viagem e, ao entrar novamente na velha casa paterna, habitada por parentes próximos desde a morte do pai, pareceu a Jhasua que as sombras de Joseph e de Jhosuelin flutuavam sob as árvores do horto, onde ele reconstruía, com o pensamento, as mais belas cenas de sua já distante infância.

Numa concentração espiritual profunda que teve no Santuário do Tabor, um dos Anciãos, em estado de transe, transmitiu-lhe a palavra de Ahelohim, um de seus guias:

"– Já é chegada a hora. O mundo te aguarda. A voz de João, como um furacão de fogo, abrasa o deserto da Judéia anunciando a hora da penitência, da justiça e da derradeira purificação!

"Tu és a Luz que deve iluminar os seus caminhos sombrios, gelados, lamacentos! ...

"Enamorado divino da humanidade deste planeta: ela te espera, não vestida de festa, mas de farrapos imundos ...

"Ela está leprosa, está cega ... está inválida. É chegada a hora, anda! ... cura-a, salva-a! ... Ela é tua pelos séculos dos séculos!"

Quando ao meio-dia voltou para a casa de Nazareth, sua mãe entregou-lhe uma carta de seu primo Johanan que fora confiada à caravana, ao passar por ele. Dizia assim:

"Ao despedir-me pela última vez do Grande Santuário do Moab, pensei em ti, Ungido do Altíssimo, e te dirijo estas breves linhas. Desci das montanhas como uma águia faminta de imensidão para a margem oriental do rio Jordão, a cujas águas chamarei nossos irmãos para que se purifiquem em suas ondas douradas e vistam túnicas novas para aguardar a tua chegada.

"Jhasua, meu irmão! A Humanidade nos chama. A imolação nos espera! ... A glória dos mártires tece já a nossa coroa.

"Unido a ti na justiça, na verdade e no sacrifício,

Johanan de Hebron"

A fina intuição de sua mãe leu, em sua nobre fisionomia, a dolorosa luta que o agitava.

— Trazem más notícias essa carta? — perguntou quando Jhasua se sentou à mesa, entre ela e o tio Jaime.

— Não, mãe! Muito boas. É do primo Johanan. Ele anuncia que já iniciou sua missão de apóstolo nas margens do Jordão.

— E quem o encarregou dessa missão? — voltou Myriam a perguntar.

— E quem haveria de ser, senão nosso Pai Celestial? — respondeu Jhasua. — Logo começarei também a minha.

— Filho! ... Desde a meninice que estás em missão. Quando, dize, deixaste de te ocupar com obras piedosas para com os teus semelhantes?

"Eu julgava que agora irias consagrar-te à tua mãe, cujos cabelos já começam a branquear."

— Desde a morte de meu pai estive consagrado a ti, minha mãe. Não é verdade, tio Jaime, que sua vida está resguardada de qualquer eventualidade?

— É verdade, Jhasua. No entanto, o coração de uma mãe, como a tua, não aspira apenas pelo pão abundante sobre a mesa! Quando mencionas que vais iniciar a tua missão, ela interpreta como ires lançar-te por estes mundos de Deus, expondo-te a todos os perigos, nos quais pereceram de maneira trágica tantos irmãos nossos ao saírem também em cumprimento de suas missões.

— Mãe! ... Eras como um lírio num invernáculo entre as viúvas e as virgens do Templo de Jerusalém. Por que motivo deixaste o aprazível retiro onde não tinhas outras preocupações além de cantar os salmos e tecer o linho?

— Porque os anciãos sacerdotes e as viúvas, que me protegeram pela morte de meus pais, disseram que isto determinava para mim a vontade do Senhor. Segui os passos de teu pai até aqui, como se segue a um anjo guardião que nos precede no caminho.

— Muito bem, minha mãe! Cumpriste o teu dever para com Deus, Senhor e Criador de nossas vidas. Eu devo cumprir também o meu, submetendo-me a sua Vontade Soberana.

"Canta um hino de amor a Deus, minha mãe, como cantou Ana, mãe de Samuel, quando o consagrou ao serviço divino e o deixou no Santuário de Silo, aos 12 anos de idade. Serás menos generosa do que ela, para entregar-Lhe o teu filho aos 25 anos de vida passada em grande parte ao teu lado?"

— Tens razão, meu filho! Falas como um verdadeiro Ungido do Senhor. Perdoa-me!

"Meu temor é grande pelos tempos atuais. Eles são maus para os Profetas que ensinam a verdade de Deus. Israel não é livre, porém escravizada, e seus dominadores são pagãos que não adoram o nosso Deus nem cumprem com suas Leis. Quem te defenderá, meu filho, da iniqüidade dos homens sem Deus e sem Lei?"

— Ninguém tocará um único cabelo de minha cabeça sem a permissão do Pai Celestial, tenho certeza, minha mãe, e não temas por mim.

"Aquilo que Deus quer que seja será, e Ele jamais quer outra coisa a não ser o bem e a felicidade eterna para todos os seus filhos. Se o Eterno Amor te escolheu para ser a minha mãe, Ele estava certo de que terias com Ele e comigo um mesmo pensar e sentir."

— Que se cumpra em ti a vontade do Senhor! — disse a meiga mãe com os olhos cheios de lágrimas.

— Meu coração não esperava menos de ti, minha mãe. Além disso, não estás só. Vive aqui tua prima Martha com seus filhos e filhas que tanto te querem, se desejares permanecer na Galiléia. Se preferires a vida em Jerusalém, tens ali a casa de Lia, e a de Noemi, onde sempre reclamam a tua presença. Logo o tio Jaime será como a tua sombra.

— E tu, Jhasua, para onde irás?

— Aqui, ali, a todas as partes, mãe. Onde haja dor e ignorância, lá estarei. "Se sou Filho de Deus, devo fazer conhecer aos homens a bondade, a justiça e a glória de meu Pai. Quando menos perceberes, estarei aqui ao teu lado, para comer do teu pão que, com toda a certeza, nenhum outro me parecerá melhor.

Com estas conversações terminou a refeição, e Jhasua, pensativo, internou-se sozinho pelos caminhos do horto. As plantações novas tinham crescido enormemente e só pôde reconhecer as velhas árvores de sua meninice pelos troncos nodosos e pelas raízes retorcidas e duras que saíam à flor da terra.

Ouçamos, leitor amigo, o monólogo do seu pensamento para podermos compreender a fundo a dupla personalidade de Jhasua. Como espírito, ele pertencia à superior hierarquia que, nos mundos purificados, se denomina "*Amadores*". *Do Sétimo Céu dos Amadores*, havia vindo à Terra para lavá-la nas águas puríssimas do seu amor inefável. Seu excelso espírito tomara a pesada envoltura física do homem terrestre. Era, pois, o pensamento divino feito carne. Era o Amor Eterno num coração humano. Era o Verbo de Deus aprisionado na personalidade física de Jhasua, que então contava apenas 25 anos de idade.

"— Meu espírito busca a imensidão para expandir-se como uma chama que quer devorá-lo todo, consumi-lo todo! ... Sinto estremecer-se o meu coração de homem, diante dos olhos suplicantes de uma mulher, em cujo seio se formou esta matéria que me aprisiona.

"Sou um espírito de Deus, uma lâmpada acesa pela Sua Infinita Piedade para iluminar todos os homens.

"Não tenho, pois, pátria. Sou de todos e para todos! Meu coração está angustiado porque abandono Nazareth ... o velho lar que me recebeu nesta Terra ... a meiga mulher a quem chamo de mãe ... a meus irmãos, parentes e amigos, e tudo quanto foi para mim como um ninho aquecido de plumas e de seda! ...

"O mais terno amor foi até hoje o ambiente habitual de minha vida como espírito e de minha vida como homem ...

"O amor floresceu para mim em todos os caminhos, em todos os climas, cidades e aldeias, nas mais formosas montanhas e nos desertos mais áridos!

"Os seres amados desfilam na minha lembrança como suaves visões de paz, de ternura e de alegria pura e santa! ...

"Como o lavrador prepara a terra para a semeadura, arranca sem piedade árvores e arbustos, assim eu ... de um único golpe formidável, farei desaparecer de minha vida tudo quanto possa representar uma união que venha tolher a santa liberdade do Cristo, Salvador de todos os homens!

"Pátria! ... palavra formosa, mas sem sentido para o espírito conhecedor do seu distante passado. Tive tantas pátrias: na Lemúria e na Atlântida, já adormecidas sob as águas dos mares; no Eufrates, na Índia, no Egito! ... Hei de apegar o meu coração a Nazareth, à Galiléia, à Palestina, porque passei nele 25 anos de vida ... ou, em outras palavras, breves instantes, numa longa sucessão de séculos?

"A família! ... terna e doce palavra a recordar poemas de inefável ternura. Entretanto, meu espírito eterno teve tantas famílias nos planetas que lhe deram morada desde a sua remota origem até hoje, que, dentro da Lei das Alianças Universais, posso dizer que a minha família é tão numerosa como as areias do mar, e, dentro da humanidade terrestre, pela qual devo me sacrificar, estão todas as famílias que me deram sua ternura e seu amor em minhas múltiplas existências planetárias.

"Se o homem da Terra pensasse assim, raciocinasse assim, conforme é a Eterna Verdade de Deus, execraria as guerras, destruiria as fronteiras, derrubaria as muralhas fortificadas, descerraria todas as portas, todos os caminhos ... e abriria também, de par a par, o seu coração e os seus braços para estreitar todos os homens da Terra!

"Que crime de lesa-Majestade Divina é o separatismo de raças, de povos e de países! Que incompreensível ultraje contra a Lei imutável e Eterna da solidariedade universal!

"Tudo no Universo nos fala dessa Lei aos gritos e em todos os tons ... em todas as formas e medidas, desde o conúbio das algas, onde se enredam seus corais e os moluscos suas pérolas no fundo do mar, até nos sóis radiantes a se desmembrarem em fragmentos de fogo, para dar vida a novos mundos para apregoarem a grandeza de Deus na imensidão infinita! ...

"Não quero sofrer porque deixo Nazareth, onde passei a minha infância, nem a Galiléia, onde ficam os familiares e amigos da adolescência, nem Jerusalém, com sua ciência e seu templo dourado e com os espíritos avançados que me compreendem e me amam! ...

"Todo o Mundo será para mim a terra natal! ... todos os homens serão meus irmãos! ... encontrarei calor em todas as mãos que estreitarem as minhas, e luz de amor em todos os olhos nos quais pousarem os meus! ...

"Só assim merecerei o nome de Ungido do Altíssimo, Salvador da Humanidade, ... Verbo de Deus que veio a esta Terra para ensinar aos homens a Lei Suprema do Amor Universal! ..."

A voz do tio Jaime a chamá-lo cortou o fio dos pensamentos vibrantes de Jhasua, não obstante seus lábios terem permanecido cerrados, enquanto caminhava a passos lentos pelos escondidos e estreitos caminhos do horto.

– Aqui, tio Jaime, aqui! – respondeu ele.

Alguns momentos depois, os dois conversavam sentados num rústico banco já bastante próximo de casa. Ouçamos o que dizem:

– Sê razoável, meu filho – disse o bom tio. – O coração de tua mãe sofre por ver-te partir só. Ela não quer ser obstáculo ao cumprimento de tua missão como Apóstolo da Verdade Divina; no entanto, quer que eu vá junto, para cuidar de ti enquanto te ocupares com os demais. Conheces-me perfeitamente, Jhasua, e sabes muito bem que jamais restringi a tua liberdade nem tampouco me imiscuí nos teus assuntos elevados de Mestre. O Messias, o Verbo de Deus, irá sozinho pelo mundo que deve instruir e salvar. Eu serei tão-somente o guardião da pessoa humana de Jhasua. Não estás de acordo? Acede à vontade de tua mãe, meu filho, que não tem consolo diante da tua resolução.

"Não deixarás de ser o Messias, o Verbo de Deus e o Salvador do mundo para secar o pranto de tua mãe e aquietar as torturas do seu coração. Não és acaso o Enviado do Deus-Amor, do Deus-Piedade e Misericordioso? ..."

Jhasua guardava silêncio, rememorando o monólogo que acabara de ter consigo mesmo.

Pensou nas mães de suas últimas vidas como Messias: em Walkíria, mãe de Antúlio, em Évana, mãe de Abel, em Devanaguy, mãe de Chrisna, em Thimetis, mãe de Moisés, em Maya-Devi, mãe do Bhuda ...

– Pobres mártires! – exclamou do mais profundo de seu coração, recordando todas as angústias que elas padeceram associadas tão intimamente à sua vida eterna! ...

– Quem são mártires? ... – perguntou o tio Jaime, que não havia compreendido a exclamação de Jhasua.

— As mães, tio Jaime ... as mães dos Missionários de Deus que padecem em seus corações quando eles padecem! Estou de acordo em que me acompanhes nesta primeira saída ao mundo como Apóstolo do Senhor.

"Vamos que eu mesmo quero anunciar a minha mãe."

Myriam havia-se retirado para sua alcova ... a velha alcova na qual orou pela primeira vez ao chegar à casa de Joseph, apenas uma jovem de 16 anos; a alcova onde passou suas horas de repouso tranqüilo e duras aflições quando seu menino divino excitava a perseguição de Herodes.

Ainda estava ali o berço de cerejeira, feito por Joseph com tanto esmero para o pequenino. E a pobre mãe, ajoelhada diante dessa caminha, relíquia de seu passado, havia desprendido a grande dianteira e, com o rosto afundado na pequenina almofada onde ele dormira seus sonos de menino, soluçava desconsoladamente ...

Jhasua viu, da porta, este quadro na suave penumbra da tarde outonal, e em três ligeiros passos ficou também ajoelhado ao seu lado.

Sentia destroçar-se o seu coração numa luta tremenda; contudo, na presença da mãe, devia parecer sereno.

— Minha mãe! ... — disse, acariciando-a ternamente. — Não acovardes o coração de teu filho, ainda antes de ele ter começado a cumprir a missão de que o encarregou o Pai Celestial.

"Ordena-me Ele que abarque o mundo e as tuas lágrimas me retêm! ... manda-me amar a todos os homens, e me queres somente junto de ti! ... Mãe! ... Não posso! ... Não quero ver-te chorando novamente!"

Myriam levantou a cabeça secando as lágrimas com o bordo da mantilha branca que cobria a sua cabeça.

— Perdoa-me, Jhasua, meu filho, por este momento de fraqueza! Qual a mãe que não o tem quando vai perder o seu filho?

— Não me perdes, mãe, mas me geras novamente para a glória de Deus — respondeu Jhasua, levantando-a e levando-a suavemente até o velho divã, no qual ela mesma havia repousado desde sua chegada à casa de Joseph.

Ali sentaram-se ambos.

O jovem Mestre, com a sugestiva eloqüência de sua palavra cheia de harmonias, foi desenvolvendo diante da alma da mãe as visões interiores do seu espírito sobre a solidariedade universal, sobre a irmandade das almas, muito mais forte e duradoura que os vínculos do sangue; sobre o amor de Deus, do qual emanavam como rios de um mar inesgotável todos os amores da Terra.

— "*Honra a teu pai e a tua mãe*", diz a Lei Divina — continuou Jhasua —, e eu te levo, mãe, no meu coração como num altar florido; onde, depois de Deus, estás para recolher as pequeninas flores das minhas ternuras íntimas! ... Se vives dentro de mim através do amor, eu vivo em ti, também, através do amor; ambos somos uma única pessoa no infinito seio de Deus, que nos exalou de Si mesmo como um só suspiro que os ventos da vida eterna vão levando de um para o outro lado desta Terra ou de outros mundos habitáveis, até que, juntos, tenhamos corrido tanto que o Pai Celestial nos chame novamente para suas moradas de Luz, de Amor e de Felicidade, onde ouviremos sua eterna voz dizendo a ambos:

"*Vinde descansar em Mim das fadigas de peregrinos eternos. Porque amastes muito, vos digo: 'Eu sou o vosso descanso! Porque amastes muito, Eu sou a dádiva que compensa vossas fadigas e dores.'* "

"Podemos aspirar algo maior e mais excelso que ser uno com o grande Todo Universal, que cria e move os mundos e que, em instantes de supremo e de incompreensível amor, se une tão completamente a nós mesmos que chega a fazer-nos sentir a Sua voz em nosso coração, dizendo-nos: '*Eu sou teu, e tu és Meu por toda a eternidade?*'

"Compreendes, mãe, o divino arrebatamento de amor que arrasta a minha alma para todos os seres de Deus, como se eu fosse uma borbulha de Luz que escapou do Seu Seio Infinito para acender Luz viva em todas as almas nascidas d'Ele?"

A doce mãe havia recostado a cabeça emoldurada de branco sobre o ombro do filho e ouvia em silêncio, com um enlevo de êxtase que secara o seu pranto e aquietara o seu coração.

– Sim, meu filho ... compreendo tudo e prometo não colocar nunca mais obstáculos no teu glorioso caminho de Apóstolo e Salvador dos homens. Só peço que me permitas seguir-te de longe com o meu pensamento convertido em oração, e que o tio Jaime cuide da tua pessoa nas longas viagens que vais empreender. Ele não estorvará o teu apostolado. Concede-me isto, meu filho e, deste modo, meu coração descansará na Vontade do Senhor.

– Concedido, mãe ... concedido em troca de não te ver chorar nunca mais.

– Nunca mais! – repetiu ela, recebendo na testa o beijo puro e santo do Filho de Deus.

A Caminho de Tiberias

Algum tempo antes desta resolução definitiva, Jhasua manteve ativa correspondência com seus amigos de Jerusalém para que se encarregassem completamente da Santa Aliança, prescindindo dele.

Fazia-lhes compreender que este apostolado era como um estudo dos homens em geral, pondo-se em contato íntimo com eles, e que isto duraria pouco tempo.

Sua primeira viagem seria a Damasco, passando antes pelo Santuário do Monte Hermon. A promessa de notícias freqüentes acabou por deixar todos perfeitamente tranqüilos.

Hach-ben Faqui aproveitou esse final de outono para levar Thirza à África do Norte entre as pessoas da raça dele. Seu pai Buya-Ben e a Rainha Selene aguardavam o cumprimento de sua promessa. Acompanhou-os Noemi que, desde a morte trágica do esposo, não havia viajado para fora do país.

O príncipe Judá e Nebai embarcaram em Gaza com destino à costa oriental da Itália, ao Lácio, onde, entre os jardins da cidade de Ânsio, possuía um formoso palacete sobre a costa do mar, herança de seu pai adotivo, Quintus Árrius.

Nebai sentia entusiasmo em conhecer esses países do ultramar, dos quais tanto lhe falara seu pai, o escultor Harvoth, e Menandro, o sacerdote de Homero, daquela deliciosa Ribla nas margens do Rio Orontes.

O Scheiff Ilderin, aliado do Rei Hareth de Petra e do príncipe Hartath, de Damasco, encontrava-se desde há algum tempo envolvido na luta mantida nessa parte da Arábia para conter as legiões romanas que pugnavam por estender-se para o leste.

O ancião Simônides abarcou de um só golpe de vista o cenário que se apresentaria diante do Soberano Rei de Israel, segundo ele dizia, nesta saída, como Apóstolo, pelas cidades da Palestina e da Síria. Havia ficado com sua filha Sabat, como dono e senhor do palácio de Ithamar em Jerusalém, com o jovem mordomo Othoniel de Tolemaida e os antigos criados da casa.

Nada escapava ao seu olhar de lince, e pensou nas graves dificuldades em que poderia encontrar-se o jovem Mestre nas situações anormais em que se encontrava o país.

Despachou correios urgentes ao príncipe Hartath, etnarca de Damasco, ao Scheiff Ilderin, habitualmente residente em seu castelo de Bozra, ao pé do Monte Bazan, não obstante suas hostes correrem de Filadélfia até Hauran; e também enviou mensagens a seus agentes de confiança em Tiro, Sidon e Antioquia, para vigiarem, sem molestar, o passo silencioso daquele Missionário humilde que, sendo o Soberano Rei de Israel, segundo Simônides, se empenhava em viajar incógnito para observar sem ser observado e pôr-se assim em condições de fazer a felicidade de seu povo, que conhecia como a palma de suas mãos.

Tais eram os pensamentos do previdente ancião administrador da mais colossal fortuna existente naquele tempo e naquela região da terra.

Durante o tempo em que esteve inválido, amarrado a uma poltrona, havia negociado habilmente com príncipes e caudilhos do Oriente e do Ocidente, quando estava tratando da realização dos sonhos de toda a sua vida. Poderia permitir agora que o jovem Messias, Salvador do Oriente oprimido, se expusesse a sofrer as conseqüências de suas inexperiências em países distantes?

"É verdade," acrescentou em suas reflexões, "que o Senhor mandará seu anjos para guardá-lo; entretanto, parece-me que os anjos não conhecem todas as infâmias de que são capazes os homens para desbaratar os propósitos do Justo. Ah, Simônides! ... Boa é a guarda dos anjos, alguns vigiando com os olhos bem abertos e outros com braços de ferro e peitos leais, porém jamais perdoarias a ti mesmo se acontecesse algum contratempo ao teu Rei."

Dos jovens árabes trazidos por Jhasua do Monte Hor, Simônides ficara com dez deles, e integrou-os em suas imensas atividades comerciais de tal forma que, disse ele: "Se Deus tirar-me desta vida, não faltarão servidores eficientes para o Soberano Rei de Israel. Que melhores mensageiros para o príncipe Hartath de Damasco e para o Scheiff Ilderin, ambos chefes e caudilhos da Arábia, vizinha imediata da Síria?"

Com cavalos árabes do Nedjed, correndo como o vento, e com ricos presentes, que consistiam em cinturões de rede de ouro adornados com esmeraldas da Pérsia, saíram de Jerusalém dois robustos moços de 24 anos que tinham sido libertados pelo príncipe Melchor de cair nas garras da águia romana como prisioneiros de guerra.

Um deles tomou o caminho do leste por Filadélfia até Bozra. O outro tomou o caminho do norte, por Sevthópolis e Cesaréia de Filipos, até Damasco.

Nesta última cidade, ambos deviam encontrar-se e hospedar-se numa pousada que existia na grande avenida das colunatas de Tarik-el-Adwa, para cujo dono, muito conhecido de Simônides, levavam cartas de recomendação e cartas de crédito para tudo quanto pudessem necessitar.

– Sereis os anjos guardiães do nosso futuro Rei – dissera Simônides ao despedir-se deles na porta das cavalariças do palácio, na penumbra da primeira aurora do dia, quando a velha cidade de David ainda não havia despertado para as atividades diárias. – No entanto, assim como os anjos do Senhor são invisíveis, vós também deveis sê-lo para aquele a quem guardais – havia-lhes dito o sagaz ancião. – Vossa missão se reduz em impedir que qualquer perverso, encoberto ou descoberto, se permita causar-lhe qualquer dano por menor que seja.

Com idênticas instruções, saíram no mesmo dia e na mesma hora os outros correios para Tiro, Sidon e Antioquia.

– Se cumprirdes vossa missão como desejo – acrescentou o bom velho – tende a certeza de que fizestes a vossa fortuna, pois o meu amo, o príncipe Judá, vos compensará esplendidamente quando quiserdes formar o vosso lar. Lembrai-vos de que sois filhos adotivos do príncipe Melchor, e que a ele honrais com o vosso cumprimento.

Estimulados grandemente pela confiança neles depositada e pelas atraentes promessas, os cinco correios de Simônides se despediram uns dos outros na praça das caravanas, onde iniciavam os caminhos que deveriam seguir.

Providos dos respectivos passes, que o ouro de Simônides conseguia com inaudita facilidade das autoridades romanas, bem armados e equipados, tudo o mais dependeria de seu talento e da proteção de Deus.

Se a meiga e terna Myriam tivesse sabido dessas precauções tomadas bem antes de seu filho deixar a casa de Nazareth, pensaria que a Providência do Pai Celestial tinha um agente na Terra, e que este era Simônides, preocupado em cuidar da vida de Jhasua.

As últimas sombras da noite ainda envolviam a tranqüila cidade de Nazareth quando Jhasua e o tio Jaime começaram sua viagem para o norte, pela rota das caravanas.

O caminho de Nazareth e Tiberias era formosíssimo por seus esplêndidos panoramas de montanhas cobertas de frondosas árvores, a cuja sombra pastavam rebanhos de ovelhas tão mansas que não fugiam dos viajantes.

Costeando o lago Tiberíades, chegaram aos muros da magnífica cidade quando caía a tarde. Vivia ali um Essênio de segundo grau, cujo nome era Hanani e era irmão de Lidda, esposa de Simão da Galiléia (aquele que mais tarde foi Pedro, o apóstolo).

Era Hanani o encarregado pela Santa Aliança de repartir ali os socorros aos necessitados. Sua casa foi a escolhida pelos nossos viajantes para passar a noite.

Esse bom casal conhecia Jhasua desde a adolescência, quando esteve vários anos no Santuário do Monte Tabor, do qual eram porteiros os anciãos pais de Simão, segundo o leitor lembrará perfeitamente. A chegada do filho de Myriam e de Joseph, foi, pois, para aquela boa gente, algo assim como se um pedaço do céu houvesse descido à sua casa.

Não obstante essa honrada família ignorasse que na personalidade de Jhasua estava encarnado o Verbo Divino, o Messias aguardado por Israel, tinha ouvido desde há muitos anos que grandes desígnios divinos marcavam seus passos sobre a Terra.

Com o casal viviam suas duas filhas, Raquel e Fatmé, e a mãe de Hanani, Salma. Elas trabalhavam em tapeçaria de móveis finos, ocupando o tempo restante de suas tarefas em procurar os necessitados para socorrê-los com os donativos da Santa Aliança.

Havia na casa um imenso pesar em ver Fatmé, a mais idosa das duas filhas, esgotando-se dia após dia, pois seu peito a oprimia e uma tosse espantosa tirava todas as suas forças.

O jovem Mestre fixou nela os olhos e compreendeu imediatamente sua enfermidade moral e física. Fatmé estava, na verdade, ferida de morte, e ela o sabia. Queria morrer e a morte aproximava-se dela apressadamente.

A moça não quis sentar-se nessa noite à mesa para que sua lastimosa presença de enferma não entristecesse seus hóspedes.

– Fatmé – disse prontamente Jhasua –, sentar-te-ás a meu lado, porque precisamos ser bons amigos.

— Estou doente, Senhor! ...

— Nada de Senhor ... eu sou Jhasua! Vem Fatmé! — e o jovem Mestre fez um lugar ao seu lado.

— Anda filha, anda — disse Sulama, a mãe.

— Comerás comigo desta travessa e desta cestinha, e comerás tudo quanto eu comer. Beberás vinho da minha taça, e este formoso pão dourado é para nós dois.

A família observava esta cena como uma das manifestações de delicada piedade que se comentava como bastante usuais no jovem Profeta.

E todos viram que Fatmé comeu admiravelmente, não tendo ocorrido um único acesso de tosse.

— Agora daremos um passeio pela margem do lago, e quem quiser acompanhar-nos pode vir.

As primeiras sombras da noite apareciam como salpicadas com as primeiras estrelas, e uma prateada meia-lua em crescente vertia suave luz como uma carícia.

Foram com eles Hanani e o tio Jaime, pois as outras mulheres da casa deveriam preparar os leitos e aposentos para os viajantes.

O Mar da Galiléia, como freqüentemente chamavam ao lago de Tiberíades, aparecia como uma balsa de prata, com o suave reflexo da lua e das estrelas.

O nome de Tiberíades soava a paganismo entre os bons israelitas, pois fora imposto por Herodes, associando-o ao nome da faustosa cidade levantada por ele em honra de Tibério César. Por essa razão, os israelitas galileus continuavam chamando aquele imenso lago pelo seu velho nome: *Mar da Galiléia*.

— Não tens uma barca, Hanani, na qual possamos navegar um pouco? — perguntou Jhasua ao dono da casa.

— Eu não tenho nenhuma mas todas essas, ancoradas na margem, pertencem aos pescadores que trabalham por conta de Simão, meu cunhado, e podemos dispor de uma delas. — E, aproximando-se de dois homens que assavam um pescado num pequeno fogo, disse: — Amigos, sois pescadores de Simão?

— Sim, amo — responderam —, o que mandais?

— Queremos emprestada a vossa barca por uma hora, enquanto preparais a vossa ceia.

— Sois o cunhado do amo — disse um deles —, usai pois a barca durante todo o tempo que quiserdes. Suponho que sabeis remar.

— Oh! Quanto a isso — disse o tio Jaime — todos aqui somos mestres.

Hanani levantou Fatmé, nos braços, que era miudinha de corpo, e sentou-a na popa.

Logo em seguida, subiram os três. Hanani tomou os remos, o tio Jaime o timão e Jhasua sentou-se ao lado da pobre enferma.

Ouçamos, leitor amigo, o diálogo do Cristo da Piedade com a triste Fatmé, tuberculosa em último grau.

— Agrada-te o mar, Fatmé? — perguntou o Mestre.

— Oh, muito, Senhor! ... porém, como há tanto trabalho em casa e não me deixam vir sozinha, só venho ao mar com Raquel aos sábados, ao sair da Sinagoga. Ficamos aqui até a nona hora. Os pescadores convidam-nos para participar de sua merenda, ou as donzelas do castelo nos presenteiam com guloseimas e frutas.

— De que castelo falas?

— Daquele cujas torres parecem prateadas com a luz branca da lua.

— Ah! ... O Castelo de Mágdalo — disse o Mestre. — É um homem rico muito bom; pelo menos ele pensa em se desprender do que lhe sobra para dar àqueles a quem falta tudo.

— Pena que já tenha morrido! — exclamou Fatmé.

— Quem mora, então, no castelo?

— Sua filha com um velho mestre grego e uma aia, também grega. Tem numerosa criadagem, porque parece que a filha não é mesquinha com a sua riqueza pois coloca entre os operários e criados todos os que chegam pedindo trabalho. Ela é dona de uma bela embarcação na qual percorre o mar com suas donzelas. Eram amigas nossas. Entretanto, desde que fiquei doente, não vieram mais conversar conosco. Devem ter medo do meu mal.

Os olhos de Fatmé enuviaram-se de lágrimas.

— Assim é a insuficiência dos homens diante dos males que o seu requintado egoísmo não sabe remediar.

— Tu és, Senhor, a única pessoa que não tem medo da minha doença!

— Fatmé, criatura de Deus! ... Acreditas que o Divino Poder pode salvar-te por meu intermédio? — Ao fazer esta pergunta, Jhasua tomou uma das mãos da jovem.

— Claro, Senhor! ... Porque sei que és um Profeta do Altíssimo — respondeu a donzela, olhando como que eletrizada para os olhos de Jhasua, cuja luz parecia ser uma única com a luz irradiada pelas estrelas na noite.

— Bem, Fatmé! Tua íntima adoração a Deus te predispõe à cura, porque a bondade do Pai Celestial colocou em minhas mãos força para destruir o mal. Tua fé em mim dá suficiente energia à minha força sobre o mal.

"Jhasua, o Profeta de Deus, te diz: Criatura de Deus! ... Já estás curada!"

A pobre enferma sofreu ligeira crise, como se a vibração poderosa dessas palavras tivesse produzido nela uma forte sacudidela. Fatmé teria caído ao fundo do barco se o Mestre não a tivesse segurado no momento oportuno.

Com a mão ele alçou água do lago e umedeceu-lhe o rosto, cuja palidez se confundia com o da branca mantilha que lhe cobria a cabeça.

Hanani acudiu alarmado.

— Tua filha já está salva — disse simplesmente o Mestre. — Agora só precisa de umas horas de completo repouso.

— Levemo-la para casa — insinuou o pai.

— Ainda não — disse Jhasua. — Ela repousará aqui mesmo. — Da pequena cabine da barca trouxeram mantas e a cobriram.

— Continua remando — disse o Mestre. — Eu a despertarei quando for chegada a hora.

Tio Jaime, vendo o assombro e o alarme de Hanani, disse-lhe do timão:

— Deixa-o, Hanani, pois estas maravilhas são feitas diariamente por Jehová quando o amor e a fé permanecem unidos.

— Mas ela parece morta! — exclamou aterrado o pobre pai.

Jhasua olhava fixamente para o rosto branco da jovem, que se assemelhava a uma estátua jacente de branco marfim. Também ele parecia uma estátua imóvel, sentado diante da enferma.

— Amigo! ... — murmurou tio Jaime a meia-voz. — Continua remando e deixa que Deus termine a sua obra.

O bom Hanani não conseguia acertar novamente o ritmo dos remos e um tremor nervoso parecia ter-se apoderado dele.

A barquinha afastou-se da costa e continuou vogando serenamente para o norte, mais impulsionada pelo vento suave do sul do que pelos remos desigualmente manobrados pelo pai de Fatmé.

Um incêndio dourado de inúmeras tochas no cais e nos jardins do Castelo de Mágdalo chamou a atenção do tio Jaime que, em voz muito baixa, perguntou a seu companheiro:

— Que ocorre ali que faz o bosque arder?

— Não está ardendo. É o banquete pagão da grega que está recebendo nesta noite em sua casa o Rei Antipas com sua corte. Se tivéssemos para os nossos anciãos e órfãos o ouro que é malbaratado ali em manjares deliciosos e em jóias de alto preço, não haveria ninguém com fome nas terras de Salomão.

— Mas esse é um Rei ou um sedutor de donzelas? — perguntou novamente o tio Jaime, mais para distrair Hanani do que por interesse no assunto em si.

— Ele se julga um Rei, mas não passa de um vicioso enganador de mulheres incautas e vaidosas. Dizem que brigou com sua terceira mulher, e quer suplantá-la com a grega. No entanto, parece que ela escapa de suas mãos como uma enguia ao mau pescador. A Musa é altiva e não lhe agrada as sobras de ninguém.

"Dizem que está esperando um príncipe azul que vem de além-mar. Da terra de seu pai, sem dúvida. Minha pobre Fatmé a queria muito, porque quando eram meninas brincavam juntas nos jardins do castelo; entretanto, quando começou o seu mal, a velha aia proibiu Fatmé de voltar ali. A jovem ama é de bom coração e manda para a minha Fatmé as melhores frutas e os vinhos finos que ali são bebidos. Um dia mandou também um médico famoso vindo de Sidon, mas ele retirou-se assustado, dizendo que era inútil tudo quanto se fizesse para curar a minha filha, cujo mal estava no último grau.

— Já verás, Hanani, como Deus a curou por intermédio de Jhasua.

Ambos baixaram ainda mais a voz.

— Contudo, dize-me, bom Jaime. Quem é Jhasua? — perguntou Hanani com ar de mistério.

— Jhasua é ... Jhasua, é filho de Myriam e de Joseph. Porventura não sabes?

— Sim, sim ... isso eu sei; no entanto, parece-me que ele é algo mais que o filho de Myriam e de Joseph! Por aqui andou um enviado do príncipe Judá, filho de Ithamar, aquele que foi afogado pelos piratas, e disse que, em Jerusalém se sussurra que *ele é o Messias*, o futuro Rei de Israel. Se esse palhaço de circo, que se pavoneia ali no castelo da grega soubesse que a poucas braças dele, nesta noite, numa barca de pescador, está Aquele que vai lançar-lhe terra nos olhos! ... Bendito Jehová! Quantos males não haveríamos de passar tu e eu, meu bom Jaime!

Tio Jaime sorriu francamente, mas seu sorriso perdeu-se na penumbra.

— E que vinha fazer aqui esse enviado do príncipe Judá? — perguntou novamente o tio Jaime.

— Olha, Jaime, isto é um grande segredo! ... Vinha trazer ordens e passar em revista os novos contingentes de jovens galileus que, todos os meses, se alistam para o adestramento nos Montes Jebel.

— Adestramento!? ... E para quê?

— Pois, homem! Não estás mesmo a par das notícias. Julgava-te melhor inteirado do que eu. Está sendo formado um grande exército para expulsar de Israel toda esta raposia daninha de idumeus e romanos que se apoderaram da nossa terra — respondeu quase em segredo Hanani, como se temesse que até as pedras da costa o escutassem.

Tio Jaime permaneceu pensativo, e pela sua mente passou como um relâmpago a idéia de que a viagem de Jhasua tivesse alguma relação com a notícia que acabava de saber.

A conversa terminou porque estavam diante do Castelo de Mágdalo, de cujos jardins iluminados saía, como em torrente, melodias, cantos e risos, que pareciam ir romper-se nas ondas do lago, ligeiramente encrespadas pelo vento.

Jhasua havia despertado Fatmé que, de pé na barca, olhava com tristeza para o castelo.

— Como são felizes essas pessoas! — exclamou ela ao ouvir a algazarra do festim.

— Muito mais feliz és tu, Fatmé, que atraíste a Bondade Suprema do Pai para curar o teu mal — respondeu Jhasua. — Esse castelo está cheio de mortos que dançam e riem, porque não sabem que estão mortos.

— Mortos! ... — exclamou a jovem. — Mas Maria também está morta?

— Quem é Maria? — perguntou Jhasua.

— A senhora do castelo. É uma jovem muito bonita e ... era minha amiga até que este horrível mal me afastou de todos.

— E chamas de amiga a quem te abandonou na dor? — perguntou novamente Jhasua.

— A vida nos é mais querida que os amigos — disse Fatmé. — E como Maria não há de amar a vida, se está rodeada de encantos? Jovem, bonita e rica. Que mais se pode desejar?

— Talvez esteja sendo estimulada pelos seus deuses — respondeu Jhasua. — Acreditas, Fatmé, que a felicidade está nas riquezas? Se queres continuar a amizade com a castelã, amanhã virás ao castelo e lhe dirás: "O Deus de meus pais curou o meu mal! Queres que novamente sejamos amigas?"

"Quando eu voltar à Galiléia dir-me-ás se a castelã de Mágdalo é feliz ou se seu afã pelas festas é para acalmar o tédio e o fastio por todas as coisas."

— Por que falas assim, Senhor? ...

— Não sei realmente, Fatmé, porém parece-me que existe algo como um halo de tristeza flutuando por cima de toda essa algazarra que vem do castelo como um turbilhão.

Quando Hanani se deu conta de que sua filha havia despertado, esqueceu o castelo, o rei-palhaço de circo, o adestramento dos Montes Jebel e o enviado do príncipe Judá.

— Estou curada, pai! ... — foi a primeira palavra que ele ouviu. — Foi-se a fadiga, a tosse e me sinto forte como o era há dois anos.

— Bendito seja o Deus de Abraham, de Isaac e de Jacob! — exclamou o bom pai quase sem acreditar no que via.

— Dá-me os remos, pai, e verás — disse a moça, fazendo gestos para tomá-los.

— Entrega-os, homem, entrega-os — disse o Mestre —, pois, quando o Amor do Pai faz as coisas, as faz muito bem-feitas.

Fatmé ocupou o banquinho do remeiro e deu à barca um impulso tão vigoroso que, alguns momentos depois, ficava muito para trás o castelo e o vivo resplendor de suas luminárias.

A moça sentia-se como embriagada de vigor, de forças e de energia.

— Regressemos, tio Jaime — disse o Mestre. — Tiberias fica distante e o vento é contrário.

Uma hora depois, saltavam na costa, onde encontraram toda a família que, com os pescadores donos da barca, comentavam alarmados a demora.

— Que ocorreu convosco? — perguntou a mãe aproximando-se primeiro da filha, espantada por tê-la visto remando tão vigorosamente.

— Nada desagradável — respondeu Jhasua. — O Pai Celestial quis curar tua filha com os ares do mar e, como podes ver, remou desde o Castelo de Mágdalo até aqui.

— Jehová bendito! ... Mas é verdade? — E as três mulheres rodearam Fatmé que irradiava de si uma imensa felicidade.

A cura de seus pulmões ulcerados, o esforço despendido ao remar, a certeza

plena de ver-se livre do horrível mal, tudo enfim dava àquela criatura um aspecto de beleza e de saúde que levou a mãe e a avó a romperem em copioso pranto enquanto beijavam a fímbria do manto de Jhasua, suas mãos e a túnica ... A anciã Salma disse:
— Tu a curaste, Jhasua! ... Então é verdade que és o Messias esperado por Israel! ... "Tuas obras o confirmam! Sabemos grandes coisas de ti, filho de Myriam."
As exclamações de admiração e de assombro seguiram-se sem interrupção.
O Mestre permaneceu calado pelas ruas de Tiberias até a casa de Hanani.
— Quando o lavrador recolhe os frutos — disse Jhasua — abençoa o Senhor e sente-se cheio de otimismo, e seu entusiasmo é como um salmo cantado ao amanhecer. No entanto, quando aparece a tempestade, e o furacão destroça as árvores e as colheitas, o ânimo cai por terra e o pensamento de Deus se perde entre queixas e lamentações.
— Com isto queres dizer — perguntou Hanani — que na minha família teremos desgraças?
— Não, meu amigo! — respondeu Jhasua. — Eu apenas queria dizer-vos que devereis fortalecer vossa fé com as dádivas de Deus, agora ao recebê-las tão abundantemente, para que, quando chegar o dia em que não as receberdes deste mesmo modo e vos parecer que desapareceu a esperança de recebê-las novamente, não murmureis contra o Pai Celestial nem contra o Seu Profeta. Deus visita com seus favores seus filhos quando Lhe agrada e os prova com a dor, de acordo com os caminhos escolhidos por eles, porque Ele está tanto na dor como na alegria, se temos uma fé viva para encontrá-Lo da mesma maneira por entre lágrimas como em meio a sorrisos.

Hanani, caminhando atrás com o tio Jaime, disse em voz muito baixa:
— Casualmente acabo de me convencer que Jhasua é o Messias anunciado pelos Profetas.
— Por que concluis assim? — perguntou o tio Jaime.
— Isaías o diz: "*Varão de dores, o chamarão; como ovelha, será levado para a morte e, como cordeiro, mudo diante daquele que o tosquia, assim não abriu a sua boca.*" Compreendi, amigo Jaime, que este novo Profeta do Senhor já viu no azul do céu o seu fim, e nos prepara para não duvidarmos do Poder de Deus quando o Ungido for sacrificado como o foram todos os maiores Profetas.
— Teu raciocínio é rápido, Hanani, e apanhaste em vôo o pensamento de Jhasua. Acreditas, porventura, que ele está comprometido na causa desse exército que asseguras está se adestrando nos Montes Jebel com a finalidade de expulsar os invasores? — perguntou o tio Jaime quase ao ouvido de seu interlocutor.
— Pode ser que dali sopre o furacão. Contudo, se ele deve ser o Libertador de Israel e o seu Rei eterno, como dizem também as profecias, terá que se arriscar mesmo à custa da sua própria vida — respondeu Hanani. — Intrincado labirinto é este das profecias, pois parecem contradizer-se umas às outras!
— No templo de Jerusalém, ouvi polêmicas calorosas sobre este tema das profecias messiânicas, e te digo a verdade, Hanani: nem os próprios doutores da Lei a entendem. Há pouco tempo acompanhei Jhasua ao Monte Hor, lá junto a Sela, no Edem. Numa reunião de dez Mestres vindos de diferentes países, Jhasua, o único jovem, tinha a presidência de todas as reuniões. Isso quer dizer muito, não é verdade, Hanani?
— Acredito que sim!
— Pois bem. De alguns deles, quando se despediram de Jhasua, ouvi dizer: "*Do mesmo modo como agora, quando chegar a tua hora, nossa íntima convicção de investidura eterna acompanhar-te-á para dizer:*

"*Ungido do Altíssimo! ... Teu Reino não está neste Mundo.*" E Jhasua, com admirável serenidade, respondeu: "*Eu o sei perfeitamente! Mantende a vossa palavra.*"

– Santo Deus dos Céus! ... – disse Hanani com religioso pavor. – Que virá sobre o nosso povo se o Ungido de Jehová se deixar imolar?

Quando se sentaram à mesa para a ceia, uma alegria transbordante brilhava em todos os rostos menos no rosto austero de Hanani, a meditar nas palavras do tio Jaime.

Jhasua sentiu a vibração dolorosa de seus pensamentos e, procurando tirá-lo desse estado, disse:

– Bom amigo Hanani. Todas as vezes que eu vier a Tiberias, hospedar-me-ei na tua casa, e mais adiante não virei com o tio Jaime apenas. Com isto ficas sabendo que precisarás ampliar a tua casa se quiseres cumprir com perfeição a lei da hospitalidade.

– Oh, meu Senhor! ... Quantas vezes virá ainda à minha casa?

– Por que me chamas agora de *Senhor* e não simplesmente de Jhasua? Quem me engrandeceu diante de ti?

– Quem? As tuas obras, Senhor, e o grito de meu coração está me dizendo: "*É Ele, e este mundo o ignora!*"

– "Deus dá a sua luz aos humildes e a esconde aos soberbos", diz a Sagrada Escritura – respondeu Jhasua.

Os olhos de Hanani mantiveram-se fixos durante alguns instantes nos de Jhasua que, ao manter esse olhar, transmitiu ao seu espírito a divina revelação que ele buscava.

– Tu me deste, Senhor, muito mais do que eu mereço! A Luz de Deus desceu à minha casa!

E o nobre Hanani baixou os olhos para a comida que tinha diante de si a fim de dissimular a profunda emoção que lhe embargara o espírito.

Ele acabava de encontrar o Messias anunciado pelos Profetas em Jhasua, filho de Myriam e de Joseph.

Em Corazin

Na manhã seguinte Jhasua empreendeu a viagem acompanhado também de Hanani, que contratou o trabalho de três muladeiros, e seguiu até Corazin. Hanani contava com a boa vontade de dois irmãos mais moços, Essênios do primeiro grau, que moravam ali para que, por intermédio de um grupo de cortadores de madeira dos bosques da Ituréia, dependentes deles, protegessem a viagem de Jhasua nessa perigosa região.

– Não está certo, Hanani, pôr em movimento todos os teus parentes para me servir de guarda – disse sorrindo o Mestre, vendo o fervor do bom homem em evitar-lhe todos os perigos.

– Se há de ocorrer-vos algum contratempo, que não seja por negligência minha – respondeu ele e continuou viajando junto de Jhasua, sem concordar em voltar, por mais que lhe pedissem.

Ao tranqüilo passo de seus jumentos, palestravam sobre as arbitrárias imposições do invasor nas cidades, que empobreciam dia após dia por causa de impostos e contribuições de toda espécie. O Templo de Jerusalém, com sua numerosa corte de sacerdotes e levitas, era como um enorme ventre que engolia em dízimos e primícias o melhor das colheitas, dos rebanhos, das manadas e de tudo quanto se produzia.

Além disso havia os animais que eram destinados aos sacrifícios, cujo número as novas instruções aumentava até o inverossímil em razão de pequeníssimas transgressões, às vezes involuntárias, e das regras disciplinares impostas sobre os fiéis.

Todos clamavam pelo Messias Libertador de Israel porque o fantasma da fome assomava sua face pavorosa na classe média, nos lares humildes, onde às vezes o único alimento consistia em tortas de trigo esmagado e bolotas silvestres.

Os donativos da Santa Aliança eram abundantes, mas o povo era numeroso e os salários, para os que não eram romanos, haviam baixado à metade de seu valor.

Os lavradores abandonavam suas enxadas e pás. Os pastores abandonavam seus rebanhos. Que os levassem os arrecadadores do fisco ou os do templo, era a mesma coisa para eles, que também não se importavam quando suas reses eram devoradas pelas feras.

"São lobos uns e outros a devorar o que não produziram", diziam. E o povo ia enchendo-se de amargo fel, e acabava por alistar-se aos montões nessas misteriosas fileiras onde era adestrado secretamente para uma luta sem quartel contra a miséria que ameaçava o país.

— Nada disto eu quis dizer-te na minha casa, Senhor — disse Hanani ao Mestre —, para não assustar minha mãe, minha mulher e minhas filhas que já tinham muitos problemas com a doença de Fatmé. Além disso, não fazemos parte dos que estão em piores condições, porque nosso trabalho de tapeçaria é pago por pessoas de posses. Os divãs, os canapés, as carruagens dos cortesãos do Rei Antipas e dos magnatas romanos deixam-nos um lucro razoável que dá perfeitamente para viver sem a ameaça da fome ...

Jhasua ouvia em silêncio e sua alma foi se enchendo de amargura perante a dor desse povo em cujo meio havia nascido e para o qual estava certo de não poder dizer: "Vinde atrás de mim que serei o Rei da Paz, da Justiça e da Piedade que necessitais."

Ele podia dizer-lhes apenas:

"Eu serei a vossa luz e o vosso guia nas trevas! ... Vinde a mim todos os que levais pesados fardos, que eu vos aliviarei! ...

"Vinde a mim todos os que chorais, porque eu vos consolarei com a promessa de bens eternos.

"Bem-aventurados os pobres, porque deles é o Reino dos Céus!

"Bem-aventurados os que têm fome e sede de justiça, porque serão fartos."

No entanto, Jhasua sentia o clamor do povo que lhe respondia:

"Enquanto não chegam os bens eternos, o Reino dos Céus e a fartura de justiça, com que acenderemos o fogo, com que amassaremos o pão, com que cobriremos o corpo ... com que pagaremos o nosso teto? ..."

— Cala-te, Hanani, cala-te por piedade — exclamou Jhasua, largando as rédeas e apertando o peito com ambas as mãos. Era o seu próprio pensamento que falava e a ele parecia ser Hanani esse homem do povo que clamava.

— Senhor! ... Já faz bastante tempo que estamos em silêncio — disse Hanani, descendo da cavalgadura para socorrer Jhasua, cuja palidez o espantava.

O tio Jaime, que ficara um pouco para trás, aproximou-se também.

— Que aconteceu? — perguntou, com visível preocupação.

— Um ligeiro desvanecimento. Não é nada — respondeu Jhasua.

— A jornada foi longa, mas já chegaremos a Corazin e te recuperarás em seguida. — O bom tio Jaime tirou da sacola de mão um pequeno frasco de licor de cerejas e o deu de beber a Jhasua.

— Bebe tu também, Hanani, pois pareces mais morto do que vivo — acrescentou entregando-lhe o elixir.

Poucos momentos depois entravam na pitoresca cidade de Corazin, cujas brancas muralhas pareciam de mármore entre a escura folhagem das nogueiras e dos castanheiros.

Felizmente, a casa dos irmãos de Hanani estava próxima da Porta do Oriente chamada "*do Jordão*", porque ali começava o aqueduto por onde vinha do rio a água para a regagem de jardins, hortos e plantações.

A casa era uma grande oficina de carpintaria e depósito de madeiras. Ambos os irmãos eram casados e tinham filhos pequenos. Eram mais rústicos que o irmão mais velho, pelo qual devotavam grande respeito quase como a seu pai, pois ele havia sido para eles um pai desde que ficaram órfãos em sua primeira juventude.

Numa velha torre meio destruída, num dos mais pobres bairros da cidade, os Terapeutas procedentes do Santuário do Tabor tinham instalado um mísero refúgio para enfermos e anciãos sem família.

Esses Terapeutas haviam neutralizado na povoação hebréia o desprezo com que olhavam para os dois irmãos quando estes tomaram para esposas duas irmãs da raça árabe, entre os vizinhos hauranitas. Em suas viagens de transporte de madeiras dos bosques do Hauran, foram socorridos numa crítica situação por uma tribo árabe ali radicada.

Aceitando em parte as minuciosas e pesadas instruções disciplinares dos filhos de Israel, elas suavizaram também um pouco a desconfiança dos correligionários de seus maridos. Apesar de tudo, as duas irmãs Aminé e Zarga não eram felizes, porque seus maridos, influenciados pelos de sua raça e religião, começaram a tratá-las depreciativamente, como a uma raça inferior e quase indignas deles.

Os primeiros rebentos haviam nascido meninas; no entanto, quando pouco depois nasceram varões, o distanciamento cresceu muito em virtude da lei hebréia determinar a circuncisão e as mães árabes se oporem horrorizadas diante de uma crueldade que, entre os de sua raça, não se usava sequer em animais. De acordo com a lei hebréia, aos oito dias do nascimento devia ser efetuada a circuncisão, e os dois garotos, nascidos de ambos os matrimônios, já tinham vários meses.

As infelizes mães que haviam perdido grande parte do respeito e do carinho de seus maridos, estavam se preparando mui secretamente para fugir para o Hauran, a fim de viver entre as pessoas de sua raça e religião.

Quando ali chegaram os nossos viajantes, existia na casa uma atmosfera pesada de incompreensão e desconfiança recíprocas, que estava tornando a vida por demais angustiosa e amarga.

Muito embora os dois irmãos Semei e Joab tenham recebido carinhosamente Hanani e seus companheiros de viagem, não conseguiram esconder a tristeza e o desgosto de que estavam possuídos, principalmente quando entraram na casa e viram apenas dois velhos criados cuidando do fogo e preparando a refeição.

— E vossas mulheres e crianças, onde estão? — perguntou Hanani, estranhando a sensação de vazio observada ali.

— Em suas alcovas — respondeu um deles, e desviou a conversação, mencionando os êxitos obtidos ali pela Santa Aliança.

Os dois faziam parte dos primeiros filiados, embora o principal dirigente fosse o patriarca Zacarias, como chamavam a um bom ancião que tinha em sua casa uma Sinagoga e desfrutava da fama de ser um piedoso filho de Abraham.

— Estes companheiros de viagem — disse Hanani, apresentando Jhasua e o tio

Jaime – são os fundadores e dirigentes da Santa Aliança de Jerusalém. Passaremos a noite aqui e amanhã eles seguirão viagem para Cesaréia de Filipos, enquanto eu regressarei a Tiberias.

Ao ouvir isto, o mais velho dos dois irmãos se aproximou dos criados e deu-lhes ordens em voz baixa.

Jhasua, oprimido pelo cansaço e, principalmente, pela angustiosa indisposição que existira naquela casa, sentou-se no primeiro estrado que encontrou junto da porta. O tio Jaime, menos sensível, começou a dar passos distraídos pelo aposento, e parecia que sua percepção do ambiente não era tão acentuada.

Hanani, inquieto com a ausência das cunhadas, indagou do mais moço de seus irmãos os verdadeiros motivos. Este, um tanto inibido e envergonhado, falou-lhe em particular e explicou o que se passava.

– Eu já vos havia dito quando realizastes este casamento que somente um grande amor vos salvaria do triste final a que chegastes – disse Hanani pensativo. – O mais jovem dos viajantes – continuou dizendo – é um grande Profeta de Deus, diante do qual até os anciãos doutores inclinam sua fronte. Submeteremos o vosso caso ao seu juízo, e o seu conselho será uma lei para vós. É um homem extraordinário! Basta dizer que, numa noite de hospedagem em minha casa, curou Fatmé, e bem sabes qual era o seu estado! ...

– Como? ... Curou a tua filha? ... Mas os médicos asseguravam que ela teria vida apenas para duas luas?! ...

– É como eu digo: Ele a curou!

Semei voltou os olhos para Jhasua e examinou-o longamente.

– Quão formosa é a majestade a rodeá-lo! – exclamou. – Parece um Rei! ...

– Logo será – disse Hanani, quase ao ouvido do seu irmão. – Dizem que ele é o Messias Salvador de Israel. Mas, silêncio, pois ainda não se pode repetir isto em voz alta.

– Jehová bendito! ... E o trouxeste à minha casa manchada por duas mulheres rebeldes à nossa Lei ... Que ele não o saiba, porque fugirá como da peste! ...

– Fugir? ... Ele? ... Não sabes o que dizes – respondeu novamente Hanani.

– Teus irmãos, Hanani – disse imediatamente o jovem Mestre –, não sabem certamente quais os fins perseguidos pela Santa Aliança.

Os três homens rodearam Jhasua.

– Explica-lhes, Senhor, pois ninguém melhor do que tu pode fazê-lo – disse Hanani.

– É antes de tudo e acima de tudo uma instituição baseada no amor de uns para com os outros. Parece-me que vós, Joab e Semei, ignorais este princípio, base e fundamento da Santa Aliança.

– Por que dizeis isto, Senhor? – perguntaram ambos ao mesmo tempo.

– Porque sei que tendes esposas e filhos pequenos, que são a beleza do lar e os relegais a um lugar escondido de vossa casa como se fossem um estorvo para vós.

"A Santa Aliança é amor ... puro amor, e aqui o amor fugiu, deixando em seu lugar o receio e a desconfiança. Ao receber vossos nomes na Santa Aliança, não vos explicaram provavelmente o seu significado ..."

– Sim, Senhor ... O patriarca Zacarias explicou-nos tudo ... No entanto, há circunstâncias especiais na vida que nos criam obstáculos intransponíveis ... – respondeu Joab.

– Estais cometendo um erro, meus amigos – insistiu o Mestre. – Não há obstáculos intransponíveis quando existe um amor verdadeiro. Desde minha entrada em vossa casa eu compreendi que não sois felizes e que uma grande incompreensão vos separa de vossas esposas e vos afasta de vossos filhos.

Os dois irmãos se entreolharam sem conseguir dizer palavra.

– Perdoai-me – continuou o Mestre –, porém causa-me tanto sofrimento a vossa amarga tristeza que quero, a todo o custo, fazê-la desaparecer daqui. Viajo para levar a paz e a tranqüilidade a todas as almas, e não faria justiça a mim mesmo aceitando vossa hospitalidade e deixando a angústia em vosso coração.

"Trazei aqui vossas esposas e vossos filhos."

– Senhor – disse o mais velho – cometemos a loucura de casar-nos com mulheres de outra raça, e elas são rebeldes à nossa Lei.

– Hanani, creio que conheces bem a Lei de Moisés ... Queres ter a bondade de repeti-la em voz alta?

Hanani começou a recitar:

"Amarás ao Senhor teu Deus, com todas as forças da tua alma, e não te inclinarás perante imagem alguma feita pelo homem, mas adorarás a teu Deus em espírito e verdade.

"Não tomarás o Nome de Deus em vão.

"Santificarás o sábado, com o descanso de todos os moradores da tua casa.

"Honrarás a teu pai e a tua mãe.

"Não matarás.

"Não cometerás adultério.

"Não furtarás.

"Não levantarás falso testemunho.

"Não desejarás a mulher do teu próximo.

"Não cobiçarás os bens alheios.

"Estes Dez Mandamentos estão contidos em dois:

"Amar a Deus sobre todas as coisas e ao próximo como a ti mesmo."

– Estás satisfeito, Senhor? – perguntou Hanani, quando terminou de recitar os Dez Mandamentos da Lei de Moisés.

– Muito bem, Hanani. Agora dizei, Joab e Semei, contra qual destes mandamentos se rebelaram vossas esposas?

– Contra nenhum deles, Senhor – responderam ambos ao mesmo tempo. Contudo, elas se opõem a que nossos filhos varões sejam circuncidados, e eles já nasceram há vários meses.

– Essa não é uma lei emanada de Deus – disse o Mestre – mas uma determinação criada pelos homens, como muitíssimas outras, não implicando um bem moral ou espiritual, de forma alguma; apenas obedecendo à idéia de estabelecer a separação absoluta entre raças e religiões.

"O homem é culpado – acrescentou – quando atribui ao Supremo Criador seus pré-julgamentos, suas falsas concepções da Idéia Divina, seu modo egoísta de interpretar a dependência das almas umas com as outras, e entre elas e a Suprema Potência Criadora.

"Todas as religiões nasceram na alma do homem, da sua absoluta necessidade de estar em relação com Deus, e salta à vista do observador desapaixonado a evidência de que todas as religiões foram boas e puras quando nasceram, como flores divinas, da mente de seus fundadores que, sem dúvida alguma, eram Inteligências muito adiantadas no conhecimento de Deus e das almas.

"A religião dos árabes, cuja simplicidade a torna quase desprezível aos espíritos habituados a um enorme calhamaço de instruções e de ritos, em sua remota origem pré-histórica, nasceu da alma luminosa de um chefe poderoso e justo, cujo domínio abrangia a grande península hoje conhecida como 'Arábia Pétrea', desde Ectham até Esion-Geber, na costa do Mar Vermelho. Nessa época, chamava-se 'País de Arab'. Esse chefe, em aliança com a Fraternidade Kobda do Nilo, quis civilizar esse país selvagem, dando-lhe uma norma justa de vida e uma forma de adoração ao Supremo Criador. Seu nome era *Ben-Abad*, o qual, quando julgou ter cumprido a sua missão, deixou a seus filhos o governo dos povos e retirou-se para passar sua velhice carregada de merecimentos no Santuário de Neghadá, onde o Nilo se esvazia no mar e onde a Fraternidade Kobda elaborava a civilização dos três continentes conhecidos então.

"Continuai escutando e levar-vos-ei ao ponto que quero – continuou o jovem Mestre.

"Nosso pai Abraham, modelo de justiça, honradez e submissão ao Senhor Deus que adorava, bebeu a norma de vida e a compreensão da Divindade de sua irmã mais velha, *Vhada*, Matriarca de um refúgio Kobda para mulheres abandonadas, maltratadas ou repudiadas.

"Era o mesmo alento puro da Fraternidade Kobda o que soprou na mente de Beni-Abad, início da civilização arábica, e na mente do nosso pai Abraham, origem da nossa civilização hebréia.

"No princípio de ambas as civilizações, não existiu outro código além deste:

" 'Tratarás todos os teus semelhantes com o mesmo respeito desejado por ti.'

"Seu culto reduzia-se a uma fervorosa invocação ao Supremo Criador quando o sol aparecia nas alvoradas e quando se punha no ocaso. Eis aí todo o ritual, toda a lei, todo o cerimonial de ambas as civilizações em suas remotas origens.

"Agora invoco os vossos princípios de justiça, de eqüidade e de honradez legendária dos filhos de Abraham, e pergunto:

"Será justiça diante de Deus, Senhor e Pai de todas as almas, que um filho de Abraham despreze um filho de Ben-Abad, como se fosse de uma raça inferior? Respondei! – insistiu docemente o Mestre."

– Não, Senhor! Não é de justiça! – responderam os dois irmãos ao mesmo tempo.

Por detrás de umas cortinas, viu Jhasua assomarem das alcovas vizinhas dois rostos femininos cheios de susto a espiarem a estranha e solene reunião.

As duas mulheres tinham o rosto banhado em pranto e ambas abraçavam seus filhinhos adormecidos.

O coração do jovem Mestre estremeceu dentro do peito e, em três rápidos passos, chegou até as cortinas, descerrou-as fortemente, ao mesmo tempo que olhava com imensa ternura para aquele quadro, e foi dizendo, enquanto acariciava os dois pequeninos:

– Vinde, pobres vítimas da ignorância humana! ... Vinde para viver a vida livre e santa dos filhos de Deus, que pede apenas o vosso amor e a vossa gratidão por todos os bens e graças derramadas sem cessar sobre todas as criaturas que respiram debaixo do sol! ...

As mulheres caíram de joelhos por terra chorando amargamente, enquanto ofereciam a Jhasua seus filhinhos, como pedindo-lhe proteção para aqueles pedaços de seus corações, que defendiam até com o perigo de suas próprias vidas.

O Mestre levantou as mulheres e, tomando um menino em cada braço, levou-os a seus pais, que também se esforçavam para conter o pranto.

– Creio que compreendestes – disse – que é um crime separar o que Deus uniu, e por motivos tão fúteis, que valem muito menos que uma folha seca arrastada pelo vento.

"Tomai-os! ... – insistiu o Mestre entregando aos dois pais seus filhos, cujos olhinhos assustados e ainda sonolentos olhavam para todos os lados. – Estou certo –

acrescentou – que desde os oito dias do nascimento não destes um beijo em vossos filhos, porque não andou por aqui o cutelo de pedra derramando sangue inocente!...

"Deixai todo esse atavismo selvagem, porque Deus não quer torturas nem sacrifícios sangrentos, mas o santo amor de todos os seus filhos unidos na oração e no trabalho, nas obras de bem e de justiça."

Semei e Joab afundaram o rosto entre as roupas que cobriam seus pequenos e deixaram escapar soluços, porque a vibração do amor do Mestre era tão poderosa que nem sequer o tio Jaime pôde subtrair-se a ela. Hanani abraçou suas cunhadas, que continuavam chorando silenciosamente. Aproximou-as de seus irmãos e lhes disse com a voz trêmula pela emoção:

– Em lugar do nosso falecido pai, eu abençoei o vosso matrimônio, e hoje eu o abençôo novamente, rogando ao Deus de Abraham que saibais recolher em vossos corações a Luz Divina que hoje entrou em vossa casa.

Aminé e Zarga inclinaram-se profundamente diante dos maridos, conforme era o costume árabe, e eles as atraíram para si num abraço mudo, no qual silenciavam os lábios e tão-somente falavam as almas.

– Agora podereis afastar-me feliz da vossa casa – disse Jhasua –, porque o amor floresceu de novo sob o olhar de Deus. Agora sois verdadeiros filhos de Ben-Abad, o bom árabe, e de Abraham, o bom pai da raça hebréia.

Hanani quis celebrar numa pequena festa nessa noite o feliz acontecimento de duas famílias novamente unidas pela compreensão e pelo amor verdadeiro.

Os dois casais conservaram, durante todos os seus dias sobre a Terra, um fervoroso culto ao Profeta Nazareno que iluminou o caminho de suas vidas com uma luz nova que jamais pôde extinguir-se.

A divina semente semeada pelo Cristo germinou de tal maneira naqueles dois lares que, com a morte do ancião Zacarias ocorrida um ano depois, eles assumiram o encargo da Santa Aliança e, entre as piedosas obras a que consagraram o tempo deixado livre pelo seu trabalho, se dedicaram de preferência a derramar a paz e a harmonia nas famílias onde havia penetrado a discórdia, destruindo tudo como um furacão de fogo nas pradarias em flor.

Os dois irmãos, Joab e Semei, se empenharam em acompanhar os viajantes até passar o país da Ituréia, no outro lado do Jordão. Eles regressariam com a caravana esperada nesses poucos dias.

Hanani ficou na casa para controlar os negócios aos quais, como irmão mais velho, ele estava associado e dava sua aprovação.

Hanani queria, além do mais, reafirmar a paz e a harmonia que o Profeta Nazareno restabelecera, fazendo compreender às jovens cunhadas o que aquele homem extraordinário significava para o Oriente oprimido por toda classe de arbitrariedades e de humilhações.

Sigamos, leitor amigo, nossos viajantes na rota para Damasco, a grande capital da Arábia do Norte, que as hostes vitoriosas do Rei Hareth de Petra, do príncipe Hartath e do Scheiff Ilderin haviam até então salvo de cair nas garras da águia romana.

Quando os viajantes chegaram à ponte chamada "*de Jacob*", viram vários rostos esquálidos e uma porção de mãos trêmulas e descarnadas se estenderem em demanda de socorros. O leito profundo do Jordão estreitava-se enormemente nesse sítio, circunstância que foi aproveitada para fazer uma ponte forte e firme com apenas três arcos de alvenaria incrustados nas enormes rochas que existiam em ambas as margens. À esquerda da ponte, caminhando até Cesaréia, o rio alargava-se em formosíssimo lago, não tão grande como o Tiberíades, mas tão profundo quanto ele. Cercado por férteis serranias do Ante-Líbano, havia ali um pequeno bosque quase impenetrável que, por essa circunstância, era um lugar temido pelas caravanas e pelos viajantes em geral, pois se contavam horripilantes histórias de almas penadas que ali tinham perdido a vida física e, na qualidade de fantasmas, exerciam incansável vingança sobre os vivos.

Os mendigos só chegavam até a entrada ocidental da ponte e procediam de uma pobre e ruinosa casa existente ali perto, parte de um subúrbio do que foi a antiga cidade de Hason, pertencente ao velho reino de Cedes, nos tempos do estabelecimento das doze tribos na chamada Terra da Promissão.

Jhasua propôs que se fizesse um descanso sobre a planície da ponte, enquanto os jumentos pastavam na verde relva regada pelas águas do lago Meron. Aquela dolorida multidão de seres infelizes, enquanto aguardava a ajuda dos viajantes e assava pequenos peixes nas fogueiras acesas, atraía poderosamente a atenção do grande homem, que para uns era o futuro Rei e para outros um extraordinário Profeta de Jehová ou, ainda, um maravilhoso mago vindo quem sabe de que região dos Céus ou da Terra, para aniquilar todos os males que oprimiam o povo de Israel.

Jamais aqueles mendigos haviam visto o caso de um grupo de viajantes bem vestidos e com boas cavalgaduras deter-se justamente onde eles tinham sua improvisada tenda de ramos de árvores, detritos do lago e restos de algumas velas rotas que a corrente havia trazido. Contudo, um desses viajantes era Jhasua, o Cristo do Amor e da Piedade, e ... quem o faria passar ao largo de onde houvesse dores a remediar?

Foi preciso esvaziar ali os sacos de comestíveis trazidos pelos irmãos de Hanani e pelo bom tio Jaime, cuja missão de cuidar da pessoa de Jhasua era para ele o principal dever de sua vida.

— Repartiremos nossos alimentos convosco — disse o Mestre alegre e sorridente aos mendigos em número de nove — mas antes vamos lavar-nos nas douradas águas desse precioso lago. Deus quer a limpeza dos corpos antes de comermos o pão que ele nos dá.

"Ajuda-me Joab — disse ao mais moço dos irmãos, enquanto o tio Jaime e Semei preparavam a refeição.

Correndo como um menino, Jhasua desceu a escadaria da base da ponte, e tomou pela mão um infeliz cego que estava sendo guiado por um garotinho.

— Vamos — disse. — Vamos todos ao lago para lavar-nos.

— Eu não posso amiguinho — murmurou um homem pequenino sentado sobre uma pele de ovelha. — Não vês como estão as minhas pernas?

O homenzinho afastou os sujos farrapos que o cobriam, e Jhasua viu suas pernas secas e retorcidas como raízes pelo reumatismo do qual estava atacado desde há vários anos.

— Ah! ... Isto é outra coisa. No entanto, tudo se ajeita na vida — disse. — Cuida de teu pai que eu me encarrego deste — disse ao garotinho que guiava o cego. Sem esperar nem um momento mais, Jhasua carregou o homenzinho das pernas retorcidas e levou-o até a margem do lago.

Joab fez o mesmo com outro dos mendigos que tinha uma perna horrivelmente encolhida, motivo pelo qual andava apoiado em duas muletas. Os que apenas tinham mãos e braços inutilizados, ou com queimaduras em acidentes de trabalho, puderam andar por si mesmos, e talvez todos julgassem que era exigência demasiada a daquele viajante que, para dar-lhes parte de sua comida, impunha a todos a necessidade de entrarem no lago, cujas águas deviam estar muito frias! O sol radiante estava próximo ao meio-dia, contudo, era o final do outono, e naquelas alturas montanhosas do Líbano o frio chegava antes.

Quando o Mestre deixou sua carga sobre a relva fofa da margem do lago, e aguardando a chegada de todos, ergueu-se como uma estátua de mármore branco, estendeu seus braços abertos sobre as águas, e Joab viu seu rosto parecer transfigurar-se e suas mãos irradiarem longas e finas linhas de fogo que pareciam cair em fina chuva de chispas sobre as águas serenas do lago Meron.

Quando cessou a vibração de suas mãos, Jhasua despojou-se do manto e da túnica e, tirando do paralítico suas pobres roupas, mergulhou-o na água até o pescoço.

– Afunda a tua cabeça sete vezes na água – disse ao cego – e tu, meu menino, – disse também ao garotinho –, mergulha na água de Deus para limpar o teu sangue do gérmen da lepra da qual estás ameaçado para o princípio da tua juventude.

Uma onda formidável de sugestão fora estendida pelo grande taumaturgo sobre todas aquelas criaturas, carregadas com as taras hereditárias de todas as misérias e enfermidades daqueles que os trouxeram para a vida material, em desastrosas condições físicas e morais.

Quando viu todos dentro da água, Jhasua estendeu novamente as mãos sobre ela, concentrando seu pensamento numa suprema evocação à Eterna Potência Criadora, e disse com uma voz profunda e dulcíssima:

– Estais todos limpos na alma e no corpo pela Soberana Vontade de nosso Deus-Amor e Piedade. Podeis ir!

Um grito de assombro escapou de todos os lábios quando viram o paralítico, o das muletas e o cego saírem por seus próprios meios.

Como visse todos correndo em busca de seus farrapos para se cobrirem, disse:

– Não está bem cobrirdes vosso corpo com essas imundícies, quando acabais de ser purificados pelo amor. Vinde, que meu manto dá para todos.

Do seu manto branco de lã de cachemira depositado ali na relva e dobrado muitas vezes, da mesma maneira como sua túnica, foi separando tantas túnicas quantas foram necessárias, e foi entregando-as aos nove mendigos que, em seu estupendo assombro, não acertavam cobrir-se com elas.

– De que vos espantais? ... – perguntou. – Julgais que o Pai Celestial é avaro em suas dádivas quando a fé resplandece como uma tocha nas almas?

– Todos levamos a túnica do Profeta – gritavam, entre choros e risos aqueles infelizes, vendo-se cobertos por uma túnica branca igual à de Jhasua.

Joab também estava como estonteado diante de tal prodígio, e lamentava que seus irmãos não o houvessem presenciado.

Tranqüilamente, Jhasua vestiu novamente a túnica e o manto e disse a todos:

– Vamos. Agora estamos limpos no corpo e na alma para comer o pão que Deus nos dá. – No entanto, aquele grupo de mendigos se prostrou diante dele soluçando de emoção.

– Senhor! – disseram. – És um Profeta de Deus e queremos que no seu nome perdoes os nossos pecados.

Aos gritos que ninguém podia fazer silenciar, cada qual disse, com profundo arrependimento, as culpas das quais sua consciência o acusava.

– Está bem, meus irmãos! Antes que tivésseis pedido, já o Pai Celestial vos havia perdoado, porque vossos pecados foram causados pela dor, pela injustiça e pela vossa própria miséria.

"Amai ... Amai vossos semelhantes em memória de mim, e o Pai Celestial vos encherá com suas dádivas."

Confiamos à imaginação do leitor e aos seus nobres sentimentos a tarefa de imaginar como foi essa refeição para os felizes visitados pela dádiva divina, ali, junto ao lago Meron, na entrada da ponte de Jacob, cenário de um dos grandes transbordamentos de Amor e de Fé da Alma Excelsa do Cristo Divino.

O relato dessa estupenda exteriorização de forças, que produziram tão maravilhosos desenlaces e acúmulo de fluidos e moléculas, foi escrito pelo tio Jaime, baseado no relato de Joab e dos mendigos que, ainda quando houvessem querido falsear a verdade, ali estavam as provas dos corpos curados e das brancas túnicas que os cobriam.

A Santa Aliança encarregou-se de todos eles para proporcionar-lhes meios de vida através de um trabalho honrado e do seu próprio esforço.

Nos Bosques da Ituréia

Dez anos antes, Jhasua havia feito essa mesma viagem a caminho de Ribla, e pôde notar que não se haviam operado mudanças notáveis. As mesmas solidões nos bosques, onde dificilmente se encontravam vestígios humanos desde a ponte de Jacob até o país dos Itureus. No segundo dia, encontraram um agrupamento de cortadores de madeira ao redor de um bom fogo preparando algumas peças de caça para a refeição da noite.

Alguns deles conheciam os irmãos de Hanani que, como operários da madeira, há algum tempo, haviam realizado alguns negócios. Este foi o motivo por que aqueles homens se interessaram pelos nossos viajantes e os aconselharam a ficar ali para passar a noite. Não obstante pudessem oferecer muito poucas comodidades na Gruta das Caravanas, muito conhecida dos viajantes, sempre era melhor que arriscar-se a penetrar mais no interior da selva, da qual não podiam esperar proteção alguma.

O tio Jaime julgou prudente aceitar o oferecimento e Jhasua não fez objeção alguma.

Joab e Semei, conhecedores do lugar, dedicaram-se de imediato a trazer algumas braçadas de feno e de ervas secas para preparar os leitos. Jhasua e o tio Jaime ajudaram dois jovens do grupo a preparar as rústicas tochas com cânhamo retorcido e engordurado, indispensáveis para afugentar as feras que, apenas entrava a noite, se faziam sentir furiosamente.

Como os cortadores se dessem conta da deferência respeitosa com que os dois irmãos tratavam Jhasua e seu tio, um deles perguntou que personagens eram aqueles.

A beleza física do Mestre e, acima de tudo, sua intensa irradiação ao mesmo tempo de bondade e de superioridade, chamava grandemente a atenção de todos os que dele se aproximavam, embora não o conhecessem.

– O mais jovem – disse Joab – é Profeta e médico de grande ciência, tendo curado a filha mais velha de nosso irmão Hanani, já bem próxima da sepultura por causa de uma enfermidade maligna.

"O de mais idade, é um tio que o acompanha."

Foi o bastante para que aqueles homens se desdobrassem em atenções para com os dois viajantes.

Estenderam para eles, próximo da fogueira, uma esteira de junco e pequenos colchões de crina de cavalo para sentar-se. As mais belas folhas de palmeiras foram cortadas para servir de pratos, onde umas quantas cordonizes e pedaços de corça assados foram oferecidos como ceia.

O bom vinho de Corazin, trazido pelos irmãos de Hanani, alegrou o ânimo dos fatigados cortadores, que começaram a contar as horripilantes tradições ou lendas que corriam entre os viajantes acerca da região onde se encontravam.

Entre todas essas notícias, misturaram-se as da atualidade, que consistiam nas duras refregas que, entre romanos, partos e árabes, se sucediam por ali com bastante freqüência.

– Um correio com destino ao Scheiff Ilderin chegou aqui, e o acompanhamos até Lesem.

A Jhasua chamou a atenção ouvir mencionar o nome do seu nobre amigo e perguntou:

– Mas, o Scheiff anda por aqui? Eu o julgava em seu castelo, nos Montes Bazan.

– Parece que ele veio prestar ajuda com seis mil ginetes ao príncipe Hartath de Damasco. Deve estar ocorrendo algo grave.

– Em Filadélfia o correio foi informado que o Scheiff saiu com suas forças para o norte, e ele passou por aqui em sua busca.

Jhasua pensou que poderia encontrar-se com o Scheiff em Damasco, mas não imaginou que aquele correio era um dos jovens árabes despachados desde Jerusalém pelo diligente ancião Simônides.

Continuando o serão, falou-se também de um misterioso mago ou bruxo, ao qual chamavam de "o tibetano", provavelmente porque seria do distante país do Tibet.

Parecia que ele tinha um imenso poder de sugestão sobre as pessoas, em especial sobre mulheres e adolescentes, aos quais tomava como instrumentos para realizar grandes roubos e exercer vinganças, quando lhe pagavam bom preço.

– Onde vive esse homem? – perguntou Jhasua com interesse.

– Numas grutas sepulcrais nos arredores de Cesaréia de Filipos – responderam.

– Como é que as autoridades do país não tomam medidas nesse sentido? – perguntou o tio Jaime.

– Quem ousará defrontar-se com ele? Esse malvado bruxo tem um exército de demônios no corpo. O tetrarca Felipe preferiu tornar-se seu amigo, e dizem que saiu ganhando muito com isso, porque o mago o fez encontrar um tesouro escondido desde tempos distantes numa gruta do lago no qual deságuam as águas do Nahr-el-Avaj.

– Se chegardes a Cesaréia, pode suceder que venhais a conhecê-lo. Na praça das caravanas ele se senta sob um toldo amarelo, e com sua flauta de bambu e suas horrorosas serpentes amestradas, atrai as pessoas para iludi-las – mencionou outro dos lenhadores.

"É o terror das mães, porque parece que o bruxo tem predileção pelas adolescentes formosas e pelos jovens galhardos.

"Dizem que já desapareceram muitos, e até agora não se sabe o que ele fez com suas vítimas."

Jhasua pensou com sofrimento na desgraça daquele infeliz que havia desenvolvido para o mal as faculdades poderosas outorgadas pela Eterna Energia, como forma de progresso para si mesmo e de bem para os seus semelhantes. Seus pensamentos acabaram por concretizar-se nisto:

– "Queira o Pai Celestial pôr essa criatura no meu caminho para salvá-lo do abismo onde se encontra."

Alguns dos cortadores mantiveram-se taciturnos e retraídos e o jovem Mestre, segundo seu costume, iniciou suas observações a fundo, ao mesmo tempo que se revezava afavelmente nas conversações que vieram à luz durante a refeição.

Quase todos eles eram fenícios e sírios. Alguns eram gaulonitas e só três deles eram galileus de Ecdippa, na costa do mar. Eram vinte e seis ao todo.

Quando a lua se levantou como um fanal de prata, os fenícios puseram-se de pé, e, logo depois de fazer ao astro noturno uma grande reverência ou "zalema", como diria um árabe, encaminharam-se para a saliência da montanha, levando uma das tochas, resinas de ramos de terebinto e um saquinho de resinas perfumadas misturadas com frutas secas.

— Cada louco com a sua mania — disse o velho patrão do grupo. — Assomando sua replandecente *Astarté*, sobem eles também ao seu altar no alto daquele penhasco para queimar algo daquilo que lhes pode servir de alimento. Não bastaria fazerem-lhe uma oração?

"De que servem para essa formosa lua crescente alguns figos, uvas secas e nozes queimadas sobre o seu altar? Acaso ela se ocupa de seus devotos? Vários deles têm desgraças em suas famílias, e podeis vê-los abatidos pela tristeza, enquanto *Astarté* continua flutuando com majestade de Rainha no seu mar azul. Eu não creio em nada, a não ser naquilo que está ao alcance do meu esforço e da minha capacidade: o trabalho honrado que nos dá o pão. Esse é o melhor deus.

— Raciocinas bem, ancião — disse Jhasua —, mas é inato no homem buscar algo superior para servir-lhe de proteção e amparo. Nessa busca, é verdade que o homem se equivoca na escolha, e às vezes toma como a um ser superior aquilo que apenas é uma obra, uma manifestação do Supremo Criador de tudo quanto existe.

"Sendo Ele uma Potência, uma Força invisível aos nossos olhos, o homem crê encontrá-lo naquilo que mais chama a sua atenção."

— Parece-me, na verdade, que és o Profeta que dizem — acrescentou o ancião —, e é o primeiro a quem ouço dizer aquilo que eu sempre pensei, pois, se existe um Deus Criador Todo-Poderoso, deve estar invisível aos olhos humanos, porque tudo o que os olhos vêem ou as mãos tocam é necessariamente uma coisa criada, feita, formada ... por quem? Esse *quem* que ignoramos e que não vemos nem tocamos, esse é o único que pode ser superior a tudo quanto foi criado no mundo. Esse é o meu pensamento. Se estou errado, não sei nem me preocupa de forma alguma enquanto puder ganhar o meu pão como o ganhei em toda a minha vida, para poder sustentar minha velha companheira e a meia dúzia de netinhos que ficaram a meu cargo com a morte de um dos meus filhos.

— Pensas bem, ancião — voltou Jhasua a dizer —, enquanto concebes o Soberano Criador como o Invisível, o Eterno Enigma, o qual a nossa mentalidade ainda não pode descobrir a não ser através de suas obras. De igual maneira descobrimos o artífice da pedra ou da madeira numa escultura de mármore, ou num delicado móvel, ou num fino artesanato de cedro do Líbano.

"No entanto, quando tropeçamos com uma árvore, com uma flor, com tudo quanto vemos e que não é do homem, é natural que perguntemos a nós mesmos: 'Quem o fez? Como o fez? Por que o fez?' É então, quando surge na mente humana a idéia do Eterno Invisível, que é a quem devemos toda a nossa adoração, as nossas ações de graças e as nossas oferendas, que devem ser invisíveis como Ele, ou seja, germinadas e nascidas no nosso intelecto, no nosso íntimo sentimento, as quais, vertidas ao exterior, como o favo esvazia o seu mel e as frutas as suas substâncias nutritivas, são as obras boas, benéficas e úteis para nós mesmos, e também para os nossos semelhantes.

"Essa é e deve ser a religião de todo homem cuja mentalidade passou da infantil inconsciência da primeira idade."

— És todo um Mestre, embora ainda sejas muito jovem — disse o ancião, demonstrando já claramente sua simpatia por Jhasua.

— Moços! — acrescentou. — Prestemos atenção, pois o Profeta responderá a uma pergunta que há tempo está queimando os meus miolos e que, se não a fizer agora, talvez morrerei com ela.

Jhasua e o tio Jaime ao ouvir sorriram dessas palavras. Os demais, e os devotos de Astarté que já haviam voltado, prestaram toda a atenção.

— Vejamos a tua pergunta e, de minha parte, peço ao Eterno Invisível para pôr em meus lábios a resposta — disse o Mestre.

— Não sei se estou certo ao pensar que esse Grande Poder Invisível é a Suma Justiça e o Sumo Bem, não é verdade, Profeta?

— Justamente é assim como pensas — respondeu Jhasua.

— Então, como se explica esta daninha praga a açoitar-nos, quando não fizemos, de forma alguma, nenhum mal na vida a quem quer que seja ... essa daninha praga denominada "*domínio de Roma*"?

"Eu não tirei nada de ninguém, nem me meti na casa alheia para roubar e tiranizar seus donos e, assim como eu, a maioria dos pacíficos e honrados habitantes da Galiléia, onde vivo desde jovem, não obstante seja originário de Pafos em Chipre. Isto é só uma parte da injustiça e do mal que predomina por toda parte.

"Se o Poder Invisível é Suma Justiça e Sumo Bem, por que existe o mal e a injustiça, por que o crime, o roubo, a usurpação e a violência? A terra, o mar e o trabalho podem dar ao homem tudo quanto ele necessita para a sua vida. Sou razoável, sim ou não? Dize-me, Profeta, porque não quero que a morte deite terra em meus olhos sem esclarecer este assunto."

— Raciocinas bem à luz dos conhecimentos que possuis, bom ancião e, do teu ponto de vista, não podes raciocinar de outro modo — respondeu o Mestre, acrescentando ainda:

"Quando as observações que fizeste produzem essa inquietação, é sinal de ter chegado a hora de examinar, de outro ponto de vista, essa maravilhosa engrenagem da alma humana.

"Estou informado de que, em teu país natal, Pafos, existe uma Escola, derivação da célebre Academia de Atenas, fundada por Platão, chamada "*A Divina*", porque, no seu tempo, ou seja, há pouco mais de três séculos, foi ela quem mais descerrou o véu do Grande Enigma, para esclarecer perante a Humanidade os caminhos percorridos por ela com os olhos vendados e os pés vacilantes. Se todos os homens estivessem convencidos da eternidade da vida, que só os corpos morrem e se desagregam em pó e que, através de repetidas vidas terrestres, podem chegar à perfeita felicidade que buscam, haveria mais justiça, mais bem e mais compreensão na Humanidade."

Jhasua viu claramente que não estava sendo compreendido pelo seu auditório e procurou esboçar com matizes mais fortes o seu quadro.

— Quero dizer — acrescentou — que vós, eu e todos vivemos muitas existências antes desta e, se na presente vida, cremos ter agido com justiça e eqüidade, nas anteriores ..., na remota idade do início da razão, o que terão sido essas vidas primitivas, inconscientes, brutais, quase ao nível dos animais ferozes da selva?

"As Escolas de Sabedoria Divina, que sempre existiram em todos os tempos, como a Academia de Platão, classificada como recente em comparação com as pré-históricas, denominaram essa época, pela qual passam todas as almas, de *evolução primitiva*, ou seja, de deficiente raciocínio, egoísmo desmedido, sentimentos ignóbeis e baixos e, às vezes, paixões ferozes.

"Como hão de corrigir e polir essas enormes monstruosidades?

"Da mesma maneira que um pai corrige seus filhos na primeira infância, não lhes permitindo a satisfação de todos os seus desordenados desejos, privando-os ainda dos meios de satisfazê-los, até a custa de sofrimentos, protestos e rebeldias. Por causa disso podemos dizer que esse pai é injusto?

"Agora, concretizando mais a minha resposta para pôr-me perfeitamente dentro da pergunta deste ancião, direi o seguinte:

"1º. Os sofrimentos do nosso povo de Israel, suportando a dominação estrangeira!

"Há um antigo provérbio que diz: 'Aquilo que semeares, é o que colherás.' Ignoro se vós que me ouvis conheceis a história do povo hebreu, cujo tronco originário é o do patriarca Abraham, homem justo, equânime e sincero adorador do Deus Invisível. No entanto, o povo fundado por ele não seguiu-lhe os passos; e os desacertos, crimes e violências tiveram início já com os seus bisnetos, com os filhos de Jacob que, por inveja, venderam seu irmão José a uns mercadores que iam para o distante Egito. Como podeis ver, quase que imediatamente eles torceram o caminho. Desde então, a senda percorrida por esse povo está toda regada de sangue e desliza como uma serpente maligna, semeando a dor, as devastações, assolando países, matando seus habitantes, para ficar com suas propriedades e riquezas, sem perdoar anciãos, mulheres e crianças.

"Como julgais que o povo de Israel ocupou a Palestina, desde o Líbano até a Iduméia? Foi matando desapiedadamente todos os habitantes que não quiseram submeter-se a ele. Até David e Salomão, contados entre os melhores Reis de Israel, cobravam onerosos tributos e dizimavam os povos dominados por eles. Tanto é assim que, quando Jeroboan, filho de Salomão, sucedeu ao pai, ao ouvir que os povos pediam clemência pelas injustiças sofridas, respondeu-lhes insolentemente: 'Se o meu pai vos açoitou com varas, eu vos castigarei com escorpiões.' Os livros chamados dos Juízes, dos Reis e as Crônicas são uma cadeia de horrores que espantam a alma menos sensível ...

"Agora dizei: pode queixar-se o povo de Israel de sofrer injustamente o domínio estrangeiro?

"Não fez ele o mesmo desde a morte de Moisés, com todos os povos mais fracos que encontrou no seu caminho?

"2º. Razão dos atuais sofrimentos: A desunião, o ódio, o separatismo entre judeus, samaritanos e galileus. Todos formam o povo de Israel, mas divide-os um antagonismo profundo, um ódio incurável, em virtude da dureza de coração da grande maioria. A Judéia não perdoa as duas províncias irmãs, porque não aceitaram como Rei o filho de Salomão. Dez centúrias se passaram desde então, esse ódio continua ainda vivo e tenaz. Essa profunda divisão foi explorada com hábeis manobras pelos audazes idumeus que, dentre a aridez do seu país, cobiçavam as férteis terras regadas pelo Jordão. Um deles, o mais audaz e ambicioso de todos, com simulações e enganos, proclamou-se Rei com a concordância da águia romana, e fundou a dinastia herodiana que escraviza Israel.

"Estes dados mencionados de passagem vos coloca em condições de formar o vosso critério com conhecimento de causa para poder responder acertadamente:

"Podemos culpar o Eterno Invisível, a Suprema Justiça pela responsabilidade daquilo que o povo hebreu sofre atualmente sob o domínio estrangeiro?"

– Não, Profeta, não! ... – respondeu vivamente o ancião. – O povo de Israel está colhendo hoje o que semeou ontem.

— Respondeste muito bem, e eu digo que, através desse mesmo modo de raciocinar, deveis estudar e julgar todas as dores individuais ou coletivas em que vedes oprimida a Humanidade.

"E não julgueis tampouco ser castigo imposto por essa Suprema Potência, mas tão-somente *conseqüências* dos próprios erros individuais ou coletivos.

"Poderás dizer-me — continuou o Mestre — que os hebreus de hoje não têm nada que ver com os crimes e devastações feitas pelos de dez ou 15 séculos atrás; mas então sai, perante nós, a Eterna Lei da pré-existência ou vidas sucessivas a dizer-nos:

"Aqueles que hoje sofrem a dominação estrangeira, são os mesmos que devastaram, dizimaram e mataram as raças que habitavam a Palestina desde os tempos mais remotos. A Lei das Causas e dos Efeitos, que é uma das leis imutáveis da Suprema Potência, cumpre-se inexoravelmente. Se agora apagarmos imprudentemente as fogueiras e as tochas que nos defendem das feras, poderemos, com justiça, queixar-nos se nos vermos atacados por elas? ..."

— Oh, Profeta! ... — exclamou o ancião. — Que tocha viva é a tua palavra a iluminar as profundezas do coração humano! Que Deus é o teu? ... que religião é a tua, que leva o conhecimento do mistério da vida sem esforço algum?

— Meu Deus é o Eterno Invisível que não vejo, porém que sinto em tudo quanto vive, em todos os mundos que rodam como globos de luz pela imensidão — respondeu Jhasua. — Minha religião se reduz a amar todos meus semelhantes tanto como amo a mim mesmo; e isto me obriga a fazer-lhes todo o bem que me seja possível, ainda quando o cumprimento desse dever possa chegar a custar-me a vida.

— Do teu ponto de vista, Profeta, quem ou o que é Astarté? — perguntou um dos fenícios apontando para o astro noturno que vertia sua claridade azulada sobre as negruras dos montes e da selva.

— Vossa Astarté, que beija com amor as flores da noite e os lagos adormecidos, é um astro ligado à nossa Terra pelas poderosas leis da atração. É um astro benéfico que exerce influência sobre os corpos orgânicos de homens e dos animais, na germinação e na vida das espécies vegetais e nos profundos domínios do mar. Ele exerce essa influência, quer concedais vossa adoração e vossas oferendas, quer a negueis, porque Astarté obedece a leis eternas do Supremo Criador dos mundos, e é fiel vizinha da nossa Terra, em torno da qual gira desde que a nebulosa mãe do nosso Sistema Planetário deu à luz os globos radiantes que o formam.

— Às vezes Astarté se aborrece sem motivo, e asfixia antes de nascer os frutos de nossas plantações — acrescentou outro fenício adorador do astro noturno.

— Não temais — disse o Mestre. — Astarté não se zanga nem fica contente. Apenas não aproveitais a boa influência da qual o Supremo Poder a dotou. Se fazeis a poda de vossas árvores florais e frutíferas em lua-cheia, elas vos renderão certamente o cem por um. Se cortais vossos bosques na lua minguante, as madeiras secarão mais rapidamente e o artesanato, portas e móveis que fareis com elas, não será roído pelo cupim.

"Até na medula dos ossos, no corpo dos homens e dos animais penetra a influência lunar, como o têm observado e comprovado nossos Terapeutas ao curar ossos fraturados em diferentes fases da lua.

"Vossa formosa Astarté é, pois, uma criação do Eterno Deus Invisível, como o vosso Adônis (o Sol) e também todos os astros que rodam no infinito azul, obedientes às suas leis imutáveis."

— Bendita seja a tua língua, Profeta do Deus Invisível! ... — exclamou o fenício que havia feito a pergunta —, porque a sabedoria sai dela como o vinho generoso guardado no odre.

"Fizeste-me compreender que, se os nossos deuses Adônis e Astarté não são senão filhos submissos do Poderoso Invisível, eles não se zangarão quando todos os homens adorarem o Pai Supremo, não é assim?

— Justamente — respondeu Jhasua, que teve a satisfação de comprovar que se havia colocado em sintonia com as mentalidades que o rodeavam.

Na manhã seguinte, os nossos viajantes se despediram do grupo de lenhadores, deixando acesa uma nova luz naquelas almas, cujos escassos conhecimentos sobre os profundos enigmas da vida os mantinham na bruma de uma penosa inconsciência.

Na Cesaréia de Filipos

Outra jornada mais e já estavam à vista de Cesaréia de Filipos, a mais suntuosa e importante cidade da Tetrarquia de Felipe, terceiro filho de Herodes, o Grande.

Sua debilidade de caráter, a pouca capacidade para o governo de seus domínios e suas desenfreadas paixões fizeram desta cidade um verdadeiro foco de libertinagem, que, saindo de sua corte como uma torrente de lama, infectava todos os bairros e classes sociais que formavam a povoação.

O tetrarca Felipe estava casado com uma sobrinha, Herodíades, filha de sua irmã Salomé Augusta, a mais velha das filhas de Herodes, o Grande. Era Herodíades uma mulher digna neta de seu ambicioso, cruel e despótico avô. Corrompida e orgulhosa ao extremo, a ela se devia em grande parte ter a corte do Tetrarca Felipe se convertido numa exibição repugnante pela imoralidade dessa mistura de arte e de luxúria que os príncipes e magnatas orientais buscavam nos misteriosos bosques de Dafne, a pouca distância de Antioquia.

Era, pois, Cesaréia de Filipos uma cópia reduzida daquela grande capital síria, onde abundavam os magos e adivinhadores, as sibilas, as bruxas e, em geral, as pessoas de vida tenebrosa, aptas para todo mal, bastando apenas que fossem pagas esplendidamente.

A esse foco de abominação chegava o Justo por excelência, o Homem-Deus, que veio para lavar com sangue os pecados da Humanidade.

Num tranqüilo bairro da parte mais antiga da cidade, vivia um Ancião, Essênio do terceiro grau, com sua esposa e os criados. Esse homem chamava-se Nabat, e era irmão de um dos Anciãos do Santuário do Tabor. Tinha uma Sinagoga particular onde os poucos servidores de Jehová que ali viviam podiam ouvir a palavra divina e fazer suas orações e práticas de devoção.

Nessa casa, morada de um casal justo e piedoso, iam hospedar-se Jhasua e o tio Jaime.

Os irmãos de Hanani passaram também ali a noite e, no dia seguinte, se incorporaram à caravana que vinha de Damasco, e empreenderam o regresso a Corazin.

O bom ancião Nabat mencionou horrorizado a seus hóspedes as escandalosas orgias da corte do tetrarca Felipe.

Num grande bosque, fora dos muros da cidade, e utilizando as águas de um braço do Jordão que passava por ali, Herodíades havia mandado construir uma imensa piscina de mármore negro, em cujos bordos se levantavam artísticos candeeiros de bronze, piveteiros de cobre e prata, onde eram queimados enervantes perfumes, enquanto durava seu banho e natação, acompanhada de suas damas e cortesãos.

Nesse misterioso lugar de prazer e de vício, havia a severa ordem de só permitirem a entrada a quem levasse um passe de Herodíade e ninguém saía se a porta dourada do grande gradil não fosse aberta pelos gigantescos guardiães núbios, negros como o ébano, que a vigiavam durante todas as horas do dia e da noite. O bosque estava semeado de estátuas de deuses pagãos adorados como patrocinadores dos mais repugnantes vícios.

Baco, o deus da embriaguez e da luxúria, era, certamente, um dos mais reverenciados com as oferendas de seus devotos. Ísis e Osíris, símbolos sagrados da mais antiga Mitologia Egípcia, atrás dos quais os Mestres da Divina Sabedoria das Escolas pré-históricas escondiam do vulgo o mistério da Eterna Fecundidade Criadora, eram horrivelmente profanos, e suas estátuas adormecidas no Lótus Sagrado serviam como deuses tutelares dos amores lúbricos, diversão favorita de Herodíades e da corte que a rodeava.

Ultimamente, havia sido acrescentado mais uma abominação – segundo referia aos nossos viajantes o ancião Nabat – e era a seguinte:

Herodíades mandara vir de terras distantes tudo quanto servisse de atração e divertimento para o seu povo, segundo dizia, ainda quando o povo era quem menos lhe interessava. Seu principal objetivo era manter cheias as suas arcas, explorando todas as baixezas, ruindades e degradações a que pode descer a criatura humana. Dizia-se que um homem-espectro, de origem tibetana, tinha sido trazido por ela para acrescentar uma nova atração às diversões do seu "*bosque dos mistérios*". Esse elemento trazia consigo uma coleção de serpentes das maiores e mais horríveis de sua terra natal. Ele exercia grande fascinação sobre suas serpentes, que obedeciam docilmente à monótona música executada por ele numa flauta de bambu, e a uns assobios especiais com os quais parecia expressar-lhes a sua vontade.

Na grande praça chamada "*das caravanas*", situada defronte à porta sul da cidade, com a aprovação das autoridades, ele armara um grande toldo amarelo sobre lanças cravadas no pavimento. Nessa porta começava uma das grandes avenidas da cidade, onde se aglomerava numeroso público, pois na dita avenida estavam instaladas as tendas dos mercadores que compravam os produtos trazidos pelas caravanas vindas de países distantes.

A tenda amarela do tibetano estava resguardada pela porta traseira do grande circo de Cesaréia, ou seja, pela porta por onde costumavam entrar os cavalos para as corridas ou, em geral, os animais que lá deviam trabalhar.

A posição da tenda amarela era muito estratégica e apropriada para os negócios nela realizados.

O homem-espectro, semelhante a um feixe de raízes coroado pela cabeça calva, com olhos que pareciam relampaguear no fundo de negras cavidades, estava sempre sentado entre uma porção de cestas de bambu primorosamente trabalhadas. Em cada uma delas havia uma serpente enroscada e adormecida, que o tibetano chamava de suas princesas encantadas. Sabiam elas todas as coisas, adivinhavam os segredos e davam felicidade e fortuna àqueles a quem amavam. Ouvindo estes relatos do bom ancião Nabat, Jhasua compreendeu de imediato que, em toda aquela maranha de enganos e de ficções, escondia-se um fundo de verdade.

A verdade era, seguramente, que o tibetano era um poderoso hipnotizador, trabalhando ainda sob a influência de inteligências perversas para exercer vinganças, conseguir riquezas por meios iníquos e, também, fazer toda espécie de males que fossem bem remunerados. Murmurava-se que Herodíades tinha parte em todos os lucros, e que o protegia com todos os seus poderes de esposa do tetrarca Felipe.

Além disso, Jhasua soube que, desde que o encantador de serpentes estava na Cesaréia, haviam fugido de seus lares mocinhas honestas e virtuosas, moços honrados e trabalhadores, bem como esposas e esposos jovens, deixando abandonados filhos pequenos e alguns pais anciãos. O procedimento desses desaparecidos era como o de pessoas que tivessem perdido o controle de seus atos e a noção do dever.

— Bem, Nabat — disse o Mestre —, farás uma obra agradável ao Altíssimo se me facilitares os meios de me aproximar desse infeliz, autor de tantos males, e desse "bosque dos mistérios", pois parece-me que existe estreita relação entre o bosque e o homem das serpentes.

O horror mais profundo se pintou no rosto do bom Ancião.

— Meu filho — disse —, sei de todo o amor que os Anciãos do Tabor sentem por ti, sei também da grande missão que trouxeste para a Terra, porém creio não ser necessário aproximar-te desses demônios encarnados para atingir o cumprimento da tua missão.

— Oh, bom Nabat! ... Sabes por acaso até onde alcança o meu dever de salvar as almas e encaminhá-las para a senda da verdade e da justiça? Sabes até que ponto me impulsiona, como um furacão de fogo, o mandamento divino "Ama a teu próximo como a ti mesmo"?

"Julgas que, podendo destruir toda essa máquina infernal, hei de permanecer com os braços cruzados, deixando estender-se o mal como um incêndio em trigal maduro?

"Não, meu amigo! ... Há pecados de omissão, e este seria um deles. Não teria valido a pena vir à Terra como Salvador de homens e deixá-los afundar-se nos abismos de todas as iniqüidades."

O tio Jaime, cumprindo a promessa de não criar obstáculos por menores que fossem à missão salvadora de Jhasua, ouvia e silenciava.

— Estou vendo — disse por fim o Ancião Nabat — que tens toda a razão a teu favor. Pois bem, farei o que desejas. Se necessitas de nossos homens fiéis para ajudar-te ...

— Não é necessário. Preciso apenas da tua companhia e da do tio Jaime, que me são suficientes.

Na segunda hora da manhã, encaminharam-se os três para a praça das caravanas.

O tibetano estava ali, quieto, mudo como um lagarto tomando sol sob a tenda amarela, meio escondido entre as cestas de bambu. Jhasua observou-o do local mais próximo que pôde, sem chamar a atenção. Compreendeu que ele estava concentrado em si mesmo, acumulando forças e ouvindo uma voz extraterrestre que lhe falava.

Depois de alguns momentos, levantou-se, retirou a túnica e, com o peito, as costas e os braços desnudos, tomou a flauta de bambu e começou a tocar.

As cestas começaram a se mover e suas tampas a se levantarem pausadamente.

As pessoas da praça, e os que bisbilhotavam pelas tendas dos mercadores começaram a se aproximar e a formar um círculo diante da tenda amarela, resguardada da excessiva aproximação do público por um forte cordão negro que corria de uma a outra das lanças que sustentavam o toldo.

Os espantosos répteis, bem despertos e erguidos, fizeram cair as tampas das cestas e levantavam suas cabeças achatadas, com pequenos olhos como pontos de fogo, por debaixo dos quais uma língua inquieta e longa, qual dardo carnoso, se movia rapidamente.

Jhasua, com seus acompanhantes, misturou-se no meio do círculo de curiosos. Com os olhos fixos naquele desventurado ser consagrado ao mal, evocou suas grandes alianças espirituais e irradiou toda a sua força de bem, de amor e de justiça sobre ele. O mago começou a estremecer em dolorosos espasmos, a flauta saltou de suas mãos e as oito serpentes mergulharam nos cestos com um ruído surdo e silvos estridentes que feriam os nervos.

Os curiosos, em sua maioria, fugiram assustados, e alguns menos medrosos fizeram pouco do mago com grandes gargalhadas. Outros se zangaram por haverem deixado a indispensável moeda de prata perante a função fracassada.

O infeliz encantador de serpentes caíra ao solo e se retorcia em horrível convulsão, arrojando espuma sanguinolenta pela boca. Jhasua passou então por sobre o cordel que rodeava a tenda e foi socorrê-lo. A austeridade de seu semblante e a nobre majestade irradiada por toda a sua pessoa impôs silêncio ao pouco público que ainda restava.

A força espiritual do Mestre e seu imenso amor aos seus semelhantes cortou a maligna aliança das inteligências perversas que haviam tomado o tibetano como instrumento para seus tenebrosos fins, e o médium pouco a pouco foi recuperando a calma.

– Quem és tu? – perguntou imediatamente ao Mestre.

– Um médico que passava, e acudi em socorrer-te quando surgiu a crise que te acometeu – respondeu. Jhasua não quis fazê-lo compreender que havia anulado seu poder maligno, e retirou-se, porque se deu conta de que estava sendo observado pelas pessoas presentes, mas deixou Nabat e o tio Jaime para verem o final do acontecimento.

O tibetano tomou novamente a sua flauta e começou a tocar; entretanto, as cestas permaneciam imóveis. Excitava a si mesmo com o fervor de sua música enervante e monótona, e o resultado continuava sempre negativo.

O público começou a dar assobios e gritos nada lisonjeiros para o mago que, finalmente, suspeitou que havia ocorrido algo, não sabendo qual o motivo. Abriu as cestas uma por uma e comprovou que as oito serpentes estavam mortas.

O mago começou a dar gritos desaforados e seus olhos relampagueavam com fúria, como se quisesse fulminar com olhares de ódio os que o rodeavam.

– Enquanto eu estava tendo convulsões, envenenastes as minhas princesas – gritou –, porém pagareis caro, acreditai-me ... Pagareis com as vossas vidas, com a de vossas mulheres, a de vossos filhos e com a de vossos animais! ... – E continuou vomitando uma cadeia de maldições contra o causador da desgraça. Os espectadores que ainda restavam fugiram espavoridos, temerosos de serem alcançados pelas maldições do enfurecido mago, que não deixou penetrar no seu espírito o amor com o qual o Cristo o chamava ao arrependimento.

Tio Jaime e o Ancião Nabat, que continuavam observando-o do lado de fora do cordel que circundava a tenda, deram-se conta de que o tibetano ouvia uma voz em seu interior, que o chamava para o caminho do bem, da justiça e da honradez, porque no meio da raivosa fúria a agitá-lo, ouviram-no gritar:

– Cala, cala! ... Néscio! Estúpido! ... Não existe bem maior que o dinheiro, nem mais justiça além do proveito próprio nem outra honradez que cumprir os compromissos com as pessoas que me pagam ... Maldito sejas tu que falas e não te vejo! ... Que direi agora a *ela, que está à minha espera no bosque dos mistérios?* ...

A porta traseira do circo, na qual estava apoiado um lado da tenda, entreabriu-se, e um grande braço negro e parte de uma cabeça de ébano surgiram quase no nível do solo, o bastante para apanhar um pé do enfurecido tibetano e, em rápido movimento, arrastá-lo para dentro e fechar novamente a grande porta de ferro.

O Ancião Nabat, que vinha seguindo desde há algum tempo esta obscura trama de delitos misteriosos e tinha ouvido rumores de que o mago, com suas serpentes amestradas, sugestionava donzelas formosas e jovens galhardos que logo desapareciam, pôde confirmar a veracidade do procedimento criminoso.

A inesperada aparição do negro arrastando o mago para o subsolo do circo, foi, sem dúvida, para evitar que o tibetano, enlouquecido de ira e fora de si, continuasse falando e deixasse a descoberto o fundo obscuro e desconhecido da negra trama urdida desde há algum tempo.

O "*bosque dos mistérios*" era o faustoso recreio de Herodíades, onde ela tinha umas dezenas de corpulentos núbios para guardiães da juventude de ambos os sexos que ia seqüestrando por intermédio do encantador de serpentes.

A digna neta de Herodes sabia que era duramente criticada pela sua vida licenciosa e queria destruir pela raiz a austeridade dos costumes nas famílias hebréias. Corrompendo a juventude, era a maneira mais rápida de consegui-lo.

Deixamos à fina intuição do leitor supor e quase adivinhar a inenarrável série de abomináveis procedimentos dos quais essa infeliz mulher se valia para conseguir seus fins.

Se ela tivesse podido descobrir que Jhasua, como um Arcanjo de Fogo, tinha entrado na Cesaréia e tinha anulado pela raiz o principal elemento com que ela contava para seus tenebrosos delitos, houvera certamente feito com ele o que, dois anos depois, fez com o pregador das margens do Jordão, Johanan, chamado o Batista!

Jhasua aguardava seus companheiros junto a uma fonte entre os jardins dispostos no centro da grande avenida. Estava sentado sobre um banco de mármore, e estava absorto em seus pensamentos, dos quais não podia afastar o homem das serpentes. Um ardente desejo de redimi-lo apoderou-se dele, e com os olhos fechados, deixou voar seu amoroso pensamento, chamando a alma tenebrosa daquele infeliz com as mais ternas expressões de afeto. Foi nesse preciso momento que o tibetano sentiu uma profunda voz interna que o chamava ao arrependimento e à transformação de sua vida consagrada ao mal.

Sob estas impressões encontrava-se o Mestre quando chegaram até ele Nabat e o tio Jaime com o relato já conhecido do leitor.

– Sua indômita fúria – disse Nabat – fê-lo dizer frases que denunciam claramente sua aliança com a perversa mulher do Tetrarca, e é certo que o gigante negro, depois de arrastá-lo para o subsolo do circo, lhe deu tamanha quantidade de açoites que não terá restado dele nada a não ser os ossos.

– Ele não recebeu senão o merecido – acrescentou o tio Jaime.

Jhasua exalou um profundo suspiro, como se parte da sua vida tivesse escapado dele.

– Podeis pensar como quiserdes, mas eu não – disse por fim.

– Que queres dizer com isto? – perguntou Nabat.

– Quero dizer que, se vim à Terra para salvar esta Humanidade, não posso consentir que, por negligência minha, se perca uma única das almas que me foram confiadas – respondeu Jhasua.

– Queres fazer algo por essa dupla de perversos, abortos dos infernos? – perguntou novamente o ancião.

– Sim, Nabat! ... quero intentar a redenção dos dois.

– Santo céu! ... vais entrar na vida de Herodíades? – perguntou aterrado o tio Jaime.

– Não entraram os Kobdas da Pré-História na vida delituosa da Rainha Shamurance, cem vezes mais poderosa e criminosa do que esta?

— Tens razão, Jhasua, mas ... a Rainha Shamurance se redimiu? — perguntou novamente o tio Jaime.

— Bem vês que não, tio! ... Passaram-se oito milênios e a Luz ainda não penetrou nela! — Voltou a encontrá-la rodando para o fundo dos abismos na sua espantosa carreira de pecadora ...

— Queres dizer que Shamurance e Herodíades são o mesmo ser? — perguntou Nabat, alarmado.

— São o mesmo ser! ... — repetiu com voz profunda o jovem Mestre. — O Amor Eterno chamou-a muitas vezes pela voz de Chrisna, de Bhuda e de Moisés. Agora é chamada pela última vez pela minha voz e, se ainda persistir no seu endurecimento, pobre infeliz, a Piedade Divina se fechará para ela por imensas idades, até que as mais terríveis expiações abram o seu coração para o amor.

— Jhasua! ... — disse o Ancião comovido. — Ninguém pode conter a força do Amor Divino que emana de ti! ... Procede como julgas ser teu dever e nós cooperamos contigo naquilo que nos for possível. Não é verdade, irmão Jaime?

— Sou da mesma opinião — respondeu este. — Queres que façamos algo?

— Quero ir agora ao circo na qualidade de estrangeiro, para visitá-lo. Desceremos aos porões das feras e veremos o que aconteceu ao infeliz mago.

— Bem, vamos lá. Já estamos bem próximos.

Ninguém causou dificuldade alguma, porque o grande circo estava deserto e uma dúzia de escravos se ocupava da limpeza.

Desde as últimas corridas de quadrigas e lutas de gladiadores, nas quais houve espantosos choques de carros e cavalos causando destroços enormes, não haviam sido organizados novos torneios hípicos.

Depois de uma volta pelas grandes tribunas e palcos de honra encortinados com dosséis de púrpura, desceram às quadras construídas ao nível da arena e foram examinando-as cuidadosamente. Aquela porta que se abria sobre a praça das caravanas dava para uma galeria onde estavam as quadras. Todas estavam abertas menos uma, a mais próxima da porta.

— Certamente está aqui o que procuramos — disse Jhasua escutando. Uma respiração fatigada, porém muito débil, era percebida claramente.

— Abre, irmão, ao médico que vem curar-te — disse Jhasua em voz alta.

Notaram que a respiração fatigada se aproximava da porta e fazia girar a chave.

O infeliz tibetano estava com o rosto amarrotado, e do nariz e da boca corriam fios de sangue. Via-se claramente que os punhos do gigantesco núbio haviam feito o seu trabalho.

— Ela manda-te para curar-me? — perguntou o mago.

— Quem é *ela*? — perguntou Jhasua, e logo acrescentou: — A mim ninguém manda. Venho por minha vontade, porque supus que estavas ferido.

— Vimos o núbio arrastar-te por essa porta — acrescentou Nabat — e, como fracassou a tua função, pensamos que serias duramente castigado. Isto é tudo.

— Seria tudo — acrescentou o mago — não fossem os tremendos compromissos contraídos com a poderosa mulher a quem sirvo.

Jhasua, com suas mãos qual suavíssimos lírios foi apalpando as contusões daquele rosto de espectro. Com seu branco lenço molhado na água de um cântaro que havia ali, limpou o sangue do nariz e da boca amarrotada.

— És piedoso como os monjes do Bhuda — disse o tibetano a Jhasua. — Se eu os tivesse escutado, não me veria agora tal como estou.

– Quem despreza o conselho dos justos sempre atrai desgraças para si – respondeu o Mestre. – No entanto, ainda há tempo para abandonar a antiga vida e iniciar uma nova. É muito triste, na tua idade, dedicar-se a esta atividade apenas por alguns miseráveis punhados de ouro que não tardarás em deixar, queiras ou não.

– Queres dizer que vou morrer? ...

– Naturalmente. Todos nós não temos que morrer algum dia? Não é preferível esperar a morte sob um teto honrado e tranqüilo que vê-la chegar através do machado do verdugo ou da corda da forca?

– Quem és tu que falas como um Profeta?

– Sou um estrangeiro que viaja estudando os homens e fazendo o bem sempre que pode.

– Tens bálsamo em tuas mãos! ... – disse receoso o tibetano. – És como os monjes do Bhuda que curam com o contato das mãos. Como poderei pagar-te pelo bem que me estás fazendo?

– Deixando a vida que levas e vindo atrás de mim! – respondeu o Mestre.

– Como escravo? – perguntou o mago.

– Eu não quero escravos, mas tão-somente amigos!

– De que te servirá a minha amizade, se perdi todo o poder adquirido, e até as "princesas" que aumentavam a minha força foram mortas? – disse tristemente o tibetano.

– O homem de bem é forte através do próprio bem, e não precisa dos malignos seres inferiores carregados de forças tenebrosas para percorrer dignamente o caminho da vida – respondeu o Mestre. – Queres decidir-te? Queres a vida tranqüila no meio dos justos? ... Queres o teu pão sem remorsos nem aflições?

– Quem mos dará se já não tenho os meios para ganhá-lo, e estou carregado pelos anos e pelo esgotamento físico?

– O Pai Celestial, Senhor de todos os tesouros do mundo! – respondeu o Mestre.

Logo ouviu-se um pequeno ruído na entrada principal do circo.

– Fugi! ... Fugi! ... – disse aterrado o mago. – Fugi por esta porta pois ela está vindo para cá.

O tio Jaime e Nabat alarmaram-se por Jhasua.

– Filho! ... Pensa na tua mãe, nos teus amigos, em todos os que te esperam e confiam em ti – disse o tio Jaime ao ouvido de Jhasua.

– Não temos nada a temer de ninguém porque não fizemos nenhum mal – respondeu o Mestre com grande serenidade.

Logo viram cruzar a arena do circo um grupo de quatro enormes negros que conduziam uma luxuosa liteira cujas cortinas fechadas não permitiam ver quem a ocupava.

Deixaram-na com grande suavidade no pavimento de pedras brancas da galeria.

Um formoso pagem ruivo de olhos azuis saiu primeiro e, descerrando a cortina, deu a mão a uma dama velada que saiu como um raio. Jhasua e seus companheiros afastaram-se para o lado para deixá-la passar.

Ao ver que o tibetano não estava só, perguntou em árabe:

– Que fazem aqui esses homens?

– Alteza! ... São estrangeiros visitando o circo. Ao ouvirem meus gemidos, chegaram até aqui para me socorrer. O mais jovem é médico.

– Merecias cinqüenta açoitadas bem dadas. – Sem levantar seu espesso véu, voltou-se para Jhasua para dizer-lhe:

– Teus serviços não são mais necessários aqui. Podes retirar-te quando quiseres.

— Alteza! — voltou a dizer o mago. — Desde que perdi "*minhas princesas*" e com elas todo o meu poder, de nada posso servir-te, e este médico piedoso levará os meus ossos que logo irão misturar-se com as raízes da terra. Senhor! ... não esqueças a tua promessa — clamou novamente, dirigindo-se a Jhasua.

— Não a esqueço. Espero-te fora do circo. — Seguido de seus acompanhantes, Jhasua atravessou a porta da quadra.

— Como é belo este homem! — exclamou Herodíades, apenas haviam saído. — É certamente um príncipe estrangeiro. Em Tiro há muitos destes belos tipos, mistura de grego e de gaulês. Não sabes quem é?

— Não, Alteza. Unicamente sei que ele é um homem piedoso e bom, visto como carrega a minha ossada que de nada lhe servirá.

— Entre tu e eu, tudo está terminado! — disse a mulher. — Muito embora saibas muitas coisas, não sinto medo de ti, visto como já não tens poder algum. No entanto, procura entender que, se chegares a deixar a descoberto alguns dos meus segredos, buscar-te-ei nem que seja no inferno para arrancar a tua língua com as unhas.

"Os da tua raça são traidores e não me fio muito em ti. Bebe isto! — E tirou da sacola que levava na mão uma pequena redoma de alabastro que o mago conhecia perfeitamente."

— O elixir do esquecimento! — disse com terror.

— Sim! Tu mesmo o preparaste para as nossas vítimas esquecerem seu passado. Sei que é eficaz, pois não falhou nem uma única vez. Bebe! — Como o mago vacilasse, ela gritou com fúria:

— Se não obedeces, mandarei os meus núbios, que estão a dez passos daqui, estrangular-te.

Parou de falar porque Jhasua achava-se de pé diante dela olhando-a com tais olhos que lhe causavam mal-estar.

— Voltaste, e te mandei sair! — gritou ela com raiva.

— Cala, mulher. Não és ninguém para mandar em mim — disse o Mestre com uma voz profunda que parecia vir de longe. — Volta sobre os teus passos! Lava com lágrimas de arrependimento os espantosos crimes de tua vida! Devolve aos seus lares as donzelas e os jovens que reténs em teu "*bosque dos mistérios*", porque o pranto das mães que choram por eles está pedindo a Deus justiça, e Sua Justiça virá sobre ti ...

A furiosa mulher desconhecia a si mesma. Uma estranha força a paralisava. Havia levantado o braço direito para esbofetear Jhasua, e a mão permaneceu paralisada como se tenazes de ferro a contivessem. Quis gritar chamando seus terríveis núbios e sua língua ressequida não pôde mover-se.

O mago tremia de medo, pois havia querido abraçar-se a Jhasua e seus braços não encontraram corpo algum.

— "O formoso médico é um fantasma!" — pensou o tibetano, habituado como era à vida entre forças supranormais que plasmavam imagens que iam e voltavam, permanecendo tanto tempo quanto o pensamento do seu criador se mantivesse.

— Herodíades! — disse a mesma voz ressoando de longe. — Faz oito mil anos que a Eterna Lei espera a tua redenção! ...

"Alma desventurada! ... Até quando resistirás à Bondade Divina? ..."

Como acionado por uma máquina, o tibetano saiu correndo a toda velocidade, atravessando a arena do circo. O duplo estérico do Mestre desvaneceu-se diante da aterrada mulher, que continuava paralisada em todos os seus movimentos. Seus olhos fora das órbitas continuavam fixos no lugar onde havia estado de pé o branco fantasma, cujo poder de fascinação era tal que a anulou completamente.

Ela própria não pôde precisar o tempo passado ali. Sabia que estava viva só porque seu coração batia e porque suas lembranças permaneciam espantosamente vivas! ...

Quando desapareceu a rigidez de todo o seu corpo, caiu por terra, como se um poderoso vento a houvesse sacudido. Convenceu-se de que o seu corpo não tinha sofrido dano algum e correu a chamar seus núbios para fugir daquele lugar enfeitiçado. Encontrou-os profundamente adormecidos sobre o pavimento, e o pequeno pagem ruivo também dormia dentro da liteira.

A pontapés despertou seus negros, tirou pelo nariz seu belo pagem de dentro da carruagem e, ocultando-se atrás das cortinas, gritou:

– Para o bosque! ... Para o bosque! ...

Os negros seguiram bem depressa na direção indicada. O bosque estava fora das muralhas, e na direção sudoeste, a meia milha mais ou menos.

Já tinha passado do meio-dia. A grande porta dourada estava aberta de par a par. Os gigantescos núbios, como troncos queimados pelo sol, estavam estendidos nos caminhos tapetados de musgo e de flores. Cada qual adormecera no lugar onde devia montar guarda.

Os pavilhões estavam desertos ... nem uma voz nem um único rumor era ouvido. Apenas o concerto dos pássaros animava aquele silêncio de morte.

Os flamingos e as garças dormitavam junto às fontes, cujos repuxos faziam cintilar sua miúda chuva de pérolas cristalinas.

Uma porção de formosas gazelas pastava tranqüilamente, sem dar-se conta de que havia sucedido algo de anormal.

Herodíades, tremendo de ira e despeito, correu ao seu pavilhão particular, tomou o chicote de açoitar escravos e, com açoites, despertou seus guardiães núbios que desse modo tinham esquecido seus deveres.

Depois lembrou-se do famoso médico do manto branco, e cessou de açoitar os seus negros.

Ela própria havia-se reconhecido impotente perante a força extraordinária daquele homem fantasma cuja beleza não podia esquecer.

– Venceu-me! – gritou, e, deixando-se cair em seu divã de repouso, retorceu-se de raiva como uma serpente ferida e aprisionada.

– Eu o buscarei! ... Eu o encontrarei! – gritou. – Eu me vingarei, tornando-o escravo de meus caprichos até vê-lo arrastar-se como um verme a meus pés!

A formosa e florida juventude aprisionada em suas redes havia voado toda como um bando de pássaros cativos, aos quais repentinamente se abre a gaiola.

Que acontecera? A infeliz Herodíades não soube jamais, porém tu, amigo leitor, podes sabê-lo, porque os Arquivos Eternos da Luz que guardaram em suas páginas de ouro a vida excelsa do Cristo mencionará confidencialmente a ti.

Quando Jhasua disse ao tibetano: "*espero-te fora do circo*", foi passeando com seus companheiros pelos jardins que formavam como uma pequena praça defronte à entrada principal. Atrás da espessa folhagem de um caramanchão ou quiosque utilizado para a venda de refrescos nos dias de torneios hípicos, quis sentar-se, e solicitou a companhia de seus acompanhantes para um trabalho espiritual que ia realizar. Ambos eram Essênios adiantados e podiam compreendê-lo e ajudá-lo.

Sua poderosa força espiritual secundada por suas grandes alianças eternas produziu o fenômeno da aparição de seu duplo etérico em dois lugares ao mesmo tempo: na quadra do circo, onde estava Herodíades, para salvar o tibetano de suas garras, e no bosque onde ela retinha cativos quarenta e oito jovens de ambos os sexos. À força de daninhas beberagens e de impressões trágicas de mau gênero eles haviam feito com que perdessem temporariamente a memória, enquanto se acostumavam ao novo gênero de vida a que eram destinados pela lúbrica e prepotente senhora.

A aparição do duplo etérico de Jhasua nos pavilhões do bosque devolveu-lhes a consciência da realidade do momento em que viviam e, tomando-o por um Anjo do Senhor surgido para salvá-los, vendo adormecidos seus terríveis guardiães, fugiram precipitadamente para a cidade, procurando cada qual seu lar e sua família.

A imaginação do leitor pode admirar sem esforço as emocionantes cenas de amor e de alegria nesses tristes lares que tinham visto desaparecer um ou vários dos jovens, nos quais se resumiam suas esperanças e sem ter notícia alguma do fim que haviam tido.

"– Um anjo branco abriu as portas de nosso cativeiro depois de haver adormecido os nossos guardiões" – foi tudo o que os ex-cativos puderam dizer.

"– Será o anjo Rafael que guiou o filho de Tobias?" – perguntaram as mães chorando de alegria e de felicidade.

"– Será o anjo que apareceu a nosso pai Abraham para deter-lhe o braço quando ia sacrificar seu filho Isaac?" – perguntaram outros.

Quando o Mestre despertou de seu profundo transe, era já a metade da tarde e apenas a presença ali do velho tibetano, vestido do mesmo modo que o Ancião Nabat, restava como evidência de que tudo o que lá ocorrera não era tão-somente um sonho.

Dois dias depois, o Mestre empreendia novamente a sua viagem, não sem antes ter destruído pela raiz certas divisões perigosas que existiam entre os dirigentes da Santa Aliança na Cesaréia de Filipos. Uns estavam subordinados a Nicolás de Damasco, outros ao príncipe Judá, ou a Simônides, ou aos Terapeutas do Monte Hermon.

Com a suave lógica do seu amor supremo sobre todas as coisas, Jhasua convenceu a uns e outros de que aquela instituição fraternal era precursora do Messias esperado em Israel, e que os dirigentes de Jerusalém eram, entre si, um só sentimento e um só pensamento. Sendo todos os dirigentes da Cesaréia homens jovens sem maiores conhecimentos na ordem espiritual, reuniu-os na Sinagoga de Nabat, e ficou estabelecido que ele, com seu bom discernimento e prudência, seria o conselheiro da inspirada juventude que espalhava, com entusiasmo, a boa semente.

– Quero que aprendais a amar-vos uns aos outros – disse ao despedir-se – porque, sem amor, nenhuma aliança é santa.

No Monte Hermon

Jhasua e o tio Jaime levaram consigo o mago tibetano, que já estava consolado da perda dos poderes extraordinários que o haviam tomado tão forte para o mal nos anos que não voltariam jamais.

O Mestre queria estar certo de continuar sua cura espiritual no Santuário do Monte Hermon, para onde se dirigia. Necessitava também reparar suas forças espirituais e físicas. A viagem fora longa e penosa, e o trabalho desenvolvido desde a saída de Nazareth tinha sido muito intenso.

Deixaram, pois, o caminho trilhado pelas caravanas e começaram a costear o flanco oriental do Hermon pelas pequenas sendas que os lenhadores de toda aquela região iam abrindo com seus grupos, quase até as faldas do monte. Para os bons camponeses, não era desconhecida a existência dos Solitários no mais escarpado daqueles cumes, sempre cobertos de neve. Os Terapeutas desciam como aves benéficas, trazendo aos vales a saúde, a paz e o socorro material para aqueles que deles necessitavam.

Os que não pertenciam à Fraternidade Essênia não compreendiam a vida daqueles santos homens que davam tudo quanto podiam; eles eram como uma providência vivente para toda aquela região e jamais pediam coisa alguma em troca de seus favores.

E acabaram por crer, em sua ignorância, que os Terapeutas eram seres sobrenaturais, uma espécie de gênios protetores e benéficos, que não tinham as mesmas necessidades físicas do resto dos homens.

Da Cesaréia de Filipos ao Santuário do Hermon eram dois dias de viagem em boas cavalgaduras amestradas para galgar montanhas. No entanto, era uma viagem sem perigos, graças ao infatigável trabalho dos Terapeutas, cujas piedosas solicitudes para com todos os que se aventuravam por aqueles montes quase inacessíveis haviam anulado por completo a criminalidade tão comum em lugares como esses.

A suavíssima vibração dos homens do amor e do silêncio, estabelecidos ali desde há vários séculos, de tal modo havia influído nos habitantes da região que já era proverbial a hospitaleira acolhida que os lenhadores e pastores do Líbano dispensavam aos viajantes que passavam junto às suas cabanas.

Era final do outono e a nove mil pés de altura, a que se elevam as mais altas montanhas daquela cordilheira, o frio se fazia sentir com bastante intensidade durante a noite.

Quantas vezes as fogueiras das paupérrimas choças dos lenhadores deram calor e abrigo ao meigo peregrino do Amor Eterno ao passar pela terra como um Anjo de Luz e de Misericórdia!

Nenhuma comodidade podia ser oferecida por aquelas pessoas aos nossos viajantes, com os quais compartilhavam seus leitos de palha e peles de ovelha, seu pão escuro de trigo ou de centeio esmagado com casca, as frutas da região, que alimentavam também os animais, como também os alimentos de luxo, o queijo de cabra e o pescado fresco do Nahr-el-Avaj.

A vida pura daquela gente das montanhas era a razão de sua boa saúde e de sua grande energia física, motivo pelo qual Jhasua não teve ocasião de revelar ali seus poderes de taumaturgo no que diz respeito a enfermidades físicas.

Jhasua limitou-se, pois, a despertar suas consciências para um ideal superior, para o Poder Invisível e Supremo a velar com amor sobre seus filhos.

Na verdade, sua simples palestra foi oportuna, até parecer evocadora desse Supremo Poder diante da inesperada circunstância que se apresentou.

A maravilhosa fertilidade da região montanhosa do Líbano fez dela uma das mais belas da Terra.

Na época de nosso relato, essa região ainda não havia sofrido as espantosas devastações da guerra. Os grandes bosques que cobriam vales e montes podiam quase chamar-se de inexplorados durante o último milênio. As árvores frutíferas em geral, que em outras regiões necessitam do esforço e da absoluta consagração dos agricultores, nas encostas e nos vales do Líbano cresciam do mesmo modo que os cedros gigantescos e os pinheiros.

No entanto, no meio de toda essa exuberante beleza e abundância, havia algo que aterrava seus moradores: as terríveis tempestades com trovões, relâmpagos e raios que, de tempos em tempos, se desencadeavam.

Como em tempos anteriores, mais de uma vez, ocorreu que uma dessas tempestades havia aniquilado toda uma caravana ao passar rumo a Damasco, o caminho havia sido desviado dos flancos do Hermon para a planície regada pelo caudaloso rio Nahr-el-Avaj, cujas correntes formaram os formosos lagos a oriente de Damasco.

Uma dessas espantosas tempestades surpreendeu nossos viajantes nas choças dos lenhadores.

Alguns deles, os mais pobres, sem dúvida, que não podiam manter a família nas aldeias ou cidades da região, tinha ali mesmo suas mulheres e filhos e, quando se apresentaram os primeiros sinais da tempestade, começaram a reviver as recordações daqueles que já haviam suportado outras, e a proximidade da que se anunciava produzia-lhes indizível terror, sobretudo nas mulheres e crianças.

Tudo parecia pouco para segurar devidamente os tecidos de cânhamo, as peles de búfalo, os restos de velas de embarcações, que serviam de teto improvisado para suas míseras moradas, cujas paredes eram troncos de árvores e pedras amontoadas umas sobre as outras.

— Acabei de vos falar — disse o Mestre — do Poder Supremo que cuida de todos vós com o amor de um pai para com seus filhos; e estais tremendo porque as nuvens, carregadas de forças que desconheceis, fazem chegar até nós o formidável concerto do seu furor desatado.

"Para quando reservais, dizei, a confiança no Amor Todo-Poderoso de nosso Pai comum?"

O tibetano, acostumado às ferozes borrascas de sua terra natal nas encostas do Himalaia, temia, não obstante, pela pouquíssima segurança oferecida pelas suas vivendas. O tio Jaime, conhecedor dos poderes divinos de que Jhasua era dotado, parecia tranqüilo junto à lareira da choça onde estavam alojados, que era, naturalmente, a mais bem construída.

Logo essa choça foi insuficiente para albergar todos os que pareciam buscar amparo na serena fortaleza daquele jovem Mestre, cuja dulcíssima voz era acompanhada pelos estampidos do trovão, pelo seco ruído dos raios a caírem como fios de fogo, partindo as pedras e os troncos das árvores, e pelo sibilar do vento procurando abrir caminho por entre a selva impenetrável.

As mulheres e as crianças, convertidas num montão de farrapos, se apertavam aos pés do belo estrangeiro, cujos olhos de meigo olhar pareciam dar luz às negruras da tormenta.

Quando a louca fúria dos elementos parecia disposta a fazer voar a choça protetora, e começaram a se fazer sentir o choro das mulheres e das crianças, Jhasua levantou-se encaminhando-se para a porta fechada.

Ia retirar a forte trave de carvalho que a fechava; contudo, voltou-se para os aterrados seres que o olhavam com espanto, para dizer:

— Vosso Pai Celestial vos ama tanto, mas não O compreendeis e nem sequer acreditais n'Ele!

De pé, na porta aberta da choça, tomou seu grande manto branco por um extremo e o forte vendaval agitou-o como um estandarte.

Obedientes não só à sua ordem, como também à imensa força espiritual canalizada pela união com as Inteligências Superiores de suas Alianças Eternas, todas mergulhadas com um único pensamento na Divindade, acalmaram-se as fúrias dos elementos desatados, ficando apenas o cair sereno da chuva que fertilizava os campos.

Jhasua fechou novamente a porta, envolveu-se no manto e ocupou seu lugar junto à fogueira quase apagada.

Um silêncio de estupor manteve todos em quietude de morte.

As crianças haviam adormecido e as mulheres não soluçavam mais; entretanto, com seus grandes olhos de gazelas assustadas, elas olhavam para o Mestre como se houvessem olhado para um fantasma ou gênio benéfico que tivesse surgido dentre o fragor da tempestade.

Adivinhando o que se passava com eles, o Mestre, com seu afável modo de ser, lhes disse:

— Estou certo de que agora tendes tanto medo de mim como da tempestade que se evaporou! Julgais que sou um fantasma ... um gênio ... um deus do bosque que se deteve na vossa choça.

— Senhor ... Senhor! ... — ouviram-se muitas vozes. — Julgamos que és mais poderoso que os demônios da tormenta, e que és esse Pai Celestial do qual nos falava há alguns momentos.

— Fica conosco, Senhor, e nunca mais a tempestade virá sobre esta terra! ...

— Deixa-nos o teu manto — gritaram as mulheres — e com ele espantaremos os trovões e os raios.

— Deixar-vos-ei algo que dure mais que eu e que o meu manto! Deixar-vos-ei a fé inabalável de verdadeiros filhos de Deus, com a qual tereis a mim e, antes que a mim, Àquele que me enviou à Terra. Aprendei a esperar de nosso Pai-Amor tudo quanto necessitais para serdes bons e felizes. O que vistes nesta tarde, basta e sobra para fazer-vos conhecer o Poder Supremo, quando há corações puros, que são lâmpadas acesas pela fé.

Com a promessa de Jhasua de visitá-los novamente em seu regresso de Damasco, os lenhadores e suas famílias viram-nos partir na manhã sem nenhum pesar.

Encaminharam-se diretamente ao Santuário do Monte Hermon pelo caminho estreito dos Terapeutas.

As cavalgaduras deviam marchar umas atrás das outras e quem marchava na frente era Jhasua, que, nos troncos das árvores, de trecho em trecho, ia descobrindo os sinais usados pelos Essênios para se orientarem nos caminhos quando estes não lhes eram muito conhecidos. Esses sinais representavam uma estrela de cinco pontas, gravada com a ponta de uma faca sobre a casca daquelas árvores situadas na bifurcação dos caminhos.

O tio Jaime temia que a noite os surpreendesse e nem sequer pudessem descobrir esses sinais para se orientar.

No entanto, quando o sol do ocaso dourava com seus últimos raios o encanecido cume do Monte Hermon, sentiram o som de uma campainha aproximando-se. Logo apareceu o grande cão branco de longos pêlos ao qual chamavam, no Santuário, de "*Nevado*".

Jhasua saltou de seu jumento para acariciar o nobre animal que agitava amistosamente a cauda como uma borla de seda.

— Não podes ser aquele com quem eu brincava quando tinha cinco anos — disse-lhe, com imenso carinho, como se o animal pudesse entender e responder-lhe. — Porém te pareces tanto com ele — continuou —, que estou acreditando num milagre de longevidade.

Não passou muito tempo e apareceram dois Terapeutas jovens trazendo pelo bridão três jumentos encilhados e prontos para montar.

– Quem avisou da nossa chegada? – perguntou assombrado o tio Jaime olhando para Jhasua e para os dois Terapeutas.

– "A voz do silêncio" – disse sorrindo um deles, ao mesmo tempo que olhava para o tibetano, perante o qual não deviam fazer manifestação alguma.

– Com aviso ou sem aviso – disse o tio Jaime – acabastes com o grande temor que me oprimia há alguns momentos, vendo aproximar-se a noite nestes desfiladeiros.

Trocaram de cavalgaduras, deixando que os jumentos fatigados seguissem atrás deles sem esforço.

Jhasua explicou o caso do tibetano, que devia hospedar-se no refúgio dos viajantes, fora do Santuário.

Um dos Terapeutas se encarregou dele, a quem Jhasua recomendou que permanecesse ali em completa tranqüilidade, pois ninguém poderia causar-lhe dano algum.

O leitor, já instruído por este relato da vigilância amorosa e sutil que o mundo espiritual exerce sobre o Verbo Encarnado, terá compreendido certamente que, na concentração espiritual dessa mesma madrugada, alguns dos solitários Mestres haviam tido uma mesma clarividência: "Jhasua subindo pelos desfiladeiros do Monte Hermon, acompanhado de dois homens a segui-lo."

Uma mesma voz interior, profunda e sem ruído, havia-lhes dito: "Vem a vós para fortalecer seu espírito esgotado pelo contínuo dar e jamais receber." Palavras breves e concisas, porém profundamente significativas para aqueles Mestres de Almas, profundamente conhecedores do que significa e são essas eternas dádivas das almas adiantadas para os pequenos e despossuídos de toda grandeza espiritual.

Desde que receberam essa notícia, os quarenta Solitários do Hermon deixaram por esse dia todo trabalho material que pudesse distrair sua mente da única coisa que realmente importava acima de todas as demais: a ajuda espiritual que o Homem-Luz vinha buscar no silêncio harmonioso de suas grutas, cheias de solidão e de amor.

A magnificência divina, a inefável plenitude do Amor Eterno, transbordou-se como uma torrente nos moradores do Hermon esquecidos de si mesmos para se entregarem em amorosa oferenda à Energia Suprema, dispensadora de tudo quanto as almas necessitam para o fiel cumprimento de sua missão sobre a Terra.

Quando o sol começou a declinar, os dois Terapeutas saíram do Santuário com os jumentos e o cão "Nevado", tal como os nossos leitores já sabem.

Eles sabiam que, enquanto permanecesse a luz do dia, o viajante se orientaria pelos sinais que lhe eram conhecidos, mas, quando as sombras da noite caíssem sobre os perigosos desfiladeiros formando verdadeiros precipícios, ver-se-iam obrigados a deter a marcha, e os chacais e os lobos vagueavam pela noite de neve.

A chegada de Jhasua ao velho Santuário de rochas foi o mais glorioso acontecimento que os Solitários puderam observar.

Rememoraram os dias já distantes da perseguição de Herodes, quando o santo menino foi levado ali por seus pais para ocultar-se da fúria do idumeu, que temia Jhasua como o Libertador de Israel.

Vários Anciãos daquele tempo haviam entregue seus corpos já esgotados ao descanso dos sepulcros de rocha; contudo, mais da metade deles ainda vivia ali, carregados de anos e de merecimentos.

Apresentava-se-lhes novamente aquele menino vivaz, brincalhão e alegre, às vezes; melancólico e pensativo, outras, quando parecia que seus olhos de infinita doçura se enchiam de lágrimas sem motivo algum aparente. Certamente, a grande alma do Cristo sofria a nostalgia do Céu dos Amadores que havia deixado para descer aos sombrios lamaçais da Terra.

Como compreender o Deus do Amor, da Sabedoria Infinita? ... Como compreender ou penetrar nos sonhos divinos do subconsciente do Cristo, amarrado a uma matéria que tornava confusas e imprecisas as radiantes imagens do seu mundo interior?

Confidências como essas os Mestres haviam feito uns aos outros há vinte e cinco anos, ali mesmo no Hermon, enquanto observavam tão de perto todas as modalidades do Verbo Eterno na sua vida infantil.

Agora, vendo-o já homem de 25 anos, circundado por tríplice auréola de Mestre, de Taumaturgo e de Santo, diziam ao Supremo Poder, em seus momentos de adoração interior: "Ainda que não houvesse nesta Terra outra obra Tua como esta, ó Deus incomensurável, somente ela bastava e sobrava para reconhecer o Teu Poder Infinito e o Teu Amor sem limites nem medida."

Jhasua trazia para os Anciãos uma cópia dos achados feitos na Sinagoga de Nehemias, tão rica em tesouros de ciência antiga.

Os Anciãos, por sua vez, fizeram ver as conquistas feitas nos últimos anos entre as grandiosas ruínas que existiam fora dos muros de Palmira, a magnífica e populosa cidade da Rainha Zenóbia, que o imperador Aureliano destruiu vandalicamente dois séculos depois. (*)

As escrituras caldaicas, provenientes do palácio de Belesis e dos templos de Tapsaco, foram transladadas para Palmira, quando Alexandre, o Macedônio, invadiu a Ásia Menor, a Armênia e a Mesopotâmia.

O palácio de Belesis era uma enorme fortaleza-templo mandada construir por Gudea I, Rei da Caldéia e fundador da cidade de Sirtella, 3.580 anos antes do nascimento de Cristo.

As descobertas realizadas pelos Solitários nas ruínas de Palmira revelavam claramente que os antigos sacerdotes caldeus haviam cultivado com grande esmero as ciências ocultas, nas quais chegaram a ser mestres consumados. A astrologia, a astronomia, a magia em todos os seus aspectos, foram os seus conhecimentos preferidos, com os quais não fizeram grandes progressos morais nem espirituais os povos aos quais mantinham aterrados com os terríveis deuses arbitrários e vingativos, reclamando continuamente sacrifícios sangrentos.

No entanto, os Mestres Essênios, habituados ao sistema de ocultamento para os povos, haviam encontrado atrás do obscuro simbolismo as grandes verdades que se irmanavam, em muitos pontos, com as escrituras pré-históricas, cuja origem remontava aos Dackthylos da Ática e aos Kobdas do Eufrates.

Observaram, pois, que as características de que eram adornados os deuses apresentados à adoração do povo correspondiam aos principais planetas do nosso Sistema Solar e às grandes estrelas visíveis da Terra.

Mas aquelas antigas escrituras não haviam sido feitas em papiros nem em tecidos encerados, mas em plaquetas de barro cozido que, colocadas uma ao lado da outra, formavam os numerosos tomos de uma obra colossal.

(*) Estas ruínas, que foram chamadas de Palmira, eram os últimos vestígios da antiquíssima cidade de Tadmor, fundada pelo Rei Salomão na época do intercâmbio de terras e de cidades realizado com Hiram, Rei da Síria. Da antiga cidade de Salomão foram tiradas toda as suas riquezas para construir a cidade de pórfiro e mármore, a branca Palmira, orgulho da Síria. Da mesma maneira como o mundo moderno contempla em Roma as imponentes ruínas da Roma dos Césares, contemplava-se, nessa época, as ruínas de Palmira (N.T.).

Cada deus tinha a sua história de acordo com a ciência dos Kobdas sobre as humanidades que habitavam aqueles mundos siderais, seu gênero de vida e o grau de sua evolução.

A Mercúrio chamavam de "*Nebo*", e era o deus da ciência, em razão de os mais antigos ensinamentos baseados em manifestações de Inteligências procedentes daquele mundo deixarem compreender o avançado adiantamento a que havia chegado essa humanidade na astronomia, na astrologia e no cálculo.

"*Ninip*" era o nome do Saturno, deus de força, simbolizada em seus anéis a asfixiarem as feras monstruosas do mar e dos montes. Os satélites e asteróides desse planeta – diziam os antigos Kobdas – eram mundos primitivos, onde as Inteligências encarnadas viviam em permanente luta com as espécies inferiores, do mesmo modo como sucedeu na nossa Terra nas primeiras épocas da evolução.

"*Istar*" era o planeta Vênus, deus do amor, e os antigos ensinamentos dos Kobdas marcavam esse planeta como habitação de uma humanidade que já havia compreendido a grandiosa lei da solidariedade e praticava o amor fraterno.

Três dias levou o jovem Mestre para realizar todas essas comprovações, que confirmavam mais ainda a sua convicção sobre a origem comum das mais antigas civilizações. Procurando fazê-lo descansar mentalmente, os Anciãos afastaram-no do Arquivo das antigas escrituras caldaicas e, no quarto dia de sua permanência no Santuário, quiseram levá-lo a visitar a gruta, em cujos penhascos exteriores aparecia a enorme fenda por onde se lançava, com força de torrente, a água que dava origem ao célebre rio Jordão, o qual, percorrendo de norte a sul a Síria e a Palestina, ia esvaziar-se no Mar Morto.

A essa gruta os Anciãos chamavam de "Manancial" e ninguém, a não ser eles, freqüentava essas paragens situadas meia milha a oeste do conjunto de grutas que formavam o Santuário.

Eram verdadeiros ninhos de águia, graças à altura onde se achavam e pelas profundas gargantas, verdadeiros precipícios que os rodeavam.

A perseverante paciência dos Solitários havia aberto caminhos só conhecidos por eles, por onde desciam com bastante freqüência para remediar as necessidades dos moradores do vale ou buscarem o que era indispensável para sua própria sobrevivência.

Como recordará o leitor, eles tinham a sua família de porteiros que eram sobrinhos de Simão (o apóstolo Pedro de anos depois). Podia-se dizer que eles eram os empregados ou mensageiros do Santuário para a venda dos trabalhos manuais ou dos produtos elaborados pelos Solitários, tais como xaropes e conservas de frutas, preparados à base do mel extraído de seus imensos colmeais.

Na gruta do "Manancial", os Anciãos prepararam habilmente um tabernáculo de pedra, dentro do qual puseram uma lápide de mármore branco cuja inscrição recordava o momento quando Moisés fez brotar água dos penhascos para dar de beber ao povo que atravessava o deserto.

A cada sete dias, os quarenta Solitários iam ali para irradiar fluidos benéficos para o espírito e a matéria de todos os que usassem límpidas águas emanadas do "Manancial".

Relacionada com isso, estava, sem dúvida, a idéia de Johanan do Hebron (o Batista), de fazer sua pregação nas margens daquele rio nascido nas alturas nevadas do Hermon, e cujas águas estavam vitalizadas pelo amor silencioso e desinteressado de um punhado de homens, obreiros do pensamento, cujo supremo ideal era o bem de seus semelhantes.

Dizia o Batista em sua epístola a Jhasua: "Chamo meus irmãos às margens do Jordão para se purificarem em suas águas e poderem vestir túnicas novas para esperar a tua chegada."

Na gruta do "Manancial" percebia-se um sutilíssimo ambiente de paz e de amor, levando insensivelmente o espírito a concentrar-se em profunda meditação.

Quando seus olhos se habituaram mais à penumbra ali reinante, Jhasua viu umas inscrições um tanto apagadas em distintos lugares da velha muralha interior.

– São os nomes dos sete primeiros que cantaram aqui salmos ao Altíssimo – disse o Ancião Servidor.

"Foi este o seu primeiro abrigo quando o manancial era apenas um delgado rio de água. Buscando a sua proximidade, instalaram-se ali até que, examinando a montanha, encontraram os túneis e cavernas que faziam parte de uma grande mina de prata explorada e abandonada há mais de dez séculos.

Hadad-ezer, Rei de Soba, havia extraído dali uma enorme quantidade de prata, com a qual comprou a aliança do Rei David. E Jhasua filósofo pensou: "Nestas grandes escavações, derramou-se o suor e o sangue de inúmeros escravos para satisfazer a ambição dos poderosos e, delas, elevam-se hoje a Deus os pensamentos de Amor e de Fé daqueles que buscam o bem, a felicidade e a justiça para os pequenos deserdados. A ambição abriu entranhas nas rochas para extrair seus tesouros; e, dali mesmo, outros homens sem interesses nem ambições extraem tesouros de paz e de felicidade para os que padecem e choram. Oh, os ocultos caminhos de Deus ... quem conseguirá conhecê-los todos?"

O tio Jaime, que na noite anterior fora promovido ao quarto grau de Fraternidade Essênia levando somente dois anos no terceiro grau, encontrava-se nesse instante junto de Jhasua, pois já não havia com ele restrição alguma desde que o jovem Mestre fizera compreender aos Essênios até que ponto ele lhe estava consagrado.

Estavam ali reunidos quarenta e dois homens de diferentes graus de compreensão da ciência divina de Deus e das almas, no entanto, havia em todos eles algo que os igualava: o grande amor ao Verbo encarnado e o desejo de colaborar em suas obras de redenção humana. Em face disto, a lei da afinidade cumpria-se de modo admirável neles e tiveram o mesmo pensamento: que a poderosa vibração de amor do Filho de Deus vitalize até nas entranhas da rocha as águas deste "Manancial", e que ele seja uma fonte perene de saúde e bem-estar para todos os que dela se aproximarem.

Quando todos pensavam isso olhando para o caudal que brotava do penhasco, Jhasua se aproximou dele em silêncio e mergulhou ambas as mãos na espumosa vertente, cuja força as fazia tremer, tal como se fossem delicadas varas de nardos em flor que o correr das águas agitava fortemente.

Um trovador cristão do primeiro século da nossa era cantou, em versos musicais e diáfanos, o abraço do Cristo com as águas do Jordão, e todos entenderam ser esta uma alusão a quando ele entrou no rio para ser batizado por Johanan, confundindo-se assim com a multidão que procurava ser lavada de suas culpas nas ondas do rio sagrado.

Mas o primeiro beijo do Filho de Deus nas águas do Jordão aconteceu neste ignorado momento que acabo de relatar aos meus assíduos leitores.

Quando regressaram ao Santuário, Jhasua e todos os seus acompanhantes se sentiam verdadeiramente fortalecidos e renovados na excursão à gruta do "Manancial".

– Todas as dádivas do Pai Celestial são formosas – disse o Mestre aos Anciãos –, porém, a água com a luz e o ar, formam a divina trilogia que coroa todas as suas obras na Criação Universal.

Quando terminaram a refeição do meio-dia, Jhasua voltou ao Arquivo para examinar novamente as plaquetas de barro cozido encontradas nas ruínas de Palmira. Ali procurou os velhos croquis ou mapas dos remotos tempos pré-históricos da Caldéia e da Mesopotâmia, quando tinham outros nomes que a Humanidade havia esquecido: país de Ethea, país de Nairi, Ur Bau.

Fazendo os cálculos com minuciosa precisão, comprovou sobre os velhos croquis que a cidade de Tampsaco, à qual pertenceu a fortaleza de Belesis, se erguia justamente no ângulo sul do país de Ethea, onde se unia com o país de Nairi e onde se elevava a pré-histórica e formosa cidade de Nibiza, sobre o Eufrates. Revelava também com admirável precisão que Nibiza, na idade de ouro dos Kobdas, foi Tampsaco, invadida por Alexandre Magno, e então era Tiphsa, onde, há cinco anos, vira morrer o sábio ancião Baltasar, seu amigo desde o berço.

– "Ruínas sobre ruínas! – pensou. – E agora tenho em minhas mãos o que aquelas civilizações desaparecidas legaram aos homens da época presente."

Ajudado por dois dos Anciãos que eram mestres na interpretação de línguas mortas, puderam ler, naquele informe montão de ladrilhos de barro cozido, no qual os astrólogos e magos da Caldéia e da Assíria deixaram gravada sua ciência e sua vida.

Chamou particularmente a sua atenção uma escritura estampada em trinta e dois ladrilhos, cujo título era este:

"*OS MORTOS MANDAM.*"

Os intérpretes foram traduzindo e Jhasua foi escrevendo a tradução.

Como este é um assunto que interessa em todos os tempos e a todos os seres que pensam e aspiram cada vez mais por conhecimentos, julgo oportuno transcrever aqui a tradução copiada pelo jovem Mestre.

Eram três relatos diferentes. Um sobre o cataclisma do vale do Shidin, do qual resultam incendiadas Sodoma, Gomorra e três outras cidades mais, das quais apenas restava, como recordação viva, o Mar Morto com suas águas venenosas e estéreis.

O outro se referia ao vale do Ghor, por onde agora corre o rio Jordão, que iniciou seu curso quando a rocha do Hermon abriu aquela fenda e a água começou a jorrar.

O terceiro era a transcrição de tradições orais trazidas por viajantes náufragos do outro lado do oceano, pois se referiam aos acontecimentos no Continente Atlante desaparecido, e do qual ficou como último vestígio a ilha de Poseidônis, defronte às "Colunas de Hércules", hoje Estreito de Gibraltar.

Estes relatos não eram novidade para Jhasua, pois tinha lido algo disto nas "Escrituras do Patriarca Aldis". Contudo, o título "*Os Mortos Mandam*" foi o que chamou a sua atenção.

– É bom conhecer – disse – as determinações daqueles que o vulgo chama de mortos, visto como aqui devemos ter uma boa base para provar aos homens descrentes que a alma humana não morre jamais. O primeiro relato dizia assim:

"Eram cinco cidades brancas no vale do Shidin, parecendo garças adormecidas ao sol: Sodoma, Gomorra, Aadma, Zeboim e Bela ou Belha.

"Quatro Reis se aliaram para subjugá-las: Anraphel, Arioch, Chedorlaomer e Tidal.

"Durante vinte anos, tiranizaram seus povos, ultrajaram suas mulheres, degolaram os homens que não se lhes submetiam, enterraram vivos os anciãos e enfermos inúteis para o trabalho. Os homens hábeis foram escapando em grupos de vinte ou de trinta.

"Quando se completavam os 20 anos de escravidão e de opróbrio, os que estavam já a salvo disseram: 'Eis que em nossas cidades ficam apenas os nossos mortos, que não podemos carregar às costas. Que eles peçam por nós justiça a Jehová.'

"E dispersaram-se pelos campos e cidades distantes para ganhar o pão com o suor de seus rostos.

"Uma das fontes de riqueza dessas populosas cidades eram as minas de carvão, de betume e de enxofre e, num dia escolhido por Jehová para fazer justiça, as almas dos degolados, enterrados e queimados, apresentaram-se aos invasores nas cinco cidades do vale Shidin como um vento de fogo, fazendo explodir as minas e, em apenas quatorze dias, tudo ficou reduzido a um negro lago de betume, que continuou ardendo por quatro luas consecutivas.

"O florido vale do Shidin é e será, pelos séculos, o *lago da Morte*. Os mortos foram tochas incendiárias da justiça de Jehová. Os mortos mandam sobre os vivos."

O segundo relato dizia:

"Além, em época muito remota, quando a *Virgem Branca dos Céus* (a estrela Vegha) era a estrela polar da Terra, um poderoso Rei quis limpar suas cidades dos aleijados, cegos, paralíticos e enfermos de toda espécie, com o fim de aperfeiçoar a raça. Seus guerreiros fizeram correr a açoites, como a um bando de cães sarnentos, todos que estavam nessas condições em seus vastos domínios. Empurraram-nos para o profundo barranco do Ghor, para serem devorados pelas feras ou perecerem de fome, pois ali cresciam tão-só sarçais espinhosos e não havia um único poço de água.

"Mais da metade pereceu de fome e de sede em poucos dias, muitos outros foram devorados pelas feras, e os poucos que sobreviveram queriam fugir para outras regiões em busca de água e de frutas silvestres. Eles choravam amargamente porque deixavam ali abandonados os ossos de seus mortos.

"No entanto as almas errantes que lhes apareceram em sonhos disseram: 'Esperai um dia mais que o Deus dos vivos e dos mortos estará pronto para vos fazer justiça. Faremos brotar água do Monte Cabeça Branca.' Era o Monte Hermon, cujo cimo nevado se assemelha a uma grande cabeça com cabeleira branca. Os poucos sobreviventes subiram pelas suas gargantas e desfiladeiros e, sob um ardente sol do meio-dia, viram a montanha ranger como se fosse desmoronar, até que se abriu uma fenda negra e profunda e dela começou a brotar um delgado fio de água.

"– Nossos mortos nos dão água para a nossa vida. Nossos mortos vivem, e são anjos protetores dos que ainda permanecem vivos sobre a Terra.

" 'Os mortos mandam sobre as forças vivas da Natureza, porque o Deus dos vivos e dos mortos quer vê-los unidos e solidários às vestimentas de barro e às de Luz.' – E o profundo barranco do Ghor converteu-se no delicioso vale regado pelo rio Jordão, que fertilizou a terra dada por Jehová à numerosa descendência do patriarca Abraham."

O terceiro relato era como segue:

"Numa época muito remota, que não podemos precisar, o azulado firmamento se abriu como em vermelhas labaredas de fogo, produzindo ruídos e tremores espantosos, até que caiu uma enorme massa de rochas, pedras e areia sobre uma populosa cidade de um formoso país da Atlântida, quando as grandes inundações do mar que a tragaram, haviam já começado sua obra de destruição que durou muitos anos.

"A massa planetária que, de algum globo em desagregação, se precipitou sobre a superfície terrestre era tão grande como a área da cidade que se afundou a muitos côvados, arrastada pelo tremendo aerólito. Somente se salvaram da catástrofe os pastores que guardavam o gado longe da cidade e os lenhadores que se encontravam no bosque.

"Em seu regresso, encontraram no lugar onde anteriormente era ocupado pela cidade, algo que lhes pareceu um pedaço de montanha, muito embora fosse uma espécie de pedra desconhecida no lugar.

"A ignorância tende sempre a procurar no maravilhoso a solução de todos os fenômenos que não consegue compreender. Imediatamente, pensou-se na cólera dos deuses que tinham esmagado a grande cidade com uma pedra, como um garoto esmaga um lagarto indefeso.

"O insólito acontecimento ficou conhecido em outros países vizinhos e os homens doutos acorreram para ver de perto os vestígios da catástrofe.

"Compreenderam que se tratava de uma enorme massa planetária, de uma pedra formosíssima, não só equivalente como ainda superior aos melhores mármores. Era de um vermelho quase púrpura, com listras esverdeadas, azuladas e amareladas.

"– Isto é pórfiro ... puro pórfiro – disseram os técnicos –, e há aqui suficiente para edificar palácios e templos de uma suntuosidade nunca vista.

"Os magnatas das cidades vizinhas levaram grupos de escravos para tirar blocos dessa pedreira vinda através do azulado firmamento, quem sabe de que mundos distantes e ignorados pela humanidade terrestre.

"Logo começou uma luta de morte entre os ambiciosos exploradores da pedreira maravilhosa, e os infelizes escravos morriam às centenas com os crânios ou as costas partidas a golpes de picaretas e de enxadas pelos trabalhadores de um grupo contra os dos outros.

"O sangue desses mártires do trabalho confundia-se com o vermelho brilhante da pedra tão cobiçada.

"Passaram-se cinco, dez, quinze anos, e os mortos no afundamento da grande cidade esmagada pelo aerólito já se haviam despertado da perturbação natural daquela morte súbita e trágica. Eles reconheciam ter merecido morte tão horrorosa, porque a maior parte deles havia feito com seus escravos e servidores o que estavam fazendo os exploradores da montanha trágica.

"Esses mortos começaram a aparecer para dizer-lhes: 'Fugi todos daqui, que esta é a nossa cidade desaparecida, e não consentiremos que se alimente a soberba dos tiranos construindo-lhes palácios da pedra vermelha que nos privou da vida.

" 'Fugi! ... Fugi daqui, pois esta rocha vermelha é o nosso panteão sepulcral.'

"Claro está que, em toda aquela região, não se encontrou quem aceitasse trabalhar na misteriosa montanha, domínio dos mortos. Se algum obstinado e teimoso amo queria forçar seus escravos de chicote na mão a trabalhar naquela pedreira, os fantasmas materializados arrancavam-lhe o chicote e começavam a açoitar o audaz que se atrevia a desobedecer-lhes a ordem.

"Aconteceu passar um dia por esse trágico lugar, terror da região, um grande Profeta que amava os pequenos desprotegidos. Viram-no aproximar-se sem medo da montanha cor de sangue, subir e descer por seus flancos e pelas suas cortantes ladeiras. Viram-no pensativo, sentado sobre o amontoado de blocos que os fantasmas não haviam permitido arrastar para fora dali. Depois, viram-no falar nas praças e ruas das cidades vizinhas sobre o poder que o Altíssimo muitas vezes dá aos mortos para ensinar o bem e a justiça aos vivos.

"Ele obteve de alguns príncipes e caudilhos aterrados pelos acontecimentos que tinham ocorrido os meios necessários para construir no cume da montanha vermelha um refúgio para mães inválidas e crianças nascidas na miséria ou destinadas à morte por serem aleijadas ou enfermas.

"Isto foi do agrado dos mortos defensores da montanha, e a Casa-Berço, asilo de mães, foi rapidamente levantada sem que os trabalhadores sofressem incômodo algum.

"Isso permite supor que os mortos na catástrofe tomaram a matéria para realizar uma nova existência naquele mesmo refúgio de mães e de órfãos, ali onde uma terrível experiência lhes havia ensinado que a maldade jamais leva à felicidade e que a Justiça Divina vence sempre a arrogância dos homens.

"Esse Profeta chamava-se Antúlio, e três anos depois morria envenenado pelos sacerdotes e Reis, que viam nos seus ensinamentos aos povos um perigo para a sua soberania.

"Poucos anos depois, as bravias águas do oceano se derramaram sobre aquela parte do continente, inundando-o. Só ficou, como uma pequena ilha cor de sangue, a montanha vermelha com a Casa-Berço e refúgio de mães, cuja base era lambida mansamente pelas ondas do mar. Os refugiados negaram-se a abandonar seu ninho de águia, de onde saíam em pequenas barcas os discípulos do Profeta, que cuidavam de suas vidas em memória do grande morto que continha a fúria do mar bravo aos pés da montanha salvadora. Os mortos vivem e ordenam em nome de Deus sobre os vivos da Terra."

Quando os intérpretes terminaram a tradução deste terceiro relato e Jhasua terminou de copiá-lo, os três se entreolharam no mais profundo dos olhos como perguntando uns aos outros: "Que diremos de tudo isso?"

— Nas passagens de Antúlio conservadas no Arquivo do Monte Carmelo — disse Jhasua —, não encontrei menção desse aerólito, de maneira que julgo será isto uma novidade para todos.

— É muito interessante e original: no entanto, sem dúvida pensais em como isto pôde ser encontrado numas ruínas da Caldéia, não é verdade?

— Justamente — respondeu o Mestre — e eu quisera ter a certeza de que estas escrituras em placas de barro cozido podem ser dignas de crédito.

— Nós já havíamos feito a nós mesmos essas intrigantes perguntas e despendemos muitos dias e muitas noites no estudo do itinerário que estas e outras escrituras encontradas aqui devem ter seguido até chegar à cidade de Palmira.

"Fala aqui de náufragos que, de costa em costa e de ilha em ilha, vieram empurrados pelas águas do oceano, as quais, ao romperem as penhascosas terras da Mauritânia, unidas à da Ibéria, inundaram o profundo vale que hoje é o Mar Grande ou Mediterrâneo. Ficaram à flor da água os cumes das altas montanhas, que são as ilhas de Creta, de Rhodes e de Chipre. As pequenas embarcações ou balsas de salvamento foram refugiando-se nelas e, embora esses navegantes fugitivos das ondas não levassem nem escrituras nem tesouros, traziam consigo a tradição oral dos acontecimentos ocorridos no seu distante país submergido sob o mar. Foi sem dúvida na Caldéia, onde essas tradições foram gravadas nessas placas de barro cozido, pois esse sistema de escritura foi usado ali desde os tempos mais remotos. Além disto, em algumas placas de madeira unidas por anéis de cobre, pôde ser comprovado que, em Salamina, antiga capital de Chipre, se radicaram em caráter definitivo os fugitivos de um grande Rei atlante, que chegou até a Ática com tantas naves que não podiam ser contadas e que foi derrotado pelos invencíveis guerreiros de Hisarlik. Alguns fugiram para a Trácia pelo Helesponto e pelo Propôntida, enquanto outros fugiram para o leste, pelas ilhas encontradas no caminho. Em pequenos cilindros de osso, existem gravações mencionando uma cidade denominada Arados que, nas antigas cartas de navegantes, aparece defronte a Salamina, já na costa da Fenícia. De Arados a Tampsaco são três dias de viagem em camelo.

"Esclarecemos que os nossos Terapeutas as encontraram numa caixa de carvalho enterrada entre escombros, sob uma camada de terra e relva, ao escavarem para extrair raízes de plantas medicinais que cresciam exuberantemente sobre os despojos da destruição e da morte."

Jhasua ficou pensativo e silencioso por alguns momentos.

– Preocupam-vos essas escrituras? – perguntou um dos Essênios intérpretes.

– Eu pensava – disse o Mestre – na responsabilidade que pesa sobre o Santuário Essênio diante da Fé, da História e da Ciência em relação ao futuro da Humanidade.

"Dia virá – acrescentou – em que a Fraternidade Essênia desaparecerá como os Profetas Brancos, os Flâmines, os Dackthylos e os Kobdas. O que será destes riquíssimos Arquivos de ciência e de História antiga, hoje escondidos no seio das montanhas?"

– A Divina Sabedoria – respondeu o Essênio – providenciará para que apareçam guardiães fiéis dos seus tesouros.

"Em último caso, ainda que tudo seja destruído pela inconsciência e pela ignorância dos homens, eles não podem destruir o Eterno Arquivo da Luz Incriada, no qual permanecem vivendo, como em letargia, até os pensamentos mais fugazes dos habitantes da Terra. Julgas que nós mesmos, eternos viventes, não podemos referir para a humanidade do futuro os acontecimentos das idades passadas? Acaso há algo impossível para o Poder Soberano dentro da imensa órbita da Sua Lei imutável?"

O Mestre exalou um profundo suspiro, como se o seu coração fosse aliviado de enorme peso, e disse com voz de inspirado:

– Eu sei que logo depois da minha partida da Terra vendavais furiosos arrancarão a minha semeadura de hoje, e hálitos de tragédia empaparão de sangue os caminhos de meus continuadores, mas o Pai me dá tal plenitude e firmeza na minha fé, sobre o triunfo definitivo do meu ideal sublime de amor, que toda vacilação me é impossível, e meu espírito rechaça com horror até a mais imperceptível sombra de dúvida.

– E nós contigo, Jhasua, até o último alento da vida! ... – exclamaram ambos, estreitando as mãos do jovem Mestre.

No dia seguinte, muito de manhã, todos os Solitários desceram de seu ninho de águia, acompanhando o viajante até um patamar da montanha, no lugar preciso do nascimento do rio Abaná no flanco oriental do Hermon.

– O caminho segue o curso do rio – disseram –, cuja corrente dá voltas pelo norte nas muralhas de Damasco. Quereis a companhia de um Terapeuta prático na cidade?

– Para a viagem, é suficiente a companhia do tio Jaime; contudo, talvez na cidade poderá ser-me necessário – respondeu o Mestre.

Os Terapeutas mais jovens eram seis e, como todos quisessem acompanhá-lo, tiraram a sorte, e foi favorecido o mais jovem deles, natural de Ecdippa, na província galiléia. Seu nome era Zebeu, e foi um dos doze apóstolos que acompanharam o Cristo até a sua morte.

Em Damasco

Alguns aspectos da antiga Damasco e de seus arredores foram dados a conhecer ao leitor ao mencionar aquela primeira viagem de Jhasua a Ribla que, de passagem, se deteve com seus companheiros por alguns breves dias.

Chegado a esta altura da sua vida, iniciando sua missão de Apóstolo do Oriente Próximo, o leitor ficará conhecendo algo mais da velha capital, daquela que se chamou "Arábia Feliz", para melhor destacá-la da "Arábia Pétrea" e da "Arábia Deserta", três regiões bem diferentes entre si, formando o vasto país que ainda não tinha sido submetido ao domínio estrangeiro.

Ao descer das alturas do Hermon, entra-se de cheio na esplêndida planície regada pelos rios Farfar e Abaná, através da qual o viajante chegava até junto das muralhas da populosa cidade.

Esta ficava situada no ponto onde os rios juntavam suas correntes, e a abundante rega havia convertido os arredores de Damasco em hortos frondosíssimos e maravilhosos jardins de uma beleza poucas vezes vista nas regiões do Oriente Próximo.

Disseminados entre as verdes pradarias, pastam os pacíficos e tranqüilos camelos de pêlo branco ou canela, manadas de cavalos árabes de formosa estampa, grandes rebanhos de ovelhas e cabras de longo pêlo da raça persa e, misturados com eles, as graciosas gazelas do deserto, atraídas pelos pastores para a vizinhança das cidades. Quem já contemplou estes quadros de beleza indefinível consegue fazê-los reviver novamente, nem bem evoca a recordação distante.

O leitor pode imaginar o nosso sensitivo Jhasua atravessando esses jardins do Pai Celestial, como ele dizia, detendo o passo do seu jumento para dar lugar a que sua alma se empapasse de beleza, e que tão formosos quadros pudessem ficar gravados bem profundamente na sua mente.

Toda alma grande e pura é sensível em extremo às belezas da natureza, nas quais encontra o mais belo e sublime poema, a cantar, em inimitáveis tons, a onipotente sabedoria do Eterno Criador. Jhasua sentia-se criança e queria começar a correr atrás dos cabritinhos brincalhões e das graciosas gazelas.

Um silêncio contemplativo e profundo absorvia os três viajantes, pois tanto o tio Jaime como o bom Zebeu participavam da crescente admiração do Mestre.

— Como poderiam ser más as criaturas que habitam aquela formosura de Deus? — perguntou finalmente Jhasua para traduzir em breves palavras o mundo de reflexões que povoavam a sua mente. — Tinha razão o Scheiff Ilderin — acrescentou — quando, ao ver o meu entusiasmo junto ao lago de seu Horto das Palmeiras, disse-me: "Muito mais bela é a pradaria do Abaná, ao redor de nossa incomparável Damasco."

— Mas é necessário confessar — disse Zebeu — que ainda no meio de tantas belezas os perversos não deixam de existir, quando a vingança se apropria de seus sentimentos. Estes formosos hortos e jardins foram devastados por um incêndio provocado pelo ódio e pela vingança.

— Faz muito tempo que ocorreu isso? — perguntou Jhasua.

— Mais de dez anos, segundo creio — respondeu Zebeu.

— Então é por isso, sem dúvida, que, quando há dez anos passei por aqui, a caminho da cidade de Ribla, a exuberante beleza desta pradaria não me entusiasmou como agora — disse o Mestre.

— Os lavradores ficaram pobres, pois era o fim do verão, os trigais estavam na eira e o feno segado e enfeixado, razão pela qual o fogo se alastrou de modo implacável — acrescentou Zebeu, conhecedor da região.

— Foi intencional ou um simples acidente? — voltou o Mestre a perguntar.

— Foi uma vingança contra o Rei Hareth, ao repudiar sua esposa favorita para tomar uma princesa persa. A mulher preterida, junto com seus familiares e escravos, organizou o grande incêndio, cujas grandes proporções puseram o Rei em grande dificuldade, visto como estas pradarias são a fonte de renda principal da região, que se viu ameaçada pela fome. Grande parte dos rebanhos pereceram pelo fogo e depois pela fome. Vês aquele negro promontório ao norte da cidade?

— Vemos claramente — responderam Jhasua e o tio Jaime.

— É um horroroso presídio, onde pagam o seu crime os causadores daquele incêndio. Aquele que entra ali despede-se da luz do dia. Em tempos bastante remotos e quando esta região era dominada pelos caldeus, dizem que aquela construção era um templo a Raman, deus das tempestades. Segundo a tradição, em cada lua nova eram sacrificados lá um jovem e uma virgem de nobres famílias, para que a iracunda divindade não açoitasse os campos com seus furacões e tempestades. Dizem que ainda existem lá milhares de crânios e esqueletos. O Rei Hareth transformou-o em presídio desde o ano do incêndio.

"Quem entra ali fica louco, porque os bufos, os morcegos e os répteis fazem seus ninhos entre as ossadas que, ao contato desses animalejos, produzem ruídos nada agradáveis. Antes do incêndio, não havia presídio em Damasco, porque os criminosos eram decapitados ou enforcados. Porém a esposa persa do Rei Hareth sente horror a que seu esposo se manche de sangue, e agora ninguém é condenado à pena capital. São encerrados no promontório de Raman."

Jhasua ouvia em profundo silêncio o que Zebeu dizia; entretanto, sua alma, que era uma harpa de amor, inundava-se de infinita piedade pelos enterrados vivos naquele horrível presídio.

— Zebeu! — disse repentinamente o Mestre. — Não podemos visitar esse antigo templo de Raman?

— Muito embora a cidade e toda a paragem me sejam muito conhecidas — respondeu — não temos ninguém ligado ao príncipe Hartath, nem sequer às pessoas chegadas ao seu serviço.

Quando chegaram ao largo fosso que rodeava a cidade, e que, pelo recente aumento das águas dos rios, estava completamente cheio, Jhasua viu passeando pela ponte estendida sobre o grande fosso dois moços altos, esbeltos e de rosto moreno. Pareceu reconhecer essas fisionomias e deteve com insistência seu olhar neles que, sentindo-se observados, voltaram a cabeça para os viajantes. Entravam e saíam tantos durante o dia pela Porta do Sul, para a qual convergiam os caminhos percorridos pelas caravanas do leste, do sul e do oeste que, de ordinário, ninguém prestava atenção em duas ou três pessoas que chegassem sem nenhuma circunstância que movesse a curiosidade.

Os dois jovens que passeavam pela ponte, tão logo viram Jhasua e o tio, aproximaram-se deles.

— Mestre — disse um deles. — Não vos recordais de nós?

— Julgais assim, no entanto, não faz tanto tempo que repartimos o pão e bebemos juntos o vinho na mesa do príncipe Melchor, no seu Santuário do Monte Hor — respondeu Jhasua.

— E logo depois na granja do André do Monte Quarantana — acrescentou o tio Jaime. — Não fizestes conosco a viagem até Jerusalém?

— Justamente, tendes boa memória.

— Direi também vossos nomes — acrescentou o Mestre. — Tu és Ahmed e tu Osman. Estou certo?

— Sim, Mestre. Agradecemos por terdes recordado os nossos nomes.

— Que fazeis aqui? — perguntou Jhasua.

– Como sabeis, Mestre, estamos a serviço do comerciante Simônides, e por ordem dele viemos até aqui. É uma felicidade este nosso encontro.

– Para mim também o é; e, visto como o nosso grande Simônides jamais faz as coisas pela metade – disse o Mestre –, é certo que estais em Damasco recomendados a alguém. Nosso Simônides tem amigos em toda parte.

– É verdade. Viemos recomendados ao etnarca desta região, que é um filho do Rei Hareth de Petra, grande amigo do nosso pai adotivo Melchor – respondeu Ahmed.

– Isto quer dizer que em Damasco sois grandes personagens? – perguntou, rindo, o tio Jaime.

– Tanto assim não, contudo, estamos aqui como filhotes de pardais em ninhos de seda.

– Bem vês, amigo Zebeu, como o Pai Celestial limpa o mato dos caminhos para aqueles que andam por eles derramando o bem – disse o Mestre.

– Por enquanto, vamos entrar – disse o tio Jaime – e depois falaremos de tudo quanto quisermos.

– Quereis ficar hospedados em nossa pousada? – perguntou Osman. – O dono é amigo do nosso patrão Simônides.

– Vamos para lá – disse Jhasua –, pois o nosso velho amigo tem olho de lince para conhecer os homens.

O leitor poderá adivinhar facilmente que, com as recomendações de Simônides para o etnarca Hartath de Damasco, os dois jovens árabes, já mencionados, facilitaram grandemente a obra que o Mestre queria realizar naquela capital da Arábia.

Inteirado o etnarca da grande amizade de Jhasua por Simônides e pelo Scheiff Ilderin, confiou nele como houvera confiado em Elias Tesbitha, o Profeta de Fogo, como era chamado pelos árabes dessa região que lhe dedicavam um culto mesclado de terror.

O etnarca era jovem e havia casado recentemente. A esposa era de nobre família, descendente dos antigos Reis caldeus. Seu pai era um sábio astrólogo e mago de grandes poderes psíquicos, segundo todos julgavam.

Entretanto, todos esses poderes e faculdades se estatelavam contra uma muralha de pedra, ao tratar de salvar a penosa situação do lar do etnarca, seu genro, que, pouco depois do casamento, estava vendo enfraquecer e morrer lentamente a esposa favorita.

Segundo seus costumes, ele tinha mais três mulheres de sua própria raça, e que eram, ao mesmo tempo, guardiãs da criadagem imediata da esposa.

Nasceu-lhes um menino, mas sequer este foi suficiente para trazer alegria à infeliz esposa que padecia de uma horrível tristeza. Tinha ela acessos de desesperada angústia, sendo levada ao ponto de procurar a morte de qualquer maneira.

Os moços árabes, ex-discípulos do príncipe Melchor, haviam conquistado a amizade do jovem etnarca.

Eles lhe disseram que Jhasua era Mestre de Sabedoria Divina a quem Melchor de Horeb considerava um Profeta, superior a todos os surgidos até então.

– Quem sabe se ele não remediaria a penosa situação da tua casa, etnarca – haviam-lhe dito. – Ele está hospedado desde ontem conosco na ''*Ânfora de Prata*''.

– De onde vem? E que o traz aqui? – tinha perguntado o etnarca.

– Na verdade, não o sabemos; porém, junto com homens doutos de Jerusalém, fundou uma associação denominada ''*Santa Aliança*'' com o fim de unir todo o Oriente para fazer uma resistência pacífica aos avanços da águia romana e, ao mesmo tempo, socorrer os necessitados – haviam-lhe respondido.

– Ah, então é um grande homem! ... Trazei-o aqui, pois, ainda antes de conhecê-lo, já sou seu amigo. Melchor, Ilderin e Simônides são pessoas de grande tino e, se é amigo de todos eles, é um homem muito bom, fora de toda dúvida.

"Diga-me com quem andas e dir-te-ei quem és", diz um provérbio tão antigo como a própria Damasco, mais antigo que a sabedoria de Salomão. A sabedoria do meu sogro fracassou no meu caso. Vejamos se o vosso Profeta tem mais poder que ele.

Foi assim que o nosso viajante fez sua entrada na cidade de Damasco.

Nessa mesma tarde, Jhasua se encontrava sobre o terraço do palácio do etnarca, junto a um aposento de grades douradas e cortinas de púrpura, onde estava estendida, com profundo desânimo, uma jovem mulher. Ao seu lado, uma escrava agitava um abanico de plumas para fazer-lhe ar e espantar os insetos. Outra balançava suavemente o berço de um menino, fraco e pálido como a mãe.

– Eis aqui a minha família – disse o etnarca, quando descerrou uma cortina e deixou à vista o interior do suntuoso aposento. Meu pai, o Rei, tem domínio desde o Eufrates até o Mar Vermelho – continuou dizendo. – Eu sou seu herdeiro. De que me serve ter tudo quanto quero se me falta a alegria e a saúde na família?

"Eu mandei vir sábios astrólogos e médicos da Pérsia e do Indostão, quando meu sogro se declarou incapaz de curar o estranho mal de minha esposa, que parece transmiti-lo ao meu filho, pois, como vês, ambos parecem achar-se no mesmo estado.

Jhasua olhou para a mãe e para o filho, e viu que apenas através da respiração um tanto fatigada se podia perceber que ambos estavam vivos.

– Se confias em mim – disse-lhe depois de um breve silêncio – manda sair as escravas e coloca-te, etnarca, num lugar onde possas ver e ouvir, sem que a enferma te veja nem perceba que estás presente. Não tomes a mal o que vou te perguntar: Tens ódio a alguém que esteja perto ou longe de ti?

O etnarca olhou para Jhasua com olhos investigadores e um lampejo de receio e desconfiança se refletiu no seu olhar.

– Quem ocupa uma posição como a minha – disse – odeia e é odiado, do mesmo modo como ama e é amado. Por que perguntas isto, Profeta?

– Porque o mal da tua esposa e do teu filho não está nos seus organismos físicos, mas na essência espiritual que os anima, e dali se transmite em forma de lassidão morbífica aos seres muito sensitivos, aos quais pode levar lentamente à morte.

O etnarca guardou profundo silêncio.

– Profeta do Altíssimo, vou contar segredos de minha família, segredos que não tens permissão de usar a não ser para o bem dos meus – disse com severidade.

– Disto podes estar certo e, se não confias em mim, peço para não fazeres revelação alguma. Basta dizer se te sentes com força suficiente para esquecer o teu ódio, seja contra quem quer que seja, e substituí-lo, se não o podes com amor, pelo menos com uma indiferença passiva, que não avive a fúria do teu inimigo – respondeu Jhasua.

– Deus sabe que não desconfio de ti. Ouve-me, pois: sou filho da primeira esposa do meu pai, que morreu deixando-me ainda muito criança. Ele tomou outra esposa entre as princesas da casa reinante de Sidon e, quando essa já lhe havia dado um filho, repudiou-a por causa de seus costumes demasiado livres, quase atingindo a libertinagem, como sói acontecer com quase a maioria das mulheres sidônias. Bem sabes que as nossas leis e hábitos exigem da mulher um retraimento e recato mui severos, e meu pai via-se continuamente criticado pelos seus conselheiros em virtude da vida libertina levada por sua esposa. Ao repudiá-la, tomou uma terceira esposa, uma princesa persa, um encanto de mulher, que trouxe a paz e a felicidade para dentro do seu lar.

"A mulher repudiada vingou-se de meu pai, devastando, através de um incêndio, nossos campos de lavoura, quando as colheitas já estavam feitas. Uma vez ao redor de Damasco, outras em campos de Filadélfia, de Anmon ou de Madian, nossas colheitas foram queimadas junto com o nosso gado. Finalmente, veio a ser descoberto que tudo aquilo era vingança dessa mulher sidônia, junto com seus familiares e amigos.

"Todos foram presos e condenados à morte, contudo, a atual esposa do meu pai sente horror de que seu marido decrete pena de morte para alguém e, como ganhou-lhe o coração, obteve dele que os incendiários fossem encerrados no Penhasco de Raman. E ali estão. Pois bem, desde que o meu pai mudou sua residência para Petra, deixando-me em Damasco, a prisioneira do Penhasco mandou-me alguns emissários pedindo clemência. Como não me foi possível aceder, porque seria inimizar-me com meu pai, ela fez chegar a mim a ameaça de que iria humilhar-me e ferir-me no que mais haveria de me doer.

"Através de meios verdadeiramente diabólicos, dignos da malícia de Abadon (*), mandou a minha casa galanteadores com a ordem de arrastar minha esposa para a libertinagem. Tentou mil provas, as quais, sem exceção, falharam. É natural, Profeta, que eu tenha um ódio feroz a essa serpente, que leva em si todos os venenos. Desde então, vejo-me obrigado a manter uma guarda redobrada em todas as portas do palácio e também na cidade, nos campos e aldeias.

"Esta é a história do único ódio que o meu coração acalenta."

– Etnarca Hartath! ... – exclamou o Mestre. – És um homem justo como também o é o teu pai; e, porque és assim, a ti causa dano a vibração do ódio dessa mulher e dos seus sequazes a secundá-la em todas as suas perversas atividades. Quantos são os prisioneiros do Penhasco de Raman?

– Não sei ao certo; entretanto, se aguardares alguns momentos, eu te direi. – O etnarca chamou o chefe de guarda e ordenou que averiguasse. Alguns momentos depois, Jhasua sabia que os incendiários eram trinta e dois.

– Queres ter a bondade, etnarca, de colocar-me em contato com eles? – pediu Jhasua com grande serenidade.

O etnarca aproximou-se de Jhasua e, com voz muito baixa, disse:

– Se podes matá-los com os teus poderes sem deixar rastros de sangue, podes fazê-lo, pois assim terminaremos com este assunto e o meu pai nada poderá dizer.

– Enganas-te, etnarca ... enganas-te! Vivos ou mortos, seus ódios te alcançarão da mesma maneira. E posso garantir que os mortos podem causar-te muito mais dano.

"Não sabes que quando a matéria se acha morta, o princípio espiritual que a anima adquire liberdade e força para continuar uma vingança iniciada em vida?"

– Então estou à mercê dessa mulher, eu ... príncipe soberano de Damasco? – perguntou irado o etnarca.

– Tem calma e ouve-me. Não odeies mais essa mulher. Este é o primeiro passo ... Não é com ódio contra ódio que se adquire os meios para libertar dessas redes terríveis seres sensitivos como tua esposa e teu filho. Não a odeies mais. Perdoa-a! ...

– Profeta! – gritou o etnarca fora de si. – Estás fazendo pouco de mim? A um filho da Arábia estás pedindo perdão para um inimigo que trouxe a desolação, a fome

---

(*) O demônio dos árabes (N.T.).

e a morte para sua pátria e que, como um réptil venenoso, ousou chegar com suas seduções até o meu leito nupcial para desonrá-lo?

– Acalma-te, etnarca! ... – disse Jhasua com sua voz mais meiga e tomando-o por uma de suas mãos. – Quero trazer a saúde, a paz e a felicidade para dentro do teu lar. Quero ver tua esposa feliz ao teu lado e sorrindo; e teu filhinho, como um anjo de Deus, feliz de que o tenhas feito retornar à vida! ... Quero ver tudo florescer ao teu redor e te negas a ajudar-me no meu trabalho?

Estas palavras realizaram nesse homem o efeito de uma ânfora de água fresca que tivesse sido esvaziada com infinita suavidade sobre a sua cabeça abrasada pela febre. O etnarca ficou sem palavra ... imóvel ... olhando para os olhos de Jhasua a irradiarem infinita piedade sobre ele.

– Eu a perdoaria – disse depois de um longo silêncio –, no entanto, meu pai não a perdoará jamais.

– Por enquanto – disse Jhasua –, teu perdão é suficiente. Agora começas a vencer a tua inimiga, porque antes venceste a ti mesmo. Permites que eu visite a prisioneira do Penhasco?

– Irás com cinqüenta dos meus melhores guardas – disse Hartath.

– Como queiras, porém peço-te para dares ordens no sentido de me deixarem falar a sós com essa cativa e com cada um dos prisioneiros – acrescentou o Mestre.

– És um Profeta da estatura de Elias Tesbitha, que não temia nem os exércitos armados – disse o etnarca impressionado com a atitude de Jhasua.

– Acreditas no Poder Supremo do Criador? – perguntou o Mestre.

– Creio nele desde a minha meninice – respondeu.

– Falaste muito bem. Agora, faze com que me conduzam a esse presídio, e o Soberano Poder, meu Deus, fará todo o restante.

Pouco depois, cinqüenta guardas saíram da fortaleza conduzindo Jhasua ao Penhasco de Raman, onde trinta e dois seres humanos jaziam sepultados vivos. Duas ou três vezes por mês, levavam provisões para eles, a água dos cântaros era renovada e eles ficavam ali sozinhos, cada qual encerrado em sua cela, amarrado com uma corrente à rocha, sem que ninguém mais se preocupasse em ir vê-los. Era de tal maneira fortificado aquele Penhasco-presídio que não havia necessidade de temer nenhuma evasão. Do interior não era possível abrir e, de fora, tão-só aquele que possuísse o segredo da pedra movediça podia penetrar ali.

Unicamente um velho guardião, companheiro de armas do Rei Hareth, conhecia esse segredo e só ele abria e fechava o presídio.

Quando Jhasua chegou ao pé do Penhasco, pediu que o deixassem sozinho, e, numa suprema evocação às suas grandes Alianças Espirituais, alcançou delas a força necessária para aniquilar o dragão destruidor do ódio, causa de todos os males e dores que eram lamentadas na grande cidade, e disse ao velho guardião:

– Abre o presídio e guia-me até a prisioneira.

– És corajoso – disse o velho. – Sabes que essa mulher tem cem demônios no corpo e que é uma bruxa consumada? Ela olha para um lagarto e o deixa seco. Olha para uma coruja que, depois de uma pequena volta pelo ar, cai fulminada como se tivesse sido ferida por um raio.

Jhasua sorriu em face do medo do guardião e lhe disse:

– Não temas. Isso já passou.

– Como queiras, jovem. Além do mais, é o amo quem manda.

O velho entrou numa caverna, das muitas que o penhasco possuía e que eram utilizadas pelas raposas e gatos monteses como covis. Pouco depois saiu dizendo:

– Já podes entrar.

Jhasua entrou atrás do velho que levava uma candeia acesa. Atrás dele entraram os guardas. Aquilo era um túnel bastante espaçoso, mas muito escuro e de odor nauseabundo.

Notava-se, através do esforço de todos, que o pavimento ia subindo lentamente qual uma rampa insensível.

Finalmente, chegaram a um recinto amplo e iluminado por uma clarabóia no teto. Sobre um altar semidestruído via-se uma monstruosa imagem de pedra, que representava o terrível deus das tempestades. Tinha grandes asas como de águia e seus dedos eram garras que seguravam correntes e cordas em grande quantidade.

– Isto era o templo – disse o guardião. – Atrás de tudo isto estão as grutas dos esqueletos.

Jhasua sentiu um estremecimento de horror quando viu a enorme quantidade de crânios humanos, de ossos, de esqueletos ainda inteiros ou pendurados em ganchos de ferro, ou ainda estendidos no pavimento. Todo aquele ossário representava vidas humanas em plena juventude que o fanatismo de uma religião criminosa havia privado do dom divino da vida em holocausto a uma fé abominável numa divindade sanguinária.

Era possível que o ser humano, centelha emanada do Deus-Amor, chegasse até esse abismo de ignorância e degradação? Sua alma, terna como uma flor em botão, estremeceu dolorosamente. Jhasua aproximou-se mais do informe montão de ossos.

Tomou em suas mãos um daqueles crânios brancos, que pareciam de neve. Era pequeno e de linhas finas. Imaginou que seria de uma virgem, débil como uma flor, e pensou:

– "Aqui dentro havia um cérebro unido a uma mente que pensava, sonhava e criava belas imagens de amor e de felicidade; uma mãe ... tinha um amor ... desejava a felicidade ..."

– Ó Deus Infinito e Eterno! ... – exclamou repentinamente. – Ela podia ter sido uma boa filha, consolo na velhice de seus pais; uma esposa fiel, alento na vida de um homem honrado e justo ... mãe de belas e inocentes crianças, futuros servidores de Deus e da Humanidade! ...

"Almas que animastes estes brancos ossos! ... se ainda padeceis de perturbação pela tragédia horrível da vossa morte, eu vos evoco a todas neste momento solene para vos dizer: Voltai à vida, e que a dura experiência sofrida vos faça compreender, de uma vez para sempre, que a verdadeira e única religião de Deus é o amor de uns para com os outros: *a fraternidade universal*!"

A presença do velho guardião fê-lo voltar da sua abstração. Jhasua deixou o crânio que o fazia mergulhar em meditação e disse:

– Leva-me perante a prisioneira.

O grupo passou diante de várias grutas vazias e detiveram-se defronte a uma com grade de ferro na porta.

A figura que o Mestre viu confundia-se com o negrume da muralha. Estava estirada sobre um miserável leito de palha, presa ao muro por uma corrente que lhe rodeava a cintura. Junto a ela via-se restos de pão e pedaços de carne.

A caverna era pequena, de modo que o visitante ficava muito próximo da prisioneira.

— Mulher — disse o Mestre em voz alta. — Se queres ouvir-me, posso mudar a tua situação.

— Eu não quero misericórdia, mas apenas justiça — respondeu duramente a mulher.

— Todos reclamam justiça — disse Jhasua —, tanto os que causam danos como os que os recebem. Queres certamente a tua liberdade, que é uma dádiva de Deus às suas criaturas. Os que receberam de ti tantos males também têm direito aos bens que lhes arrebataste num momento de cólera. A liberdade que desejas não poderás tê-la, se não renunciares a agir mal e te decidires a viver conforme a justiça e a verdade.

"Tens, pois, em tuas mãos, o bem que desejas."

— Quem és tu que deste modo ofereces a liberdade a quem já está há onze anos no calabouço?

— Sou um Mestre que ensina a lei do amor fraterno aos homens. Pedi permissão ao etnarca para visitar-te e ele ma concedeu.

— Ele é um asqueroso lagarto que tem medo de mim — rugiu a mulher.

— Não pode temer-te, porque é livre e forte — disse Jhasua.

— E eu, mísera prisioneira acorrentada, sou mais forte que ele, e vou matar a esposa e o filho dele, como mato as corujas e os morcegos que chegam até aqui.

— Nem a ela nem ao filho conseguirás matar!

— E quem me impedirá?

— Eu, em nome de Deus! ... — respondeu o Mestre com grande firmeza.

A infeliz deu um uivo e levantou-se furiosa, dando alguns passos em direção a Jhasua até onde lhe permitia a corrente. Ficou olhando-o fixamente com seus olhos de hiena, como se quisesse fulminá-lo com o olhar.

O Mestre olhou-a também, com imponente serenidade.

Pareciam dois adversários a medir forças. Depois de alguns momentos, a mulher dobrou-se como um junco e se atirou sobre o leito de palhas, soluçando convulsivamente.

O Mestre fechou os olhos e chorou por ela.

— Senhor! ... — murmurou com meiga voz. — Pai! Se a minha vida significa alguma coisa diante de tua incomensurável grandeza, dá-me esta alma que a quero para redimi-la, e toma a minha vida em troca desta e de todas as almas, tuas criaturas, que se desviaram de seus caminhos e mergulharam no abismo!

A mulher havia-se acalmado e, sentada em seu leito, olhava para o rosto de Jhasua banhado de lágrimas, e sentia a poderosa vibração da sua ternura e do seu amor para ela.

Ela não podia acreditar! Seria possível que aquele homem tivesse piedade e ternura para com ela ... ela, um escorpião? Ela não conseguia acreditar!

— Por que choras? — perguntou.

— Choro por ti, mulher, porque és tão desventurada e tão cega que não compreendes o mal que fazes a ti mesma, causando-o também aos demais. Por que recusas a felicidade que o Deus-Amor quer dar-te?

"Passarás toda a tua vida neste estado miserável?"

— Pergunta isto ao etnarca, filho do Rei Hareth, causador da minha desgraça — respondeu a mulher.

— A justiça humana te acorrentou aqui para salvaguardar as vítimas da tua vingança, mulher. Acreditas em Deus?

— Sou sidônia e creio em Marduk. Ele me vingará!

— Enquanto pensas na vingança, permanecerás aqui, até por toda a tua vida. No dia em que pensares em amar aos teus semelhantes, como amas a ti mesma, será feliz ... totalmente feliz! Escolhe, pois, o teu caminho.

— Que me darás para renunciar à minha vingança e ao ódio que a alimenta? — perguntou a mulher com um cinismo que houvera causado asco a qualquer um, menos ao Mestre, em cujo coração, transbordante de piedade, não cabia outro sentimento além do perdão e do amor.

— Em primeiro lugar, a liberdade e depois a paz e a felicidade que conquistarás com o teu esforço agindo para o bem — respondeu o Mestre. — Conseguirei tudo isto daquele Soberano Senhor de todos os tesouros inerentes à vida, e de todos os bens que ele deu às suas criaturas; entretanto, antes, darás provas de que abandonaste para sempre os caminhos do ódio, para tomar os da fraternidade e do amor.

Já era bem manifesta a mudança que se havia operado naquela desventurada criatura.

— Aceito a tua proposta — disse, depois de um breve silêncio, no qual foi possível perceber a profunda dúvida da sua mente. — No entanto, eu não estou sozinha neste presídio, e ainda ignoro quem mais está aqui, parecendo-me também que caíram prisioneiros todos os que cooperaram na minha vingança — acrescentou a cativa.

— Também eles poderão reconquistar a dádiva divina da liberdade e continuar suas vidas pelos caminhos da justiça e da honradez — acrescentou o Mestre.

— Eles farão o que eu fizer — disse a mulher — se me deixarem falar com eles.

Jhasua voltou-se para o velho guardião que ficara junto da porta e manifestou os desejos da prisioneira. Com desconfiança e receio, o chefe dos guardas recebeu a recomendação de Jhasua. No entanto, tinha o dever de obedecer e, chamando os cinqüenta homens que comandava, colocou-os à porta das cavernas dos prisioneiros. Ele, com dois guardas, tirou as correntes da mulher e levou-a para tratar o assunto com os companheiros de prisão.

É difícil para o espectador discernir onde terminava o animal e começava o homem, à vista daqueles seres com cabeleiras e barbas sujas e emaranhadas, semivestidos com retalhos sem cor ou pedaços de couro de cabra. Todos cobertos de imundícies, denotavam bem claro que, nos onze anos de reclusão, ninguém se preocupara com eles.

O Mestre observador e psicólogo compreendeu logo que a maioria daqueles infelizes haviam sido máquinas movidas pela vontade daquela mulher, pois notou em quase todos uma depressão de ânimo que já atingia o embrutecimento, a anulação completa da vontade e de toda aspiração por algo melhor.

— Infelizes! ... — murmurou Jhasua com voz bem baixa. — Não podiam descer mais! ... e, não obstante, no meio desses frangalhos de carne e ossos, revestidos de imundos farrapos, vive a centelha divina emanada do Onipotente Criador dos mundos e dos seres.

Esse pensamento encheu-lhe a alma de inefável ternura. Jhasua sentiu-se comovido no mais profundo do seu ser e disse, em apoio ao que lhes falava aquela mulher em sua língua:

— Meu Deus permite que vos torneis livres e felizes se fordes capazes de merecer suas dádivas com uma vida exemplar.

O recinto onde apareciam os calabouços era algo assim como uma enorme cisterna seca, para o qual davam as aberturas irregulares das grutas sombrias.

De pé, no centro daquele círculo de rochas, o jovem Mestre podia ver e falar a todos e, ao mesmo tempo, ser visto e observado por eles.

— Informaram-me que sois trinta e dois os detidos aqui, entretanto, não conto senão vinte e sete. Que aconteceu aos outros? — perguntou imediatamente.

— Devem ter morrido — respondeu a mulher — e seus ossos deverão estar nas grutas ainda amarrados às correntes.

Jhasua interrogou o guardião com o olhar.

— Suicidaram-se — disse ele — golpeando a cabeça nas rochas, e outros negando-se a comer. Os cadáveres foram arrojados ao monturo, onde foram queimados com o lixo que é arremessado da cidade. — Houve um breve silêncio.

— Estamos de acordo — disse por fim a mulher. — Que fareis conosco?

— Por enquanto, levar a vossa promessa ao etnarca e convencê-lo da mudança de vida que ides empreender. Agora é a segunda hora da manhã — acrescentou o Mestre. — Ao meio-dia voltarei com alguns companheiros para trazer a resposta definitiva.

"Lembrai — disse —: não sou senão um Mestre a ensinar o amor fraterno aos homens como único meio de conseguir a paz e a felicidade aspirada e buscada por todos. Como este meu ideal está dentro da imutável Lei do Criador, sua divina paz desce sobre todos os que se atravessarem em meu caminho.

Todos aqueles olhos cansados, inflamados de ódio, de dor e de abatimento, pareciam animar-se de uma luz nova ao contato de pura vibração da piedosa ternura do Cristo ... único ser que, em onze anos de cativeiro, lhes havia dirigido a palavra para fazer sentir sua compaixão e seu amor!

Todos olhavam-no como estonteados, sem palavra nem movimento, duvidando ainda de que fosse uma realidade e não um sonho o que viam.

Aquelas grutas não tinham grades como a da mulher, e Jhasua foi se aproximando de cada um deles para tirá-los do estupor em que os via submergidos.

O velho guardião estava como sobre brasas, pois temia que alguns daqueles perversos, que tinham as mãos livres, se arrojassem sobre o pescoço do Profeta e o estrangulassem, porém Jhasua compreendeu os seus temores e disse em voz baixa:

— Não temas, guardião, que as feras já fugiram, e apenas restam cordeiros amarrados às cadeias.

Finalmente, os prisioneiros ficaram convencidos de que tudo aquilo não era nenhuma visão mas uma grande realidade, e que aquele formoso jovem de manto branco e cabeleira ruiva, de olhos dulcíssimos e voz musical, era um homem de carne e osso ... talvez algum Rei vindo quem sabe de que país ignorado por eles para devolver-lhes a liberdade, a paz e a vida. Apoderou-se de todos ao mesmo tempo uma emoção coletiva, profunda e ... esticando as correntes quanto elas permitiam até causar-lhes dano, se arrojaram diante daquele homem desconhecido que, na treva espantosa de suas vidas, falava-lhes de paz, de felicidade e de amor.

As lágrimas começaram a correr mudas por aqueles rostos envelhecidos pelo ódio e desfigurados pela imundície e o abandono.

— Vês? ... — disse Jhasua ao velho guardião —, como as feras fugiram para deixar vivos os cordeiros?

O velho guardião, que não era um tronco de carvalho nem um bloco de pedra, voltou o rosto para o outro lado para que ninguém percebesse a sua profunda emoção.

— Nunca, até hoje, estive próximo de um Profeta de Deus — disse, quando pôde falar. — Senhor! ... lembra-te de mim, que tenho a mulher cega e dois filhos leprosos — e um surdo soluço embargou-lhe a voz na garganta.

— Em nome do meu Deus eu te digo que o sol de amanhã encontrá-los-á curados. Vai e banha-os nas águas do rio Abaná — respondeu Jhasua.

O velho esqueceu tudo e correu como um louco, morro abaixo, em direção à sua casa.

— Esperai-me ao meio-dia que voltarei ao vosso encontro — tornou a repetir o Mestre dirigindo-se aos detentos.

Os guardas levaram a mulher para a caverna e saíram acompanhando o Mestre, que pediu para ser levado perante o etnarca.

— As feras converteram-se em cordeiros, etnarca — disse o Mestre. — Esperam clemência e prometem mudar de vida.

— Sou tão feliz, Profeta, que me sinto inclinado ao perdão. Minha esposa deixou o leito e meu filho sorri no berço.

— Bendigamos ao Eterno Doador de todos os bens — disse o Mestre. — Eu não esperava menos depois da morte do dragão do ódio que envenenava a todos.

O Mestre obteve tudo quanto necessitava para cumprir a palavra dada aos prisioneiros do Penhasco de Raman.

— Tens o meu perdão, Profeta — disse o Príncipe —, entretanto, falta o beneplácito de meu pai.

— Eu me encarrego dele — respondeu Jhasua. — Não dizem que o Rei Hareth de Petra é como um irmão do príncipe Melchor de Horeb e do Scheiff Ilderin?

— Estimam-se grandemente — respondeu o etnarca.

— Se estiveres de acordo, etnarca, despacharemos mensageiros para o sul com uma carta tua para o Rei, teu pai, e minhas para os outros dois, que estão unidos a mim por longo tempo por uma aliança de amizade — insinuou o Mestre.

— Seja como dizes — consentiu o etnarca.

— Enquanto não chega a resposta — acrescentou o Mestre — trataremos de preparar a nova vida dos prisioneiros do Penhasco de Raman, para certificar-nos de que a redenção será completa. Se eu puder contar com a tua aquiescência, encarregar-me-ei desse preparo — disse Jhasua.

— Sim, Profeta, sim. A saúde de minha esposa e de meu filho tornam-te dono da minha vontade. Procede com eles como te agradar.

— Obrigado, etnarca. O Profeta de Deus te abençoa em Seu nome.

Jhasua voltou à pousada "Ânfora de Prata", onde o tio Jaime com Zebeu e os jovens árabes o aguardavam ansiosamente.

— Que aconteceu? — perguntou imediatamente o tio Jaime, tão logo o viu chegar.

— A Luz de Deus caminha conosco, tio Jaime — respondeu o Mestre. — Tudo saiu como vindo d'Ele. Porventura o Pai Celestial realiza as coisas pela metade?

Depois de contar o que ocorrera no presídio do Penhasco, disse-lhes:

— Agora, preciso da vossa ajuda para uma tarefa.

— Podeis dispor de nossas pessoas — disseram Ahmed e Osman.

— E da minha também — acrescentou Zebeu.

Jhasua olhou para o tio Jaime.

— Que estarás planejando, jovem filho de Myriam? — perguntou ele rindo.

— Tirar esses infelizes da vida em que se encontram, tio Jaime. Poderei deixá-los assim?

— Está bem, meu filho, está bem! ... Salva-os! Teu coração não pode fazer outra coisa; no entanto, que farão quando se virem livres? Ah, Jhasua! Não estarás alimentando corvos para te arrancarem os olhos? ...

Dir-se-ia que o tio Jaime falou obedecendo a um doloroso pressentimento, porque, oito anos depois, teve a dor de ver sobre a montanha trágica, na tarde da crucificação, dois daqueles que foram salvos do cativeiro: um deles era Gesthas, chamado o mau ladrão, encravado no Calvário ao lado do Cristo, e o outro era seu irmão. Gesthas gritava enfurecido junto com a turba: "A outros pôde salvar e não consegue salvar a si mesmo. Não é Profeta nem Messias; provavelmente é um perigoso embusteiro!"

Contudo ... que pode significar para a eterna vida de amor do Cristo Divino a ingratidão e a traição das pequenas criaturas terrestres, incapazes ainda de compreender o poema imortal vivido e sentido por essas heróicas almas em união íntima com o Eterno Invisível?

A partir do meio-dia e tal como o Mestre prometera, foi iniciada a transformação do Penhasco de Raman.

Tio Jaime, Zebeu, Ahmed e Osman foram os auxiliares de Jhasua que, com a devida autorização do etnarca, procederam à obra regeneradora já iniciada.

As águas opalinas do rio Abaná, nascido nos cumes nevados do Monte Hermon, onde quarenta Servidores de Deus oravam pela salvação dos homens, purificaram aqueles corpos imundos, farrapos de carne e ossos que ainda levavam na cintura as sangrentas marcas de uma cadeia de onze anos. Vestidos com roupas novas, alimentados com refeições oferecidas através do amor fraterno, eram seres novos aos quais sorria a esperança, depois de haver sido aniquilado neles o veneno do ódio e do rancor.

Eram vinte e seis homens e uma mulher.

– Foste a comandante-chefe para o mal – disse o Mestre à mulher. – Agora o serás para o bem, para a paz e para a felicidade de todos. Este que foi o vosso presídio para castigo, será o vosso lar, a vossa oficina de trabalho, a vossa aula de estudos e o vosso recinto de oração, até dardes provas de verdadeiro arrependimento.

No lombo de jumentos e encerrados em sacos de esparto, foram descidos para o vale os inúmeros esqueletos, crânios, ossos dispersos e quebrados que enchiam as grutas do Penhasco de Raman e enterrados numa fossa comum, em cima da qual Jhasua com seus amigos plantaram árvores novas de murta.

– Florescei de amor! ... – disse Jhasua às pequenas árvores. – Florescei de amor sobre os despojos destes mártires esquecidos.

Depois, procedeu-se à limpeza e reparações da parte superior, que era o edifício propriamente dito e parecia formar parte da montanha negra e pavorosa. Era o recinto central, com o altar e a estátua do deus, que foi levada dali. Aquilo foi transformado, como por encanto, numa cozinha-refeitório para os refugiados. As grutas adjacentes, que tinham luz e ar, foram utilizadas como alcovas onde leitos limpos, lamparinas de azeite e cântaros de água ofereciam aos asilados a modesta comodidade que por enquanto lhes podia ser dada.

O salão de rochas, para onde davam as grutas que tinham sido calabouços, passou a ser oficina de trabalhos manuais, para que os próprios moradores do Penhasco fizessem mesas, bancos e todos os demais utensílios que se tornassem necessários. Uma guarda de dez homens armados ficou encarregada da vigilância na parte de fora.

– Serás a senhora da casa – disse o Mestre à ex-cativa – e farás a comida para todos. Terás aqui todo o necessário, e três mulheres da cidade virão todos os dias para ajudar-te nas tarefas.

"Prometo a todos que, de acordo com a conduta que tiverem, assim também será o tempo que podereis demorar para recobrar por completo a vossa liberdade. Para isso, necessita-se do beneplácito do Rei Hareth, e já se pensou nisto. Estás contente, mulher? ...

– Profeta! ... Despertaste o pouco da bondade que existe em mim – disse a mulher com profunda tristeza. – Ao mesmo tempo que morreu o ódio, renasceu um sentimento muito íntimo: o amor à minha filha, a quem não voltei a ver em treze anos.

– Ah! ... Tens uma filha? ... E onde está?

– Está com o Rei Hareth, que ma arrancou ao repudiar-me. Eu a quero, Profeta!... Meu coração a reclama! Quando eu vivia para o ódio e a vingança, essa filha não me importava, pois levava o sangue daquele que me tornou desventurada! ... Entretanto, tu, Profeta, mataste a hiena e despertaste a mãe! Sozinha no mundo, que serei sem o único laço que me une à vida? ... – E a infeliz cativa soluçou amargamente.

— Espera e confia, mulher, pois, quando nosso Pai Celestial, que é o Amor, abre às criaturas um novo caminho, descerra-o na luz com todas as facilidades para que elas subam por ele, se verdadeiramente o amam. Depende somente de ti a permissão para ver novamente essa filha. Aguarda, portanto, mulher, aguarda!

— Que está acontecendo no Penhasco de Raman? — perguntavam as pessoas ao passar pelas imediações. — Tropas de jumentos vão carregados de tábuas, de fardos de lã e de cânhamo, de sacos de legumes e de cereais, cântaros de azeite e fardos de carnes salgadas.

— Parece que o etnarca forma ali um quartel — disseram alguns.

— Não, é um hospital para leprosos — disseram outros. E ninguém acertava com a verdade.

No entanto, tu e eu, leitor amigo, sabemos o que estava ocorrendo.

Havia chegado ao pavoroso Penhasco um Arcanjo de Luz na pessoa de Jhasua de Nazareth, e o inundara de esperanças e de amor.

Dezoito dias consagrou o Mestre a reconstruir naquelas almas o que o ódio havia destruído.

Atrás daquela mulher e de seus vinte e seis companheiros de delitos, havia muitos seres abandonados, esquecidos e desprezados. Eram os pais, as esposas e os filhos dos odiados incendiários que puseram a vontade e o esforço para fazer a fome e a miséria sobre toda a região, com o fim de levantar os povos contra o Rei Hareth. Entretanto, defendendo-se como um leão acossado por cem chacais, ele havia esvaziado o tesouro de suas arcas para trazer cereais e legumes dos férteis vales do Eufrates e do Orontes, para que seu povo não padecesse pela vingança de uma mulher.

Sabendo tudo isto, quão difícil se tornava conseguir sua clemência para os infelizes que desse modo haviam provocado a sua ira!

Mas o príncipe Melchor não podia negar nada a Jhasua, o Enviado Ungido de Jehová para a salvação do Mundo. Não havia sido ele um daqueles três escolhidos para reconhecer o Avatara Divino em seu berço de recém-nascido à vida terrestre?

Não fizera, há vinte e cinco anos atrás, um pacto solene com Baltasar, o persa, e Gaspar, o hindu, de que seriam, em todos os momentos, infatigáveis colaboradores na obra do Messias-Redentor?

Desceu, pois, de seu ninho de águia sobre o Monte Hor, já conhecido do leitor, e dirigiu-se a Petra, residência do Rei Hareth.

Qual não foi a sua surpresa ao encontrar também ali o seu grande amigo, Scheiff Ilderin, que acabava de chegar de suas tendas no Monte Jebel. Lá igualmente havia chegado a carta de Jhasua, para a qual o caudilho árabe não podia fazer ouvidos surdos. Não era ele porventura o futuro Rei de Israel que salvaria o Oriente da opressão romana?

Como o leitor está vendo, cada qual interpretava a missão de Jhasua de acordo com seu grau de evolução espiritual.

Alguns viam nele um Messias-Salvador das almas, encaminhando-as para a compreensão do Amor Universal.

Outros viam nele um libertador dos países oprimidos, um grande condutor de povos, levando-os a reconquistar seus direitos e a governar a si mesmos.

Para ambos, Jhasua de Nazareth era grande ... imensamente grande!

Melchor pensava e dizia: "É o Verbo de Deus, é o Pensamento de Deus, é o Amor de Deus feito homem para fazer com que esta humanidade compreenda como é o Eterno Invisível, ao qual desconhece, mesmo depois que, em todas as épocas passadas, houve Inteligências luminosas que levantaram parcialmente o véu do Eterno Enigma."

Ilderin pensava e dizia: "É o homem providencial de que os povos oprimidos necessitam para levantar-se como um só homem e expulsar o intruso que se constituiu em senhor porque tem legiões tão numerosas como as areias do mar."

De acordo com seus modos de ver foi que ambos fizeram ao Rei Hareth um esboço da personalidade do jovem Mestre que estava em Damasco e se interessava em libertar os prisioneiros do Penhasco de Raman.

Seu filho Hartath relatava também a cura da esposa e do filho de modo súbito e completo, além da cura da esposa do velho guardião do Penhasco que há sete anos ficara cega e de dois de seus filhos atacados de lepra; como também o arrependimento de Harima e de seus companheiros de delitos que, ao contato do Profeta, tinham transformado o pavoroso presídio em formosa oficina de trabalhos manuais.

— Deve ser simplesmente um poderoso mago que usa sua ciência para fazer o bem — disse Hareth, depois de ouvir de seus amigos tudo quanto disseram do jovem Mestre. — Entretanto, quem quer que seja, sua obra é grande e digna do nosso agradecimento. Consinto, pois, que o meu filho Hartath aceda ao que pede esse Profeta. Confio nele e em vós.

O Scheiff Ilderin acrescentou:

— Fui cientificado de que a culpada pede permissão para ver sua filha.

— O sentimento maternal pode levá-la a uma completa regeneração — observou Melchor. — Se for de teu agrado, ó Rei, encarregar-me-ei de reunir a mãe com a filha sob a minha tutela imediata.

— De que maneira? — inquiriu Hareth.

— Bem sabes que estou realizando na minha existência obras que julgo boas para os meus semelhantes e, em Cades Barnea, tenho instalada, desde há quatro anos, uma casa-refúgio para mulheres repudiadas e donzelas órfãs.

"Copiei esta obra da antiga Fraternidade Kobda, da Pré-História, e a julgo de excelentes resultados. As refugiadas são ainda muito poucas, apenas vinte e nove, perfazendo trinta com minha irmã viúva que representa o papel de mãe para todas. Se desejares, poderei ter ali a redimida, e que seja livre para ver sua filha toda vez que ambas queiram reunir-se.

— Espera um momento — disse Hareth dando um golpe com um martelinho de prata num disco de cobre pendurado ao seu lado. Apareceu um jovem pagem negro, vestido de branco e vermelho, ao qual o Rei determinou que fizesse comparecer à sua presença sua filha Arimé.

Pouco depois, voltou o pagem seguido de uma mulher velada que se inclinou profundamente diante do divã onde estava semi-estendido o Rei.

— Podes descobrir-te — disse-lhe. — Estes dois são meus irmãos.

A jovem levantou e saudou os presentes com uma inclinação.

Aparentava ter de 16 a 17 anos. Era formosa em seu tipo de raça mista, pois tinha os olhos negros e profundos dos filhos da Arábia e o branco alabastro da cútis e dos cabelos ruivos de sua mãe, nascida em Sidon, porém de sangue espartano.

— Tua mãe mudou em seu modo de pensar e agir — disse o Rei — e pede para ver-te. Dou permissão para agires como for do teu agrado.

— Ela ainda está presa em Damasco? — perguntou timidamente a jovem, em cujo semblante apareceu um súbito rubor e um pesar profundo.

– Ainda está em Damasco, mas foi levantada a condenação que pesava sobre ela. O príncipe Melchor pede para hospedá-la num serapeu de estilo egípcio, que tem estabelecido em Kades Barnea, onde poderás visitá-la, se esse for o teu desejo.

"Ficarás lá sob a tutela de uma irmã viúva do príncipe."

– Já que o permites, pai – respondeu a jovem –, irei visitá-la.

"Quando será a viagem?"

– De Damasco a Kades Barnea, em bons camelos, são dez dias de viagem, se as paradas forem breves – acrescentou o Rei.

– Se for do teu agrado – mencionou Melchor –, daqui a três dias seguirei viagem para Kades Barnea e posso levar tua filha para esperar ali a sua mãe. Na minha carruagem há capacidade para várias pessoas com suas bagagens.

– Levarás tua velha ama e a dama de companhia – disse o Rei. – Prepara-te para daqui a três dias. – A jovem inclinou-se diante do pai, saudou os visitantes, e, cobrindo-se novamente, saiu seguida do pagem que a aguardava na porta.

Esta jovem Arimé teve grande atuação, mais tarde, entre as mulheres viúvas e donzelas que, junto com os discípulos, formaram a primeira congregação cristã de Jerusalém.

O Reino de Deus

O Scheiff Ilderin, que voltava para o norte, foi o encarregado de levar a Jhasua a notícia do êxito completo das questões apresentadas ao Rei Hareth, residente em Petra.

O sogro do etnarca, ao saber da cura de sua filha e do neto, com os quais havia fracassado com os seus métodos, quis conhecer o taumaturgo e Profeta que conseguiu isso tão habilmente.

Jhasua estreitara amizade com os familiares de Nicolás de Damasco, o jovem doutor da Lei, que vimos constantemente em Jerusalém na companhia de Nicodemos, de Gamaliel e de José de Arimathéia.

Eles possuíam a mais bela e a mais freqüentada Sinagoga da cidade, ponto de reunião dos homens de maior capacidade intelectual e de bom conceito moral. Ali falava-se com inteira liberdade de política, de ciências e de religião.

Os proprietários do recinto não estavam subjugados por esse fanatismo de ferro que obscurece a mente e endurece o coração. Da mesma maneira como seu irmão Nicolás, buscavam e desejavam a verdade, o bem, a justiça e conceituavam como pessoas honradas todos os que ostentavam em sua vida esses três elevados conceitos.

O jovem Mestre, desde sua chegada a Damasco, fez parte das agradáveis reuniões na Sinagoga de Bab-Scharqui, como a chamavam, em razão de sua proximidade da porta oriental da cidade que levava esse nome.

Ananias, Ephal e Jehu eram os três irmãos de Nicolás e os três conheciam o Mestre desde sua viagem anterior de passagem para Ribla. Tinham, além disso, como amigo de certa intimidade, um primo do etnarca, chamado Coheym, que no futuro seria emir da Ituréia. Através de tudo isto, o leitor compreenderá que a Sinagoga de Bab-Scharqui, era um lugar de reuniões sérias com o que de melhor existia em Damasco.

As reuniões de todas as noites tinham caráter privado; a ela compareciam apenas os amigos da casa ou alguns particularmente convidados.

Aos sábados, na terceira hora da manhã, e pela tarde, à nona hora, eram realizadas reuniões públicas, às quais podia comparecer quem quisesse.

Para dirigir a palavra nesse dia, procurava-se sempre uma pessoa de certa notoriedade, um Mestre, um astrólogo, um médico, um Profeta, alguém, enfim, capaz de comunicar ao povo, com perfeita exposição, suas idéias, sentimentos e ideais.

Jhasua foi convidado pelos irmãos de Nicolás, o doutor da Lei já nosso conhecido, para falar todos os sábados durante sua permanência em Damasco.

Como compreendeu que a maioria de seus admiradores via nele um condutor de povos, maior e mais glorioso do que haviam sido os que deslumbraram o mundo com seu poder e sua força, Jhasua escolheu, para iniciar seus ensinamentos naquela capital da Arábia, um tema que descerrasse um pouco o véu que encobria sua verdadeira personalidade.

– Meus amigos. Faz algum tempo que venho ouvindo em diferentes circunstâncias a manifestação de um desejo nas almas que estão ligadas a mim por vínculos profundos e fortes que devem perdurar por longo tempo.

" *'Dá-nos parte, Mestre, nesse teu Reino que nos anuncias,*' diz a voz nesse desejo íntimo, que às vezes sobe do coração aos lábios e se deixa traduzir em palavras. A essas insinuações responderei nesta tarde.

"O Reino de Deus pede abstenções e exige sacrifícios, e tão somente os que os fazem podem conquistá-lo.

"Como não posso fazer ninguém penetrar nesse Reino, pois vós é que deveis conquistar a participação em seus domínios, quero que compreendais de que abstenções e de que sacrifícios vos falo.

"Sacrifício faz quem retorce seu próprio coração para silenciar a sua voz a reclamar as manifestações exteriores de uma afeição humana, profundamente sentida, quando ela danifica os afetos, a honra e a vida de um semelhante.

"Sacrifício faz aquele que, tendo recebido injúria e agravo em sua honra e em tudo quanto lhe é mais querido, é capaz de estreitar serenamente a mão do seu detrator.

"Sacrifício e abstenções pratica quem renuncia generosamente a certos desejos e aspirações próprias de todo coração humano, mas entorpecedores de seus destinos como espírito filiado a uma aliança, às honras de uma determinada missão.

"O Reino de Deus só pode ser compreendido em toda a sua beleza por aqueles sobre os quais descer a Luz da Sabedoria Divina, através do esforço perseverante do espírito por merecer essa Luz.

"A Luz Divina ilumina os puros de coração e os humildes.

"Os mensageiros dessa Luz são os Messias condutores de humanidades, forjadores de mundos, auxiliares da Energia Criadora na sua constante e eterna gestação.

"Observai até que ponto estão errados aqueles que afirmam que os Messias estão impedidos, por sua própria evolução espiritual, de aproximar-se dos mundos cuja evolução lhes fora confiada.

"As Leis imutáveis do Universo têm nos Messias os seus fiéis e submissos cumpridores e, por isso mesmo, é uma falta grave de lógica e até de senso comum promulgar como axioma inalterável a impossibilidade da aproximação dos Espíritos de Luz em relação às esferas que eles perfilham.

"A Eterna Lei do Amor Universal, base de ouro e diamante na qual repousa tudo quanto existe nos mundos adiantados como nos embrionários, é a que designa os seres, os lugares e o tempo em que as correntes astrais, etéreas e espirituais devem combinar-se para formar ondas, círculos ou abóbadas psíquicas determinadas e aptas às diversas manifestações dos Messias nos mundos que aceitaram como herança, para cultivarem até o seu completo aperfeiçoamento.

"A ignorância, o fanatismo e a malícia humanas unem-se sempre para negar o que é inegável, dando lugar a que se cumpra o profundo axioma aceito pelas antigas Escolas de Sabedoria Divina: *'A Suprema Inteligência nega sua Luz aos soberbos e a dá com abundância aos humildes.'*

"Por isso vos foi dito que, para conquistar o Reino de Deus, a alma precisa levantar em si mesma um edifício espiritual assentado no sólido alicerce da aceitação ampla, generosa e sincera da Verdade, venha de onde vier e, ainda que ela seja uma espada de dois gumes que fere o nosso coração de carne, tão tristemente apegado ao egoísmo do *Teu* e do *Meu*.

"Oh, quando os homens esquecerão essas desarmônicas palavras que ressaltam as insaciáveis fauces do egoísmo feroz que arrasta as humanidades para o caos, destruindo povos, ceifando vidas, aniquilando afetos e detendo o passo triunfante do amor universal?

" '*Teu e meu*', palavras de divisão, palavras de guerra, de antagonismo, de inimizades e de ódio, quer sejam aplicadas às idéias religiosas, às atividades intelectuais ou aos bens temporais.

"Por isso, as mais elevadas Inteligências compenetradas da Verdade Eterna, são essencialmente harmoniosas, desinteresseiras, e sua bondade e tolerância correm juntas com o seu claro conhecimento de Deus e dos homens.

"Todo o Bem é atribuído ao Supremo e Eterno Invisível, todo o Mal, ao egoísmo e às debilidades humanas.

"Essas grandes Inteligências conquistaram o Reino de Deus do qual quereis participar porque abdicaram de todos os egoísmos e de todas as ambições. Para elas deixou de existir '*o teu e o meu*', e tão-só viveu e vive o soberano amor fraterno, que sabe esquecer-se de si mesmo em benefício dos demais.

"Estes princípios são aplicados à coletividade, onde floresce a fraternidade, meiga e suave como carícia materna sobre a Humanidade, porque eles iluminam o caminho das Inteligências para a Luz Incriada, para o Eterno Amor, para a Suprema Inteligência, através da qual respiram, vivem e existem os mundos, os seres e as coisas.

"Se, em verdade, aspirais à conquista do Reino de Deus que vos anuncio, iniciai por desterrar de vós a ambição e o egoísmo que obstrui os caminhos da justiça, da felicidade e do amor.

"Pobres humanidades que habitais os mundos carnais devorados pelo egoísmo!

"Conquistastes sem esforço e sem glória os reinos vegetal, animal e humano, entretanto não conquistareis sem esforço e sem glória o Reino de Deus, ao qual chegaram os espíritos puros ou Messias, como chegareis mais tarde ou mais cedo por direito de conquista. No entanto, o Reino de Deus exige sacrifícios e renúncias, e unicamente aquele que o faz chegará até ele!

"Se, em verdade, quereis participar do Reino de Deus, arrojai para longe de vós o orgulho com todos os seus derivados: o desejo de poder e de domínio, a ostentação e a vaidade, o esforço de impor a própria vontade como um jugo sobre a mente e a consciência alheia, enfim tudo aquilo que vos possa converter em vorazes e fatídicas aves negras a povoarem de terror e horror o velho castelo em ruínas da Humanidade inconsciente e adormecida.

"Que as minhas palavras tenham o poder de levantar o véu de trevas que encobre a grandeza divina do Reino de Deus de vossa Inteligência, para que seja despertado vivo em vós o desejo de possuí-lo e de conquistá-lo por toda a eternidade."

Um formidável e entusiasta "Deus te salve, Mestre!" ressoou no vasto recinto, quando Jhasua desceu os degraus da cátedra que havia ocupado por alguns momentos.

A onda suavíssima de amor que envolvia o Ungido de Deus encheu as almas de indizível felicidade e uma luz nova parecia iluminar todos os semblantes; contudo, quando foram se retirando daquele ambiente cálido de ternura e de elevada espiritualidade, tiveram início os comentários favoráveis ou adversos aos ideais de cada qual.

– Parece-me que este homem não vai a caminho do reino de Israel – disseram alguns.

– Não será, provavelmente, um David guerreiro e conquistador, no entanto, pode muito bem ser um Salomão para nos dar leis de sabedoria – disseram outros.

– O que realmente sei, e muito bem – disse o ancião tecelão – é que ele é um Profeta de Deus, porque cheguei à Sinagoga com os braços e as mãos deformadas pelo reumatismo, e vede como estão em condições de lidar com vinte teares.

– E eu – acrescentou um jovem escriba – vim com chagas na garganta esperando encontrar aqui algum Terapeuta. Nem sequer a água podia tragar e encontro-me maravilhosamente curado.

Entre os comentários, ouviam-se inúmeros casos, não só de curas físicas, mas também morais. Credores agressivos que haviam pensado em levar um devedor perante a justiça por dívidas atrasadas, ou em dar castigos e duras penalidades a escravos e operários por descuidar do trabalho, sem saber como nem por que, sentiram-se desarmados e até envergonhados da dureza de seus corações.

Houve, não obstante, almas revestidas de aço nas quais não podia penetrar a elevada doutrina esboçada pelo jovem Mestre, que parecia pretender dar uma volta radical nos usos, costumes e tradições milenares.

Um poderoso magnata de Damasco, dono de grandes campos de lavoura e de numerosos rebanhos de camelos, de ovelhas e jumentos, interrogou o Mestre, pedindo-lhe uma explicação mais clara de suas doutrinas sobre o Reino de Deus e sobre o modo de conquistá-lo.

– Se fosses dono do mundo, ó Profeta, como ordenarias para fazer todos felizes? Mandarias cortar a cabeça de todos os ricos e repartir seus bens entre os pobres?

– O Mestre sorriu afavelmente e o observou durante alguns momentos antes de responder.

– Não, meu amigo. Não mandaria cortar a cabeça de ninguém, porque só Deus é senhor da vida outorgada às suas criaturas. *"Não matarás"*, diz a Lei, e eu sou fiel cumpridor dessa Lei.

"Sabes que, na imensa criação Universal, há uma infinidade de mundos maiores e menores que o planeta Terra?"

– Eu ouvi isto, sim, numa viagem a Chipre, onde há uma Academia que ensina a filosofia de Platão, o visionário grego.

– Pois esse *visionário via muitas verdades* – esclareceu o Mestre – e, entre elas, que existem planetas, estrelas ou sóis, como queiramos chamá-los, que são habitações de humanidades muito adiantadas, onde o ser mais atrasado pode ser um Mestre no planeta Terra.

"Pois bem, meu amigo, neste plano tão inferior, a maioria dos seres não compreendem outro bem que o puramente material, e se aferram a eles com uma tenacidade realmente espantadora.

"Da mesma maneira como as feras travam encarniçada luta pelos sangrentos restos de carne morta, assim a maioria dos habitantes da Terra pisoteia os mais puros e santos afetos, quando tocados no que eles chamam de *propriedade exclusivamente sua*.

"Por alguns estádios de terra, matam-se aqui centenas e até milhares de homens. Se quiseres aprofundar-te nesta questão, posso provar que tem pleno direito sobre esta terra todo aquele a quem a Vontade do Criador manda aqui para viver nela. A compra e a venda da terra foi uma criminosa invenção do egoísmo humano.

"No infinito espaço que nos rodeia existem globos nos quais ..., procura entender-me bem, o elemento principal é a água e somente se sobressaem, acima do elemento líquido, blocos enormes de rochas vulcânicas completamente estéreis. As humanidades que os habitam constroem cidades flutuantes e vivem perfeitamente da flora e da fauna aquáticas. Por cima das ondas, transladam-se, em embarcações, para qualquer ponto de seus globos, que estão tão povoados ou até mais que a Terra.

"Ali, o egoísmo não pode açambarcar a água, como aqui açambarca a terra para vendê-la à preço de ouro.

"Ali, a única coisa que se compra é o direito de juntar uma vivenda com a outra para formar desse modo as colônias, as cidades e defender-se mutuamente das fúrias dos elementos quando os maremotos levantam borrascas.

"Isto nos prova até que ponto é fútil e sem fundamento lógico a propriedade sobre a terra, sem a qual se pode viver em paz e gozar dos favores da vida.

"Mas, já que o egoísmo foi quem primeiro ditou Leis à Humanidade deste planeta, aceitemos que, de tempos em tempos, apareçam Inteligências Luminosas esforçando-se por fazer-nos compreender que a terra não é patrimônio de uns poucos favorecidos por leis injustas, mas que o Eterno Senhor dela a deu em herança a todas as almas que habitam este planeta.

"Portanto, aquele que se vê mais favorecido na arbitrária repartição da terra, deve pensar um momento apenas na dura situação daquele ao qual não tocou nem sequer o necessário para abrir um dia a própria sepultura.

"Esta é, meu amigo, a missão dos Profetas, dos apóstolos da Verdade Divina, dos mensageiros do Eterno Criador dos mundos e dos seres, o qual não tem culpáveis preferências por ninguém, porque todos são seus filhos, saídos, como uma centelha viva, do seu próprio seio.

"Perguntaste o que faria eu se fosse dono do Mundo? Obrigaria os grandes latifundiários a deixar liberdade de cultivo em suas terras a todos os que estivessem despossuídos delas, para poderem tirar dali o sustento para suas vidas e, ao mesmo tempo, se tornarem de utilidade ao possuidor dela, mediante o pagamento de um tributo justo, equânime e razoável.

"Nada de amos, de senhores tiranos e déspotas que, de chicote na mão, esgotam a vida do lavrador, que a deixa prematuramente entre os sulcos abertos na terra por trabalhos forçados, tal qual se faz com ferozes criminosos daninhos à sociedade.

"Em toda ordem de bens materiais aconteceria o mesmo. A terra é de todos os homens, pois foi dada a eles por Deus, autor da vida, do mesmo modo como o são o sol, o ar, a luz e a chuva.

"Neste instante, parece-me ver o feroz e monstruoso egoísmo como um abutre com rosto humano a se desesperar e enfurecer por não ter encontrado ainda o modo de açambarcar o ar, a luz e o sol, para vendê-los em pequenos átomos e a preço de ouro. Ainda assim, haveriam de querer poder vender o direito de respirar, de contemplar o espaço azul e de receber os raios do sol! ...

"Creia-me: quando medito nisto, minha alma se abisma na contemplação da inefável Bondade Divina, olhando impassível para as espantosas desuniões de seus filhos que, havendo todos nascidos de seu Amor Infinito, são como lobos a devorarem uns aos outros."

– Então dirás, Profeta, que, para eu ser justo, devo repartir minhas terras entre os deserdados?

O Mestre olhou-o bem nos olhos e continuou:

– Anda, meu amigo, e percorre os subúrbios desta populosa cidade onde em cada choça vive amontoada uma numerosa família. Ouve as queixas da mãe que não consegue dar a seus filhos o pão necessário para a vida com mísera quantidade de trigo que o pai traz para o lar, depois de ter trabalhado duramente de sol a sol.

"Ouve o choro das crianças pedindo pão, e o pai recolhe bolotas de carvalho que alimentam os porcos para dá-los aos filhos que choram de fome.

"Ouve o gemido dos anciãos que tremem de frio junto à lareira apagada, porque os grandes senhores, donos dos bosques, querem um sestércio pela lenha que um homem possa levar entre seus braços, e o infeliz não possui na bolsa um só denário.

"Ouve o grito desesperado dos leprosos, dos paralíticos, dos cegos que não podem ganhar o sustento e que são expulsos de todas as partes como larvas venenosas, porque seu aspecto repugna aos que se vestem de púrpura e ouro, e porque, também, a consciência adormecida desperta diante de tal espetáculo e lhes grita: 'Esses farrapos humanos são teus irmãos! ... Socorre-os!'

"Percorre, meu amigo, essas palhoças, essas pocilgas fora dos muros de vossas douradas cidades, esses covis de raposas que não são outra coisa senão vivendas de nossos irmãos desamparados ... percorre, examina e comprova que tu, como todos os potentados da terra, não conhecem de perto a dor de quem carece de tudo, porque jamais se ocuparam de outra coisa além de satisfazerem seus desejos, prazeres e comodidades.

"Tendo visto esses quadros que não são pintados em telas, mas na carne viva e palpitante; tendo ouvido todas essas queixas, esses gemidos, esse chorar de crianças a rasgar a alma em pedaços, volta a mim e pergunta novamente:

" 'Que farias, Profeta, se fosses dono do Mundo?'

"Sabes o que eu faria? ..."

A exaltação do Mestre havia subido a um tom que a ele próprio causava dano!

– Não te atormentes mais, Profeta de Jehová! – disse comovido aquele homem em cuja mente ia penetrando, pouco a pouco, a Luz Divina.

"Pela memória de meus mortos, juro-te que hoje mesmo todos quantos dependerem de mim serão aliviados das cargas que carregam.

"Convido-te, pois, a acompanhar-me até a minha casa, junto com esses amigos que te seguem a toda parte, e sereis todos testemunhas de como farei, no que me for possível, a justiça que desejas."

Jhasua, com o tio Jaime, Zebeu e os dois árabes seguiram o rico damasceno que tinha seu palácio no início da formosa avenida das colunatas, Tarik-el-Aduva, cuja beleza e suntuosidade apenas podia ser comparada com a colunata de Herodes, que deslumbrava Antioquia.

O centro daquelas enormes avenidas era todo um jardim com fontes e repuxos a resplandecerem aos raios do sol como cascatas de cristal das cores do arco-íris; e, em ambos os lados, os suntuosos palácios dos poderosos senhores que viviam num eterno sonho de delícias, ignorando por completo a dor de seus semelhantes.

O palácio do damasceno era todo de mármore branco, e penetrava-se nele por uma larga escadaria, em cujos degraus apareciam, em arrogantes atitudes, enormes leões de bronze, fazendo recordar os palácios de Dario em Persépolis e em Pasárgada.

Enquanto o Mestre subia a suntuosa escadaria que conduzia ao pórtico, seu coração se encolhia e seus olhos se umedeciam de pranto, visto como fazia uma comparação entre aquele esbanjamento de luxo e comodidade com as sombrias choupanas que havia observado fora dos muros de Damasco.

Jeramel, que era como se chamava o rico damasceno, subia a escadaria ao lado de Jhasua e, como observasse o silêncio guardado por este, disse:

– Não estás acreditando, ó Profeta, ver cumprida a minha promessa, pois, se estivesses certo disso, estarias contente e te vejo triste.

– Enganas-te, meu amigo – respondeu o Mestre. – Creio na sinceridade da tua promessa e sei que teus escravos e operários serão aliviados com a tua ajuda. Penso apenas na dor desesperada de todos os escravos e operários de Damasco que não dependem de ti, quando virem que os teus estão recebendo da bondade do teu coração que alivia seus encargos, enquanto que eles deverão continuar suportando-as até a morte.

– Não te atormentes por isso, Profeta – repetiu o damasceno –, porque aquilo que eu fizer, outros também o farão.

– Por instinto de imitação? – perguntou Jhasua, que já estava chegando ao pórtico.

– Sim, e também por conveniência, porque se não o fizerem, ficarão sem lavradores e sem pastores, pois todos virão para as minhas terras – esclareceu Jeramel.

– Digo com toda a sinceridade, meu amigo – falou o Mestre tomando a mão direita de seu interlocutor.

"Não esperava encontrar, num potentado como tu, a brandura do coração que demonstras."

– Agora saberás o segredo – disse Jeramel penetrando já no palácio, cuja dourada porta de bronze e cedro foi aberta por dois escravos etíopes, negros como o ébano e luxuosamente vestidos de vermelho, o que representava um verdadeiro contraste com a brilhante brancura do edifício.

O dono da casa deixou seus visitantes repousando nos divãs da sala de entrada, mobiliada em estilo persa, e passou para o interior.

Tio Jaime chamou a atenção de seus companheiros para a riqueza de um pequeno setial semelhante a um trono feito para um Rei menino.

Era todo de marfim, com aplicações de ouro e de esmeraldas. Estava colocado sobre um estrado de madeira coberto com um rico tapete persa.

Do seu alto encosto sobressaía um dossel encortinado de púrpura e bordado de ouro.

Quando o damasceno regressou, encontrou-os admirando o rico e artístico setial.

– Oh! ... então compreendeis o valor dessa jóia? – perguntou com o orgulho natural do possuidor de uma peça de grande preço.

– Naturalmente – respondeu tio Jaime. – Quantas presas de elefantes foram necessárias para construir este móvel magnífico?

– Pertence ao grande Dario, que o utilizou nos dias de sua infância. A tradição diz ter sido presente da Rainha Mandana, mãe de Ciro, quando teve aviso de áugures a respeito da glória a que havia de chegar o fundador do glorioso império persa.

"Eu o comprei dos netos de um lugar-tenente de Alexandre, o Macedônio, que o havia obtido como despojo de guerra quando Dario foi derrotado por aquele.

"Como podeis ver ... vieram parar aqui as jóias do maior Rei conhecido até agora."

O Mestre pensava e silenciava, até que, finalmente, seus pensamentos foram traduzidos em palavras.

– Nem Dario nem Alexandre, com toda a sua grandeza – disse repentinamente –, valem o que valerás tu, Jeramel, quando fores justo e piedoso para com os teus servidores.

"As obras de bem e de amor são recolhidas por Deus no Seu Reino de Luz que não perece, como perecem os reinados da Terra que hoje deslumbram e amanhã não serão mais que simples e, às vezes, triste recordação."

— Como dizes, Profeta, realmente é assim. Agora farei com que conheças o meu segredo, o qual, às vezes, me torna meigo e piedoso de coração.

O damasceno levantou uma pesada cortina de damasco púrpura e todos viram uma preciosa menina de uns dez anos estendida num divã, meio sepultada entre almofadões de seda e encortinado de finíssimos tules.

— É a minha única filha, paralítica da cintura até os pés.

"Nasceu assim e vive assim. Como podes ver, nem todos os ricos são felizes."

— E a mãe? ... — perguntou o Mestre, vendo a menina sozinha e sentadas no tapete que cobria o pavimento duas jovens que pareciam escravas e que se ocupavam em pentear os pêlos eriçados de uns pequeninos cães brancos, cujas piruetas faziam a pequena enferma rir.

— A mãe dela morreu poucos dias depois de dá-la à luz — respondeu o damasceno, baixando muito a voz para que a menina não o ouvisse.

"Este Profeta de Deus vem aqui para curar-te — disse o pai ternamente à filha.

"Mas antes dir-lhe-ás quantos amiguinhos tens e de que modo retribuis as bonitas histórias que te contam."

A menina envolveu Jhasua com o meigo olhar de seus olhos negros, profundamente tristes.

Que doçura de amor irradiava o Mestre para ela, que lhe sorriu como se o conhecesse já há muito tempo, e estendeu sua pequena mão branca e trêmula como um lírio.

— Como são bons os teus olhos, Profeta de Deus! — disse a menina sem deixar de olhá-lo, como se os olhos de Jhasua a fascinassem. — Senta-te aqui — e colocou sua pequenina mão no bordo do divã. — Certamente saberás formosos contos, e deverás contá-los todos porque, enquanto eu não tiver adormecido ouvindo-te, não deixarei que saias.

Da sala imediata, os companheiros de Jhasua contemplavam o belo quadro.

A uma indicação do amo, as escravas saíram com os cãezinhos e ele próprio passou para a sala imediata, onde aguardava o tio Jaime com Zebeu, Osman e Ahmed.

— É melhor deixá-lo só, não é verdade? — perguntou Jeramel.

— Sim, é melhor — respondeu o tio Jaime. — Os Profetas de Deus — acrescentou para dizer alguma coisa — entendem-se melhor sozinhos com Ele que no meio dos homens.

Ouviremos Jhasua em íntima confidência com a menina enferma.

— Fala-me, pois, desses amiguinhos que tens — disse Jhasua procurando afinidade com ela para facilitar a cura.

— São os filhos das escravas que trabalham no palácio. Consegui permissão de meu pai para que eles chegassem até o meu leito a fim de contar-me histórias — disse a menina animando-se visivelmente.

"Aquele que me traz as melhores histórias, ganha, conseqüentemente, os melhores presentes. Olha."

A menina começou a tirar de debaixo dos almofadões do imenso divã todo um suprimento de pequenas túnicas, sandálias, gorros, etc. Abriu, em seguida, uma sacola redonda de seda carmesim que tinha ao alcance de sua mão, e o Mestre viu dentro uma cesta de romãs.

— São romãs da Pérsia, que trouxeram de presente para o meu pai — disse a menina — e ele me deu todas estas para as crianças que vieram contar-me histórias ou lendas.

— Tudo isto é muito bonito, minha menina, e acredita-me que o coração do Profeta de Deus se sente aliviado, ouvindo-te, como se tivesse sido banhado na água doce de um manancial. Contudo ainda não me disseste como te chamas.

— Meu pai chama-me sempre de Ada, Adita ... Aditinha, quando quer mimar-me muito e também quando deseja me ver muito contente.

— Pois bem, Adita, sempre te chamarei Adita ... e agora digo que já é hora de te levantares e correr pelo jardim, pois o ar puro com o perfume das rosas do outono e das frutas maduras far-te-á muito bem.

A menina olhou para o Mestre com seus olhos meigos e tristes, imensamente abertos.

— Eu levantar-me e correr? ... Mas se jamais me levantei deste divã! As criadas levantaram-me nos braços para deitar-me no leito onde vivi estes dez anos que tenho.

"Que estás querendo dizer, Profeta?"

O Mestre ergueu-se e suas mãos tremiam ligeiramente quando tomou as da menina, e, olhando-a nos olhos, dos quais ela parecia estar pendente, disse:

— Boa Ada das crianças pobres! ... o Profeta de Deus te ordena: "Levanta-te! ... já é a hora."

A menina, como hipnotizada, retirou dentre os almofadões e cobertores seus pequeninos pés cobertos com meias de lã branca e, apoiada nas mãos de Jhasua, começou a andar para a sala imediata, onde seu pai, absorto pelo que via, estava como petrificado de estupor.

Ia correr para a menina, julgando que ela não pudesse percorrer toda a extensão das duas salas; entretanto, o tio Jaime o conteve.

— Deixa-a ... ela virá sozinha até aqui.

Jhasua, deixando-a caminhar sozinha, acrescentou:

— Vai com o teu pai.

Com sua longa túnica branca de dormir e os bracinhos estendidos para a frente, os olhos semicerrados pela pressão da corrente magnética que agia sobre ela, a menina parecia um fantasma semi-adormecido, obedecendo à determinação de uma vontade superior.

Finalmente, chegou junto do pai, que a recebeu entre os braços chorando de emoção.

— Minha Ada ... minha Adita, cativa durante dez anos no leito, veio até o seu pai por seus próprios pés!

— Só porque os filhos das escravas contam histórias e lhes dou lindos presentes, este Profeta de Deus curou o meu corpo enfermo — disse a menina, brincando com a crespa barba do seu pai, enquanto ele a mantinha em seus braços.

— E agora — acrescentou Jhasua — chama as criadas para te vestirem e poderes sair a correr pelo jardim.

— Profeta! — exclamou o pai fora de si ao convencer-se da realidade. — Que Deus é o teu que desse modo ouve quando lhe falas?

— O Deus Criador dos mundos e dos seres ouve o chamado de todos os seus filhos; todavia, eles estão por demais ocupados com seus interesses materiais para se lembrarem de um Pai que é todo Bondade e Amor.

— E agora, que devo fazer para pagar esta dádiva maior que todas as coisas? — perguntou o damasceno.

— Fazer com os desamparados o que o bom Deus fez contigo: dar-lhes o necessário para que vivam suas vidas — respondeu o Mestre.

Uma hora depois, Adita brincava no jardim com seus cãezinhos brancos e com meia dúzia de negrinhos, rapazes e meninas que, alvoroçados, saltavam ao seu redor entre risos, gritos e berros em todos os tons, enquanto um exército de criados e criadas desfilava diante de Jhasua que, ao lado do amo, ia entregando, a cada um, uma sacolinha de moedas de prata ao mesmo tempo que lhes dizia:

– É o presente do vosso amo, que procede convosco da mesma maneira como o bom Deus procedeu com ele: tornar-vos felizes, se fordes capazes de demonstrar vosso agradecimento, cumprindo bem com vossos deveres.

O palácio de Jeramel viu-se completamente cheio de lavradores, pastores e lenhadores, aos quais, a todos sem exceção, o amo pagou um salário dobrado daquele que até então vinham recebendo. Nos imensos parques situados atrás do palácio, o damasceno mandou preparar um banquete para todos os seus servidores.

Quando ele, com Jhasua e seus companheiros, olhavam de um terraço traseiro do palácio observando toda aquela animação e alegria, o rico senhor disse:

– Profeta, és um mago do amor, da paz e da felicidade! ...

"Os homens desta terra são larvas cegas, pois não vêem a felicidade que está ao alcance de suas mãos, até que um luminar como tu consiga tirá-los das trevas para ensinar-lhes o caminho.

"Sou teu devedor, Profeta, por me haveres ajudado a encontrar a felicidade."

Nesse momento, viram a pequenina Adita brincando de esconder entre os compactos arbustos em flor do jardim, como branca visão entre uma porção de negrinhos que rolavam de vez em quando pela relva, no seu louco afã de serem os primeiros a encontrar a menina que se escondia graciosamente.

Do terraço do palácio, Jhasua absorveu em sua retina todo esse quadro esplendoroso de momentos de felicidade para aqueles que talvez jamais a haviam experimentado em sua vida.

Quando ia retirar-se, estreitou a mão do damasceno e lhe disse:

– O amor floresceu na tua casa e espero que jamais venhas a esquecer que tens a felicidade em tuas mãos, como uma taça quando bebes o teu vinho.

"Quando fazes a felicidade dos demais, és, em verdade, um pedaço de Deus sobre a Terra."

O damasceno abraçou Jhasua e pediu-lhe para voltar novamente à sua casa.

– Prometo que voltarei – respondeu o Mestre, e saiu seguido de seus companheiros.

– Agora deixemos os poderosos e vamos para junto dos pequenos – insinuou o Mestre, tomando a direção da Porta Norte, que dava para o vale do rio, onde se via a escura silhueta de uma montanha que, para os damascenos, encerrava em si todo o mal que existia sobre a Terra. Chamavam-no o *Monte de Abadon*, porque, em suas grutas, viviam os leprosos e os que chamavam de endemoninhados.

A notícia dos últimos acontecimentos havia corrido em toda a cidade de Damasco como uma brisa primaveril, refrescando os corações mais oprimidos pelas duras condições de vida a que se via submetida, como sempre, a classe social mais ínfima.

Os homens opulentos protestavam contra Jeramel que, por haver obtido a cura da filha, passava por cima de toda conveniência, colocando todos na dura alternativa de precisarem dobrar o salário que estavam acostumados a pagar a todos os trabalhadores do país se não quisessem ficar sem arados para abrir os sulcos em suas terras, sem pastores para seu gado e sem lenhadores para os seus bosques.

Até os escravos levantavam a cabeça recurvada pelo duríssimo jugo que suportavam e, em grandes grupos, percorriam os subúrbios da populosa cidade.

Os magnatas também se uniram e uma dúzia deles se apresentou ao etnarca para queixar-se de Jeramel pela sua transgressão aos pactos financeiros que o costume havia convertido em lei desde seus mais distantes antepassados.

Qual não foi a surpresa deles ao descobrirem que o etnarca Hartath também se havia convertido num vaso de mel, graças à prodigiosa cura de sua esposa e do filhinho!

Através do mesmo souberam que até o tenebroso Penhasco de Raman fora beneficiado com o extraordinário poder do Profeta Nazareno, e os temidos incendiários, que dez anos antes haviam feito tremer toda a região, eram agora mansos cordeirinhos que, sob o influxo do Profeta, começavam a trabalhar para ganhar seu próprio sustento, depois de terem convertido o espantoso presídio numa oficina de trabalhos manuais.

– Mas, quem é esse homem, e com que direitos se apresenta para mudar a ordem das coisas? – perguntaram os potentados ao etnarca Hartath, que sorria afavelmente diante da fúria dos interlocutores.

– Quem é, não sei dizer-vos; no entanto, apenas sei que é um homem extraordinário.

"Profeta ou Mago, seu poder chega até onde termina a ciência e a capacidade dos médicos e dos astrólogos. Além disso, é um homem que traz consigo a paz, a compreensão, a tolerância, o bem e a justiça para todos. Que quereis, pois, que eu faça com um homem semelhante?

"Também eu alimentava grande cólera contra os incendiários do Penhasco de Raman; contudo, se ele os levou a pedir perdão e clemência e os transformou de feras em homens honestos, trabalhadores e úteis ... e até chegou a obter o perdão do Rei Hareth, meu pai, para a mulher que ele repudiou pela sua vida licenciosa ...

"Compreendei, meus amigos, não posso condenar, de forma alguma, um homem que traz consigo o bem e a justiça."

– No entanto, nossos trabalhadores abandonam o trabalho e até os escravos se sublevam, pedindo maior ração de comida, não permitindo ao amo o direito de vender seus filhos ... Tudo isto Jeramel concede a seus escravos e os nossos pedem o mesmo.

– Jeramel manda nos seus – disse o etnarca – e não posso exigir que proceda de maneira diferente. Se ele pode agir dessa maneira sem prejuízo para seus interesses, vós, que sois tão ricos quanto ele, podeis proceder do mesmo modo, apesar das vossas arcas não se encherem tão prontamente com o ouro que acumulais. Creio que recebereis maiores prejuízos se vossos trabalhadores abandonarem os campos e o cuidado com o vosso gado. Que quereis? Meu pai não esvaziou suas arcas para dar de comer a seus povos quando os incendiários arrasaram as colheitas e o gado pereceu de fome? Às vezes é necessário perder para ganhar em outra ordem de coisas. O Profeta é sábio e diz: "Poderosos! ... tendes a felicidade em vossas mãos e não sabeis aproveitá-la."

"Mencionaram-me o que ocorreu no palácio de Jeramel, e tenho a certeza de que ele encontrou o caminho do bem e da justiça. Ide em paz. – E despediu-os.

– Vamos! ... – disse um dos magnatas. – O etnarca está subornado pelo Mago Nazareno e nada conseguiremos dele. Teremos que dobrar-nos até a volta de nossos bons tempos.

– Já voltarão! – rugiu outro, saindo do palácio. – Toda essa ralé de escravos e de miseráveis terá de morder o pó que os amos pisam! Assim sempre foi e continuará sendo, apesar de cem Profetas nazarenos virem dizer o contrário.

– Deixemos o Legado Imperial de Antioquia tomar conhecimento das doutrinas sediciosas desses magos de arrabalde – acrescentou outro –, e então veremos para onde vão, com seus ossos, esses filósofos loucos, que levam sua extravagância até assegurar que os escravos têm alma como nós, e que o sangue que corre em suas veias é igual ao nosso. Ah, imbecis! ...

Uma pedra lançada com uma funda passou sibilando com fúria e foi bater na cabeça de um dos magnatas quando eles saíam da grande avenida para entrar na formosíssima praça denominada do Rei Hirão.

Era aquele que havia dito, um momento antes, que "a ralé de escravos e miseráveis terá de morder o pó pisado pelos seus amos".

Essa pedra era, sem dúvida, um sinal, porque dos imensos cedros, plátanos e acácias que sombreavam a praça começaram a sair pedradas contra os magnatas que haviam ido queixar-se ao etnarca.

Transformou-se aquilo num tumulto, no qual vociferavam contra os latifundiários e criadores que matavam de fome seus infelizes trabalhadores.

Eles aclamavam o etnarca Jeramel e o Profeta Nazareno. Numa calçada lateral da praça de Hirão, achava-se a pousada "Ânfora de Prata", na qual, desde sua chegada, se hospedavam os nossos viajantes.

Ao ouvir mencionar seu nome durante o tumulto, o Mestre saiu precipitadamente, seguido de seus companheiros. Subiu os degraus do monumento do Rei Hirão, que era de mármore negro. A brancura do manto do Profeta, agitado pela aragem da tarde, fez com que os amotinados o reconhecessem imediatamente e começaram a clamar em altas vozes:

– Que o Profeta Nazareno nos salve de nossos verdugos! ... Que o etnarca passe-os a todos pelo cutelo! ...

– Não queremos amos enchendo suas arcas de ouro e matando-nos de fome e aos nossos filhos! ... – e o clamor continuava sempre crescente.

Logo chegou uma guarda montada vinda do palácio do etnarca.

Jhasua, da pequena altura onde se havia colocado, fez compreender que ia dirigir-lhes a palavra, e pediu aos guardas para não fazerem uso da força. Conhecendo a amizade do príncipe Hartath por ele, os guardas obedeceram de boa vontade.

Aquela turba andrajosa, esfarrapada e faminta foi se aproximando cautelosamente até rodear por completo o monumento do Rei Hirão.

O silêncio tornou-se majestoso e solene diante do jovem Mestre Nazareno, cujo divino olhar dava a impressão de irradiar a suave claridade do sol poente a se filtrar pelos ramos do frondoso arvoredo.

O Mestre falou-lhes assim:

– Meus amigos. O Profeta Nazareno ao qual chamastes em vosso clamor, deseja salvar-vos dos pesados fardos que se acham sobre os vossos ombros, elevando o baixo nível em que vos achais colocados pelos erros milenares da nossa caduca civilização. Contudo, não é com o ódio, arrojando pedras ou acendendo archotes que se renovam os costumes, mas com um raciocínio sereno de mentes iluminadas pela Divina Sabedoria.

"Acreditais que existe um Deus Criador, cuja Onipotente e única Vontade dirige o Universo e é dono de vossas vidas?"

– Sim, acreditamos! ... – foi o clamor geral. No entanto, algumas vozes isoladas e provocadoras acrescentaram: – Mas esse Deus não faz caso algum de nós! Deu-nos a vida para vivê-la na fome e na miséria!

– Acreditais num Deus que é Poder Absoluto, Sabedoria Infinita e Amor Misericordioso, acima de todas as coisas. Isto é suficiente para mim, e aos que julgam não estar Ele se ocupando convosco direi que, antes de ter declinado o sol da manhã eu vos darei a prova de que o Deus Único, Pai Universal dos mundos e dos seres, pensa em todos vós com Amor Infinito.

"Ide pois tranqüilos para vossos lares, e amanhã, a esta mesma hora, vinde encontrar-me novamente aqui na praça de Hirão. O Deus Vivo, o Deus do Amor, fala pela minha boca para vos dizer: *"Conheceis o sol de hoje, porém não o de amanhã. Esperai um dia mais que Eu virei até vós."*

Jhasua ia descer os degraus do monumento, quando chegou até ele, agitado e arquejante, um mensageiro do etnarca escoltado por dois guardas do palácio. Trazia uma grande sacola de seda púrpura e disse ao Mestre:

— Meu senhor manda isto para repartires entre os amotinados.

— Esperai, esperai! ... — gritou Jhasua. — Antes do prazo fixado, o Deus que julgais indiferente às vossas misérias mandou que o etnarca vos socorresse e aqui tendes o seu presente.

Jhasua levantou ao alto a sacola carmesim e acrescentou:

— Colocai-vos todos em ordem ao meu redor, que irei distribuir o presente do vosso príncipe.

— Deus salve, o príncipe Hartath. Que viva longos anos! ... Que nos livre dos amos usuários e tiranos! ... Que os degole a todos! ... Que os enforque! ...

Toda esta confusão de gritos bons e maus dizia bem claro os diversos sentimentos que animavam aquela massa esfarrapada e faminta.

— Basta, amigos, basta! ... — ouviu-se a voz sonora de Jhasua dominando a multidão. — Acabo de vos dizer que o ódio não soluciona nenhum problema, mas apenas destrói tudo, e continuais alimentando o ódio! Sereis tão duros de coração a ponto de esgotar a mansidão do meu? ...

O silêncio se fez subitamente, como se uma invisível espada de fogo houvesse passado cortando a palavra nos lábios.

Jhasua chamou com um sinal o tio Jaime e seus outros companheiros, que estavam misturados na multidão, e os encarregou de, ordenadamente, irem aproximando dele, um a um, todos aqueles homens.

A sacola continha dois mil *"Nunmus Aureos"*, pequena moeda de ouro com a efígie do César Augusto, o primeiro dos imperadores romanos a cunhar moedas do precioso metal.

Essa pequena peça de ouro significava o sustento de uma família humilde por dez dias, no mínimo.

O leitor adivinhará o que se passou pela alma de todos aqueles infelizes que se alimentavam comumente apenas com trigo cozido e bolotas de carvalho.

A alma de Jhasua, pesada de angústia diante do longo desfile de criaturas cujo aspecto exterior, era um vivo reflexo dos padecimentos suportados.

— Devemos tudo a ti, Profeta! — disseram alguns, ao receberem de suas mãos a moeda de ouro.

— És um homem de Deus que tens poder sobre os Reis! ... — disseram outros.

— Deverias ser o César sobre todos os povos da Terra! ...

— Não te retires mais de Damasco, e todos seremos felizes! ...

O Mestre, com a emoção pintada no semblante, envolvia a todos com seu olhar cheio de inefável amor, enquanto ia repetindo:

— Não esqueçais o encontro amanhã neste mesmo lugar. Nosso Pai, Deus e Amor, esperará aqui para vos fazer felizes!

Quando a multidão se dispersou, ainda restavam duzentas moedas na sacola, e Jhasua devolveu-a ao mensageiro que a trouxe, mas este lhe disse:

— Meu senhor quer que repartas o restante entre os leprosos do Monte de Abadon, em nome de sua esposa.

— Bem — disse o Mestre. — Apresentarás ao etnarca os meus agradecimentos, e lhe dirás que o Profeta de Deus o abençoa em Seu Nome.

— Disse-me ele que espera o Profeta amanhã, na primeira hora da noite, para cearem juntos — acrescentou o mensageiro.

— Dize-lhe que irei — respondeu Jhasua descendo os degraus e seguindo com seus companheiros para a pousada.

— Que dia! ... É como viajar daqui até a Iduméia! — disse o tio Jaime. — Estou mais morto do que vivo!

— Os empurrões de uns e de outros me deixaram moído — acrescentou Zebeu. — Se permanecermos muito tempo em Damasco, seremos convertidos em pescado seco.

— Homem! — disse um dos árabes. — Bem se vê que jamais saíste de um lar tranqüilo.

— Nós, que fomos prisioneiros de guerra e estivemos no mercado de escravos a ponto de sermos vendidos, sabemos o que é a fome e os amos brutais e selvagens! ...

— Se não fosse o nosso pai Melchor, estaríamos talvez pior que esses infelizes que acabamos de ver — acrescentou o árabe Ahmed.

Jhasua guardava silêncio, procurando repor suas energias semi-esgotadas na vigorosa atividade a que se dedicara.

Todos tinham esquecido o grupo dos potentados magnatas apedrejados pela multidão, começo do furibundo motim.

Ao dar a volta pela praça de Hirão para ir à pousada, defrontaram-se com um aflito grupo de três mulheres veladas e alguns criados luxuosamente vestidos junto a uma liteira encortinada de brocado cor de laranja. Dois anciãos médicos observavam um homem estendido no chão junto a uma mulher que, em prantos, amparava-lhe a cabeça.

Era o poderoso senhor que fora ferido gravemente na cabeça por uma pedra lançada antes do início do motim.

Os médicos disseram que ao menor movimento ele poderia morrer.

Um fino fio de sangue saía do lado esquerdo da orelha onde recebera a pedrada.

A mulher que sustentava sua cabeça era a esposa. As outras duas eram suas filhas.

— Se me permitis — disse Jhasua —, também sou médico. Pode ser que entre os três possamos aliviar o enfermo. — E ajoelhou-se junto ao corpo que dava a impressão de estar morto, não fosse pela fraca respiração.

Jhasua colocou a mão direita no lugar de onde saía sangue e a esquerda sobre o coração. Um silêncio de expectativa e ansiedade se estabeleceu imediatamente.

Toda vibração estranha ficou anulada pelo poderoso pensamento do Cristo, que pedia às suas elevadas alianças espirituais a saúde e a vida daquele homem, do qual dependeria, talvez, o melhoramento da situação da classe humilde e deserdada de Damasco.

Os seres terrestres não podem compreender em sua pequenez nem medir a força do amor e da fé das almas sublimes e heróicas que escalaram os cumes do Amor Divino e do Divino Conhecimento. Contudo, creio, leitor amigo, que poderemos vislumbrar algo de toda a intensa vibração posta em atividade pelo Mestre para devolver a saúde e a vida àquele poderoso senhor, o mais duro e egoísta dos potentados damascenos.

Por fim, aqueles lábios mudos se abriram para pedir água, que lhe foi dada imediatamente misturada com elixir de laranja.

Jhasua exalou grandes hálitos sobre o rosto e o peito do ferido, e lhe disse suavemente:

— Abre os olhos e olha a Luz de Deus a reanimar-te com uma vida nova.

O ferido abriu as pálpebras e viu o rosto de Jhasua muito junto do seu.

— Tu! ... Tu! ... Eu não quero morrer! — disse em voz baixa, e continuou com os olhos fixos nos do Mestre.

— Meu Deus quer que vivas — disse Jhasua inclinando-se sobre ele —, e viverás com uma vida nova, fazendo a felicidade de teus semelhantes e a tua própria. Viverás para ser misericordioso com os teus semelhantes como Deus é contigo! ... Viverás para ser o pai de todos os órfãos e desamparados de Damasco! ... Viverás para romper as cadeias de teus escravos! ... para ser amado pelos teus servidores, para que as multidões famintas bendigam o teu nome! ...

A doçura da voz do Mestre foi tornando-se em divina cadência! As mulheres choravam silenciosamente, ajoelhadas ao redor do ferido, e dos olhos semicerrados daquele homem começaram a correr grossas lágrimas.

O Mestre aproximou sua cabeça da do ferido e lhe disse:

— O Deus-Amor te curou. Levanta-te!

As mulheres deram um grito de horror, como se tivessem visto um morto levantar-se.

O ferido sentou-se sobre o pavimento da rua em que caíra ao receber a pedrada. Jhasua estendeu-lhe as mãos e, apoiado nelas, levantou-se.

— Quem és tu para fazer-me voltar à vida? — perguntou ansioso.

— O Profeta Nazareno! ... o amigo dos que sofrem a miséria e a fome — respondeu o Mestre de forma muito meiga.

— O amigo dos que quiseram arrancar-me a vida! ... — exclamou o potentado com irônica amargura.

— Não dês guarida novamente ao ódio no teu coração, porque o meu Deus te curou através do Amor — disse Jhasua dando mais energia à voz.

— No entanto, dize-me, Profeta. Podes amar as víboras? ...

— Cala-te, por favor! ... — interveio a esposa. — Vamos para casa e não acendas a cólera do Deus deste Profeta que salvou a tua vida.

Os médicos retiraram-se discretamente.

— Meu Deus não se encoleriza jamais, mulher. Não temas nada d'Ele, mas, muito pelo contrário, devemos buscá-lo na dor, porque Ele ama a todos os que padecem.

— Mais outro prodígio para o meu livro de apontamentos — disse o tio Jaime, quando viu o ex-ferido de pé enquanto se despedia do Mestre.

— Virás à minha casa, Profeta? — perguntou-lhe. — Qualquer pessoa dar-te-á a indicação do palácio Belesis, na Grande Avenida; eu sou Jabir, o seu dono.

— Prometo ir amanhã na segunda hora, se me deres a tua palavra de não tomar medida alguma até haver falado comigo — respondeu o Mestre.

— Tens a minha palavra, Profeta. Até amanhã, portanto. — Jabir, o ex-ferido, seguiu a liteira que conduzia a esposa e as filhas, mas não quis entrar nela para desafiar a multidão de curiosos que surgiam ao vê-lo andar altaneiro e ereto como se nada houvesse acontecido.

— Finalmente! — disse o tio Jaime, quando, passado este novo incidente, puderam entrar na pousada. — Julguei que este momento não chegaria nunca!

— Seguir de perto o Missionário está ficando por demais cansativo para vós — exclamou Jhasua vendo o cansaço do tio e de Zebeu.

— Observaste, Jhasua, o nome que esse homem deu ao seu palácio na Grande Avenida? — perguntou-lhe o tio Jaime.

— Sim, palácio Belesis, e isto te fez recordar, tio Jaime, os relatos encontrados pelos Anciãos do Hermon nas ruínas de Palmira. Não é verdade?

— Justamente. Por que terá ele posto esse nome em sua morada?

— Isto saberemos amanhã.

Nesse meio-tempo, os dois jovens árabes, encarregados por Simônides da guarda pessoal de Jhasua, haviam pedido a ceia porque a noite chegava e as fadigas do dia reclamavam deles o descanso.

Jhasua não faltou ao encontro combinado com Jabir para a segunda hora da manhã seguinte.

Levou consigo tão-só os dois jovens árabes para dar descanso ao tio Jaime e a Zebeu, e também para inspirar maior confiança ao receoso magnata damasceno que era de pura raça árabe.

Ali Jhasua soube que o nome do palácio Belesis se devia ao fato de o avô de Jabir ter comprado do último Rei da Síria, da dinastia dos selêucidas, o famoso palácio de Belesis, o autêntico, tomado e habitado por Alexandre Magno em sua passagem triunfal para a Índia. Um incêndio casual, ou provocado, o havia destruído em parte e Jabir, ao tornar-se dono da vultosa fortuna de seus ancestrais, trasladou os mármores e demais riquezas da antiga fortaleza para Damasco, sua cidade natal, para construir a faustosa morada, na qual Jhasua entrava com a única idéia de obter concessões em benefício da numerosa classe dos deserdados.

– Se não fosse por ti, Profeta, eu não teria visto outra vez este palácio que é o meu orgulho – disse Jabir com grande complacência.

"Fizeste-me, pois, o maior benefício que um homem pode fazer a outro homem! A vida é amada intensamente quando está rodeada, como a minha, de tudo quanto é felicidade e alegria para o coração."

E continuou levando Jhasua pelas suntuosas salas, corredores, pátios, escadarias, terraços e jardins, cujo conjunto formava toda uma exposição de beleza, de arte e de faustosidade.

No final da ampla galeria com vistas para o jardim, Jhasua viu uma porta dourada que parecia uma filigrana, tecida de brilhante metal e incrustada de pequenos cristais em cores. Como ele não abrisse essa porta, Jhasua demonstrou completa indiferença.

– Profeta! Não te move o desejo de saber o que há por detrás dessa porta dourada? – perguntou o dono da casa.

– Absolutamente não – respondeu o Mestre –, se não for do teu agrado mostrar-me.

– Saiba que ali guardo as minhas jóias mais valiosas: as minhas mulheres. São sete estrelas de primeira magnitude.

– E todas elas são felizes? – perguntou o Mestre tranqüilamente.

– Um magnata árabe não pergunta isso nunca, pois basta que apenas ele seja feliz com elas.

– A que estava contigo na praça do Hirão, era uma delas?

– Essa é a primeira esposa, que governa as outras. A única que às vezes pode apresentar-se ao meu lado na presença de estranhos. Os costumes do teu país são diferentes deste, não é verdade?

– Tudo é conforme a lei em vigor nos países – respondeu Jhasua. – David e Salomão, que eram meus compatriotas, tiveram muitas mulheres.

Quando já haviam visitado todo o palácio, sentaram-se na sala principal defronte ao pórtico de entrada.

– Agora vamos acertar contas, Profeta. Quanto vale a vida que me devolveste.

– Tu a aprecias muito? – perguntou Jhasua sorridente.

– E ainda me perguntas, Profeta! ... E logo a mim, que vejo deslizar a minha vida como um rio entre flores!? – perguntou admirado o potentado cheio de vaidade.

"Tenho as minhas arcas cheias de ouro e de pedras preciosas. Nem o Rei Hareth é tão rico quanto eu! Só há um homem que me ultrapassa em riquezas. É um comerciante de Antioquia chamado Simônides; todavia é um avarento que vive miseravelmente, apesar de toda a sua fortuna que causaria inveja ao César."

– Nobre Jabir ... se me falas dessa maneira é porque não me conheces. Nenhuma riqueza, nenhum tesouro move o meu desejo, asseguro-te; e se o meu Deus permitiu fazer contigo o que fiz, sou feliz por saber que és venturoso.

– Mas ... és feliz sem desejar nada? Não te compreendo, Profeta!

– Sou feliz fazendo a felicidade dos meus semelhantes. Compreendes, Jabir? Para a minha pessoa, nada necessito nem nada desejo; no entanto, como me atormenta a dor dos demais, sinto me aguilhoar fortemente o desejo de remediá-los.

"Ao passar pela praça de Hirão, senti a tua dor de ferido gravemente, e também a dor da tua esposa e de tuas filhas. Senti a necessidade de socorrer-te para acalmar a ânsia do meu coração pelo teu bem.

"Da mesma maneira, como senti tua dor e a dos teus, sinto também a dor de todos os deserdados de Damasco, que vivem miseravelmente comendo trigo cozido e bolotas de carvalho, porque seus míseros salários não são suficientes para ter pão e lenha.

"Como podes ver, o Profeta também tem um grande desejo: o de remediar os males dos que padecem miséria e fome.

"No meio de tua felicidade, Jabir, pensaste alguma vez na dor daqueles que jamais conheceram a satisfação da abundância?"

– És um sábio, um Mestre, visto como és um Profeta – disse Jabir – e, sendo-o, podes crer que essa massa anônima e obscura de servos, de escravos e trabalhadores pode desejar o que não conheceu? Além disso, os ricos não são culpados pela sua miserável condição. Se eles nasceram em berço de palha e não em berço de ouro, que posso dever a eles? Se trabalham para mim, pago-lhes um salário, e assunto encerrado.

Jhasua cravou nele seus olhos cheios de infinita bondade. Que luz, que vibração de inefável amor deveria haver nesse olhar para que aquele refinado egoísta se sentisse tão visivelmente perturbado?

– Agora te compreendi, Profeta! – acrescentou. – Queres que eu seja generoso com essa turba vil, que me feriu na praça do Hirão?

– O desespero da miséria leva os homens ao delito – disse Jhasua. – Sempre haverá motins populares em Damasco, se não remediardes completamente a miséria dos infelizes que enchem de ouro as vossas arcas. Que significaria em relação ao teu patrimônio, Jabir, fazer o que fez Jeramel, cuja fortuna alcança apenas a metade da tua?

"Se por devolver-te a vida eu tivesse pedido cinqüenta talentos de ouro, terias dado?"

– Eu teria dado cem talentos, Profeta, e ainda não seria o suficiente! Aprecio mais a minha vida do que cem talentos! – respondeu Jabir imediatamente.

– Muito bem, meu amigo. Tão-só porque aprecias muito a tua vida, deves resguardá-la bem, e não há melhores guardiães que teus servidores agradecidos pela tua generosidade para com eles.

"O Deus dos Céus e da Terra, que adoro, e que é dono de todas as vidas, dá o aviso de que a tua está em perigo, porque, torno a repetir: *a fome é má conselheira*, e ai dos poderosos que se divertem e riem no meio das multidões esfarrapadas e famintas! ..."

– Queres dizer, Profeta, que, por conveniência própria, os ricos devem ser generosos para com os miseráveis?

– Quando a alma do homem não atingiu a capacidade de fazer o bem pelo próprio bem, começa a fazê-lo pelo instinto de conservação, que é a forma do bem praticado pelas almas de evolução primitiva. Tornar-me-ias grandemente feliz, Jabir, eu te asseguro, se fosses generoso com os teus servidores pela alegria e satisfação causadas a esses infelizes, enriquecendo-te a cada dia mais com o seu esforço, e para os quais tua remuneração não é suficiente para as suas necessidades e as de seus filhos.

"Mas, se não podes fazê-lo pelo bem deles, faze, ao menos, pela tua tranqüilidade e paz, para que não te vejas molestado por uma turba de famintos, cuja miséria enche os seus corações de ódio."

A voz do Mestre foi adquirindo vibrações emotivas e profundas. Houve momentos em que parecia tremer, como se, na sua garganta, ficasse anulado um soluço. Aquele coração de bronze sentiu-se sacudido fortemente e, também, comovido, respondeu:

– Está bem, Profeta! ... Quero fazer a tua felicidade sendo generoso com os meus servidores pela satisfação que lhes causarei! ... Porém, principalmente e acima de tudo, para que sejas feliz! ... Profeta! ... o homem mais nobre e mais bondoso a pisar nesta Terra! Acredita-me: ainda não sei se realmente és um homem ou um desses arcanjos que, de tempos em tempos, aparecem no meio dos homens para pôr a descoberto suas maldades e perdoar-lhes os pecados.

"Por ti, Profeta, faço tudo! ... Somente por ti!"

– Graças, meu amigo! ... que Deus te abençoe.

Depois de um breve silêncio, o Mestre continuou:

– Preciso assegurar-me de duas coisas: Que não te vingarás daquele que arrojou a pedra colocando em perigo a tua vida, se chegares a saber quem foi; e que convencerás todos os teus amigos a imitar a tua generosidade para com os seus servidores.

"Ao pôr-do-sol, a turba de famintos espera-me na praça de Hirão, porque prometi obter de seus amos um benefício para eles e para seus filhos.

"Posso contar contigo para levar-lhes uma resposta favorável?"

O potentado pensou durante alguns momentos e logo em seguida disse plenamente seguro:

– Conta comigo! Podes dizer aos trabalhadores de Damasco que a partir de amanhã terão salário dobrado, e que suas mulheres devem passar pelos meus depósitos, na praça das caravanas, onde receberão roupas de acordo com o número de pessoas de cada família.

– Agora és um digno servidor do Deus que inspirou a Moisés a grande Lei da Humanidade:

" '*Ama a Deus acima de todas as coisas e ao próximo como a ti mesmo!*' – respondeu o Mestre, e acrescentou:

"Antes que se ponha o sol de hoje, Jabir, terás feito a felicidade de todos os deserdados de Damasco."

Separaram-se em seguida, com a promessa de Jhasua de que não se ausentaria da populosa cidade sem deixar de se encontrar de novo com ele.

Nessa mesma tarde, quando o sol estendia nos céus as gazes douradas do crepúsculo vespertino, a praça de Hirão se enchia de uma multidão compacta a espera do Profeta do manto branco, que lhes havia prometido algumas migalhas de felicidade.

Se houvessem observado bem, teriam podido ver por detrás de algumas gelosias de luxuosas janelas muitos olhos ávidos examinando ansiosamente a multidão.

Eram Jabir e seus amigos, os potentados de Damasco que, da residência de um deles, observavam o Profeta enquanto transmitia à multidão sofrida a mensagem de seus senhores. O Mestre falou da seguinte maneira à multidão silenciosa que o rodeava:

– Vejo que confiastes na minha palavra dada ontem nesta mesma hora, e por isso estais enchendo esta praça. Ontem recebestes um presente do vosso etnarca. Hoje transmito a promessa de vossos amos, de que recebereis salário dobrado a partir de amanhã, bem como donativos de roupas de acordo com o número de pessoas de cada família, se vossas mulheres se apresentarem nos depósitos da praça das caravanas.

"O Deus que adoro, Senhor Supremo dos Mundos e dos seres, moveu o coração do vosso príncipe e dos vossos amos, para que acudam solícitos a aliviar vossas agruras.

"De hoje em diante, eles pensarão em vós como se fôsseis seus filhos, e vós pensareis neles como se fossem vossos pais.

"Os deveres, como os direitos, devem ser recíprocos, para que se possa manter o equilíbrio nas sociedades humanas.

"Homens do trabalho e do esforço! ... trabalhadores que ganhais o pão com o suor de vossos rostos! ... servos de humilhada e penosa condição! ... Falo convosco, e espero que minhas palavras abram novos horizontes aos vossos espíritos adormecidos na luta pelo sustento de vossas vidas.

"Ouvi-me com atenção e compreendei-me bem: Este planeta Terra, por nós habitado, é um mundo inferior, onde domina o mal em todas as esferas sociais; algo assim como um imenso presídio, onde todos suportam as penosas leis a que está sujeita a vida neste planeta. O trabalho, a dor e a morte são aqui leis inexoráveis e imutáveis, e seria a maior loucura rebelar-se contra elas, como loucura é pretender secar a água dos mares, deter a marcha do sol que nos ilumina ou mudar de lugar as montanhas. As diferentes condições sociais são, em parte, conseqüência da diferente capacidade dos seres e de seu diverso grau de adiantamento intelectual e moral. Nem todos os homens são hábeis pilotos em alto-mar.

"O egoísmo e a malícia humana teceram uma espantosa cadeia ao redor das leis iniludíveis e próprias deste planeta.

"Sinto que estão perguntando, muitos dos aqui presentes, por que havemos de ser exatamente nós os despossuídos e miseráveis, e outros imensamente ricos e poderosos?

"Este é para vós um problema sem solução e, em seguida, pensais equivocadamente a respeito da Justiça de Deus. As enormes diferenças sociais não são obras de Deus, mas do egoísmo dos homens.

"Os Profetas de Deus, podendo curar as enfermidades físicas, querem também curar as enfermidades morais. O egoísmo é uma enfermidade tão daninha como a lepra que devora o corpo de quem a possui. O egoísmo devora e consome os corpos de todos aqueles até onde alcançam seus tentáculos de polvo. Chamais-me de Profeta de Deus e eu o sou; e, porque sou, recebi d'Ele o supremo mandato de destruir o egoísmo e fazer florescer o amor.

"Deus me deu esta imensa satisfação: no vosso etnarca, o príncipe Hartath, e nos vossos amos, começou a florescer o amor, e eles, poderosos e ricos, pensaram em aliviar vossos fardos melhorando a vossa situação.

"O Profeta de Deus necessita agora que mostreis que existe em vossos corações uma terra fértil para cultivar a sua semeadura de amor.

"O ódio e o egoísmo são forças destruidoras. O Amor é força fecunda e criadora.

"Aqui ... aqui, ao calor do coração do Profeta de Deus, procuremos, todos unidos, fazer florescer e frutificar o amor nesta formosa cidade de Damasco, resplandecente como uma sílfide de ouro, à beira de seus magníficos lagos serenos, onde se espelham os céus e se refletem as estrelas ...

"Vosso etnarca e vossos amos deram o primeiro passo. Dai, pois, o segundo, e correspondei à justiça com a qual eles acabam de agir, com a justiça proporcionada por vós, que consiste em trabalhar em suas propriedades mediante remuneração suficiente para as vossas necessidades.

"Prometeis isto a mim? ... Dais-me a vossa palavra? ... Respondeis com sincera promessa ao Profeta de Deus que quer, com toda a sua alma, a vossa felicidade? ..."

Os olhos de Jhasua resplandeciam de Divina Luz, e de sua alma de Ungido derramava-se o amor sobre a multidão anelante e esperançosa.

Um grito unânime, repetido três vezes, ressoou como um furacão desencadeado com fúria na selva.

– Seja como tu dizes, Profeta de Deus!

"Que não te afastes mais de Damasco, que vivas sempre entre nós! ... e não nos abandones nunca!"

O Mestre subiu mais dois degraus do monumento de Hirão porque a multidão se estreitava cada vez mais ao seu redor, ameaçando asfixiá-lo com seu transbordante entusiasmo.

– Meus amados damascenos – disse o Mestre. – O Profeta de Deus não esquecerá jamais esta espontânea manifestação do vosso amor; entretanto, como vim para destruir o egoísmo e semear o amor, quero repartir o afeto e a adesão que demonstrais com aqueles que, também por amor a mim, farão a vossa felicidade daqui para diante. Quero o vosso amor ao etnarca, ao vosso Rei e aos vossos amos que, a partir de hoje, terão convosco cuidados paternais.

"Que Deus guarde todos aqueles que farão a vossa felicidade!"

A multidão respondeu à exclamação de Jhasua com um formidável:

– Deus guarde o Rei, o etnarca e os nossos amos! ...

De uma luxuosa liteira encortinada de púrpura, que havia permanecido junto a um caramanchão de jasmins numa calçada da grande praça, desceu o etnarca e fez descer sua esposa com o filhinho, dirigindo-se para onde estava Jhasua.

O jovem príncipe abraçou emocionado o Mestre, ao mesmo tempo que lhe dizia:

– Mago do amor e da paz! ... Não se pode negar que trazes Deus contigo.

A multidão aplaudia freneticamente.

Daquele palácio, atrás de cujas gelosias se ocultavam os poderosos magnatas damascenos, saiu uma porção deles com suas esposas e filhas, todas veladas, conforme o costume do país. Como demonstravam a intenção de chegar até o Profeta, a multidão abriu-lhes passagem, enquanto continuava gritando:

– Que os amos sejam piedosos conosco e seremos fiéis servidores!

A emoção era visível em todos.

Quando conseguiram chegar até o Mestre, os potentados entregaram-lhe sacolas com moedas de prata e as mulheres suas jóias, para serem repartidas entre a multidão.

Jhasua aceitou as sacolas, dirigindo palavras de agradecimento aos doadores, e disse às mulheres:

– Convertei vossas jóias em berços para os recém-nascidos, em cobertores para os anciãos e para as crianças, porque o inverno se aproxima e eles tremerão de frio.

– Nós as presenteamos a ti, Profeta de Deus. Procede como queiras em benefício do nosso povo – respondeu, em nome de todas, a esposa de Jabir. Zebeu encarregou-se do pequeno cofre com as jóias.

A menina que havia sido curada pelo Mestre, ou seja, a filhinha de Jeramel, chegou também trazida pelo pai, acompanhada por uma dúzia de criados levando grandes cestas. A menina, com seus passinhos ligeiros, abria caminho até Jhasua.

— Profeta! ... Meu bom Profeta! Adita traz doces e frutas para todos os filhos dos trabalhadores de Damasco.

Jhásua levantou a menina nos braços para que todos a vissem.

— Esta é Ada, boa menina para as crianças damascenas — disse cheio de emoção — e traz seus presentes para todos os seus companheiros na vida. Durante dez anos esteve paralítica. Amai-a, pois, como amais a mim! Ela ficará aqui, no meu lugar, quando eu me ausentar de Damasco.

A menina agitou seus bracinhos para a multidão que gritou emocionada:

— O Deus do Profeta guarde a filha de Jeramel!

Jhasua e seus quatro companheiros eram insuficientes para repartir todos os donativos.

O Mestre quis conseguir mais ainda dos poderosos damascenos e lhes disse brandamente:

— Se não nos ajudais a repartir vossos donativos, quando o último raio de sol se esconder ainda estaremos aqui, e há muitas crianças semidesnudas que adoecerão com o frio da noite. Imediatamente os magnatas, junto com suas esposas e filhos, ajudaram na tarefa.

O Cristo Divino, mago sublime do amor, transformou aquela tarde memorável numa fraternal irmandade: a dos poderosos senhores com seus trabalhadores e servos. Formidável onda de amor fraterno inundou a praça de Hirão.

Durante muito tempo o Mestre lembrou essa missão em Damasco, entre os filhos da Arábia, cujo ardente temperamento correspondeu à veemência do Profeta de Deus, que os chamava à prática do amor.

— Na verdade — disseram os damascenos ricos e pobres — este homem vem do Deus verdadeiro e único, superior a todos os deuses, porque as maravilhas realizadas por Ele jamais foram vistas em Damasco.

"Os incendiários do Penhasco de Raman redimidos, os leprosos e dementes do Monte de Abadon foram curados e voltaram para seus lares, os trabalhadores e servos têm lenha, pão e alimento sobre a mesa e roupas sobre seus corpos; os amos tornaram-se piedosos e os servidores trabalham em paz.

— Oh, o Profeta dos cabelos ruivos e olhar de gazela tem a magia de Deus em suas mãos e semeou a paz e a felicidade em Damasco, como semeamos o trigo e o centeio!

E o Mestre respondeu-lhes:

— Só porque vistes ocorrências que vos maravilharam acreditastes no poder e na bondade de Deus.

"Todavia sereis felizes e bem-aventurados, quando, sem ver prodígios ao vosso redor, aprenderdes a sentir Deus dentro de vós."

Na intimidade com o tio Jaime e com Zebeu, acrescentou:

— Eis um povo que desconhece a Lei de Moisés e os complicados rituais do culto judeu e, não obstante, é sensível ao amor e à misericórdia.

"O amor de uns para com os outros será a religião do futuro, quando forem desnecessárias as variadas fórmulas exteriores de adoração a Deus, que quer ser adorado em espírito e verdade.

"Então os homens serão felizes, porque terão aprendido a praticar a única Lei necessária a resumir todas as outras:

" 'AMAR A DEUS SOBRE TODAS AS COISAS E AO PRÓXIMO COMO A SI MESMO.' "

O Torreão do Patriarca

O Mestre já se dispunha a abandonar Damasco quando chegou à pousada um mensageiro pedindo para falar-lhe.

Trazia uma mensagem de seu amo Abulfed, filho do patriarca árabe Beth-Gamul, aquele ancião clarividente que, no Horto das Palmeiras, cingiu Jhasua com a cinta de ouro com setenta rubis, com a qual eram coroados os patriarcas do deserto; e, ao fazê-lo, havia declarado publicamente na presença de Ilderin e de seus três mil guerreiros, que *Jhasua de Nazareth era o Messias anunciado pelos Profetas.*

– Meu amo Abulfed – disse o criado – pede ao Mestre para assistir hoje, na segunda hora da tarde, a uma reunião de sua Escola sedenta por ouvir suas palavras de sabedoria.

Jhasua consultou-se com Zebeu, conhecedor de todos os rincões de Damasco e, logo em seguida, com os jovens árabes Ahmed e Osman.

Os três falaram com o criado para solicitar melhores informes sobre a mencionada Escola e sobre a pessoa de Abulfed, a quem não conheciam.

Da informação resultou encontrar-se a Escola a uma milha de Damasco, quase chegando ao lago Utayba, a oriente da cidade. Souberam também que o velho patriarca Beth-Gamul morrera dois anos antes, e que seu filho Abulfed, retirado em seu torreão junto ao lago Utayba, demorara muito em inteirar-se das maravilhas ocorridas na cidade.

Seu pai, antes de morrer, exigira-lhe a promessa de algum dia procurar Jhasua de Nazareth, portador da cinta dos setenta rubis, e discutir com ele tudo quanto dizia respeito aos ensinamentos da Escola, cuja finalidade era manter a crença num Deus Criador Único, na imortalidade da alma humana, e que o amor a todos os seres como a si mesmo torna o homem justo. Eram estes três princípios a base da Escola de Beth-Gamul que reclamava a presença do Mestre.

O mensageiro acrescentou, da parte do seu amo, que, se fosse aceito o convite, ele mesmo viria buscá-lo com as cavalgaduras necessárias.

O tio Jaime, que já havia descansado das fadigas missionárias dos dias anteriores, concordou em tomar parte na excursão, junto com Zebeu, Osman e Ahmed.

Pouco depois do meio-dia entravam nas cavalariças da pousada cinco formosos cavalos negros trazidos pelo mesmo criado que nessa madrugada trouxera-lhes a mensagem.

Antes de terminar a primeira hora da tarde, apresentou-se Abulfed perante o Mestre, chamando-o de "Patriarca do Deserto, Mensageiro do Eterno Criador e Salvador dos Homens".

– És o filho de Beth-Gamul, o ancião patriarca que conheci ao lado do Scheiff Ilderin?

– Sou Abulfed, filho de Beth-Gamul, e por determinação sua venho buscar-te.

"À noite passada sonhei com ele que me disse: 'O Profeta que deslumbra com cem maravilhas a cidade de Damasco é o mesmo ao qual cingi com a cinta de ouro com setenta rubis. É o nosso Patriarca do Deserto e o Ungido de Jehová. Vai buscá-lo e que ele determine à nossa Escola os rumos a seguir.' Se acreditas neste sonho, vem."

– Estou às tuas ordens. Vamos – respondeu o Mestre.

Montaram nos negros cavalos e partiram em direção à Porta do Oriente, para tomar o caminho dos lagos.

O panorama era belíssimo naquele final de outono, na segunda hora da tarde, na qual centenas de trabalhadores carregavam os últimos feixes de trigo e de centeio sobre numerosas tropas de jumentos, para conduzi-los em seguida para as eiras, onde uns tornos de estilo muito simples e primitivo separavam o cereal da palha, que outras centenas de servos se encarregavam de ensacar e de reenfeixar.

A passagem do Mestre, prontamente reconhecido pelos obreiros do restolho, excitou novamente o mesmo entusiasmo da praça do Hirão. Quanta alegria viu Jhasua refletida naqueles rostos bronzeados pelo sol e suarentos pelo esforço!

– Deus te guarde, Profeta de Nazareth! ... – era o clamor cem vezes repetido por aqueles trabalhadores, nos quais fora despertada uma profunda gratidão.

– Que Ele vos abençoe, amigos, e torne fecundo o vosso trabalho! – respondeu o Mestre agitando seu lenço para que fosse percebida sua saudação até longa distância.

"Quão fácil é tornar felizes os povos cuja alma de criança se satisfaz com algumas migalhas de amor e uma centelha de esperança! – disse o Mestre, observando aquela porção de homens dobrados sobre os campos e felizes porque os poderosos senhores se haviam aproximado deles, com piedade e benevolência.

– Os damascenos jamais esquecerão a tua passagem pela sua terra, Profeta – disse Abulfed –, pois jamais ouvi o meu pai dizer ter visto em toda a sua vida algo semelhante.

– A Bondade Divina tem suas horas propícias para manifestar-se aos homens – respondeu o Mestre, dando à Causa Suprema toda a glória das ocorrências realizadas por ele.

O trajeto pela formosa pradaria vizinha dos lagos foi percorrido na amena contemplação das verdes montanhas que rodeavam em círculo aquele delicioso vale cortado por vários riachos e povoado pelos obreiros que trabalhavam alegremente e também pelos rebanhos de gazelas que pastavam entre feixes esquecidos.

Ahmed e Osman, excelentes ginetes, e que, por sê-lo, haviam ficado com os cavalos mais nervosos e fogosos, divertiam-se grandemente ensaiando breves carreiras e piruetas que faziam com que o tio Jaime risse bastante.

Jhasua observou que Abulfed falava muito pouco porque seu coração estava cheio de tristeza.

Os seres de sua raça, veementes e apaixonados, irradiam fortemente para o exterior tanto a felicidade como a dor reprimida. A alma sensível e terníssima do Mestre absorvia gota a gota a amargura destilada do coração de Abulfed.

O velho alcácer ou torreão ameado tinha muitos séculos sobre seus muros e a tradição dizia ter ele pertencido a um astrólogo e sacerdote caldeu que fugira de Mênfis, junto à Babilônia, quando se aproximavam os exércitos de Alexandre Magno. O sacerdote-astrólogo, fugitivo com a sua família, havia-se refugiado naquele torreão, ao mesmo tempo observatório e templo, consagrado ao deus Silik-Mulu, considerado como a *Inteligência* na complexa Divindade dos pré-históricos povos da Caldéia.

A vetusta aparência daquela solitária mansão impunha um pavoroso respeito a quem a contemplasse pela primeira vez.

– O exterior inspira espanto – disse Abulfed, vendo o silencioso estupor de seus hóspedes.

"No entanto, logo que penetrartes no bosque de nogueiras e de castanheiros que rodeiam, vereis quão aprazível morada é *o velho Torreão do Patriarca*, como todos os chamam nesta região."

– Vives sozinho aqui? – perguntou o Mestre ao desmontar.

— Apenas com a morte — respondeu o árabe com sua voz impregnada de amarga tristeza.

— Pois, meu amigo — disse Jhasua —, de hoje em diante deverás viver com a vida vigorosa e forte, própria do filho de Beth-Gamul, que chegou à idade de 80 anos sem vacilar em sua árdua missão de guia de almas.

— Já conversaremos — respondeu simplesmente o árabe, dando um longo assobio que fez sair de seus lugares três criados, aos quais entregaram as cavalgaduras.

As nogueiras e castanheiros centenários formavam um belíssimo bosque que chegava até a casa e, com efeito, fazia desaparecer a visão pavorosa do torreão que, de longe, sobressaía ao espesso arvoredo como a negra cabeça de um gigante coroado de ganchos de pedra.

— Disseste que vives aqui sozinho com a morte — comentou Jhasua ao dono da casa — e somente vejo exuberância de vida! Ouve!

O gorjeio de milhares de pássaros ocultos por entre a ramagem formava um admirável concerto que extasiou a alma do Mestre, tão sensível às belezas da mãe Natureza.

— São calhandras e rouxinóis — disse o tio Jaime — e há mais neste bosque que em toda a nossa Galiléia, tão rica em pássaros canoros.

— Estamos em pleno Líbano — acrescentou o Mestre. — Quem não conhece o gorjeio dos rouxinóis do Líbano?

"Como se toda esta vida fosse pouca coisa, vejo aqui garças e gazelas domésticas, desfrutando de todas as belezas deste magnífico horto.

"E te atreves a dizer, Abulfed, que vives com a morte?"

— Os companheiros de aulas que foram discípulos de meu pai — continuou o árabe — vivem, em sua maioria, na cidade. Alguns estão junto aos lagos e aqui, na ribeira do Utayba, vive uma mulher de idade madura que é profetisa e era também discípula de meu pai.

"Todos eles virão ao cair da tarde, motivo pelo qual digo, Mestre, que terás a gentileza de passar aqui a noite, para evitar o inconveniente de regressar demasiado tarde."

— Tudo dependerá do trabalho que deveremos realizar em conjunto — observou o Mestre.

Um grande pórtico, que nada tinha de artístico nem de belo, mas, pelo contrário, era muito sombrio, formava a parte dianteira do edifício.

Os três largos degraus que deviam subir mostravam sua antigüidade nas rachas das lajes do pavimento, do mesmo modo que, nas juntas dos blocos de pedras das muralhas, cresciam com abundância os acinzentados musgos próprios das ruínas.

As glicínias e as heras davam um tom de suave poesia à tétrica fortaleza.

— Antes da chegada do ocaso que trará consigo aqueles que esperamos — disse Abulfed —, quero mostrar-vos a minha velha morada e, desta maneira, quando chegar a noite, já estareis familiarizados com ela.

"Vamos até o andar superior e apreciareis do alto do torreão a pitoresca paisagem dos lagos."

Começaram a subir a larga escada de pedra que o tempo havia enegrecido e gasto notavelmente.

Numerosos compartimentos vazios nessa parte do edifício davam-lhe, em verdade, um aspecto de abandono e de tristeza que deprimiam a alma.

— Aqui morava o meu pai — disse o árabe, mostrando uma imensa sala com vários divãs, as paredes cobertas de croquis, mapas e cartas com rotas marítimas.

Papiros, livretos de lâminas de madeira e de argila e plaquetas de pedra eram todo o mobiliário dessa sala.

— Aqui fazemos as nossas reuniões — disse o árabe —, para manter viva a lembrança dos últimos anos do meu pai.

Perto dessa sala mostrou-lhes uma outra, mobiliada de uma forma muito delicada e com um certo luxo nos detalhes.

Aí respirava-se um ar familiar: um grande divã, forrado em cor laranja, cheio de almofadões de seda, bordados e com vaporosos cortinados de gaze azul celeste. Bastante próximo do divã, um precioso berço com uma pequena almofada branca, sobre a qual uma mão delicada colocara um ramo de rosas chá, recentemente cortado.

Jhasua contemplou da porta, durante alguns momentos, essa bela alcova banhada pela luz dourada da tarde.

— Agora compreendo tudo, Abulfed, meu amigo — disse o Mestre com infinita doçura, apoiando a mão direita sobre o seu ombro. — Choras morto teu pai, a mulher amada e o teu filho.

— Meu pai e meu filho estão na verdade mortos, e estão sepultados naquela verde colina que se vê ali. Minha esposa é uma morta ambulante.

— Onde está? — perguntou Jhasua, compreendendo imediatamente que se tratava de um caso de demência essa morte aparente da alma que se imobiliza, digamo-lo assim, por uma imensa dor.

— Ela passa os dias e as noites no último piso do torreão, contemplando com olhar extraviado a colina onde está a tumba do menino. Só desce ao amanhecer para colocar flores frescas no berço, tal como vês.

— Queres que vamos até lá para vê-la? — perguntou o Mestre.

— Não sei se ela o consentirá — observou o árabe. — Com a presença de pessoas estranhas ela fica fora de si e dá espantosos gritos como se alguém a estivesse atormentando.

— Morreu primeiro o teu pai e depois e menino, não é verdade?

— Sim, efetivamente. Assim sucedeu. Meu pai morreu há vinte e sete luas e o menino perdeu a vida dez luas depois.

"Foi uma morte misteriosa, porque ele não ficou doente. A mãe deitou-o numa noite, alegre e brincalhão e, ao amanhecer, era um cadáver já gelado. Creio tratar-se de uma vingança, porque minha esposa estava prometida para um astrólogo babilônio, ao qual jamais pôde amar, e fugiu da casa paterna na noite anterior à da boda. Ela pediu refúgio ao Patriarca, meu pai, que o dava a todos os desamparados. Ele a trouxe para este torreão e colocou uma boa mulher como sua companhia. Eu estava então em Alexandria, para onde ele me havia enviado, com o fim de estudar na Escola do Mestre Fílon.

"Quando vim, enamorei-me da triste órfã e casei-me com ela.

"Meu pai dizia que, nas suas meditações solitárias, via sempre um fantasma sinistro rondando ao redor desta casa, cuja entrada era guardada por gênios benéficos.

"Confesso que julguei ser tudo isto simples alucinações da velhice de meu pai e jamais dei importância ao caso.

"Eu guardava silêncio em virtude do respeito que lhe deferia quando mencionava sua visões e lutas secretas com o temido fantasma ou gênio maléfico.

"Alguns dias antes de sua morte, ele me disse: 'O pensamento de vingança do astrólogo babilônio toma forma para vingar-se na tua esposa e no teu filho.' Eu o ouvi e me calei, sempre pensando tratar-se do delírio de um moribundo. Agora sei e compreendo quanto valiam as palavras de meu pai. Minha desgraça atual eu a tomo como um castigo ao desprezo da palavra de um justo."

— A lição foi na verdade muito dura; no entanto, a Bondade Divina enche de amor os abismos abertos pela incompreensão dos homens.

– Que queres dizer com isto, Profeta de Deus? – perguntou o árabe cheio de esperança.

– Quero dizer que a tua incompreensão, em face das palavras de teu pai – mestre na ciência de Deus e das almas – foi que impediu que as forças do Bem, atraídas por ele, vencessem as forças do Mal que rondavam este lar, para destroçar tua felicidade em satisfação de uma vingança.

"Na forma como agiste, procede a maioria dos homens, que só aceita como realidades aquilo que é percebido pelos seus sentidos físicos, e nega em absoluto a vida imensa e as forças formidáveis que atuam, vivem e existem mais além da percepção de nossos sentidos.

"Suponhamos uma colônia de cegos de nascimento: Não negariam em absoluto a existência da luz e dos astros, que em órbitas imensas percorrem a magnificência dos espaços infinitos?

"O homem terrestre é, às vezes, como um cego de nascimento, até que a Bondade Divina, possuidora de infinitos meios e também da dor, que é um deles, abre seu espírito à Verdade Eterna, inundando-o, finalmente, com sua claridade soberana.

"Hoje chegou a tua hora, Abulfed, e, com o favor de Deus e talvez com a cooperação de teu pai, gênio tutelar desta casa, aceitarás o que até hoje havias rechaçado.

"Queres conduzir-me até onde está a tua esposa?"

– Essa escada nos levará até a mais alta câmara da torre – respondeu o árabe.

O tio Jaime, junto com Zebeu, Ahmed e Osman, havia ficado na grande sala de aula que fora o aposento do patriarca Beth-Gamul. Jhasua chamou-os, como costumava proceder sempre, associando a seus trabalhos espirituais aqueles que o rodeavam, quando sabia que estavam preparados para tanto.

O tio Jaime e Zebeu eram Essênios adiantados, e os dois jovens árabes procediam da Escola de Melchor.

Abulfed, que esteve um ano na escola de Fílon de Alexandria, não assimilou o ensinamento esotérico, que qualificou de um "*conjunto de formosas fantasias e sonhos magníficos, sem realização possível na Terra*".

Ele foi o único discípulo que não se convenceu dos poderes supranormais inerentes à alma humana, quando uma educação espiritual profunda, baseada em métodos científicos, desenvolveu a todos até o máximo possível no plano terrestre.

O jovem Mestre sentia-se impulsionado por uma força superior para iluminar aquela inteligência com a tocha eterna da Verdade.

"– Seu pai, o patriarca Beth-Gamul, não pôde iluminá-lo. Também não pôde iluminá-lo Fílon, com sua inspirada eloqüência" – pensava o Mestre, enquanto subiam todos juntos a vetusta escadaria de pedra rachada e bolorenta.

" 'Deus permitirá que eu o ilumine, porque ontem todas as felicidades humanas o rodeavam e era feliz, e hoje é um desventurado. A dor marcou para ele a hora suprema da libertação e da verdade.' "

Cansados, chegaram finalmente ao alto do torreão. Uma pequena plataforma com balaustrada de pedra rodeava por todos os lados aquela última câmara, iluminada por quatro pequenas clarabóias redondas.

Abulfed indicou uma daquelas aberturas, a que dava para o norte, de onde se via o monte mais imediato.

Jhasua aproximou-se e viu a face pálida e enfraquecida de uma mulher jovem e que seria bela se estivesse em pleno vigor e com saúde. Seus grandes e escuros olhos, com um brilho estranho, estavam imóveis, fixos, abismados, observando o monte próximo. Logo à primeira vista, compreendia-se o doloroso estado de desequilíbrio mental em que se encontrava.

Com breves palavras o Mestre explicou aos seus companheiros a maneira de cooperação mental que necessitava deles.

— Se estes meus companheiros pudessem entrar e sentar-se em completa quietude num lugar próximo — disse Jhasua ao dono da casa — eu agiria com mais liberdade sobre a enferma.

— Há nesta câmara um compartimento que era observatório astronômico do antigo proprietário Berósio, onde escondia, ao que parece, seus segredos de alquimista. Está separado por um anteparo de cedro.

Em seguida, abriu cuidadosamente, sem fazer ruído, uma pequena porta na parede oposta àquela onde se encontrava a enferma.

— Sentai-vos aqui — disse o Mestre —, orai para que a Divina Sabedoria ilumine essa mente obscurecida, e que o Amor Eterno a inunde de consolo e de esperança.

"Vamos — disse ao árabe —, vamos para junto da enferma.

O rosto pálido da mulher e seu olhar fixo davam a impressão de que estava na mais completa imobilidade.

— Berisa — perguntou Abulfed —, podes receber-me? Venho fazer-te a visita costumeira.

A mulher, sem afastar o rosto da claraboia, estendeu o braço e abriu uma porta que havia ao seu lado. Abulfed entrou e voltou-se para fazer entrar o Mestre, mas não o viu mais. No lugar onde ele se encontrava apenas percebeu uma claridade dourada, como se um raio do sol do ocaso o estivesse iluminando suavemente.

Essa porta não dava para o poente, e a claridade entrou por ela e envolveu completamente a enferma que, subitamente, se afastou da claraboia e voltou-se de frente para o marido.

— Trazes uma lâmpada para iluminar as minhas trevas! — disse a mulher com uma doçura triste e tranquila.

A estupefação de Abulfed não lhe permitia pronunciar palavra e um único pensamento estava fixo na sua mente: "Que aconteceu ao Profeta? ... Desapareceu? ... Tornou-se invisível? ... Converteu-se nessa dourada claridade que iluminava a câmara e envolvia a enferma?"

Abulfed observou que o rosto da demente adquiria uma estranha placidez, muito próxima do sorriso.

— Abulfed — disse ela em seguida. — Ouço a voz de um Arcanjo do Senhor prometendo devolver o meu filho vivo, belo como era ... Será possível? ... Será possível? ...

"Eu o vejo vir aos meus braços ... Oh, meu querubim! ..."

Os braços de Berisa abraçaram no vazio uma visão só percebida por ela.

Seus pés vacilaram e ia cair desmaiada, mas Abulfed a manteve em seus robustos braços e neles ela ficou desfalecida.

A bela claridade, algo como uma nuvem de gazes de ouro, desvaneceu-se imediatamente e ficou a pessoa do Mestre que lhe disse:

— Pronto, leva-a ao leito para que tenha um longo repouso.

Todos desceram a escadaria, conduzindo a enferma que havia caído em profundo sono.

Abulfed deitou a esposa no grande divã forrado em cor laranja e encortinado de azul-celeste já conhecido do leitor.

E se voltou imediatamente para Jhasua com a ansiedade pintada em seu semblante.

— Profeta de Deus — disse —, tinha que ser tu quem haveria de abrir os meus olhos para a Luz! És um Deus encarnado ou um Arcanjo do Sétimo Céu, como esses que meu pai dizia ver, e nos quais, me perdoem Deus e ele, jamais pude acreditar?

— Sou o Mensageiro do Deus-Amor, e cumpro com o meu encargo da melhor maneira possível na opressora gravidade desta Terra — esclareceu o Mestre. — Só porque viste, acreditaste no Poder Divino, meu amigo — acrescentou Jhasua com tristeza. — Bem-aventurados e felizes são aqueles que nada viram com os olhos, mas sentiram Deus em seus corações.

Abulfed caiu de joelhos, se inclinou até encostar o rosto em terra, junto às frias lousas do pavimento.

Quando se ergueu, seu rosto estava sulcado de lágrimas que não procurou ocultar.

Sem pôr-se de pé, disse ao Mestre:

— Profeta de Deus! ... Alcança-me do Senhor o perdão e também o perdão de meu pai, a quem devo ter atormentado muito com a minha dureza de coração.

Sorridente, o Mestre estendeu-lhe as mãos para levantá-lo, ao mesmo tempo que lhe dizia:

— Deus perdoa sempre! ... e teu pai, que conhecia Deus, te perdoa também. Agora manda retirar esse berço imediatamente, para não ficar nenhum vestígio de que tiveste um filho. Faze desaparecer do monte todo vestígio da sepultura do menino.

"Ela dormirá dois dias e duas noites. Ao amanhecer do terceiro dia, despertará normalmente, e tu a rodearás de tudo aquilo que a agradava quando recém-casados. Ela deve acreditar que a boda se efetuou recentemente, que teu pai está numa de suas longas viagens pelo outro extremo da Arábia. Compreendes? Esta simulação é necessária, até transcorrer o tempo necessário para que ela seja mãe pela segunda vez, com o que ficará completamente curada.

"Vive ainda a mulher colocada por teu pai como companhia?"

— Ela mora na parte baixa da torre com as demais criadas que Berisa despediu, e não permitiu que se aproximassem mais — respondeu o árabe.

— Está bem. Deves instruí-las a respeito de tudo isto, e que procedam com a enferma como se nada houvesse acontecido. Se alguma lembrança surgir alguma vez, cuidai, junto dos demais, para que ela julgue ter sido acometida de uma febre maligna que lhe produzia alucinações e delírios. Tão logo sinta os sintomas de uma nova maternidade, ela esquecerá completamente o passado.

— Profeta! ... De que modo poderei pagar o que fizeste por mim? — perguntou Abulfed, tomando com indizível amor uma das mãos do Mestre.

— Com a tua fé no Poder Divino e com uma firme adesão futura à doutrina que semeio sobre a Terra — respondeu.

— Juro, Profeta, por esta Luz de Deus que me ilumina!

— Se assim o cumprires, num dia que demorará cinco centúrias, ouvirás que te chamam em toda a Arábia com o mesmo nome que hoje me dás: "*Profeta de Deus.*"

Quando o sol se escondeu por trás das colinas que formavam um amplo anfiteatro ao vale do Torreão, Abulfed levou seus hóspedes ao grande cenáculo, onde lhes foi servida a ceia.

Desde tempos mui remotos, o Oriente usou a ablução dos pés e das mãos antes de estender-se nos divãs ao redor da mesa. Nas casas senhoriais existiam sempre, num compartimento do cenáculo, fontes baixas no pavimento com repuxos para a ablução dos pés, e fontes colocadas em pequenos pedestais, para as abluções das mãos, conforme estava regulamentado pelo costume.

Todos os antigos povos adoradores do Deus Invisível e Único rodeavam o ato da alimentação com uma espécie de respeitosa devoção, como se fosse um ritual sagrado.

Daí vinha, sem dúvida, o costume de abençoar o pão e o vinho ao sentar-se à mesa, do qual surgiram, posteriormente, dogmas e mistérios, com o caráter de rigorosos mandatos do próprio Deus. O Mestre, como bom oriental, esteve sempre em harmonia com os costumes sãos encontrados no país de seu nascimento.

– Peixes e patos do lago Utayba é o que vos ofereço em minha mesa – disse Abulfed, sentando-se ao lado do Mestre, enquanto os demais escolhiam cada qual o lugar mais de seu agrado.

Percebia-se o trabalho de esmeradas mãos femininas em cada cestinha de frutas, em cada travessa com os manjares habilmente dispostos.

Não podia ser de outra forma, pois Abulfed havia dito à governanta da casa que o hóspede era o futuro Rei de Israel, o mesmo que seu pai havia cingido com o cinto de setenta rubis, designando-o "Patriarca do Deserto". Era pois uma tríplice realeza, visto como era também o Messias, Salvador do Mundo.

Com os pequenos grãos vermelhos das romãs da Pérsia, as criadas tinham formado sobre uma bandeja de prata no centro da mesa esta frase: "*Deus guarde o Patriarca-Rei.*"

À sobremesa, Jhasua repartiu entre todos os vermelhos e brilhantes grãos das romãs e deixou sem tocar a palavra "Deus".

– Somente esta é suficiente – disse – para tornar inesquecível este ágape, no qual os corpos e as almas se alimentaram perfeitamente.

Ainda estavam conversando quando um criado anunciou a chegada dos companheiros da Escola, ou seja, os discípulos de Beth-Gamul.

Eram vinte e nove homens e uma mulher de idade madura, à qual chamavam de *a Profetisa*. Um de seus filhos era um dos notários ou escribas da Escola.

Todos se reuniram na vasta sala principal já conhecida do leitor.

A Jhasua designaram o grande setial de madeira de oliva do patriarca e que, segundo a tradição centenária conservada sobre aquele torreão e sobre a maior parte do seu mobiliário, havia servido para o repouso de vários *Patriarcas do Deserto* anteriores a Beth-Gamul, e ainda ao próprio sacerdote babilônio Berósio que, três séculos antes, se havia refugiado no Torreão, fugindo de Alexandre.

Por cima do setial no qual se sentou o Mestre, via-se uma gravação em letras de ébano sobre um mármore branco, que dizia:

"Glória a Silik-Mulu, Inteligência Divina."

Os sábios e sacerdotes da antiga Caldéia formaram a parte mais oculta e profunda de suas crenças com base numa reverente adoração das três maiores potências ou faculdades por eles encontradas na Causa Suprema: A Inteligência que governa e dirige, a Energia que impulsiona e o Amor que cria e vivifica.

Para os antigos caldeus, Silik-Mulu era a *Inteligência Divina*. O velho patriarca não havia tocado nessa inscrição pois, ainda que fosse árabe e não caldeu, seguiu o prudente conselho da mais antiga Sabedoria Kobda: "O que é bom e honesto deve ser amado onde quer que se encontre e venha de onde vier."

Quando comprou o Torreão, averiguou o significado desse nome "Silik-Mulu" e, quando soube que a antiquíssima crença caldaica denominava assim a "Inteligência Divina", à qual rendia um culto todo especial, disse a si mesmo:

– Também eu rendo culto à Inteligência Divina. Deixemos pois Silik-Mulu onde está.

Toda essa explicação foi lida pelo notário num dos velhos livros da crônica deixada pelo patriarca.

Quando se fez o silêncio e todos esperavam a palavra do novo Patriarca do Deserto, a profetisa caiu em transe, dominada pela inspiração de Beth-Gamul, fundador da Escola, que dirigiu formosas palavras ao jovem Mestre, anunciando a traição da Judéia, com Jerusalém à frente, e a fidelidade de Damasco e das Inteligências mais adiantadas da Arábia durante toda essa vida e nos séculos futuros. "Nenhuma força humana – disse a voz da profetisa inspirada – arrancará aos filhos da nossa Arábia teu sepulcro de mártir.

"A cegueira humana, a ignorância e o fanatismo – acrescentou a profetisa, obediente à Inteligência de Beth-Gamul que a dominava nesse instante – acenderão guerras que dessangrarão a Humanidade durante séculos pela posse da tua grandeza de Filho de Deus, pelo predomínio nos lugares pisados pelos teus pés, pelo teu nome de Ungido, pela tua Lei, que cada qual entenderá de acordo com a sua conveniência, sem conseguir pensar um momento sequer que, como Filho de Deus, és propriedade de todos os espíritos encarnados nesta Terra; que, como Messias, és Instrutor de toda a Humanidade; e que, como emanação da Inteligência Divina, não tens preferência por nenhuma raça, por nenhum país, por nenhum povo e, diante de ti, todos os homens são irmãos, igualmente criados pelo Eterno Amor, de cujo seio nasce tudo quanto vive no Universo.

"Filho de Deus! ... eu, Beth-Gamul, Patriarca do Deserto, digo: Próximo está o dia do teu glorioso triunfo como Salvador do Mundo. Filho de Deus! Lembra-te de mim quando entrares na glória do teu Reino!"

A voz da profetisa diluiu-se no religioso silêncio daquele plácido anoitecer, no qual até os pássaros do bosque de nogueiras e castanheiros haviam silenciado, e nem o mais ligeiro rumor interrompia a quietude reinante no torreão do patriarca.

A sensibilidade do jovem Mestre, intensificada pela sua evocação ao Infinito, percebeu claramente o que dele esperavam os discípulos de Beth-Gamul, inteligências regularmente cultivadas no conhecimento de Deus, do Universo e das almas.

E falou-lhes de acordo com a percepção que teve de seus desejos íntimos:

"Glória a Deus Soberano e Eterno na infinita imensidão, e paz na Terra aos homens que buscam a Verdade e a Justiça! Dentre a bruma de passadas idades, surge, neste instante, por justiça da Lei Divina, um dia da vida terrestre de Moisés, no qual Ahelohim, seu guia, o levou às grutas do Monte Horeb, para colmar suas ânsias imensas de rasgar os véus que ocultavam aos homens daquela geração os começos deste globo terrestre, dado a eles como habitação nos inescrutáveis arcanos da Divindade.

"Quando as sarças da montanha arderam em labaredas, viu levantar-se, entre o vívido resplendor, uma diminuta nuvem branca que foi subindo cada vez mais no azulado horizonte e depois, como nave aérea, majestosa, de flutuantes velas estendidas, foi vogando na imensidão até chegar a se converter em gigantesca nebulosa.

"Viu depois desprenderem-se dela grandes porções, como se a mão de um mago houvesse soltado ao vento os brancos véus onde Ísis ocultava os mistérios da Criação, segundo o hermético ocultismo dos sábios do Egito. Viu a fúria de vertiginosos redemoinhos sobre si mesmos, produzindo correntes magnéticas formidáveis e forças de atração impossíveis de definir. Viu os redemoinhos se dobrarem em chamejantes espirais até formarem globos que pareciam seguir uns aos outros e, ao mesmo tempo, fugirem condensando-se cada vez mais. Observou algo como uma explosão de luz, de cores e de fogo e, entre um torvelinho de descargas elétricas, ter sido rasgado o incomensurável abismo.

"Desfilou em breves horas a obra de imensas idades, e a visão da Montanha de Horeb mostrou a Moisés o que não houvera sido dado entrever em muitos anos de meditação. A formidável atração arrebatou dos vizinhos sistemas planetários globos de evolução mais avançada; e, entre eles, a esplendorosa Vênus, que tão próximo veio irmanar-se a esta Terra, acabada de surgir da radiante energia do Eterno Pensamento.

"O gás, o fogo e a água foram sucedendo-se uns após outros, com fúria de vertigem que durava séculos, até que o globo terrestre, destinado a ser o berço de tantas civilizações, pôde albergar germes de vida em sua crosta, envolta, primeiramente, no cristal das águas e depois em lençóis de neve.

"Dos cumes do Horeb, o vidente contemplou, nas páginas indeléveis da Luz Eterna, os primeiros passos da vida, e seu inaudito esforço para se manifestar nas múltiplas formas que conhecemos, como também naquelas que ainda não conhecemos.

"Monstros pequenos e enormes, ensaios rudimentares do que havia de ser, num distante futuro, a mais completa manifestação da beleza, forma e expressão, começaram a arrastar-se pesadamente, como se fossem conscientes de que uma enormidade de séculos os contemplaria nessa espantosa manifestação de vida.

"Os seres do mais remoto passado e do mais avançado porvir desfilaram perante a alma extática do vidente da Montanha do Horeb. Homens deslizando, como seres alados, por cima da superfície do globo, e homens flutuando em ígneos vapores como os Henoc e Elias, dos carros de fogo, desfigurados esboços da verdade magnífica do porvir. Toda essa longa peregrinação da evolução humana arrancou da pena de Moisés aquele canto que, transformado pela incompreensão e a ignorância, tornou-se legendário, e que conhecemos hoje com o nome de "Gênese"; canto esse que eu quis selecionar para vós do vasto arquivo da Luz Incriada e Eterna.

"Eis que, da evolução de esferas e sistemas, de mundos e nebulosas, cheguei, na minha confidência de hoje, ao desenvolvimento ascendente das mentalidades para vos dizer, discípulos de Beth-Gamul, admiradores de Moisés, vislumbrados e pressentidos provavelmente por ele na Montanha do Horeb como artífices do pensamento, por intermédio do qual podereis chegar a ser gênios criadores da beleza e do bem, ou gênios maléficos semeadores da dor e do crime no meio da Humanidade.

"Sereis inteligências criadoras se, com a onda luminosa de vossos pensamentos de amor, conseguirdes recolher dos imensos planos de forças vivas, que esperam o impulso do vosso mandato mental, as que hão de converter-se em fadas benéficas de suaves eflúvios, em crianças aladas como a acariciante frescura de pétalas, em querubins de paz, mensageiros ternos de piedade e de amor, com os quais formareis a auréola de proteção para os vossos seres amados, para os vossos povos e países e, também ... para toda a Humanidade!

"Discípulos de Beth-Gamul, homens conscientes da poderosa força do pensamento, tomai o vosso posto entre os gênios criadores do bem e da justiça, da paz e do amor entre os homens, em contraposição aos gênios do mal, criadores, também, para sua desgraça, das tenebrosas entidades que colocam obstáculos e torcem os caminhos dos homens. Almas seletas que me ouvis, conhecedores da potência que o Eterno Criador pôs à vossa disposição nas estupendas forças mentais que podeis desenvolver à vontade! Por que não serdes gênios do bem e do amor para povoar o horizonte de vossos seres afins com as crianças aladas da pureza e da ternura, que semeiam do espaço azul as pérolas musicais de todas as sãs alegrias e afugentam as tristezas da vida, e também com as meigas fadas sutis, que semeiam nos corações a ilusão, o otimismo e a esperança que refrescam, como uma chuva de bálsamo, as almas esgotadas e secas, antes de haverem chegado a viver a verdadeira vida?

"Discípulos de Beth-Gamul, a quem procurais manter-vos unidos intimamente para encher o vazio imenso deixado ao vosso lado! ... Eu vos digo: estareis nele, e ele estará em vós como uma só essência, como uma mesma vida, como um mesmo anelo e uma mesma palpitação, no dia em que começardes a ser gênios criadores do bem e da justiça, da beleza e do amor, com a magia poderosa do vosso pensamento, vibrando em sintonia com o Pensamento Divino e Eterno do Criador.

"Almas criadoras da paz, do amor e da justiça, cantemos unidos no concerto das puras e sublimes Inteligências, que depois de haver conduzido humanidades para a Verdade e a Luz, estareis unificados com a Claridade Eterna, como ressonância deste hino imortal:

" '*Glória a Deus na imensidão dos Céus Infinitos e Paz na Terra aos seres de boa vontade.*' "

Ainda parecia vibrar no ambiente a suave melodia das palavras do Mestre quando a profetisa Zira caiu novamente em transe, sob a inspiração de Ben-Abad, antigo Rei da Síria, aliado de Asa, Rei da Judéia e bisneto de Salomão. Na sua época, Ben-Abad, seguindo a boa inspiração do Profeta judeu Azarias, havia dotado Damasco, onde residia habitualmente, de uma Escola de Sabedoria Divina, para a qual trouxe Mestres das Escolas da Pérsia, da Índia e dentre os Solitários do Monte Carmelo, cuja fama de alta sabedoria era muito respeitada em toda a Síria.

Este ligeiro esboço biográfico fará com que o leitor conheça a personalidade de Ben-Abad, antigo Rei damasceno, cuja inspiração fez falar Zira, a profetisa, quando Jhasua terminou sua alocução. E ela falou assim:

"Pela Eterna Vontade do Poderoso Senhor de todos os mundos e de todas as Inteligências que os habitam, Ben-Abad, seu servo, Rei da Síria há sete e meia centúrias, cumpre o mandato do Senhor entre os gênios guardiães da amada cidade de Damasco, que sobrevive ainda no meio das perturbações formidáveis e das vicissitudes humanas que arrasaram com muitas de suas gloriosas irmãs da Síria, da Mesopotâmia e da Caldéia.

"Desde Moab até o Mediterrâneo, e desde o Nilo até o Eufrates, sopram já os ventos da redenção humana, trazida em gérmen, como divina semente, pelo Messias Salvador dos homens, nesta hora da vida milenária da Humanidade sobre o globo terrestre, regado já muitas vezes com o pranto dos justos e o sangue dos mártires.

"Ai de vós, discípulos da Escola de Beth-Gamul, se, havendo tido a Luz Divina na vossa venerada aula, a deixardes apagar sob as cinzas geladas da indiferença, da incompreensão e do olvido.

"Não temos o direito de pedir nem de esperar que o Eterno Senhor de todo o Bem prodigue seus dons divinos quando e como o queira a nossa mutável vontade.

"Quando as vertentes do Líbano derramam a sua água clara em nossos rios e transbordam os nossos lagos, o bom hortelão abre canais e aquedutos, para que seus campos bebam até a saciedade, e seus hortos e jardins floresçam e frutifiquem. Sois hortelãos dos hortos e dos jardins damascenos, onde vos colocou a Divina Vontade para a grande semeadura iniciada pelo Homem-Luz, que traz em pessoa, e pela última vez, a própria essência do Amor, do Bem e da Justiça Divina, que encarna e representa perante a criatura Inteligente deste planeta.

"Que fazeis? ... Que fareis? ... Qual será a vossa ação? ... Qual o vosso trabalho?

"Continuar o que ele começou em Damasco: a educação do povo nos elevados pensamentos do bem e da justiça, da tolerância e do amor. A anulação do ódio sob qualquer aspecto em que ele se apresentar. A misericórdia para com os inválidos, os desamparados e os órfãos, de tal forma que fique gravado profundamente nos corações humanos a frase lapidar com a qual termina a eterna Lei de Moisés: '*Ama a Deus acima de todas as coisas e a teu próximo como a ti mesmo.*' "

A voz da profetisa desvaneceu-se no grande silêncio que inundava o recinto, e Zebeu, Ahmed e vários outros dos presentes que tinham a faculdade de clarividentes ainda não cultivada com perfeição, perceberam, com diáfana clareza, cenas que não eram do momento presente, mas não sabiam definir a época nem o lugar da sua realização.

Os notários escreveram essas clarividências coincidentes umas com as outras, motivo pelo qual puderam comprovar que eram visões premonitórias, cujo cumprimento se realizaria em tempo mais ou menos próximo.

Entre essas visões estava a seguinte: Um grande conselho de homens ilustres, no resplandecente átrio de um templo suntuoso, onde, depois de acirrados debates nos quais reinava o ódio mais feroz, saíram triunfantes os que condenavam iniquamente um Profeta do Senhor, ao qual, poucas horas depois, levavam ao suplício carregando o madeiro em que devia morrer.

Outra visão representava um horto de velhas oliveiras, onde a videira enredava seus ramos cheios ainda de retardadas hastes cobertas de folhas. No negrume da noite, um raio de lua rompendo as trevas caía trêmulo sobre a face branca de um homem que, de joelhos, orava ao Senhor.

Um pelotão de homens armados penetrava cautelosamente. Um galileu ruivo de manto vermelho avançava tremendo, e seu indicador, como um estilete sangrento, assinalava o santo em oração. Os esbirros caíam brutalmente sobre ele, o manietavam e a visão se dissolveu nas trevas.

A terceira visão esboçava Zira, a profetisa, numa branca cidade de mármore, pórfiro e jaspe, com vários dos discípulos de Beth-Gamul ali presentes.

Era ela a Rainha e eles os ministros conselheiros. Ela era mãe de seu povo que vivia feliz ao seu redor. Numerosos guerreiros com brilhantes águias, lanças, couraças e escudos cercavam a branca cidade, onde entravam a sangue e fogo, deixando nada mais que cadáveres entre fumegantes escombros. A Rainha, arrastando sua púrpura real, fugia com seus ministros para o arrabalde chamado dos Santos, onde um agrupamento de homens e mulheres denominados *nazarenos* se dedicava a socorrer os doentes, os anciãos e os órfãos desamparados.

As três visões ficaram escritas nas crônicas da Escola, à espera de que os fatos pudessem ser decifrados.

Para teu uso, leitor amigo, que me vens seguindo desde tanto tempo e página após página, neste caminho iluminado pelo amor heróico do Cristo, eu as decifro, depois que todas elas foram fielmente realizadas.

As duas primeiras referiam-se à condenação do Homem-Luz pelos sacerdotes e doutores, do Templo de Jerusalém, sendo que, a segunda, é relativa à prisão imediata do réu condenado à morte sem ser ouvido e entregue por um de seus discípulos no Horto das Oliveiras.

A terceira, aludia à tomada da florescente e faustosa cidade de Palmira pelo imperador Aureliano, onde a Rainha Zenóbia, praticando a lei "Ama a teu próximo como a ti mesmo", havia tornado feliz o seu povo, que depositava oferendas florais e fumaça de incenso numa efígie do Profeta Nazareno, que ela havia mandado esculpir em mármore e colocar no templo do Sol.

As duas primeiras visões se realizariam quatro anos depois. A última também se realizou, mas depois de dois e meio longos séculos.

A Escola de Beth-Gamul associou-se à Santa Aliança tomando a firme decisão de cooperar com o Profeta Nazareno pela libertação do Oriente e de salvaguardar sua preciosa vida ameaçada pelos gênios do mal que buscavam o triunfo e o poder através da ignorância entre as multidões. A partir desse momento, um dos trinta da Escola de Beth-Gamul devia permanecer em Jerusalém, para dar aviso imediato aos voluntários damascenos que formariam uma compacta fileira em defesa do Santo que havia levado a felicidade à atormentada população da cidade.

O Mestre saiu da cidade de Damasco dois dias depois e bem de madrugada, quando as sombras da noite ainda não se haviam diluído nas claridades do amanhecer. Com isso quis evitar o clamor e a súplica do povo que o amava de verdade.

Sua pessoa humana saiu da formosa cidade árabe, porém não sem antes completar sua obra de paz e de amor entre todos, deixando recomendados ao etnarca e aos magnatas damascenos os discípulos de Beth-Gamul como seus próprios discípulos, encarregados de manter a tranqüilidade entre senhores e trabalhadores, e de resolver amistosamente as questões que pudessem sobrevir mais para diante.

– Eu, eu sozinha! ... – disse com terna emoção Adita, a menina paralítica curada pelo Mestre. – Eu sozinha fiquei dona em Damasco do coração e dos bons olhos do Profeta.

"Quem poderá tirá-los de mim?"

A alma daquela criatura, imensamente maior que o seu pequeno corpo de dez anos, foi um assombro para todos, pois teve idéias e resoluções inesperadas para uma criatura da sua idade.

Dir-se-ia que aqueles dez anos de forçada quietude pelo atrofiamento de sua matéria haviam desenvolvido precocemente suas faculdades intelectuais, até o ponto de causar grande admiração seus raciocínios, sua lógica, sua visão clara das coisas e, principalmente, sua vontade firme como uma rocha quando se propunha a realizar uma obra que o Profeta Nazareno lhe havia revelado em sonhos, segundo ela dizia.

Jhasua havia-lhe ensinado a orar, a concentrar-se no seu íntimo para encontrar ali o Deus-Amor, unir-se a Ele e agir de acordo com Seus desígnios e Sua vontade soberana.

Mais de uma vez, o Mestre, ao ver-se compreendido pela pequena Ada, tanto como não o compreendiam muitas pessoas maiores, pensou na profunda afinidade de Abel e de Elhisa, das Escrituras do Patriarca Aldis, em Moisés e a princesa Thimetis, sua mãe, dos relatos encontrados na velha Sinagoga de Nehemias, em Jerusalém.

Em sua clara lucidez de Ungido da Verdade Eterna, rendeu sua alma à adoração do Supremo Invisível, Senhor absoluto das vidas e dos caminhos seguidos por elas.

Na Cidade de Tiro

Nossos viajantes dirigiram-se novamente ao Monte Hermon, onde o Mestre fez tirar cópias em língua árabe de todas as escrituras julgadas de utilidade para a Escola de Beth-Gamul, em Damasco, da qual esperava ver surgir, no futuro, uma civilização nova entre aquela vigorosa raça árabe, cuja remota origem o levava a recordar seu fundador, o grande Ben-Abad, o caudilho Kobda da Pré-História, e a incomparável Zurima, a heróica enamorada de Abel, que fez de seu amor passional profundo um culto ao ideal sustentado pelo Homem-Luz.

Jhasua seguiu viagem para Tiro, o importante porto fenício, com tio Jaime e Zebeu.

Ahmed e Osman ficaram em Damasco, à espera da saída da primeira caravana de mercadores de Simônides, para regressar com ela a Jerusalém.

Em Tiro, Sarepta e Sidon, os Terapeutas e a Santa Aliança haviam realizado trabalhos de unificação e de melhoramento das condições de vida dos trabalhadores e escravos. Em Tiro, principalmente, o Mestre já podia considerar-se entre os seus, pois ali tinha o bom Simônides um de seus grandes armazéns-depósitos das mercadorias vindas dos países do norte do Mediterrâneo. Não tardou, pois, em saber, a sua chegada a essa cidade-porto, achar-se ali preparada uma boa hospedagem. Atrás dos enormes fardos que formavam montanhas, tinha a Santa Aliança seu recinto de reuniões, dissimulado da mesma maneira para os que não pertenciam a ela como o que estava em Jerusalém e em todas as cidades e povoações aonde chegava a vigilância dos procuradores romanos, dos agentes herodianos e dos fanáticos fariseus, tão severamente zelosos até do vôo de um inseto que, a seu juízo, pudesse transgredir a mínima disposição da Lei.

No entanto, Simônides, um lince em matéria de perseguições, porque desde sua juventude as havia sofrido na própria carne, não se deixava facilmente surpreender por nenhuma das três forças contrárias das quais se viam ameaçados os israelitas amantes da paz, da verdade e da justiça: o invasor romano, os filhos de Herodes, o Grande, e o clero de Jerusalém.

O recinto da Santa Aliança era no subsolo dos depósitos, decorado e mobiliado como Simônides sabia fazê-lo, sem que faltasse um único detalhe, esses armazéns estavam situados na parte antiga da cidade que, como já dissemos em outra oportunidade, havia sido construída numa ilha de rocha próxima à costa e que posteriormente foi unida ao continente por uma enorme ponte de pedra, por cima da qual podiam passar três carros ao mesmo tempo.

Ali estava aquele Torreão de Melkart, utilizado pelos Terapeutas para refúgio de seus doentes e anciãos desamparados.

No subsolo, tão habilmente preparado por Simônides, nem sequer faltava uma cômoda saída para o mar, onde sempre estava ancorado um ou vários dos trirremes ou galeras mercantes da grande frota do príncipe Ithamar, administrada por ele.

Tão logo entraram na cidade, nossos viajantes foram diretamente para ali. Eram guardiães do recinto outros dois daqueles jovens árabes discípulos das Escolas do Príncipe Melchor no Monte Hor.

Foram dez os ex-discípulos escolhidos por Simônides como agentes para a vasta rede de negócios que tinha desde o Nilo até o Eufrates.

Todos aqueles jovens haviam sofrido horrores por parte dos poderosos usurpadores dos direitos dos povos indefesos e inermes. Eles sabiam o que era escravidão, miséria, prisões e torturas. De quem, pois, Simônides podia esperar mais fidelidade, a não ser daqueles que tinham, além disso, a educação moral e espiritual dada nas Escolas de Melchor?

Tranqüilo e sossegado, respirando ali o ar já quase nativo, o jovem Mestre deu ao seu coração de homem as suaves e puras expansões familiares, e escreveu uma carta à sua mãe, anunciando seu breve regresso para o seu lado, outra a Simônides, que tão solicitamente velava por ele, e também aos amigos de Jerusalém e de Bethlehem, que o haviam seguido com o pensamento em sua primeira jornada de missionário.

Jhasua usou seus primeiros dias em Tiro para examinar atas, anotações e cartas referentes à Santa Aliança, para orientar-se sobre o estado atual da porção da Humanidade que mais atraía o seu coração: os deserdados, a classe humilde, que ali, como em todas as partes, levava com grande dificuldade a carga da vida.

Através dessas observações, pôde dar-se conta de que o maior mal que existia em Tiro era o comércio de escravos, para os quais não dispensavam sequer a consideração tida para com os animais de trabalho.

A compra e venda de seres humanos, trazidos de todas as partes do mundo, era o mais lucrativo de todos os negócios a que se dedicavam os opulentos príncipes e magnatas de Tiro.

Um reizinho, vassalo de Roma, do mesmo modo como os filhos de Herodes na Palestina, aparentava reinar na cidade sem outros ideais além do seu próprio bem-estar e o de seus familiares. Bastava-lhe, apenas, que ninguém o molestasse no livre desfrutar de suas riquezas e, com esse fim, deixava inteira liberdade aos príncipes e magnatas para que fizessem e desfizessem a seu capricho com o povo indefeso, do qual exigiam, naturalmente, o máximo esforço, remunerando com espantosa mesquinhez. Todos os grandes senhores possuíam suas pequenas frotas de barcos próprios para o transporte dos escravos que conduziam das costas do Mediterrâneo.

Do alto do Torreão de Melkart, convertido em refúgio de enfermos e desamparados, o Mestre presenciou cenas que esmagavam de angústia o seu coração.

Foi testemunha ocular de vários embarques de escravos, nos quais a maioria era constituída de jovens, donzelas e crianças.

Viu que estes últimos haviam sido arrancados brutalmente dos braços de seus pais, escravos também, para serem embarcados com rumos diferentes, tal como se faz com os rebanhos de cabras, de ovelhas e de porcos.

Sentiu a angústia desesperada das mães, das filhas adolescentes, dos maridos e dos irmãos atados com cordéis para anular qualquer defesa possível, embora inútil.

De um dos terraços do Torreão, Jhasua saltou sobre a coberta de uma enorme galera, onde se desenrolavam tão criminosas e selvagens cenas.

Aquele fantasma branco caído do Torreão na penumbra do anoitecer causou alarme entre a tripulação e os agentes do poderoso senhor que enchia suas arcas com ouro à custa de tanta dor humana.

– Detei-vos! ... – gritou o Mestre, e seu grito deve ter produzido vibrações tão terríveis que deixaram paralisados por um momento todos aqueles perversos traficantes de carne humana viva e dolente. Avisado, o capitão acudiu imediatamente.

– Quem és tu, que pretendes mandar naquilo que não é teu? – perguntou colérico a Jhasua, cujo semblante, altivo e severo, impunha respeito a todos.

– Já te direi mais adiante – respondeu o Mestre. – Manda desembarcar todos porque, do contrário, deitarei tua galera a pique.

Em todas as embarcações fenícias era costume levar um áugure, mago ou adivinho, para afastar os maus ventos do mar. Um desses, aproximando-se do capitão, disse-lhe ao ouvido:

– Obedece, porque é um dos sete gênios que rodeiam a *Bel Marduk*. Eu o vejo envolto em chamas de fogo.

O capitão, grandemente supersticioso, ordenou o desembarque.

Jhasua, imóvel como uma estátua cujos olhos arrojavam luz, entabulou o seguinte diálogo com o capitão:

– Quanto estás ganhando com esta mercadoria de carne humana viva? – perguntou.

– A quarta parte do seu valor, ou seja, vinte mil sestércios que o amo paga tão logo volto da travessia.

— É teu este barco? — voltou o Mestre a perguntar.
— Sim, é meu. É toda a minha fortuna, e, levando mercadorias com ele, ganho a minha sobrevivência e a de meus filhos, motivo por que te peço, bom Gênio, para não o colocares a pique.
— Se fordes razoável comigo, não sairás perdendo — disse o Mestre.
"Dar-te-ei nesta mesma noite os vinte mil sestércios que esperavas para daqui a dez ou doze luas. Trabalharás, daqui para diante, por conta de um amo que não trafica com carne humana viva, e que é o dono de todos os navios de pavilhão amarelo com estrela azul que navegam por todos os mares do mundo. Aceitas?
— Por mim, aceito de muito bom grado, bom Gênio; no entanto, o dono destes escravos é cunhado de Nabonid e dar-me-á duros castigos por isto.
— Quem é Nabonid?
— É o Rei de Tiro.
— O amo que te darei é um grande amigo do César, do qual possui franquias firmadas pela sua própria letra e punho, para todos os portos do mundo. Além disso, eu me entenderei com o senhor destes escravos.
— Está bem. Farei o que mandas, ó bom Gênio mensageiro de Marduk! ... Como poderia eu resistir a ti?
— Manda que tua tripulação permaneça em paz à espera de novas ordens e segue-me com todos esses escravos.
A noite já havia chegado e uma espessa névoa cobrira a selva de mastros, barcos e velas que povoavam a formosa enseada do porto de Tiro. O capitão e os cento e sessenta escravos seguiram Jhasua até os armazéns-depósitos, já conhecidos do leitor.
Todos entraram ali.
O pobre capitão, mais morto que vivo, por pensar que estava sob o poder de um dos sete poderosos Gênios que rodeiam o terrível deus Marduk, não pôde esconder o assombro causado por aqueles enormes armazéns, onde os fardos, caixões, barris e talhas chegavam até o teto. Viu que os rótulos justificavam as palavras do bom Gênio, de que aquele dono comerciava com todos os países do mundo.
Jhasua conferenciou com os dois guardiães dependentes de Simônides:
— Quantos valores tens em caixa? — perguntou.
— Da Santa Aliança, temos cinqüenta mil sestércios, que o príncipe Judá e o Scheiff Ilderin enviaram há dez dias para as obras de misericórdia que desejasses realizar nesta cidade de Tiro, onde os adeptos são quase tão numerosos como os de toda a Judéia e Galiléia juntas.
"De Simônides há dez vezes maior quantidade, porque aqui vão deixando, em letras de câmbio e outros documentos a curto prazo, o pagamento das mercadorias que os comerciantes tírios retiram deste armazém.
— Preciso, no momento, de vinte mil sestércios — disse o Mestre e, em seguida, explicou o que acabava de combinar com o capitão ali presente, ao qual entregou a soma prometida. Tomou anotações do dono daqueles escravos e disse ao capitão para aguardar ordens no dia seguinte.
— Se Marduk é um poderoso deus no qual confias — disse Jhasua —, podes estar certo de que nenhum mal te acontecerá.
O capitão afastou-se, julgando que estava concedendo-lhe a fortuna a mãos-cheias. Da porta, fez grandes reverências ao bom Gênio que mandava sobre o mar e sobre a terra.

O Mestre ficou sozinho diante do dolorido grupo de escravos que o observava com olhos espantados, ignorando em absoluto as intenções do novo senhor que de tão inesperada maneira os havia arrancado dos negros porões da galera.

Os dois jovens guardiães do recinto tinham descido ao subsolo para preparar alojamento para eles.

Dos cento e sessenta escravos, oitenta e seis eram varões de 15 a 35 anos de idade. Apresentavam o corpo desnudo, com apenas um pedaço de pano grosseiro preso à cintura e que não chegava aos joelhos. As mulheres eram todas jovens, de 15 a 25 anos, e vestiam uma estreita túnica curta de cor cinza. As crianças, entre os 7 e 12 anos, tinham apenas uma larga faixa de grosseira lã apertada à cintura por um cordel.

Todos levavam pendurado ao pescoço uma plaquinha de madeira com as indicações do seu destino. Através dessas placas, o Mestre compreendeu a dolorosa tragédia daquelas infelizes criaturas e observou como, em alguns casos, as famílias ficariam separadas por milhares de estádios, pois os pais iam para um lugar e os filhinhos para outros imensamente distantes, de tal modo que jamais voltariam a reunir-se.

Observou, não obstante, que algumas famílias eram destinadas juntas a um mesmo porto, e uma estrela de cinco pontas gravadas no final parecia indicar o comprador, cujo nome era indicado apenas por iniciais.

Os destinados ao porto de Pelúsio, junto às bocas do Nilo no Egito, tinham as iniciais "M. de H.". Esse comprador pedia as famílias completas. Não queria separar os filhos de seus pais, demonstrando assim um sentimento humanitário que o levava a comprar famílias de escravos para formar, sem dúvida, colônias de seres livres.

A intuição ajudou o Mestre a decifrar o mistério atrás do qual se escondia a modéstia de um servo de Deus.

"M. de H.", no porto de Pelúsio e com a estrela de cinco pontas debaixo das iniciais, não podia ser outro senão o príncipe Melchor de Horeb, cuja disposição para libertar escravos era já bem conhecida de Jhasua.

O outro comprador de escravos estava a enorme distância. Indicava o antigo porto de Palalena, fortificado e ampliado enormemente por ordem de Alexandre Magno em sua passagem para a Índia. As iniciais eram "G. de S.", e também tinham a estrela de cinco pontas.

O jovem Mestre, com a face sorridente e os olhos úmidos de emoção, leu: Gaspar de Srinaghar, junto às bocas do rio Indo, ao pé dos Montes Suleyman.

Seu luminoso pensamento resplandeceu de amor para esses dois grandes amigos desde o berço que, em suas obras ocultas e silenciosas, demonstravam ter gravado no coração o mandato divino: "Ama a teu próximo como a ti mesmo."

– "Se eles imaginassem – pensou Jhasua – o modo tão inesperado como descobri seu belo segredo!"

Os demais escravos estavam destinados a portos do Mediterrâneo, sendo que a maioria na Ásia Menor e também a Roma.

Algumas das mulheres choravam inconsoláveis, estreitando ao peito os seus filhinhos que estavam destinados a diferentes senhores e em lugares distantes.

Com sua alma a chorar com eles, Jhasua foi retirando do pescoço de todos o ignominioso estigma dessa desgraçada condição.

– Agora já não ficareis mais separados – disse com sua terníssima voz, acariciando as crianças que o observavam tímidas e assustadas.

"Nosso Deus, que é Amor – disse às mulheres –, devolve por meu intermédio vossos filhos, que homens perversos queriam retirar de vós sem direito algum, porque só Deus é senhor da vida humana."

As infelizes mães caíram de joelhos para beijar os pés do Mestre que lhes falava numa linguagem que, se materialmente não entendiam por serem de diversos países, compreendiam o que todo ser e até os animais compreendem: que aquele homem estava cheio de amor e de piedade por eles e em quem podiam confiar plenamente.

Sentados todos nos estrados do subsolo, foram os ex-escravos recebendo em pequenas cestas as provisões de comestíveis armazenadas ali pela Santa Aliança, para atender às necessidades do povo necessitado.

Quando ficaram satisfeitos, Jhasua e os dois guardiães começaram a abrir os fardos de roupas que se achavam ali para o mesmo fim, e aquela turba dolente, que agora tinha coragem para sorrir, foi se vestindo de acordo com o uso do país, com grande algazarra das crianças que disputavam entre si pequenas túnicas e calças de vistosas cores.

Leitor amigo. Se és capaz de esboçar, na tua mente, esse quadro, poderás dizer, se és capaz, quem se sentia ali mais feliz: os que recebiam o presente ou aquele que lhes dava com o coração transbordante de amor.

Grande parte dessa noite inesquecível o Mestre passou fazendo anotações dos relatos mencionados por aqueles escravos, muitos dos quais não o haviam sido jamais, pois eram originários, quase todos, das aldeias mais afastadas nas montanhas da Celesíria, da Ituréia, de Traconítis, de Madian, da Iduméia e da Samaria.

Haviam sido caçados como se caçam os gamos e os coelhos, com a autoridade da força, apoiada pelos poderes reinantes, sempre tão complacentes com os poderosos magnatas donos da situação.

Não eram, pois, escravos que tivessem estado sob as prescrições das leis estabelecidas então, para a condição de servos com donos que tivessem direito sobre eles por herança paterna ou por havê-los comprado de acordo com a lei.

Era um indefeso grupo humano apanhado nas selvas como mansas bestas inermes, incapazes de causar dano aos seus caçadores.

Jhasua informou-se, no dia seguinte, que essa classe de caçada humana vinha sendo praticada em Tiro desde há muitos anos, e a tradição dizia que Alexandre o Macedônio, em cujo coração havia nobres princípios, viu-se como que forçado a destruir a metrópole Fenícia em virtude da perversa condição de seus magnatas que maltratavam e sacrificavam seus escravos, como não se fazia, então, em nenhuma outra parte do mundo, sem sequer dar atenção a alguma argumentação neste sentido.

Em decorrência dessas providências tomadas por Jhasua, o agente de Simônides, em Tiro, contratou o capitão da galera, na qual foi levantado o pavilhão amarelo com a estrela azul. Carregou-a de mercadorias que devia conduzir de Tiro até Siracusa, Nápoles, Marselha e Valência, e zarpou no dia seguinte ao anoitecer.

Por intermédio de suas caravanas, a Santa Aliança foi conduzindo pouco a pouco o dolente grupo dos seres nossos conhecidos a suas respectivas aldeias nativas, até restarem tão-só dezesseis de Traconítis e da Samaria, que foram contratados pelos capitães dos navios de Simônides para reforçar suas tripulações.

Dessa forma o Mestre aniquilou a dor, com um sopro de seu amor soberano, sobre aquela pequena porção da Humanidade caída sob o tacão do feroz egoísmo humano.

Enquanto Jhasua curava e consolava os enfermos e órfãos do Torreão de Melkart, seu coração não descansava, porque toda dor humana que escapava ao seu conhecimento permanecia viva e latente, atormentando os seres.

Como, dos terraços do vetusto castelo, tinha surpreendido a angústia dos escravos levados para a galera, permanecia longas horas semi-oculto entre as cortinas estendidas pela hera de uma ameia a outra, como um dossel sombrio e rumorejante.

Do seu posto de vigia, como uma sentinela alerta, vigiava e pensava. Via destacarem-se os brancos palacetes de mármore nos patamares das montanhas, cujas faldas chegavam até a cidade. Davam a impressão, a distância, de miniaturas de marfim escalonadas nas verdes colinas, como se as poderosas mãos de um mago as houvessem incrustado no granito rosáceo das montanhas do Líbano.

No fundo dos vales, via também os casebres dos humildes como bandos de gaivotas escondidas por entre espessos arvoredos.

Para o sudeste distinguia o *Vale dos Mausoléus*, confundido quase com as ruínas da antiquíssima cidade de Migdalel, que não resistiu à fúria de Nabucodonosor durante a tomada de Tiro.

— Ali vivem os vencedores da vida — disse o Mestre, contemplando os esplêndidos palácios dos poderosos tírios, quase todos eles enriquecidos no comércio de escravos ou com a inqualificável exploração dos homens de trabalho.

"No vale vivem e sofrem os humildes, suportando todo o peso da opulência dos potentados, que só se lembram deles quando têm que esmagá-los entre suas garras, para que dêem o máximo de esforço e de rendimento.

"Nesse outro vale, cercado de colinas perfuradas de grutas sepulcrais, descansam os despojos daqueles que ontem foram poderosos e hoje são apenas cinzas.

"No entanto, ainda vencidos pela morte, querem estar separados: os magnatas, em seus soberbos mausoléus, os humildes, em covas abertas nas montanhas, onde as trepadeiras e as margaridas lhes fazem amorosa companhia."

Um Terapeuta cortou o fio de suas meditações. Vinha chamá-lo da parte do Centurião da Guarda romana responsável pelos formidáveis torreões da Fortaleza de Hirão.

O Mestre ainda não havia falado publicamente, motivo pelo qual achou estranho ver-se solicitado pelo militar romano.

— Um criado do Centurião — disse o Terapeuta — é filho de uma paralítica que reside nesse Torreão. Ao curar os enfermos, curaste também a ela. Sem dúvida alguma, seu filho soube disto e, se o Centurião da Fortaleza manda chamar-te, deverá ser por um caso de enfermidade grave.

— Vamos até lá — respondeu o Mestre sem mais perguntas, descendo do terraço.

— Queres a minha companhia ou irás chamar o tio Jaime nos depósitos?

— Já está anoitecendo e não posso demorar, porque ele e Zebeu me esperam lá para cear. Vem comigo até a Fortaleza, se não te aborrece.

— Não, de nenhum modo. Vamos. Está nesta mesma direção, no fim do muro do poente. Fica só a uns duzentos passos daqui.

O criado que devia guiá-los olhou para Jhasua como se estivesse olhando para as imagens dos deuses da cidade, imóveis em seus altares de mármore e ouro.

— Senhor! ... Curaste minha mãe de uma paralisia de vinte anos e peço aos deuses que te seja dada uma apoteose de glória.

— Obrigado amigo — respondeu o Mestre —; entretanto, ainda não é hora de glorificações, mas de trabalhos. Sabes por que o Centurião da Guarda me chamou?

— Sua mulher está morrendo. Ela deu à luz ontem à noite a dois meninos aleijados, semelhantes a frangalhos deslocados. Meu amo está desesperado. Queria abrir a garganta com a sua própria espada, e eu lhe falei do bom Profeta do Torreão de Melkart e ele mandou que eu te buscasse.

"Apressa-te, Senhor, se queres encontrar viva a mãe. As crianças não importa, pois sendo tão defeituosas é realmente preferível que morram."

– Não falas com justiça, meu amigo – disse o Mestre andando tranqüilamente. Se o Deus Criador deu um sopro de vida a esses seres, quem somos nós para desejar-lhes a morte?

O criado calou por respeito, no entanto, certamente, no seu interior haveria de dizer: "Se ele os tivesse visto, não haveria de falar assim."

Um momento depois, entravam num pavilhão baixo da Fortaleza, onde o Centurião tinha seus aposentos. Aquele homem estava semi-estendido sobre o leito onde agonizava sua esposa, cuja lividez cadavérica indicava a proximidade da morte. Algumas mulheres soluçavam desconsoladamente e um velho médico tratava de reanimar a moribunda, fazendo cair em seus lábios ressequidos algumas gotas de um elixir.

O Mestre pediu a todos para se afastarem daquele compartimento, permanecendo apenas o esposo, o Terapeuta que o acompanhava e o ancião médico.

Com grande cuidado, tomou os corpinhos disformes dos meninos e recostou-os ao lado da mãe.

Com a esperança de que um estupendo milagre devolvesse a vida de sua esposa, o Centurião havia-se levantado e, de pé ao lado do Mestre, examinava o rosto da moribunda, no qual apareciam já bem acentuados os vestígios da morte.

Jhasua tomou as duas mãos da enferma e cravou seu olhar, como um raio de fogo, naquela face lívida e extenuada.

Passados alguns momentos, que para o Centurião pareceram horas, o rosto da mulher pouco a pouco foi mudando de aspecto. Já não apresentava aquela cor citrina dos cadáveres, mas um branco mate que, lentamente, ia colorando-se de vida.

O marido devorava-a com os olhos, pois percebia a mudança que se operava nela.

Os corpinhos disformes começaram a se inquietar, como se ligeiros movimentos convulsivos os agitassem.

Jhasua, aparentemente impassível como uma estátua, irradiava do seu interior torrentes de energia e de vitalidade sobre aquelas três criaturas humanas que, a não ser pela sua presença ali, teriam sido presas da morte antes de uma hora.

Finalmente, os olhos da enferma se abriram e os dois corpinhos se aquietaram profundamente.

– Agora o teu elixir terminará a cura – disse Jhasua ao velho médico, que não saía de seu assombro.

– Dá-lhe tu, Profeta – disse –, porque talvez terá, desta maneira, melhor eficácia.

O Mestre levantou a cabeça da enferma e fez-lhe beber vários sorvos.

– Coloca os meninos ao peito, para que a vitalidade da mãe os reconforte e anime – disse ao esposo, começando este já a crer que tinha diante de si um poderoso mago, em cujos prodígios jamais havia acreditado.

Os olhos azuis e lânguidos da mãe fixaram-se nos dois meninos. Depois olhou para o marido ... e dois fios de lágrimas começaram a correr por suas pálidas faces.

– Não chores mais, criatura de Deus – disse Jhasua –, porque o Seu Amor te visitou nesta hora em que te consagras como sua sacerdotisa, visto como és uma mãe feliz, com dois formosos filhos que serão a alegria do teu lar.

O Centurião prostrou-se por terra, abraçou-se a Jhasua, chorando em grandes soluços.

– Senhor! ... – disse quando pôde falar. – Que fiz eu para merecer a saúde de minha esposa e de meus filhos?

– Se nada fizeste até hoje, pensa no que poderás fazer daqui para diante para demonstrar ao nosso Deus Misericordioso a tua gratidão pelas suas dádivas – respondeu o Mestre ajudando-o a se levantar.

As mulheres que haviam ficado espiando de fora, entraram novamente e rodearam o leito.

Era a mãe dela e duas antigas criadas. As três olhavam com grande assombro para Jhasua, e, despindo os meninos, viram que seus corpinhos não apresentavam defeito algum.

– Oh, que formosos e robustos! – exclamou a avó louca de alegria.

– Mas, meu Senhor! ... Que fizeste dos aleijões com que nasceram? Estão sem eles! ...

Jhasua sorriu docemente, ouvindo o espanto da anciã a correr de um lado para o outro, primeiro com um menino, e depois com o outro, aproximando-o da luz para certificar-se de que ambos estavam perfeitamente formados. Depois, olhou estupefata para Jhasua, autor de tamanho prodígio.

– Senhor! ... – disse por fim, juntando as mãos sobre o peito. – Se és um Deus descido à Terra, dize de uma vez, para que todos os homens saibam que a felicidade virá finalmente sobre nós.

– Deus não desce nem sobe, não vai nem vem, porque está em todas as suas criaturas, mulher, como está em ti e em tudo quanto tem vida sobre esta Terra. Eu sou um Mensageiro Seu, a derramar Suas dádivas na medida em que Ele permite – respondeu o Mestre.

"Centurião – disse –, esperam-me em outra parte e sou obrigado a ir. Voltarei amanhã na segunda hora, para demonstrares teus agradecimentos ao Deus Misericordioso que devolveu o calor a tua família."

– Senhor! ... Sou pobre e só possuo o que César paga por meus serviços.

– Não falo em ouro, bom homem. Para que posso querer o ouro do César? Quero apenas a bondade de teu coração e a justiça de teus atos. Por isso virei amanhã.

– Quando queiras, meu Senhor, quando queiras, porque eu e minha casa seremos teus para toda a vida.

Jhasua saiu seguido do Terapeuta, deixando convencida aquela família de que um poderoso deus havia entrado em sua casa.

Na segunda hora da manhã seguinte, Jhasua voltou acompanhado do tio Jaime e de Zebeu a encontrar-se com o Centurião, o qual mencionou com muita alegria que a esposa e os dois meninos estavam em estado normal, se bem que aquela ainda permanecesse no leito. O Mestre visitou-os novamente, recomendando com insistência a gratidão ao Senhor pela dádiva da vida e pela saúde que lhes havia dado.

– Tanto amor quanto derdes ao Pai Celestial será todo o amor que recebereis d'Ele, porque o amor atrai o amor como um poderoso ímã – disse acariciando os pequeninos em seu berço, sobre o qual se deteve alguns momentos como se detido por um pensamento fixo e profundo.

"É a hora da redenção – disse, como falando consigo mesmo.

"A grandeza e o poderio de Hirão e de Salomão passaram como uma sombra! Hoje entram juntos na vida pela estreita portinha dos humildes. A vertigem das alturas traz consigo grandes cargas para o espírito cativo na matéria! Deus dá Luz aos humildes e a nega aos soberbos!"

Os familiares supuseram que o Mestre estava murmurando uma bênção sobre o berço dos gêmeos, e não estavam equivocados, porque seu amor, que lhes havia tornado possível a vida física, derramou-se sobre aqueles pequenos seres que dormiam profundamente, alheios a tudo quando os rodeava.

— Senhor — disse o Centurião —, disseste que apenas esperas a bondade do meu coração e a justiça através de meus atos, entretanto, não me deste ainda a oportunidade de prová-lo.

— Dar-te-ei agora mesmo — retrucou o Mestre. — Dize-me, até onde chega a tua autoridade nesta Fortaleza?

— Cuido da ordem e da segurança sobre os prisioneiros guardados aqui pelo Estado e, ao mesmo tempo, meus homens mantêm a ordem na cidade. Que queres de mim, Profeta?

— Que me acompanhes para visitar os prisioneiros e atendas com bondade às queixas que certamente te apresentarão — respondeu o Mestre.

— Por que dizes isso, Senhor?

— Não costumas visitá-los, não é verdade?

— É verdade, Senhor, porque o encarregado é o Porteiro das Prisões, que depende do Tribuno, governador desta Fortaleza, que está em viagem a Roma, e eu o estou substituindo até o seu regresso.

"Tens, por acaso, alguma informação a respeito? — perguntou o Centurião com certa inquietação."

— Chamaste-me de Profeta — respondeu Jhasua — e, com efeito, eu o sou. Sou Profeta do Deus Misericordioso que devolveu a vida à tua esposa e aos teus filhos. Tendo em conta que em todos os presídios nos quais se diz agirem com justiça são cometidas grandes injustiças, sem conhecimento, talvez, dos chefes do Estado, julgo não ser este presídio uma exceção. Sempre é bom, meu amigo, ver de perto a dor dos sofredores.

Este diálogo foi mantido no aposento particular do Centurião.

— Vamos às torres, Senhor! — disse ele, olhando para tio Jaime e para Zebeu, cujas presenças pareciam causar-lhe algum receio.

— Podes confiar neles — disse o Mestre — porque são meus familiares.

Depois de percorrerem corredores e galerias, chegaram à parte central da imponente Fortaleza, que parecia uma verdadeira cidadela inexpugnável.

Aumentavam o aspecto desolado e tétrico daquele vetusto edifício as corujas e os morcegos a entrarem e saírem com inteira liberdade pelas aberturas nas paredes que serviam de mesquinhas claraboias para os calabouços.

— O presídio do Rei Hirão de Tiro — disse Jhasua — pode competir bem com os do Rei Salomão de Jerusalém. A Torre Antônia, reconstruída por Herodes, não admite corujas nem morcegos, no entanto, ainda tem subsolos desconhecidos dos próprios carcereiros e habitados por homens e por toda espécie de vermes, répteis e insetos.

Chegaram à primeira torre e o Centurião mandou abri-la.

Entraram numa espécie de tubo de enormes dimensões na posição vertical. Ao redor, viam-se as portas dos calabouços em três ordens superpostas: seis em cada piso. Olhando para cima, lá, muito alto, via-se como um disco azulado o pedaço do céu que podia ser contemplado dali, embora impossível de ser visto pelos habitantes dos calabouços.

— A que se deve esta visita em hora tão inoportuna? — perguntou o velho carcereiro, cujo aspecto dizia bem claro que não era homem de misericórdia, mas de chicote e cadeia.

— À autorização especial que estes senhores possuem — respondeu secamente o Centurião.

— Posso vê-la? — perguntou novamente o carcereiro.

— Basta que eu a tenha visto! — respondeu o Centurião.

Os seis calabouços do piso inferior estavam ocupados por homens de idade madura, pois já estavam ali há longos anos. Para o carcereiro, todos eram hienas ferozes, panteras e tigres, não merecendo sequer o pedaço de pão negro, duro, que lhes era dado.

Nenhum daqueles infelizes podia dizer com precisão há quanto tempo estava ali encerrado. Haviam perdido a conta que foram anotando com riscos de carvão, gravados na parede. Alguns haviam dado a volta no calabouço com fileiras de riscos negros, uns ao lado dos outros.

Os seis presos estavam doentes, com reumatismo, por causa da excessiva umidade do piso.

De suas vestimentas não havia o que falar. Não eram roupas, mas pedaços de um tecido já sem cor definida, em virtude da excessiva sujeira.

— Há quanto tempo cuidas destes calabouços, carcereiro? — perguntou suavemente o Mestre.

— Vai para onze anos — respondeu o interrogado. — Cumpri as ordens recebidas ao pé da letra.

"Todos estes, menos um, estavam aqui quando vim para cá."

— Não recebes ordem de limpar estes calabouços e de trocar a roupa dos presos? — voltou o Mestre a perguntar.

— Mas, meu senhor — disse o velho carcereiro —, nem o Tribuno governador me faz tantas perguntas.

— Responde e cala — disse o Centurião. — O Tribuno representa o César e eu represento o Tribuno.

— Fui posto aqui pelo Rei — insistiu o carcereiro.

— O Rei está subordinado a Roma — disse novamente o Centurião.

— Não discutam por tão pouca coisa. Eu venho em nome de Deus, Senhor da vida dos homens, e procuro apenas defender essas vidas — disse o Mestre.

— És Profeta de Israel? — perguntou o carcereiro.

— Tu o disseste — respondeu Jhasua.

— Ele acabou de curar minha esposa e meus dois filhos, que ontem agonizavam — esclareceu o Centurião.

O carcereiro abriu grandemente os olhos e ficou um momento em silêncio.

O Profeta Nazareno penetrou naquele pensamento e disse:

— Se o teu coração fosse piedoso para com os teus semelhantes, e se tivesses fé no Poder Supremo do Deus que me enviou, serias curado da úlcera cancerosa que corrói o teu estômago há dois anos.

O carcereiro deu um grito como se tivesse visto um fantasma.

— Oh, Senhor! ... — exclamou por fim. — Vejo que o teu Deus te fez poderoso em ações e palavras. Determina a teu servo, Senhor, que a partir de hoje nada mais farei senão aquilo que quiseres. — O velho carcereiro estendeu seus braços para Jhasua com todo o carregamento de chaves pendentes no seu cinturão.

— Soou a hora concedida por Deus a ti, carcereiro — disse o Mestre —, e, por isto digo que hoje ficas curado do mal do teu corpo e da dureza do teu coração.

O carcereiro caiu de joelhos e grossas lágrimas correram de seus olhos, enquanto suas mãos estendidas continuavam entregando a Jhasua as chaves dos calabouços.

— Conserva-as em teu poder, para que, de hoje em diante, sejas o melhor amigo dos companheiros — respondeu.

— Não, Senhor! ... Por piedade, Senhor! ... Não quero permanecer aqui nem mais um único dia, onde cada lousa destes pisos me faz recordar minha cumplicidade em todos os crimes, injustiças e delitos que vêm sendo cometidos desde há onze anos.

Jhasua olhou para o Centurião que estava espantado. Tio Jaime e Zebeu estavam profundamente comovidos pela dor que entreviam naqueles dois homens carregados com essa enorme responsabilidade. Um havia pecado com toda a malícia, premeditação e vontade, o outro, por indiferença e culpável despreocupação com relação à dor do próximo.

— Confiai n'Ele — disse-lhes o tio Jaime — e tudo será solucionado satisfatoriamente para todos.

— Abre os seis calabouços, carcereiro — disse o Centurião — e que os prisioneiros venham até o Profeta.

— Não podem andar por seus próprios pés, Senhor, porque todos estão paralíticos — respondeu o carcereiro abrindo as portas.

— Eu irei até eles — disse o Mestre, entrando resolutamente, seguido do tio Jaime, de Zebeu e do Centurião.

Espantosa exalação de curral de porcos recebeu-os ao entrarem. Não existem palavras para descrever a imundície que rodeava o pobre ser humano com vida, estirado sobre um montão de palha.

— Ide aos depósitos da Santa Aliança e trazei roupas imediatamente — disse o Mestre ao ouvido do tio Jaime, que saiu com Zebeu.

O Centurião deu-lhes a plaqueta de passe para que a guarda da entrada os deixasse sair e entrar livremente.

— A paz de Deus esteja contigo, meu irmão — disse o Mestre ao prisioneiro.

— A paz da morte, quererás dizer — respondeu — porque, segundo creio, breve o sol iluminará meus ossos no monturo.

— Não acontecerá isto, porque o meu Deus me mandou para salvar-te — disse o Mestre, tomando as mãos daquele homem, as quais pareciam garras por causa do enfraquecimento e pelo comprimento das unhas.

"Se acreditas no Poder Supremo do Deus que me envia a ti, quero que sejas curado e que a Luz se faça na tua consciência e no teu caminho a seguir — disse o Mestre, com energia e admirável serenidade."

O prisioneiro teve um forte estremecimento e colocou-se de pé.

— Deus te guarde, Mago ou Profeta! ... Não sei quem és, no entanto me curaste! — gritou o homem fora de si.

O centurião permanecia absorto e imóvel como uma estátua.

Todo o corpo do carcereiro tremia, como se um poderoso calafrio o tivesse atacado de repente.

Com os outros prisioneiros procedeu-se da mesma maneira, com exceção do mais jovem deles, que não estava reumático mas tuberculoso, e ao qual encontraram exânime, no meio de uma poça de sangue do último vômito que havia tido.

Seus olhos fundos e a respiração fatigosa e lenta indicavam que seus últimos momentos estavam chegando. Ardia em febre e um suor copioso banhava-lhe o rosto. A piedade do Mestre transbordou-se sobre ele. Era tão jovem! ... E tão formoso, não obstante todos os sintomas do mal e da morte próxima.

Jhasua estirou-se sobre a palha ao seu lado e abraçou-o com infinita ternura.

— Acredita no Poder de meu Deus — ordenou. — Ainda posso salvar-te!

Retirando o pano branco do seu turbante, Jhasua foi limpando o sangue que manchava o rosto, as mãos e o peito do infeliz.

Em seguida, juntou seus lábios ao do enfermo e exalou hálitos poderosos através dos quais transmitiu-lhe sua vitalidade, como uma injeção de força, de energia e de vida nova! Não tardou muito para se perceber a mudança operada naquele pobre corpo arrancado à morte pelo poder supremo do Homem-Luz.

O tio Jaime e Zebeu chegaram carregados com dois pacotes de roupas. Convencido de que os seis prisioneiros estavam curados, Jhasua mandou levá-los às piscinas da Fortaleza para fazer a higiene daqueles corpos sobre os quais havia soprado o Amor Divino, que é vida, luz e esperança.

Quando tinham sido alimentados e vestidos, o carcereiro, trêmulo e cheio de medo, confessou que os cinco homens de mais idade eram ricos comerciantes de Tiro, provedores dos luxos e caprichos das cortesãs favoritas do Rei e dos príncipes e magnatas. Como as contas houvessem alcançado quantias fabulosas, as cortesãs convenceram seus maridos, amigos ou favoritos de que aqueles comerciantes eram vulgares larápios, piratas do comércio, assaltantes de mercados e praças, e se livraram deles, encerrando-os na Fortaleza com prisão perpétua. Com uma pequena quantia a cada ano, compravam a cumplicidade do carcereiro. O Rei, os príncipes e o procurador romano haviam repartido amistosamente entre si o estoque dos estabelecimentos abandonados pelos seus donos, que passaram para a condição de prófugos, por terem fugido ao ver suas fraudes descobertas.

O mais jovem, ou seja, o tuberculoso, era filho de um príncipe, último rebento dos selêucidas. A seu velho e enfermo pai fizeram crer que o filho havia fugido com uma cortesã do poderoso Rei da Lídia, na margem oposta do Mediterrâneo. Enfurecido pela desonra, o pai deserdou o filho e acabou morrendo no desespero mais espantoso, amaldiçoando-o com todo o furor da sua ira, deixando seu título e as riquezas a dois sobrinhos autores dessa espantosa trama. Eles também haviam pago ao carcereiro uma boa quantia pelo seu silêncio.

– Foste o cúmplice para o mal; estás obrigado agora a sê-lo para o bem – disse o Mestre.

"Somente a este preço podes obter o perdão de tuas culpas.

"Aqueles que há onze anos cometeram tão horríveis delitos já estão feridos de morte, porque a Justiça Divina se cumpre cedo ou tarde. O Rei Nabonid morrerá daqui a três luas, e os demais verão a neve do inverno que está chegando; no entanto, não verão maduros seus trigais no próximo outono.

"Tens, portanto, um ano para expiar a tua culpa. Como ocultaste o crime com o teu silêncio, agora ocultarás a salvação destes inocentes até a chegada da hora de seres libertado das cadeias que puseste em ti mesmo.

"O Centurião zelará por ti e eu zelarei por ambos, como compensação pela obra de justiça que acabais de realizar. Dou-vos a minha palavra de que nenhum mal vos poderá ocorrer. Se tens nesta Fortaleza outros prisioneiros em iguais condições, fica sabendo: Meus Deus curou o teu mal como compensação antecipada pelo bem que farás daqui para diante.

"Minha hospedagem está nos armazéns da Estrela Azul, na esplanada do segundo cais, onde poderás procurar-me, se necessário. Levo comigo estes seis homens, cuja segurança está no teu silêncio. Se aqueles que te induziram ao crime pagaram com ouro, eu te levo para o bem e para a justiça, e Deus te pagará com a saúde e com a vida. Compreendeste-me, carcereiro?"

– Sim, meu Senhor ... compreendi! Meu mal era de morte e livraste-me da morte. Sou, pois, teu escravo para toda a vida.

— Deves dizer servo de Deus, porque não procuro nem quero escravos, mas homens livres com a santa liberdade dos filhos de Deus.

Jhasua saiu da Fortaleza seguido pelos seis prisioneiros por entre uma fileira de guardas que o Centurião mandou formar, dizendo a seus homens:

— É um poderoso amigo do César que obteve indulto para esses prisioneiros.

A vida na Fortaleza de Tiro mudou a partir desse momento, porque o Centurião e o carcereiro cumpriram com seus deveres no que diz respeito à alimentação, ao vestuário e ao trato geral de todos os que se achavam encerrados ali.

— Que vento novo soprou na Fortaleza — perguntavam os infelizes prisioneiros —, pois agora nos dão boa comida, permitem-nos ir aos banhos e nos dão roupas limpas?

"Haverá um novo César em Roma? Morreu o Rei e seu herdeiro terá um coração dentro do peito?

"Terá descido à Terra o Messias esperado pelos filhos dos Profetas de Israel? ..."

Na verdade, havia descido o Filho de Deus, e seu Amor Soberano se derramava como um manancial sobre todos os que sofriam as injustiças humanas!

A Naumaquia

A numerosa população grega existente na populosa Tiro havia levado para ali seus costumes, cultos e gostos pelas grandes festas ao ar livre, nos bosques ou no mar.

O domínio romano imprimira também seus costumes e gostos, e a alta sociedade de Tiro copiava a alta sociedade de Antioquia, com a qual pretendeu rivalizar em faustosidade e riqueza. Principalmente a mulher estava completamente entregue ao luxo e à adoração do seu próprio corpo, em cujo embelezamento e adorno gastava quantias enormes.

Observador e psicólogo por natureza, o Mestre deu-se perfeita conta dessas características da sociedade tíria, e pedia a Deus, do mais íntimo do seu coração, para dar-lhe oportunidade de iluminar aquelas consciências adormecidas no embrutecimento das diversões e dos prazeres.

Uma tarde, ele percebeu de seu posto de observação no terraço do Torreão de Melkart, que uma das avenidas principais da cidade estava sendo adornada com bandeiras e galhardetes de grinaldas floridas e de frescas e flexíveis palmiras. Um exército de criados e de escravos colocava pilares para tochas em todo o cumprimento daquela espaçosa rua, com início na grande praça da Fortaleza de Hirão e prosseguindo para o sudoeste, até perder-se de vista.

Em várias das grandes capitais dominadas pelos romanos, haviam sido construídas enormes represas-circos, às quais eram chamadas *Naumaquias*. Através de aquedutos, era levada até elas a água do mar ou dos grandes rios. Do mesmo modo que nas corridas de quadrigas com luxuosos carros nos grandes circos para as festas populares, na naumaquia eram simulados combates com trirremes e pequenas naves, nas quais cada competidor fazia ressaltar o luxo e faustosidade. A naumaquia de Tiro estava muito próxima do mar e era de tais dimensões e riqueza que muito bem podia rivalizar com as de Óstia, de Cápua e de Antioquia.

O coração do Mestre oprimia-se dolorosamente diante do esbanjamento do qual os grandes senhores e as brilhantes damas faziam ostentação, enquanto olhavam com fria indiferença para a multidão anônima amontoada nos mercados, esperando, como preciosas dádivas, as sobras de todas as vendas do dia, quando os mercadores levantavam suas tendas.

Pela avenida engalanada de bandeirinhas, de galhardetes e de tochas, seguia o desfile de liteiras encortinadas de púrpura e de brocado, onde numerosos escravos com as librés das casas em que serviam caminhavam a passo de cerimonial, conduzindo as grandes damas que, com sua presença, dariam esplendor à festa e estímulo aos marinheiros matriculados como lutadores. Eram oito trirremes, quatro de cada facção.

Uma voz interior e muito poderosa se fazia sentir no íntimo do Mestre, como a adverti-lo:

"Entre o tumultuoso enlouquecimento da naumaquia, serás necessário para salvar as vítimas do egoísmo e da soberba dos homens."

Jhasua desceu do Torreão e foi até a pousada em busca do tio Jaime e de Zebeu.

– Quereis acompanhar-me – perguntou-lhes – ao combate da naumaquia?

– Queres ir a essa abominação pagã? – perguntou o tio Jaime surpreso.

– Sim, tio Jaime. Todos vós não dizeis que sou o Salvador dos homens? Pois ali haverá muitos a quem salvar.

Tio Jaime refletiu por alguns momentos e compreendeu que Jhasua tinha razão.

– Está bem; vamos até lá – respondeu.

E encaminharam-se ao longo da grande avenida apinhada de gente.

A multidão não falava de outra coisa. Os conhecedores ou amigos de alguns tripulantes das embarcações combatentes faziam apostas em dinheiro, com tal entusiasmo, arriscando quantias tão elevadas que, se perdessem, deixariam seus lares em triste estado de miséria e de fome.

Aquele alvoroço desmedido era um verdadeiro enlouquecimento.

O Mestre, ouvindo as conversas que ao seu redor eram feitas aos gritos, meditava sobre a triste condição das multidões que, por falta de orientação sábia e justa, tornavam cada vez mais profundo o abismo onde se iam enterrando.

– "Eis aqui o delito espantoso dos dirigentes de povos, aos quais se engana com estas disputas brutais e selvagens, que não fazem outra coisa senão excitar as paixões mais baixas. Eles fazem com que as multidões se divirtam e brinquem para que, entregues aos prazeres da vida presente, não ousem pensar no amanhã próximo nem no amanhã da ultratumba – pensou o jovem Mestre, enquanto caminhava confundido com a multidão."

Para sua lucidez espiritual devia parecer uma horrível abominação humana que os poderes civis dominantes se houvessem ocupado com tanto afã de dotar quase todas as cidades importantes com circos, naumaquias e termas, com a finalidade de que as várias modalidades de desportos fortalecessem o físico para ter, no futuro, elementos de primeira ordem para as guerras de conquista, a que o mundo se lançara desde há muitos séculos.

Em contraposição, haviam deixado a cargo da iniciativa particular a abertura de modestas casas de estudo e de meditação, que na Palestina e na Síria estavam reduzidas às Sinagogas, onde alguns bons israelitas, discípulos dos Profetas, tinham aberto em suas próprias vivendas para aqueles que sentissem a necessidade de alimentar o espírito com ideais mais elevados. E o Mestre continuava meditando:

"Os lugares onde os homens se colocam ao nível dos animais são criados pelos poderes reinantes e mantidos com tal faustosidade e luxo que espanta.

"Os Santuários da Divina Sabedoria estão forçados a viver sepultados nas grutas das montanhas, como se os seus membros fossem seres daninhos para a sociedade.

"Daninhos, sim!...," reforçou o Mestre, "porque a Verdade Divina é difundida através deles e, se a Verdade de Deus chega à consciência das massas, os escravos romperão as cadeias e as multidões anularão a prepotência dos aproveitadores e exploradores da ignorância humana."

De vez em quando, a multidão se abria para dar passagem a alguma liteira encortinada, levada ao ombro pelos escravos e acompanhada por um ou vários cavalheiros vestidos à moda romana, grega ou oriental, a caminharem junto à portinha, pela qual, vez por outra, aparecia um belo braço desnudo, envolto em jóias e braceletes de ouro com pedrarias, ou uma cabeça de deusa cheia de sorrisos, com mantilhas bordadas e alfinetes de pérolas.

Aconteceu que, ao passar uma liteira, um dos escravos carregadores sofreu uma vertigem ou tontura que o fez cambalear e, por fim, cair de joelhos sobre o pavimento da rua. Com isto, a liteira recebeu forte sacudidela e ouviram-se agudos gritos de mulheres assustadas que saíram do seu interior. Um dos acompanhantes começou a chicotear o escravo caído.

O Mestre que chegava interpôs-se entre o açoitador e o escravo, tomando-o pelo punho já levantado para assestar outro golpe. Com grande serenidade, disse:

– Não vês que esse homem está enfermo e em perigo de morte?

Apenas Jhasua havia pronunciado estas palavras, quando uma golfada de sangue saiu da boca do infeliz escravo que ainda suportava, parcialmente, sobre seu ombro o varal da liteira.

Uma cabeça de mulher assomou para dizer a seu mordomo que caminhava a seu lado:

– Afasta-o para o lado e contrata outro para podermos seguir.

O Mestre olhou para aquela mulher.

– E com este que pode morrer, que se faz? – perguntou-lhe.

A jovem da liteira também olhou para ele.

– Pela tua compaixão para com os escravos, deves ser um Profeta! Se o queres, eu o presenteio a ti – respondeu ela com toda a serenidade.

– É um belo presente que me fazes, mulher. Que Deus te pague!

O Mestre inclinou-se sobre o escravo, que foi afastado da liteira e, ajudado pelo tio Jaime e por Zebeu, sentaram-no num banco da grande avenida.

A hemorragia havia sido contida. A mulher continuava observando com a cortina levantada; e naquele olhar havia estupor, assombro e curiosidade. Parecia querer adivinhar o sentimento daquele homem estranho que desse modo se interessava por um mísero escravo.

Esse insistente olhar atraiu o do jovem Mestre que penetrou no mundo interior daquela jovem mulher, que imediatamente desceu a cortina e deu ordem para seguir.

– Ainda não é a tua hora! ... – exclamou Jhasua como falando consigo mesmo.
– Ainda não é a tua hora! ... mas ela logo chegará de tão impetuosa maneira que será como um furacão desencadeado na selva! ...

– Estás distraído, Jhasua, e o enfermo espera! ... – disse o tio Jaime.

O Mestre, ainda com as mãos na cabeça do escravo, respondeu:

– Os infelizes enfermos da alma fazem-me esquecer, de vez em quando, os enfermos do corpo.

A mulher da liteira perdeu-se por entre a multidão. Era muito ruiva, jovem e formosa.

Um ano mais tarde ela voltou a encontrar-se com o Profeta, ao qual presenteara um escravo moribundo, e começou a sentir fortemente a necessidade de averiguar *quem era* aquele homem jovem e formoso, possuidor, no porte e no andar, da majestade de um Rei.

Quem haveria de dizer-lhe, naquele alegre e buliçoso anoitecer em Tiro, que dois anos depois buscaria com delirante anelo aquele homem, ao qual seguiria com amor de loucura até o pé do patíbulo, de cuja altura cairia o sangue do Mártir como um chuva de rubis sobre seus cabelos de ouro, coalhados então de pérolas e turquesas!

Uma hora depois, a onda humana havia passado e o pequeno grupo formado pelo Mestre, pelo tio Jaime e por Zebeu, ainda permanecia junto ao escravo que, lentamente, recuperava as forças.

A ruptura de um vaso, contido a tempo pelo Mestre, produzira a hemorragia. Tio Jaime levou-o a tempo para o recinto da Santa Aliança onde se hospedavam, e Jhasua com Zebeu continuaram até a naumaquia, convertida num formigueiro humano.

Os competidores do perigoso combate naval estavam no auge da exaltação, e as preferências da multidão os acompanhavam no seu antagonismo e ambição de conquistar as enormes quantias oferecidas pelos organizadores do torneio como prêmio ao esforço dos vencedores.

Os capitães e tripulantes dos trirremes lutadores estavam todos dispostos até a matar, se isso fosse necessário para o triunfo.

Jogava-se ali a fortuna, o bem-estar e até os meios de vida dos lares modestos, em apostas particulares feitas fora do concurso.

– A cobiça do ouro – disse o Mestre – mantém todos enlouquecidos, tanto os grandes como os pequenos.

"Significa isto ser dirigente de povos, ou são cegos conduzindo todos juntos para o abismo?"

Como estava sozinho o Mestre no meio daquela Humanidade pela qual, com enorme sacrifício, havia concordado em abandonar seu Reino de Luz e Amor, de Verdade e Justiça!

A imensa maioria dos seus compatriotas ignorava a sua existência, porque se soubessem transformar-se-iam em obstáculos no seu caminho.

Uma pequena porção de seres escolhidos o compreendia e o secundava em sua obra.

Era, pois, como um estrangeiro em seu país natal, e mais estrangeiro ainda na cidade fenícia de Tiro, cujo extremado mercantilismo não deixava lugar algum para os pensamentos que não correspondessem ao interesse do ouro e do prazer. Eram indiferentes e frios, para tudo que não representasse lucro e satisfação.

Jhasua comparava Tiro com Damasco, e a balança se inclinava para a bela capital árabe, onde o amor, a beleza e a arte, ainda dentro de seus limites puramente humanos, levantavam aqueles ardentes temperamentos a um nível superior. Compreendeu e valorizou a obra civilizadora do velho Patriarca do Deserto, Beth-Gamul, e seu radiante pensamento o evocou sobre Tiro ... sobre aquela enorme multidão embrutecida pela ambição e pelo prazer.

Pensou com amor no príncipe Melchor de Horeb, incansável apóstolo da verdade e da justiça na distante Arábia Pétrea, às margens do Mar Vermelho, entre as rochas molhadas pelo pranto de Moisés desterrado!

A alma de Jhasua, emotiva e terníssima, expandiu-se em amor para as poucas almas escolhidas que vibraram em uníssono com a sua.

O amor santo de sua mãe, de seus amigos de Jerusalém, de Bethlehem, dos Santuários Essênios, refrescaram seu coração como um orvalho benéfico.

O amor de Judá e de Faqui, de Simônides, de Noemi, de Thirza e de Nebai, eram, para a sua alma dolorida, como uma coroa de lírios do vale e, em voz muito baixa, murmurou:

— São as estrelas do meu repouso! ... São os anjos semeadores de rosas no meu caminho de homem! ... Benditos sejam!

Três agudos e potentes sons de clarim cortaram os pensamentos do Mestre.

Era o sinal de que o combate ia começar.

O representante de Simônides em Tiro havia conseguido lugares bem situados no imenso gradil que rodeava a represa, que era, na realidade, um lago redondo e amuralhado. Achavam-se próximos ao grande balcão encortinado com capacidade para trezentas pessoas, e que estava ocupado por personagens do governo regional, do poder romano e por um grande número de cortesãos e de cortesãs, componentes da alta sociedade de Tiro.

Dentre um grupo de donzelas vestidas à grega e que, sob um quiosque de flores tocava harpas, alaúdes e cítaras, Jhasua reconheceu a jovem mulher que lhe presenteara o escravo moribundo. Imensa compaixão por ela comoveu o coração do Mestre. E no seu Eu interior esboçou-se esta idéia:

"Infeliz! ... O amor de Abel nos vales do Eufrates te redimiu um dia! ... Voltaste a cair na inconsciência! ... Desventurada de ti, se nesta oportunidade não te levantares novamente! ..."

Um murmúrio, como de vento entre as árvores, brotava da multidão, até que os trirremes começaram a tomar posição para se encontrarem frente a frente.

Um imenso silêncio de expectativa fez-se depois.

O Mestre via de perto o esforço titânico dos escravos remeiros na sombra dos pisos inferiores dos barcos, onde apenas chegava a mesquinha luz das aberturas praticadas na coberta iluminada pelas tochas produzindo uma claridade avermelhada.

Jhasua recordou, com imensa dor, os três anos passados pelo príncipe Judá como escravo numa galera.

O agente de Simônides, sentado ao seu lado, disse:

— Remar horas e horas não é nada comparado com o perigo de morte em que esses infelizes se encontram.

— Por que devem morrer? — perguntou o Mestre.

— Aproveitando a confusão provocada por esses tumultos, muitos escravos escaparam a nado pelos aquedutos e, por isso, antes de iniciar o combate, são amarrados pelo pé com uma corrente encravada no madeiramento do barco. Se esse afunda, nenhum só escravo consegue salvar-se. Isto é certo.

— Infelizes! ... Até que ponto chegou a iniqüidade humana! — exclamou indignado o Mestre.

A partir desse momento, já não prestou mais atenção aos combatentes, às ocorrências do combate, à multidão, nem tampouco às apostas que continuavam sendo feitas ao seu redor.

Seus olhos garços, dulcíssimos, não viam outra coisa senão os escravos remando, e todos com um pé amarrado por uma corrente! ...

De sua poderosa alma de Filho de Deus levantou-se um grito supremo que deve ter ressoado nos Céus infinitos como um angustioso pedido de auxílio.

Zebeu ouviu-o murmurar:

"Se sou o Filho de Deus, nenhum deles há de perecer! ... Eu o quero! ... Eu o ordeno! ... Eu o determino em Teu Nome, meu Pai! ... São vidas que me deste para florescerem em obras dignas de Ti! ... Eu o quero! ... Eu o determino! ... Eu o ordeno! ..."

Seus olhos semicerrados continuavam com o olhar fixo no movimento dos remos que castigavam compassadamente as águas. Zebeu o observava, encontrando nele a imobilidade de uma estátua. Imediatamente viu, através do incerto resplendor das tochas e no lugar dos remeiros, a figura de Jhasua que parecia tocar nos infelizes escravos. Apenas dois dos trirremes contendores estavam próximos do lugar onde eles se encontravam; contudo, ao desfilarem os outros barcos levados pelas exigências da luta, Zebeu viu em vários a mesma figura branca de Jhasua na penumbra do casco das naves. O corpo do Mestre continuava imóvel, com os olhos semicerrados, olhando para os remos a levantarem redemoinhos de espuma entre as agitadas águas do lago.

Zebeu, cheio de estupor, contemplava o inaudito fenômeno. Através de seus estudos no Santuário do Hermon, conhecia algo a respeito das forças estupendas do espírito humano quando atingia um alto grau no aperfeiçoamento de suas faculdades. No entanto, isso parecia ultrapassar a tudo quanto havia lido nas velhas escrituras dos antigos Profetas.

– Na verdade – murmurou – Deus desceu à Terra na pessoa de Jhasua de Nazareth!

A luta continuou tomando aspectos de barbárie e de selvageria. Aquilo não era um torneio como um esporte: eram piratas lutando pelo ouro oferecido aos vencedores.

Todos sabiam que, se perdessem, ficariam arruinados e muitos deles reduzidos à mais completa miséria.

A luta era, pois, de vida ou morte. Os nervos não resistiam mais àquela luta bravia e selvagem. As cenas de abordagem adquiriam aspectos horrorosos. Os punhais e os machados cortavam cordas, quebravam violentamente os mastros, rasgavam velas e algumas cobertas já apareciam ardendo em chamas. Do fundo dos barcos, percebia-se apenas, na sombra e no torvelinho das águas, inúmeros náufragos desaparecendo nas negras bocas dos aquedutos e das saídas de água. A imobilidade do Mestre continuava, e o agente de Simônides e de Zebeu se assusta, julgando-se afetado por alguma anormalidade.

Repentinamente, os trirremes ficaram imóveis, por mais que ressoassem lugubremente as batidas dos instrumentos de percussão dos pilotos a ordenar os movimentos dos remeiros.

Furiosos porque o combate ainda não estava decidido, os capitães não sabiam o que pensar e faziam inauditos esforços para averiguar a causa de tão estranho acontecimento.

O Mestre exalou um grande suspiro e, levantando-se, disse a seus companheiros:

– Vamos, já não temos mais nada a fazer aqui.

– Falta ainda o final das disputas, e a apoteose dos triunfadores – disse o agente de Simônides.

– As disputas já terminaram – disse o Mestre – e desta vez não haverá apoteose, porque unicamente triunfou o Poder Divino, e esta multidão não se preocupa com Ele.

Os três saíram sem ser percebidos por entre a tumultuosa e ensurdecedora gritaria da multidão pedindo, aos gritos, pela conclusão das disputas.

Toda a cidade de Tiro esteve convulsionada no dia seguinte, pois ninguém pôde averiguar como foi que todos os remeiros haviam fugido e por que os anéis de suas correntes haviam sido partidos em dois pedaços.

Só Zebeu sabia o segredo que, sigilosamente, mencionou ao tio Jaime, o qual lamentou grandemente não ter podido acompanhar Jhasua à naumaquia, onde Jehová havia posto em movimento tão estupenda manifestação de força e de poder.

O Mestre e seus companheiros de viagem ocuparam todo o dia seguinte em percorrer as margens dos aquedutos em busca dos escravos fugitivos, com o fim de conduzi-los ao Torreão de Melkart, se estivessem feridos, ou ao recinto da Santa Aliança, se tivessem escapado com vida e saúde.

Os aquedutos desembocavam no mar e a costa bravia e montanhosa apresentava aspectos escabrosos e agrestes.

Os infelizes fugiam como gamos perseguidos e, no primeiro dia, apenas cinco foram encontrados. Deram-lhes de comer e os deixaram em seus esconderijos com o encargo de convencerem seus companheiros de que não sofreriam castigo algum nem seriam entregues a seus amos.

O Mestre teve a idéia de dizer-lhes para, quando a noite estivesse bem avançada, se apresentassem ao contramestre dos navios com pavilhão amarelo e estrela azul, porque ali seriam recebidos até nova resolução.

O agente de Simônides, instruído em secundar as disposições do Profeta Nazareno, transmitiu a ordem ao pessoal daqueles navios em cujos porões foram albergados os infelizes escravos salvos da morte através do Amor Supremo do Homem-Luz.

Todos aqueles escravos eram prisioneiros de guerra da Gália e do Danúbio. Seus atuais donos não tinham nenhum direito para retê-los em tão mísera condição, uma vez que seus respectivos países se haviam submetido aos invasores romanos e pagavam pesados tributos ao César.

Era, pois, dever de justiça restituí-los às suas selvas nativas. Dez dias depois, em duas galeras da frota de Simônides, saíam eles de Tiro rumo às costas européias para serem devolvidos aos seus países de origem.

Não faltou quem houvesse julgado ver nos trirremes, na noite das disputas, um fantasma branco quebrando os anéis no pé dos escravos com a mesma facilidade como se fossem de junco. Os supersticiosos tírios julgaram imediatamente que um dos sete gênios poderosos do terrível deus Marduk rondava pela cidade de seu domínio onde tantas iniqüidades eram cometidas.

O jovem Mestre não julgou oportuno manifestar-se em público em Tiro, e limitou-se a aceitar o convite de um bom filho de Abraham, amigo de Simônides, para falar em sua Sinagoga particular quantas vezes quisesse.

O Centurião, aquele a quem Jhasua curou a esposa e os dois filhinhos, foi visitá-lo nos armazéns "Estrela Azul" e deu a entender julgar ser ele o autor do estupendo acontecimento da naumaquia, pois unicamente Jhasua poderia realizar semelhante maravilha.

– Se compreendes assim – disse o Mestre – peço para guardá-lo no teu coração, porque não existe ainda em Tiro compreensão suficiente para aceitar fatos que ultrapassam sua capacidade. Basta para mim que a lição os mantenha atemorizados, para não repetirem, daqui para diante, essas bárbaras diversões, que não fazem outra coisa senão excitar as paixões mais vis e provocar o antagonismo de uns para com os outros.

A Santa Aliança em Tiro

Três dias antes daquele em que o Mestre pensava regressar à Galiléia, ocorreu a data marcada para a assembléia mensal dos membros da Santa Aliança, cujo principal dirigente era o próprio representante de Simônides. O Mestre foi convidado a falar.

Como é natural, ele quis ver de perto o progresso espiritual e moral de seus adeptos. Pelos informes recebidos dos dirigentes, deu-se perfeita conta de que eram pouquíssimos os atraídos para o ensinamento moral que lhes era dado. Estes eram da classe média, mais mulheres do que homens, e não passavam de uma vintena. Em compensação, eram numerosos os que, junto com o ensinamento, recebiam o socorro material, que consistia em comestíveis e roupas.

– Já estamos próximos do fracasso do nosso bom Simônides – disse o Mestre aos dirigentes da Santa Aliança em Tiro. – Eu já lhe havia anunciado isto; contudo, devemos persuadir-nos de que isso não é motivo para desalento. Os espíritos de escassa evolução necessitam ver a recompensa material ao lado do ensinamento moral.

"A falta de recursos materiais é uma prova de que só resistem sem fracassos ou falhas as almas de grandes vôos e de superiores energias, pois sabem encontrar no seu próprio Eu os maiores e mais fortes estímulos para continuar sua jornada subindo sempre para o alto.

"Não se pode pedir aos pardaizinhos de nossos vales os vôos gigantescos das águias.

"A única coisa que deve importar-nos muito é que, em agradecimento às dádivas recebidas periodicamente, modifiquem seus costumes, tornando-se cada vez mais dignos da solicitude e do cuidado de seus irmãos maiores."

Na segunda hora da tarde designada, começaram a chegar os adeptos da Santa Aliança, que, sendo da classe ínfima, não inspiravam receio algum às autoridades, pois Simônides havia informado que se tratava de um socorro particular que repartia entre os despossuídos de bens materiais. Estando já obtida a aquiescência do Centurião da guarda, menos motivo havia para temer alguma represália a reuniões tão numerosas.

As pessoas da classe média ou endinheirada que desejavam assistir fingiam-se de comerciantes que compareciam para retirar mercadorias dos armazéns ali existentes.

Aquela era uma reunião de mais de quatrocentas pessoas.

O Mestre falou-lhes sobre essa misteriosa força salvadora chamada Providência de Deus.

– Irmãos da Santa Aliança, a cuja sombra vos agasalhais como sob o manto de uma mãe.

"Sou um representante do Conselho de Jerusalém que zela por todos os que se filiaram a esta irmandade, e será imensa a minha satisfação se puder levar a meus irmãos do solo natal o informe de vosso progresso espiritual e moral.

"Sois a porção da humanidade que está mais próxima da Piedade e da Misericórdia Divina, a qual podeis sentir em todos os instantes de vossa vida, mediante a certeza que deveis adquirir de que sua amorosa Providência não se descuida de vossas necessidades.

"O homem de posses, sabendo que sua vida está sustentada e apoiada sobre alicerces de ouro, pensa pouco ou nada nessa grande Força Criadora e conservadora da vida denominada Providência de Deus, nosso Pai Celestial.

"Sois vós, amigos da Santa Aliança, os que, se hoje tendes lume aceso e pão sobre a mesa, ignorais se o tereis amanhã, porque tão-só vos apoiais no esforço grande ou pequeno que fazeis por um mísero salário diário. Sobre vós, mais do que em nenhuma outra pessoa, se derrama permanentemente, em cada raio de sol, em cada vibração de luz, em cada rajada de vento, essa onipotente força misericordiosa que transformaria em pão os pedregulhos do caminho se de outra forma não conseguísseis o alimento para cada dia.

"Nas numerosas lendas e tradições tecidas ao redor da personalidade de Moisés, o legislador hebreu, existe uma, cujo sentido oculto se adapta admiravelmente a vós.

É aquela que se refere à determinação de Moisés de marcar todas as portas dos filhos de Israel com o sangue do cordeiro que era costume comer na festa da Páscoa. 'Vendo este sinal – diz a lenda – passará longe o Anjo do Senhor que virá ferir os primogênitos do Egito.'

"Era Moisés grande conhecedor das características do povo que conduzia, incapaz, portanto, de apoiar sua esperança e fé no que é invisível aos sentidos físicos. A fé inconsciente daquele povo infantil estendeu-se e se apoiou naquele sinal de sangue que marcava suas portas.

"Quinze séculos já se passaram desde essa época e vós já não sois tão crianças como o povo de Israel, escravizado no Egito, e não necessitais de uma marca de sangue em vossas portas para saber que estais protegidos pela onipotente força misericordiosa que, se vos trouxe para a vida, foi para viverdes em paz e justiça sob o suave manto de sua Lei Soberana.

"Moisés escreveu para seus irmãos de raça uma Lei materializada pela Inspiração Divina, digamo-lo assim, para esse povo, no meio do qual desceria o Verbo de Deus para ensinar aos homens. No entanto, essa mesma Lei foi gravada pelo Supremo Criador no coração de cada homem vindo à vida material; e essa Lei é tão simples e singela que pode ser encerrada em poucas palavras: '*Não faças a teus semelhantes o que não queres que seja feito a ti.*'

"Lei suprema e única, que a escritura mosaica subdividiu e especificou em dez artigos chamados '*Mandamentos*', os quais estão encerrados como num cofre de diamantes naquele eterno princípio divino levado por todo homem em seu coração: '*Não faças a teus semelhantes o que não queres que seja feito contigo.*'

"Vamos agora, meus amigos, aonde quero chegar, levando-vos todos comigo.

"Se ajustardes a vossa vida a esse único princípio eterno e apoiardes vossa fé e esperança nele, afirmo, em nome do Deus Onipotente que me assiste: jamais vos faltará o necessário para viver vossa vida em paz e tranqüilidade.

"Meditai e refleti continuamente no significado claro e singelo do mandato eterno, e encontrareis nele toda a retidão, toda a justiça e todo o bem buscado instintivamente pelo homem desde o nascimento até a morte.

"Nessas breves palavras '*Não faças a teus semelhantes o que não queres que seja feito contigo*', está condenado o despojo, o assassinato, a calúnia, a traição, o abuso da força, o engano, a falsidade e toda espécie de dano causado aos nossos semelhantes.

"Não necessitais, pois, ser israelitas, para estar obrigados a essa Lei Suprema e Eterna, porque o nosso Soberano Pai Criador o é de todos os seres vivos que povoam os incomensuráveis mundos do Universo. Apenas as Inteligências tenham chegado à idade do raciocínio, já estará dando vozes internas no fundo do coração, o eterno e divino princípio: '*Não faças a teus semelhantes o que não queres que seja feito contigo.*'

"Tende ainda em conta que todos os crimes, delitos e abominações que acarretam para a vida humana a plêiade imensa de dores que a oprimem, são resultados da falta de cumprimento desse eterno princípio emanado de Deus.

"Ajustai, pois, a este singelo ensinamento a vossa vida diária, e eu vos prometo em nome de Deus, nosso Pai Onipotente, que vivereis tranqüilos e felizes, descansando o vosso coração na amorosa Providência que, se cuida das avezinhas do campo e dos insetos que vivem sugando o néctar das flores, mais ainda cuidará de vós, que podeis dizer-lhe com a alma assomada aos olhos, buscando-o na imensidão:

" 'Meu Pai que estás nos Céus! ... Eis aqui o teu filho que espera e confia em Ti.'

"Eu sei que hoje viveis confiados na proteção da Santa Aliança, a qual considerais como a vossa mãe, e que mais de uma vez a aflição se abrigou em vosso peito, imaginando que ela possa vir a desaparecer. Se acontecesse isso, a Providência de Deus faria chegar a vós, de outra maneira, o necessário para a vossa existência, desde que vos mantivésseis dentro do eterno princípio já anunciado, e que novamente repito, para não esquecerdes jamais: '*Não façais a vossos semelhantes aquilo que não quereis que seja feito convosco!*'

"Quero gravar a fogo em vossos corações a idéia sublime e terníssima de sermos todos filhos de Deus, e que Ele é o mais amoroso e o mais piedoso de todos os pais. Cometeríeis grave ofensa se chegásseis a pensar que Ele vos deixa abandonados nas contingências adversas de uma vida desgraçada, enquanto o buscais, chamando-o de *vosso Pai* em todos os dias da vossa existência.

"Foi vulgarizada a idéia de que a dor humana é um castigo de Deus pelo pecado de um casal que marca a origem de uma nova civilização: Adamu e Évana.

"Deus não castiga ninguém nem sua perfeita justiça pode aplicar penalidades aos filhos pelas culpas dos pais, caso isso realmente tivesse ocorrido. As dores humanas são conseqüências dos erros humanos cometidos em uma ou em outra das vidas sucessivas que nosso espírito imortal tem vivido e continuará vivendo até alcançar a purificação que lhe dá direito ao Reino Eterno da Felicidade e de Amor preparado para nós pelo Pai Universal.

"Não é verdade, meus amigos, que quando empreendeis uma viagem seguis o caminho que vos foi demarcado para atingir com felicidade o vosso destino?

"Se, por gosto, curiosidade ou capricho, deixais esse caminho e seguis um outro, a quem culpareis, senão a vós mesmos, se vos extraviais, se caís num precipício ou se tendes que afrontar espantosa luta com as feras?

"Nossa vida física não é outra coisa que uma viagem para a qual o nosso bondoso Pai, nosso Deus-Amor, demarcou o caminho, no eterno princípio tantas vezes mencionado hoje.

"Esta desventurada humanidade viveu e vive esquecida, em absoluto, desse eterno princípio, que lhe determina a viagem feliz para o Reino imortal e feliz do Pai. A quem deve ela culpar por suas dores? É Deus que a castiga, ou é ela mesma que, agindo fora da Lei, atrai sobre si as terríveis conseqüências de sua rebelião contra a Lei.

"A Santa Aliança, à qual pertenceis, orientou as atividades e os ideais de seus membros para esse código tão sublime em sua simplicidade, e que, não obstante, abarca tudo quanto de bem e de justiça pode conceber a mentalidade humana neste Planeta, e saciar as aspirações de santa felicidade a vibrarem em uníssono em todos os corações.

"Se cada filiado da Santa Aliança acender sua lamparina neste princípio imortal da Lei Divina, e procurar com afã novos adeptos, em pouco tempo teremos nossas multidões navegando num ar de suaves claridades, onde florescerá o amor e a paz com exuberância de jardins primaveris.

"Amai a Santa Aliança, não apenas pelo socorro material que dela recebeis, mas principalmente porque é um farol que, nos mares turbulentos da vida, marca o rumo seguro que vos levará à felicidade eterna do Reino de Deus.

"Queridos amigos de meu coração. Bendizei vossa pobreza, porque ela vos congrega neste santo recinto, onde encontrais o vosso Pai Celestial flutuando como um reflexo de amor, de paz e de sossego para vossas almas, atormentadas de vez em quando pela incerteza do amanhã.

"Quero aniquilar para sempre esse duro tormento em vossas mentes.

"Pode acaso tê-lo o filho que sente o abraço estreito do Pai que o trouxe para a vida e que o ama acima de todas as coisas?

"Pode sentir temores a criancinha mantida pela mãe em seu regaço?

"Pode abrigar temores a esposa que sente, apoiado em seu ombro, o braço forte do companheiro de sua vida?

"Muito mais forte que o pai, a mãe, ou o companheiro é o braço Onipotente de vosso Soberano Criador, que jamais deixa abandonada uma criatura sua, quando ela se aconchega à sua infinita piedade e à justiça de sua Eterna Lei!

"Para terminar esta confidência, o Profeta de Nazareth, vosso irmão, transmite o pensamento do Pai Celestial que vos diz:

" 'Quero que todas as vossas enfermidades físicas sejam sanadas a partir deste momento.

" 'Quero que vossas aflições e inquietações, torturas morais e materiais sejam acalmadas, como aquieto as tempestades do mar e a fúria dos ventos.

" 'Quero que vossas ofensas e agravos recíprocos sejam perdoados e esquecidos nas suaves vibrações da tolerância e da concórdia.

" 'Quero que vossas dívidas materiais, impossíveis de pagar em virtude da absoluta falta de meios, sejam apagadas para sempre com a água clara da justiça, que nada pode exigir de quem nada possui.

" 'Se algum dos vossos seres queridos estiver encarcerado, quero-o hoje livre e feliz no meio dos seus, porque Eu Sou o Pai Universal, Senhor da vida dos homens.

"Assim fala o nosso Deus-Amor ao íntimo do meu coração neste dia de paz e de glória, que é para vós o grande Jubileu do Perdão, que a resolução de Moisés destinou ao seu povo, de cinqüenta em cinqüenta anos.

"Amigos da Santa Aliança, bendigamos todos juntos a Bondade Infinita do nosso Pai que nos permite darmos mutuamente o abraço fraternal e dizer uns aos outros do mais íntimo de nossos corações:

"*Paz, Esperança e Amor sobre todos os seres!*"

Aquela multidão, pouco a pouco, foi caindo de joelhos, como se um profundo sentimento de adoração ao Supremo Criador a obrigasse a prostrar-se, com a alma e o corpo, diante da Divina Majestade que desse modo a cumulava de bens.

A esbelta figura do Mestre, de pé no meio da assembléia com os olhos inundados de Infinito Amor, irradiava de si a intensa Luz espiritual que se derramava sobre ele como uma torrente do mundo dos Amadores, de onde havia descido para salvar todos os homens.

Ninguém queria retirar-se. Ninguém queria partir daquele santo lugar, onde se percebia claramente a Bondade Divina espargindo-se como uma carícia materna, sobre todas as frontes inclinadas para a oração!

Vendo o Mestre que ninguém começava a se retirar, com sua alma cheia de compaixão e de ternura, disse:

– O pão de Deus saciou o vosso espírito. É hora de receberdes a dádiva material para alimentar vossos corpos. Ide em paz para vossos lares, pois também lá encontrareis o Pai Celestial.

As mulheres e as crianças rodearam-no para beijar-lhe a orla do manto branco.

Jhasua levantou nos braços um pequenino de dois anos que se apertava aos seus joelhos e, beijando-o ternamente, ergueu-o bem alto dizendo à multidão:

– Como a este pequenino, eu vos estreito a todos sobre o meu coração e digo: Estarei sempre convosco! Até um outro dia!

Jhasua entregou o pequenino à mãe, por uma pequena porta lateral, saiu do recinto para que a multidão também decidisse retirar-se.

Na Sinagoga de Josaphat

Na Sinagoga chamada de Josaphat, nome de seu antigo fundador e uma das mais concorridas de Tiro, o Mestre falou várias vezes e, como seu auditório era puramente israelita, ensinou-lhes a verdadeira interpretação que deviam dar à chamada Lei de Moisés, sob cuja denominação os autores de Israel incluíam maliciosamente todas as numerosas ordens e prescrições encontradas no Deuteronômio, e cujo caráter é judicial, administrativo, comercial e higiênico.

– A verdadeira Lei de Moisés – disse o Mestre – são os Dez Mandamentos constantes das Tábuas, os quais concordam em absoluta harmonia com a Eterna Lei que levamos gravada no nosso EU mais íntimo.

"Tudo o mais são simples prescrições tendentes a manter a ordem, a limpeza e as medidas higiênicas para evitar enfermidades, contágios e epidemias. Mas os israelitas em geral dão maior importância a todo este emaranhado de instruções e descuidam do princípio fundamental da Lei: '*Não faças a teus semelhantes o que não queres que seja feito contigo.*'

"Causa-vos horror comer carne de determinados animais, que as determinações consideram daninhos à saúde, e julgais natural e justo matar a pedradas um dos vossos semelhantes por ter sido encontrado em falta.

"Vedes com espanto que são descuidadas as abluções marcadas pelas ordens e também as diversas purificações do corpo, e não vos espanta enlamear vossa alma com o ultraje aos direitos do próximo, quando tudo isto está condenado pela Lei Divina.

"A Lei de Deus é uma só, eterna e imutável, e tem a finalidade de tornar o homem justo, bom, e verdadeiro irmão para com seu semelhante. As ordens civis, judiciais, medicinais e higiênicas podem ser muitas, segundo as necessidades, climas e épocas, mas elas não devem afetar nem sequer tocar de leve na Lei Suprema de Deus, pois, então, em vez de serem construtivas, são destrutivas e trazem, como conseqüências, o estancamento do progresso moral e espiritual dos homens.

"De poucas personalidades da antigüidade se fez o mau uso que tem sido feito da doutrina e da personalidade de Moisés; ou talvez o vêem assim os que hoje fazem parte daquela que foi o seu povo.

"É uma triste condição humana, própria somente da inferioridade e da inconsciência, colocar sombras no que é claridade; arrojar manchas de betume sobre a brancura da neve; salpicar de lodo as vestimentas brancas e turvar as águas claras dos mananciais benditos.

"Quem pode reconhecer no espantoso e cruel separatismo de castas na Índia de Chrisna sua pura e elevada filosofia que dizia: 'Não cometais o delito da separatividade, porque todos somos um só no infinito seio de Atman'?

"Quem encontrará na egolatria de deslumbrante luxo dos príncipes e poderosos do distante Oriente, nos países e religião budista, o desprendimento de Sidharta Sakya Muni, o Bhuda, que renunciou a um poderoso reino para consagrar-se à dor dos desfavorecidos e famintos?

"É vosso dever, mosaístas que me ouvis, lutar valentemente pela honra do legislador Moisés, cujo nome foi ferozmente enlameado pela inconsciência daqueles que se chamam seus seguidores.

"A investigação, o estudo, a nobre aspiração à verdade, devem ser as vossas armas numa gloriosa campanha, para fazer surgir do pântano, na qual foi arrojada, a doutrina e a personalidade de Moisés.

"Há atualmente um homem que é apóstolo da Verdade na cidade de Alexandria: o Mestre Fílon, o qual consagrou sua vida a essa gloriosa campanha que vos sugiro em favor da depuração da filosofia mosaica. Secunda-o, em seus esforços, o príncipe Melchor de Horeb, mosaísta ilustre que, em sucessivas viagens de estudo, encontrou preciosos elementos comprobatórios das mudanças que a ignorância e a inconsciência humanas realizaram na obra civilizadora de Moisés.

"Com o fim de dar forma definida e prática ao vosso anelo de conhecimento e de verdade, escolhei dentre vós três ou quatro dos mais capacitados e enviai-vos à Escola do Mestre Fílon, em Alexandria, para ouvir seus ensinamentos e examinar a abundante documentação guardada em seus arquivos, referente aos escritos e ensinamentos de Moisés.

"Então comprovareis que o Moisés do vosso *Pentateuco Mosaico* não é senão uma sombra, ou melhor, uma triste caricatura do Moisés verdadeiro.

"Dessa maneira realizareis uma magnífica obra cultural e de melhoramento social do vosso povo, da vossa raça e da vossa nação que, difundida profusamente pela Ásia, pela Europa e pela África, vai conduzindo sua fé num Deus Criador Único, é certo, mas, vai levando também os erros e a desastrosa tergiversação dos claros princípios de Moisés, baseados na imutável e Divina Lei recebida por inspirações dos Céus de Deus.

"Em vosso Pentateuco Mosaico não apareceram nunca os diálogos de Moisés com Ahelohim, com Shamed e com Ariel, Inteligências sutilíssimas. Serafins de Luz do Céu dos Amadores, que esboçavam para ele as grandiosas concepções da Eterna Inteligência e as criações sublimes de seu Amor Soberano. Não aparecem tampouco as ternas e ao mesmo tempo profundas confidências de Moisés com seu discípulo íntimo, Essen, o qual escreveu fielmente tudo quanto ouviu dos lábios do seu Mestre. Tampouco aparecem os relatos de Jethro, patriarca de Madian, ou os de Séphora, sua filha e, muito provavelmente, nem sequer ouvistes mencionar o poema terníssimo que os Anjos de Deus ouviram ao esvaziar-se, como de uma taça de mel, do coração de Moisés para o de sua mãe, princesa egípcia Thimetis, de quem se via separado, para que permanecesse oculto o mistério do seu nascimento.

"Se vos chamais mosaístas, sede-o de verdade e conscientes de vosso dever de salvaguardar de erros a vossa doutrina e a vossa Lei.

"Este apostolado de verdade e de reivindicação que vos enumero é imenso, e traz consigo a segurança de lutas terríveis com aqueles que trazem Moisés nos lábios, mas não no coração. Se vos sentis com forças para afrontar essa luta, adiante! ... Eu estou convosco!

"Se não, pelo menos buscai para vós mesmos a luz que podeis adquirir na Escola de Alexandria, e guardai-a em vossos arquivos particulares até melhores tempos.

"A Bondade e o Amor Divino derramar-se-ão sobre aqueles que se constituírem apóstolos da Verdade e do Bem."

Nem bem Jhasua havia terminado sua exposição, quando o dono da Sinagoga, a quem chamavam o Profeta Nahum, em virtude de suas faculdades clarividentes, aproximou-se dele e, com grande emoção, disse:

– Senhor! ... A Luz de Deus baixou sobre mim e hoje sei o que não sabia ontem. O Messias anunciado pelos Profetas está no nosso meio. Como poderemos deixar de ouvir a tua palavra, se ela nos abre a senda da Verdade?

– Guarda-a em teu coração, Nahum, porém encaminha teus pensamentos e tuas obras em perfeita harmonia comigo – respondeu o Mestre.

Alguns momentos depois, Jhasua escreveu uma carta de recomendação para que Nahum se apresentasse com os seus íntimos na Escola de Fílon em Alexandria, e lhe fosse facilitado tirar cópias dos verdadeiros escritos de Moisés. Deu-lhe também recomendações para o Grande Santuário do Moab, onde eram conservadas as escrituras de Essen, discípulo íntimo de Moisés.

A lúcida e sutil clarividência do jovem Mestre permitiu ver que o bom israelita Nahum vinha seguindo-o de perto desde eras distantes. Viu-o fracassado em diversas épocas, em virtude de sua fraqueza de caráter e, numa conversa em particular com ele, revelou-lhe isso, prometendo ajudá-lo eficazmente para que não lhe ocorresse o mesmo nesta oportunidade.

Desse modo o Profeta Nazareno encerrou sua estada na cidade de Tiro, onde embarcou, num anoitecer, num dos navios de Simônides, que zarpava rumo ao sul, e desembarcou em Tolemaida, para seguir pelo caminho das caravanas até Nazareth.

O SERMÃO DA MONTANHA SEGUNDO O VEDANTA

Swami Prabhavananda

Não deveria ser novidade, no seio de uma comunidade cristã, um livro sobre o *Sermão da Montanha*, que é o próprio cerne do ensinamento cristão. Mas, se esse livro tiver sido escrito por um *swami* hindu, adepto do Vedanta e do evangelho de Sri Ramakrishna, não só interpretando mas enaltecendo as palavras do Mestre, então, o mínimo que se pode dizer é que se trata de um livro incomum.

Nesta interpretação, contudo, o autor não mostra o texto do Evangelho apenas como um ideal distante, dificilmente atingível — que é a forma como o vê a maioria dos ocidentais — mas como um programa prático de vida e de conduta cotidiana. Tão clara é a interpretação que Prabhavananda faz desse grande texto que muitos cristãos haverão de descobrir através dela uma abordagem mais simples ao ensino do Mestre e mais objetiva do que qualquer outro comentário que porventura tenham lido.

Swami Prabhavananda — fundador da Comunidade Vedanta do Sul da Califórnia — também é conhecido como autor de livros sobre religião e filosofia, além de tradutor de clássicos da literatura hindu. Os quase 50 anos que viveu no Ocidente deram-lhe uma visão abalizada e única sobre as aspirações e as necessidades dos ocidentais, o que o qualifica singularmente para fazer esta apresentação dos ensinamentos de Jesus à luz do Vedanta.

EDITORA PENSAMENTO

101 COISAS QUE TODOS DEVERIAM SABER SOBRE O CATOLICISMO

Crenças, Práticas, Costumes e Tradições

Helen Keeler e Susan Grimbly

OS MISTÉRIOS POR TRÁS DA MAIS ENIGMÁTICA RELIGIÃO DO MUNDO — REVELADOS!

O que é catecismo?
O que é purgatório?
Por que os católicos procuram os santos em busca de inspiração?

101 Coisas que Todos Deveriam Saber sobre o Catolicismo reúne numa única obra esses e outros fundamentos dessa religião atuante e influente. Se você se interessa pelos significados simbólicos da Missa ou tem curiosidade em saber sobre o significado profundo dos sete Sacramentos, este livro responde a todas as suas perguntas. Num único volume, compacto mas abrangente, você vai aprender também sobre:

◆ Os principais acontecimentos que moldaram a história da Igreja
◆ A compreensão católica de Céu e Inferno
◆ A estrutura hierárquica da Igreja
◆ A interpretação católica dos textos sagrados
◆ O significado dos principais dias santos católicos
◆ Os desafios e as reformas na época moderna

Abrangendo tudo sobre essa religião, desde o nascimento de Jesus até o Concílio Vaticano II e muito mais, este é um guia bem fundamentado e aprofundado, com uma completa seleção de informações indispensáveis.

EDITORA PENSAMENTO

MOISÉS
O Vidente do Sinai

Josefa Rosalía Luque Alvarez
(Hilarião de Monte Nebo)

Moisés não é um mito, nem sua vida uma lenda. Ele é um ser inteligente da mais alta evolução, um Enviado de Deus à humanidade, que se encarnou no filho de uma princesa real do antigo Egito, numa época em que a Esfinge e as Pirâmides nada mais revelavam sobre suas remotas origens perdidas num passado obscuro.

Moisés foi a sétima personalidade humana daquele *Agnus Dei* vislumbrado há milhares de séculos pelos querubins dos mundos mais puros e luminosos dos infinitos céus de Deus. Em eras remotas, anteriores a ele, Moisés havia sido o fogo purificador e uma autoridade judicial no continente de Lemúria; foi Juno, o "Mago dos Mares", foi a piedade, a compaixão e a misericórdia personificadas num pastor de cordeiros e antílopes; foi o Numu da pré-história, que os kobdas do antigo Egito fizeram reviver como o protótipo perfeito do criador das fraternidades idealistas, educadoras de povos e transformadoras de homens.

Moisés viveu como um Rei da nobre dinastia tolsteca da bela Atlântida, devorada pelas águas do mar; foi Anfião, a quem chamaram de "Rei Santo" e, posteriormente, Antúlio, o filósofo médico que curava os corpos e enobrecia a alma dos homens.

Por último, foi Abel e Krishna, na Ásia, iluminando, com os raios da Sabedoria, a Paz e o Amor. E tudo isso reunido como que num cofre de diamantes, invulnerável aos golpes, às fúrias e às tempestades: o Moisés confidente de Elohim, o homem feito de bronze e de pedra, cuja alma vibrante de fervor e de fé impôs a Lei eterna à humanidade, assim como pôde tirar água das rochas para dar de beber a um povo sedento.

Moisés, o Vidente do Sinai é uma obra publicada em três volumes. Como os outros títulos desta série, podem ser adquiridos separadamente.

* * *

Leia também, da mesma autora, *Harpas Eternas*, relato sobre a vida do Profeta Nazareno, em quatro volumes, e *Cumes e Planícies*, em três volumes, que narra a vida e as atividades dos doze Apóstolos no cumprimento da missão que lhes foi confiada.

EDITORA PENSAMENTO

JESUS E ATUALIDADE

Divaldo P. Franco

Pelo Espírito da Joanna deÂngelis

Orador, médium e psicógrafo conhecido no Brasil e no exterior pela elegância e profundidade de sua mensagem e pela dedicação com que, nas instituições por ele fundadas, presta assistência a centenas de adultos e crianças de seu estado natal, a Bahia, Divaldo Pereira Franco complementa sua intensa atividade de conferencista com a publicação de livros cujas edições se esgotam, não só em português, como também nas várias línguas para as quais são traduzidos.

Como vários dos volumes de sua extensa obra escrita, este é ditado pelo espírito de Joanna de Ângelis e versa – como afirma o título – sobre a atualidade da palavra de Jesus, apresentada como solução única e eficaz para os problemas com que se defronta o homem moderno.

Para Divaldo Franco, Jesus é atual não só pelos ensinamentos que propõe como pela exteriorização de paz e de jovialidade que irradia. O Jesus que ele propõe como exemplo e solução não é o Cristo sofredor mas, segundo sua expressão, o Jesus "descrucificado", que ressurge para o homem moderno dando-lhe a certeza da possibilidade de atingir a realização total.

É dentro dessa visão que *Jesus e Atualidade* reproduz em suas páginas vinte situações contemporâneas, com ocorrências do cotidiano analisadas à luz das mensagens de Cristo, aqui apresentado como "companheiro e terapeuta" para uma humanidade em crise, necessitada de um "atendimento de emergência".

EDITORA PENSAMENTO

O FENÔMENO HUMANO

Pierre Teilhard de Chardin

Pierre Teilhard de Chardin (1881-1955), jesuíta francês, é, sem dúvida, um dos grandes gênios do século XX. Geólogo e paleontólogo, pensador e autor de centenas de escritos sobre a condição humana, ele foi também um místico contemporâneo, o sacerdote do Progresso Histórico e o apóstolo do Cristianismo Cósmico...

Sua vida e sua obra anunciam uma nova visão da realidade, a *Visão Hiperfísica*, pela qual tudo — das partículas atômicas às galáxias, passando pelas plantas, pelos animais e pelo homem — é um só todo dinâmico, um processo que se vai orientando e evoluindo ao longo do Espaço-Tempo e que culminará na pura espiritualidade do Ponto Ômega.

O Fenômeno Humano, "Obra Mestra" do Autor, revela, explicita e exercita essa visão, exibindo ao leitor uma espécie de filme, a "História do Universo", desde o Nada do passado até o Todo do futuro. Nesse grandioso espetáculo, o Homem, com seu poder de reflexão, eclode como figura-chave da epopéia universal.

Representante oficial da "Fundação Teilhard de Chardin" no Brasil, o Prof. José Luiz Archanjo, Ph.D., cuidou de traduzir, anotar e organizar esta edição crítica, que resultou numa verdadeira "Enciclopédia Teilhardiana", com todos os subsídios para que o leitor possa apreender e exercer a nova visão, que lhe revelará um novo Universo.

EDITORA CULTRIX